Erfolgreich gärtnern
durch naturgemäßen Anbau

FALKEN
VERLAG

Ingrid Gabriel

Erfolgreich gärtnern durch naturgemäßen Anbau

FALKEN VERLAG

Im Falken-Verlag sind viele interessante Gartenbücher erschienen, zum Beispiel:
„Zimmerpflanzen" (Nr. 4082);
„Blütenpracht in Haus und Garten" (Nr. 4145);
„Wasser im Garten" (Nr. 4230)

CIP-Kurztitelaufnahme der Deutschen Bibliothek

Gabriel, Ingrid:
Erfolgreich gärtnern durch naturgemäßen Anbau / Ingrid Gabriel.
Niedernhausen/Ts.: Falken-Verlag, 1987.
(Falken-Sachbuch)
ISBN 3-8068-4252-3

ISBN 3 8068 4252 3

© 1987 by Falken-Verlag GmbH,
6272 Niedernhausen/Ts.
Titelbild: Burda „Mein schöner Garten",
Offenburg (Wetterwald): großes Titelbild;
Reinhard Tierfoto, Heiligkreuzsteinach-Eiterbach: Rosen, Äpfel, Rückseite; Martin Stangl, Hohenschäftlarn/Isartal: Tomate;
Max F. Wetterwald, Offenburg: Erdbeeren
Fotos: Ingrid Gabriel und Ruth Matthias, Wiesbaden-Naurod: alle außer: Tierbildarchiv, Toni Angermayer, Holzkirchen: 106 u., 107;
Archiv, (Studio Ruske): 79;
Dr. Barbara Elers, Hannover: 119;
Fa. Krieger, Gewächshäuser, Wintergärten, Herdecke/Ruhr: 133 o.;
Normstahl, Moosburg: 133 u.;
Photo-Center Greiner und Meyer, Braunschweig: 97, 98 M. r., 98 u. l., 99 M. r., 100 o., 100 u. r., 101 M. r., 102, 103, 110 l., 111, 113;
Reinhard-Tierfoto, Heiligkreuzsteinach-Eiterbach: 114 u.;

Heinz Schrempp, Oberimsingen: 98 o. l., 99 o. r., 100 M., 101 M. l., 101 u. r., 110 r., 114 o.;
Erich Schumm GmbH, Murrhardt: 127 u.;
Joachim Zech, Landau: 306
Zeichnungen: Ingrid Gabriel, Wiesbaden-Naurod: alle außer: Elke Steinkopff, Walluf: 58, 141, 272 o., 348, 349, 350, 351. 352, 366, 367, 383, 395;
Theresa Verspohl, Wiesbaden: 23, 55, 57 u., 63, 112, 122, 126, 130, 131;
Marianne Viertel, Göttingen: 24, 43, 50, 52, 53;
Ina Zeitter, Wiesbaden: 18, 135, 137, 139, 152, 153, 154, 155, 161, 162, 163, 164, 165, 167, 168, 169, 171, 172, 173, 174, 178, 179, 182, 183, 186, 187, 188, 190, 191, 192, 193, 194, 195, 196, 197, 198, 200, 201, 202, 205, 206, 208, 214, 216, 218, 219, 220, 223, 226, 227, 233, 235, 237, 256, 262, 263, 264, 265, 267, 268, 272 u. l., 272 u. r., 273, 274, 275, 276, 277, 278, 279, 280, 281, 282, 283, 284, 285, 286, 287, 288, 289, 292, 294, 296, 298, 299, 301, 305, 309, 310, 314, 315, 316, 317, 318, 321, 322, 326, 327, 334, 338.

Gesamtherstellung: Falken-Verlag GmbH
D-6272 Niedernhausen/Ts.

817 2635 4453 62

Inhalt

Inhalt

8

Inhalt

Einführung

Der Wald war bisher unsere Lehrstätte, wenn es um den gesunden, sich selbst regenerierenden und belebten Boden ging, auf dem stattliche Bäume ihre sattgrünen Zweige gen Himmel streckten. Bald wird uns dieses lebendige Beispiel für unseren Garten- und Landbau nicht mehr zur Verfügung stehen. Deshalb sei es hier noch einmal dargestellt, denn die Natur nachzuahmen und zu unterstützen, ist das ganze Geheimnis des Gärtners, der einen biologischen Garten betreut.

Wie kommt es, daß die Bäume im Wald wachsen? Sie werden weder gedüngt noch mit Wasser gegossen. Des Rätsels Lösung? Sie machen alles selbst.

Da ist erst einmal die Düngung. Sie bereitet den Bäumen gar keine Mühe. Im Herbst lassen die Laubbäume einfach die Blätter auf den Waldboden fallen, die Nadelbäume einen Teil ihrer Nadeln. Auf dem Boden bildet sich eine Blätterschicht, die durchsetzt ist von absterbenden einjährigen Kräutern. Diese Schicht schützt den Boden nicht nur, sondern sie dient auch als Nahrung für unzählige kleine, zum Teil winzige Organismen, die im und auf dem Boden leben. Diese wiederum düngen den Boden mit ihren Ausscheidungen.

Auch die Vögel versorgen den Boden mit ihren Exkrementen. Sie suchen die Bäume nach Insekten ab. Dadurch können einzelne Insektenarten sich nicht übermäßig vermehren und zu Schädlingen werden. Ähnliche Aufgaben erfüllen Käfer und viele andere kleine und größere Tiere im Wald.

Sogar die Aussaat wird von den Bäumen selbst übernommen, wenn es sich nicht um einen Nutzwald handelt. Die reifen Samen fallen von den Bäumen auf den mit Blättern bedeckten Waldboden. Viele werden von den Tieren des Waldes als Nahrung verwertet. Ein Teil jedoch wird durch Wind und Tiere, aber auch durch das im Herbst abfallende Laub zugedeckt. Dort ruhen die Samen, bis die unmittelbar auf dem Boden liegenden Blätter von den Mikroorganismen in Humus verwandelt sind, gewissermaßen die Erde dem Samenkorn entgegenwächst.

Die schützende, wärmende Blätterschicht enthält genügend Feuchtigkeit, und wenn die Frühlingssonne die Blätterschicht ausreichend durchwärmt, dann haben die Samen alle Voraussetzungen, aufzugehen und ihre Würzelchen in die bereitete Erde zu senken, ihr sprießendes Grün der Sonne entgegenzurecken.

Viele dieser Sprößlinge werden von Waldtieren gefressen, aber das ist ein Teil der Aufgabe von beiden: Die kleinen Pflanzen sorgen für frische, zarte, grüne Nahrung für die im Winter nur kärglich versorgten Tiere, diese hingegen lichten den Wald aus, damit er gedeihen kann.

Diese Vorgänge waren den Menschen längst vergangener Zeiten, in denen es weder Ackerbau noch Viehzucht gab, gegenwärtig. Die Menschen lebten mit und in diesen Naturzusammenhängen. Selbst als die Erde bearbeitet wurde, kannten die Menschen noch die Naturzusammenhänge, deren Abläufe ihnen durch Jahrtausende überliefert waren.

Als dieses instinktive Wissen schwand, gab es weltweit heilige Stätten, deren Priester die Bauern anwiesen, wann sie säen, Pflanzenkulturen pflegen, ernten mußten, und wie sie den Boden in seiner Fruchtbarkeit erhalten konnten. Bezeichnenderweise gab es bis zum Auftreten des Ackerbaus nur Totenkulte. Schlagartig traten mit der Bewirtschaftung des Bodens Fruchtbarkeitskulte auf. Lange Zeit leiteten weisheitsvolle Priester den Ackerbau. Doch das Wissen schwand auch bei ihnen. Man arbeitete schließlich so, wie man es immer gemacht hatte. Aus Wissen wurde Tradition.

Erst mit dem Heraufkommen der Neuzeit fing der Mensch auf allen Gebieten des Lebens an, sich die Gesetze bewußt zu machen, nach denen die Natur waltet. Gemessen an den Jahrtausenden unserer Entwicklung stehen wir erst am Anfang dieser Bewußtmachung und sind darin noch nicht sehr geübt. Es kommt zu Fehlern.

Wenn Plato schildern konnte, wie Attikas Wälder gerodet und der fruchtbare Boden ins Meer gespült wurde, so war das eine Katastrophe für eine Landschaft. Wenn Justus von Liebig im letzten Drittel seines Lebens seinen Irrtum über die chemische Düngung beklagen konnte, so war zu seiner Zeit noch ohne große Bedeutung, daß niemand auf ihn hörte. Heute allerdings können wir uns einen Mangel an Bewußtsein angesichts der ökologischen Tatbestände, die wir weltweit verursacht haben, nicht mehr leisten.

Erinnern wir uns in diesem Zusammenhang nur daran, daß auf der Erde überall der Wald stirbt, wenn nicht durch Emissionen, dann durch Brandrodung oder Verheizung. Aus den Flüssen wälzt sich eine Giftbrühe in die Meere. Vielerorts ist bereits das Grundwasser von Gift bedroht. Der Mutterboden unserer Erde schwindet jedes Jahr um 2,5 Milliarden m³. Jede Stunde haben wir eine Tierart weniger.

Deshalb wird wohl in Zukunft der biologische Garten unsere Lehrstätte sein. Im Garten, der intensiv von Menschen betreut wird, lassen sich Bäume und Sträucher noch länger bewahren als in großen Wäldern, die man nicht so sorgfältig pflegen kann. Man muß allerdings darauf achten, Pflanzen zu wählen, die gegen Schädigungen aus der Umwelt widerstandsfähig sind.

Außerdem müßten möglichst viele Gärten biologisch geführt werden, damit Pflanzen und Tiere größere zusammenhängende Flächen zum Überleben zur Verfügung gestellt bekommen. Aber selbst in einem biologischen Garten von etwa 500 m² finden sich bei durchdachter Anordnung der verschiedenen Standorte und geplanter Schlupfwinkel für kleine Tiere, wie Igel oder Eidechsen, viele Arten von Pflanzen und Tieren ein.

Im Biogarten gibt es viel Bienen.

Nach der Umstellung auf biologischen Anbau finden sich auch wieder Schmetterlinge ein wie hier auf Rudbeckiablüten der Große Fuchs.

Wir sollten die Hoffnung nicht aufgeben, die Aufgabe des Waldes weitgehend zu übernehmen. Ein Netz von biologisch einwandfreien Gärten und Bauernhöfen muß in naher Zukunft unser Land überziehen und die Funktion des zugrundegehenden Waldes übernehmen. Dazu muß man wissen, daß es heute in der Bundesrepublik Deutschland etwa 7000 km^2 Gartenland gibt, ein Gebiet, das die Hälfte Schleswig-Holsteins umfaßt. In den Privatgärten werden zu etwa 60% Naturdünger verwendet.

Warum biologisch?

Und was heißt das überhaupt? Ist nicht jeder Pflanzenanbau biologisch?
In jedem Fall stehen lebensvolle grüne Pflanzen im Garten, ob sie nun mit chemischem Pflanzenschutz, synthetischem Dünger oder biologischer Anbauweise großgezogen worden sind.
»Bios« ist ein griechisches Wort und heißt Leben. Wer einen biologischen Garten haben will, muß die Gesetze des Lebendigen erkennen und danach handeln. Das bedeutet nicht nur ein völliges Umdenken, sondern auch viel Geduld mit sich selbst, weil die alten Vorstellungen sich immer wieder geltend machen wollen.
Einige Gründe für den biologischen Anbau haben wir schon aufgeführt. Da ist vor allem das den Menschen bedrohende Umweltproblem, das immer mehr zu einem Überlebensproblem wird. Jeder kann im Rahmen seiner Möglichkeiten im Kleinen zur Überwindung dieses Problems beitragen. Ein Garten ist ein Mikrokosmos, der uns die Weltzusammenhänge erschließt. Wir erfahren viel mehr über die Gesetze des Lebendigen, als wir am Anfang unserer Laufbahn als Biogärtner meinen.
Dazu kommt, daß Kinder – seien es nun eigene oder Kinder von Verwandten oder Nachbarn – spielend mit diesen Gesetzmäßigkeiten des Lebens vertraut gemacht werden.

Arten- und erlebnisreiche Frühlingswiese

Im biologischen Garten gibt es Igel, Eidechsen, mehr Vogelarten, Schmetterlinge, Bienen, Hummeln, Frösche, Kröten, Käfer und viele andere kleine Tiere.

Auch die Kräuter meiden solch einen Garten nicht. Viele kommen von allein, andere sät man selbst aus. Die Ökowiese bietet in jeder Jahreszeit ein anderes Bild. Selbst im Gemüsegarten gibt es keine Monotonie. Überall wachsen Blumen, Kräuter, verschiedene Gemüsearten, Sträucher und Bäume bunt durcheinander.

Welche Erlebnismöglichkeiten für Kinder! Werden sie nicht als Erwachsene eine gesündere Urteilskraft haben, wenn es um Landschaft oder städtisches Grün geht, als solche Kinder, die zwischen Beton, Steinen und Asphalt aufgewachsen sind?

Neben der Freude am Gedeihen der Pflanzen und der Harmonie, die so ein Garten auch auf uns Erwachsene überträgt, finden wir in diesem kleinen Paradies ein sinnvolles Betätigungsfeld.

Bei der Umstellung eines Gartens auf biologischen Anbau geht es erst einmal darum, alle Biozide, das sind chemische Bekämpfungsmittel gegen Insekten, Pilze, Unkräuter und so weiter, und Kunstdünger wegzulassen. Dann bestimmt man einen Platz, der die Komposthaufen aufnehmen kann.

Dort trägt man erst einmal alle Garten- und organischen Küchenabfälle zusammen.

Inzwischen sorgt man für die Bedeckung des kahlen Bodens, soweit er nicht von Pflanzen bewachsen ist. Zur Abdeckung eignet sich Rasenschnitt, der einem bisher überflüssig erschien. Außerdem wußte man nicht, wohin mit diesem »Zeug«. Jetzt ist man dankbar für das kostbare Abdeckmaterial, das die Feuchtigkeit im Boden länger hält.

Die Blätter im Herbst waren auch immer recht lästig. Ging ihre Fülle nicht in die ohnehin zu kleinen Mülltonnen, mußte man sie sogar noch abholen lassen und dafür bezahlen. Dabei sind Blätter unter Bäumen und Sträuchern, aber auch auf abgeernteten Beeten wertvoller Winterschutz für den Boden und dessen arbeitende Organismen und zugleich unverzichtbarer Dünger.

Bleibt noch kahle Erde irgendwo im Garten übrig, sät man eine schnell wachsende Gründüngung ein, beispielsweise Gelbsenf. All diese Methoden der Bodenbedeckung ersparen das Gießen – außer in heißen Hochsommerzeiten – fast ganz. Gleichzeitig wird der Boden auf natürliche Weise gedüngt.

Wer in seinem Garten neben den Zierpflanzen auch Obst und Gemüse für den Bedarf

Der Biogarten ist ohne Monotonie.

Mischkultur mit Blumenflor

der Familie haben will, wird bald merken, welche geschmacklichen Leckerbissen er da heranzieht. Dabei bietet der biologische Garten mit Bodenbedeckung, Kompost, Gründüngung und Pflanzenbrühen oder -jauchen kostensparende Mittel genug an, um das Gemüse und Obst preiswert zu gewinnen. Beides ist von ganz hervorragender Qualität, die unsere Gesundheit fördert. Aus der Gesundheit erwächst mehr Lebensfreude und größere Schaffenskraft. Unkraut, das man nicht im Biogarten haben will, kommt nicht auf. Durch die Bodenbedeckung kann es nicht wachsen, durch die Gründüngung wird es verdrängt. Aber eine Ecke mit Brennesseln ist erwünscht. Bevor diese blühen, pflückt man sie und macht daraus wertvolle kostenlose Düngung.

Die Vorzüge des Biogartens

❂ Selten gewordene Pflanzen und Tiere finden einen geeigneten Lebensbereich.

❂ Kinder und Erwachsene haben hier größere Erlebnismöglichkeiten.

❂ Der Biogarten spart Kosten für Dünger, Schädlingsbekämpfungsmittel und Wasser.
❂ Das Gemüse und Obst schmeckt köstlich und ist gesundheitsfördernd.
❂ Unkraut beseitigen ist selten.

Der Unterschied

Der biologisch bearbeitete Garten unterscheidet sich vom herkömmlichen durch einige grundsätzliche Maßnahmen.

Kahle Erde sieht man im Biogarten überhaupt nicht. Dadurch entsteht keine durch Witterungseinflüsse bedingte Verkrustung des Bodens und keine Auswaschung der Nährstoffe. Dafür geben Bodenbedeckung und Gründüngung die nötige Nahrung und einen wärmenden und temperaturausgleichenden Schutz für die kostenlosen Helfer, wie Bodenorganismen und Kleinlebewesen, die solche Behandlung mit der ständigen Produktion von nährstoffreichem Humus danken.

Zum Schutz dieser kleinen Wesen wird der Boden gelockert, aber nicht gewendet, denn die Bodenorganismen leben in der obersten Bodenschicht. Beim Wenden des Bodens werden die Bodenorganismen zugedeckt und sterben, weil sie in der unteren Bodenschicht nicht leben können.

Eine sehr wichtige Maßnahme im Biogarten ist die Kompostbereitung. Auch hier geben wir nur die Starthilfe. Die Humusherstellung besorgen unsere Heinzelmännchen, die Bodenorganismen.

Beim Pflanzenschutz sorgt man im biologischen Anbau für vorbeugende Maßnahmen, bekämpft die Ursachen, nicht die Symptome. Chemie kommt dabei nicht in Betracht.

Außer den schon erwähnten garteneigenen Düngern und Heilpflanzenpräparaten werden organische Handelsdünger, beispielsweise Hornspäne, und natürliche Mineralmehle im Biogarten sparsam eingesetzt. Synthetische Dünger kommen nicht zum Einsatz.

Zusammenfassend kann man sagen, daß im biologischen Gartenbau nicht gegen die Natur gearbeitet wird. Die Natur ist unser Partner, auf den wir Rücksicht nehmen. Dafür hilft uns die Natur. Sie macht vieles selbst, nimmt uns sogar Arbeit ab, beispielsweise das mühevolle Hacken der Gemüsekulturen.

Durch diese Maßnahmen schaffen wir den Gesamtorganismus Garten, der ein kleines Abbild des Organismus Erde ist.

Unterschiede zwischen Biogarten und herkömmlichem Garten

◉ Kompostwirtschaft	Abfallvernichtung
◉ Bodenbedeckung	kahle Erde
◉ Schädlingsabwehr mit biologischen Maßnahmen	Schädlingsbekämpfung mit chemischen Giften
◉ Organische Fremddünger und natürliche Mineraldünger	Organische und synthetische Fremddünger
◉ Geringer Wasserverbrauch	Hoher Wasserbedarf
◉ Förderung des Bodenlebens	Vernichtung des Bodenlebens

Geht es ohne Gift?

Eine Pflanze, die in einem gesunden Boden wächst, wie er durch die Anregung und Pflege des Bodenlebens entsteht, ist weniger anfällig für Schädlinge und Pflanzenkrankheiten. Außerdem kennt man Pflanzengemeinschaften, die Schädlinge abwehren. Diese Kenntnisse werden im Biogarten angewandt.

Dazu kommt, daß es beim biologischen Gartenbau keine Monokulturen gibt. Man wechselt mit Pflanzen ab, die sich gegenseitig fördern, und ergänzt Kulturen durch Aussaat von Heilkräutern, die gesundend auf Boden und Pflanzen wirken.

Die geförderten Nützlinge lassen Schädlinge nicht aufkommen. Tritt wirklich einmal ein stärkerer Befall durch Schädlinge auf, wendet man bestimmte Kräuterpräparate an, die größere Insekten, wie zum Beispiel Bienen, nicht beeinträchtigen.

Meist helfen aber bereits vorbeugend angewendete Kräuteransätze.

Auch die Gewinnung von Samen – hier von Fenchel – und seine Verwendung im eigenen Garten wirken Schädlingsbefall und Pflanzenkrankheiten entgegen.

Speziell für den Garten hat sich gezeigt, daß ein radioaktiver Störfall in größerer Entfernung, bei dem Radioaktivität austritt und durch Wind und Regenwolken verbreitet wird, doch eine Reihe von Maßnahmen ratsam erscheinen läßt.

Radioaktiver Regen bringt die gefährliche Strahlung in den Boden. Wo der Regen nicht hingelangt, scheint, den Meßergebnissen zufolge, bedeutend weniger Radioaktivität aufzutreten. Daher ist es ratsam, daß sich jeder, der es irgendwie ermöglichen kann, ein Glas- oder Foliengewächshaus und von den Seiten gut gegen Regen abgedichtete Frühbeete aufstellt. Aber auch der Komposthaufen muß von oben gegen Regen gesichert werden. Es gibt verschiedene solcher Modelle zu kaufen, aber auch einen bereits vorhandenen nach oben bisher offenen Silo kann man durch eine stabile, undurchlässige Platte schützen. Das Material spielt dabei keine Rolle. Eine schräg verlaufende Holzplatte, eine, die mit wasserdichtem Material überzogen ist, eine Plexiglasplatte, Glasplatte oder Folie, die keine Löcher oder Schlitze hat, alles, was vor Regen schützt, kann genommen werden. An der Seite müssen solche Silos genügend Luftlöcher oder Schlitze haben. Diese dürfen

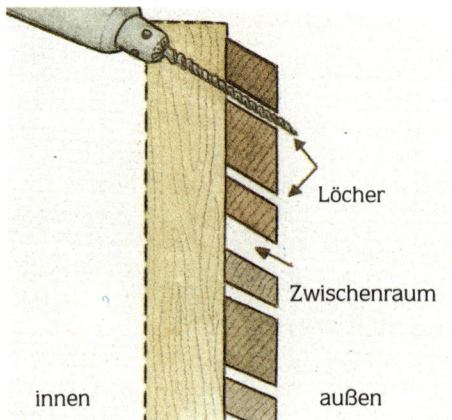

Lochbohrungen an Kompostseitenwänden müssen schräg nach außen und unten verlaufen, wenn das Kompostmaterial gut belüftet werden soll, ohne daß Regen eindringen kann.

nur so angebracht sein, daß kein Wasser von den Seitenwänden ins Innere des Kompostes fließen kann.

Eine einfache Konstruktion für einen derartigen Kompostsilo ist die mit vier Holzpfosten, an denen Bretter in Form eines Schindeldaches aufgehängt werden. Jedes Brett sollte an jedem Ende auf einem Holzklötzchen liegen, so daß zwischen den Brettern Schlitze entstehen. Man kann in gerade gestellte Bretter ebensogut schräg von innen nach außen unten verlaufende Löcher bohren.

Zu den Vorsichtsmaßnahmen gehört auch die Anzucht von Gemüse und Kräutern auf Fensterbrettern. Dafür gibt es durchsichtige Keimboxen mit mehreren Etagen aus Kunststoff oder Ton. In den gerillten Kunststoffboxen ist keine Erde nötig. Gartenkresse wächst am schnellsten und kann oft schon nach einer Woche geerntet werden. Sie ist gehaltvoller, wenn sie auf humoser Erde herangezogen wird. Das kann in den Tonschalen oder in jedem anderen flachen Behälter geschehen. In Keimboxen lassen sich auch Keimlinge von Sojabohnen und Sonnenblumen züchten, die ebenfalls den Küchenzettel bereichern. Man versuche es auch einmal mit Erbsen oder gekeimten Weizen.

Diese Seitenkonstruktion verhindert beim Kompostsilo das Eindringen von Regen.

In Blumentöpfen und -kästen gedeihen auf dem Fensterbrett Borretsch, Kopf-, Schnitt- und Pflücksalat, außerdem Radieschen, Spinat und Löwenzahn.

Von den Kräutern wachsen hervorragend und problemlos Kapuzinerkresse, Kerbel, Portulak, Ringelblumen und Sauerampfer, den man dann aber nur einjährig zieht. Auch Dill wächst gut auf der Fensterbank, wenn der Boden nicht zu nahrhaft ist. Es wird im März, im April eine Folgesaat und dann erst wieder im November ausgesät.

Einige ausdauernde Kräuter können jahrelang am Fenster gedeihen. Thymian braucht unbedingt ein Südfenster. Auch Rosmarin und Lavendel bevorzugen viel Licht. Beide Pflanzen überwintern in unseren Breiten auf der Fensterbank besser als im Freien. Die drei letzten Heil- und Gewürzpflanzen können zwar nur in ganz kleinen Mengen verwendet werden, aber in solch einem Fall stellen sie doch eine Geschmacksbereicherung dar. Außerdem sind sie hilfreiche Beigaben, denn Thymian wirkt krampflösend auf Magen und Darm sowie reiz-, krampf- und schleimlösend auf die Atemwege; Rosmarin regt den Kreislauf an und Lavendel beruhigt.

Borretsch unter einem schrägen Dachfenster

Bereitung von saat- und pflanzfertiger Erde

Wie kann man im Garten ständig Erde bereithalten, die im Falle eines radioaktiven Störfalles nicht verseucht wird?

Es wurde bereits auf geeignete Kompostsilos hingewiesen. Um jedoch jederzeit Kompost zur Verfügung zu haben, braucht man möglichst drei solcher abgedeckten Einrichtungen. In einem ist das frisch aufgesetzte Kompostmaterial, das mit Dünger angereichert wurde und zur Beschleunigung der Rotte einen Kompoststarter erhielt. Im zweiten ist halbverrotteter Kompost, den man im Herbst ungesiebt auf den Boden ausbringen kann, und der dritte Silo enthält Kompost, der nach dem Durchsieben als reifer Kompost in Saatrillen gestreut und in Pflanzlöcher gegeben werden kann. Daß dieser Kompost jederzeit im richtigen Stadium ist, kann nicht erwartet werden. Deshalb braucht man eine überdachte Stelle im Garten, beispielsweise eine Ecke im Gewächshaus oder ein, je nach Gartengröße auch mehrere einfache Frühbeete oder einen Folientunnel mit ungelochter Folie, in dem Pflanzerde liegt.

Nährstoffreiche Pflanzerde für Aussaat und Pflanzungen im Frühjahr sollte ohnehin stets im Frühherbst des Vorjahres vorbereitet werden.

Dafür nimmt man einen Teil reifen Kompost und einen Teil Gartenerde, 5 Volumenprozent Quarzsand und entweder einen Mischdünger, der Horn- und Knochenmehl, tierischen Mist, Algenkalk, Meeresalgenmehl, Gesteins- und Tonmehl enthält, oder aber man vermischt diese Einzeldünger mit dem selbst hergestellten Erdgemisch. Im Falle eines radioaktiven Störfalles darf als Gartenerdeanteil nur Erde aus dem Gewächshaus oder Frühbeet genommen werden.

Dazu streut man die auf der Verpackung angegebene Menge Kompoststarter. Die Dünger und der Kompoststarter müssen gründlich mit der Erde vermischt werden. Dann wird ein flacher Erdkegel aus dieser Mischung zubereitet und gründlich mit kochendem Wasser überbraust, dem man etwas Baldrianblütenextrakt beimischt. Der Erdkegel muß ganz mit Wasser durchsetzt sein, das überschüssige Wasser jedoch in die

organischer
Dünger

Komposterde

Kompoststarter

Mit diesen Zutaten, Gewächshaus- oder Frühbeeterde stellt man eine strahlungsfreie Anzucht- und Pflanzerde her, die sehr nährstoffreich ist. Man darf aber keinen frischen Mist verwenden, denn die Tiere scheiden einen großen Teil der mit der Nahrung aufgenommenen Radioaktivität wieder aus.

darunterliegende Erde abfließen können, denn der Erdkegel darf keine gestaute Nässe enthalten.

Diesen Kegel läßt man einige Tage mit Folie bedeckt ruhen. Danach wird er nochmals durchgemischt und dann unter Folie liegengelassen. Nach vier bis sechs Monaten hat man nährstoffreiche Erde, die man halb und halb mit Sand gemischt als Anzuchterde oder ungemischt für Saatrillen und Pflanzlöcher verwenden kann.

Bei Pflanzlöchern für Sträucher und Bäume, aber auch für Erdbeeren oder Artischocken vermischt man einen Teil der nährstoffreichen selbst zubereiteten Erde mit einem Teil durchgesiebtem Aushub. Diesem Pflanzerdegemisch lassen sich bis zu 50 Volumenprozent Lavagranulat untermischen. Dieses ist grobkörnig (Durchmesser 8–16 mm), sorgt für gute Bodendurchlüftung, einen über Jahre konstanten pH-Wert (7,3) und ständige Nährstoffzufuhr. Es hat eine Wasseraufnahmefähigkeit von 160 ml/l und ein hohes Sorptionsvermögen für Nährstoffe, die dann nicht ausgewaschen werden können.

Diese zubereitete Erde und der unter einer Abdeckung gewonnene Kompost können zumindest in den unbedeutend radioaktiv belasteten Gewächshäusern, Frühbeeten und auf den Fensterbänken einige Zeit für eßbares Gemüse sorgen. Allerdings muß sich jeder darüber im klaren sein, daß wir zum Beispiel mit Cäsium 137, das eine Halbwertzeit von 30 Jahren besitzt, bereits seit den ersten Atombombenversuchen leben.

So verhält es sich auch mit Strontium 90 (HWZ/Halbwertzeit: 28 Jahre), Plutonium 239 (HWZ: 24 400 Jahre), Krypton 85 (HWZ: 10,7 Jahre) und Tritium (HWZ: 12 Jahre), das sich auch beim normalen Betrieb eines Atomreaktors nicht zurückhalten läßt, weil es Betonwände durchdringen kann. Es gibt auch andere radioaktive Substanzen, die relativ rasch zerfallen und damit ihre Gefährlichkeit verlieren. Das besagt allerdings nicht, daß sie bis zu ihrem Zerfall keine gefährlichen Schäden anrichten können, die sich vielleicht erst nach Jahren bemerkbar machen.

Am schnellsten zerfällt Jod 131 (HWZ: 8 Tage). Es ist auch am leichtesten durch Meßgeräte nachweisbar. Das Leichtmetall Barium (HWZ: 13 Tage), das Halbmetall Tellur (HWZ: 100 Tage) und das strahlende Edelmetall Ruthenium (HWZ: 1 Jahr) sind wegen ihres rascheren Zerfalls nicht weniger gefährlich für den Menschen, für Tiere und Pflanzen.

Der Reaktorunfall von Tschernobyl hat die Menschheit nicht nur wachgerüttelt. Es ist auch etwas offenbar geworden, was zwar schon immer vermutet wurde, aber jetzt durch amtliche Messungen nachgewiesen worden ist und sich durch weitere Messungen von Fachleuten bestätigte.

Die amtlichen Messungen ergaben, daß vor allem in der biologisch-dynamischen Landwirtschaft und in genauso arbeitenden Gärtnereien verhältnismäßig niedrige Werte für radioaktive Strahlungen gefunden wurden. In organisch-biologisch und anderen biologisch arbeitenden landwirtschaftlichen Betrieben waren die Werte etwas höher, aber doch bedeutend geringer als auf den Höfen, die Kunstdünger verwenden.

Weiteren Aufschluß geben Messungen auf benachbarten Ländereien, die einen biologisch-dynamisch bewirtschaftet, die anderen konventionell. Das biologisch-dynamisch gepflegte Land wies ähnlich niedrigere Werte wie überall sonst auf. Das mit Kunstdünger versorgte dagegen besaß hohe radioaktive Werte. Diese waren jedoch unterschiedlich hoch: Je optimaler die Versorgung mit Kunstdünger, desto höher die Werte.

Weitere erste Erfahrungen ergaben: Die mit den biologisch-dynamischen Präparaten Hornmist und Hornkiesel langjährig behandelten Böden wiesen weniger Radioaktivität auf, ebenso die darauf wachsenden Pflanzen. Auch solche Böden, die gut mit einem qualitativ hochwertigen Gesteinsmehl wie Luzian-Steinmehl oder Urgesteinsmehl, mit Tonmehl (Bentonit) und Algomin (Korallalgenkalk) versorgt waren, wiesen weniger Radioaktivität auf.

Noch erstaunlicher ist, daß radioaktiv strahlende Pflanzen, die mit einer sehr dünnen Schicht Ecomin, einem Mittel gegen Schadinsektenbefall aus feinstvermahlenen Gesteinsmehlen und feinstzerstoßenen Kräutern, eingestäubt wurden, ihre Radioaktivität verloren.

Wenn man andererseits bedenkt, daß Prof. Günther Reichelt (Mitglied des Landesbeirats für Umweltschutz der Landesregierung Baden-Württemberg) 1984 im Schwarzwald besonders dort große Waldschäden nachgewiesen hat, wo Uranvorkommen eine erhöh-

te Radioaktivität verursachen, dann kann man daraus schließen, daß zu den bereits vorhandenen Schäden in den nächsten Jahren weitere auftreten werden. Es wird aber auch immer besser zu verstehen sein, was Rudolf Steiner, der Begründer der Anthroposophie und Initiator der biologisch-dynamischen Landwirtschaft, gemeint hat, als er im „Landwirtschaftlichen Kursus" im Jahre 1924 sagte: „Also es handelt sich dabei durchaus um eine Frage, die im allereminentesten Sinne eine, ich möchte sagen, kosmisch-irdische Frage ist. Gerade bei der Landwirtschaft zeigt es sich, daß aus dem Geiste heraus Kräfte geholt werden müssen, die heute ganz unbekannt sind und die nicht nur die Bedeutung haben, daß etwa die Landwirtschaft ein bißchen verbessert wird, sondern die die Bedeutung haben, daß überhaupt das Leben der Menschen – der Mensch muß ja von dem leben, was die Erde trägt – eben weitergehen könne auf Erden auch im physischen Sinne."

In der biologisch-dynamischen Landwirtschaft wird seit den Tagen dieses Kurses im Jahre 1924 nach den Angaben Rudolf Steiners mit den biologisch-dynamischen Präparaten gearbeitet.

Dabei handelt es sich um Mittel, zu denen auch das Präparat Hornmist Nr. 500 gehört, die bei ihrer Zubereitung kosmischen Einflüssen ausgesetzt werden. So kann bei der Anwendung für Böden und Pflanzen „in das unmittelbar praktische Handhaben das Spirituelle wirklich eingreifen", denn „am Pflanzenwachstum ist der ganze Himmel mit seinen Sternen beteiligt! Das muß man wissen. Das muß in die Köpfe wirklich nun einmal hineinkommen" (R. Steiner).

Die jahre- und jahrzehntelange Pflege der Böden und der Pflanzenwelt nach den Angaben Rudolf Steiners führt schon seit Jahren zu Ergebnissen, die materialistisch denkenden Menschen vollkommen unverständlich sind. Der GAU von Tschernobyl offenbart neue Tatsachen. Die Gründe für die niedrigeren Meßwerte werden sich nur allmählich erschließen. Ergeben sie sich dadurch, daß Böden und Pflanzen mit allen nötigen Stoffen gut versorgt sind?

Geräte für den Biogarten

Im biologischen Garten werden auch Gartengeräte gebraucht. Im bereits eingerichteten Garten gibt es diese sicher für jeden Zweck.

Auch ein GERÄTEHAUS ist wahrscheinlich längst vorhanden. Sollte dieses jedoch noch zu den unerfüllten Wünschen gehören, ist es ratsam, auf der Nordseite des zukünftigen Kompostplatzes ein Gerätehaus zu errichten. Dort schützt es den Kompost vor rauhen Nordwinden, und die Geräte sind gleich bei der Hand, wenn man Kompost aufsetzt.

Gerätehäuschen gibt es in unterschiedlichen Ausführungen aus Holz. Viele lassen sich ohne handwerkliche Vorkenntnisse in Stecktechnik auch von Laien aufstellen. Vor dem Kauf eines solchen Häuschens sollte man sich erkundigen, ob eine Baugenehmigung nötig ist. Es gibt in den Bundesländern unterschiedliche Bestimmungen.

Die Größe des Gerätehauses sollte vor dem Kauf bedacht werden. Handgeräte, wie Grabegabel, Spaten und Rechen, werden platzsparend an den Wänden aufgehängt. Spritzen und Präparate sollten auf einem schmalen Regal untergebracht werden. Auf dem Fußboden müssen nicht nur der Rasenmäher, die Schubkarre und der Häcksler Platz finden, sondern auch Säcke für Basaltmehl, Algenkalk, Hornspäne und Tonminerale. Für den Winter braucht man im Gerätehaus eine Ecke, in der Gefäße untergebracht werden können, die man im Sommer für Kräuteransätze bereit haben muß.

Gartengeräte sollen zweckmäßig, handgerecht und stabil sein. Im biologischen Gartenbau kommt man mit Geräten für die Bodenbearbeitung aus.

Es gibt vor allem den sonst nicht gebräuchlichen SAUZAHN oder SZ-WÜHLER, der in keinem Garten fehlen sollte. Er dient der Tieflockerung des Bodens und arbeitet ähnlich wie ein Kultivator, ist diesem aber an Vielseitigkeit und Tiefenwirkung weit überlegen. Durch die sauzahnähnliche Biegung des scharfen Blattes läßt er sich mühelos durch den Boden ziehen, wobei er selbst die erwünschte Tiefe hält. Auch Frauen können diese Arbeit ohne Anstrengung verrichten. Sogar festgetretener Boden läßt sich gut und tief auflockern. Der Sauzahn hat gegenüber der Grabegabel eine viel größere Flächenwirkung bei geringerem Zeit- und Kraftaufwand. Da im biologischen Garten kaum umgegraben wird, ist der Sauzahn das ideale Gartengerät.

Will man in den Oberboden Kompost oder Dünger einarbeiten, benutzt man dazu den Sauzahn. Wie beim Lockern und Krümeln des Bodens zieht man den Sauzahn diagonal zum Beetrand, wie auf der untenstehenden Zeichnung angegeben, von A nach B im Abstand von 10–15 cm. Auf den aufgelockerten Boden streut man den Dünger. Dann geht man auf die andere Seite des Beetes und zieht das Gerät von B nach A. So hat man drei Arbeitsgänge gleichzeitig gemacht: Lockern des Bodens, Düngen und Anregen des Bodenlebens.

Zuletzt planiert man das Beet oberflächig, da die Erde etwas mitwandert, wenn man den Sauzahn durchzieht. Auch die Saatrillen zieht man mit dem Sauzahn, wobei in einem Arbeitsgang Kompost mit eingearbeitet werden kann. Auch vor dem Pflanzen lockert man auf diese einfache Weise die Pflanzreihen.

Da der Sauzahn schmal ist, läßt sich mit ihm leicht Unkraut aus eng stehenden Kulturen entfernen. Man zieht ihn einfach zwischen den Gemüsereihen durch und läßt das Unkraut als Bodenabdeckung auf dem Beet liegen. Will man die Kräuter lieber kompostieren, lassen sie sich mühelos absammeln. Bei der Gemüseernte kann man sich mit dem Sauzahn ebenfalls die Arbeit erleichtern. Man zieht ihn zu beiden Seiten der

Pflanzenreihen im Wurzelbereich durch. Dann lassen sich beispielsweise Möhren oder Rettiche leicht abernten.

Will man im Herbst den Boden tief lockern, verwendet man ebenfalls den Sauzahn anstatt des Spatens. So spart man viel Zeit und stört die Bodenorganismen nicht.

Der SPATEN hat aber trotzdem seine Aufgabe im biologischen Garten. Will man Sträucher oder Bäume pflanzen, werden mit dem Spaten Pflanzgruben ausgehoben. Um den Rücken zu schonen, sticht man mit dem Spaten nicht zu große Schollen ab. Beim Heben der Scholle faßt man den Spatenstiel mit einer Hand recht weit unten. Hat man keinen Halbmondbodenstecher, lassen sich Rasenkanten auch mit dem Spaten abstechen.

Die GRABEGABEL nimmt man heute nicht mehr zum Bodenlockern, wenn man einen

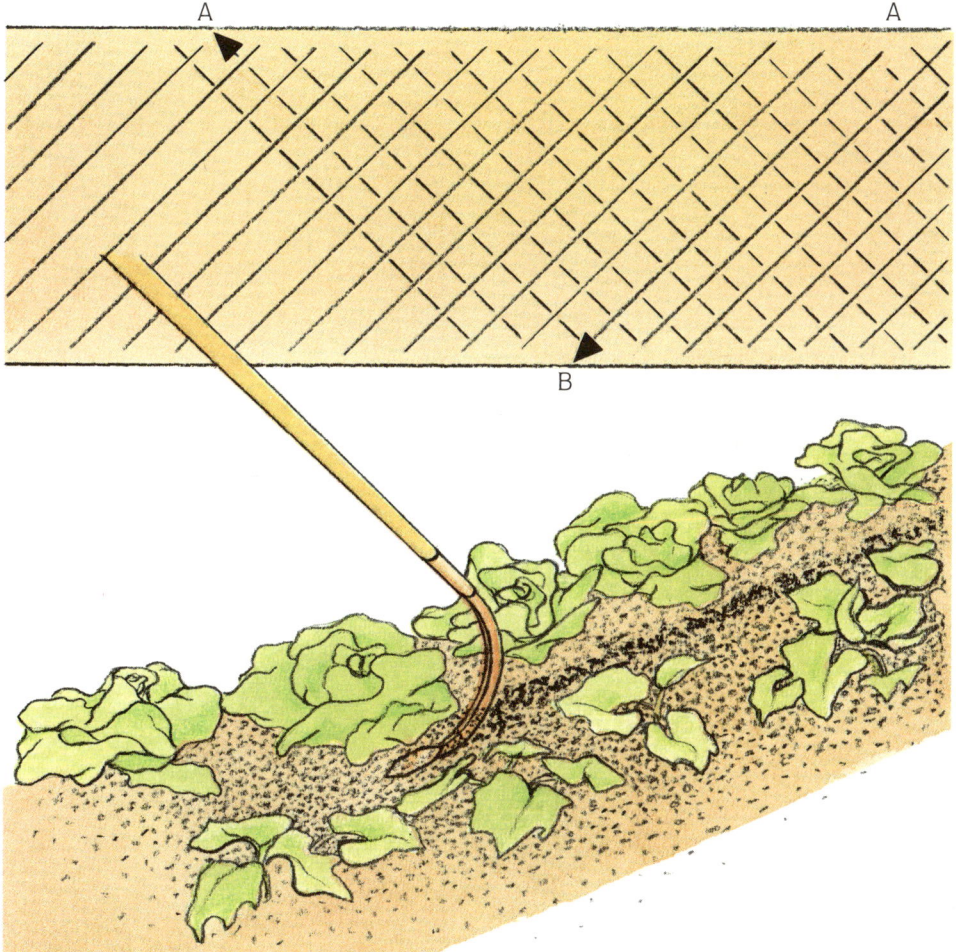

A   A

B

Sauzahngebrauch (SZ-Wühler):
Man zieht den Sauzahn zuerst Strich neben Strich von A nach B,
dann geht man auf die andere Seite des Beetes und zieht das praktische Gerät von B nach A.
(Unten: SZ-Wühler wird durch eine Gemüsekultur gezogen.)

Sauzahn hat. Allerdings gibt es seit einigen Jahren eine DOPPELGRABEGABEL mit 5 Zinken von unterschiedlicher Länge. 3 Zinken sind 28 cm und zwei nur 23 cm lang. Mit dieser Doppelgrabegabel lassen sich vor allem schwere Ton- und Lehmböden mühelos tief lockern, ohne daß die Bodenschichten verändert werden. Ein Einstich lockert ein Rechteck von 50 x 30 cm.

Die einfache Grabegabel nimmt man hauptsächlich zum Aufschichten von Kompostmaterial, soweit es nicht gehäckselt ist. Die großen Pflanzenteile lassen sich leichter mit der Grabegabel als mit dem Spaten oder der Schaufel heben.

Die SCHAUFEL benutzt man, wenn man gehäckseltes Material auf dem Kompost aufsetzt und die Zwischenschichten aus Mutterboden oder Kompost einstreut. Auch fertige Komposterde schaufelt man besser. Muß ein Komposthaufen umge-

setzt werden, bedient man sich ebenfalls der Schaufel.

Der KREIL sieht aus wie eine Grabegabel mit umgebogenen Zinken und heißt in Norddeutschland FELD- ODER GARTENHACKE. Dieses Gerät eignet sich zum Zerstoßen von Erdschollen und zum gleichzeitigen Einarbeiten von Kompost, Mulchkompost und Gründüngung in die Bodenoberfläche.

Man kann den Kreil auch zum Einebnen von Beeten verwenden. Rationeller macht man solch eine Arbeit allerdings mit der HARKE oder dem RECHEN, wie die Harke in Süddeutschland heißt.

Der KULTIVATOR oder die ZIEHHACKE hat schon lange die Schlaghacke verdrängt, weil man mit dem Gerät, das es mit 3 und 5 Zinken, starr oder verstellbar gibt, die fünf- bis siebenfache Leistung erbringt. Der Kultivator ist zum flachen Krümeln und Lockern des Oberbodeens geeignet.

Gartengeräte für den Biogarten:
a) Sauzahn, b) Hacke, c) Kreil, d) Grabegabel, e) Grubber, f) Doppelgrabegabel, g) Häufler, h) Doppelhacke, i) Kreil (vierzinkig), j) Rechen, k) Pflanzgabel, l) Verstellkultivator

Der GRUBBER ist ähnlich gebaut, nur kleiner. Das kleinste Gerät dieser Art ist der KLEIN-JÄTER. Grubber und Kleinjäter können zum Jäten engstehender Kulturen verwendet werden, wenn man fürchten muß, mit dem Sauzahn flachliegende Wurzeln zu beschädigen.

Die DOPPELHACKE ist auf der einen Seite mit einer kleinen Hacke, auf der anderen Seite mit 3 Zinken versehen und eignet sich zum Krümeln und Lockern der Bodenoberfläche und zum Jäten von flachwurzelndem Unkraut.

Zum Einpflanzen kleiner Gewächse braucht man handliche Geräte von geringen Ausmaßen. Da bietet sich die PFLANZSCHAUFEL an, mit der für kleine Stauden Pflanzlöcher ausgehoben werden. Mit dem PFLANZSPATEN wird vorbereitete lockere Beeterde einfach zur Seite geschoben. Mit dem ZWIEBELPFLANZER wird die Erde herausgestochen. In diese Pflanzlöcher kann man Tulpen- oder Osterglockenzwiebeln stecken. Kleinere Blumenzwiebeln, wie solche von Winterlingen, Krokussen und Schneeglöckchen, kommen in Löcher, die mit einem PFLANZER vorbereitet werden, der die Erde nach allen Seiten verdrängt.

Diese kleinen Geräte sind auch für Kinder, die sich gern im Garten betätigen möchten, gut geeignet.

Ein RASENMÄHER ist in einem herkömmlichen Garten meist vorhanden. Was macht man aber, wenn die im Biogarten erwünschte ökologische Wiese heranwächst? Zweimal im Jahr muß auch sie gemäht werden, im Hochsommer, wenn die Kräuter verblühen, und im Herbst. Wenn dann beispielsweise mannshoher Honigklee auf der Wiese steht, ist mit einem normalen Rasenmäher nichts anzufangen. Dafür sind inzwischen jedoch Wiesenmäher entwickelt worden. Wer geübt oder geschickt und körperliche Arbeit gewöhnt ist, mäht mit der Sense.

Zum Kompostmachen ist ein HÄCKSLER oder SCHREDDER sehr vorteilhaft, weil man mit ihm Äste, Sonnenblumenstengel und Herbstblätter zerkleinern kann. Diese Geräte gibt es noch nicht sehr lange. Bis dahin mußte man alles mit der Gartenschere zerschneiden. Das ist sehr zeitraubend. Außerdem gab es HANDHÄCKSLER. Sie sind auch heute noch auf dem Markt. Ihre Bedienung erfordert Kraft.

Die meisten MOTORHÄCKSLER mit einem Elektro- oder Benzinmotor zerkleinern sehr gut, aber sie sind oft nicht besonders geräuscharm. Bei der Anschaffung sollte man sich auf jeden Fall mehrere Häcksler vorführen lassen und darauf achten, daß das Gerät nicht zuviel Lärm macht, einen breiten Einfüllstutzen hat und der Weg für das Füllmaterial ohne Winkel und Ecken ist. Es gibt Häcksler mit Schneid- oder Schlagmessern und solche mit einem Hammerwerk, das beispielsweise Äste nicht schneidet, sondern zerfasert. Letztere Methode verkürzt die Verrottungsdauer. Außerdem ist solch ein Hammerwerk unempfindlich gegen Steine; denn es läßt sich kaum vermeiden, daß das aufzubereitende Material kleinere Steine enthält.

Die Gartengeräte sind meist aus Stahl und haben einen Lacküberzug, der an den Stellen der größten Reibung bald weggescheuert ist. Seit einigen Jahren gibt es Geräte aus Kupfer oder einer Kupferlegierung. Auch der Sauzahn wird aus einer Legierung von Silizium und Kupfer hergestellt.

Warum Kupfer statt Stahl?

In Bulgarien wurden im 19. Jahrhundert alle bisher gebrauchten Holzpflüge durch solche aus Stahl ersetzt. Schon bald zeigte sich ein Ernterückgang. Nur die in Bulgarien damals ansässigen türkischen Bauern, die sich keine stählernen Pflüge leisten konnten, hatten gleichbleibend gute Erträge. Es stellte sich heraus, daß die Stahlpflüge winzige Teilchen an den Boden abgaben. Diese Beimischung führte zu einem stärkeren Austrocknen des Bodens. Versuche mit Kupferpflügen ergaben im Vergleich, daß das wasserhaltende Kupfer bis zu 90% höhere Ernteerträge brachte.

Bodenaufbau

Wenn wir unseren Gartenboden betrachten, ist er im Idealfall dunkel und krümelig. Heben wir eine Grube für einen jungen Obstbaum aus, wird der Boden heller. Wir sehen, daß er aus Schichten besteht, die nach unten zu immer dichter werden. Auch auf einzelne größere Steine stoßen wir mit dem Spaten.

Würden wir noch weiter graben, stießen wir bald auf größere Felsbrocken und schließlich auf Felsen. Mit Erstaunen müssen wir feststellen, daß wir im Verhältnis zum Durchmesser der Erde auf einer sehr dünnen Erdschicht leben, die unsere Existenzgrundlage auf Erden ist.

In unvorstellbar lange zurückliegenden Zeiten entstanden die Urgesteine, wie beispielsweise der Granit. Später bildeten sich die Sedimentgesteine, wie Sandstein, Kalkstein, Schiefer. Etwa gleichzeitig bewirkte die Vulkantätigkeit die Entstehung weiterer Tiefengesteine, zum Beispiel Basalt.

95% der Erdkruste bestehen aus Tiefengestein, an der Oberfläche jedoch zu 70% aus Sedimentgestein. Dieses ist die Grundlage für die Bodenbildung, die durch Verwitterung hervorgerufen wird. Sie findet fortwährend statt.

Gestein wird von Wasser ausgewaschen. Dringt Wasser in eine Gesteinsspalte und gefriert, sprengt das Eis ein Stück Felsen ab. Kleinere Gesteinsbrocken reiben sich in fließendem Wasser aneinander. Der Abrieb ist fein zermahlener Boden.

Auch chemische Vorgänge tragen zur Bodenbildung bei. Minerale wie Augite, Feldspat, Glimmer, Hornblenden, Karbonate und Oxide werden angegriffen. Dadurch lösen sich Salze heraus.

Zier- und Gemüsegarten gesund gemischt

Dies ist das Ausgangsmaterial unseres Oberbodens, der zur Hälfte aus festen Stoffen besteht. Die andere Hälfte teilen sich Luft und Wasser, wobei wir unter Wasser eine Lösung verstehen müssen, die Salze und Schleimstoffe enthält. Auch die Luft ist nicht mit der Luft zu vergleichen, die wir einatmen. Sie enthält mehr Kohlendioxid und weniger Sauerstoff. Bei den festen Stoffen finden wir einen geringen Teil organische Substanz, in guter Gartenerde etwa 5%, in Waldböden 1–10%, in Moorboden 100%.

Am Wachstum der Pflanzen läßt sich erkennen, ob der Boden in Ordnung ist. Sehen wir Pflanzen dahinkümmern, ohne daß an den oberirdischen Teilen der Pflanzen irgendein Schaden zu erkennen ist, kann es nur am Boden liegen.

Wir sollten uns fragen, ob der Boden tiefgründig genug ist für die Pflanze, die an dem entsprechenden Standort gedeihen soll.

Bäume und Sträucher, die viele Jahre an ihrem Standort wachsen, brauchen einen tiefgelockerten, nährstoffreichen Boden. Pflanzlöcher müssen deshalb immer so groß und tief sein, daß die Pflanzenwurzeln viele Jahre mit allen Nährstoffen versorgt sind und die Wurzeln leicht ins umliegende Erdreich vordringen können.

Wasser darf sich nirgends anstauen, wie es leicht auf tonhaltigem Unterboden geschehen kann. In solchen Fällen muß man sich zu einer Drainage entschließen.

Auch reichliches Gießen mit hartem Wasserstrahl oder der Gießkanne ohne aufgesetzte Brause kann zu Schwierigkeiten führen. Einmal ist ein zu hoher Tonanteil Schuld daran, daß der Oberboden seine Poren schließt. In diesem Fall muß der Boden gelockert werden. Ein anderes Mal verschlämmt der Boden, was zu Oberflächenabfluß des Wassers führt. In beiden Fällen kann auch keine Luft in den Boden eindringen. Ebensowenig kann das sich bildende Kohlendioxid ausgeatmet werden.

Die Natur erhält sich ihre gesunde Bodenschichtung durch Bodenbedeckung mit Pflanzresten, hier eine Braunerde, ein häufiger Boden in unseren Wäldern, auf dem alle Baumarten gedeihen.

Rotteschicht

Humus und
Mutterboden

Mineralschicht

Felsgestein

Boden-untersuchung

Die Bodendüngung und -pflege richtet sich nach dem vorhandenen Bodentyp. Dieser ist je nach Entstehung unterschiedlich. Die verschiedenen Böden sind durch Verwitterung von Festgesteinen, wie Granit, Basalt, Sandstein, Flußablagerungen, die aus Kies und Ton bestehen, Windablagerungen von Löß und Schluff, aber auch durch Vermahlen von Gestein durch Gletschereis oder durch Vulkanausbrüche entstanden.

Bodentypen

Grob eingeteilt gibt es 4 Bodentypen:

Sand

ist sehr durchlässig und trocknet daher im Sommer leicht aus. Durch seinen hohen Quarzanteil erwärmt er sich schnell. Andere Minerale, die für die Ernährung der Pflanzen sehr wichtig sind, fehlen dafür ganz. Daher ist Sandboden von geringer Fruchtbarkeit. Die rasche Erwärmung und schnelles Abtrocknen im Frühjahr machen ihn für frühe Kulturen geeignet. Wegen seiner raschen Erwärmung und seiner Durchlässigkeit wird er Anzuchterden beigemischt. Sandböden kommen rein oder gemischt mit einem kleineren oder größeren Lehmanteil vor.

Tonböden

haben meist reichlich Nährstoffe, sind aber wenig durchlässig, neigen zu Staunässe und erwärmen sich nur langsam. Bei Trockenheit werden sie sehr hart und reißen. Ist der Tongehalt sehr hoch, ist die Bearbeitung sehr anstrengend.

Bodenprobe: Sand rieselt durch die Finger, wenn man ihn in die Hand nimmt. Auch lehmiger Sand bindet nicht. Selbst stark sandiger Lehm läßt sich noch nicht zu einer dünnen Rolle ausrollen.

Kulturmaßnahmen bei Sandboden:

- Stein- und Tonmehle einarbeiten
- lehmhaltigen Kompost oberflächig untermischen
- Bodenbedeckung
- Alginure-Bodengranulat

Sandboden   tonhaltiger Lehm   humoser Boden

Bodenprobe: Reiner Ton ist weich wie Butter, läßt sich leicht kneten und hat eine glänzende Oberfläche. Lehmiger Ton verhält sich genauso, knirscht jedoch zwischen den Zähnen.

Kulturmaßnahmen bei Tonböden:

◉ In den Unterboden wird Alginure-Bodengranulat und Algomin eingearbeitet. Dazu kann man den Boden im Herbst in Hügelreihen aufgraben und mit den genannten Mitteln mischen. Der Frost findet bei Hügelreihen eine größere Oberfläche. Es entsteht die erwünschte Frostgare. Im Frühjahr vor der Aussaat oder dem Pflanzen von Gemüsekulturen erst einmal Senf oder Rotenburger Gemenge in den geebneten Boden einsäen. Hier sollten Regenwürmer, die man kaufen kann, eingesetzt werden. Sie drainieren den Boden mit der Zeit. Etwas Sand und Kompost sollten jedes Jahr eingearbeitet werden. Tonböden können bei richtiger Behandlung sehr fruchtbar sein.

Lehmböden

sind fruchtbar, aber je nach Mischungsverhältnis von Sand und Ton mehr oder weniger schwer zu bearbeiten. Ihr Humusgehalt ist gut. Wasser, Luft und Wärme können sie gut speichern.

Bodenprobe: Lehm läßt sich ebenfalls kneten, zeigt aber eine stumpfe Oberfläche. Humoser Lehm dagegen hält locker zusammen und krümelt, wenn man ihn zwischen den Fingern zerdrückt.

Kulturmaßnahmen bei Lehmböden:

◉ Kompost flach einarbeiten
◉ Bodenbedeckung
◉ Gründüngung

Moorböden

sind aus abgestorbenen Pflanzenresten entstanden. Hochmoorboden ist nährstoffarm und reagiert sauer. Niedermoorboden ist dagegen kalkhaltig und neutral bis schwach alkalisch.

Bodenprobe: Moorboden ist torffreich und läßt sich wie ein Schwamm zusammendrücken.

Kulturmaßnahmen bei Moorböden:

Hochmoorerde verbessert man mit Kalk, Steinmehl, Kompost und Alginure-Bodengranulat. Ebenso macht man es mit Niedermoorboden. Den Kalk läßt man jedoch weg. Aus beiden Moorböden kann dann lockere, nährstoffhaltige Gartenerde werden.

Es gibt noch eine einfache Methode, um als Laie festzustellen, welchen Boden man im Garten hat. Dafür braucht man ein Marmeladenglas.

Den Boden entnimmt man an mehreren Stellen im Garten aus 20–30 cm Tiefe und mischt ihn. Dann füllt man das Glas mit einer Handvoll dieser Erde und gießt so viel

Wasser dazu, daß das Glas etwa dreiviertel gefüllt ist. Zuletzt rührt man gründlich um. Das Glas läßt man dann einige Zeit stehen. Sand sinkt auf den Boden des Glases und hinterläßt im oberen Teil fast klares Wasser. Bei Lehmboden bleibt das Wasser trüb und erdig-braun. Nur ein Teil der Erde sinkt auf den Grund. Bei humosem Boden färbt sich das Wasser erdbraun, ist aber durchsichtig. Ein Teil der Erde sinkt ab, ein anderer Teil schwimmt als dunkle Humusschicht auf der Oberfläche. Außerdem schwimmen oft kleine fasrige Pflanzenreste im Wasser.

Kernnährstoffe (NPK)

Ein gesundes Pflanzenwachstum setzt die 3 Kernnährstoffe Stickstoff, Phosphor und Kali voraus. Dazu kommen Mineralstoffe und Spurenelemente.

Mit Kompostgaben, Gründüngung und Bodenbedeckung hat man bereits viel für die Güte des Bodens getan und auch für diese Nährstoffe gesorgt. Will man allerdings intensive Gemüsekulturen anlegen, braucht man zusätzlich Handelsdünger, die wir auch Fremddünger nennen, weil sie nicht aus dem eigenen Garten entnommen sind.

Stickstoff (N)

Pflanzen brauchen Stickstoff, weil sie ihn in Eiweiß umwandeln. In der Luft ist genügend Stickstoff vorhanden, den die Pflanzen unter Mithilfe von Bakterien aufnehmen. Bekannt sind die Knöllchenbakterien bei den Leguminosen, die in den Wurzeln der Wirtspflanzen Stickstoff anreichern. Durch Gründüngung wird den Pflanzen ausreichend Stickstoff im Boden zugeführt, ohne daß man befürchten muß, diesen mit Stickstoff überdüngt zu haben. Organische Stickstoffdünger sind Blutmehl, Hornmehl und Hornspäne, Rizinusschrot, Schafs- und Ziegenmist. Mit diesen Handelsdüngern muß man sparsam umge-

hen. Überdüngung mit Stickstoff führt zu Geilwuchs und macht die Pflanzen anfällig für Krankheiten. Die Pflanzen schießen, bringen es aber nur zu unzureichender Blüten- und Fruchtbildung. Eine Bodenabdeckung aus Stroh bringt hier Abhilfe. Stroh reißt Stickstoff an sich, weil es ein weites C-N-Verhältnis hat.

Stickstoffmangel führt zu gelblicher Blattfärbung.

Phosphorsäure (P_2O_5)

wirkt blüten- und fruchtbildend, aber auch die junge Saat und frisch gepflanzte Jungpflanzen brauchen ausreichend Phosphor für die Wurzelbildung.

Bevor man neue Kulturen anlegt, sollte der Boden deshalb mit einer geringen Gabe von Knochenmehl, einem Gemisch aus Horn-, Blut- und Knochenmehl, Peru-Guano oder Geflügelmist bedacht werden. Besser ist es, diese Gaben im Kompost zu haben, wo sie bereits von Mikroorganismen verarbeitet worden sind.

Ein ausreichend humoser Boden, der ein reiches Bodenleben aufweist, braucht nicht mit Phosphor bedacht zu werden. Besonders im Sommer und Herbst, wenn die Bodenorganismen rege arbeiten, enthält der Boden viel Phosphorsäure.

Eine Überdüngung mit Phosphor behindert die Aufnahme von Eisen, Kupfer und Zink. Die dadurch entstehenden Chlorosen bewirken starke Wachstumsstörungen.

Phosphormangel ist für die violette bis rotbraune Färbung der Blätter, vor allem der Blattunterseiten verantwortlich.

Kali (K_2O)

Von besonderer Bedeutung für die Pflanzenwelt ist Kali. Es ist für die Saftzirkulation von der Wurzel zum Blatt und umgekehrt verantwortlich, festigt das Pflanzengewebe und ist auch an der Wurzel- und Knollenbildung stark beteiligt.

An sich ist Kali in ausreichenden Mengen im Boden vorhanden. Es bedarf allerdings der Umwandlung durch die Bodenorganismen in eine für die Pflanzen zugängliche Form. Kalidünger sind Rinderdung, Holzasche, Algenpräparate, Rizinusschrot, Geflügel- und Schweinemist und Kalimagnesia (Patentkali).

Kalimangel führt zu niedrigem Pflanzenwuchs. Die Blätter bekommen braune Ränder und sterben schließlich ab. Die ganze Pflanze kann plötzlich eingehen.

Aber auch eine Kaliüberdüngung führt zu Wachstumshemmung. Es können Kalk- und Magnesiummangel entstehen.

Kalk

Der Säuregrad (pH-Wert) des Bodens wird von Kalk beeinflußt. Kalk ist auch für die so erwünschte Bodenkrümelung und die Bodenlockerung verantwortlich.

Spurenelemente

Neben den Kernnährstoffen und den Mineralstoffen brauchen die Pflanzen auch Spurenelemente. Im Biogarten sind diese im Boden allgemein in ausreichenden Mengen und in ausgewogenem Verhältnis vorhanden. Durch Bodenbedeckung, Gründüngung und Kompost kann kein Mangel an Spurenelementen auftreten. Trockenheit, Staunässe und Überdüngung sind häufig die Gründe für Mangelerscheinungen.

So wird zum Beispiel in trockenen Sommermonaten, wenn der Boden austrocknet, ein Mangel an den Spurenelementen Kupfer, Bor und Mangan festgestellt, während es diesen in feuchten Wachstumsperioden nicht gibt. Auch stauende Nässe erzeugt Bodenverhältnisse, bei denen die Pflanzen Spurenelemente nicht aufnehmen können.

Ein zu reichlicher Zusatz von Kalk macht den Pflanzen alle Spurenelemente außer Molybdän unzugänglich. Die Überdüngung mit Kali führt zu Bormangel.

Vitamine

Spurenelemente sind für die Anreicherung der Pflanzen mit Vitaminen verantwortlich. Kupfergehalt im Boden reichert in Pflanzen Vitamin C und Provitamin A an. Bor beeinflußt die Entstehung von Vitamin B_1 und Nikotinsäure. Mangan regt die Bildung von Vitamin E an. Molybdänmangel läßt in den Pflanzen den Vitamin-C-Gehalt zurückgehen. Manganüberschuß, der nur in sauren Böden auftritt, verursacht einen Rückgang an Vitaminen.

Auch hier läßt sich erkennen, daß eine ausgewogene indirekte Düngung über die Kompostbereitung und die direkte Herbstdüngung vor Düngeschäden bewahrt.

Kernnährstoffgehalt von Dünger in %				
Dünger	Stickstoff N	Phosphor P	Kali K	Kalk Ca
Blutmehl	12	1,3	0,7	0,8
Brennesseljauche (10%iger Ansatz)	0,07	0,003	0,021	0,026
Fischguano	8	13	0,3	16
Guano (Peru)	6	12	2	12
Holzasche	–	3	11	35
Hornspäne	12	5	–	6
Horn-, Blut-, Knochenmehl	9	12	0,3	13
Hühnermist	3	4	2,5	12
Knochenmehl, entleimt	3	22	0,2	30
Pferdemist (frisch)	0,5	0,3	0,4	0,2
Rinderdung (getr. Kalif.)	1,6	1,5	4,2	4,1
Schafsmist (mit Streu)	0,8	0,2	0,7	0,4

pH-Werte des Bodens

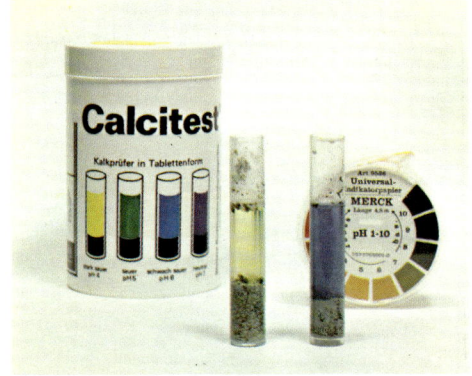

2 pH-Wert-Ergebnisse, ermittelt mit dem Kalkprüfer: links Gelbfärbung = stark sauer, rechts Violettfärbung = neutral.
Das abgebildete Indikatorpapier eignet sich mehr für die ph-Wert-Bestimmung von Flüssigkeiten wie Wasser, Pflanzenjauchen oder -brühen.

Die Fruchtbarkeit eines Gartenbodens ist auch vom Säuregehalt des Bodens abhängig, vom pH-Wert (pH = Abkürzung von potentia hydrogenii = Wasserstoffstärke). Die meisten Pflanzen bevorzugen einen leicht sauren Boden in dem engen Bereich zwischen 6 und 7,5. Letzterer Wert ist bereits schwach alkalisch. In diesem Bereich fühlen sich beispielsweise alle Gemüsepflanzen wohl.

Moorbeetpflanzen, wie Erika, Azaleen und Rhododendron, wachsen am besten auf saurem Boden, der einen pH-Wert von etwa 4,5 hat. Diese Pflanzen bereiten sich an ihrem Standort sogar mit der Zeit einen sauren Boden. Das machen übrigens alle Pflanzen; sie schaffen sich ihren Boden mit dem pH-Wert, der ihnen am zuträglichsten ist. Daran sehen wir, daß die Pflanzen einen regen Austausch mit dem Boden pflegen, nicht nur der Boden die Pflanzen beeinflußt, sondern auch die Pflanzen den Boden.

Die Bodentypen haben einen pH-Wert, der sie für bestimmte Pflanzen geeignet macht. So sind sandige Böden je nach Zusammensetzung sauer bis schwach sauer. In humosen lehmigen Böden liegt die Bodenreaktion bei 6,5. Tonhaltige Böden weisen einen schwach alkalischen bis neutralen pH-Wert auf.

Sollen unsere Gartenpflanzen gut gedeihen, müssen wir ihnen von Anfang an den Boden, den sie bevorzugen, schaffen. Wir können Böden durch Kalk und Torf beein-

flussen. Je mehr Kalk eine Gartenerde enthält, desto alkalischer ist sie. Mit Torf erreichen wir das Gegenteil: Der Boden wird sauer.

Eine dritte Möglichkeit bietet Alginure-Bodengranulat. Es puffert im Boden alle Stoffe, die der dort wachsenden Pflanze nicht bekommen. Durch Einarbeiten dieses Mittels in den Boden kann man deshalb erreichen, daß Pflanzen, die ganz unterschiedliche pH-Werte verlangen, einträchtig nebeneinander wachsen.

Im Handel sind mehrere Kalkprüfer erhältlich. Sie reagieren in verschiedenen Farben. Auf beigefügten Farb- und Zahlentabellen kann man die Werte ablesen. Dabei bedeuten niedrige Zahlen einen extrem sauren pH-Wert. Die Zahl 7 gilt als neutraler Wert. Die Zahlen darüber geben immer alkalischere Werte an.

pH-Wert	3	4	5	6	7	8	9
	extrem	sehr stark	stark	mäßig	schwach	schwach	stark	extrem
		sauer				neutral		alkalisch

Der günstigste pH-Wert des Bodens für gebräuchliche Gartenpflanzen (Mittelwert)

Beerensträucher		**Tulpen**	6,75	**Ölrettich**	7,5
Blaubeere	4,5	Veilchen	6,75	Perserklee	7,0
Brombeere	6,0	Vergißmeinnicht	7,5	Phacelia	6,4
Erdbeere	6,5	Wicken	7,5	Serradella	5,0
Himbeere	6,0	Zinnien	6,75	Sommerwicken	7,0
Johannisbeere	6,75			Weißer Steinklee	7,0
Kulturheidelbeere	5,0	**Gemüse**		Winterraps	8,0
Preiselbeere	5,25	Blumenkohl	6,75	Winterwicke	6,5
		Bohnen	6,25		
Blumen		Endivien	6,75	**Hackfrüchte**	
Akelei	6,75	Erbsen	6,75	Kartoffeln	5,25
Anemonen	6,0	Grünkohl	6,75	Steckrüben	6,0
Astern	6,75	Gurken	6,75		
Begonien	6,0	Knoblauch	6,75	**Nußbäume**	
Canna	6,75	Kohlrabi	6,75	Haselnuß	6,2
Chrysanthemen	6,75	Kürbis	6,0	Mandeln	6,5
Clematis	6,75	Mangold	6,75	Walnuß	6,75
Dahlien	6,75	Meerrettich	6,75		
Erika	4,5	Möhren	6,75	**Obstbäume**	
Fuchsien	5,5	Petersilie	6,75	Apfel	6,75
Gänseblümchen	6,0	Porree	6,75	Birne	6,75
Geranien, Pelargonien	7,5	Radieschen	6,75	Kirsche	6,75
Gladiolen	6,75	Rettich	6,75	Pfirsich	6,75
Hortensien	4,5	Rhabarber	6,75	Pflaume	7,5
Hyazinthen	6,75	Rosenkohl	7,0	Quitte	6,75
Iris	6,75	rote Bete	6,75		
Kornblumen	6,75	Rotkohl	6,75	**Rasen**	6,75
Krokus	6,75	Salat	6,75		
Lilien	6,0	Schwarzwurzel	7,0	**Ziersträucher**	
Löwenmäulchen	6,75	Sellerie	6,75	Azaleen	4,5
Lupinen	6,0	Spargel	7,5	Efeu	6,75
Maiglöckchen	5,25	Spinat	6,75	Farne	5,25
Margeriten	6,75	Tomaten	6,0	Flieder	6,75
Nelken	6,75	Wassermelonen	6,0	Rhododendron	4,5
Osterglocken	6,0	Weißkohl	6,75		
Petunien	7,5	Wirsing	7,0		
Pfingstrosen, Päonien	6,75	Zwiebeln	6,75		
Phlox	6,0				
Primeln	7,5	**Gründüngung**			
Rittersporn	6,0	Esparsette	8,0		
Rosen	6,75	Futtererbse	7,5		
Schneeglöckchen	6,75	Gelbklee	7,0		
Sonnenblumen	6,75	gelbe Lupine	5,4		
Stiefmütterchen	6,0	Inkarnatklee	6,2		

Boden-
verbesserung

Wenn man einen Gartenboden verbessern will, bedeutet das nicht, möglichst viel Dünger in die Erde zu bringen. Nein, alle unsere Maßnahmen zur Gewinnung eines fruchtbaren Bodens geschehen mit dem Ziel, den Bodenorganismen möglichst zu helfen.

Eine Handvoll Gartenerde beherbergt mehr Lebewesen als Menschen auf der Erde sind. Wir kennen meist nur den Regenwurm, weil er zu sehen ist. Es gibt jedoch außer ihm unzählige unsichtbare Humusproduzenten in der Oberschicht des Bodens, beispielsweise Wimpertierchen, Amöben, Bakterien und Algen. Da sind Milben, Fadenwürmer, Hefe- und andere Pilze, Geißeltierchen, Wechseltierchen, Borstenwürmer, Spinnen, Asseln, Vielfüßler, Springschwänze, Käfer und Mücken am Werk.

Man schätzt, daß in 1 ha gut gepflegtem Boden 5 t Organismen leben. Sie alle sind durch ein komplexes Netz von Wechselbeziehungen verbunden. Jeder dieser Organismen liefert seinem Nachbarn Nahrung in Form von Beuteresten, Stoffwechselprodukten oder gar sich selbst.

Am wichtigsten in diesem System ist der Regenwurm, der mehrere Meter tiefe Gänge in die Erde baut und damit eine gute Belüftungs- und Drainageanlage schafft. Er zerkleinert Tier- und Pflanzenreste, bereitet sie auf und vermischt sie mit Erde. Bei einer regen Population graben Regenwürmer in wenigen Jahren den ganzen Gartenboden um.

So wird organische Substanz durch Bodenorganismen und chemische Reaktionen bei genügender Bodenbelüftung und neutralem pH-Wert zu Huminstoffen. Durch Mengen und Kneten werden im Darm des Regenwurms aus Huminstoffen und Tonmineralen die Fruchtbarkeit bringenden Ton-Humus-Komplexe.

Bei der Arbeit der Bodenorganismen werden die einzelnen Bodenbestandteile miteinander zur Krümeln verbaut. Bakterien

Boden aus 35 cm Tiefe mit Regenwürmern und Löchern von Gängen

Regenwurmkot, der voller Nährstoffe ist und mit dem die Regenwürmer ihre Gänge verschließen.

Im Boden einer Blumenwiese entwickelt sich reges Leben.

schwimmen als Kolonien in dem auf der Oberfläche der Teilchen vorhandenen Wasserfilm. Humuskolloide, Silikate, Quarzteilchen und Tonkolloide werden durch Schleimstoffe der Bakterien verklebt. Pilzfäden, wie beispielsweise die Ausläufer von Strahlenpilzen, verstreben zusätzlich die Einzelteile. Auch Haarwurzeln der Pflanzen halten die Krümel zusammen.

Es ist wenig bekannt, welche Länge Wurzelwerk hat. Nach Pauli besitzt eine normale Winterroggenpflanze ein Wurzelwerk von 400 km Länge, das ständig in der Streckungszone vergeht und erneuert wird. Auf dem Quadratmillimeter der Wurzelstreckungszone befinden sich 400 Wurzelhaare. Das ergibt einen dichten Pelz von etwa 1200 Milliarden Einzelhärchen. Die Wurzelenden sind sehr sensibel und folgen sowohl Wurzelröhren von verrotteten Wurzeln als auch Regenwurmgängen, in denen sie auch gleich die aufbereiteten Nährstoffe, den Regenwurmkot, finden. Dieser enthält zehnmal mehr Stickstoff, zweimal soviel Phosphor und dreimal soviel Kali wie der umliegende Boden.

Es wird häufig behauptet, daß die Anwendung von Agrarchemie keine Folgen für das Leben der Bodenorganismen hat. Dabei beruft man sich auf wissenschaftlich fundiert erscheinende Versuche.

Prüft man die Versuchsabläufe, so trifft man allerdings auf Ungereimtheiten. Eine Fehlerquelle ist die Kürze der Versuchszeit. Oft geschieht den Bodenlebewesen bei angeblich unbedenklicher Menge eines chemischen Wirkstoffes nichts. Wenn der Versuch längst beendet ist, ergibt sich für die Wissenschaftler, die weiterforschen, daß die Population sich verringert, was eine Kettenreaktion für das ganze System der Mikroorganismen, einen milliardenfachen Schaden an lebenden Organismen im Boden und an Nährstoffen bedeutet.

Pflanzeneigene Stickstoffabriken

Der Pflege der Bodenorganismen dient auch das Wissen über ein günstiges Verhältnis zwischen Kohlen- und Stickstoff. Die Bodenorganismen brauchen den Kohlenstoff als Energie und den Stickstoff als Grundlage, um genügend eigenes Eiweiß herstellen zu können. Dabei ist ein Verhältnis von 30 Teilen Kohlenstoff (C) und 1 Teil Stickstoff (N) das ausgewogenste.

Ob es sich nun um Substanzen für die Bodenbedeckung oder den Kompost handelt, immer sollte darauf geachtet werden, daß die Mikroorganismen kohlen- und stickstoffhaltige Nahrung in einem günstigen Verhältnis vorfinden.

Ein enges und damit günstiges C/N-Verhältnis haben Grünmasse, wie Rasenschnitt und Unkraut, Stroh von Erbsen und Bohnen, die Grünmasse und Wurzeln von Gründüngungsleguminosen, Gemüseabfälle, Kartoffelkraut, Tierdung und organische Küchenabfälle. Auch Fichtennadeln und Schwarztorf sind günstig. Während Laub von Bäumen und Weißtorf schon verhältnismäßig mehr Kohlenstoff enthalten, ist das C/N-Verhältnis von Getreidestroh 50–150:1 und das von Sägemehl über 500:1. Bei letzteren Substanzen sollten immer Blut- und Hornmehl, Hornspäne, Rizinusschrot oder auch Schafs- oder Ziegenmist mitverwendet werden.

Als Dünger aus dem eigenen Garten eignet sich besonders die stickstoffreiche Brennnesseljauche, die im Verhältnis 1:10 verdünnt werden muß.

Auch die Bodenorganismen selbst haben ihre eigene Stickstoffgewinnung. Dafür gibt es spezialisierte stickstoffsammelnde Bakterien. Sie leben mit Schmetterlingsblütlern (Leguminosen) in Symbiose. Diese engen Lebensgemeinschaften, die sowohl für die Bakterien als auch für die Pflanzen von lebensnotwendigem Nutzen sind, gehen in den Wurzelknöllchen eine Verbindung ein.

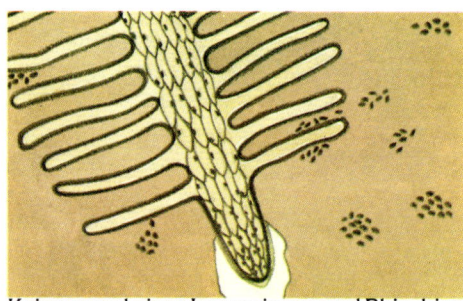

Keimwurzel einer Leguminose und Rhizobien (Bakterien, die Stickstoff binden)

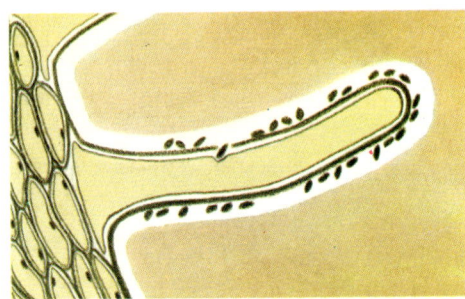

Die Rhizobien dringen bis in die Schleimhülle eines Wurzelhaares vor.

Krümmung des Wurzelhaares

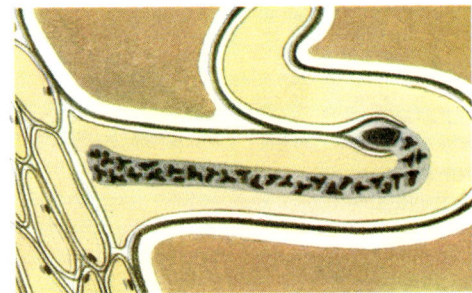

Wanderung der Rhizobien zur Wurzelrinde

Dabei dringen Bakterien der Gattung Rhizobium, die in Kolonien im Boden vorhanden sind, in die Schleimhülle der Wurzelhaare von Keimwurzeln der Leguminosen. Dort sondiert die Pflanze Freund und Feind. Die Freunde, die Rhizobien, dürfen in das Wurzelhaar eindringen. Dabei krümmt sich das Wurzelhaar zusammen und baut den Rhizobien einen Schlauch durch sein Inneres auf, den die Eindringlinge benutzen, um zur Wurzelrinde vorzudringen. Dort verändern die bisher noch von der Pflanze ernährten Bakterien ihre Gestalt und werden zu Bakteroiden, die Luftstickstoff zu binden vermögen. Die starke Vermehrung der Bakteroiden führt bei der Pflanze zur Ausbildung der Knöllchen. In älteren Knöllchen werden Bakteroide von ihrer Wirtspflanze als Stickstoffnahrung aufgezehrt. Durch künstliche Stickstoffdüngung wird die Bildung dieser Lebensgemeinschaften stark beeinträchtigt.

Diese Lebensgemeinschaft wird noch durch andere Organismen ergänzt. Es sind zellulosezersetzende Bakterien, die stickstoffbindende Bakterien mit Zelluloserückständen versorgen, die Bakteroide unbedingt brauchen, um Stickstoff binden zu können. Die Gegenleistung besteht in der Lieferung von bestimmten Stickstoffverbindungen. Zur Vermehrung des für die Pflanzen so lebenswichtigen Stickstoffs kann man im einschlägigen Handel Bakterienkulturen kaufen. Das ist besonders wichtig zu Beginn der Umstellung, denn in Böden, die mit Kunstdünger behandelt worden sind, gibt es kaum stickstoffsammelnde Bakterien. Diese Kulturen vermehren sich nur bei einem pH-Wert von etwa 6 im Boden. Der Boden muß locker und gut durchlüftet sein und eine ausreichende Menge organische Substanz zur Verfügung haben. Man vermischt die Packung Bakterienkultur mit einem knochenmehlhaltigen Dünger, 1 kg Brennesselpulver und bei zu niedrigem pH-Wert mit dem Korallalgenkalk Algomin. Zusammen mit etwas Kompost wird diese Mischung flach in 250 m² Boden eingearbeitet.

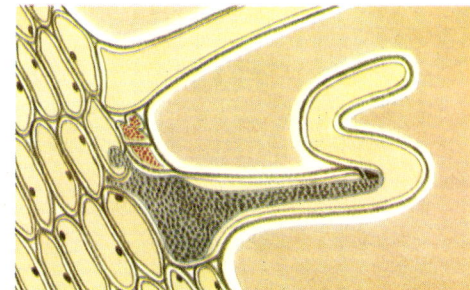

Vermehrung in der Wurzelrinde

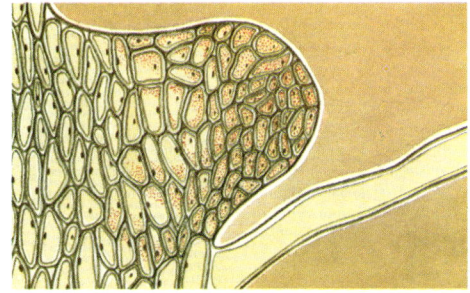

Die Pflanze bildet daraufhin ein Knöllchen.

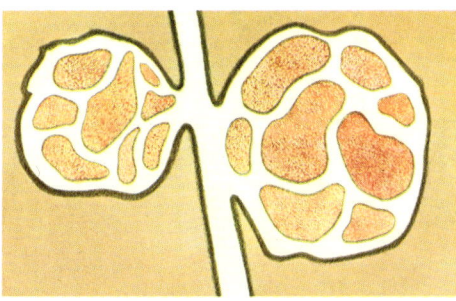

Junge Wurzelknöllchen

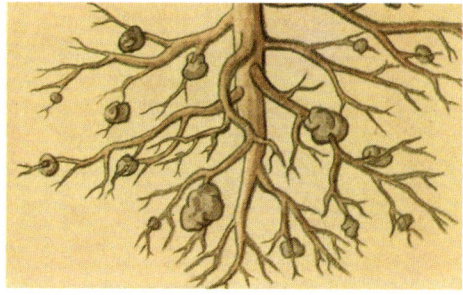

Leguminosenwurzel mit Wurzelknöllchen

Pufferung von Schadstoffen im Boden

Bei der Umstellung eines Gartens auf biologischen Anbau ist es eine Frage der Zeit, bis alle im Boden enthaltenen Schadstoffe abgebaut oder umgewandelt werden können. Dazu kommen bei jahrelang gegen die Natur behandelten Böden die rasche Verhinderung weiterer Erosion, die möglichst schnelle Steigerung der Fruchtbarkeit, die Erhöhung der Wasserhaltefähigkeit des Bodens und die gesteigerte Vermehrung der Bodenorganismen.

Die Entstehung von Boden geschieht durch Verwitterung von Gesteinen und Abbau von organischer Substanz. Es bildet sich einerseits durch Abrieb, chemische Reaktionen, Wärme- und Kälteeinwirkung aus Fels fein zerriebenes Material bis zur Tonfraktion. Aus dem verwitterten Gesteinsprodukt entstehen neue Tonminerale, wie Kaolinit, Illit und Montmorillonit. Diese Tonminerale verharren in einem kolloidalen Zustand. Bei hoher Salzkonzentration im Boden und veränderter Bodenreaktion kristallisieren die Tonminerale aus. Es entstehen Salze.

Auch aus pflanzlichem Material können nach entsprechender Rotte stark zersetzte organische Substanzen und schließlich anorganische Mineralstoffe entstehen. Durch Mikroorganismen und chemische Reaktionen bilden sich aus pflanzlichen und tierischen Rückständen bei Luftzufuhr und neutralem pH-Wert Huminstoffe. Mineralstoffe und Huminstoffe gehen Verbindungen ein. Der Durchgang durch den Darm des Regenwurms schafft die Ton-Humus-Komplexe.

Der völlige Abbau von organischen Resten, Verwitterung von Gestein und der Aufbau über Tonminerale und Huminstoffe zu beständigen Ton-Humus-Komplexen stellen Prozesse dar, die über Jahrhunderte, sogar Jahrtausende, verlaufen. Um einen degenerierten Boden in einem vertretbaren Zeitraum aufzubauen, reicht es nicht aus, Kompost, organischen Dünger, natürlichen Mineraldünger und Bodenbedeckung einzusetzen. Hier kann man ein Konzentrat aus braunem Seetang anwenden, das reich an Huminsäuren ist.

Während pflanzliche, tierische und menschliche Abfälle in den verschiedenen Stadien ihres Zerfalls eine Quelle von Huminstoffen sind, begünstigen diese jedoch nur vorübergehend eine gute Bodenstruktur, biologische Aktivität, Wasser- und Nährstoffspeicherung und Pufferung, weil diese Huminstoffe weitgehend eine unstabile Form besitzen.

Nach einer Behandlung mit dem Präparat Alginure aus braunem Seetang kann man mit jahrelanger Fruchtbarkeit des Bodens rechnen, wenn man nachfolgend durch Kompostwirtschaft, Bodenbedeckung und Gründüngung immer wieder Huminstoffe entstehen läßt. Denn Alginure ersetzt keineswegs diese Zurückführung der aus dem Garten entnommenen Substanzen, aber mit einer Gabe Alginure werden diese wertvollen, immer neu entstehenden Stoffe stabilisiert und steigern die Fruchtbarkeit.

Aus Gestein (a) entstehen durch Verwitterung Tonminerale (b), aus Pflanzen (c) durch Verrottung Huminstoffe (d); b und d werden zu Ton-Humus-Komplexen (e), hier 1 Ton-Humus-Komplex in starker Vergrößerung.

Durch Alginure, das es je nach Anwendungsgebiet in verschiedenen Aufbereitungen gibt, erreichen wir eine außergewöhnliche Wirtschaftlichkeit. Der Wasserverbrauch wird erheblich eingeschränkt, da Alginure im Boden das 300fache seines Eigengewichts an Wasser aufnimmt und hält. Das Wasser wird im Boden kolloidal gebunden und ist den Pflanzenwurzeln durch Osmose zugänglich. Es gelangt nur durch Verdunstung aus den oberirdischen Pflanzenteilen in die Luft, nicht aber direkt aus dem Boden.

Diese Verdunstung läßt sich auch noch einschränken, indem man Alginure-Verdunstungsschutzspray anwendet. Es überzieht die Pflanze mit einer feinen, halbdurchlässigen Membrane, welche die Pflanzenatmung nicht behindert, die Pflanze jedoch vor zu starkem Wasserverlust schützt. Auch die Einwirkung von Schadstoffen aus der Luft wird verringert.

Das ausgezeichnete Nährstoffspeichervermögen von Alginure schützt den Boden vor Nährstoffverlusten und stellt den Pflanzen deshalb jederzeit die nötigen Nährstoffe zur Verfügung. Durch Alginure, das man als Granulat in den Boden und jedes Pflanzloch einarbeitet, ist eine gute Bodenkrümelung gewährleistet, die den Pflanzenwurzeln die richtige Belüftung verschafft.

Toxische Stoffe werden von Alginure gepuffert (adsorbiert) und aus der Bodenlösung entfernt, so daß die Wurzeln sie nicht mehr aufnehmen können. Dieser Vorzug ist bei der Umstellung eines Gartens auf biologischen Anbau besonders schätzenswert. Sobald die erste Gabe Alginure im Boden zur Auswirkung kommt, ist daher der biologische Anbau einwandfrei.

Alginure macht den Pflanzenwurzeln einen größeren Umkreis im Boden zugänglich, was zu einem stärkeren Nährstoffangebot führt, denn durch Alginure tritt bei Neupflanzungen eine sofortige Bewurzelung und ein tieferer Wurzelausschlag ein.

Ebenso werden bestehende Pflanzenbestände schneller bewurzelt. Die feinen Wurzelenden mit ihren unzähligen Wurzelhaaren werden nämlich bei jeder Pflanze ständig erneuert. Wie schnell das geschieht, hängt von der Qualität des Bodens ab. Alginure erschließt den Pflanzen immer neue Nährstoffe. So setzt Alginure Gesteinsphosphor frei und das an Kali gebundene Eisen. Die dem Rohmaterial von Alginure entstammenden Minerale sind als Spurenelemente im Präparat in gepufferter Form enthalten und werden den Pflanzenwurzeln nach Bedarf zugänglich.

Da sich Mikroorganismen in Gegenwart von Alginure rasch vermehren, wird die Verrottung organischer Substanzen gefördert. Der Boden erwärmt sich rasch und bekommt schnell eine dunkelbraune Färbung. Die durch gute Ernährung stabilisierte Entwicklung der Pflanzen macht sie widerstandsfähig gegen Windbruch und Wolkenbrüche.

Auch ausgezeichnete Böden können mit der Zeit Mangelböden werden. Die Pflanzen an einem solchen Standort schießen in die Höhe, um noch die Samenbildung zu erreichen. Meist glaubt man, die Pflanzen seien überaltert. Eine Gabe Alginure in die Wurzelregion normalisiert das Wachstum wieder. Die Pflanzen zeigen ihre alte Schönheit. Mit Hilfe von Alginure können ausgewachsene Pflanzen ohne Bedenken und mit sichtbarem Erfolg von einem Standort an den anderen verpflanzt werden. Innerhalb von wenigen Tagen zeigen Bäume und Sträucher durch ihr Wachstum an, daß die Bewurzelung nach der Pflanzung sofort begonnen hat.

Gartenbesitzer möchten oft Pflanzen nebeneinandersetzen, die für ein gesundes Wachstum unterschiedliche pH-Werte brauchen. Hat man Alginure in den Boden gebracht, kann man ohne Bedenken Moorbeetpflanzen, wie Heide oder Azaleen, mit einem pH-Wert von 4,5 neben Dahlien oder Rosen, deren pH-Wert 6,75 beträgt, pflanzen.

Damit die Verbindung zwischen Pflanzenwurzel und Boden sofort hergestellt werden kann, ist die mit Alginure versehene Bodenfläche zu wässern.

Gründüngung

Bei dieser Art der Düngung ist das Hauptziel, die organische Substanz im Boden zu vermehren.

Man sät als Gründüngung auf abgeernteten Beeten zur Regeneration des Bodens Samen von Pflanzen ein, die schnell wachsen, so daß schon nach wenigen Tagen eine grüne Pflanzendecke den kahlen Boden überzieht. Dadurch schützt man den Boden vor schneller Austrocknung und den Einflüssen von Wind und Regen.

Man gewinnt nicht nur die oberirdische grüne Pflanzenmasse, die man mäht oder abhackt, wenn die Pflanzen kurz vor der Blüte sind oder in Blüte stehen. Die Wurzeln tragen noch mehr zur Gesundung des Bodens bei.

So lockern die Wurzeln der Gründüngungspflanzen Erde so tief, wie es selbst dem Sauzahn nicht möglich ist. Sie erreichen mit ihren unzähligen Verzweigungen während ihres Wachstums eine besonders wirkungsvolle Durchdringung des Bodens. Werden die oberirdischen Pflanzenteile abgeschnitten, verrotten die Wurzeln im Boden. So bilden sich dickere, dünnere, feine und feinste Kanäle, die mit ihren Abbauprodukten einen reich gedeckten Tisch für die Bodenorganismen bilden. Diese wiederum hinterlassen besten Humus für die nächste Wurzelgeneration der Kulturpflanzen.

Die Durchlüftung des Bodens wird durch die Wurzeln ebenfalls optimal. Ein fruchtbarer Boden enthält zu 50% Hohlraum.

Hier einige Beispiele für den Tiefgang von Wurzeln bei Gründüngungspflanzen:

bis	80 cm	Inkarnatklee, Weißklee
bis	150 cm	Futtererbse, Gelbklee, Gelbsenf, Winterraps
bis	200 cm	Lupine, Rotklee, Sonnenblume, Steinklee

Eine andere, nicht gering einzuschätzende Eigenschaft der Wurzeln ist die Ausscheidung wichtiger Wirkstoffe. Bekannt ist die Symbiose von stickstoffsammelnden Bakterien mit den Wurzeln der Leguminosen. Dieser Stickstoff wird keineswegs nur von den Pflanzen aufgenommen, sondern auch von den lebenden Wurzeln in den Boden abgegeben. Das Verbleiben von Stickstoff im Boden bei Verrottung der Leguminosenwurzeln mit ihren Knöllchen bedeutet eine weitere Anreicherung.

Aber auch andere wichtige Stoffe werden von den Wurzeln ausgeschieden: verschiedene Aminosäuren, Gerbstoffe, Glucose,

Gelbsenf hackt man um und läßt ihn als Bodenbedeckung liegen.

Phacelia beschattet frisch gepflanzten Kopfsalat.

Ölrettich

Winterwicke

Gelbsenf

Gelbklee   Rotklee

Luzerne

Lupine

Phacelia, Bienenfreund

Steinklee

Esparsette

Gründüngungspflanzen

Fructose, Biotin, Alkaloide, Phytonzide und Kohlensäure (H_2CO_3). Dazu kommen Wirkstoffe, die den Wurzeln beim Vordringen in den umgebenden Boden helfen. So scheiden Wurzeln Fluorsäure ab und lösen damit Granit, Feldspatkristalle und Quarz auf. Mit Chlorsäure zersetzen Wurzeln Kalk.

Die Wurzelausscheidungen stellen immunbiologische Abwehrkräfte dar. Ihnen werden antibiotische Wirkungen zugeschrieben. Besonders wirksam sind die Phytonzide von Brennessel, Senf, Meerrettich, Knoblauch und Zwiebel.

Die wichtigste Wurzelausscheidung ist Kohlendioxyd (CO_2). In Wasser gelöst, entsteht die schwache Säure H_2CO_3 (Kohlensäure). Biochemisch spielt sie in der Verwitterung die größte Rolle.

Wenige Tage nach der Aussaat gehen die Gründüngungspflanzen auf, und bald beschatten sie den Boden. Dadurch tritt schnell eine Bodengare ein. Die Bodenorganismen werden aktiv. Vor oder während der Blüte mäht man die Pflanzen um, oder man hackt sie und läßt die grüne Bodenbedeckung liegen. Im Herbst eingesäte Gründüngungspflanzen läßt man abfrieren. Die Pflanzen, die nicht abfrieren, werden im Frühjahr rechtzeitig umgelegt und mit Kompost und Dünger vermischt, so daß der Boden termingemäß zur neuen Aussaat bereit und vor allem nicht frisch gedüngt ist. Die grüne Bodenbedeckung hat ein enges Kohlenstoff-Stickstoff-Verhältnis, reichlich Kohlenhydrate und Vorstufen von Eiweiß. Dadurch wird die Humusbildung sehr gefördert.

Die Wurzeln läßt man in jedem Fall im Boden, wo sie zuerst willkommene Nahrung für die Bodenorganismen sind. Anschließend bieten sie als Humus wertvolle Nahrung für die nachfolgenden Kulturpflanzen, deren Wurzeln die Wurzelgänge der Gründüngungspflanzen gern benutzen.

Dadurch erreichen die Kulturpflanzen Wasser- und Nährstoffquellen, die ihnen bei wenig erschlossenen Böden unzugänglich bleiben.

Für die Gründüngung, die schon bei den Römern bekannt gewesen sein soll und bei der mittelalterlichen Dreifelderwirtschaft angewendet wurde, stehen eine Reihe Kreuzblütler wie Senf, Raps und Ölrettich zur Verfügung. Sie sind Stickstoffzehrer. Deshalb sollte der Boden vorher mit Stickstoff angereichert werden.

Wenn die Gründüngungspflanzen, die Leguminosen sind und den Boden mit Stickstoff anreichern, an Phosphormangel leiden, ist es sinnvoller Kreuzblütler zu säen. Zu den bei Gründüngung bevorzugten

Blühender Gelbsenf

Phacelia

Gründüngungspflanzen

Deutscher Name	Botanischer Name	Boden	pH	Saatzeit	winterhart
Bienenfreund	Phacelia tanacetifolia	für jeden	6,4	3 – E8	bis – 8° C
Buchweizen	Fagopyrum esculentum	Sand, lehmiger Sand	5 – 6	3 – E8	nein
Esparsette	Onobrychis-viciifolia	kalkhaltig	8	4 – M8	ja
Futtererbse	Pisum sativum	für jeden	7	4 – M8	nein
Gelbklee	Medicago lupulina	Lehm Ton, Löß	7	3 – 6	ja
Gelbsenf	Sinapis alba	sandiger Lehm	7,5	4 – E9	nein
Inkarnatklee	Trifolium incarnatum	sandiger Lehm	6,5 – 7	E7 – A9	ja
Lupine, Gelbe Blaue	Lupinus luteus angustifolius	Sand, lehmiger Sand	5 – 6,75	E4 – A9	nein
Ölrettich	Raphanus sativus	sandiger Lehm	7 – 7,25	3 – A9	bedingt
Perser Klee	Trifolium resupinatum	sandiger Lehm	6,5 – 7,5	5 – 7	nein
Rotenburger Kombigemenge	(Leguminosensaatmischung)	–		5 – E8	nein
Serradella	Ornithopus sativus	Sand	5	4 – M8	ja
Sommerwicke	Vicia sativa	für jeden	6,5 – 7,5	4 – M8	nein
Sonnenblume	Helianthus annuus	Sand, lehmiger Sand	6,75	4 – E7	nur leichte Frühfröste
Winterraps	Brassica napus	sandiger Lehm, Löß	8	8	bis – 15° C
Winterwicke	Vicia villosa	Sand, sandiger Lehm	6,75 – 7	A8 – M9	ja

A = Anfang, E = Ende, M = Mitte.

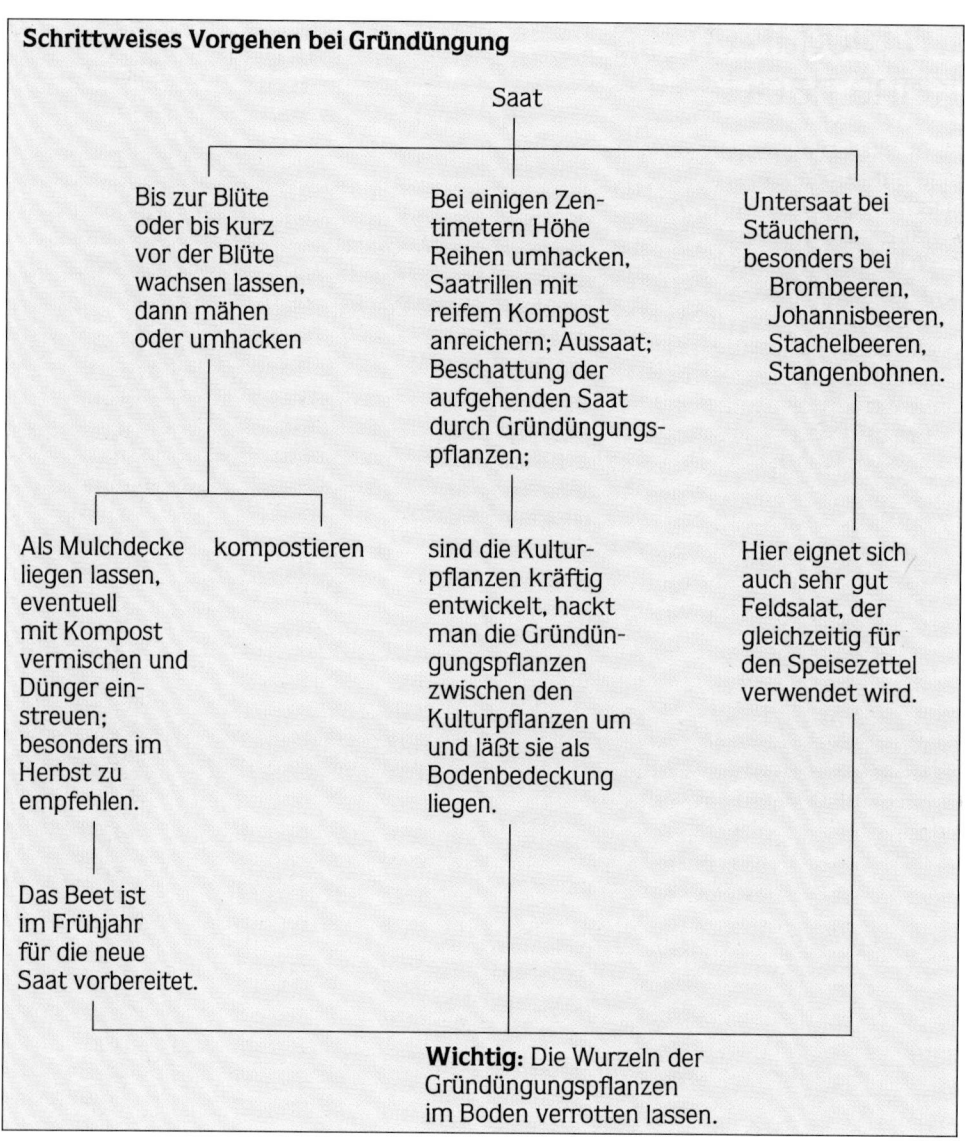

Schrittweises Vorgehen bei Gründüngung

Saat

Bis zur Blüte oder bis kurz vor der Blüte wachsen lassen, dann mähen oder umhacken

Bei einigen Zentimetern Höhe Reihen umhacken, Saatrillen mit reifem Kompost anreichern; Aussaat; Beschattung der aufgehenden Saat durch Gründüngungspflanzen;

Untersaat bei Stäuchern, besonders bei Brombeeren, Johannisbeeren, Stachelbeeren, Stangenbohnen.

Als Mulchdecke liegen lassen, eventuell mit Kompost vermischen und Dünger einstreuen; besonders im Herbst zu empfehlen.

kompostieren

sind die Kulturpflanzen kräftig entwickelt, hackt man die Gründüngungspflanzen zwischen den Kulturpflanzen um und läßt sie als Bodenbedeckung liegen.

Hier eignet sich auch sehr gut Feldsalat, der gleichzeitig für den Speisezettel verwendet wird.

Das Beet ist im Frühjahr für die neue Saat vorbereitet.

Wichtig: Die Wurzeln der Gründüngungspflanzen im Boden verrotten lassen.

Leguminosen gehören Bohnen, Futtererbsen, Klee, Wicken und Lupinen.

Die Phacelia tanacetifolia gehört zu den Wasserpflanzengewächsen und erfreut sich immer größerer Beliebtheit als Gründüngungspflanze. Früher wurde sie nur von Imkern als Bienenweide angesät. Die Phacelia mit den schönen deutschen Namen Bienenfreund und Büschelschön stellt keine besonderen Ansprüche an den Boden. Bei leichter Düngung bietet sie allerdings viel mehr Grünmasse.

Sehr bewährt hat sich die Ackerbohne (Vicia faba) als Gründüngungspflanze. Vorteilhaft ist, daß sie schon im Februar gesät werden kann und für alle Böden gut geeignet ist. Sie ist als Vorfrucht für Tomaten, Gurken, Sellerie und Spätkohl zu empfehlen.

Im Biogarten gibt es keine nackte Erde

Nicht nur Gründüngungspflanzen ergeben eine gute Bodenbedeckung, die man auch MULCH nennt. Alle im Garten anfallenden Abfälle, also Rasenschnitt, Unkraut, das noch keine Samen gebildet hat, Herbstlaub und Gemüseabfälle, außerdem auch organische Küchenabfälle eignen sich als Mulchdecke oder Flächenkompostierung.

Bei der Bodenabdeckung oder dem Mulchen werden die Abfälle einfach auf dem Boden in lockerer, durchlüfteter Weise und nicht zu dick verteilt.

Bei der Flächenkompostierung werden größere Abfälle wie für die Haufenkompostierung zerkleinert und mit Kompoststarter, Dünger und Mulchkompost, das ist ein in etwa 6 Wochen zubereiteter Grobkompost, der noch nicht völlig in Humus übergegangen ist, gut durchmischt. Das kann man in der Schubkarre, aber auch auf der Bodenfläche machen, die man abdecken will. Zuletzt wird die Masse durch Hacken oder Harken noch leicht mit der obersten Bodenschicht vermischt. Durch all diese Maßnahmen wird den Bodenlebewesen bei ihrer Arbeit geholfen.

Um Herbstblätter auch bei Herbst- und Winterstürmen am Boden zu halten, streut

Grasschnitt als Mulchdecke

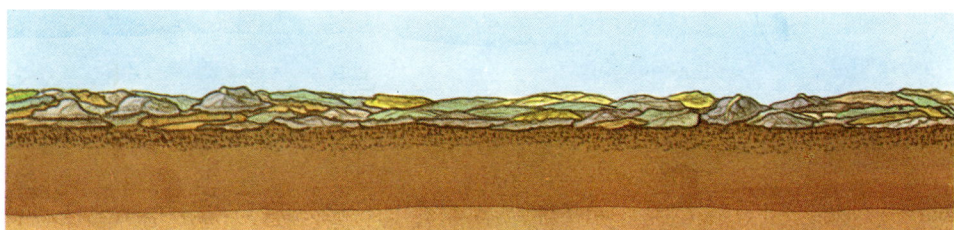

Gemüseabfälle

Herbstblätter als Mulche

man ein Tonmineral über die Blätter und überbraust sie bei trockenem Wetter mit Wasser. Außer in der Umgebung von Moorbeetpflanzen, die keinen Kalk vertragen, bestreut man die Blätter mit Korallalgenkalk. Das fördert die Rotte. Hat man einen Häcksler, kann man die Herbstblätter zerkleinern und mit anderen Gartenabfällen mischen, denn ganze Herbstblätter leisten der Rotte im allgemeinen erheblichen Widerstand.

Auch eine Mulchschicht aus Baumrinde schützt und wärmt den Boden. Sie verrottet nicht so rasch wie grüne Blattmasse. Der Boden sollte immer mit einer organischen Schicht von etwa 10 cm bedeckt sein. Diese Bodenbedeckung hat auch noch den Vorteil, daß die Temperaturen im Oberboden gleichmäßiger sind. Sie sinken weder in kalten Nächten zu sehr ab, noch erwärmen sie sich übermäßig bei direkter Sonneneinstrahlung.

Halbverrottete Blätterschicht vom Herbst auf einem Frühlingsbeet

Der richtige Kompostplatz

Die Lage des Kompostplatzes richtet sich nach der Größe des Gartens – so stört dieser bei eng begrenztem Raum in einer Ecke des Gartens am wenigsten. Nachbarn werden sich nicht belästigt fühlen, denn ein Komposthaufen entwickelt keine unangenehmen Gerüche. Dennoch empfiehlt sich auf jeden Fall ein Sichtschutz. Diese Sträucher dienen gleichzeitig als Schutz vor Wind und zu hoher Sonneneinstrahlung.

In einem großen Garten ist es praktischer, den Platz direkt in der Mitte gekoppelt mit einem Gerätehäuschen anzulegen.

Bei der Bepflanzung sollte man 2 gegenüberliegende Zugänge aussparen, die genügend breit sein müssen, damit man bequem mit einer Schubkarre durchfahren kann.

Als Pflanzen eignen sich am besten Laubbüsche, deren kahle Äste im Frühjahr die wärmenden Sonnenstrahlen durchlassen, während die Blätter im Sommer Schatten spenden. Eine solche Mischbepflanzung kann zum Beispiel aus Hainbuchen, Haselnußbüschen, Schwarzem oder Traubenholunder, schwarzer Johannisbeere oder auch aus Himbeer- oder Brombeerruten bestehen.

Sonnenschein in beschränktem Maße erwärmt den Kompost von außen, so daß im Innern die Verrottungsvorgänge schneller ablaufen können, aber gerade im Sommer ist eine gute Abschattung nach Süden wichtig.

Die Größe des Komposthaufens und somit des Kompostplatzes ist abhängig von der

Der ideale Kompostplatz mit mehreren Komposthaufen, umgeben von gepflasterten Wegen, mit Material-, Durchsiebplatz, Wasserstelle und schützenden Hecken

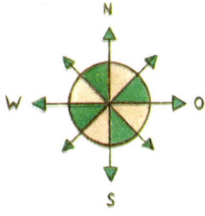

Ausschnitt aus einem größeren
Nutzgarten mit in der Mitte gelegenem
Kompostplatz, der durch Hecken
begrenzt wird. Die Hecken im Norden
und Süden sind für etwa 80 cm
breite Plattenwege durchbrochen,
im Westen befindet sich ein schmaler
Zugang zur Wasserstelle. Besonders
nach Westen ist der Kompostplatz
zusätzlich durch Hecken und
Beerensträucher im Garten gegen
Wind und Sicht (Wohnhaus liegt im westlichen Teil des Gartens) geschützt
(B = Beerensträucher, H = Himbeerhecken, K = Kompostsilos, Kompostmiete).

zu bearbeitenden Gartenfläche. Je größer
der Garten, desto länger der Komposthaufen bei grundsätzlich 1,5 bis 2 m Breite.
Zum Beispiel ergibt sich für 100 m^2 Fläche
ein Komposthaufen von 3 – 4 m Länge und
1,5 m Breite, da man mit 2 – 3 cm Komposterde pro Jahr rechnen muß.
Dieses Beispiel gilt aber nur für den seitlichen Aufbau des Kompostes, denn so
können Abfälle an einem Ende ständig zu-

gefügt werden, während die Verrottung
am Anfang schon längst im Gange ist. Bei
waagerechter Schichtung hingegen muß
genügend Material vorhanden sein, damit
alle Lagen zusammen aufgeschichtet werden und gleichzeitig reifen können. Diese
Schichtung empfiehlt sich allerdings nur,
wenn ausreichend Platz zur Verfügung
steht, um zwei Komposthaufen nebeneinander anzulegen.

Aufbauformen der Mieten

Mieten und Silos

Die Zubereitung des Komposts ist für Mieten und Silos – ob waagerecht oder senkrecht geschichtet – grundsätzlich gleich.
Der Aufbau geschieht folgendermaßen:
Als Grundlage zieht man den Sauzahn kreuz und quer durch den Boden, darauf kommen 20 cm hoch gemischte Abfälle, die leicht mit Kompoststarter bestreut oder besprüht werden, und Dünger, vor allem etwas Kalk. Um die Zusätze gut zu verteilen, wird die Schicht mit der Mistgabel leicht angeklopft.
Als nächstes folgt eine dünne Lage Gartenerde oder Kompost, bevor auf die gleiche Art Etage auf Etage darübergegeben wird. Zuoberst sorgt eine dickere Schicht Gartenerde für eine gute Abdeckung des Haufens. Er hat nun eine zeltähnliche, aber oben abgeflachte Form, wird also nach oben hin schmaler und erreicht ungefähr eine Höhe von 1,20 m.
Zum Schluß wird die Miete mit einer luftdurchlässigen Schicht aus Gras, Blättern, Stroh oder mit einer Strohmatte bedeckt.
Das Kompostmaterial ist spätestens nach 9 Monaten, durchschnittlich sogar schon nach 6 Monaten vererdet – das zeitraubende Umsetzen entfällt.
In vielen Gärten herrscht Platzmangel, so daß man sich lieber Silos mit kleinerer Grundfläche besorgt. Es gibt Silos aus Beton, Holz, Kunststoff, feuerverzinktem Blech und Drahtgeflecht. Bei Hölzern, die nicht druckimprägniert sind, kann man ungiftige Firnisse selbst auftragen, um die Zersetzung des Holzes durch Bodenbakterien zu vermeiden.
Damit das Material in Kompostgittern nicht austrocknet, werden die frisch anfallenden Abfälle außen am Gitter mit schwarzer Plastikfolie umgeben, die außerdem den Wind abhält.
Recht praktisch sind die Silos, die unten geöffnet werden können, so daß man ohne Mühe den reifen Kompost herausnehmen kann, während von oben frische Schichten aufgefüllt werden.
Oft bleibt keine Zeit, um das anfallende Kompostmaterial sogleich zu verarbeiten; daher sollte man sich 2 oder 3 Silos anschaffen, damit in einem von ihnen die Abfälle vorerst gelagert werden können.

Mit Stroh abgedeckte Kompostmieten

Kompostsäcke: geschlossen, frisch, 4 Wochen Rotte

Mit etwas Geschick kann man sich auch Kastensilos selbst bauen – die Anleitung für eine einfache Form ist am anschaulichsten der Zeichnung zu entnehmen.

Wenn kein Platz zur Verfügung steht, gibt es eine empfehlenswerte Alternative zu Mieten und Silos: UV-stabilisierte Kompostsäcke aus PVC mit Belüftungslöchern. Die Abfälle müssen gut zerkleinert schichtweise in den Kompostsack gefüllt und mit Kompoststarter (enthält Bodenbakterien in getrockneter Form) beimpft werden, dazwischen kommt Gartenerde oder Kompost. Die richtige Feuchtigkeit und Luftzufuhr durch öfteres Umschütteln muß gewährleistet sein.

Diese Form der Kompostierung ist deshalb vorteilhaft, weil die Säcke je nach Zustand des Inhalts sonnig oder schattig gestellt werden können und der Kompost schon nach wenigen Monaten den nötigen Reifegrad erreicht hat.

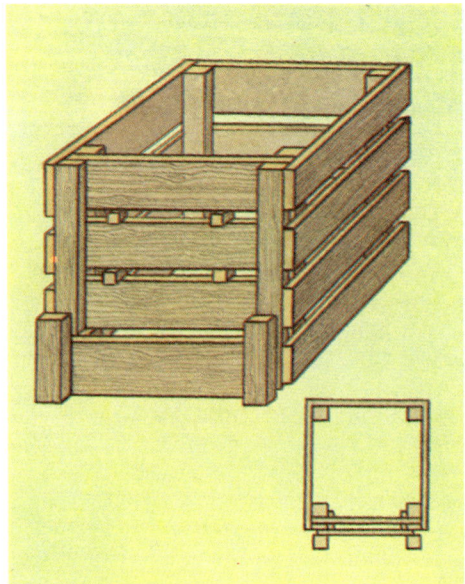

Bau eines Silos aus Holz

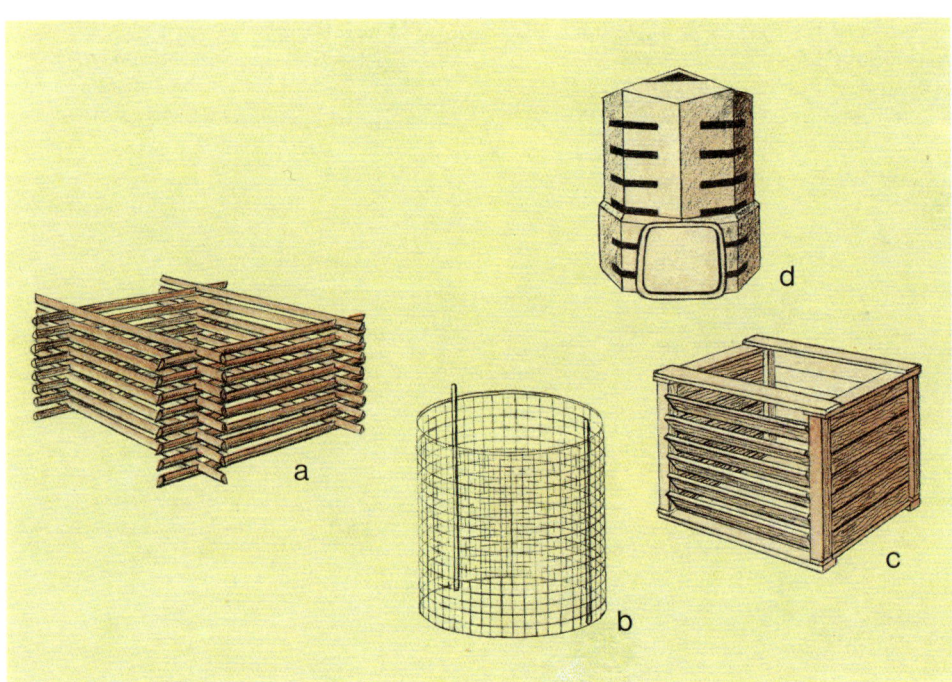

Verschiedene Kompostsilos aus a) Rundholz, b) Maschendraht, c) Holzbrettern, d) Kunststoff mit Wärmedämmplatten auf der Innenseite

Der Kompost

Geräte für die Kompostzubereitung

Für die Kompostherstellung braucht man eine Schaufel, eine Grabegabel und ein Sieb, wie es auf Baustellen zum Durchsieben von Sand und Kies benutzt wird.

Damit man sich die Durchmischung der Kompostzusätze wie Kalk, Stein- oder Tonmehl, Blut-, Horn- und Knochenmehl erleichtert, ist die Anschaffung eines Eimers und eines Handspatens nützlich.

Das Anfeuchten der Kompostschichten geschieht mit einer Gießkanne mit Brause.

Zum Auflockern des Bodens, auf den der Kompost aufgesetzt wird, ist der Sauzahn oder SZ-Wühler am besten geeignet, aber es geht auch mit der Grabegabel.

In einem größeren Garten kann man wegen der langen Wege ohne Schubkarre nicht auskommen. Mit ihr wird Kompostmaterial herbeigeschafft, in ihr Material gemischt und schließlich der fertige Kompost an seinen Bestimmungsort befördert. In der Nähe oder am besten auf dem Kompostplatz sollte sich eine Wasserzapfstelle befinden, denn in heißen Sommern ist es unumgänglich, die Kompostmiete von Zeit zu Zeit mit Wasser zu überbrausen, da die Bodenorganismen nur in feuchtem Boden arbeiten.

Der auf Seite 25 beschriebene Häcksler ist in einem großen Garten eine erhebliche Erleichterung. Wer schon einmal faustdicke Sonnenblumenstengel zerschnitten hat, weiß ihn zu schätzen. Für den elektrisch betriebenen Häcksler ist ein Stromanschluß auf dem Kompostplatz günstig. Er ist gut gegen Ameisenfraß zu isolieren. Die von der Elektroindustrie in den letzten Jahren speziell für den Garten entwickelten Steckdosen mit einbetoniertem Erdstück oder einfachem Erdspieß haben alle Klappdeckel, die für Ameisen jedoch kein Hindernis bilden. Deshalb sind Steckdosen im Garten öfter zu prüfen, zu reinigen und das Ameisen-Streumittel vorbeugend einzustreuen.

Geräte, die man zum Kompostieren braucht: a) Grabegabel, b) Spaten, c) Durchwurfsieb, d) Schubkarre, e) Schaufel, f) Eimer, g) Häcksler, h) Gießkanne

Was kann kompostiert werden?

Grundsätzlich eignen sich alle organischen Abfälle aus Haushalt und Garten zur Kompostierung. Einige Aspekte sollten Sie dabei jedoch berücksichtigen.

Am sinnvollsten ist es, sich im Haushalt gleich zwei Behälter bereitzustellen, den einen für rohe und gekochte Obst- und Gemüsereste, Eierschalen, Kehricht usw., den anderen für unverrottbares Verpackungsmaterial und andere anorganische Bestandteile.

Auch Kaffee- und Teesatz, gefüllte Staubsauger- und Papiertüten, Holzwolle und Papiertücher können für den Kompost verwendet werden. Bei Zeitungspapier sollte man wegen der Druckerschwärze vorsichtig sein, es muß genau wie Pappe und Sägemehl vor der Kompostierung angefeuchtet werden.

Haare von Menschen und Tieren, Federn, Fuß- und Fingernägel gehören wegen ihrer Hornbestandteile sogar zu den wertvolleren Komponenten. Glas wird besser zum nächsten Recycling-Altglascontainer gebracht – auch dies ist ein wichtiger Beitrag zum Umweltschutz. Außerdem sind Metall, Plastik, Keramik, Porzellan, Alufolie und Cellophan keinesfalls für den Kompost geeignet.

Auch im Garten fallen bei der Arbeit welke Blumen, Staudenstengel, Holzrinde, Äste, die aber zerkleinert werden müssen, Abfälle von Gemüsebeeten, vom Hecken- und Obstbaumschnitt an, die die Mülltonne nicht mehr zu verstopfen brauchen.

Das Gleiche gilt für verbrauchte Erde aus Kästen und Kübeln und für Gras und Laub, das man mit anderen Abfällen locker vermischen sollte, damit keine anaeroben Bereiche durch dichte, luftundurchlässige Schichten entstehen. Kurz gesagt, je vielseitiger die Mischung, desto reichhaltiger wird der Kompost.

Pflanzenteile mit gefährlichen Pilzkrankheiten (z. B. Kohlhernie, Himbeerruten-

Kompostierbares Material

Für den Kompost ungeeignet

krankheit, Sternrußtau) müssen vernichtet, am besten verbrannt werden, es sei denn, man macht eine Heißgärung mit über 70° Celsius im Komposthaufen.

Samentragende und wuchernde Unkräuter gehören unbedingt in die Mitte des Komposthaufens. Durch die dort bei der Zersetzung entstehende Hitze werden Samen und Wurzeln der Pflanzen zerstört.

Übrigens ziehen in den Kompost eingestreute Zwiebelstücke, Knoblauch, Porree, Zitrusfrüchte, überhaupt Obstreste und auch Kaffeesatz die Regenwürmer besonders an. Und diese wiederum wünscht man sich im Kompost.

Dieselbe Anziehungskraft üben auf Regenwürmer Baldrianblütenextrakt und das biologisch-dynamische Baldrianpräparat Nr. 507 aus.

Eines dieser beiden Mittel sollte dem Gießwasser hinzugefügt werden, mit dem die einzelnen Kompostschichten angefeuchtet werden.

Kompostpräparate und Zusätze

Diese Präparate oder Kompoststarter, wie sie auch genannt werden, gibt man dem Kompostmaterial bei, um die Bildung von Humus in Gang zu setzen und zu beschleunigen.

Die Inhaltsstoffe sind Kräuterauszüge von Brennessel, Baldrian, Huflattich, Kamille, Löwenzahn, Schafgarbe, Wegerich, Eichenrinde und anderes. Auch Tonminerale, Spurenelemente, Bodenbakterien, organisch gebundene Kohlenstoffe und Honig können durchaus als hilfreiche Impfstoffe enthalten sein.

Kompostpräparate beschleunigen die Vermehrung der Bodenorganismen im aufgesetzten Kompost. Besonders schnell geht es, wenn dem Kompoststarter thermophile Bakterien beigemischt sind. Durch diese Bakterien erhitzt sich der Kompost sehr stark, so daß man sicher ist, pathogene Keime und Unkrautsamen ausgeschaltet zu haben, denn diese gehen erst bei 70°C zugrunde. Daher ist auf diese Wärmeentwicklung zu achten.

Kompoststarter sollten bei der Umwandlung eines schon vorhandenen Gartens in einen biologisch behandelten Garten unbedingt eingesetzt werden. Die Beschleunigung der Umwandlung der Kompostmaterialien ist jedoch auch im Biogarten begrüßenswert, weil man es auf diese Weise einrichten kann, immer Kompost zur Verfügung zu haben.

Ein gut mit Komposthumus versorgter Garten, dessen Boden ein reges Leben auf-

Biologisch-dynamische Präparate, die bei der Bereitung von Kompost, aber auch zur Verbesserung von Gülle und Stallmist verwendet werden, müssen sorgfältig aufbewahrt werden, beispielsweise in Schraubgläsern, die man in einen mit Holzwolle oder Torf gefüllten Holzkasten stellt und mit zwei mit Holzwolle oder Torf gefüllten Säcken zum Schutz gegen Frost bedeckt.

weist, kann auch ohne Kompostpräparat auskommen. Als Impfstoff verwendet man beim Aufsetzen des Komposts Gartenerde oder Kompost.

Man kann sich jedoch ein Kompostpräparat auch selbst herstellen. Dazu benötigt man wenigstens drei der genannten Kräuter. Brennessel und Schafgarbe sollten immer dabei sein. Jedes Kraut mehr verbessert den Starter.

Die Kräuter werden etwa zu gleichen Teilen gesammelt und in einem Holzgefäß mit einem Stein oder Ziegel beschwert. Darüber gießt man abgestandenes, mit Biosmon versehenes Wasser, bis die Kräuter bedeckt sind. Wenn diese Lösung anfängt zu gären, wartet man noch 3 Tage ab. Dann gießt man die entstandene Kräuterjauche von den Kräutern ab.

14 Tage zuvor hat man schon 1 Teil Honig mit 3 Teilen Wasser verrührt und abgedeckt stehengelassen. Diese Honiglösung verrührt man jetzt mit 8 Teilen Kräuterjauche.

Dieses Konzentrat läßt man in einem verschlossenen Behälter in einem kühlen Raum stehen. So hat man den ganzen Sommer über seinen Kompoststarter zur Verfügung. Bei Bedarf vermischt man 1 Teil des Konzentrats mit 100 Teilen Wasser und überbraust die einzelnen Schichten beim Aufsetzen des Komposts damit. Auf gar keinen Fall soll die Lösung konzentrierter als angegeben verwendet werden. Dadurch verschlechtert sich der Kompost eher.

Auch ein Trockenpräparat kann man selber herstellen. Dazu verwendet man die gleichen Kräuter. Die blühende weiße Taubnessel kann ebenfalls einbezogen werden. Die Kräuter werden im Backofen bei 35°C getrocknet, zwischen den Händen zerrieben und mit einem Stößel pulverisiert. Stengel, die sich nicht zerkleinern lassen, entfernt man. Dieses Pulver streut man zwischen die einzelnen Lagen des Komposts.

Die Kräuterpulver enthalten eine Reihe von Spurenelementen, wie Eisen, Kupfer, Zink, Kalium, Natrium und Schwefel, dazu Kalk,

Kompostpräparatpflanze Schafgarbe

Kompostpräparatpflanze Brennessel

Baldrian nimmt eine Sonderstellung ein. Er wird sowohl für den Kompost als auch für Boden- und Pflanzenspritzungen flüssig verwendet.

Herstellung eines Kompostpräparates: a: 1 Teil Honig mit 3 Teilen Wasser ansetzen.
b: Mindestens 3 Sorten Kräuter – darunter immer Brennessel, Schafgarbe, Kamille – in einem Holzgefäß, mit einem Stein beschwert, mit Biosmon-Wasser bedecken.
c: 9 Teile dieses Präparates und 1 Teil Honigwasser ergeben ein Konzentrat, das zum Gebrauch im Verhältnis 1 : 100 mit Wasser verdünnt wird.

Phosphorsäure, Kiesel-, Ameisen-, Essig- und Apfelsäure. Außerdem sorgen Vitamine, Gerbstoffe, Fette, ätherische Öle, Bitterstoffe und Saponine dafür, daß der Kompostiervorgang richtig verläuft.

Während der Stoffwechselvorgänge bei den Mikroorganismen werden im Kompost verschiedene Spurenelemente, wie Molybdän, Mangan und Chrom, hergestellt.

Die biologisch-dynamischen Düngerzusatz- und Spritzpräparate sind Zusätze zu Kompost, Jauche, Gülle und Mist. Sie werden einzeln angewendet.

In den Komposthaufen stößt man dazu 5 Löcher von 50 cm Tiefe, die einen Abstand von 30 cm nicht unterschreiten und von 2 m nicht überschreiten sollten. In jedes Loch schüttet man 1 Kaffeelöffel voll von je einem Präparat, wie es auf der Zeichnung angegeben ist. Danach werden die Löcher mit Erde verschlossen.

Von dem Baldrianpräparat wird 1 Kaffeelöffel voll in 5 l handwarmes, abgestandenes Wasser gerührt. Dabei dreht man wechselweise links- und rechtsherum, damit sich das Präparat mit dem Wasser eng verbindet. Der Rührvorgang sollte 5 Minuten dauern. Die Mischung wird über den Komposthaufen gespritzt.

Durch Düngerzusätze kann man die Rotte beschleunigen und das Endergebnis verbessern. Kalk sollte ganz sparsam über jede Kompostschicht gepudert werden. Auch Tonminerale und Gesteinsmehle sollten zur Gewinnung der erwünschten Ton-Humus-Komplexe eingestreut werden.

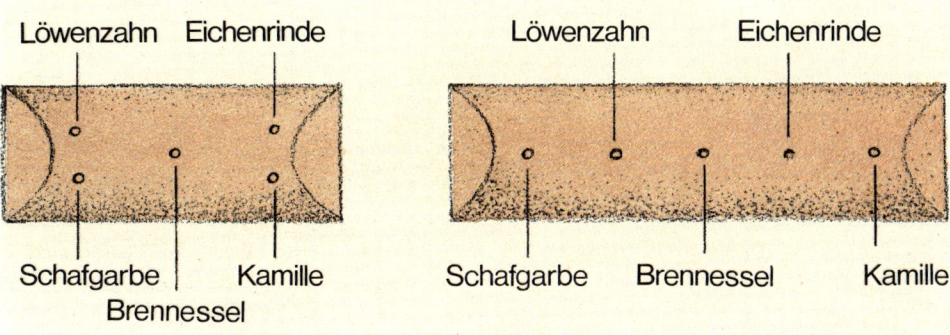

Anordnung biologisch-dynamischer Präparate im Komposthaufen

Hornmehl und -späne gleichen Mangel an Stickstoff aus. Auch Blutmehl wird stickstoffarmem Ausgangsmaterial zugesetzt. Knochenmehl erhöht den Phosphorgehalt. Bei Kalibedarf verwendet man Holzasche. Aber auch ein organischer Mischdünger kann dem Kompostmaterial beigemischt werden.

Alle diese Zusätze fördern die Rotte, indem sie die nötigen Bodenlebewesen anlocken und ihnen gewissermaßen als Leckerbissen dienen.

Feuchtigkeit im Kompost

Durch das Anfeuchten der einzelnen Schichten des Kompostmaterials beim Aufschichten des Kompostes ist ein guter Feuchtigkeitszustand, der für das Leben der Bodenorganismen unverzichtbar ist, gewährleistet.

Dieses Anfeuchten kann man auf zweierlei Weise durchführen. Entweder überbraust man jede Schicht mit abgestandenem Wasser aus der Gießkanne, oder man mischt zerkleinerte Abfälle vor dem Aufschichten in der Schubkarre mit Wasser. Dadurch wird die Feuchtigkeit gleichmäßiger verteilt.

Das Kompostmaterial muß feucht, aber nicht naß sein. Will man sicher gehen, daß der Kompost immer feucht ist, muß er bei längeren Trockenzeiten im Sommer nachgefeuchtet werden. Dabei kann leicht des Guten zuviel getan werden. Das läßt sich vermeiden, wenn man die Kompostsohle mit Dränagerohren bestückt, bevor die Abfälle aufgeschichtet werden. Senkrecht können gelochte Belüftungsrohre aus verzinktem Blech vorgesehen werden. Durch solche Maßnahmen ist auch die Durchlüftung garantiert.

Auch mit einer Schicht von etwa 20 cm Kies oder grobem Sand auf der Sohle des Komposthaufens läßt sich der Kompost in einer brauchbaren Feuchtigkeit halten, da diese

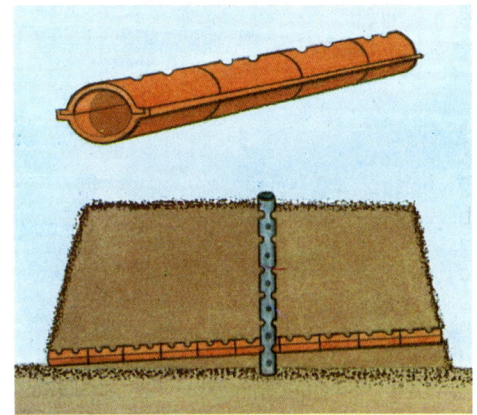

Waagerechte Dränagerohre und senkrechte, gelochte Belüftungsrohre

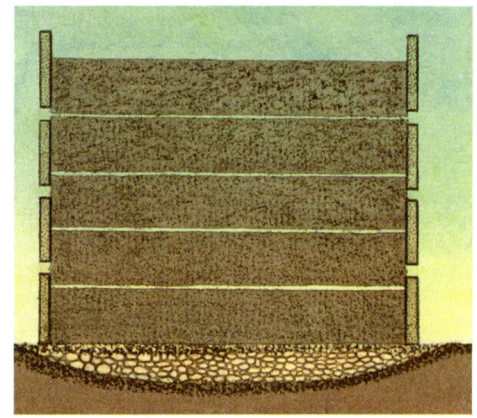

Dränagekies oder -sand unter einem Kompostsilo gegen stauende Nässe

Schicht als Dränage wirkt. Hier empfiehlt sich ein Kompoststarter mit Mikroorganismen.

Rasenschnitt und anderes Grünzeug aus dem Garten sollte man vor der Kompostierung anwelken lassen. Frische grüne Pflanzen enthalten ungefähr 85–90 Prozent Wasser. Frisch kompostiert geht diese grüne Masse alsbald in stinkende Fäulnis über.

Grünzeug sollte jedoch nicht austrocknen bis es raschelt, ehe es kompostiert wird, sondern sich trocken anfühlen, aber noch geschmeidig sein.

Mulchkompost

Bereits nach 2–3 Monaten kann jeder gut bereitete Kompost als Mulchkompost verwendet werden. Er ist noch nicht vollständig verrottet, dafür aber mit organischen Lebewesen angefüllt, die jeden Boden beleben, geradezu impfen, was hier gleichbedeutend mit Gesundung ist.

Der Mulchkompost enthält noch mehr oder weniger angerottete gröbere Teile, aber auch schon Humus. Er kann unter Bäumen und Sträuchern, auf Obstbaumscheiben und abgeernteten Beeten ausgebracht werden.

Durch die Verwendung von Mulchkompost wird die Kompoststätte früher für neue Abfälle frei. Das hat vor allem in Zeiten vermehrten Anfalls von Kompostiermaterial, wie etwa im Herbst, wenn das Laub fällt, seine Vorteile.

Beim Ausbringen von Mulchkompost im Herbst oder unter Bäumen und Sträuchern kann zusätzlich ein Kompoststarter und Dünger ausgebracht werden.

Reifer Kompost

Zur Gewinnung von reifem Kompost läßt man den Kompost so lange rotten, bis eine krümelige Humuserde entstanden ist. Das kann 1–3 Jahre dauern. Bleibt ein Komposthaufen länger als 1 Jahr liegen, verliert er an Aktivität. Aber durch Umsetzen und erneuten Zusatz von einem Kompoststarter, Kalk, Ton- und Mineralmehlen, auch von Horn-, Blut- und Knochenmehl oder einem Mischdünger, außerdem durch Anreichern mit Stalldung kann die Reife wesentlich beschleunigt werden. Auch rasch verrottendes Material fördert als Zusatz beim Umsetzen die Aktivität.

Der fertige Humus wird durch das Kompostsieb geworfen und ist dann feinkrümelig, dunkelbraun und wird für Saatschalen, Saatrillen, Frühbeete, zum Eintopfen von Zimmerpflanzen und in Gewächshäusern gebraucht.

Während Mulchkompost immer oben auf dem Boden liegen bleiben muß, kann man Reifekompost oberflächig einarbeiten.

Um das Bodenleben zu fördern und den Kompost lebendig zu erhalten, bedeckt man den eingearbeiteten Reifekompost sofort mit einer Mulchdecke.

Ausbringen von Mulchkompost zusammen mit Gesteinsmehl

Kompostsieb, hinter dem Sieb durchgesiebter Reifekompost für Saatrillen und Pflanzlöcher

Spezial-kompost

Es wäre ideal, Kompost immer aus einer ausgewogenen Mischung verschiedener Ausgangsstoffe zu gewinnen. Oft sind aber nur bestimmte Materialien zu haben. Wird ein großes Rasenstück gemäht, ist reichlich Grasschnitt da; im Herbst gibt es viel Falllaub. Jetzt zeigt sich, wie gut man mit Hilfe der Kompostiermethoden aus demselben Stoff Kompost herstellen kann.

Mistkompost

Niemals darf man Mist unkompostiert ausbringen. Scharf und ätzend schädigt er Bodenorganismen, Regenwürmer und Pflanzen und fördert geradezu den Schädlingsbefall (Möhrenfliege). Kompostiert dagegen ist Mist ein besonders wertvoller Humus, der sehr gut für Starkzehrer (wie Tomaten) geeignet ist. Als Ausgangsstoff kann man Kuh-, Pferde-, Schweine- und Geflügelmist nehmen, jeden einzeln, aber auch ein beliebiges Gemisch daraus.
Der Mist wird schichtweise aufgesetzt. Jede Schicht Mist ist höchstens 20 cm hoch. In die Zwischenschicht aus Gartenerde oder Kompost streut man ein Tonmineral, ein

Laub für einen Spezialkompost für immergrüne Pflanzen wie Azaleen

Ausgangsmaterial Pferdemist

Steinmehl (zum Beispiel Basaltmehl) und einen Kompoststarter. Kalk wird dem stickstoffhaltigen Mist nicht zugesetzt, er würde sich mit dem Stickstoff zu Ammoniak verbinden und damit wertlos werden. Gerade der Mistkompost muß gut durchlüftet werden; deshalb wird der Komposthaufen nur 120 cm hoch aufgesetzt, zusätzlich baut man durchlöcherte Belüftungsrohre ein, die oben mit einem Drahtgitter verschlossen sind.
Nach 3 Monaten kann man den Kompost umsetzen und in dieses hochkonzentrierte Nährstoffpaket noch Grasschnitt einstreuen. Nach weiteren 3 Monaten ist der Humus fertig.

Laubkompost

Laub ist ein ausgezeichnetes Kompostmaterial, das die Natur uns reichlich schenkt. Leider wird noch viel zu wenig Gebrauch davon gemacht. Selbst wenn man im Herbst alle Beete mit einer Mulchschicht aus Fallaub abgedeckt hat, bleiben meist noch genügend Blätter übrig.

Jede Schicht darf 30 cm hoch sein, da das Laub bald zusammenfällt. Auf jede Schicht gibt man fertigen Kompost, Steinmehl, einen tierischen Dünger (Blut-, Horn-, Knochenmehl oder Mist) und einen Kompoststarter. Wieviel Kalk man dazugibt, hängt davon ab, welche Pflanzen man mit diesem Kompost düngen will.

Mit wenig Kalkzusatz wird Laubkompost ein ausgezeichneter Dünger für Immergrüne, wie Azaleen, Rhododendren, Nadelhölzer, die ja sauren Boden lieben. Den mit einer geringen Kalkgabe aufgesetzten Kompost sollte man im Frühjahr umsetzen. Die einzelnen Schichten werden gut angefeuchtet. Für die Regenwürmer ist Laub eine vertraute und beliebte Speise, die sie durch ihre unermüdliche Freßtätigkeit in den wertvollen Humus verwandeln. Gibt man Baldrianextrakt ins Gießwasser, so lockt man sie an und beschleunigt auch die Rottevorgänge. Schon nach 2–3 Monaten hat man wertvolle dunkle Erde.

Rasenschnittkompost

Er wird nach dem gleichen Verfahren und mit den gleichen Beigaben hergestellt.

Das frische, noch grüne Material muß besonders gut durchlüftet werden; dazu gibt man zerkleinertes Reisig mit hinein.

Möchte man bei Laub- und Rasenschnittkompost das Umsetzen sparen, sollte man Alginure-Kompostpräparate verwenden. Rasenschnitt läßt man vor dem Aufsetzen ausgebreitet antrocknen, damit der Rasenschnitt im Komposthaufen nicht zusammenbackt und fault.

Sägemehlkompost

Was soll man im Hochsommer kompostieren, wenn nicht mehr so viel Rasenschnitt zur Verfügung steht wie im Frühsommer, wenn es aber noch kein Fallaub gibt. Dann bietet sich Sägemehl als ausgezeichnetes und in jedem Sägewerk auch reichlich anfallendes Kompostmaterial an.

Wenn im natürlichen Ablauf Bakterien und Pilze Holzabfälle umarbeiten, ist dies langwierig, denn Lignin und Zellulose – beides im Holz enthalten – sind nur schwer abzubauen.

Zellulose, die industriell nur mit Hilfe von Kupferoxydammoniak und starken Säuren abgebaut werden kann, und Lignin können aber leicht verwandelt werden. Holz kann dank dem heutigen Stand der Kompostbereitung und dem Regenwurm als unentbehrlichem Helfer zu wertvollem Humus werden.

Frisches Sägemehl würde, auf dem Boden ausgebracht, die Erde wegen der darin enthaltenen Harze und Gerbstoffe versäuern;

Sägemehl ergibt nach der richtigen Vorbereitung vor dem Aufsetzen in Silos oder Mieten einen guten Komposthumus.

Pilzkrankheiten und Schädlingsbefall bei den Pflanzen wären die Folgen. Korallalgenkalk als Kompostbeigabe neutralisiert diese Stoffe.

Zunächst aber muß das Sägemehl 14 Tage lang gleichmäßig gut durchfeuchtet werden. Kleine Ästchen in der Sägemehlmasse sorgen für die nötige Durchlüftung. Zur besseren Wasseraufnahmefähigkeit kann man Alginure-Torfbenetzungsmittel mit Wasser gemischt übersprühen; es regt auch die Tätigkeit der Bakterien an und puffert den niedrigen pH-Wert.

Für die eigentliche Kompostbereitung mischt man Sägemehl gründlich mit 5 kg Korallalgenkalk, 2–3 kg Hornmehl oder Hornspänen und Blutmehl, 5 kg Basaltmehl, 5 kg Tonmineral und einem Kompoststarter auf 1 m³ Sägemehl.

Dem aufgesetzten Kompost muß man dann zur Durchlüftung reichlich Rindenstücke, Ästchen und Schälspäne beimischen. Gerade der Sägemehlkompost muß immer gut durchlüftet werden und gleichmäßig feucht bleiben. Den aufgesetzten Komposthaufen kann man mit lockerer Gartenerde und Rohrmatten abdecken.

Wird der Kompost sorgfältig bereitet, ist im Sommer schon nach wenigen Monaten ein brauchbarer Mulchkompost entstanden, den man unter Obstbäumen und Beerensträuchern ausbringen kann – eine Anregung für das Regenwurmleben!

Holzkompost aus gehäckselten Ästen wird nach dem gleichen Verfahren und mit den gleichen Beigaben hergestellt. Wegen seiner gröberen Struktur ist das Material aber leichter feucht zu halten und zu durchlüften.

Rindenkompost

Durch die Verlagerung der Baumentrindung vom Wald in die Sägewerke fällt Rinde in sehr großen Mengen an. Dieses Abfallprodukt ist ein geradezu hervorragendes Kompostmaterial. Der gehäckselten Baumrinde werden pro Kubikmeter Rindenmaterial beigemischt:
   5 kg Algenkalk
2–3 kg Hornmehl, -späne, Blutmehl
   5 kg Basaltmehl
   5 kg Tonmineral

Dazu gibt man einen Kompoststarter, der thermophile Bakterien enthält und durch die Stoffwechselvorgänge Wärme entwickelt. Die gründlich vermischten Stoffe werden aufgesetzt und gleichmäßig feucht gehalten.

Strohkompost

Da heute auf vielen Höfen Stroh nicht mehr genutzt wird, ist es als Kompostmaterial reichlich zu haben. Das gut angefeuchtete, kleingeschnittene oder gehäckselte Stroh wird in Lagen von je 30 cm geschichtet; jede Schicht wird gut mit Blutmehl, Hornspänen oder Hornmehl und Algenkalk bestreut; ein Kompoststarter darf nicht fehlen.

Den Abschluß bildet eine dünne Decke aus Gartenerde oder Kompost.

Wegen des hohen Kieselsäuregehaltes aus den Getreidehalmen ist dieser Kompost ein gutes Mittel gegen Pilzkrankheiten.

Stroh für kieselsäurehaltigen Kompost

Kompost von samentragenden Kräutern

Auch die sogenannten Unkräuter geben ein gutes Kompostmaterial ab. Zwar wird man im Biogarten durch Mulchen und durch Einsaat von Gründüngungspflanzen das Unkraut eindämmen, sollte sich aber doch Unkraut einfinden, weil man keine Zeit für den Garten hatte, dann kann man – die Biogärtner bekräftigen es – dieses Unkraut trotz der Samen kompostieren, wenn es gelingt, Feuchte, Luft und Wärme zusammenwirken zu lassen. Dann können die Samen ihre Keimkraft sogar durch Verpilzen verlieren, auch bei geringer Wärme.

Zunächst aber: Alle langen Wurzeln, etwa von Winden (Convolvulus), Quecken (Agropyron), Ampfer (Rumex) und Giersch oder Geißfuß (Aegopodium), muß man kleinschneiden oder -häckseln. Dann fressen die Regenwürmer die angerotteten Wurzelstückchen.

Die hohen Temperaturen, durch die die Samen ihre Keinkraft verlieren, erreicht man durch gute Abdeckung und einen Kompoststarter mit thermophilen Bakterien.

Rasensodenkompost

Muß man ein Stück Rasen abstechen, zum Beispiel bei der Anlage eines neuen Beetes, lassen sich die rechteckigen Rasenstücke, die Rasensoden, gut zu Kompost verarbeiten, wenn man sie mit der grasbewachsenen Seite nach unten legt, jede Lage mit Korallalgenkalk und einem Kompoststarter bestreut und überbraust. Nach ½ Jahr ist der schönste Humus entstanden.

Umpflanzung von Kompostmieten zur Beschattung

Hat man einen Komposthaufen aufgesetzt, möchte man guten Humus für den Garten gewinnen; es ist klar, daß man den Komposthaufen selber nicht bepflanzt und ihm dadurch Nährstoffe entzieht.

Schattenspendend und feuchtigkeithaltend wirken Pflanzenranken von Kürbis, Melone, Kapuzinerkresse oder Neuseeländer Spinat, deren Samen man am Fuß des Komposthaufens aussät.

falsch

richtig

Umpflanzung eines Komposthaufens

Kompostbereitung

Kompost	Ausgangsmaterial	Kompost-starter aus
gemischter	alle organischen Abfälle aus Garten und Haushalt	Kräutern oder Kräutern mit Bakterien
Mist	Kuh-, Pferde-, Schweine-, Schafs-, Geflügel-, Ziegen-, Kaninchen- und Taubenmist als Gemisch oder einzeln	Kräutern oder Kräutern mit Bakterien
Laub	Herbstlaub von allen Bäumen und Sträuchern	Kräutern mit Bakterien
Rasenschnitt	angewelkter Rasenschnitt	Kräutern mit Bakterien
Rasensoden	abgestochene Rasensoden	Kräutern mit Bakterien
Sägemehl	Sägemehl 14 Tage lang angefeuchtet auf einem Haufen liegen lassen. Alginure-Torf-benetzungsmittel in Wasser verrührt beigeben	Kräutern mit Bakterien
Baumrinden, Holz	gehäckselte Baumrinde gehäckselte Äste	Kräutern mit Bakterien
Stroh	Stroh, kleingeschnitten oder gehäckselt	Kräutern mit Bakterien
samentragendes Unkraut		Kräutern mit Bakterien

Kalkzusatz/m³	Zusätze/m³	Schichthöhe in cm	Zwischen-schichten
Korallalgenkalk, jede Schicht überpudern	Horn-, Blut- und Knochenmehl, kalifornischer Rinderdung oder Mischdünger; Ton- und Gesteinsmehl, je 1 gehäufter Handspaten voll pro Schicht	20	2 cm Gartenerde
keinen Kalk, außer Korallalgenkalk	bei Schafs- und Ziegenmist **kein** Stickstoffdünger, wie Blut- und Hornmehl, Hornspäne, Rizinusschrot; bei Geflügelmist **kein** Knochenmehl	20	3 cm Gartenerde
Korallalgenkalk, jede Schicht überpudern; für Moorbeet-pflanzen **wenig** Kalk	siehe unter gemischter Kompost	frisch 30, abgelagert 20	3 cm Gartenerde und etwas Kompost
Korallalgenkalk, jede Schicht überpudern	siehe unter gemischter Kompost	20	3 cm Gartenerde und etwas Kompost
Korallalgenkalk, jede Schicht überpudern	siehe unter gemischter Kompost	1 Sode	keine
5 kg Korallalgenkalk oder Branntkalk	5 kg Basaltmehl 2 – 3 kg Horn- und Blutmehl 5 kg Tonmineral	20	3 cm Gartenerde und etwas Kompost
5 kg Korallalgenkalk oder Branntkalk	siehe unter Sägemehl	20	3 cm Gartenerde und etwas Kompost
3 kg Korallalgenkalk	3 kg Horn-, Blutmehl oder Rizinusschrot, jede Schicht mit einem Tonmineral überpudern	20	3 cm Gartenerde und etwas Kompost
3 kg Korallalgenkalk	siehe unter gemischter Kompost	20	2 cm Gartenerde

Dünger aus dem eigenen Garten

Ehe wir Zusatzdünger kaufen, die immer als Heilmittel für den Gartenboden angesehen werden müssen und nur sehr vorsichtig gebraucht werden sollten, sehen wir uns im eigenen Garten nach Düngemitteln um.

Wenn es sich nicht gerade um einen Garten handelt, der hundertprozentig mit einem Herbizid ausgesprüht worden ist, gibt es immer ein paar Kräuter, die dem Biogärtner höchst willkommen sind. Sie lassen sich zu hochwertigen Düngern verarbeiten als Tees, Brühen und Jauchen und sind noch dazu sehr preiswert.

Ist im eigenen Garten keine Brennessel oder kein anderes hilfreiches Kraut zu entdekken, sammelt man beim nächsten Spaziergang die nötige Menge. Mit einem großen Strauß Brennessel, Beinwell oder Rainfarn kann ein kleinerer Garten bereits für den ganzen Sommer mit Dünger versorgt werden. Die Kräuter lassen sich aber auch im Garten aussäen.

Ein Schluck Tee für die Primeln

Wer bekommt im Frühjahr nicht ab und zu eine eingetopfte Primel geschenkt! Sie blüht einige Zeit. Dann wird sie unansehnlich. Wer einen Garten hat, pflanzt sie auf ein Blumenbeet.

Meist erinnert die Primel erst im nächsten Frühling durch ihr Blühen an den Besuch vor einem Jahr.

Da hatte einmal jemand eine Tasse Brennesseltee übrig. Er verdünnte den Tee dreifach mit abgestandenem Wasser und begoß die gerade erst angewachsene Primel mit dem verdünnten Gesundheitstee. Und siehe da, die Primel blühte den ganzen Sommer bis in den Herbst hinein. Besonders Primeln, Geranien, Petunien und Vergißmeinnicht sind für so einen Trunk sehr dankbar; aber auch alle anderen Pflanzen, die einen Boden lieben, der nur leicht sauer, neutral oder alkalisch ist.

Brennesseljauche, ein wertvoller, kostenloser Dünger, der für jede Pflanze geeignet ist. Die Jauche auf der Abbildung befindet sich gerade in Gärung.

Dazu ist solch ein Tee leicht herzustellen. Man nimmt 1 gehäuften Teelöffel getrocknetes Kraut oder die fünffache Menge frisches und übergießt mit kochendem Wasser. Nach dem Abkühlen verdünnt man den Tee mit der dreifachen Menge abgestandenem Wasser. Auch für Zimmerpflanzen eignet sich diese Mischung.

Statt Brennesseln kann man auch Kamille, Beinwell, Ackerschachtelhalm (Zinnkraut), Löwenzahn oder Hirtentäschel nehmen.

Wermut ergibt eine wertvolle Brühe für Spritzungen gegen Rost, Erdflöhe, Milben und Blattläuse.

Brühen, Kräuterauszüge und Jauchen

Noch intensiver werden Kräuter genutzt, wenn man Brühen, Kräuterauszüge oder Jauchen aus ihnen herstellt. Man benutzt dazu Holzgefäße oder Plastikeimer. Metallgefäße sind nicht geeignet, weil sie chemische Verbindungen mit dem Inhalt eingehen können.

Auch Plastikeimer sollte man vor der Benutzung einer einfachen Prüfung unterziehen. Dazu stülpt man den Plastikeimer über eine größere Brennessel, einen Löwenzahn oder Rainfarn. Einige Pflanzenteile müssen den Eimer berühren. Damit die Luft zirkulieren kann, legt man auf einer Seite unter den Eimerrand einen größeren Stein. Werden die berührten Blätter nach einiger Zeit gelb, enthält das Plastikmaterial Polyvinylchlorid und darf nicht verwendet werden. Besonders bei älteren Gefäßen kann das der Fall sein. Gefäße aus Polyäthylen sind unbedenklich.

KRÄUTERBRÜHEN stellt man folgendermaßen her:

Die vorgeschriebene Menge Kräuter wird 24 Stunden in abgestandenes Wasser gelegt. Dann wird das Ganze bei mäßiger Hitze ½ Stunde gekocht, darauf abgekühlt und abgeseiht.

KRÄUTERAUSZÜGE werden mit getrockneten oder frischen Kräutern und abgestandenem Wasser angesetzt und 3 Tage im Schatten oder einem kühlen Raum stehengelassen. Auszüge dürfen nicht in Gärung übergehen. Danach werden die Kräuter abgesiebt.

JAUCHE wird genauso angesetzt wie der Kräuterauszug. Allerdings stellt man sie absichtlich warm oder in die Sonne, denn Kräuterjauche soll gären. Größere Gefäße deckt man mit einem Rost ab, damit kleine Tiere nicht hineinfallen. Je nach Wärme kann die Gärung schon nach einigen Tagen, aber auch erst nach 2 Wochen abgeschlossen sein.

Die Angaben über die Verdünnung müssen genau eingehalten werden. Eher kann man noch weiter verdünnen, denn Jauche ist allgemein sehr stickstoff- und kalireich. Starke Konzentrationen führen zu Verbrennungen an den Wurzeln.

Die wertvolle Pflanzenjauche entwickelt recht unangenehme Gerüche. Deshalb gibt man gern eine Handvoll Mineralmehl oder Baldrianextrakt zu und rührt öfter um. Die Jauche kann den ganzen Sommer über benutzt werden. Hat man einen Teil verbraucht, gießt man Wasser nach und füllt auch mit Kräutern auf. Im Herbst gibt man den Rest mitsamt den Kräutern auf den Kompost.

Diese flüssigen Dünger lassen sich noch wertvoller machen, wenn man etwas Horn-, Blut- oder Knochenmehl zusetzt, falls der Boden dieser Dünger bedarf.

Kräutertees, Auszüge, Brühen und Jauchen

Kraut	Wichtigste Inhaltsstoffe	Ansatz (f = frisch oder g = getrocknet)	Form
Ackerschachtelhalm Zinnkraut (EQUISETUM ARVENSE)	Kiesel, Kalk, Schwefel, Natrium, Kalium, Mangan, Magnesium	1 kg (f)/10 l Wasser 150 g (g)/10 l Wasser in diesem Fall: kochen, schon einmal 5fach verdünnen, gären lassen zu Jauche, dann nochmals verdünnen	Jauche
			Jauche
			Jauche
			Brühe
			Brühe
			Tee
Baldrian (VALERIANA OFFICINALIS)	Baldrianöl, Duftstoffe	Blüte (f) zu Saft pressen 1 Tropfen/1 l Wasser 5 Min. rühren	Auszug
Beinwell, Komfrey (SYMPHYTUM OFFICINALE) Aussaat im Garten von Symphytum x uplandicum	Kiesel; die Wurzeln erschließen Kalivorräte im Boden; Stickstoff	1 kg (f)/10 l Wasser 150 g (g)/10 l Wasser Blätter bis zum Frost, Wurzeln im April vor Blühbeginn ernten	Jauche
Brennessel (URTICA DIOICA, URTICA URENS)	Chlorophyll, Eisen, Kalk, Kieselsäure, Spurenelemente, Vitamine	1 kg (f)/10 l Wasser 200 g (g)/10 l Wasser	Jauche
			Jauche
			Jauche

Verdünnung	Ort	Zeitpunkt	Anwendung
5fach	Boden, Pflanze	das ganze Jahr (sobald frostfrei)	bodenheilend, pflanzenstärkend
5fach	Boden, Pflanze	Ende September bis Dezember	vorbeugend bei Pilzkrankheiten
5fach	Pflanze	das ganze Jahr (sobald frostfrei) alle 3 Wochen an 3 aufeinander-folgenden Tagen nachmittags	bei Pilzkrankheiten; mit Rainfarn- und Brennesseljauche bei Stachelbeer-mehltau; gegen Schädlinge, beispiels-weise Apfelwickler, Kirschenfrucht-fliege, Lauchmotten, Spinnmilben
5fach	Pflanze	bei Bedarf	dem Lehmbrei beigeben, in den man Setzlinge taucht, beispielsweise bei Kohlhernie
3fach	Pflanze	alle 3 Wochen an 3 aufeinander-folgenden Tagen nachmittags	bei Rost, Grauschimmelfäule, Kohlhernie
5fach	Pflanze	mehrfach bei Befall	mit $\frac{1}{3}$ Rainfarntee gegen Blattläuse gegen Blattrandkäfer; mit gärender Brennesseljauche (vor der Blatt- und Blütenbildung) gegen Blatt- und Schildläuse
unverdünnt	Pflanze	vor Blüte, bei der Fruchtbildung, vor Frost	fördert Blüten- und Fruchtbildung als Frostschutz bei Obstbäumen, Beerensträuchern
3fach 5fach	Boden Pflanze	ab April ab April	fördert das Wachstum, kräftigt die Pflanzen und beugt Krankheiten vor
unverdünnt	Boden, Kompost	bei Bedarf bei Bedarf	über Ameisenlaufstraßen Kompostbeigabe
10fach	Boden	ab Frühjahr (sobald frostfrei)	Bodendüngung beugt Schädlingsbefall und Pflanzenkrankheiten vor
20fach	Pflanze	ab Frühjahr (sobald frostfrei)	fördert das Wachstum

Kraut	Wichtigste Inhaltsstoffe	Ansatz (f = frisch oder g = getrocknet)	Form
Brennessel (Fortsetzung)			Jauche
			Jauche
			gärende Jauche
			Auszug
			Brühe
			Tee
Farnkraut Wurmfarn (DRYOPTERIS FILIX-MAS)	Spurenelemente, Kalium, insekten- abweisendes fettes Öl	1 kg (f)/10 l Wasser 100 g (g)/10 l Wasser 5 g (g)/½ l Wasser	Jauche Auszug
Adlerfarn (PTERIDIUM AQUILINUM)		1 kg (f)/10 l Wasser 5 g (g)/½ l Wasser	Jauche Jauche Auszug

Verdünnung	Ort	Zeitpunkt	Anwendung
20fach	Pflanze	vor Knospen- aufbruch	gegen Chlorose
20fach	Pflanze	an 3 auf- einander- folgenden Tagen mehrmals im Abstand von 14 Tagen (sobald frostfrei)	gegen Krankheiten, z. B. Fäulekrankheiten, Kräuselkrankheit, Falschen Mehltau, Apfel- und Birnenschorf; gegen Schädlinge, beispielsweise Blattrandkäfer, Blutlaus, Gespinstmotte, Kartoffelkäfer, Kirschenfruchtfliege, Spinnmilben, mit Rainfarn- und Schachtelhalmjauche bei Stachelbeermehltau; im Wechsel mit Rainfarn- und Wermuttee gegen Mosaikkrankheit
50fach	Pflanze	vor Blatt- und Blütenbildung 3mal während 10 Tagen	gegen Blattläuse, Schildläuse, Spinnmilben
unverdünnt	Pflanze	bei Befall	gegen Blattläuse
5fach	Pflanze	ab Frühjahr, sobald frostfrei	gegen Rutenkrankhreit, Kohlgallenrüßler
3fach	Pflanze	an 3 aufeinander- folgenden Tagen mehrmals im Abstand von 14 Tagen (sobald frostfrei)	mit Wermut- und Rainfarntee gegen Erbsenwickler
unverdünnt	Pflanze	Winterspritzung	gegen Schild- und Blutläuse
leicht verdünnt	Rinde von Obst- bäumen	bei Befall	abgebürstete Krusten bepinseln gegen Schildläuse
10fach	Pflanze	Vorfrühling	gegen Blattläuse
unverdünnt	Boden, Pflanze	bei Bedarf	für den Kompost (Kaligabe), gegen Schnecken
unverdünnt	Rinde von Obst- bäumen	bei Befall	gegen Blutläuse: Rinden abbürsten und Kolonien einpinseln

Kraut	Wichtigste Inhaltsstoffe	Ansatz (f = frisch oder g = getrocknet)	Form
Hirtentäschel (CAPSELLA BURSA-PASTORIS)	Kalium, Calcium, Natrium	1 kg (f)/10 l Wasser	Aufguß
Holunder, Schwarzer (SAMBUCUS NIGRA)	Salpeter, Sambucin, Sambunigrin, starker Geruch	1 kg (f)/10 l Wasser aus Blättern	Auszug
Kamille (MATRICARIA CHAMOMILLA) CHAMOMILLA RECUTITA	Azulen (ätherisches Öl) Linolsäure, Duftstoffe	100 g (g)/10 l Wasser	Tee
			Brühe
Kapuzinerkresse (TROPAEOLUM MAJUS)	strenger Geruch	Pflanzen auspressen	Extrakt
Knoblauch (ALLIUM SATIVUM)	Schwefel, Vitamine	Knolle zerkleinert 75 g/10 l Wasser	Tee
		Blätter, Schalen 500 g (f)/10 l Wasser 200 g (g)/10 l Wasser	Jauche
Löwenzahn (TARAXACUM OFFICINALE)		1 kg (f)/10 l Wasser 200 g (g)/10 l Wasser (blühende Pflanze)	Jauche Brühe Tee
Majoran (ORIGANUM MAJORANA)	kampferähnliche Stoffe, ätherisches Öl, Duftstoffe, Gerb- und Bitterstoffe	1 kg (f)/10 l Wasser 100 – 150 g (g)/10 l Wasser	Tee
Meerrettich (ARMORACIA LAPATHIFOLIA)	schwefliges fettes Senföl in der Wurzel	300 g (f)/10 l Wasser von Blättern und Wurzeln	Tee
Oregano, Echter Dost (ORIGANUM VULGARE)	ätherisches Öl, Gerb-, Bitter- und Duftstoffe	1 kg (f)/10 l Wasser 100 – 150 g (g)/10 l Wasser	Tee

Verdünnung	Ort	Zeitpunkt	Anwendung
5fach	Boden, Pflanze	bei Bedarf	bei einseitig beanspruchten Böden über Pflanzen und Boden sprühen
5fach	Pflanze	vorbeugend und bei Befall	gegen Kohlweißling, Erdraupen
5fach	Pflanzen-samen	vorbeugend und bei Bedarf	desinfiziert und erhöht die Keimkraft von Samen (15 Minuten im Tee liegen lassen); Baumwunden vor dem Verschließen damit auswaschen
5fach	Pflanze	an 3 auf-einander-folgenden Tagen mehrmals im Abstand von 14 Tagen (sobald frostfrei)	gegen Himbeerrutenkrankheit
unverdünnt	Rinde	bei Befall	Blutlauskolonien einpinseln
unverdünnt	Pflanze	vorbeugend und bei Befall	gegen Pilzkrankheiten; gegen Möhrenfliege, Erdbeer-, Spinnmilben
10fach	Boden	vorbeugend und bei Befall	gegen Pilzkrankheiten
unverdünnt	Pflanze	bei Bedarf	Wachstumsförderung
unverdünnt	Boden	bei Bedarf	Düngung
unverdünnt	Kompost	bei Bedarf	Beigabe
unverdünnt	Boden	bei Befall	auf Ameisenlaufstraßen gießen
unverdünnt	Blüte	während der Blüte	gegen Monilia
3fach	Pflanze	Mai und Juni in regelmäßigen Abständen	gegen Kommaschildläuse

Kraut	Wichtigste Inhaltsstoffe	Ansatz (f = frisch oder g = getrocknet)	Form
Pfefferminze (MENTHA x PIPERITA)	ätherisches mentholhaltiges Öl, Gerb-, Bitter- und Duftstoffe	1 kg (f)/10 l Wasser 100 – 150 g(g)/10 l Wasser	Tee
Quassia-Bitterholz (QUASSIA AMARA) giftig	Magen- und Ätzgift für Insekten, also auch für Nützlinge!	150 g Quassia/2 l Wasser und 2 l Schachtelhalmtee und 250 g Schmierseife in 10 l Wasser verdünnt	Brühe
Rainfarn (CHRYSANTHEMUM VULGARE) giftig	ätherisches Öl, Vitamine, starker Geruch	300 g (f)/10 l Wasser 30 g (g)/10 l Wasser	Brühe
		von Kraut und Blüte evtl. 100 g Kochsalz/10 l Wasser beigeben	Brühe
			Tee
			Tee
			Tee
			Tee
Rhabarber (RHEUM RHABARBARUM)	Oxalsäure, Gerbstoffe, Blätter giftig	500 g (f)/3 l Wasser	Auszug
		Blätter	Tee
Salbei (SALVIA OFFICINALIS)	ätherisches Öl, Gerb- und Bitterstoffe	1 kg (f)/10 l Wasser 100 – 150 g(g)/10 l Wasser	Tee

Verdünnung	Ort	Zeitpunkt	Anwendung
unverdünnt	Boden	bei Bedarf	auf Ameisenlaufstraßen gießen
unverdünnt	Pflanze	Frühjahr bis Herbst bei Befall, bei bedecktem Wetter	gegen Blattläuse, Blattrandkäfer
unverdünnt	Pflanze	bei Befall 2mal pro Woche	gegen Erdflöhe
2fach	Pflanze	an 3 aufeinanderfolgenden Tagen mehrmals im Abstand von 14 Tagen (sobald frostfrei)	gegen Gespinstmotte, bei Bohnen- und Johannisbeerrost
2fach	Pflanze	an 3 aufeinanderfolgenden Tagen mehrmals im Abstand von 14 Tagen (sobald frostfrei)	gegen Mosaikkrankheit s. Ackerschachtelhalm; mit Schachtelhalm- und Brennesseljauche bei Stachelbeermehltau; gegen Insekten, beispielsweise Möhrenfliegen, Sägewespen; gegen Erbsenwickler s. Brennessel, gegen Blattläuse s. Ackerschachtelhalm
2fach	Wurzelhals	bei Befall	gegen Dickmaulrüßler
2fach	Pflanze	kurz vor und während der Flugzeit	gegen Erbsengallmücke, Zwiebelfliege, Kohlgallenrüßler, Möhrenfliege
2fach	Pflanze	bei Befall	gegen Lauchmotte, Blattrandkäfer (2mal)
unverdünnt	Pflanze	bei Befall	gegen Schwarze Bohnenblattläuse
unverdünnt	Pflanze	bei Befall	gegen Lauchmotte
3fach	Pflanze, Boden	kurz vor und während der Flugzeit	gegen Erdraupen

Kraut	Wichtigste Inhaltsstoffe	Ansatz (f = frisch oder g = getrocknet)	Form
Schachtelhalm siehe Ackerschachtelhalm			
Schafgarbe (ACHILLEA MILLEFOLIUM)	ätherisches Öl, Kieselsäure, Kalium, Schwefel	1 kg (f)/5 l Wasser 100 g (g)/5 l Wasser (Juni bis September ernten)	Auszug
Thymian (THYMUS VULGARIS)	ätherisches Öl, Gerb-, Bitter- und Duftstoffe	1 kg (f)/10 l Wasser 100 – 150 g(g)/10 l Wasser	Tee
Tomaten (LYCOPERSICON LYCOPERSICUM)	Vitamin C und andere, Mineralien, starker Geruch	30 g Geize/2 l Wasser	Auszug Jauche
Wermut (ARTEMISIA ABSINTHIUM)	Kieselsäure, Salpeter, Vitamin C und B, ätherisches Öl, Gerb- und Bitterstoffe	300 g (f)/10 l Wasser 30 g (g)/10 l Wasser	Brühe Tee Tee Tee
Ysop (HYSSOPUS OFFICINALIS)	ätherisches Öl, Gerb-, Bitter- und Duftstoffe	1 kg (f)/10 l Wasser 100 – 150 g (g)/10 l Wasser	Tee
Zwiebel (ALLIUM CEPA)	schwefliges ätherisches Senföl	Zwiebel zerkleinert 75 g (f)/10 l Wasser Schalen 200 – 500 g/10 l Wasser	Tee Brühe

Verdünnung	Ort	Zeitpunkt	Anwendung
10fach	Pflanze	an 3 aufeinanderfolgenden Tagen mehrmals im Abstand von 14 Tagen (sobald frostfrei)	gegen Blattflecken- und Kräuselkrankheit, Echten Mehltau und Wurzeltöterkrankheit, Monilia
3fach	Pflanze	kurz vor und während der Flugzeit	gegen Erdraupen
	Boden		gegen Erdraupen; auf Ameisenlaufstraßen (unverdünnt)
2fach	Pflanze	kurz vor und während der Flugzeit	gegen Erbsenwickler, Erdraupen, Kohlweißling
		bei drohendem Befall	gegen Kartoffelkäfer
10fach	Pflanze	bei Bedarf	als Tomatendünger und gegen Rosenblattläuse
unverdünnt	Pflanze	bei Befall 2mal pro Woche	gegen Erdflöhe
unverdünnt	Boden		auf Ameisenlaufstraßen
3fach	Pflanze	bei Befall	gegen Blattläuse, Blattrandkäfer, Erbsenwickler (s. Brennessel), Kohlfliege (in das „Herz" der Pflanze gießen), Kohlweißling, Sägewespe
3fach	Pflanze	kurz vor und während der Flugzeit	gegen Apfelwickler, Erbsengallmücke, Kirschfruchtfliege, Möhrenfliege, Zwiebelfliege
3fach	Pflanze	kurz vor und während der Flugzeit	gegen Erdraupen
unverdünnt	Pflanze	wie bei Knoblauch	wie bei Knoblauch
unverdünnt	Pflanze	vorbeugend und bei Befall	gegen Milben, Pilzkrankheiten, Blattläuse

Hornmist und Hornkiesel

Die beiden Spritzmittel, das Hornmistpräparat Nr. 500 und das Hornkieselpräparat Nr. 501, nehmen unter den pflanzenstärkenden Mitteln eine Sonderstellung ein. Sie gehen auf Anregungen Rudolf Steiners zurück. Bei der Herstellung werden kosmische Einflüsse berücksichtigt.

Vor Gebrauch werden die Präparate durch einstündiges Rühren dynamisiert. Was sich vielleicht für manchen wie eine Zeitverschwendung ausnimmt, hat sich sehr bewährt. Mehr als 60jährige Erfahrungen im biologisch-dynamischen Garten- und Landbau haben ergeben, daß die anfangs aufgewendete Zeit durch die hervorragende Wirkung der beiden Präparate später mehr als eingespart wird, weil viele andere Pflegemaßnahmen unterbleiben können.

Hornmistpräparat Nr. 500

Ein wenig Kuhmist wird fest in ein Kuhhorn gestopft und im Herbst in ½–¾ m Tiefe in nicht zu sandigem und nicht zu tonhaltigem Boden vergraben. Im Frühjahr gräbt man das Horn wieder aus. Der Kuhmist hat sich verwandelt und hat, mit Wasser verrührt und dann gespritzt, die Kraft, die Bewurzelung der Pflanzen und die gesamte Bodentätigkeit zu fördern. So löst er beispielsweise Bodenverdichtungen bis in größere Tiefen hinein auf, aktiviert die Humusbildung durch Vermehrung der Bodenorganismen, vor allem der Regenwürmer. Dieses Präparat wirkt außerdem besonders wachstumsanregend auf die Samen.

Wie sich in Versuchen immer wieder gezeigt hat, steigt durch Spritzungen mit dem Hornmistpräparat das durchschnittliche Wurzelgewicht um 20%. Eine gut entwickelte, tiefreichende Wurzel kann der oberirdischen Pflanze bedeutend mehr Nährstoffe zuführen. Ein kräftiger, üppiger Pflanzenwuchs ist die Folge.

Auch bei einmaliger Anwendung des Präparats Nr. 500 zeigt sich die Wirkung noch nach Jahren.

Für eine Fläche von 1000 m^2 braucht man 30 g Hornmist auf 5 l handwarmes Wasser. Man gibt beides in ein Gefäß aus Steingut, Holz, Email oder Glas, das nicht oxydieren kann, und rührt 1 Stunde lang in wechselnder Richtung. Durch das Rühren werden die im Hornmist enthaltenen Stoffe auf das Wasser übertragen. Wenn sich beim Rühren in der Mitte der Flüssigkeit ein tiefer Trichter gebildet hat, muß man die Richtung wechseln.

Nach dem Rühren läßt man die Flüssigkeit noch 10 Minuten stehen, ehe man sie durch ein Sieb filtert, damit die Spritzdüsen nicht verstopfen.

Das Wasser behält die Präparate-Energien bis etwa 3 Stunden nach dem Rühren. Bis dahin sollte man alles ausgespritzt haben. Das Hornmistpräparat wird im zeitigen Frühjahr auf überwinternde Grünflächen, vor jeder Aussaat auf den Boden und auf alle frisch mit Erde gefüllten Anzuchtkästen gesprüht oder tropfenweise verteilt. Nach 3–4 Tagen sollte man die Spritzung wiederholen. Im Obstgarten sprüht man die Stämme der Obstbäume und die Baumscheiben.

Bevor man im Herbst den Boden mit einer Mulchschicht bedeckt, sollte man noch einmal das Hornmistpräparat spritzen. Dann findet man im Frühjahr einen gut vorbereiteten Boden. Aber auch während des ganzen Sommers spritzt man das Präparat Nr. 500 immer dann, wenn ein Beet abgeerntet ist und eine Zwischen- oder Nachfrucht an die Reihe kommen soll. Stauden und Sträucher, auch Rosen, erhalten ebenfalls im Frühjahr und im Herbst vor dem Mulchen eine Bodenspritzung.

Man spritzt am besten am Nachmittag oder Abend. Dann sind Erde und Wurzeln besonders aufnahmefähig. Das Hornmistpräparat wird auch dem Lehmbrei beigemischt, in den man die Wurzeln von Setzlingen, Stauden, Sträuchern und Bäumen vor dem Einpflanzen eintaucht und mit dem man Obstbaumstämme bestreicht.

Kann man dem Geheimnis seiner Wirkung etwas näherkommen? Schon durch die normale Verrottung wird Kuhmist zu fruchtbarem Humus. Wenn er, in ein Kuhhorn gefüllt, den Winter über in der Erde liegt, hat das eine noch stärkere Wirkung. Für die Kuh ist das Horn nicht nur eine Waffe. Betrachtet man eine Kuh in ihrer unglaublichen Produktivität nicht als chemische Fabrik, die Milch liefert, dann muß man die Existenz lebenspendender Kräfte ernst nehmen, in deren Wirkungsbereich solch ein Tier lebt. Im Organismus der Kuh hat das Horn die Funktion, solche Kräfte auch zurückzustrahlen. Ist das Horn aber von Erde umschlossen, konzentrieren sich diese Kräfte und teilen sich den Stoffen im Horn mit. Auf diese Zusammenhänge wies Rudolf Steiner, der Begründer der Anthroposophie, im „Landwirtschaftlichen Kursus" hin (Koberwitz 1924).

Deshalb wird bei der Herstellung des Präparats Nr. 501 der feingemahlene Quarz auch in ein Kuhhorn gegeben. So verwandeln sich Substanzen.

Damit diese nun ihre Kräfte an das Wasser weitergeben können, muß jeweils eine kleine Menge davon in Wasser gerührt werden. Das bedeutet eine außerordentliche Verstärkung der Wirkung.

Versuche (beispielsweise 1974 an der Universität Amsterdam) haben bestätigt, daß Verdünnungen, also hochpotenzierte Substanzen wie z. B. homöopathische Medikamente, erstaunliche Wirkungen entfalten, obwohl nur noch ganz wenig Materie in ihnen enthalten ist. Die Zubereitung setzt die Kräfte frei.

Bergkristall: Grundlage für das Hornkieselpräparat Nr. 501

Hornkieselpräparat Nr. 501

Das Hornkieselpräparat wirkt nur dann günstig auf die Pflanzen ein, wenn man sie vorher mit dem Hornmistpräparat behandelt hat. Das sollte man bei der Verwendung dieser Präparate immer bedenken.

Das Hornkieselpräparat verstärkt alle Licht- und Wärmeprozesse, so beispielsweise die Assimilation, durch die Chlorophyll gebildet wird. Auch höhere Zuckerwerte ergeben sich. Alle oberirdischen Teile der Pflanze werden durch das Präparat gestreckt. Die Pflanzen verzweigen sich mehr. In Wurzeln, Blatt, Stengel und Frucht wird mehr Kieselsubstanz eingelagert. Dadurch wird das Gewebe zugleich fester und biegsamer.

Das Präparat Nr. 501 steigert mit dem Wachstum die Qualität der Pflanzen, aber auch die Erträge und die Haltbarkeit. Kieselsäure vermittelt Wärme und Licht. Deshalb wirkt sie ausgleichend und qualitätsfördernd auf schweren, kühlen und feuchten Böden.

Das Hornkieselpräparat wird aus fein zerriebenem Quarz (Bergkristall oder Feldspat) hergestellt und ebenso wie der Hornmist in ein Kuhhorn gegeben. Hierfür mischt man aus Wasser und dem zermahlenen Quarz einen Brei etwa von der Konsistenz eines dünnflüssigen Kuchenrührteiges. Im Gegensatz zum Hornmist vergräbt man aber das Horn mit Quarz den Sommer über. Man nimmt es im Herbst aus der Erde und bewahrt den Inhalt bis zum nächsten Frühjahr auf.

Warum? Der Planet Erde ist kein toter Ball, sondern ein gewaltiger Organismus. Im Sommer ist die Kräftekonstellation, die in der Erde und über der Erdoberfläche herrscht, eine andere als im Winter. So differenzieren sich auch die Wirkungen, die von der Erde auf die Stoffe im Kuhhorn übergehen.

Für die Spritzung braucht man eine noch geringere Menge Substanz als für das Hornmistpräparat: 0,5 g auf 5 l handwarmes Wasser. Das Präparat wird ebenso gerührt wie der Hornmist.

Auch beim Spritzvorgang zeigt sich die Polarität zum Hornmistpräparat. Man versprüht das Präparat als feinen Nebel am Vormittag auf die Blätter. Blüten werden nicht eingesprüht, mit Ausnahme der Tomaten- und Erdbeerblüten.

Ausspritzen des Hornkieselpräparats auf Rosen

Wichtig ist das Präparat Nr. 501 auch im Obstbau. Zum 1. Mal werden die Obstbäume während eines Jahres unmittelbar vor der Blüte gespritzt, ein 2. Mal, wenn sich die Blätter voll entwickelt haben, ein 3. Mal nach dem Fruchtansatz, wenn Äpfel und Birnen im Durchmesser etwa 2 cm, Pflaumen 1,5 und Kirschen 1,2 cm groß sind. Zum 4. Mal spritzt man kurz bevor die Früchte reif sind.

Durch die Einlagerung von Kieselsäure und die damit gesteigerte Strukturbildung im Pflanzengewebe sind mit Hornkiesel gespritzte Früchte länger haltbar, haben eine geringere Neigung zu Fäulnis und einen köstlichen Geschmack.

Wie alle jungen Pflanzen verträgt junges Blattgemüse die Hornkieselspritzung noch nicht. Deshalb wartet man bei Kopfsalat, Weiß-, Wirsing- und Rotkohl ab, bis sich die Blätter zur Kopfbildung nach innen neigen. Danach sollte man vor allem Kohl oft sprühen. Wenn man Weißkohl alle 14 Tage spritzt, wird er fest. Auch auf Tomaten wirkt Hornkiesel, alle 14 Tage gegeben, sehr günstig.

Kartoffeln besprüht man erst dann mit Hornkiesel, wenn sich die Blütenansätze zeigen. Während der Ausbildung der Knollen spritzt man nachmittags oder abends. Ähnlich verfährt man bei Wurzelgemüsen. Sellerie sprüht man, wenn die Knolle ungefähr kastaniengroß ist, und zwar nachmittags oder abends.

Pflanzen, die sehr stark die Blüte betonen (Blumen), die Duftstoffe entwickeln (Heilpflanzen), und Pflanzen, die hauptsächlich Früchte ausbilden (Obst), sollten zur Stärkung dieser Bereiche vormittags gespritzt werden.

Da die Vormittagsspritzung auch das Längenwachstum sehr anregt, sollten Salat, Spinat und Mangold erst nachmittags Gaben von Hornkiesel erhalten, weil sie sonst „schießen". Bei den Leguminosen gibt es höhere Erträge durch Nachmittags- oder Abendspritzungen.

Wenn man seine Pflanzen im Einklang mit den natürlichen Rhythmen des Tages spritzt, tut man zusätzlich etwas für ihre Kräftigung und Gesundheit. Ab 3 Uhr morgens beginnt die Erde auszuatmen. Die Pflanzen verdunsten Wasser, strecken sich, Stärke bildet sich. Ab 15 Uhr atmet die Erde in unseren Breiten wieder ein. Der Wassergehalt nimmt wieder zu. Die Stärke wird in die unteren Bereiche der Pflanze befördert, in die Wurzeln und Knollen. Die Pflanzenzellen vermehren sich.

Morgens und vormittags gehen die belebenden und wachstumsfördernden Kräfte mehr in die Region von Blatt und Blüte, nachmittags und abends in den Wurzelbereich. So kann man je nach Tageszeit bestimmte Bereiche der Pflanze stärken.

Maria Thun empfiehlt, das Hornkieselpräparat dann auf die jeweilige Pflanzenart zu spritzen, wenn für diese auch die günstigste Saatzeit ist, also Wurzelgemüse an Wurzeltagen, Blattgemüse an Blatttagen und fruchttragende Pflanzen an Fruchttagen, wie Maria Thun sie in ihrem Aussaatkalender für jedes Jahr angibt.

Für die Einlagerung werden Obst und Gemüse ein letztes Mal kurz vor der Ernte gespritzt. Hier gelten besondere Gesetze, bei deren Beachtung die Lagerqualität noch erheblich verbessert wird. Kohl spritzt man dann an einem Blütentag, Möhren an Frucht- oder Blütentagen.

Durch die gesundende Wirkung der beiden Präparate wird Schädlingsbefall und Pflanzenkrankheiten in weitgehendem Maße vorgebeugt.

Wirkungen der Präparate 500 und 501

- ◉ Förderung der Bodenorganismen
- ◉ stärkere Vermehrung der Bodenorganismen einschließlich Regenwurm
- ◉ Wachstumsanregung für Samen, Wurzeln und oberirdische Pflanzenteile
- ◉ Steigerung der Qualität und Haltbarkeit bei Obst und Gemüse

Fremddünger

Dünger wird im biologischen Garten- und Landbau aus zweierlei Gründen verwendet. Er soll vor allem das Bodenleben anregen und in zweiter Linie die Pflanzen ernähren. Dabei regt organischer Dünger das Bodenleben an, sorgt für rasche Vermehrung der Bodenorganismen und dadurch für den Aufbau einer fruchtbaren Bodenstruktur. Berücksichtigt muß dabei werden, daß die Bodenorganismen zum Aufschließen und Verarbeiten der Dünger Luft, Feuchtigkeit und Wärme brauchen. Deshalb wird die Aufgabe des Düngers auch darin gesehen, eine gute Krümelstruktur zu fördern, die für die Durchlüftung des Bodens sorgt, die Wasserhaltefähigkeit des Bodens zu vergrößern und durch lockeren Bodenaufbau, Anregung der Stoffwechseltätigkeit der Bodenbakterien und Dunkelfärbung des Bodens die Bodenwärme günstig zu beeinflussen.

Während draußen in der Natur die Pflanzen durch ihr Vergehen und den Blattfall selbst für Düngung sorgen, sie aber auch nicht so anspruchsvoll wie die gezüchteten Kulturpflanzen sind, brauchen letztere, nämlich Gemüse, Obstbäume, Beerensträucher und Blumen, Pflege und zusätzliche Düngergaben. Soweit möglich, entnimmt man die Dünger dem eigenen Garten, aber im Herbst und Frühjahr sollte eine Zusatzdüngung gegeben werden.

Meeresalgen – wertvolle Dünger aus dem Meer: bis 5 m Tiefe wachsen Grünalgen, von 5 bis 10 m Tiefe Braunalgen, darunter Rotalgen.

Pflanzliche Dünger

Im eigenen Garten gibt es als pflanzlichen Zusatzdünger normalerweise nur die oberirdischen Teile der Gründüngungspflanzen. Je öfter man diese aussät, desto mehr Blattmasse hat man für die Kompostierung, wenn man diese nicht für die Bodenbedeckung braucht.

Selbstverständlich werden auch Obstabfälle wie nicht verwendbares Fallobst und Kelterrückstände im Kompost verwertet. Wer sich von Keltereien oder Konservenfabriken Rückstände von Obst und Gemüse beschaffen kann, hat eine wertvolle Humusquelle. Trester läßt sich nämlich zu ausgezeichnetem Komposthumus verarbeiten. Aber auch im Handel gibt es einige wertvolle pflanzliche und tierische Dünger, die im biologischen Gartenbau verwendet werden.

Algendünger

Neben den bereits ausführlich besprochenen Alginure-Präparaten, die im engeren Sinne keine Dünger sind, gibt es eine Reihe anderer Algendünger, die für den Boden und die Blattdüngung sehr wertvoll sind.

Es ist bekannt, daß die Küstenbewohner die nach Stürmen reichlich angeschwemmten Algen, meist Grün- und Braunalgen, sammeln und auf ihre Äcker und Gartenbeete bringen. Seit Jahrhunderten wird mit Erfolg so verfahren, denn Algen ziehen aus dem Meerwasser wichtige Substanzen, die dem Boden zugute kommen.

Dabei ist interessant, daß Algen, die in dem sehr salzhaltigen Meerwasser leben, dieses Salz nicht in sich konzentrieren, sondern daß in geringen Mengen im Meerwasser enthaltene Stoffe wie Magnesium, Kali und Jod, wesentliche Bestandteile der Algen bilden.

So enthalten Algen sehr viel Kali, wenig Stickstoff und fast gar keinen Phosphor. Auch ihr Reichtum an Vitaminen und Spurenelementen macht Algen zu einem wichtigen Dünger. Alle bisher bekannten Vitamine sind vorhanden.

Einige wichtige Substanzen seien an dieser Stelle genannt:

3,2 % Kalium	5,7% Eiweiß
3,1 % Kalzium	2,6% Fett
1,4 % Stickstoff	Vitamine
0,5 % Magnesium	Kalkalgen enthalten
0,2 % Eisen	zu 33% Kalk
0,06% Jod	

Während Korallalgenkalk aus Rotalgen gewonnen wird, bestehen die anderen Algendünger aus Grün- und Braunalgen.

Es gibt Streumittel, die nur leicht in den Boden eingearbeitet werden, den Boden sehr beleben und für intensive Grünfärbung der Blätter sorgen.

Außerdem stehen in reicher Auswahl flüssige Algendünger zur Verfügung, die, dem Gießwasser beigemischt, auf die Wurzelregion günstig wirken, als Spritzmittel die Blattregion der Pflanzen stärken und sie weniger anfällig für Schädlingsbefall und Krankheiten machen.

Als pflanzliche Dünger stehen außerdem Rizinusschrot, Buchenholzkohle und Rindenkompost zur Verfügung.

Rizinusschrot

Die Bohnen des Ricinus communis (Wunderbaum) aus der Familie der Wolfsmilchgewächse finden zweierlei Verwendung:

Rizinus

das aus dem Samen gepreßte Öl in Medizin und Technik, während Rizinusschrot als Düngemittel immer beliebter wird.

Der bei uns nur als einjährige Zierstaude bekannte Wunderbaum wird in seiner Heimat Sansibar wegen seiner ölhaltigen Samen schon sehr lange kultiviert. Er wächst in Südamerika, Afrika und Südostasien.

Rizinusschrot fördert das Bodenleben und den Humusaufbau, wovon auch der Regenwurm profitiert. Bei Obstbäumen und Beerensträuchern kann durch den Schrot zugleich die Kragenfäule bekämpft werden. Er besteht unter anderem aus 6% Stickstoff, 2,5% Phosphorsäure und 1,5% Kali.

Buchenholzkohle

Buchenholzkohle ist zum einen im Handel erhältlich, kann aber auch durch Verbrennen von dicken Ästen selbst hergestellt werden. Noch einfacher ist es, Asche aus dem Kamin zu verwenden.

Im Gegensatz zu tierischen Düngern, die recht kaliarm sind, enthält die Holzkohle davon einen hohen Prozentsatz, außerdem noch Kalk und Spurenelemente. Der hohe Kaligehalt in diesem Dünger schützt auch Pflanzen, die anfällig gegen Pilze und Fäulnis sind.

Die Asche wird ausgebracht, indem sie in Saatrillen und Pflanzlöcher gestreut wird.

Rindenkompost

Die Rindenabfälle aus der holzverarbeitenden Industrie werden zu Rindenkompost aufbereitet, der zwar nährstoffarm ist, aber einen guten Ersatz für Torf bietet (siehe Übersicht Seite 64). Er eignet sich besonders für schwere Böden, die durch diesen Kompost aufgelockert und belüftet werden. Zusätzlich stellt gröberer Rindenkompost ein ausgezeichnetes Bodenbedeckungsmaterial dar. Durch Kompostierung mit Hühnermist und Zusatz von Lehmerde erhält man gute Topf- und Blumenerde. Er wird durch andere Zusätze auch zu nährstoffreichem Humus verarbeitet.

Hühnerhof mit frei herumlaufenden Hühnern. Der Mist von solchen Hühnern ist für den Biogarten am besten geeignet.

Tierische Dünger

Dem biologisch wirtschaftenden Gärtner stehen eine Reihe tierischer Dünger im Handel zur Verfügung. Kann man Mist aus einem landwirtschaftlichen Betrieb bekommen, sollte man sich vergewissern, ob die Tiere, von denen der Mist stammt, einwandfrei gehalten werden. Antibiotika und Hormone aus Futter und Medizin sollten nicht über den Mist Eingang in den biologischen Anbau finden.

Guano

Echter Peru-Guano ist nur noch begrenzt vorhanden, heute sehr teuer und in kleinen Mengen im Handel erhältlich. Daher eignet er sich eigentlich nur für die Pflege von Zimmerpflanzen.

Guano wird durch Vogelmist und Tierkadaver gebildet, die seit Jahrhunderten an den regenarmen Küsten und Inseln Perus, Chiles und Neufundlands, bedingt durch die hohe Sonneneinstrahlung, verrotten. Schon im 19. Jahrhundert wurden diese Schätze entdeckt und in großen Mengen mit Schiffen nach Europa transportiert. Damals war der Guano vor allem wegen seiner konzentrierten Düngewirkung beliebt. Er ist heute hauptsächlich durch Fisch- oder Biskaya-Guano ersetzt, der aus Seefischen und Fischabfällen hergestellt wird. Diese werden entölt, mit Magnesiumkalk angereichert und unter Luftabschluß einer Fermentation unterzogen.

Geflügelmist

Ebenfalls ein Ersatz für Guano ist der Geflügelmist, der aus Großgeflügelhaltungen stammt, getrocknet und aufbereitet wird. Seine Verwendung findet er als Zugabe zum Kompost – man sollte allerdings beim Kauf beachten, ob die Haltung der Tiere ohne Antibiotikagaben geschieht.

Da Geflügelmist eine sehr intensive Wirkung hat, ist es empfehlenswert, sich nach der Gebrauchsanweisung zu richten und die Mengenangaben genau zu beachten, damit man keine Enttäuschungen erlebt.

Rindermist

Rindermist besteht aus Kuhfladen, die von der Sonne getrocknet sind und anschließend gemahlen werden. Im Handel ist auch kalifornischer Rinderdung erhältlich, der von einwandfrei gehaltenen Tieren stammt. Von Vorteil ist der hohe Gehalt an Kali; er ist besonders geeignet für Rosen, Möhren und Sellerie.

Bei Ziegen- und Kaninchenmist, der wie Schafmist sehr stickstoffhaltig ist, muß beachtet werden, daß die Pflanzen bei zu reichlichen Düngegaben schießen.

Pferde- und Schweinemist enthalten hingegen viel Kali, Schweinemist zusätzlich noch etwas Stickstoff.

Tiermehle

Das weniger gebräuchliche Tiermehl wird bei der Verarbeitung von ganzen Tieren entfettet und gewöhnlich als Futtermittel verwendet.

Ein hochwertiger Stickstoffdünger wird aus Tierblut gewonnen. Man erhält hochkonzentriertes und schnell wirkendes BLUT-MEHL, das sich gut als Beimischung und für die Flüssigdüngung eignet. Wie HORNMEHL, das ebenfalls ein Stickstoffdünger ist, kann es direkt auf die Erde ausgebracht werden. Hornmehl wird schnell aufgeschlossen und kann einen wesentlichen Beitrag zur Verrottung im Kompost liefern.

Als Vorratsdünger eignen sich HORNSPÄNE, weil sie von den Bodenorganismen langsamer aufgearbeitet werden. Sie sind leicht zu handhaben und können auch mit Regenwasser als Jauche verwendet werden.

Die mehr als gute Futterzusätze bekannten Knochenprodukte sind als Düngemittel im Handel kaum erhältlich.

Man unterscheidet KNOCHENMEHL, das durch seinen hohen Calciumphosphatgehalt für kräftige Blüten an Obstbäumen und Beerensträuchern sowie für reichliche Blumenbildung sorgt, und KNOCHENSCHROT. Dieser wird bei der Herstellung im geringen Maße entfettet und entleimt, so daß wegen des noch vorhandenen Stickstoffs Phosphat leichter aufgeschlossen werden kann.

Natürliche mineralische Mehle

Zur Entstehung eines fruchtbaren Bodens mit ausgewogenem Nährstoffgehalt tragen auch die natürlichen Mineralmehle bei. Die Gesteinsmehle werden vor allem durch Vermahlen von Urgestein gewonnen, die Tonmehle durch Abbau von sekundären Tonmineralen.

Hier wird in einem industriellen Prozeß wiederholt, was die Natur selbst für die Bodenfruchtbarkeit tut.

Gesteinsmehle

Die Urgesteinsmehle sind aus Granit oder Basalt gewonnen, so das Schweizer Gesteinsmehl Gotthard. Es gibt aber auch ausgesprochene Basaltmehle aus den Basaltvorkommen im Odenwald, Schwarzwald und am Kaiserstuhl.

Daneben stehen im biologischen Garten speziell kalk- und magnesiumreiche Steinmehle (Kalksteinmagnesium) zur Verfügung.

Gemeinsam ist den Gesteinsmehlen der hohe Anteil an Kieselsäure. Basaltmehl kann bis zu 75% davon enthalten.

Knollenfenchel steht in zweiter Tracht nach Kopfsalat, Frühkartoffeln oder Erbsen. Er dankt es mit gesundem Wachstum, wenn der Boden mit Kompost und Gesteinsmehl vorbereitet ist.

Kieselsäure fördert das gesunde Wachstum der Pflanzen; die Festigkeit von Halm und Stengel verdanken wir ihr; die Schärfe eines Grashalmes, an der man sich wie an einem Messer schneiden kann, kommt durch Kieselsäure zustande. Kieselsäure hat auch eine ausgesprochen antiseptische Wirkung: Sie tötet Krankheitskeime ab.

Auch aus diesem Grund werden Gesteinsmehle vorbeugend gegen Pilz- und Viruskrankheiten in den Boden hineingearbeitet beziehungsweise auf die Pflanzen gestäubt. Zur Kieselsäure kommen die je nach Zusammensetzung des Steinmehls unterschiedlichen Anteile an Magnesium, Kalk und Spurenelementen (wie Eisen, Kupfer und Molybdän) hinzu, die die Gesteinsmehle auch zu einer solch wertvollen Düngung machen. Daß man sich bei der Auswahl eines Gesteinsmehls nach dem Bedarf des Bodens richtet, ist klar.

Gerade der Mangel an Spurenelementen hat seine Auswirkungen. Bei starkem Eisenmangel (oft durch Kalküberdüngung) stirbt das ganze Blattgewebe ab, bei geringem Eisenmangel verfärben sich die Blätter hellgrün (Chlorose).

Kupfermangel (wenn zuviel Phosphor im Boden das Kupfer blockiert) läßt die Blätter hellgrün werden, die Blattspitzen vertrocknen, die Samenbildung wird verhindert.

Molybdän hilft bei der Bindung von Luftstickstoff in den Wurzelknöllchen der Leguminosen; deshalb wird es bei Gründüngung aktiv. Bei Mangel – oft in saurem Boden – verfärben sich die Blattränder gelb bis braun, vor allem bei Tomaten und Gurken. Der Wuchs ist kümmerlich.

Alle diese wertvollen Inhaltsstoffe wirken nun nicht direkt auf den Boden ein, sondern werden erst durch die Arbeit der Bodenorganismen als Nährstoffe aufgeschlossen, je reicher und belebter die Welt der Bodenorganismen ist und je geschützter das Regenwurmleben, desto besser.

Durch die unermüdliche Arbeit all dieser kleinen Lebewesen entstehen auf der einen Seite aus pflanzlichen und tierischen Rück-

Basaltsäulen aus einem Basaltbruch bei Roßdorf in der Nähe von Darmstadt

ständen die Huminstoffe. Der mineralische Anteil im Boden, in unserem Fall die Gesteinsmehlgabe, wird dann im Durchgang durch den Regenwurmdarm gemeinsam mit den Huminstoffen zu den wertvollen Ton-Humus-Komplexen zusammengeschlossen, sichtbar in den Kothäufchen des Regenwurms. So regen Gesteinsmehlgaben die Bildung einer fruchtbaren Erde an. Durch die feine Struktur mit den winzigen Teilchen haben die Gesteinsmehle eine erstaunlich ausgedehnte Oberfläche, auf der sich viele Nährstoffe befinden, die im Ionenaustausch für die Pflanzenernährung nutzbar gemacht werden. Daß Gesteinsmehle sehr viel Wasser festhalten können, wirkt stauender Nässe im Boden oder rascher Austrocknung entgegen.

Durch die allmähliche Umwandlung der Nährstoffe wird bei Gesteinsmehlgaben eine behutsame Düngung gewährleistet.

Bei der Erstausbringung von Steinmehl, etwa Basaltmehl im Hausgarten, sollte man etwa 50 kg auf 100 m^2 verteilen, danach die Menge aber wesentlich verringern. In der Kompostbereitung stäubt man Steinmehl und Tonmehl und Korallalgenkalk auf jede Schicht Kompostmaterial.

Zur Abwehr von Bohnenfliege und Kartoffelkäfer arbeitet man Steinmehl zusammen mit Korallalgenkalk in den Boden ein; gegen die Möhrenfliege überstreut man die Aussaatreihen, zur Bekämpfung der Zwiebelfliege überstäubt man die Steckzwiebeln. Gegen Blattläuse, Kartoffelkäfer, Kohlfliege, Lauchmotte überstäubt man die bepflanzten Flächen. Bringt man Steinmehl/Basaltmehl mit Algenkalk bei vorangegangener konstanter Bodenbedeckung aus, verringert sich der Nematodenbefall um 80%.

Gegen Bohnenrost, Grauschimmel, Kartoffelschorf, Schwarzbeinigkeit, Keimlingskrankheiten, Kraut- und Knollenfäule stäubt und düngt man mit Steinmehl, oft auch in Verbindung mit Korallalgenkalk.

Beete, auf denen Kohlhernie war, werden entgegen Gärtnergepflogenheiten umgegraben, dann 40 kg/100 m^2 Steinmehl

jeweils im Herbst und Frühjahr zusammen mit 25 kg Korallalgenkalk in den Boden eingearbeitet.

Tonminerale

Nicht immer bleibt es im Zuge der Verwitterung von Gesteinen nur bei dem feinen Verwitterungsstaub, der dann durch die Macht von Wind und Wasser als fruchtbarer Sand oder Schlamm in andere Gegenden getragen wird. Der chemische Prozeß kann noch weitergehen, bis zur Herauslösung von Silikaten, also Salzen und Oxiden. Danach können sich die einzelnen Bestandteile wieder zu neuen Stoffen zusammenfügen, zu den Aluminiumsilikaten, den Tonmineralen, die andere Elemente, wie Magnesium und Spurenelemente, enthalten.

Die Tonminerale sind in diesem zweiten Entwicklungsschritt entstanden. Deshalb werden sie sekundäre Tonminerale genannt. Sie werden abgebaut, z. B. als Bentonit in Niederbayern. Bentonit enthält 50% Montmorillonit (so benannt nach seinem Fundort in Frankreich), 15–20% Illit, 5–10% Kaolinit.

Die günstigen Eigenschaften der Gesteinsmehle besitzen die Tonminerale in gesteigerter Form: die ausgedehnte innere Oberfläche, beim Montmorillonit zum Beispiel 600–800 m^2/g. Im Boden binden sie austauschbar gelöste Salze – sie sind also hervorragende Ionenaustauscher – und sind damit an der Nährstoffweitergabe beteiligt. Bentonit hat ein Wasserhaltevermögen von 230%; Montmorillonit kann Wasser bis zum Achtfachen seines Eigengewichts binden.

Vor allem sandige Böden werden durch Tonmehl verbessert; aber auch schwerere kalkhaltige Böden sind dankbar dafür. Im Boden und bei der Kompostbildung vereinen Bodenorganismen, vor allem der Regenwurm, die aus organischen Substanzen entstehenden Huminstoffe mit den Tonmineralen zu Ton-Humus-Komplexen. Regenwürmer bevorzugen Montmorillonit, weil dessen Silikatlamellen, die im feuchten Zustand hochkolloidal, also gel-

oder gallertartig sind, ein Milieu bilden, in dem sie sich wohlfühlen.

In den Komposthaufen gibt man 3 kg auf 1 m³ Kompostmaterial. Bringt man Tonmehle auf dem Gartenboden aus, sollten es lieber öfter kleine Mengen sein. Zu große Mengen können sowohl den Kompost als auch den Gartenboden verdichten und die Rotte hemmen. Hier gilt wie immer, daß jeweils nach den Gegebenheiten Basaltmehl, Korallalgenkalk und organische Mischdünger hinzugenommen werden können.

Tonmehle zeichnen sich durch starke Haftfähigkeit aus. Sie werden deshalb gern Spritzbrühen beigegeben und beim Stammanstrich mitverwendet.

Zur Abwehr von Blattläusen, Blutläusen, dem kleinen Frostspanner, Gespinstmotten und Schildläusen im Obstbau wird dem Stammanstrich immer ein Tonerdemehl beigemischt. Bei Obstbaumkrebs kann man eine Winterspritzung aus Bentonit und Wasserglas empfehlen, bei Apfel- und Birnenschorf eine Spritzung zur Blattstärkung mit einem Tonmehl, eventuell gemischt mit Korallalgenkalk.

Gegen die Brombeermilbe wird nach dem Schnitt Rainfarnbrühe mit Tonmehl gespritzt, ebenso kann gegen Nematodenbefall im Herbst ein Tonmehl gespritzt werden. Gegen Pilzkrankheiten, etwa Schwarzbeinigkeit und Keimlingskrankheiten, kann man Tonmehl stäuben.

Kalk

Kalk ist aus Skeletten von Tieren oder pflanzlichen Organismen entstanden. Dieser einst lebensvolle Stoff ist mineralisch geworden und ist im Dolomit, im Marmor, in der Kreide, im Mergel, aber auch in den Kalkgerüsten der Rotalgen enthalten.

Kalk hebt den pH-Wert des Bodens rasch an, macht die Erde locker und krümelig und steigert Wachstum und Erträge. Das Geheimnis dieser Wirksamkeit ist, daß die Kalkgaben den Stoffwechsel der Pflanze anregen und steigern.

Das hat auch Gefahren, denn – durch Kalkgaben beeinflußt – stellt die Pflanze immer höhere Ansprüche an den Boden und verbraucht mehr Humus. Wird nun der Boden nicht konsequent organisch gepflegt, verarmt er.

Die andere Gefahr ist die Kalküberdüngung, durch die Eisen im Boden gebunden wird. Das ruft akuten Eisenmangel bei Pflanzen, die Chlorose, hervor.

Im naturgemäß bearbeiteten Garten ist Kalkmangel selten, zumal auch genügend organische und natürliche mineralische Stoffe den Kalkgehalt regulieren: So kann man Kompost, Knochenmehl, Steinmehl ausbringen oder Gründüngungspflanzen säen.

Kalkmangel stellt sich bei einem leichten, sandigen Boden ein, der aber sehr behutsam mit Kalk versorgt sein will, weil er nicht viel davon auf einmal verträgt. Lehmige und tonige Böden sind in der Regel kalkhaltig genug. Sollte Kalk nötig sein, dann könnte man Branntkalk (aus gebranntem Kalkstein) geben, der viel Wasser aus dem Boden aufnimmt und schnell wirkt. Branntkalk kann auch im Frühjahr gegeben werden, noch 14 Tage vor der Aussaat oder Pflanzung, während jeder andere Kalk langsam wirkt und deshalb im Herbst locker und oberflächig in den Boden eingearbeitet wird.

Kalk darf nur ganz dünn ausgestreut werden.

Nelken brauchen zum Gedeihen etwas Kalk im Boden.

Es werden außerdem angeboten: Kalkmergel, der aus Ton, Sand und zu etwa 60−70% Kalk besteht, und kohlensaurer Magnesiumkalk.

Kalkdüngung sollte also im biologisch bearbeiteten Garten selten nötig und daher eine Ausnahme sein; der Korallalgenkalk wird aber dennoch sehr geschätzt, weil er so vielseitig eingesetzt werden kann.

KORALLALGENKALK enthält 80% kohlensauren Kalk neben 10% Magnesium, aber auch viele Spurenelemente und Mikroben.

Im Atlantik vor der bretonischen Küste hat sich das Kalkgerüst von Rotalgen zu kilometerlangen Riffen und Barrieren getürmt. Hier wird der grobkörnige Algenkalk gewonnen, getrocknet und staubfein vermahlen. Kommen die Algen mit der Luft in Berührung, verwandelt sich deren leuchtend korallrote Färbung in ein weißliches Grau.

Wegen seiner feinen Struktur wird der Korallalgenkalk auch gegen Pilzkrankheiten und Schädlinge gestäubt; die Schadorganismen (Larven) trocknen aus, Pilze können sich im trockenen Milieu nur schwach entwickeln. In diesen Fällen wird der Korallalgenkalk gern im Wechsel oder zusammen mit Gesteinsmehlen gegeben. So wird Korallalgenkalk gestäubt oder gestreut gegen Befall durch Blattläuse, Lauchmotten, Kohlweißlinge, Kohlgallenrüßler, Zwiebelfliegen, Kartoffelkäfer, Erbsenwickler, Gespinstmotten, Nematoden. Ebenso wird er bei Schorf, Rost, Grauschimmel und Kohlhernie angewendet.

Rohphosphat

Phosphat wirkt blüten- und fruchtbildend. Wenn es durch zu hohen Kalkgehalt blockiert oder in saurem Boden an Aluminium gebunden wird, muß man Mangelerscheinungen (gestörtes Wachstum, dunkelgrüne bis rotviolette Verfärbung der Blätter) mit Phosphatgaben ausgleichen.

Der Biogärtner wird zu kompostiertem Geflügelmist und dem noch phosphatreicheren Knochenmehl greifen, nur in Ausnahmefällen zu dem industriell abgebauten Rohphosphat, und zwar wegen der Gefahr der Überdüngung mit Phosphat, die wichtige Stoffe, zum Beispiel Kupfer, blockiert. Wegen der besseren Umsetzung sollte es in das Kompostmaterial eingearbeitet werden, im Verhältnis 1:100. Phosphat wird nur langsam aufgeschlossen.

Kalimagnesia (Patentkali)

Kali wird in mächtigen Ablagerungen industriell abgebaut. Für die Düngung wird Kali mit möglichst geringem Salzgehalt als Kalimagnesia oder Patentkali angeboten.

Lehmige oder tonige Böden leiden selten unter Kalimangel, denn in diesen Böden sind genügend kalihaltige Ablagerungen enthalten. Wenn sandige oder saure Böden Kalimangel zeigen (braunrote Verfärbung der Blätter, sich einrollende, vertrocknende Blätter bei Obstbäumen, geringer Wuchs vor allem), wird man dem im Hausgarten leicht mit Holzasche abhelfen.

Mischdünger

Im Handel sind verschiedene Mischdünger erhältlich. Entweder enthalten sie nur organische Substanzen wie kompostierten oder getrockneten Mist- und Horn-, Blut- und Knochenmehl oder mineralische Dünger allein, aber auch Mischungen von organischen und mineralischen Düngern in einem ausgewogenen Verhältnis.

Nützlinge

Mit uns im Bunde gegen die Überhandnahme von Schädlingen und Pflanzenkrankheiten sind viele Tiere, die im Garten Unterschlupf und Behausung haben können, wenn wir ihnen bewußt Bedingungen schaffen, die unseren Garten anziehend für unsere kleinen Freunde machen.

Recycling im Gartenboden

Unsere kleinsten Freunde im Garten sind die für uns mit bloßem Auge nicht sichtbaren Bodenorganismen, die im obersten Bodenbereich rund um die ganze Erde unermüdlich wirken. Die Freßgier von Bakterien und Pilzen ist von unschätzbarem Wert, denn sie verwandeln alle organischen Abfälle in und auf dem Oberboden. Allein die jedes Jahr anfallenden Blätter hätten ohne die Arbeit der vielen Bodenlebewesen schon längst alles Leben auf der Erde erstickt.

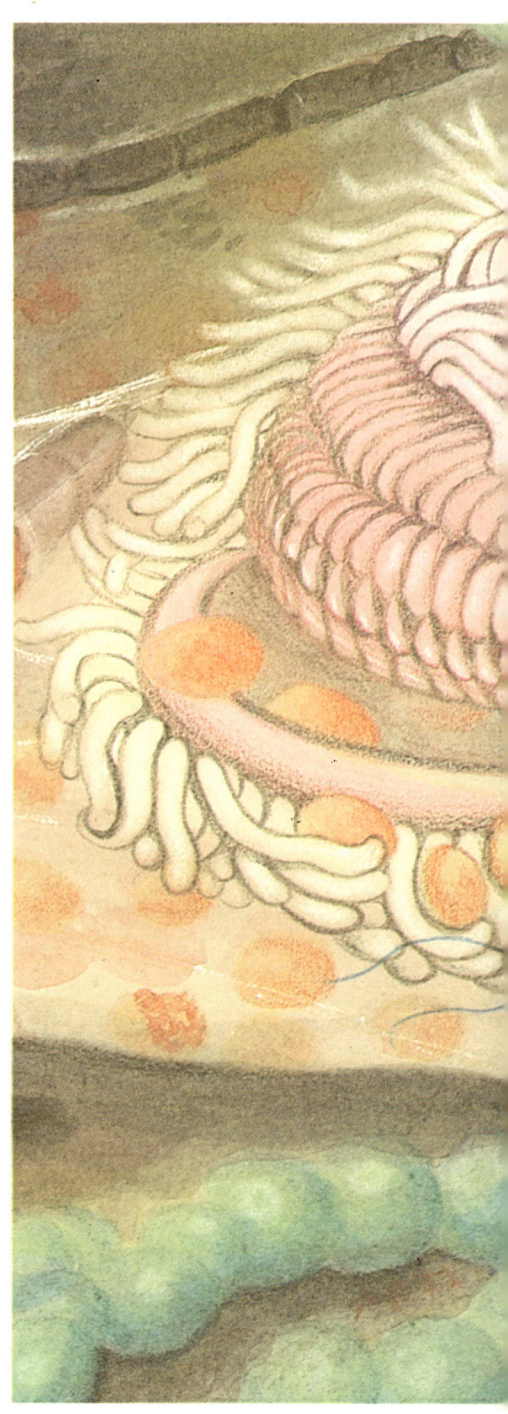

Bodenausschnitt (50 000fache Vergrößerung): Schleimhülle eines Wurzelhärchens mit eingelagerten Bakterien; rechts unten Quarzkristall, daneben Hefekolonie; von rechts unten nach oberer Mitte Grünalgenfaden; links von der Mitte Wimpertierchen, das Bakterien verschlingt; davor Schwärmspore der Grünalgen; unten links Blaualgen.

Aber das ist noch nicht alles: Die Exkremente der Bodenorganismen sind Bausteine der Humusbildung. Nährstoffe, Vitamine und andere für die wachsenden Pflanzen nützliche Stoffe werden produziert.

Die Zahl der Lebewesen im Boden richtet sich danach, wie giftfrei der Boden ist. Ein guter, giftloser Boden enthält in den oberen 30 cm Erde pro Quadratmeter ungefähr 1 Billiarde Bakterien.

Doch damit erschöpft sich die Bodenflora in 1 Quadratmeter Oberboden nicht. Der schwer abbaubare Holzstoff Lignin und Chitin, aus dem die Insektenpanzer bestehen, werden von 10 000 Milliarden Strahlenpilzen, einer Zwischenform von Bakterien und Pilzen, abgebaut. Neben anderen Stoffen bringen die Strahlenpilze auch Antibiotika hervor. Pilze selbst bauen komplizierte Stickstoff- und Kohlenstoffverbindungen ab, schaffen Humusstoffe und Antibiotika. Algen, unter ihnen Kiesel- und Blaualgen, sind die einzigen Wesen dieser Mikroflora, die Chlorophyll enthalten und zur Photosynthese fähig sind, wenn sie Licht bekommen. Einige Blaualgen können Stickstoff aus der Luft binden. Alle Arten zusammen bilden eine größere Gemeinschaft pro Quadratmeter als wir Menschen auf der ganzen Erde, nämlich 10 Milliarden Algen.

Aber auch die Bodenfauna ist außerordentlich zahl- und artenreich. Über 1000 Milliarden Einzeller behaupten sich in dem kleinen Stück Erde. Unter ihnen Wimpertierchen, Geißel- und Wechseltierchen, die in dem schleimigen Feuchtigkeitsfilm auf der Bodenoberfläche und in den verbauten Hohlräumen der Bodenkrümel schwimmen.

Die Fadenwürmer oder Älchen (Nematoden) leben in vielen tausend Arten im Boden, unter ihnen auch viele Schädlinge, die aber im gesunden Boden von Fangpilzen in Grenzen gehalten werden.

Zur Bekämpfung der schädlichen Wurzelälchen setzt oder sät man Feindpflanzen, die durch ihre Wurzelausscheidungen in der Weise wirken, daß die Larven der Älchen die Wurzeln der Feindpflanzen zwar anbohren, dann aber eingehen. Bekannt als Feindpflanze ist die TAGETES PATULA NANA. Die TAGETES ERECTA wird zu leicht von Blattälchen befallen und ist ungeeignet.

Andere Feindpflanzen sind Luzerene, Mais, Zuckerhutsalat und Zichorienwurzel. Aber

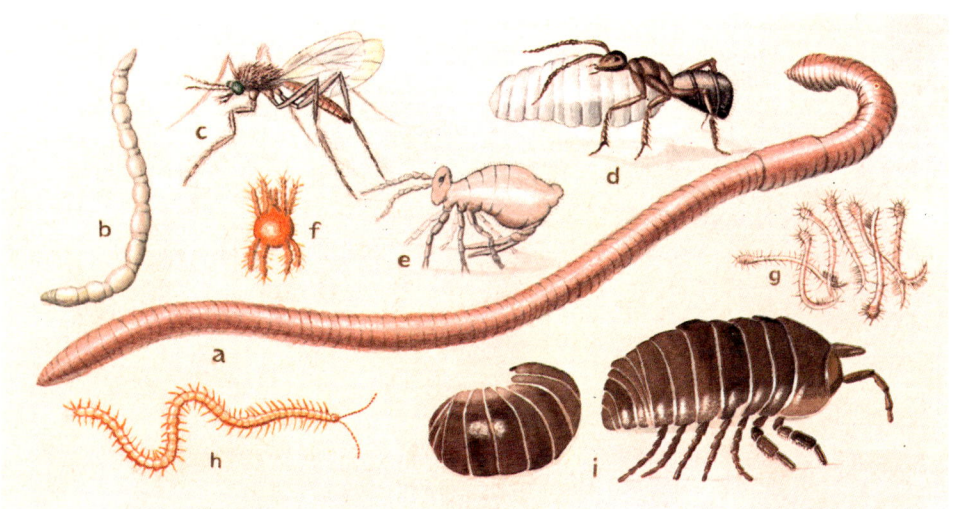

Bodenlebewesen: a) Regenwurm, b) Mückenlarve, c) Mücke, d) Ameise, e) Springschwanz, f) Milbe, g) Fadenwürmer, h) Erdläufer, i) Asseln

auch Bentonit und Basaltmehl, vor der Saat oder Pflanzung in den Oberboden eingearbeitet, halten Nematoden kurz.

Die Nematoden haben für die Bodenverbesserung große Bedeutung. Sie machen Stickstoff für die Pflanzen verfügbar.

An den Umsetzungsprozessen im Boden sind in etwa gleicher Anzahl (mehrere hunderttausend pro Quadratmeter) Milben, Rädertiere, Borstenwürmer und Springschwänze beteiligt. Aber auch Asseln, Spinnen, Vielfüßler, Käfer, Mücken und andere Insekten arbeiten zu Aberhunderten pro Quadratmeter an der Aufbereitung des Bodens. Ein gut gepflegter Boden enthält pro Quadratmeter 2,5 kg Edaphon, wie der Bodenforscher Raoul Francé die Gesamtheit alles Bodenlebens nannte.

Alle diese Lebewesen arbeiten Hand in Hand am Aufbau des Humus. Was die eine Art herstellt, braucht die andere als Nahrung. Dafür hinterläßt diese wieder lebenswichtige Stoffe für die erste oder eine andere Art von Bodenlebewesen.

Nirgendwo im Boden ist das Bodenleben so geballt tätig wie an Pflanzenwurzeln. Die Wurzelausscheidungen und zersetzten Wurzelhaubenreste liefern wichtige Nährstoffe und einen bestimmte Wurzelteile umgebenden Schleim, das Mucigel, in dem die Bodenorganismen die besten Lebensbedingungen vorfinden. Gleichzeitig scheint dieses noch weitgehend unerforschte Mucigel einen Schutz für die zarten Haarwurzeln und Wurzelhauben zu bilden. Auch der Nahrungsaustausch zwischen Pflanzenwurzeln und Boden spielt sich über die Brücke Mucigel ab.

Eine andere Brücke für den Nährstoffaustausch bieten die Pilzwurzeln, Mykorrhiza, eine Lebensgemeinschaft von Pflanzenwurzeln und Pilzen. Die Pilzfäden (Hyphen) dringen in die lebenden Zellen der Wurzeln ein. Das entstehende dichte Geflecht der Pilzfäden schützt die Haarwurzeln wie ein vielgliedriger Panzer.

Wie die Hyphen dringen auch luftstickstoffsammelnde Bakterien in die Wurzeln der Streckungszone ein. Vor allem die Wurzeln der Leguminosen (Schmetterlingsblütler) bilden mit den Bakterien solche Symbiosen, die in den bekannten Knöllchen an den Wurzeln erkannt werden können. Durch künstliche Stickstoffdüngung wird die Bildung der Knöllchenbakterien sehr behindert.

Die Bodenlebewesen sind alle maßgebend an der Bildung der kleinen widerstandsfähigen Krümel, der Ton-Humus-Komplexe, die aus Schleimstoffen, Bakterien- und Pilzkolonien, Tonteilchen, Eiweißen, Enzymen und Zucker bestehen, beteiligt. Diese wertvollen Krümel liegen wie kleine Staatengebilde im Boden; ihre einzelnen Bestandteile sorgen dafür, daß der Krümel fest zusammenhält. Die Ton-Humus-Komplexe bieten den besten Schutz vor Erosion.

Wir sehen, wie wichtig es ist, den Boden nach biologischen Gesetzen zu behandeln, und wie leicht die Lebensgrundlage der Bodenlebewesen, die auch unsere ist, durch falsche Düngung zerstört werden kann.

Der Regenwurm

Im Darm des wohl allen bekannten Regenwurms wird dieser lebenswichtige Ton-Humus-Komplex vor allem erzeugt. Zwar ist der Regenwurm nicht in so großer Zahl im Boden vorhanden wie die kleineren Bodenlebewesen, aber einen Hektar Wiesen- oder Ackererde bevölkern immerhin eine Viertelmillion Regenwürmer. Sie durchpflügen ununterbrochen den Boden, und was sie auch fressen, ob Erde, organische oder mineralische Substanzen, es verläßt ihren knetenden und umwandelnden Darm als fruchtbarsten Humus. Ihr Kot enthält siebenmal soviel Stickstoff, sechsmal soviel Magnesium, dreimal soviel Kali und zweimal soviel Kalk wie die sie umgebende Erde.

Dabei erzeugt ein Regenwurm im Jahr 500 g Ton-Humus-Komplexe. Bei einer Viertelmillion Regenwürmer pro Hektar ergeben sich 24 Tonnen wertvollste, gesündeste Saat- und Pflanzerde. Das macht

Regenwürmer aus 35 cm Bodentiefe
mit Kot und Gängen

diese sich ständig ringelnden Tiere zu den wichtigsten Helfern im Garten. Ist dieser biologisch gepflegt, verdoppelt sich die Anzahl der Würmer wenigstens.

Der bei uns verbreitete **Ackerregenwurm** (LUMBRICUS TERRESTRIS) wird bis zu 30 cm lang. Er findet sich noch in einer Tiefe von 2 m im Boden. Seine zahlreichen senkrechten oder halbschrägen Gänge durchlüften und lockern den Boden und sorgen so kostenlos für eine wirksame Dränage. Die an den Wänden der Gänge abgelagerten Exkremente locken Bakterien an, die dort ganze Bakterienrasen bilden. Die nährstoffreichen Gänge sind wie geschaffen dafür, daß ihnen Wurzeln in die Tiefe folgen.

Der rötlich gefärbte **Kompost-** oder **Mistwurm** (EISENIA FOETIDA) hält sich mit Vorliebe im Kompost auf. Er ist kleiner und dünner als der Ackerregenwurm. Haben Bakterien und Pilze ihre Zerkleinerungsarbeit im Kompost getan, macht er sich an

die Arbeit und vollendet die Verwandlung von organischen Abfällen. Danach zieht er sich in den Boden zurück.

Alle Bodenlebewesen, einschließlich des Regenwurms, sorgen für einen gesunden, humosen Boden, in dem kräftige Pflanzen heranwachsen können. Die Gesundheit von Boden und Pflanzen ist die Voraussetzung für ein harmonisches Gleichgewicht im Garten, das weder Schädlinge noch Pflanzenkrankheiten aufkommen läßt.

Insekten

Insekten als Nützlinge? In vielen Fällen ist nicht nur das fertig entwickelte Insekt der Nützling, sondern bereits die Larve.

In dem komplizierten und wunderbaren Entwicklungsgang eines Insekts, d. h. in seiner vollständigen Metamorphose, nimmt die letzte Form des entwickelten Insekts, Vollkerf oder Imago (Mehrzahl Imagines) genannt, oft nur eine erstaunliche kurze Zeit ein. Was passiert vorher?

Wenn das Insektenweibchen das Ei abgelegt hat, schlüpft nach einiger Zeit eine winzige Larve. Fliegenlarven sind als Maden bekannt, Schmetterlingslarven als Raupen. Die typische Dreiteilung des Vollkerfs in Kopf, Brust und Hinterleib hat die Larve noch keineswegs; im Volksmund wird sie ja auch als „Wurm" bezeichnet.

Wie geht es nun beispielsweise bei der Raupe weiter?

Sie frißt und wächst und muß sich mehrmals häuten, denn die Raupenhaut, ein hartes Außenskelett, wächst nicht mit. Bei der letzten Häutung im Raupenstadium kommt nicht mehr das bunte Raupenkleid zum Vorschein, sondern das meist unauffällige, graubraune Tarngewand der Puppe. So lebhaft und gefräßig die Raupe war, so still und reglos ist die Puppe; mit Hilfe eines Fadens oder eines Scheinfußes befestigt sie sich an einem Ästchen. Manche Raupe verkriecht sich auch zur Verpuppung in den Boden, andere spinnen sich in einen Kokon ein, um in völliger Ruhe eine erstaunliche Verwandlung durchzumachen: Im Innern der Puppenhülle werden alle Organe abgebaut und neue gebildet, Flügel entstehen, ein „ganz neues" Tier schlüpft aus der Puppenhülle.

Manche Insekten machen nur eine unvollständige Metamorphose durch, wobei die einzelnen Entwicklungsstadien weniger deutlich voneinander unterschieden sind, beispielsweise der Ohrwurm.

Florfliegen
(CHRYSOPA SP.)

Florfliegen sind Märchengeschöpfe unter unseren einheimischen Insekten, zart, grünlich, bis 20 mm lang, mit großen durchsichtigen, geäderten Flügeln und goldglänzenden Augen. Sie ernähren sich als Imagines von Honigtau, Wasser und kleinen Insekten.

Die bei uns häufige **Gemeine Florfliege** (CHRYSOPA VULGARIS) kommt gern zum Überwintern ins Haus; da sollte man sie kennen und schonen.

Florfliegenweibchen legen bis 20 gestielte Eier an Blattunterseiten und Ästchen, aber auch an Zäune und Fenster. Diese winzigen Gebilde – ein jedes an der Spitze eines feinen, haarähnlichen, langen Stiels, teils auch hängend – sind leicht mit den Fruchtständen eines Kleinpilzes zu verwechseln.

Florfliege

Gestielte Florfliegeneier

Die meisten Florfliegenarten haben einen charakteristischen Knoblauchgeruch, der sie vor Vögeln und anderen Insektenfressern schützt. Aus dem Ei schlüpft der Blattlauslöwe, die gefräßige Larve mit den zangenförmigen Kiefern, die während ihrer Entwicklungszeit bis zu 500 Blattläuse vertilgt. Ein Blattlauslöwe, gelblichgrau, 6–8 mm lang, hat 3 Paar Brustfüße und auf den Seiten kleine, behaarte Warzen. Er ist leicht mit anderen Larven zu verwechseln. 18 Tage nach dem Schlüpfen verspinnt sich der Blattlauslöwe in einen kugeligen, weißen Kokon.

Blattlauslöwe (Florfliegenlarve) auf Blattlausjagd

Außer den Florfliegen gibt es unter den Echten Netzflüglern (PLANIPENNIA) als Nützlinge noch die Kamelhalsfliegen (RAPHIDIOPTERA) und die Taghafte (HEMEROBIIDAE), alles vierflügelige, schlanke, oft braun gefärbte Insekten mit durchsichtigen Flügeln, die an Libellen erinnern. Sie legen ihre Eier in den Boden und fressen als Larven und Imagines verschiedene kleine Insekten.

Ein kleines Biotop im Garten, mit Pflanzen, die auch in unserer natürlichen Umgebung wachsen (siehe Raupenfliegen), ist für diese Insekten und für den Gärtner eine wertvolle Hilfe.

Großlaufkäfer
(CARABUS SP.)

Diese Räuber mit ihren ausgeprägten Zangen werden in unseren Breiten bis zu 40 mm groß. Ebenso wie der Vollkerf, der

Goldlaufkäfer

bis zu 400 Raupen im Jahr vertilgen kann und auch Schnecken nicht verschmäht, ist die Larve ein gefräßiger Insektenfresser. Bei den länglichen, meist dunkel gefärbten Larven ist die Unterteilung des Körpers in viele einzelne Abschnitte (Segmente) deutlich erkennbar. Laufkäfer jagen in der Dämmerung oder nachts, bei Tage halten sie sich unter Steinen oder einer feucht-schattigen Pflanzendecke versteckt. Will man sie bei Schnecken- oder Raupenplage im Garten heimisch machen, legt man in den Beeten

Laufkäferlarve

kleine Schlupfwinkel von 20 cm Durchmesser aus locker aufgeschichteten Steinen an, die man mit Holzstöckchen stützt. Laufkäfer müssen im Herbst immer aus dem Haus ins Freie befördert werden, damit sie nicht verhungern.

Zwei wichtige Arten (beide bis 30 mm lang) sind der **Glänzende Goldlaufkäfer** (CARABUS AURATUS) mit seinen grünen Flügeldecken und der **Große Puppenräuber** (CALOSOMA SYCOPHANTA), stahlblau mit grünlichen, längsgestreiften Flügeldecken, die purpurgolden schimmern.

Marienkäfer
(COCCINELLIDAE)

Rot mit schwarzen Punkten, schwarz oder braun mit einem roten oder gelben Punkt-

muster, sogar gelb oder hellbraun mit schwarzen oder hellen punktartigen Fleckchen – in dieser Vielfalt präsentiert sich das Kleid unserer kleinen, 4–8 mm großen, halbkugeligen Nützlinge.

Niemand würde ihnen etwas zuleide tun wollen, aber vielleicht hat mancher schon unabsichtlich Marienkäfereier, ihre Larven oder Puppen vernichtet, weil er sie nicht kannte. Eine einzige Larve, die viermal soviel fressen kann wie der Vollkerf, vertilgt bis zur Verpuppung bis zu 600 Blattläuse. Marienkäfer fressen außerdem Schild- und Blutläuse und andere kleine Insekten.

Marienkäferlarven schlüpfen aus Eiern.

Marienkäfer vertilgt Blattläuse.

In der Nähe der frischen Triebspitzen, dort, wo sich auch die Blattläuse gütlich tun, werden auf 0,5 cm^2 etwa 10–15 längliche, 1 mm große, gelbe Eier, dicht zusammenstehend, an den Blattunterseiten abgelegt. Man sollte sie nicht mit Kartoffelkäfereiern verwechseln (auch auf Kartoffelpflanzen kann es Blattläuse und Marienkäfer geben). Die Larve mit 3 Beinpaaren am Vorderleib, bis zu 9 mm groß, ist bläulich bis schwarzgrau, gelb gepunktet, mit Warzen besetzt, deutlich in Segmente unterteilt und läuft zum Hinterende spitz zu. Oft wird sie mit einer Raupe verwechselt.

Die Marienkäferpuppe ist etwa 6 mm lang, hell- bis mittelbraun mit einem schwarzen, punktartigen Muster. Man könnte sie für

Marienkäferpuppe

Marienkäfer schlüpft aus der Puppe.

eine kleine Schnecke halten. Sie spinnt sich nicht ein, sondern heftet sich mit einem Scheinfuß an grüne Triebe. Bei Berührung bewegt sie sich ruckartig.

Um unserem Marienkäfer als Imago über den Winter zu helfen, häufen wir herabgefallenes Laub in Stammnähe leicht an; auch lassen wir Gras in Stammnähe als Winterquartier etwas höher wachsen.

Ohrwürmer
(DERMAPTERA)

Sie sind bekanntlich dunkelbraun bis schwärzlich mit glänzender Oberfläche und haben ein Paar kräftiger, zangenähnlicher Gebilde am Hinterleib, mit denen sie zwar zwicken, die sie aber nicht als Angriffswaffe nutzen können. Für menschliche Ohren interessieren sie sich überhaupt nicht.

Der **Gemeine Ohrwurm** (FORFICULA AURICULARIA) jagt nachts Insekten; tagsüber ist er unter Steinen und zerfallenden Pflanzenresten verborgen. Für diese Nützlinge hängt der Gärtner umgestülpte, mit Holzwolle gefüllte Blumentöpfe als Schutzplätze in Obstbäume; der Blumentopf muß dicht am Stamm oder Ast anliegen, damit die Ohrwürmer nachts schneller auf den

Ohrwürmer brauchen am Tag einen sicheren Unterschlupf.

Ohrwürmer

Baum gelangen können, wo sie Mengen von Blattläusen vertilgen. Stellt man umgestülpte Blumentöpfe in einem Beet auf, muß man sie etwas erhöht auf einem Stock befestigen, da sie in Bodenhöhe von Ameisen bevölkert werden.

Raubfliegen
(ASILIDAE)

Alle Arten haben einen schlanken, spitz zulaufenden Hinterleib und sind schwarzgelb gezeichnet. Zwischen den Facettenau-

Raubfliege mit Beute

Art ist die rot und braun gefärbte **Rote Mordwanze** (RHINOCORIS IRACUNDUS), die auf Blüten heranfliegenden Insekten auflauert.
Auch die Blumenwanzen (ANTHOCORIDAE), die an Wiesen- und Feldrainen leben, jagen Blattläuse und kleinere Insekten.
Ein sehr unangenehmer Geruch ist für Wanzen typisch. Im Hausgarten können wir sie kaum fördern. In speziellen Betrieben werden aber Raubwanzen gezüchtet und im Erwerbsgartenanbau gezielt eingesetzt, zum Beispiel zur Schildlausbekämpfung.

Blumenwanze mit erbeuteter Blattlaus

gen haben sie eine tiefe Furche, in der 3 zusätzliche Punktaugen sitzen. Als Imagines fangen sie ihre Beute im Flug. Die **Mordfliege** (LAPHRIA FLAVA) sitzt gern an Waldrändern auf Doldenblütlern oder Weidenröschen und lauert auf Käfer, Wanzen, Schmetterlinge und fliegende Insekten aller Art. Die Larve lebt allerdings nur von verfallenden Pflanzenresten. Ein kleines Biotop – vor allem Doldenblütler und Weidenröschen – macht sie im Garten heimisch (siehe auch Raupenfliegen).

Raubwanzen

Die eigentlichen Raubwanzen (REDUVIIDAE) können verschieden groß (bis 30 mm) und unterschiedlich gezeichnet sein. Hinter den vorstehenden Augen verengt sich der Kopf halsartig. Eine in unseren Breiten häufige

Raupenfliegen
(TACHINIDAE)

Sie legen zahlreiche weiße, flach-ovale Eier, die man gut mit bloßem Auge erkennen kann, in oder an die Larven und Puppen anderer Insekten, die den Raupenfliegenlarven als Schutzhülle und Nahrung dienen und schließlich zugrunde gehen.

Eier der Raupenfliege an einer Raupe

Da sich unter ihren Opfern eine große Zahl von Schädlingen befindet, werden die Raupenfliegen zu den für Land- und Gartenbau nützlichsten Insekten gezählt.

Einige Arten sind nur 1 mm groß; die meisten sind so groß wie Stubenfliegen oder größer und grau, manche sind jedoch gelb, braun oder schwarz gefärbt, schillern rötlich oder blaugrün. Am Hinterleib haben sie oft zahlreiche Borsten. Sie vermehren sich sehr stark und können, einmal in einer Gegend angesiedelt, viel zur Schädlingsbekämpfung beitragen. Um sie im Hausgarten heimisch zu machen, pflanzt man möglichst viele Doldenblütler: Kümmel- und Möhrengewächse, Fenchel, Kerbel, Liebstöckel und andere; aber auch Wicken.

Schlupfwespen

Auch sie sind parasitäre Insekten, die ihre Eier in Larven und Puppen anderer Insekten legen. Ausgesprochene Nützlinge unter ihnen sind die Brackwespen, die Echten Schlupfwespen und die Erzwespen.

Brackwespen
(BRACONIDAE)

Sie sind 4–5 mm groß, schwarzglänzend mit gelbbraunen Beinen, rundem Hinterleib und sehr deutlich dreigeteilt. Die Larven des Weißlingstöters oder der **Kohlweißlingsbrackwespe** (APANTELES GLOMERATUS) sind die Parasiten von Kohlweißlingsraupen. Sie verpuppen sich außen an der toten Raupe in vielen kleinen gelben Kokons. Diese Puppen

des Weißlingstöters, die viel kleiner sind als die Raupenhülle, werden im Volksmund „Raupeneier" genannt und oft vernichtet.

Erzwespen
(CHALCIDIDAE)

Eine Unterart, die **Blutlauszehrwespe** (APHELINUS MALI) ist nur 2 mm groß und sieht wie eine winzige, dunkel gefärbte Hummel aus. Sie kann im Jahr bis zu 8 Generationen hervorbringen und befällt nicht nur Blut-, sondern auch Blattläuse. Sie wird für den Anbau im Gewächshaus und Freiland gezüchtet und gegen Blattläuse benutzt.

Echte Schlupfwespen
(TRICHOGRAMMA)

Einige Arten sind kleiner als 1 mm, andere werden bis zu 15 mm groß. Mit Hilfe ihres Legestachels legen die Weibchen Eier in Blattläuse, in Insektenlarven und -puppen (zum Beispiel der Gespinstmotte); sie biegen dabei den Hinterleib blitzschnell nach vorn unter dem Kopf durch. Bei der Art, die Blattläuse befällt, verpuppt sich die Larve in der parasitierten Blattlaus in einem Gespinst. Da auch Schlupfwespen eine kurze Entwicklungszeit haben, gibt es im Jahr mehrere Generationen; die Larven der letzten Generation überwintern in Blattlausmumien und schlüpfen im Frühjahr zur selben Zeit wie die Blattläuse. Eine parasitierte Blattlaus verfärbt sich.

Die Schlupfwespe Trichogramma parasitiert Apfelwickler und Erdraupen.

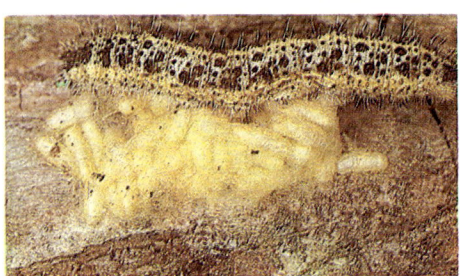

Schlupfwespenpuppen an einer toten Kohlweißlingsraupe

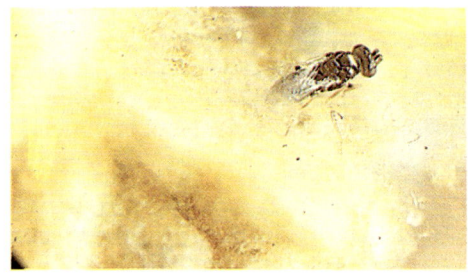

Schlupfwespen verlassen ihre Puppenkokons.

Eine winzige Schlupfwespe (ENCARSIA FORMOSA) parasitiert die Larven und Puppen der Weißen Fliege (Kohlmottenschildlaus), die sich schwarz verfärben. Vor allem in den Niederlanden wird diese Schlupfwespenart für den Anbau im Gewächshaus (vor allem bei Tomaten und Gurken) gezüchtet und auf Kartenstreifen in parasitierten Hüllen der Weißen Fliege versandt. Diese Schlupfwespen muß man rechtzeitig anfordern, denn sie entwickeln sich langsamer als die Schädlinge. (Versandadressen siehe Bezugsquellenverzeichnis.)

Schwebfliegen
(SYRPHIDAE)

Anscheinend bewegungslos schweben sie wie kleine Hubschrauber mit bis zu 300 Flügelschlägen pro Sekunde an einer Stelle, um plötzlich blitzschnell davonzuschießen. Gemeinsam ist ihnen nur eine überzählige Längsader in den Flügeln; sonst sind verschiedene Größen und viele Formen und Färbungen möglich, mit denen die einzelnen Arten andere Insekten, Bienen, Wespen, Hummeln täuschend nachahmen, so daß sie ihre Feinde irreführen, aber auch dem Menschen gelegentlich Kopfzerbrechen bereiten können. Als regelmäßige Blütenbesucher sind sie – gleich nach den Bienen und Hummeln – die wichtigsten Insekten für die Bestäubung.

Die Fleischfresser unter den Schwebfliegenlarven sind mit ihrer braunen oder grünen Färbung gut an die Umgebung angepaßt, beispielsweise die gelbgrüne, schwarz gezeichnete, 10 mm große Larve der länglichen, schwarz-gelb und rot-grün (Kopf) gefärbten Schwebfliege BACHA ELONGATA oder die Larve der schwarz-stahlblau glänzenden SYRPHUS PYRASTRI.

Die gelb-weißen, kleinen Reiskörnern gleichenden Eier werden an Blattunterseiten abgelegt, wo auch die Blattläuse sitzen. Im Laufe des 5–15 Tage dauernden Larvenstadiums frißt eine Schwebfliegenlarve dann (meist nachts) bis zu 900 Blattläuse. Die tropfenförmigen Puppen hängen an Blättern und Stengeln.

Schwebfliege (Episyrphus balteatus)

Schwebfliege (Tubifera pendula)

Hummelschwebfliege (Volucella pellucens)

Was können wir im Garten für die Schwebfliegen tun? Gehölze, Hecken, Sträucher von solchen Pflanzen, die auch in unserer natürlichen Umwelt vorkommen, und Dolden- und Korbblütler pflanzen. Solch ein Biotop bietet den Schwebfliegen-Imagines, die sich nur noch von Blütenstaub und Honigtau ernähren, Schutz und Nahrung.

Bienen, Wespen und Ameisen

So lästig auch Ameisen am unrechten Ort sein können, wenn sie nämlich in einem hölzernen Eckpfosten unseres Gerätehäuschens oder im Fensterrahmen ihre Gänge bauen, so wenig wir Wespen und Bienen schätzen, wenn sie uns stechen, so wichtig sind sie doch für den Fortbestand der Pflanzenwelt.

Bei den Bienen wird noch jeder die Nützlichkeit erkennen. Liefern sie uns doch ein geschätztes Nahrungsmittel, den Honig. Auch das Bienenwachs stammt von der Biene. Lebenswichtig erscheint uns das jedoch alles nicht.

Da sieht es schon anders aus, wenn wir daran denken, daß die Bienen für die Bestäubung vieler Blütenpflanzen sorgen. 80% der Bestäubung der Pflanzen wird durch Bienen vollzogen. An dieser Bestäubung beteiligen sich auch Wespen. Was fehlende Bienen bedeuten würden, kann man sich kaum ausmalen. Ganze Landstriche würden veröden, soweit sie nicht von windbestäubten Pflanzen, wie Gräsern und Nadelhölzern, besiedelt werden könnten. Obst und Gemüse gäbe es nicht.

Viele Gärtner und Bauern leihen sich während der Blütezeit der Obstbäume Bienenvölker, damit die Obstbäume reicher tragen. Der Haus- und Kleingärtner kann Bienen anlocken, indem er bestimmte Blütenpflanzen anbaut, die eine reichhaltige Bienenweide bereithalten. Besonders im Frühling ist das wichtig, wenn es für die Bienen noch nicht viel Nahrung gibt. Blühende Weiden und Haselnußsträucher, Seidelbast, Krokus und Winterheide sind hier hilfreich. Zu jeder Jahreszeit sollte den Bienen eine Fülle von Blüten zur Verfügung stehen. Im

Sommer sind bei den Bienen auch blühende Gründüngungspflanzen beliebt. Die Phacelia heißt auf deutsch Bienenfreund. Hier wird schon im Namen deutlich, daß sie mit ihren zartvioletten Blüten nicht nur eine bodenlockernde Gründüngungspflanze ist. Früher wurde sie hauptsächlich von Imkern als Bienenweide angebaut.

Unter den ohnehin für den Garten so wichtigen Heckensträuchern sollten immer auch blühende Sorten für die Bienen sein. Im März und April blüht bereits die Kornelkirsche, im April die Forsythie, etwas später der Traubenholunder. Im Mai und Juni blühen viele Sträucher, so der üppige Spierstrauch, die Mispel, Kerrie, der Ginster, Hartriegel und der Schneeball.

Im Juni und Juli folgen Liguster, Schwarzer Holunder und Deutzie. Auch der Feuerdorn eignet sich gut als Bienenweide.

Die Schneebeere blüht von Juni bis August, und unter den Tamarisken finden wir solche, die im Mai, von Juni bis August, andere, die noch im August und September blühen.

Unter den Kletter- und Schlinggewächsen gibt es ebenfalls Pflanzen, die mit ihrer reichen Blütenpracht die Bienen anziehen. Hier ist vor allem das Geißblatt Jelängerjelieber zu nennen, von dem einige Sorten von Mai bis September blühen. Die einfache Waldrebe, die in Europa beheimatet ist, blüht von Juli bis September.

Nicht zu vergessen sind gerade zwischen den nicht zur Blüte kommenden Nutzpflanzen im Gemüsegarten die blütenreichen und duftenden Kräuter. Denn Bienen sind vor allem duftorientiert. Sie tragen den Blütenduft mit sich in den Bienenstock, wo die Arbeitsbienen ihren Schwestern im Stock durch den Duft die üppige Weide melden, damit diese helfen, die reiche Tracht einzubringen. Regelrechte Duftstraßen entwickeln sich so über Tage, denn Bienen sind blütenstet und fliegen erst zu anderen Blütenarten, wenn die gefundenen abgeweidet sind.

Bienen sind maßgebend am Beseitigen des Honigtaus beteiligt. Dieser entsteht, wenn

Bienenhaus mit Bienenweide

Arbeiterin sammelt
Nektar.

Gekennzeichnete
Bienenkönigin mit
ihrem Hofstaat

Blattläuse, Blattflöhe und Zikaden Blätter anstechen und ihnen Kohlenhydrate entnehmen, die sie oft unverdaut wieder von sich geben. Der glänzende, klebrige Film auf den Blättern fördert die Besiedlung mit schädlichen Bakterien und Pilzen und führt zu Rußtau. Die Bienen nehmen den Honigtau auf und verarbeiten ihn mit Nektar zu Honig.

Auf diesem Gebiet sind auch die Ameisen tätig. Ist ein Ameisenhaufen nah, schleppen die eifrigen Bewohner Blattläuse in bestimmte Räume ihrer Ameisensiedlung und halten sie dort wie Kühe. Um sich vom Honigtau, von dem die Ameisen vorwiegend leben, zu ernähren, betrillern die Ameisen die Blattläuse mit ihren Fühlern, so daß diese die süße Nahrung für die Ameisen abgeben müssen.

Die Ameisen, Bienen und Wespen haben aber noch eine viel wichtigere Aufgabe. Wenn Bienen und Wespen den Blüten den Nektar rauben, geben sie gleichzeitig ein wenig von ihrem Gift ab, das die Pflanzen brauchen, damit sie nicht absterben. Auch die Ameisensäure ist in der Natur notwendig. In jedem Baum, jedem Blatt, überall in der Natur, auch im Menschen, ist eine winzige Spur Ameisensäure enthalten. Sie ist für die Gesundheit unbedingt erforderlich. Die Ameisen geben geringe Mengen dieser Ameisensäure überall in der Natur ab, auf Baumstämmen genauso wie im Kompost. Überall, wo etwas vermodert, ist die Ameise mit ihrer Säure am Werk. Die Verwesung wird von den Ameisen in die richtigen Bahnen gelenkt.

Spinnen und Milben

Spinnen sind als Insektenvertilger wichtig für das natürliche Gleichgewicht eines Gartens. Milben sind winzige Spinnentiere. Ebenso wie die Spinnen unterscheiden sie sich dadurch von den Insekten, daß sie weder Flügel noch Fühler, statt drei vier Beinpaare haben (Milbenlarven haben jedoch nur drei) und daß Kopf und Rumpf aus einem Stück bestehen.

Viele Milbenarten sind Nützlinge, da sie im Erdboden organische Substanzen zerkleinern und aufarbeiten. Sie ernähren sich von Pilzmyzel. Ihr Kot bildet eine wichtige Humusvorstufe. Daneben gibt es für uns schädliche Milbenarten, die Spinnmilben, die durch Saugen an den Blättern Obstbäume, Wein und Gemüsepflanzen schädigen.

Raubmilben

Die Raubmilben, wie die Milben auch nur 0,6 mm groß, sind die natürlichen Feinde der Spinnmilben. Sie sind als Jungtiere rötlich, als ausgewachsene Tiere leuchtendrot, kugelförmig und sehr beweglich. Sie werden bereits mit Erfolg in Gewächshäusern, in denen Spinnmilbenbefall droht, eingesetzt. Raubmilben werden auf Buschbohnen gezogen und dann versandt. Vor allem in den Niederlanden hat man bereits eine beachtliche Praxis in dieser Art von Schädlingsbekämpfung erworben (Anschriften siehe Bezugsquellen).

Raubmilbe an Eiern einer Grasglucke

Vögel im Biogarten

Ein biologischer Garten ist die beste Voraussetzung dafür, daß sich viele Vogelarten einfinden. Gibt es im Garten eine bunte Wiese, die nur zweimal im Jahr gemäht wird, finden unsere gefiederten Freunde das ganze Jahr über genügend Futter, denn eine Wiese ist voller Samen, Käfer, Würmer, Raupen, Larven und Insekteneier, unter ihnen viele von Schädlingen. Einheimische Sträucher ergänzen die Nahrungsquellen für die Vögel, so daß ein biologischer Garten einige Vogelarten mehr beherbergt als andere Gärten.

Unseren Vögeln gehört nicht nur unsere ganze Sympathie, weil sie so schön zwitschern und oft wohllautende Konzerte veranstalten, sondern auch deshalb, weil sie als stets gegenwärtige Gartenpolizei die Schädlinge in Schach halten.

In der Vegetationszeit vertilgt ein Meisenpärchen mit seinen Jungen 1–2 Zentner Insekten, von denen die weitaus meisten Schädlinge sind. Ob es sich um den Apfelblütenstecher, Obstmaden (Apfelwickler), den Haselnußbohrer (Haselrüsselkäfer), die Larven des Schnellkäfers, die Raupen des Kohlweißlings oder Blattläuse handelt, die Vögel sind immer zur Stelle, wenn es gilt, Schädlinge in Grenzen zu halten.

Fast alle Vögel ernähren sich und vor allem ihre Brut mit Insekten. Die größeren Artgenossen, wie Drosseln, Amseln und Stare, aber auch ein kleiner Vogel wie das Rotkehlchen, tun sich auch an Schnecken gütlich, die nicht schwer zu erlegen sind, sich allerdings bei Tageslicht wenig zeigen.

Die Spechte wie der Kleine und Große Buntspecht und ebenfalls der Grünspecht halten sich vorwiegend auf Bäumen auf und sind deshalb an der Dezimierung von baumbewohnenden Insekten, Larven und Raupen maßgeblich beteiligt.

Distelfinken (Stieglitze) bei der
Fütterung der Jungen

Vögel sind in ihrer Nahrungswahl sehr anpassungsfähig. Während die Brut mit Insekten, Käferlarven und Raupen gefüttert wird, Nahrung, die zur Brutzeit reichlich vorhanden ist, wechseln viele Vögel im Herbst auf Beeren und Obst über. Im Winter sind Sämereien von Kräutern und Bäumen für die Vogelwelt wichtig.

In der kalten Jahreszeit haben Vögel energie- und fettreiche Nahrung nötig. In kalten Frostnächten verlieren vor allem kleine Vögel so viel von ihrem Gewicht, daß sie schon in der nächsten Nacht verhungern können, falls sie in den wenigen Tagesstunden nicht ausreichend Nahrung finden. Deshalb sind Wiesenstücke mit Kräutersamen und auch beeren- und samentragende Sträucher und Bäume im Garten sehr wichtig. Ihr Wert als Nahrungsquelle übersteigt im Winter jedes noch so sinnvoll mit Vogelfutter ausgestattete Vogelhäuschen, denn die Vögel sollen ihre Nahrung selbst suchen. Gefüllte Futterhäuschen machen die Vögel bequem.

Allerdings ist es manchmal nötig, sie zu füttern, so beispielsweise, wenn nach einem Regen plötzlich Frost einsetzt und Baumrinde und Zweige vereisen. Oft ist die Eisschicht so dick, daß die Vögel sie nicht aufhacken können. Auch hoher Schnee macht Kräutersamen für Vögel unerreichbar.

Wie sieht eine zweckmäßige Futterstelle aus?

Für Katzen muß sie unerreichbar sein. Der Boden, auf dem das Futter ausgestreut wird, sollte leicht zu reinigen sein, denn Vogelkot bedeutet Infektionsgefahr. Am besten eignet sich ein herausnehmbares Brett. Vogelweichfutter darf nicht naß werden, weil es dann bei Frost vereist und für die Vögel unbrauchbar wird. Deshalb muß die Futterstelle überdacht sein.

Meist werden Futterhäuschen in der Nähe des Wohnhauses und eines Fensters aufgestellt, damit die possierlichen Gäste beobachtet werden können. An solch einer Futterstelle finden sich jedoch nur Vögel ein, die nicht sehr menschenscheu sind, wie Kohl- und Blaumeisen, Grün- und Buchfinken, Spatzen oder Gimpel. Dabei sind

Nonnen- oder Sumpfmeise mit einer Raupe

Gerade kleine Vögel wie diese Kohlmeise brauchen im Winter fettreiche Nahrung.

erfahrungsgemäß diese angepaßten Vogelarten weniger gefährdet als die scheuen. Geeigneter ist deshalb ein Futterplatz, der einige Meter vom Fenster weg aufgestellt ist, oder das Fenster sollte zu einem Raum gehören, der wenig benutzt wird.

Nicht alle Vögel haben die gleichen Nahrungsbedürfnisse. Deshalb ist Mischfutter geeigneter als eine Sorte Samen oder nur Weichfutter.

Sonnenblumenkerne und harte Samen können von Finken leicht geknackt werden. Auch einige Meisenarten werden mit Sonnenblumenkernen fertig, wenn sie sie auch zerhacken müssen. Für Weichfutterfresser, wie Rotkehlchen, Zaunkönig oder Drossel, sind Futterhaferflocken und Rosinen geeigneter.

Am besten bewährt hat sich eine Futtermischung, die in Rindertalg eingelassen wurde. Rindertalg, wie er in jeder Metzgerei zu haben ist, wird in einem Topf so weit erhitzt, daß er flüssig wird. In den verflüssigten Rindertalg streut man Kleie, Haferflocken, Rosinen, Hanf und Sonnenblumenkerne. Die durchgerührte Masse gießt man in flachrandige Gefäße und läßt das nährstoff- und fettreiche Futter erkalten.

Sperlinge können mit diesem Futter wenig anfangen. Dafür wird es von Meisen, Finken, Baumläufern, Kleibern und Spechten bevorzugt. Den Weichfutterfressern zerbröckelt man den inhaltsreichen Talg, den man zu diesem Zweck, solange er flüssig ist, auf einem Kuchenblech dünn ausgießt.

Damit die Vögel den Futterplatz bereits kennen, wenn Winterwetter einsetzt, stellt man Futterhäuschen schon einige Wochen vorher auf, hält die Futtermenge allerdings in vertretbaren Grenzen, da sich die Vögel noch sehr gut selbst versorgen können. Bei Frost oder reichlichem Schneefall kontrolliert man die Futterstellen jeden Tag, am besten gegen Abend, damit die von der Nacht ausgehungerten Vögel morgens genügend Futter vorfinden.

Im Frühjahr stellt man die Fütterung ein, sobald die Vögel selbst Futter finden können, denn ihre Hauptnahrungsquelle sollen Schädlinge sein.

Kohlmeise

Junge Haubenmeise in einem Nistkasten aus Holzbeton

Im zeitigen Frühjahr sind geeignete Nistplätze zu schaffen oder zu überprüfen. In Hecken und Sträuchern sucht der Vogelfreund nach geeigneten Nistmöglichkeiten. Hier bieten sich Astgabelungen an. Stört ein Ast, wird er herausgeschnitten. Bei jedem Ausholzen achtet man auf solche natürlichen Nistplätze. Fehlen solche, bindet man kräftige Äste zusammen.

Nistkästen sollten zum Sauberhalten einen herausnehmbaren Boden mit einigen Abzugslöchern für eingedrungenes Regenwasser haben. Das Einflugloch ist nach Südosten gerichtet. Die Vögel nehmen solche Nistkästen nur an, wenn sie mindestens 3 m vom Boden entfernt und durch Laub verdeckt sind.

Oft beklagen Gartenbesitzer, daß sich eine Reihe von Vögeln an saftreichen Früchten gütlich tut. Das hat weniger mit Feinschmeckergelüsten zu tun als vielmehr mit dem Durst der Vögel. Im Garten sind deshalb immer mit Wasser versorgte Vogelbecken wichtig. Diese Becken sollen möglichst viele verschiedene Wasserstandshöhen und flach ansteigende Ränder aufweisen.

Solche Becken werden auch gern von Insekten angeflogen. In der Nähe des Eßplatzes an der Terrasse aufgestellt, lenkt das Vogelbecken Wespen ab. Sie umsurren hauptsächlich deshalb gedeckte Tische, weil sie Durst haben.

Nistquirle

Vogelbecken

Schutzringe an Baumstämmen gegen Katzen und Marder

Igel

Hecken sind nicht nur für Vögel ein wirksamer Schutz. Auch andere Nützlinge suchen dort gern ihre Behausung. So gab es einen kleinen Igel, der jahrelang unter einer dicht gewachsenen Eibe und einer überstehenden Steinplatte seine Wohnung hatte. Es störte ihn nicht, daß er unmittelbar neben der Terrasse wohnte, auf der eine Familie den ganzen Sommer über alle Mahlzeiten

Bau eines Igelhauses

einnahm. Am Abendessen beteiligte er sich sogar. 2 m vom Eßtisch entfernt stand stets eine Schale mit Wasser für ihn bereit. Während die Familie zu Abend aß und das Gespräch munter hin und her ging, schüttelte und rüttelte irgend etwas plötzlich die 3 m hohe Eibe. Man konnte den Eindruck haben, ein ausgewachsener Grislybär hause unter dem Baum. Nach dieser Ankündigung tauchte dann aber stets statt des Grisly der kleine Igel auf. Unbeirrt tappelte er zu seiner Wasserschale und schleckte sie mit seiner langen Zunge leer.

Nun, nicht überall gibt es vorspringende Steinplatten unter Sträuchern, aber ein kleines einfaches Holzhaus kann man sogar selber bauen und unter einen schützenden Strauch stellen. Dort findet sich meist bald ein Igel oder ein Igelpärchen ein, wenn es ihnen möglich ist, durch den Gartenzaun zu schlüpfen. Igel sind flink und geschickt. Mäuerchen, die nicht höher sind als die lichte Weite zwischen den Vorder- und Hinterbeinen des Igels, übersteigt das Tierchen mühelos. Höhere Mauern sind jedoch ein unüberwindliches Hindernis. Igel müssen die Möglichkeit haben, in andere Gärten überwechseln zu können, denn in einem Garten, sei er auch 2000 m² groß, findet selbst ein einzelner Igel nicht genügend Nahrung.

In der Dämmerung geht der Igel auf Jagd. Da auch Schnecken abends aus ihren Verstecken hervorkommen, sind sie in einem Garten, der einen Igel als Aufpasser hat, etwas sehr Seltenes.

Spitzmaus

Spitzmäuse sind im Gegensatz zu anderen Mäusen Nützlinge unserer Gärten. Ihre spitzen Schnauzen verraten mit spitzen, scharfen Zähnen den Insektenfresser, der mit chitingepanzerten Kerbtieren mühelos fertig wird.

Spitzmäuse leben in selbstgebauten oder eroberten unterirdischen Gängen und Löchern. Ihre Nahrung beziehen sie fast ausschließlich aus dem Tierreich: Kerbtiere und deren Larven, Würmer, Schnecken, aber auch junge Vögel fallen ihnen zum

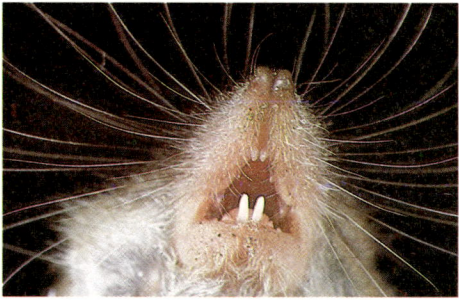

Spitzmäuse können mit ihren spitzen, scharfen Zähnen harte Kerbtiere zerbeißen.

Gartenspitzmaus

Opfer. Sie halten keinen Winterschlaf, weil sie sehr hungrig sind und täglich Nahrung vom Gewicht ihres eigenen Körpers aufnehmen müssen.

Maulwurf

Die Nützlichkeit des Maulwurfs ist nicht eindeutig. Er ist zwar ein Großvertilger von Engerlingen, aber wo gibt es heute diese Larven des Maikäfers noch? Andererseits frißt er sehr viele Regenwürmer, die er in seinen ausgedehnten Gängen findet und sich sogar als Vorrat hält. Er lockert zwar die Erde durch seine ständige Arbeit an seinen Gängen, aber die aufgeworfenen Hügel sind für einen kleineren Garten doch recht lästig.

Auch der Maulwurf muß täglich Nahrung vom Gewicht seines Körpers aufnehmen und kann nicht länger als 12 Stunden ohne Fressen sein. Außer Regenwürmern liebt er Käfer, Maden, Larven, Raupen, Schmetterlingspuppen und Schnecken. Pflanzennahrung rührt er nicht an, vergreift sich also auch nicht an Wurzeln.

Wenn Pflanzen absterben und man dann versucht, sie aus dem Boden zu ziehen, entdeckt man meist, daß die Wurzeln angefressen sind. Das darf man jedoch nicht dem Maulwurf anlasten. Vielmehr sind dann Wühlmäuse am Werk. Diese scheuen sich nicht, verlassene Maulwurfsbauten in Besitz zu nehmen.

Die zu den Wühlmäusen zählende Schermaus wirft wie der Maulwurf Erdhaufen auf. Sie unterscheiden sich jedoch von denen des Maulwurfs, denn sie sind unregelmäßig und kleiner.

Maulwurf

Biologische Abwehr von Schädlingen

Der allererste Gesichtspunkt bei der Abwehr von Schädlingen ist für den Biogärtner immer, das umfassende Gleichgewicht von Boden, Pflanzen- und Tierwelt in dem ihm anvertrauten Garten herzustellen, zu erhalten und zu stärken.

Mag ein Pyrethrum-, ein Rotenonmittel auch aus Pflanzen gewonnen sein (aus einer afrikanischen Chrysanthemenart das erste, das zweite aus exotischen Schmetterlingsblütlern), ganz ungefährlich sind beide Präparategruppen nicht.

Zumindest in dem Bereich, in dem sie angewendet werden, können sie neben Schädlingen auch Nützlinge vernichten – besonders die Rotenonmittel können noch für größere Insekten tödlich sein. Beide Präparategruppen enthalten ein starkes Gift für Fische und Amphibien und können auch die Bodenorganismen beeinträchtigen. Für Menschen und Haustiere, überhaupt für alle Warmblüter, und für Pflanzen sind sie jedoch ungiftig.

Man muß das alles wissen, um diese Mittel wirklich nur im Notfall, bei starkem Befall also, einzusetzen. Pyrethrummittel sind unter anderem unter den Handelsnamen Spruzit und Ledax-wg, Rotenonmittel unter Spruzit nova, Parexan, Deril erhältlich. Auch Präparate, die den BACILLUS THURINGIENSIS in Form von Dauersporen enthalten (Dipel und andere), können neben Schädlingen natürlich Nützlinge treffen. Wenn eine Raupe oder ein kleines Insekt mit Dipel besprühte Blätter frißt, dringen die Sporen über die Darmwand in den Körper des Tieres, so daß es innerhalb einiger Tage an einer Bakteriose zugrundegeht.

Bei diesen Mitteln ist ein maß- und planvoller Einsatz möglich. Chemische Pflanzenschutzmittel jedoch muß man strikt vermeiden, wenn man einen Beitrag zu einer gesunden Umwelt leisten will. Das Bodenleben wird durch Chemikalien zerstört. Sobald man chemische Präparate einsetzt, wirken naturgemäße nicht mehr. Zum Beispiel würden die Wirkungen des Hornkieselpräparats das Licht und Wärmeprozesse verstärkt und schwere, feuchte Böden günstig beeinflußt, durch chemische Insektizide „totgeschlagen".

Im integrierten Pflanzenschutz, der ab einer bestimmten Befallsstufe mit Chemikalien arbeitet, geht man von der These aus, daß man naturgemäße und chemische Pflanzenschutzmittel wechselweise einsetzen kann. Man sollte jedoch bedenken, daß die naturgemäßen Anbau- und Pflegemethoden sich erst dann heilsam auswirken können, wenn ein Garten Zeit gehabt hat, sich umzustellen, wenn der Boden lebendig, die Pflanzen widerstandsfähig, die Nützlinge zahlreicher geworden sind. In diesem Stadium darf keine auch noch so kleine „chemische Keule" dazwischenschlagen.

Das gilt für alle naturgemäßen Maßnahmen gegen Schädlinge, die in den folgenden Kapitel aufgezählt werden, auch für Jauchen aus Schädlingen, für die Verwendung der Asche von Schädlingen und einer daraus gewonnenen Dezimalpotenz.

Zum Verjauchen zerreibt oder zerkleinert man einige tote Schädlinge, gibt genügend Wasser dazu, filtert die Flüssigkeit und verdünnt sie so, daß man sie ausspritzen kann. Veraschen: Man verbrennt einige tote Schädlinge und streut die Asche locker über die Pflanzen oder den Boden.

Man stellt eine Dezimalpotenz daraus her, indem man die Asche 1 Stunde lang verreibt und dann Wasser hinzugibt. Man beginnt mit 1 Teil Asche und 9 Teilen Wasser, rührt die Mischung und entnimmt dieser Dezimalpotenz D 1 ein Zehntel. Diesem einen Teil gibt man wieder 9 Teile Wasser bei; der neuentstandenen Mischung (D 2) entnimmt man wiederum ein Zehntel, zu dem man 9 Teile Wasser gibt und das Ganze zu einer D 3 zusammenrührt.

So kann man – wie bei der Herstellung homöopathischer Medikamente – fortfahren, um die gewünschte D 6 oder D 8 zu erhalten. Daß man jede neuentstandene Dezimalpotenz rührt, ist unerläßlich, denn nur so können sich die Wirksamkeiten der Asche dem Wasser mitteilen. Mit dem Erreichen höherer Potenzen nimmt die Wirksamkeit dieser Präparate bei richtiger Zubereitung nicht ab, sondern zu.

Alle drei Methoden, das Verjauchen, Verbrennen und Potenzieren der Asche sind im biologisch-dynamischen Gartenbau als Schädlingsabwehr erprobt worden und haben sich gut bewährt.

Indessen bieten die Nützlinge als natürliche Feinde der Schädlinge (siehe voriges Kapitel) in der Regel eine ausreichende Hilfe bei der Schädlingsbekämpfung.

Im Handel erhältliche Spritzmittel und andere Präparate zur Abwehr von Pflanzenkrankheiten und Schädlingen (soweit im folgenden Kapitel erwähnt) sollen nun kurz vorgestellt werden:

Algifert: Spritzmittel, lösliches Konzentrat aus Meeresalgen, 90 verschiedenen Spurenelementen, zur Blattdüngung, stärkt die Widerstandskraft gegen Schadinsekten und Pflanzenkrankheiten. Auch als Flüssigkonzentrat.

Artanax: Spritzmittel auf Phytonzidbasis aus Heilpflanzen, Wildkräutern, Meeresalgen und Mineralien (u. a. Rainfarn, Zwiebelschalen, Meerrettich, etwas Netzschwefel), gegen Schadinsekten und Krankheiten. Die Wirkung wird erhöht, wenn man die Spritzflüssigkeit 2–4 Tage stehenläßt, so daß sich eine Gärbrühe bildet.

Bio-S, Ledax-San: Spritzmittel zur Vorbeugung von Pilzkrankheiten, aus Kräutern (Brennessel, Schachtelhalm, Zwiebelgewächsen), 24% Netzschwefel.

Ecomin: Stäubemittel zur Vorbeugung gegen Schadinsekten, Schnecken und Pilzkrankheiten, enthält Kieselsäure, Spurenelemente, Mineralien; für kalk-

fliehende Pflanzen (Erika, Rhododendron) nicht geeignet.

Equisan: Heil- und Wildkräuterkonzentrat auf der Basis von Schachtelhalm, gegen Pilzkrankheiten.

Etermut: Streumittel zur Abwehr von Möhren- und anderen Gemüsefliegen, Wirkung aufgrund von Duftstoffen verschiedener Wildkräuter.

Lacbalsam: Baumpflegemittel für alle Wund- und Veredlungsstellen bei Baum und Strauch.

Meerwunder: Mehl aus Seealgen des Nordatlantik.

Preicobakt: zellstärkendes Pflegemittel aus pflanzlichen und organisch-mineralischen Substanzen für Stammanstrich und Kronenspritzung im Frühjahr und Herbst. Vorbeugend gegen Schädlinge und Krankheiten, zur raschen Wundheilung.

SPS: Konzentrat aus Wildkräutern zur Pflanzenstärkung, Vorbeugung gegen Krankheiten und Schädlinge, Bewurzelungsmittel für Stecklinge und Jungpflanzen.

Mengen- und Flüssigkeitsangaben auf den Packungen. Weitere Dünge- und Pflanzenpflegemittel im Bezugsquellenverzeichnis.

Gesteinsmehle, Tonerdemehle und Korallalgenkalk sind durch ihre günstigen Eigenschaften und ihre feine Struktur eine Hilfe in der Schädlingsabwehr. Tonerdemehle eignen sich wegen ihrer Quell- und Haftfähigkeit vorzüglich als Beigabe zu Spritzbrühen und als Stammanstrich.

Gesteinsmehl: Zur Abwehr von Bohnenfliege und Kartoffelkäfer arbeitet man Steinmehl zusammen mit Korallalgenkalk in den Boden ein; gegen die Möhrenfliege überstreut man die Aussaatreihen, zur Bekämpfung der Zwiebelfliege überstäubt man die Steckzwiebeln. Gegen Blattläuse, Kartoffelkäfer, Kohlfliege, Lauchmotte überstäubt man die bepflanzten Flächen.

Bringt man Steinmehl/Basaltmehl mit Algenkalk bei vorangegangener kon-

Gewinnung von Basalt, das auch zu Gesteinsmehl für den biologischen Garten- und Landbau verarbeitet wird, im Basaltbruch in Roßdorf bei Darmstadt.

stanter Bodenbedeckung aus, verringert sich der Nematodenbefall erheblich.

Korallalgenkalk wird gegen Pilzkrankheiten und Schädlinge gestäubt; die Schadorganismen (Larven) trocknen aus, Pilze können sich im trockenen Milieu nur schwer entwickeln. In diesen Fällen wird der Korallalgenkalk gern im Wechsel oder zusammen mit Gesteinsmehlen gegeben.

So wird Korallalgenkalk gestäubt oder gestreut gegen Befall von Blattläusen, Lauchmotten, Kohlweißlingen, Kohlgallenrüßlern, Zwiebelfliegen, Kartoffelkäfern, Erbsenwicklern, Gespinstmotten, Nematoden.

Genaue Angaben für die Verwendung von Hornmist- und Hornkieselpräparat sind im entsprechenden Kapitel im ersten Teil dieses Buches zu finden.

Vlies und Folie bringen frühere Ernten

Das Anbaujahr wird allein durch die Anwendung von Vlies und Flachfolie beträchtlich verlängert. Es kann früher geerntet und die letzte Ernte wesentlich hinausgeschoben werden, weil beide Materialien die am Tag gespeicherte Wärme in die Nacht hinein halten, die Temperaturunterschiede abgemildert werden und es unter Vlies und Folie durchschnittlich etwas wärmer ist als im Freiland.

Die Ernteverfrühung und das Verschieben der Ernte von frostempfindlichen Gemüsearten in den Spätherbst sind aber nicht die einzigen Vorzüge der Abdecktechnik.

Bei diesem Verfahren bleibt das Unkraut fast ganz aus. Der Boden wird vor dem Austrocknen und vor zu starkem Einwirken von Sonne und Regen geschützt.

Das allgemein bekannte Vlies Agryl P 17 aus thermisch gebundenen Polypropylen-Endlosfasern ist für den Hausgarten in einer Packung mit 15 × 1 m Vlies im einschlägigen Fachhandel zu erhalten. Es hat gegenüber den gelochten oder geschlitzten schwarzen Folien erhebliche Vorteile.

Das weiße Vlies ist sehr luftdurchlässig und dadurch kommt eine Überhitzung darunter nicht in Betracht. Es braucht bei Sonnenschein und hohen Außentemperaturen also nicht abgenommen zu werden.

Die Lichtdurchlässigkeit beträgt 85 % und verhindert damit und durch die ausgezeichnete Durchlüftung die Anreicherung von Nitrat im Gemüse.

Der Taubelag ist minimal, da das Vlies viel-porig ist und der Tau gleichmäßig ins Erdreich sickert. Dadurch tritt praktisch keine Lichtminderung ein. Bei Frost bildet der dünne Taubelag einen schützenden Eispanzer, wodurch eine weitere Wärmeabgabe verhindert und ein überraschend guter Frostschutz gewährleistet wird.

Die Wasserdurchlässigkeit ist bei diesem porösen Material auch bei Regen oder Berieselung einwandfrei und gleichmäßig, so daß die Kulturen in Größe und Qualität ausgeglichen gedeihen. Eine Wasseransammlung auf dem Vlies kann nicht vorkommen, weil die Abstände zwischen den Poren nur die Dicke des Fadens haben.

Überhaupt ist das Vlies mit 17 g/m^2 sehr leicht. Man hat mit dem Auflegen keine Schwierigkeiten. Zur Randbefestigung genügt pro Meter ein Stein oder ein Spaten voll Erde. Es gibt keine Windschlag- und keine Randschäden. Zarte Salatsorten weisen keine Druckstellen auf. Alle Gemüse haben eine gute Ausfärbung. Kopfsalat wird von unten nicht durch Nässe geschä-

Hier deckt das Vlies Agryl P 17 Kopfsalat ab.

digt, da Wasser schnell an der Oberfläche abtrocknet, ohne daß der Boden austrocknet. Gegen starke Platzregen und Hagelschlag schützt das Vlies ebenfalls.

Verwendet man beim Abnehmen des Vlieses etwas Sorgfalt, kann man es mehrfach auflegen. Bei starker Verschmutzung wäscht man es mit einem biologisch abbaubaren Waschmittel, das keine synthetischen Duftstoffe enthält, in der Waschmaschine durch.

Das Vlies verfrüht die Ernte durchschnittlich um 14 Tage, hält den Boden krümelig und locker. Unerwünschte Kräuter kommen auf mit Vlies bedecktem Boden kaum vor. Flüssigen Dünger kann man über das Vlies gießen oder sprühen.

Ein etwas schwereres, ebenfalls weißes Vlies, das dicker und dichter ist, heißt Delta-Frühbeet-Vlies und bietet oberhalb der Frostgrenze etwas mehr Wärmeschutz. Die Lichtdurchlässigkeit beträgt 70–80%.

Weißes Vlies wächst mit dem Gemüse mit und drückt es nicht.

Vorteile des weißen Vlieses

- Lichtdurchlässigkeit 85%
- sehr luftdurchlässig
- guter Frostschutz durch gefrorenen Tau
- leicht
- kein Hitzestau, deshalb kein Aufdecken nötig
- gleichmäßige Durchfeuchtung des Bodens bei Regen und Berieselung
- Mehrfachverwendung
- kein Nitrat im vliesgeschützten Gemüse

Mulch-, Loch- und Schlitzfolie

Im Erwerbsgartenbau haben sich die schwarzen Flachfolien als Mulch- und Überdeckungsfolien zur Verfrühung der Ernte, der Erhaltung der Bodengare und wegen der seit einigen Jahren wichtigen Energieeinsparung schon lange mit Erfolg durchgesetzt.

Die Ernteverfrühung beträgt durchschnittlich 14 Tage. Das Hinausschieben des Freilandanbaus unter Folie im Herbst bringt weitere zusätzliche Erträge ohne große

Kosten, denn auch die Folien lassen sich bei vorsichtiger Abnahme mehrfach verwenden, wenn man darauf achtet, daß sie dunkel aufbewahrt werden, da sie unter Sonnenbestrahlung spröde und wertlos werden.

Der Haus- und Kleingärtner hat sich noch nicht so recht damit anfreunden können, seine Beete unter schwarzer Kunststofffolie verschwinden zu lassen. Es stehen jedoch nicht solch große Flächen im Garten zur

Verfügung, daß dieser mit ein wenig Folie seine freundliche, wohltuende Farbigkeit verlieren würde.

Am ehesten kommt vielleicht die Mulchfolie in Betracht. Vor allem im Frühjahr ist es möglich, daß die Bodenlebewesen im eigenen Garten kein Mulchmaterial, wie Rasenschnitt oder Laub vom Herbst, übriggelassen haben. Stroh oder Holzwolle stehen nicht immer zur Verfügung. Papier und Pappe sehen auf dem Gartenboden nicht besser aus als schwarze Folie.

Mulchen nennt man die Bedeckung des Bodens mit organischen Abfällen. Die Sonne kann solch einen bedeckten Gartenboden nicht austrocknen, der Regen keine Nährstoffe weg- oder in tiefere Schichten des Bodens schwemmen, die Krümelstruktur bleibt erhalten, und das Unkraut kann nicht wachsen. Gleichzeitig haben die Bodenorganismen die notwendige Nahrung, die sie in Humus verwandeln. Ein Kompostpräparat und etwas Steinmehl, Tonmehl und einen tierischen Dünger unter die Abfälle gemischt, beschleunigt die Umsetzung der Mulchdecke in wertvollen Humus. Diese Maßnahme nennt man Flächenkompostierung. Auch die AZ-Bakterien-Kultur wirkt günstig.

Vorteile des Mulchens

Erhaltung der
◉ Bodenfeuchtigkeit
◉ Krümelstruktur

◉ Nährstoffe
◉ Vermehrung der Nährstoffe
◉ Verhindern von Unkraut

Gurken und Paprika auf Mulchfolie: Die schwarze Folie hält den Boden feucht, verringert das Unkraut und strahlt Wärme auf die Pflanzen zurück.

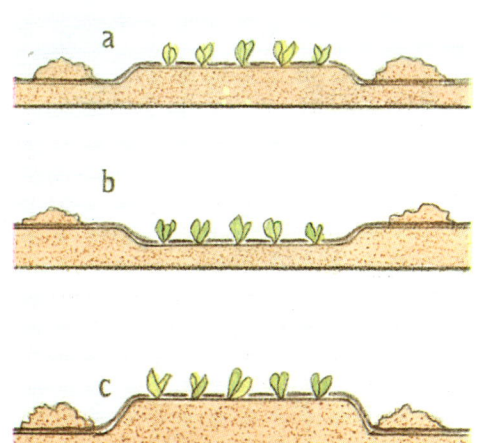

Beetformen für Mulchfolie:
a) normal humoser Boden
b) trockener Boden
c) nasser Boden

Die schwarze, meist 0,05 mm starke Mulchfolie wird über das vorbereitete Beet gerollt, glattgezogen und an den Rändern mit Erde beschwert. Dann werden mit einem scharfen Messer in den für die jeweiligen Pflanzen richtigen Abständen Kreuz- oder Triangelschnitte gemacht, die etwa handbreit sind. In die entstandenen Schnitte setzt man die Pflanzen.

Die Folie darf weder an den Rändern vom Wind erfaßt werden, noch darf sie bei Wind schlagen. Diese Gefahr besteht aber bei der bis auf die Pflanzlöcher geschlossenen Folie. Man muß sie deshalb nicht nur an den Rändern gut mit Erde beschweren, sondern auch zwischen den Pflanzreihen. Auch ausgelegte Bretter helfen.

Bei der Anlage eines mit Mulchfolie bedeckten Beetes kommt es auf den Bodentyp an. Bei normal humosem Boden wird ein Beet in der üblichen Höhe angelegt. Trockenen, meist sandigen Böden verschafft man Feuchtigkeit, wenn man das Beet etwas tiefer als das übrige Bodenniveau legt. Hier fängt sich das Regenwasser auf der Folie und fließt in die Pflanzschlitze ab. Nasser und zur Übersäuerung neigender Boden bekommt überhöhte Beete, von denen das Regenwasser hauptsächlich zum Rand abläuft.

Beete mit Hanglage sind für die Mulchfolie ungeeignet, weil das Wasser den Hang hinunterfließt. Hier kann man Loch- und Schlitzfolie verwenden.

Die Lochfolie eignet sich sowohl für die Aussaat als auch für die Pflanzung. Sie verfrüht die Aussaat um etwa 3, die Pflanzung um 2 Wochen. Die mit 250, 500 und 1000 Löchern/m² erhältliche Folie wird locker über die Saat oder die Pflanzung gelegt und schafft ein wärmeres Bodenklima. Sie wird ebenfalls an den Rändern ringsherum mit Erde beschwert, aber nicht wie die Mulchfolie gespannt. Ein Schlagen durch Wind wird durch die hohe Anzahl der Löcher vermieden.

Die Bodenfeuchtigkeit bleibt unter der Lochfolie weitgehend konstant, so daß nur bei anhaltender Trockenheit über die Folie hin berieselt werden muß. Abdecken ist nicht notwendig. Bei voranschreitendem Wachstum muß die Lochfolie an den Rändern gelockert werden, da sie sich nicht ausdehnt. Bei günstigem Wachstumswetter und für Pflegemaßnahmen nimmt man die Folie vorsichtig teilweise oder ganz ab.

An sonnigen Tagen kann es bereits im Spätfrühling zu Verbrennungen an den Pflanzen unter Lochfolie kommen. Auch hohe Lochzahlen schützen nicht davor.

Sowohl die Mühe des Nachlassens der Ränder bei fortschreitendem Wachstum als auch das Achtgeben bei Verbrennungsgefahr kann man sich bei Schlitzfolie ersparen. Diese Folie ist in einem bestimmten Schlitz-Stanz-Verfahren vorgefertigt. Sie wird locker über die Saat oder Pflanzung gelegt und nur leicht eingeschlagen. Am Boden anliegend und ungespannt ist die Folie nahezu dicht. Beim Heranwachsen der Pflanzen wächst die Folie mit, indem sich die Schlitze nach und nach öffnen. Die Luftzufuhr wird mit dem Wachstum der Pflanzen immer besser, was dem Geschmack der

Nur bei Bewölkung und windstillem Wetter nimmt man Folien von bisher bedeckten Pflanzungen, damit es keinen Klimaschock gibt.

Gemüsepflanzen zugute kommt, der unter Folie mit geringem Luftaustausch leidet. Schlechter Luftaustausch erhöht auch den Nitratgehalt der Pflanzen.

Wenn die kalten Tage und Nächte endgültig vorüber sind, nimmt man Loch- und Schlitzfolie ab. Für diese Arbeit wählt man einen trüben, windstillen Tag. Da die Pflanzen unter der Folie eine relativ hohe Luftfeuchtigkeit gewöhnt sind, finden sie an einem trüben, windstillen Tag eher die gleichen klimatischen Bedingungen vor als bei Sonnenschein oder Wind. So läßt sich der wachstumshemmende Schock für die Pflanzen vermeiden. Auch bei Pflegemaßnahmen ist die Wetterlage zu beachten.

Vor Frost schützen diese Folien nicht. Unter günstigen Bedingungen, bei denen Kondenswasser an der Innenseite auftritt, kann dieses an der Folie anfrieren und bei geringem Frost die Kulturen schützen. Schneelast darf auf einer empfindlichen Kultur wie Kopfsalat nicht aufliegen.

Loch- und Schlitzfolien bieten auch keine Gewähr dafür, daß unter ihnen neben den Kulturen nicht auch Unkraut wächst. Bei diesem günstigen Wachstumsklima gedeiht Unkraut genausogut wie Gemüse und nimmt den Kulturpflanzen die Nährstoffe weg. Deshalb müssen die Kulturen unter der Folie ab und zu überprüft und gegebenenfalls gejätet werden.

Vorteile der Mulchfolie
- gleichbleibende Bodenfeuchtigkeit
- Erhaltung der Krümelstruktur
- Erhaltung der Nährstoffe
- Humusbildung
- Verhinderung von Unkraut

Vorteile der Lochfolie
- Verfrühung der Aussaat um 3 Wochen
- Verfrühung der Pflanzung um 2 Wochen
- kein Schlagen der Folie durch Wind
- Erhaltung der Bodenfeuchtigkeit
- Ernteverfrühung etwa 14 Tage

Hochwachsende Pflanzen wie Tomaten kann man einzeln mit transparenten Folienhauben umhüllen. So reifen die Früchte im Herbst schneller aus.

Vorteile der Schlitzfolie

- Verfrühung der Aussaat um 3 Wochen
- Verfrühung der Pflanzung um 2 Wochen
- kein Schlagen der Folie durch Wind
- Erhaltung der Bodenfeuchtigkeit
- gute Durchlüftung
- Folie wächst mit
- Ernteverfrühung etwa 14 Tage

Transparente Lochfolie schützt Keimlinge im unbeheizten Gewächshaus vor Nachtfrösten.

Folientunnel

Diese Art von Minigewächshäusern ist zwar nicht begehbar, hat aber durch das größere Luftvolumen ein ausgewogeneres Kleinklima als Flachfolien. Trotzdem kann es bei hochsommerlichen Temperaturen und direkter Sonneneinstrahlung zu Verbrennungsschäden an Pflanzen kommen.

Da wohl kaum ein Gartenbesitzer täglich im Garten ist und darauf achten kann, wann er seine Folientunnel lüften muß, die meisten Hobbygärtner gerade dann ihrem Beruf nachgehen, wenn die Sonne am intensivsten scheint, ist es vorteilhaft, für Folientunnel Folie mit geringer Lochzahl zu verwenden.

Ein anderes Verfahren, die sich stauende Hitze im Folientunnel zu überlisten, ist, mehrere kurze Tunnel, die konisch konstruiert sind, ineinander zu stecken.

Es ist sehr einfach und bequem, den Folientunnel selbst herzustellen, obwohl man im Handel fertige Folientunnel bekommt.

Die für die Bearbeitung günstige Beetbreite von 1,20 m behält man auch für den Folientunnel bei. Um diese Beetbreite zu überspannen, braucht man 8 mm starke Federstahlstäbe von 2,50–3 m Länge, je nach gewünschter Höhe des Tunnels. Diese Stäbe erhält man im einschlägigen Fachhandel. Sie sind meist schon mit weißem Kunststoff beschichtet.

Im Folientunnel heranwachsende Paprikaschoten.
Im Hintergrund (rechts oben) vollständig zurückgeschlagene transparente Folie, die im Hochsommer am Tag nur bei kühler Witterung, bei Unwetter und für jede Nacht über die südlichen Gewächse gespannt wird. Ein warmer Regen tut den Tunnelpflanzen dagegen gut.

Federstahlstäbe aus dem Eisenwarenhandel müssen zum Abrunden der scharfen Kanten mit feinem Schmirgelpapier abgerieben werden, und dann erhalten sie einen zweifachen weißen Lackanstrich. Weiße Farbe hält die Stäbe auch bei Sonnenbestrahlung kühl. Dadurch wird die aufliegende Folie geschont.

Die Stäbe werden zu beiden Seiten des Beetes senkrecht oder schräg in die Erde gesteckt. Senkrecht gesteckte Stäbe haben sich besser bewährt, da die steilen Seitenwände des Tunnels dem heranwachsenden Gemüse mehr Spielraum lassen.

Luftaustausch im konisch gebauten Folientunnel

Lochfolientunnel über jungem Kopfsalat

Als Folien eignen sich verschiedene Fabrikate aus dem umweltfreundlichen Polyäthylen in Stärken von 0,05 mm (für einmaligen Gebrauch) bis zu 0,2 mm. Ab 0,1 mm Stärke können Folien öfter verwendet werden.

Man sollte UV-stabilisierte Folien wählen, die nicht so schnell durch die Sonnenstrahlen geschädigt werden.

Es gibt die Folien auch als Gitterfolie und als 2-Schichten-Folie. Letztere besteht aus einer Gitterfolie und einer aufkaschierten Luftpolsterfolie. Diese 2-Schichten-Folie ist so stark, daß sie sich ohne Federstahlstäbe über dem Beet im Bogen ausspannen läßt.

Der Bogen ist allerdings sehr flach und eignet sich deshalb nur für niedrige Gemüsearten.

Die meisten Folien liegen 2 m breit, die Gitterfolie gibt es auch 3 m und 4 m breit.

Die Folie wird über die Federstahlstäbe gerollt, an den beiden Tunnelenden zusammengebunden und an fest in den Boden geschlagenen Pfosten oder Verankerungen festgebunden. Sie braucht an den Längsseiten weder eingegraben noch mit Erde oder mit Brettern beschwert zu werden, wenn

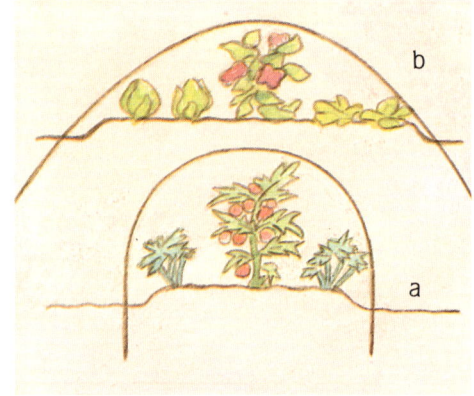

Federstahlstäbe:
a) senkrecht, b) schräg gesteckt

man einen 2. Stab über die Folie in die Erde steckt, und zwar dort, wo die Stäbe stehen. So lassen sich die Tunnel auch am besten belüften. Man muß dazu nur an der dem Wind abgewandten Seite die Folie zwischen den Stäben hochschieben. Auf diese Weise kann man die Kulturen auch hin und wieder einem warmen Regen aussetzen.

Für die Verstärkung der Wärme gibt es Beta-Solar, schwarze Schläuche aus Polyäthylen, die mit Wasser gefüllt werden. Man legt diese Schläuche in den Folientunnel zwischen die Kulturen. Das Wasser wird während des Tages erwärmt, nachts geben die Beta-Solar-Schläuche die Wärme an Boden und Tunnelluft langsam ab, so daß die Wärme im Tunnel konstanter bleibt, was dem Wachstum der Pflanzen zugute kommt.

Doppelstäbe für den Folientunnel. Die Folie ist hier zurückgeschoben.

Folientunnel mit Doppelfolie von Schumm. Alle Teile sind einzeln aufklappbar. Am Boden werden sie mit Drahtheringen verschlossen.

Mistbeet, Frühbeet, Wanderkasten

Alle 3 Varianten bestehen aus einem Kasten ohne Boden, bei dem die Rückseite 20–25 cm höher ist als die Vorderseite und die Seitenteile schräg verlaufen. Die hohe Rückfront ist die nach Norden schützende Seite. Den Schutz kann man durch Büsche gegen kalte Winde noch verstärken. Auch ein Anhäufeln mit Erde leistet gute Dienste, solange man den Kasten nicht als Wanderkasten einmal über diese und dann über jene Kultur stülpen will.

Die schräg nach Süden abfallende Oberseite besteht aus Glas, Plexiglas oder Klarsichtfolie, wie man sie auch für Folientunnel verwendet. Sie hat drei Funktionen. Die schräge Stellung der Abdeckung läßt das Regenwasser ablaufen. Dadurch sammelt sich weder Tau noch Regen auf der Oberseite. Würde die Sonne auf stehendes Wasser oder Wassertropfen scheinen, bestünde die Gefahr, daß die Pflanzen darunter verbrennen. Die Wassertropfen wirken wie ein Brennglas. Als nächstes bietet die Schräge einen günstigeren Einfallswinkel für die Sonnenstrahlen, und drittens fängt die transparente Abdeckung die Sonnenwärme ein und hält diese länger als die Umgebung.

Es gibt im Handel Kästen aus Plexiglas, deren Seitenteile ebenfalls durchsichtig sind. Auch Kunststoffkästen aus einem Stück kann man erwerben. Sie sind besonders gut als Wanderkasten geeignet, weil sie leicht zu transportieren sind.

Der Wanderkasten ist als Abdeckung für frostempfindliche Kulturen sinnvoll. Ist die Frostgefahr vorüber, und sind die Pflanzen fast erntereif, kann man den Kasten schnell und ohne größere Mühe über eine frische Saat oder Pflanzung stülpen.

Um bei den Pflanzen, denen der Kasten weggenommen werden soll, einen Klimaschock zu vermeiden, öffnet man ihn schon ein paar Tage vorher, zuerst nur bei sonnigem, warmem, zuletzt auch bei kühlem und windigem Wetter.

Das Mistbeet wird bereits im Herbst vorbereitet. Dazu hebt man in der Größe des Beetes etwa 50 cm Oberboden aus, vermischt die Erde mit je 10% Korallalgenkalk, Stallatico oder einem anderen vorkompostierten Mist, Mineral- und Tonmehl. Man kann auch einen Mischdünger verwenden. Das Gemisch setzt man zu einem Haufen auf, streut noch etwas Kompoststarter dazwischen und deckt mit einer schwarzen Lochfolie oder mit Herbstblättern ab. Bis zum Frühjahr haben die Bodenorganismen alles in besten Humus verwandelt.

Das entstandene Loch selbst füllt man mit Laub, Grasschnitt oder Stroh, nachdem man die Erde so tief wie möglich gelockert hat.

Im zeitigen Frühjahr, etwa im Februar, wird an einem frostfreien Tag die Bodenabdeckung aus dem Loch entfernt. Statt dessen wird lagenweise Pferdemist eingefüllt und festgetreten, bis eine Schicht von 20–30 cm Höhe erreicht ist. Darüber füllt man den Aushub vom Herbst. Dann stülpt man den Kasten darüber. Der Pferdemist erwärmt sich bei der Verrottung stark und erwärmt dadurch auch die daraufliegende Anzuchterde und die Luft im Kasten.

Nun kann mit der Anzucht von Kopfsalat, Gartenkresse, Winterpostelein, Radieschen, Kräutern, Gurken, Zucchini, Melonen oder anderen Pflanzen begonnen werden. Wurden bereits Pflanzen in Anzuchtschalen auf dem Fensterbrett vorgezogen, kann man gleich pflanzen und auch bald ernten. Wer keinen Pferdemist zur Verfügung hat, kann sich mit Stroh helfen. Dieses wird

Frühbeete, zum Teil ohne Abdeckung

schon im Herbst in das ausgehobene Loch gefüllt. Im Februar übergießt man es mit einer Pflanzenjauche, tritt es fest und füllt darüber die Erde.

Der Frühbeetkasten wird nicht unbedingt mit Mist oder Stroh ausgelegt. Bei ihm wird nur die einfallende Sonnenwärme für die Pflanzen genutzt. Die Wirkung kann verstärkt werden, wenn man zwischen den Saat- oder Pflanzreihen Beta-Solar-Schläuche auslegt. So läßt sich die am Tag gespeicherte Sonnenenergie für die allmähliche Abgabe bei Nacht zurückhalten. Es gibt auch Frühbeete mit einem elektrischen Heizsystem, das im Boden verlegt wird. Dabei ist aber zu überlegen, ob solch eine Anschaffung kostengünstig ist.

Am Tag wird der Kasten je nach Außentemperatur mehr oder weniger geöffnet. Man muß die Temperaturverhältnisse ständig beobachten, wenn man verhindern will, daß die Pflanzen unter zu großer Sonneneinstrahlung leiden oder durch den Lichteinfall unter Glas verbrennen. Es gibt UV-stabilisiertes Abdeckmaterial.

Will man sicher sein, daß die Pflanzen gleichmäßig mit Wärme versorgt werden und es den Pflanzen nie zu heiß wird, kann man einen automatischen Fensteröffner kaufen, der mit Sonnenenergie arbeitet und das Fenster bei einer bestimmten, einstellbaren Temperatur selbsttätig öffnet oder schließt.

Vorteile von Mistbeeten
⚛ Verfrühung der Ernte
⚛ Verlängerung der Vegetationszeit
⚛ sparsame Energienutzung durch Mistwärme
⚛ Energiegewinnung durch Sonneneinstrahlung

Vorteile von Frühbeeten
⚛ Verfrühung der Ernte
⚛ Verlängerung der Vegetationszeit
⚛ Energiegewinnung durch Sonneneinstrahlung
⚛ Wärmespeicherung durch Beta-Solar

Bau eines Frühbeetkastens

Werden bei der Renovierung eines alten Hauses Fenster ausgewechselt, sollte man versuchen, diese zu bekommen. Wenn auch noch der Originalrahmen erhalten ist, braucht man ihn nur an einer Schmalseite zu erhöhen und seitlich 2 schräge Bretter anzufügen, dann ist der Kasten fertig. Damit das Schwitzwasser abfließen kann, bohrt man noch einige Löcher in den unteren Teil des Rahmens.

Zu beiden Seiten rammt man in der Entfernung des Fensterflügels auf jeder Seite einen Pfosten in den Boden, damit die Fenster, wenn sie ganz geöffnet werden, eine geeignete Auflage haben.

Aber auch wenn keine alten Fenster zur Verfügung stehen, ist ein Frühbeetkasten leicht zu bauen.

Man rammt 4 Holzpfähle in der gewünschten Kastengröße in den Boden. Vorher sollte das Holz mit einem biologischen Holzschutzmittel gestrichen werden.

Die Pfosten müssen oben eine bestimmte Schräge – nach der Südseite abfallend – bekommen, damit das Fenster schräg aufgelegt werden kann. Die beiden südlichen Pfosten sind tiefer einzuschlagen.

Dann nagelt oder schraubt man von außen Bretter an die Holzpfosten. Die Nordseite wird um ein Brett erhöht, zu beiden Seiten je ein schräges Brett aufgesetzt.

Die Abschrägung der Pfosten kann entfallen, wenn die Bretter über die Pfosten hinausragen.

Oben legt man ein gerahmtes Glas oder eine Plexiglasscheibe auf. Man kann den Kasten auch mit einer Folie überspannen. Vorteilhaft ist bei Folie die Bespannung eines Holzrahmens, um einen automatischen Fensteröffner anbringen zu können.

Bau eines Frühbeetkastens mit alten Fenstern

Bau eines Frühbeetes ohne alte Fenster

Kombinationen

Selbstverständlich kann jeder seine Phantasie spielen lassen und beispielsweise unter einen Folientunnel Pferdemist oder Stroh wie für einen Mistbeetkasten packen. Damit bekommen die heranwachsenden Pflanzen zusätzliche Wärme vom Boden her. Gleichzeitig wird die Luft im Tunnel erwärmt.

Man kann sich auch ein Hochbeet machen, auf das der Folientunnel gestellt wird. Im Hochbeet finden die gleichen Vorgänge statt wie im Mistbeet: Der Abbau von organischen Stoffen durch Bodenorganismen führt zur Erwärmung der darüber geschichteten Anzucht- oder Pflanzerde.

Sehr günstig wirkt sich Beta Solar im Folientunnel auf dem Hochbeet aus. Die schwarzen Schläuche beanspruchen wenig Platz und sorgen nachts für kostenlose Wärme im Bodenbereich.

Im Unterschied zum Hügelbeet, das sich wegen seiner Wölbung für die Aufstellung eines Folientunnels weniger eignet, weil der Tunnel dadurch in der Mitte weniger Raum für die Pflanzen hat, ist das Hochbeet oben flach.

Um die ebene Fläche zu erreichen, braucht das Hochbeet steile Seitenwände. Man kann sie aus Holzpfählen, aufgeschichteten und gemauerten Steinen oder Rasensoden errichten. Sie sollten unterbrochen sein, damit man sie auch noch bepflanzen kann. Hier gedeihen Erdbeeren, rankende Pflanzen wie Kapuzinerkresse oder auch Kräuter wie Thymian sehr gut.

Der Aufbau eines Hochbeets ist einfach. Man legt die Breite des Folientunnels oder eines leicht zu bearbeitenden Beetes zugrunde, das 1,20 m breit sein sollte. Die Länge richtet sich nach der des Tunnels und nach der verfügbaren Materialmenge für den Aufbau.

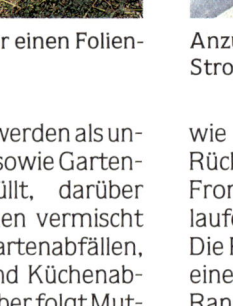

Warme Unterlage aus Stroh für einen Folientunnel

Anzucht von Kräutern im Folientunnel auf
Stroh

In Schichten von etwa 20 cm werden als unterste Schicht tierischer Mist sowie Garten- und Küchenabfälle eingefüllt, darüber Rasensoden oder Mutterboden vermischt mit Herbstblättern oder Gartenabfällen, noch eine Schicht Garten- und Küchenabfälle mit Erde vermischt, darüber folgt Mutterboden und die letzten 15 cm sollten aus ausgereiftem Kompost bestehen.

Kann man das Hochbeet im Herbst vorbereiten, mischt man dem Kompost Mineral- und Tonmehl, kompostierten Mist und Korallalgenkalk unter und bedeckt das Ganze mit Herbstlaub. Allen Schichten sollte zur Anregung der Rotte ein Komposststarter, der in Trockenform Bodenbakterien enthält, beigemischt werden. Auch an den Seitenwänden muß Mutterboden und Reifkompost eingefüllt werden, damit die Pflanzen dort gut gedeihen. Im Frühjahr hat man eine warme und nährstoffreiche Unterlage für frostempfindliche Pflanzen unter dem Folientunnel.

Eine Besonderheit unter den Frühbeetkästen ist das Solarbeet, das eine Reihe von Vorzügen besitzt.

Dieses Beet mit einem vollverzinkten und einbrennlackierten Rahmen aus Stahl hat wie ein Früh- oder Mistbeet eine höhere Rückwand (35 cm) und eine niedrigere Frontwand (20 cm); die Seitenteile verlaufen schräg.

Die Rahmen verfügen oben und unten über einen zweifach um 90 Grad gebogenen Rand, so daß Schnecken keine Chance haben. Das erspart die sehr zeitraubende Arbeit des Einsammelns und Bekämpfens der Schnecken.

Das verzinkte Stahlgitter, das unten im Rahmen verankert ist, schützt vor Wühlmäusen, was besonders in solchen Gärten wichtig ist, die in der Nähe von Wiesen und Äckern liegen. Der schräge Verlauf der Beetoberfläche sorgt für optimale Sonneneinstrahlung.

Das Solarbeet kann wie ein Hochbeet oder ein Mistbeet aufgebaut werden und erhält dadurch zusätzliche Wärme vom Boden her; denn es gibt auch eine Solarhaube, die sowohl das Solarbeet abdecken kann als auch als Wanderkasten gute Dienste leistet. Die Flächen der Solarhaube verlaufen sonnengerecht schräg. Die transparenten Doppelstegplatten des Baldachins wirken lichtbrechend und wärmespeichernd, die glasklaren Stirnseiten wie schräge Sichtfenster.

Der sturmsichere Verschluß ist bis 24 cm stufenlos höhenverstellbar. Mit einem Federstab kann die Haube auf 80 cm Höhe sicher arretiert werden. In senkrechter Stellung läßt sich die Haube ohne einen weiteren Handgriff abnehmen.

Solarbeete gibt es in 2 Größen: Das kleine Beet hat die Maße 150 × 60 cm, das größere 100 × 200 cm. Für das kleine Beet gibt es eine passende Haube, für das große zwei, die unabhängig voneinander bedient werden.

Das Solarbeet ist eine sinnvolle, Zeit und Mühe sparende Konstruktion. Auch hier läßt sich die Sonnenenergie mit Beta Solar noch intensiver nutzen.

Krieger-Floratherm-Frühbeet für Balkon und Terrasse

Das Solarbeet mit Schneckenzaun, verankertem Gitter als Wühlmausschutz und sonnengerechter schräger Bodenlage (Normstahl)

Kostenlose Wärme vom biologischen Hilfstrupp

Die Bodenorganismen bauen organische Stoffe nicht nur restlos ab und fügen sie mit natürlichen mineralischen Substanzen, wie zum Beispiel Ton- und Gesteinsmehl, zu den begehrten Ton-Humus-Komplexen zusammen, sondern sie erzeugen bei ihrer Arbeit auch Wärme.

Um möglichst viel Wärme im Boden zu haben, muß man den Organismen größere Mengen organischen Materials zur Verfügung stellen. Das ist etwas irritierend, denn normalerweise vermeidet man, daß die Pflanzenwurzeln mit unverrotteten organischen Abfällen in Berührung kommen. Diese Pflanzenreste nämlich können im Boden faulen, weil sie von der Luft abgeschlossen sind. Solche anaeroben Vorgänge sind für die Pflanzenwurzeln schädlich. Pflanzenkrankheiten und Schädlingsbefall sind die unvermeidbare Folge.

Andererseits ist ein warmer Boden für die Pflanzen sehr förderlich. Deshalb gibt man den Pflanzen in der Bodenoberschicht reifen Kompost, den man, je nachdem welche Gemüseart man ziehen will, mit guter Gartenerde mischt oder ungemischt läßt.

Diese Schicht, in der sich die Pflanzenwurzeln aufhalten, muß 20–25 cm dick sein. Zwar können Salatwurzeln auch sehr lang werden, doch ihre Kulturzeit ist so kurz, daß sie größere Tiefen nicht erreichen. So ist es mit den Wurzeln der Gemüsepflanzen allgemein.

Der Boden unter dieser Kompost- und Gartenbodenschicht muß allerdings eine gute Luftzufuhr haben, damit aerobe Vorgänge stattfinden können. Dann wird in diesen Bodenschichten von den Bodenorganismen beim Abbau der Pflanzenabfälle so viel Wärme erzeugt, daß der Boden darüber entsprechend höhere Temperaturen erreicht. Dadurch beginnen die Kulturpflanzen im Frühjahr eher mit dem Wachstum, gedeihen rascher und können früher geerntet werden.

Frühbeet, Folientunnel und Gewächshaus gewähren frühere Ernten im eigenen Garten oder sogar ganzjährige, wenn man ein Warmhaus besitzt. Ist der Garten mit diesen schützenden Hilfsmitteln ausgestattet, kann man stets wohlschmeckendes, gesundheitsförderndes Gemüse aus dem eigenen Garten ernten und essen.

Schon lange bekannt ist das Früh- oder Mistbeet.

Auf solch ein Beet sollte man auf keinen Fall verzichten, weil man die Gemüseernte auf diese Weise im Frühling vorverlegen und im Herbst hinausschieben kann. Aus vier Brettern, die man als Rahmen benutzt, und Folie, Plexiglas, durchsichtigen Kunststoffplatten oder Glas kann man sich ein preiswertes Frühbeet bauen. Es gibt seit einigen Jahren auch Klarsichtplatten, die UV-Strahlen durchlassen, so daß die Sonneneinstrahlung relativ natürlich ist, was dem Abbau von Nitrat im Blattgemüse entgegenkommt. Die Rückwand des Mistbeetes muß 10–15 cm höher sein als die Frontseite und sollte durch Büsche geschützt werden. Die Rückseite liegt meist im Norden. Das schräg-abwärts verlaufende Glas läßt die Sonne in den Kasten scheinen. Gelüftet wird das Frühbeet durch ein Holz, das zwischen Scheibe und Rahmen gesteckt wird. Daher darf es nicht zu weit weg vom Haus entfernt liegen. Man muß es immer beobachten können. Es gibt auch automatische Fensteröffner, die sich sehr bewährt haben.

Vorbereitet wird das Früh- oder Mistbeet schon im Herbst. Dazu hebt man in der Größe des zukünftigen Beetes etwa 50 cm tief die Erde aus. Die fruchtbare Oberschicht häufelt man neben dem Loch auf. Das Loch selbst wird mit einer lockeren Mulchschicht ausgefüllt, der kostbare Aushub mit einer Mulchdecke geschützt. Im zeitigen Frühjahr, etwa im Februar, wird die Mulchschicht aus dem Loch entfernt und dafür lagenweise Pferdemist eingefüllt und festgetreten, bis sich eine Gesamtschicht von 20–30 cm Höhe ergibt. Darüber breitet man die gute Gartenerde oder reifen Kompost. Danach wird das Fenster geschlossen. Der Pferdemist wirkt als Heizung und erwärmt die darüberliegende Erde und die Luft im geschlossenen Frühbeet. Wer keinen Pferdemist bekommen kann, hilft sich mit Stroh, das schon im Herbst in den Frühbeetkasten gefüllt wird. Im Februar wird das Stroh mit einer Pflanzenjauche übergossen, festgetreten und mit der vorgeschriebenen Erdschicht bedeckt.

Im Handel gibt es verschiedene Ausführungen solcher Beete, darunter auch eine, die zusammengesteckt werden kann und zusammengelegt nur wenig Platz einnimmt.

Andere Frühbeetkästen sind mit einem elektrischen Heizsystem ausgestattet, das im Boden verlegt wird. Bei den heutigen Energieproblemen sind die schwarzen wassergefüllten Energiespeicherschläuche Beta Solar empfehlenswerter. Sie speichern auf dem Boden zwischen den Gemüsereihen liegend am Tag die Sonnenwärme und geben sie nachts an den Boden und die pflanzennahe Luft ab.

Solche Frühbeetkästen eignen sich besonders zur Anzucht, aber auch zur Weiterkultivierung von Pflanzen, die in unserem Klima erst spät ins Freiland gesät oder gepflanzt werden können. Sie sind auch dafür geeignet, die Ernte vorzuverlegen.

Radieschen, Rettiche und Kopfsalat können im Frühbeet schon heranwachsen, wenn noch lange nicht an Gemüsekulturen im Freiland zu denken ist. Später folgen Gurken, Zucchinis, Melonen oder Auberginen.

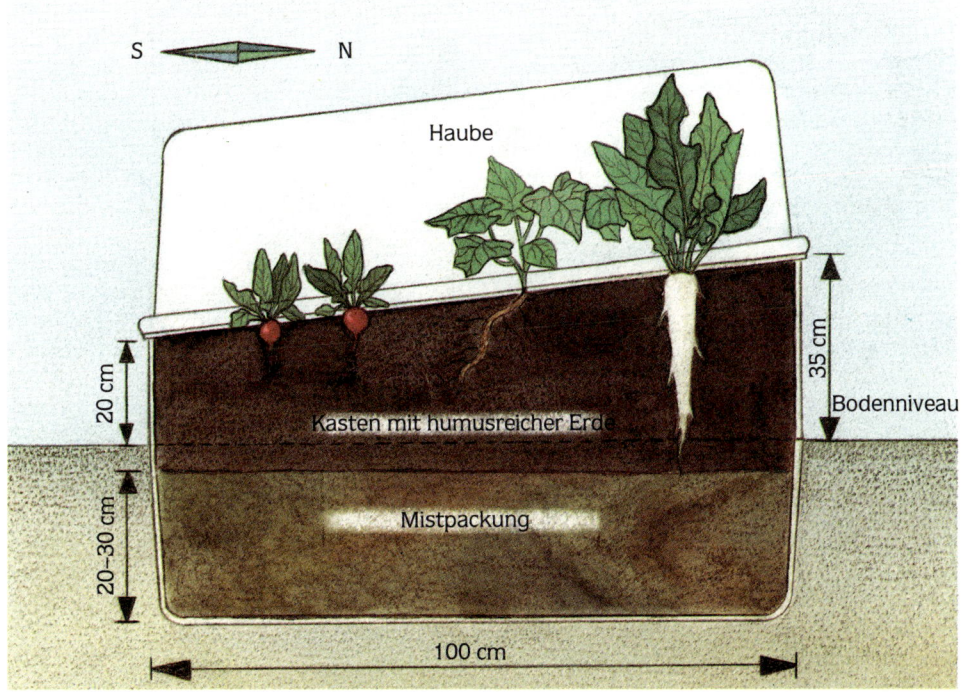

Mistbeet, unten mit einem Gitter gegen Wühlmäuse

Hügelkultur

Was für das Mistbeet gilt, trifft in erweitertem Maße auch für das Hügelbeet zu.

„Wenn nämlich für irgendeinen Ort der Erde ein Niveau, das Obere der Erde, vom Inneren der Erde sich abgrenzt, so wird alles dasjenige, was sich über diesem normalen Niveau einer bestimmten Gegend erhebt, eine besondere Neigung zeigen zum Lebendigen, eine besondere Neigung zeigen, sich mit Ätherisch-Lebendigem zu durchdringen. Sie werden es daher leichter haben, gewöhnliche Erde, unorganische, mineralische Erde, fruchtbar zu durchdringen mit humusartiger Substanz oder überhaupt mit einer in Zersetzung begriffenen Abfallsubstanz, wenn Sie Erdhügel aufrichten und diese damit durchdringen. Dann wird das Erdige selber die Tendenz bekommen, innerlich lebendig, pflanzenverwandt zu werden." Diese Worte sagte Rudolf Steiner im 4. Vortrag in Koberwitz innerhalb des landwirtschaftlichen Kurses im Jahre 1924.

Diese Angabe aus den acht Vorträgen dieses Kurses ist nur eine aus einer solchen Fülle von Aussagen, daß sie lange Zeit nicht weiter verfolgt worden ist, obwohl diese wenigen Sätze bereits alles über das Hügelbeet sagen: Erhöhung über das allgemeine Niveau, Abgrenzung vom Inneren der Erde, Durchdringen des Erdhügels mit in Zersetzung begriffenen Abfallsubstanzen.

Erst nach dem 2. Weltkrieg kam Hermann Andrä unabhängig von Rudolf Steiner durch Beobachtungen und Versuche auf die Methode des Hügelbeetes, wie er den mit Ästen und Gartenabfällen gefüllten Erdhügel nannte. Hans Beba fiel das von Hermann Andrä verbreitete Büchlein „Hügelkultur statt Flachkultur" später „durch einen glücklichen Zufall", wie er selbst meint, in die Hände. Er hat die Methode weiter ausgearbeitet und viele Erfahrungen gesammelt.

Ein Hügelbeet wird am besten in Nord-Süd-Richtung angelegt, damit der Hügel die Sonnenbestrahlung voll nutzt und mittags eine Pflanze der anderen weitgehend Schatten spendet. Je nach Armlänge desjenigen, der das Beet bearbeitet, kann es eine Breite von 140–160 cm haben. Die Länge kann jeder selbst wählen. Es ist allerdings zu berücksichtigen, daß zersetzbares Material wie Äste, Laub und andere Gartenabfälle verfügbar sein müssen und außerdem Grob- und Reifkompost.

Man steckt die Größe der Hügelbasis ab und hebt den Boden innerhalb der vorgesehenen Fläche zwischen 10 und 30 cm tief aus. Ist der Boden mit Gras bewachsen, schichtet man die Rasensoden in unmittelbarer Nähe zum anschließenden Gebrauch auf und ebenso den Mutterboden.

An der Mittellinie entlang werden zuerst etwa 60 cm breit und 40–60 cm hoch Aststücke, Stengelstücke von Sonnenblumen und andere grobe Pflanzenteile aufgeschichtet. An den beiden Enden bleiben ungefähr 60–70 cm frei von diesen verholzten Stücken. Über diesen ersten kleinen Hügel legt man mit dem Grün nach unten die Rasensoden und gleicht mit etwas Erde aus. Dann wird alles festgeklopft. Darüber streut man eine 20 cm dicke Schicht feuchtes Laub. Dies erhält eine 15 cm starke Umhüllung aus Grob- oder Mulchkompost mit vielen Regenwürmern, die wieder gut angedrückt wird. Die äußere Abdeckung besteht aus gesiebtem Reifkompost, den man mehr oder weniger mit Muttererde mischt und ebenfalls 20–25 cm dick aufträgt und festklopft.

Das Hügelbeet ist nun sofort fertig zum Bepflanzen. Legt man so ein Hügelbeet im Herbst an, hat man einige Vorteile: Es gibt genügend Äste, verholzte Stengel und Laub, man kann Gründüngung einsäen, die eine harmonisierende Vorfrucht für alle Gemüsepflanzen bedeutet, und der Hügel kann sich setzen.

Es ist vorteilhaft, in alle Schichten des Hügelbeetes zur Bildung von beständigen Ton-Humus-Komplexen Bentonit oder Alginure einzuarbeiten. Auch Algomin, Meeresalgen und ein Dünger wie Ecovital, californischer Trokkenrinderdung, Oscorna, Stallatico oder Luzian-Steinmehl können dünn dazwischen gestreut werden, um die Bodenlebewesen anzulocken und zu füttern. Als Langzeitdünger und zur besseren Durchlüftung empfiehlt sich Lavagranulat.

Vom Komposthaufen und vom Mistbeet wissen wir das bereits: Es ist gewissermaßen eine Langzeitbodenheizung in das Beet eingebaut worden. Das Innere des Hügelbeetes verrottet stufenweise, der Mulchkompost am schnellsten, auch die Sodenstücke zerfallen bald zu Humus, das Laub braucht zwei bis drei Jahre und am längsten benötigen die verholzten Pflanzenteile und Äste. Bei der Rotte entsteht genügend Wärme, um im zeitigen Frühjahr mit der Gemüseaussaat und -bepflanzung zu beginnen. Empfindliche Pflanzen können wie auf dem Flachbeet durch Abdeckfolie oder das Vlies Agryl P 17 geschützt werden. Auch im Spätherbst werden erste Frosteinbrüche gut überstanden.

Für die Bepflanzung setzt man auch hier die Mischkultur ein, wobei die Fruchtfolge beschleunigt ist. Die Reihen und die Pflanzenabstände innerhalb der Reihen wählt man eher etwas weiter als üblich, weil die Pflanzen oft größer werden. Die großen Pflanzen, beispielsweise Tomaten, setzt man oben auf das Hügelbeet. Für Erdbeeren wählt man ein eigenes Beet oder ein Teilstück, damit die Ausläufer gepflanzt werden können. Nach Beba hat es sich bewährt, für die Erdbeerkultur ein Hügelbeet zu nehmen, das schon vier Jahre mit Gemüse bepflanzt war.

Hans Beba hat auch eine gute und einfache Bewässerungsmethode erprobt. Es wird oft bedauert, daß Hügelbeete so leicht austrocknen und sie deshalb ständiger Kontrolle und größerer Wassermengen bedürfen als Flach-

Hügelbeetaufbau

beete. Selbstverständlich werden zum besseren Halten der Feuchtigkeit Hügelbeete auch gemulcht, bis der Pflanzenbestand so dicht ist, daß die natürliche Schattengare eintritt. Die Beschattung des Bodens durch die Pflanzen sorgt für längeres Feuchtbleiben der Erde und rege Tätigkeit der verschiedenen Bodenorganismen.

Hans Beba füllt leere Dreiviertelliterflaschen und größere mit Wasser und stülpt diese im Abstand von 60–80 cm mit der Flaschenhalsöffnung nach unten in den Boden, und zwar nur so tief, daß die Flaschen nicht umfallen. Tomatenstauden werden von einigen Flaschen umstellt. Die Pflanzen holen sich dann selbständig die Feuchtigkeit, die sie für ihr Wachstum brauchen. Bei Trockenheit sind die Flaschen alle zwei bis drei Tage zu füllen. Diese Art der Bewässerung läßt sich nur auf Hügelbeeten einrichten. Wahrscheinlich ist der Boden bei Flachbeeten nicht locker genug.

Die Pflanzen gedeihen auf Hügelbeeten prächtig. Sie wachsen schneller, werden üppiger und sind früher eßreif als auf Flachbeeten. Dabei besitzen sie einen ausgezeichneten Wohlgeschmack und sind gesund.

Hügelbeete bringen größere Ernten, weil die Erdoberfläche durch die Wölbung etwa um die Hälfte größer ist als die Basis. Die einzelnen Pflanzen besitzen mehr Gewicht, die Früchte sind zahlreicher und größer. Neben der Verlebendigung des Bodens durch Niveauerhöhung, der Wärme von unten, der Abtrennung von der Erde und der zersetzbaren Pflanzenreste spielt sicher auch der Einfallswinkel der Sonnenstrahlen eine wichtige Rolle.

Hügelbeete werden sechs Jahre bepflanzt. Immer im Herbst streut man eine 2–3 cm dicke Schicht Reifkompost auf, die ebensogut im Frühjahr aufgebracht werden kann. Im Herbst erfolgt als gute Vorbereitung für das nächste Jahr eine Gründüngung. Falls sie nicht mehr wachsen kann, mulcht man das ganze Beet. Im Frühjahr ist alles verrottet. Die Erde wird an der Oberfläche einmal durchgehackt. Dann kann es mit der neuen Aussaat oder Bepflanzung losgehen. Nach sechs Jah-

ren ist eine dicke Schicht Humus entstanden, die beste Voraussetzung für ein neues Hügelbeet.

Ein Hügelbeet ist eine günstige Wohnung für Wühlmäuse, aber zu solchen Mietern muß es nicht kommen. Knoblauch am untersten Rand gesteckt, auch Zwiebeln oder hier und da eine Staude der giftigen Springwolfsmilch; solche Pflanzen werden von Wühlmäusen gemieden.

Die schon seit Jahrhunderten geübte Hügelkultur der Chinesen, deren Hügel viel flacher sind, und auch das Anhäufeln und Bepflanzen von kleinen Hügeln in unseren Breiten, beispielsweise bei Gurken, macht sich nur einige der Vorteile eines Hügelbeetes zunutze. Das sind die Niveauerhöhung ohne Abtrennung von der Erde, die Oberflächenvergrößerung und in geringem Maße die Sonnenenergie durch den etwas steileren Einfallswinkel. Der Einfallswinkel der Sonnenstrahlen in unseren Breiten läßt sich jedoch nicht mit dem in China vergleichen. Die Chinesen haben vielfach Terrassenkultur in der Landwirtschaft, und ihr Land liegt etwa zwischen dem 20. und 55. Breitengrad. Der 55. Breitengrad ist also hoher Norden in China, während die Bundesrepublik sich ungefähr zwischen dem 47. und 55. Breitengrad erstreckt.

Hügelbeete kann man mit allen möglichen Gartenabfällen aufbauen. Wenn beispielsweise viel Rasenschnitt zur Verfügung steht und auf Neubaugelände noch kein Kompost vorhanden ist, so nimmt man nach der Schicht mit Zweigen, denen auch Papier und Pappstücke beigemengt werden können, Rasenschnitt und streut Erde, vermischt mit Algomin, Gesteins- und Meeresalgenmehl, dazwischen. Oben deckt man mit einer Schicht Muttererde ab, der Gesteinsmehl und Alginure untergemischt werden kann.

Das Hügelbeet hat also viele Vorteile. Fruchtbarkeit und Flächenvergrößerung sind nicht zu unterschätzen. Außerdem lassen sich im Unterbau sofort zahlreiche Gartenabfälle nutzbringend verwerten, ohne daß sie vorher so zerkleinert werden müssen wie für den ohnehin oft überfüllten Kompost.

Das Hochbeet

Eine Abwandlung des Hügelbeetes ist das Hochbeet. In einem 120 cm breiten und beetlangen Rahmen aus Rundhölzern oder Mauerwerk wird zuerst der Mutterboden ausgehoben. Der Unterboden wird gelockert und mit einem Mischdünger, zum Beispiel Orgamin, Oscorna-Universal oder Ecovital, vermischt. In die Grube kommen Reisig, Papier und Erde. Dann wird mit einer Schicht Laub aufgefüllt. Es folgen Mulchkompost, darauf Mutterboden, anschließend reifer Kompost und obenauf nochmals 10 cm Mutterboden. Überall kann ein Mischdünger eingearbeitet werden, zumindest aber etwas Algomin und Gesteinsmehl. Vorteilhaft ist auch, eine Gabe Alginure-Granulat in jede Schicht zu mischen. Der obenliegende Mutterboden bleibt ungedüngt, damit der darunterliegende reife Kompost die Wurzeln in die Tiefe zieht.

Das Hochbeet hat Ost-West-Lage, wobei die Nordwand mit 75 cm Höhe etwa 15 cm höher ist als die Südwand. Dadurch hat die Beetoberfläche eine nach Süden geneigte Schräglage. Auf den Oberboden legt man schwarze geschlitzte Folienstreifen, die das Beet auch von oben warm halten, Regen in den Boden lassen, aber die Verdunstung der Bodenfeuchtigkeit verhindern. Unkraut gibt es auf diese Weise kaum. Zwischen den Folienstreifen bleiben schmale Rillen frei. In diese Rillen wird ausgesät oder gepflanzt. Auch hier hat sich die Mischkultur bewährt. Die Ernten sind ebenfalls größer als auf einem Hügelbeet.

Im Herbst wird die schwarze Folie abgenommen und eine Schicht Kompost auf dem

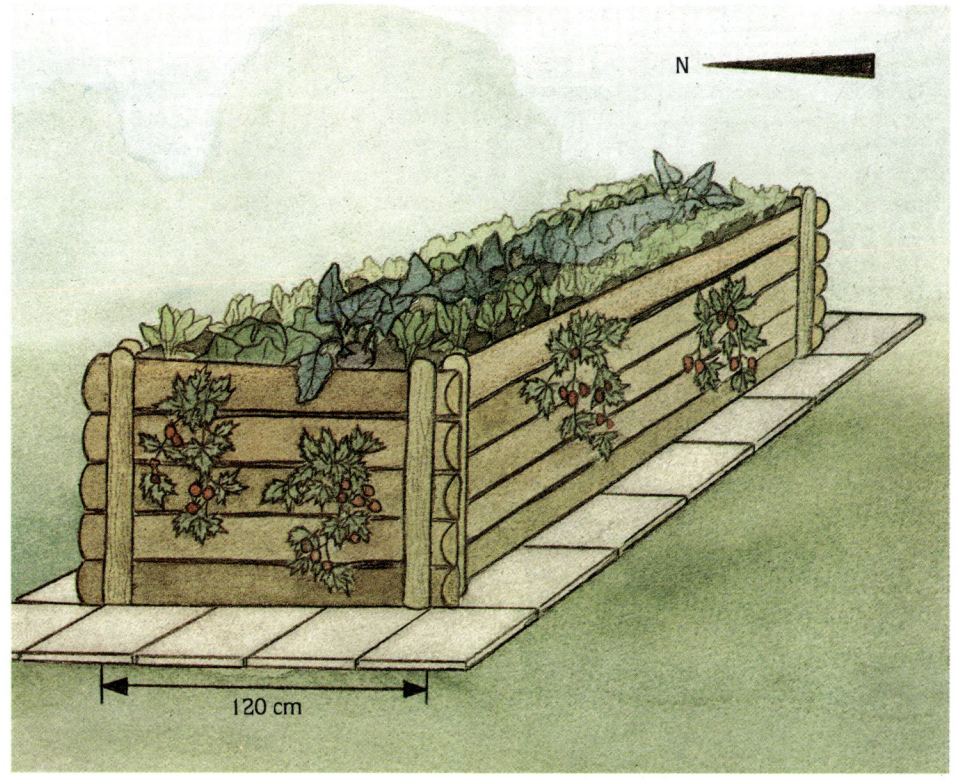

Nicht nur Pflanzen, sondern auch ältere Menschen und Behinderte lieben das Hochbeet.

Hochbeet verteilt. Mit einer Grabegabel oder einem Sauzahn wird die Erde gelockert. Dann mulcht man oder sät eine Gründüngung ein. Solche Hochbeete sind nicht nur für ältere Menschen sehr bequem. Viel Freude können auch Behinderte damit erleben. Mit dem Rollstuhl kann man an das Hochbeet dicht heranfahren, in bequemer Höhe säen, pflanzen und ernten und auch Pflanzen in ihrem Wachstum beobachten.

Hügel- und Hochbeete haben für die Fruchtbarkeit der Erde und die zunehmende Erdbevölkerung eine von vielen noch nicht erkannte Bedeutung, ist ihre Anlage doch mit wenig oder sogar überhaupt keinen Kosten verbunden. Es werden Abfälle verwertet, und was entsteht, ist fruchtbare Erde.

Mancher wird sich wundern, warum die zersetzbaren organischen Stoffe in Hügel- und Hochbeeten keine Wurzelälchen anlocken und die auf solchen Beeten wachsenden Gemüse vor Gesundheit strotzen.

Dafür sind verschiedene Ursachen verantwortlich. Der für Hügel- und Hochbeete verwendete Boden enthält keinerlei Salzdünger und Chemikalien. Diese zerstören die verschiedenen Arten der Fangpilze im Boden, die wiederum die Nematoden in Schach halten. Die sich zersetzenden Pflanzenteile geben genügend Polyuronide frei, die den Boden nicht nur fruchtbar machen, sondern auch schädigende Stoffe puffern. Der Zusatz von Alginure-Granulat hat dieselbe Wirkung. Das im Grob- und Feinkompost vorhandene Algomin fördert das richtige Pilzleben, wodurch die Nematoden nochmals in ihrer Anzahl zurückgehen. Zudem läßt der lockere Boden das überschüssige Wasser abfließen, so daß keine stauende Nässe entstehen kann, durch die die Durchlüftung behindert wäre. Diese wird durch die Schicht mit Ästen, den Zusatz von Lavagranulat und anderen groben Abfällen zusätzlich gefördert.

Die oberste Schicht von Hügel- und Hochbeeten sollte entweder aus Mutterboden oder aus reifem Kompost bestehen, der nur mit Pflanzen, Algenkalk sowie Ton- und Gesteinsmehl aufgesetzt wurde. Diese Schicht darf nicht zu nahrhaft sein.

Fruchtwechsel, Fruchtfolge und Mischkultur

Der sich immer wiederholende Anbau einer Pflanzenart auf derselben Bodenfläche hat sich als sehr ungünstig erwiesen. Das hatte man schon im Altertum erkannt. Man wechselte deshalb auf einem Feld zwischen Getreide und einer Blattfrucht. Dadurch wurde der Boden geschont, denn einseitiger Getreideanbau hätte dem Boden jedes Jahr dieselben Stoffe entzogen, die dann schließlich nicht mehr zur Verfügung gestanden hätten. Außerdem hätten Schädlinge hervorragende Lebensbedingungen, da sie jedes Jahr ihre Wirtspflanzen vorfinden.

Die Blattpflanzen dagegen entziehen dem Boden andere Substanzen. Sie werden oft von anderen Schädlingen und Krankheiten befallen. Dadurch kann es nicht so leicht zu übermäßigen Populationen von Schädlingen und zu einer stärkeren Ausbreitung von schadenden Pilzen, Bakterien oder Viren kommen. Das ökologische Gleichgewicht bleibt eher gewahrt als bei alljährlicher Aussaat derselben Pflanze.

Durch diesen Fruchtwechsel standen den Pflanzen aber immer noch keine ausgewogenen Nährstoffverhältnisse zur Verfügung. Deshalb kam man im Mittelalter zur Fruchtfolge, bei der sich mehrere verschiedene Pflanzen in dreijährigem Rhythmus abwechselten. Bei dieser Fruchtfolge geht es nicht nur darum, daß sich die Nährstoffe ergänzen, sondern auch um Sympathie und Antipathie der Pflanzen. Die von den Wurzeln an den Boden abgegebenen Stoffe werden von manchen Pflanzen geradezu begehrt, von anderen gemieden. Sind sie gezwungen, sie in einem Boden vorzufinden, so gedeihen sie schlecht. Auch die oberirdischen Pflanzenteile geben Stoffe ab, die auf andere Pflanzen fördernd oder hemmend wirken. Aus diesen Gegebenheiten entstand eine Mischkultur, die von Landwirten und Gärtnern über lange Zeit ausprobiert worden ist. Auf diesem Gebiet gibt es auch immer noch neue Entdeckungen. Jeder kann selbst experimentieren.

Nutzgartenanlage mit vier Quartieren, die jedes Jahr gewechselt werden.

Nährstoffbedarf und Familienzugehörigkeit der Nutzpflanzen

Nährstoffbedarf	Pflanzenname **deutsch** botanisch	Familiennane **deutsch** botanisch
Starkzehrer	**Artischocke** Cynara scolymus	**Korbblütler** Compositae
	Aubergine Solanum melongena	**Nachtschattengewächse** Solanaceae
	Blumenkohl Brassica oleracea var. botrytis	**Kreuzblütler** Cruciferae
	Brokkoli Brassica oleracea var. italica	**Kreuzblütler** Cruciferae
	Gartenerdbeere Fragaria ananassa	**Rosengewächse** Rosaceae
	Gurke Cucumis sativus	**Kürbisgewächse** Cucurbitaceae
	Kartoffel Solanum tuberosum	**Nachtschattengewächse** Solanaceae
	Kopfkohl (Rot-, Weiß- und Grünkohl, Wirsing) Brassica oleracea	**Kreuzblütler** Cruciferae
	Porree, Lauch Allium porrum	**Liliengewächse** Liliaceae
	Rhabarber Rheum rhabarbarum	**Knöterichgewächse** Polygonaceae
	Riesenkürbis Cucurbita maxima	**Kürbisgewächse** Cucurbitaceae
	Rosenkohl Brassica oleracea var. gemmifera	**Kreuzblütler** Cruciferae
	Sellerie Apium graveolens var. rapaceum	**Doldenblütler** Umbelliferae
	Tomate Lycopersicon lycopersicum	**Nachtschattengewächse** Solanaceae
	Zuckermais Zea mays convar saccharata	**Gräser** Gramineae
Mittelstarke Zehrer	**Blattmangold** Beta vulgaris var. vulgaris	**Gänsefußgewächse** Chenopodiaceae
	Blatt-, Pflück- und Schnittsalat Lactuca sativa var. crispa	**Korbblütler** Compositae
	Chicorée Chichorium intybus var. foliosum	**Korbblütler** Compositae

Nährstoffbedarf und Familienzugehörigkeit der Nutzpflanzen

Nährstoffbedarf	Pflanzenname **deutsch** botanisch	Familienname **deutsch** botanisch
	Chinakohl Brassica chinensis	**Kreuzblütler** Cruciferae
	Endivie Cichorium endivia	**Korbblütler** Compositae
	Feldsalat Valerianella locusta	**Baldriangewächse** Valerianaceae
	Gemüsepaprika Capsicum annuum	**Nachtschattengewächse** Solanaceae
	Knoblauch Allium sativum	**Liliengewächse** Liliaceae
	Knollenfenchel Foeniculum vulgare var. azoricum	**Doldenblütler** Umbelliferae
	Kohlrabi Brassica oleracea var. gongylodes	**Kreuzblütler** Cruciferae
	Kopfsalat, Krachsalat Lactuca sativa var. capitata	**Korbblütler** Compositae
	Möhre Daucus carota ssp. sativus	**Doldenblütler** Umbelliferae
	Neuseeländer Spinat Tetragonia tetragonioides	**Eisenkrautgewächse** Aizoaceae
	Pastinake Pastinaca sativa	**Doldengewächse** Umbelliferae
	Radicchio Cichorium intybus var. foliosum	**Korbblütler** Compositae
	Radieschen Raphanus sativus var. sativus	**Kreuzblütler** Cruciferae
	Rettich Raphanus sativus	**Kreuzblütler** Cruciferae
	Rote Bete Beta vulgaris var. conditiva	**Gänsefußgewächse** Chenopodiaceae
	Schwarzwurzel Scorzonera hispanica	**Korbblütler** Compositae
	Spinat Spinacia oleracea	**Gänsefußgewächse** Chenopodiaceae
	Stielmangold Beta vulgaris var. flavescens	**Gänsefußgewächse** Chenopodiaceae

143

Nährstoffbedarf und Familienzugehörigkeit der Nutzpflanzen

Nährstoffbedarf	Pflanzenname **deutsch** botanisch	Familiennane **deutsch** botanisch
	Wassermelone Citrullus lanatus	**Kürbisgewächse** Cucurbitaceae
	Zucchini, Zuchetti Cucurbita pepo	**Kürbisgewächse** Cucurbitaceae
	Zuckermelone Cucumis melo	**Kürbisgewächse** Cucurbitaceae
	Zwiebel Allium cepa	**Liliengewächse** Liliaceae
Schwachzehrer	**Ackerbohne, Saubohne, Pferdebohne** Vicia faba	**Hülsenfrüchte** Leguminosae
	Busch- und Stangenbohne Phaseolus vulgaris	**Hülsenfrüchte** Leguminosae
	Erbse Pisum sativum	**Hülsenfrüchte** Leguminosae
	Feuerbohne Phaseolus coccineus	**Hülsenfrüchte** Leguminosae
	Topinambur Helianthus tuberosus	**Korbblütler** Compositae

Borretschblüten beeinflussen Gemüse positiv

Blattfrucht Eissalat

Mit Fruchtfolge und Mischkultur hängt auch der Nährstoffbedarf der Gemüsepflanzen zusammen. Man sollte das zwar nicht zu genau nehmen, denn eine gute Kompostgabe ergänzt den Nährstoffgehalt des Bodens schnell wieder und eine Hornmistspritzung gibt ihm die nötige Lebendigkeit, aber trotzdem ist es gut, den Nährstoffbedarf der Pflanzen zu kennen. Zumindest die Schwachzehrer gedeihen immer noch gut, wenn sie Stark- oder Mittelzehrern folgen, und die Leguminosen düngen den Boden noch dazu mit Stickstoff, wenn die Früchte jung geerntet werden.

Manche Mittelzehrer, wie beispielsweise Kopfsalat oder Zucchini, können auch wie Starkzehrer behandelt werden, die Pastinake und der Spinat dagegen auch wie Schwachzehrer.

Dabei kommt es darauf an, wie gut der Boden ist, wie lange er schon kultiviert wurde und welche Pflanzen vorher dort wuchsen.

Außerdem ist zu beachten, daß sich Pflanzen derselben Familie nicht folgen dürfen. Auch der Fruchttyp ist maßgebend für die gesunde Anzucht von Gemüse.

Unter Frucht-, auch Fruchtungstyp oder Fruchtorgan versteht man bei Gemüse den Teil der Pflanze, der sich für den Verzehr besonders eignet. Die Möhre ist danach eine Wurzelfrucht, die Artischocke eine Blütenfrucht.

Die zahlenmäßig stärkste Gruppe bildet im Gemüsegarten die der Blattfrüchte, zu denen die verschiedenen Salatpflanzen, die Kohlarten und die Gänsefußgewächse Spinat und Blattmangold gehören. Diese und das Eisenkrautgewächs, der Neuseeländer Spinat, aber auch das Baldriangewächs, der Feldsalat, bringen Abwechslung für die vielen Salate und Kreuzblütler unter den Blattgemüsen.

In der nachfolgenden Tabelle sind bei den Blütenpflanzen auch Gründüngungspflanzen und Kräuter aufgeführt, denn im Gemüsegarten gibt es sehr wenige Pflanzen, die man bis zur Blüte kommen läßt. Das Einbeziehen des Blütenduftes, der Austausch zwischen Blüten und Atmosphäre – Pollen schweben oft kilometerhoch in der Luft – ist jedoch für die Pflanzen im Gemüsegarten wichtig.

Bei den Blütenpflanzen ist in der Tabelle auch die Blütezeit und der Standort in bezug auf die Sonne angegeben. Dadurch ist es möglich, während der gesamten Vegetationszeit für blühende Pflanzen im Nutzgarten zu sorgen.

Samenfrucht Erbse

Fruchtpflanze Gemüsepaprika

Nutzpflanzen im Gemüsegarten nach Fruchttypen

Standort: ○ = sonnig   ◐ = halbschattig   ● = schattig   Blütezeit: I – XII

Wurzel- und Zwiebelfrucht **Deutscher Name** Botanischer Name	Blütenfrucht **Deutscher Name** Botanischer Name	Blattfrucht **Deutscher Name** Botanischer Name
Kartoffel Solanum tuberosum	**Artischocke (VIII – IX)** ○ Cynara scolymus	**Blatt-, Pflück- und Schnittsalat** Lactuca sativa var. crispa
Knoblauch Allium sativum	**Bienenfreund (VI – VIII)** ○ ◐ Phacelia tanacetifolia	**Bleichsellerie** Apium graveolens var. dulce
Meerettich Armoracia rusticana	**Blaue Lupine (VI – IX)** ○ Lupinus angustifolia	**Cardy** Cynara cardunculus
Möhre Daucus carota ssp. sativus	**Borretsch (V – VII)** ○ ◐ Borago officinalis	**Chicorée** Cichorium intybus var. foliosum
Pastinak Pastinaca sativa	**Erdklee (VIII – IX)** ○ ◐ ● Trifolium subterraneum	**Chinakohl** Brassica chinensis
Petersilienwurzel Petroselinum crispum ssp. tuberosum	**Feldthymian (VII – IX)** ○ Thymus serpyllum	**Chinesischer Senfkohl** Brassica parachinensis
Porree, Lauch Allium porrum	**Gartendill (VII + VIII)** ○ Anethum graveolens var. hortorum	**Endivie** Cichorium endivia
Radieschen Raphanus sativus var. sativus	**Gartenthymian (VI – IX)** ○ ◐ Thymus vulgaris	**Feldsalat** Valerianella locusta
Rettich Raphanus sativus	**Gelbe Lupine (VI – IX)** ○ Lupinus luteus	**Gartenkresse** Lepidium sativum
Rote Bete Beta vulgaris var. conditiva	**Inkarnatklee (V – VII)** ○ ◐ Trifolium incarnatum	**Knollenfenchel** Foeniculum vulgare var. azoricum
Schwarzwurzel Scorzonera hispanica	**Kamille (V – VIII)** ○ Chamomilla recutita	**Kohl** Brassica oleracea
Sellerie Apium graveolens var. rapaceum	**Kapuzinerkresse (VII – X)** ○ ◐ Tropaeolum	**Kopfsalat, Eissalat** Lactuca sativa var. capitata
Topinambur Helianthus tuberosus	**Persischer Klee (IV – VI)** ○ ◐ Trifolium resupinatum	**Mangold** Beta vulgaris
Zwiebel Allium cepa	**Pfefferminze (VI + VII)** ◐ Mentha piperita	**Neuseeländer Spinat** Tetragonia tetragonioides
	Ringelblume (VI – X) ○ ◐ Calendula officinalis	**Radicchio** Cichorium intybus var. foliosum
	Rosmarin (V + VI) ○ Rosmarinus officinalis	**Römischer Salat, Bindesalat** Lactuca sativa var. longifolia
	Sonnenblume (VII – X) ○ Helianthus annuus	**Spargel** Asparagus officinalis
	Zitronenthymian (VI + VII) ○ Thymus citriodorus	**Spinat** Spinacia oleracea
		Zuckerhut Cichorium intybus var. foliosum

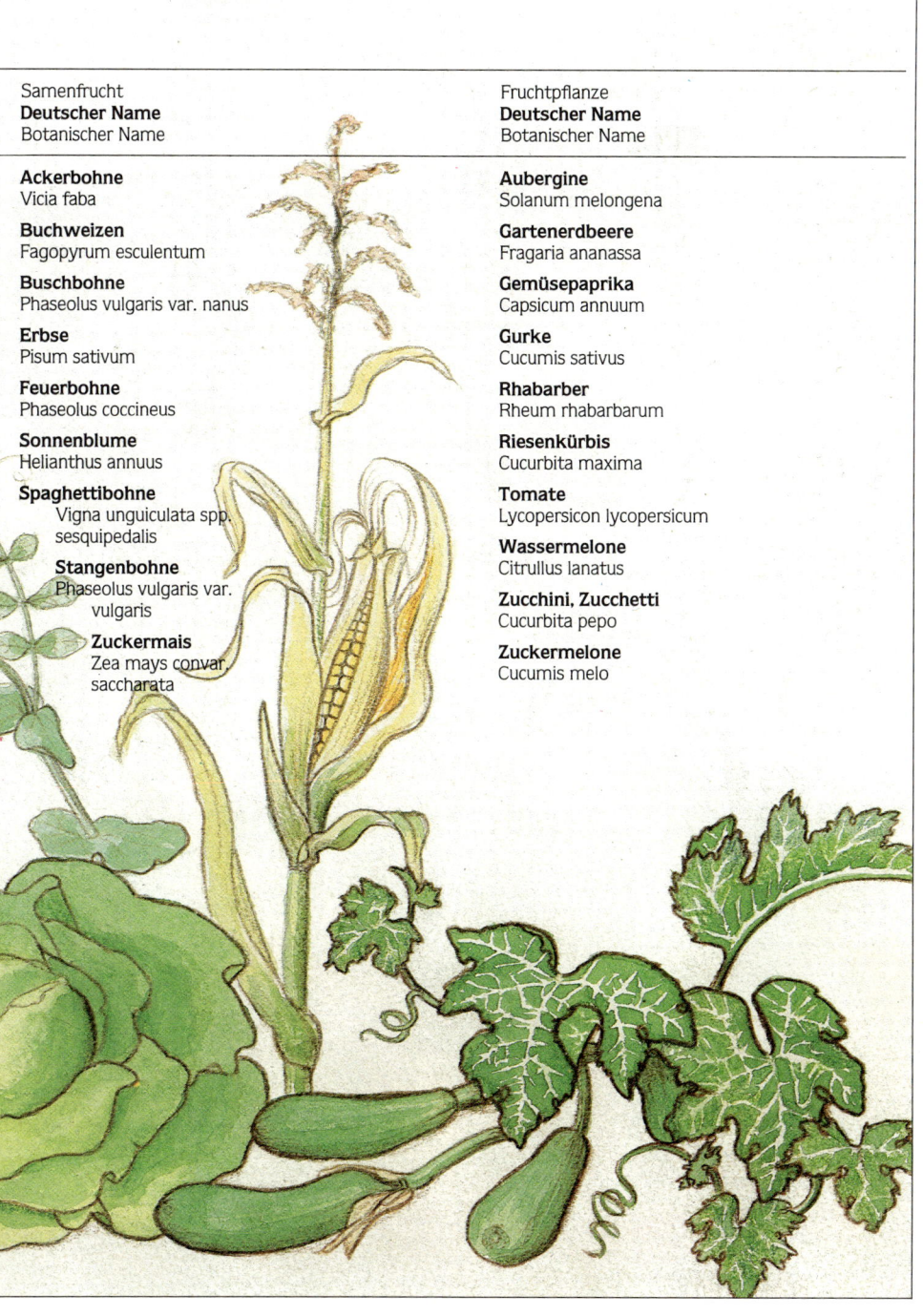

Samenfrucht	Fruchtpflanze
Deutscher Name	**Deutscher Name**
Botanischer Name	Botanischer Name

Ackerbohne Vicia faba	**Aubergine** Solanum melongena
Buchweizen Fagopyrum esculentum	**Gartenerdbeere** Fragaria ananassa
Buschbohne Phaseolus vulgaris var. nanus	**Gemüsepaprika** Capsicum annuum
Erbse Pisum sativum	**Gurke** Cucumis sativus
Feuerbohne Phaseolus coccineus	**Rhabarber** Rheum rhabarbarum
Sonnenblume Helianthus annuus	**Riesenkürbis** Cucurbita maxima
Spaghettibohne Vigna unguiculata spp. sesquipedalis	**Tomate** Lycopersicon lycopersicum
Stangenbohne Phaseolus vulgaris var. vulgaris	**Wassermelone** Citrullus lanatus
Zuckermais Zea mays convar. saccharata	**Zucchini, Zucchetti** Cucurbita pepo
	Zuckermelone Cucumis melo

Vom Saatgut bis zur Pflanzung

Bei jeder der folgenden Anbaubeschreibungen sind auch Sorten angegeben. Diese sind entweder bewährte Züchtungen, oder man hat mit ihnen schon gute Erfahrungen gemacht. Die Auswahl ist keineswegs vollständig. Es kommen auch jedes Jahr Neuzüchtungen dazu.

Hinter einigen Sorten stehen Bemerkungen wie Bioselekt oder Biostart. Das sind keineswegs Samen aus biologischem Anbau. Diese gibt es zwar auch, aber nur in sehr beschränkter Auswahl.

Bioselekt und Biostart bedeutet lediglich, daß die mit diesen Worten bezeichneten Samen gegen einige Pflanzenkrankheiten gar nicht oder weniger anfällig sind. Wenn sie Umhüllungen haben, bestehen diese aus pflanzenfördernden Kräuterextrakten und Lehmbrei. Oft sind auch die Inhaltsstoffe, wie beispielsweise der Vitamingehalt, durch gezielte Züchtung höher.

Chemisch gebeiztes Saatgut ist für den Biogarten ungeeignet. Pillierte Samen sind oft mit pilz- und krankheitshemmenden chemischen Mitteln behandelt. Nicht selten sind in die Umhüllung leichtlösliche, synthetische Dünger eingearbeitet.

Weil es kaum wirklich einwandfreies Saatgut aus biologischem Anbau gibt, ist bei den Anbaubeschreibungen oft auch die Samengewinnung beschrieben, aber nur bei solchen Gemüsen, bei denen verhältnismäßig leicht Samen gewonnen werden können.

Ein geglücktes Experiment mit Calendula zwischen Kartoffelpflanzen

Besonders schwierig ist die Samengewinnung bei Kohl. Steht in der Nähe eine andere Kohlart, so finden Kreuzungen statt. In diese Umgebung sind auch Nachbargärten, selbst in weiterer Entfernung, einzubeziehen, von deren Kohlanbau man meist nicht einmal weiß.

Saatbäder

Auch im biologischen Anbau können Pflanzen, ihre Keimfähigkeit und ihre Widerstandsfähigkeit gestärkt werden.
Diese Stärkung geschieht mit einem Saatbad.
Man kann dazu Kräutertees nehmen, diese zusätzlich mit Tonmehl oder Lehm verrühren, oder auch Saatbäder aus den biologisch-dynamischen Präparaten herstellen.
In der Abtei Fulda hat man gute Erfahrungen mit einem Saatbad aus Humofix gemacht, das ebenfalls zehn Minuten in Wasser gerührt wird. Bei diesem Verfahren bleiben die Samen zwischen 15 und 90 Minuten in diesem Bad. Für alle Kohlarten sind 15 Minuten nötig, für die verschiedenen Salatsamen eine Stunde, für Wurzelgemüse anderthalb Stunden. Das Säckchen mit dem Samen legt man nach dem Bad zwei bis drei Stunden in feuchte Erde. Anschließend wird gesät.
Das Hornmistpräparat wird eine Stunde in Wasser gerührt; das Baldrianpräparat zehn Minuten. Von den zerstoßenen Kräuterpräparaten stellt man eine Aufschwemmung her. In ein Liter Wasser wird ein Teelöffel des betreffenden Präparates so lange verrührt, bis alle Teilchen genügend befeuchtet sind. Dann überläßt man den Ansatz 20–24 Stun-

den sich selbst, ehe man mit dem Saatbad beginnt.
Für das Saatbad bindet man den Samen in ein Stück weißen Leinen- oder Baumwollstoff. Das Säckchen wird 10–15 Minuten in das Saatbad gelegt. Anschließend breitet man den Samen auf einer saugfähigen Unterlage zum Trocknen aus und kann ihn noch am selben oder am nächsten Tag verwenden.
Die Saatbäder aus den Kompostpräparaten lassen sich während der ganzen Wachstumsperiode gebrauchen. Man bewahrt sie, wie die Kompostpräparate, in dunkelbraunen, zugeschraubten Glasgefäßen auf und versenkt diese in einen Kasten, der mit Torf gefüllt ist. Obendrauf kommt ein mit Torf gefüllter Sack, so daß die Gefäße ganz von Torf eingehüllt sind.
Die Präparate sollten wenigstens mit einer ungefähr 7 cm dicken Torfschicht von allen Seiten umgeben sein. Nur so behalten sie ihre Wirksamkeit.
Biologische Pflanzenstärkungsmittel lassen sich ebenfalls als Saatbäder verwenden. Als wenige Beispiele seien hier Cohrs-Pflanzenkräftiger ($10\ cm^3$ auf 1 l Wasser), Tannalgin ($1\ cm^3$ auf 1 l Wasser) und Oscorna-Pflanzenstärkung genannt.
Tannalgin ist nicht nur stärkend und wachstumsfördernd, sondern auch pilzhemmend. Vorbeugend gegen Pilzkrankheiten können auch Mittel wie beispielsweise Oscorna-Pilzvorbeuge oder Equisan als Saatbäder eingesetzt werden.
Flüssige Mittel verrührt man sehr gern mit Bentonit zu einem dicken Brei, in den man größere Samen, bevor sie gesät werden, nur eintaucht.

Saatbäder mit biologisch-dynamischen Präparaten

Das Hornmistpräparat ist für alle Kulturpflanzen geeignet, besonders aber für rote Bete, Spinat und Mangold.
Das Kamillenpräparat fördert Bohnen, Erbsen, Radieschen, Rettich und alle Kohlarten.
Das Baldrianpräparat wirkt günstig auf Chicorée, Gurken, Kürbis, Lauch, Paprika, Sellerie, Tomaten und Zwiebeln.
Das Eichenrindepräparat begünstigt das Wachstum aller Salatarten und der Buschbohnen.

Säen, pikieren und pflanzen

Seit Anfang der 50er Jahre gibt Maria Thun (siehe Bezugsquellen) jährlich einen Aussaatkalender heraus, der angibt, wann die Saat, das Pikieren und die Pflanzung, aber auch Pflege und Ernte kosmisch begünstigt sind.

Der Einfluß wird durch den Stand von Sonne, Mond und Planeten vor den zwölf Tierkreisbildern hervorgerufen und außerdem durch den Stand dieser Gestirne zueinander, beispielsweise durch ihre Konjuktionen.

Der jährliche Lauf der Sonne verändert sich innerhalb von 2 160 Jahren um ein Tierkreisbild. Deshalb sind diese Angaben über viele Jahre gleich.

Wenn also in den Anbauanleitungen die Fischesonne oder der Sonnenstand in der Jungfrau angegeben ist, handelt es sich um die Daten der untenstehenden Tabelle.

Für den Mond- und Planetenstand braucht man allerdings jedes Jahr einen neuen Aussaatkalender, denn diese Daten verändern sich ständig. Dabei spielt nicht nur der Stand dieser Gestirne zu den Tierkreisbildern eine Rolle sondern auch ihre Stellung untereinander.

Die geringen Kosten für die „Aussaattage" von Maria Thun sollte man jedoch nicht scheuen. Die Befolgung dieser Angaben bringt doch viele Vorteile, beispielsweise gesündere Pflanzen, einwandfreies Wachstum, höhere Erträge, geringere Düngermengen und längere Lagerfähigkeit.

Dazu kommt, daß durch die Erfahrungen mit der Radioaktivität darauf geschlossen werden kann, daß durch die Berücksichtigung der kosmischen Einflüsse eine optimale Sättigung mit Inhaltsstoffen erreicht wird, die durch radioaktive Substanzen nicht verdrängt werden können.

Wenn in den Anbauanleitungen für Saat, Pikieren, Pflege und Ernte entweder Vormittage oder Nachmittage angegeben werden,

Verweildauer der Sonne in den Tierkreissternbildern

Sonne im Sternbild:	Daten der Verweildauer	Wirkung auf die verschiedenen Pflanzenorgane
Schütze (aufsteigend)	20. 12. bis 18. 1.	Frucht
Steinbock	19. 1. bis 14. 2.	Wurzel
Wassermann	15. 2. bis 11. 3.	Blüte
Fische	12. 3. bis 18. 4.	Blatt
Widder	19. 4. bis 13. 5.	Frucht
Stier	14. 5. bis 20. 6.	Wurzel
Zwillinge (absteigend)	21. 6. bis 19. 7.	Blüte
Krebs	20. 7. bis 10. 8.	Blatt
Löwe	11. 8. bis 15. 9.	Samen/Frucht
Jungfrau	16. 9. bis 1. 11.	Wurzel
Waage	2. 11. bis 19. 11.	Blüte
Skorpion	20. 11. bis 19. 12.	Blatt

so beziehen sich diese Angaben auf den Sonnenstand im Tageslauf. Steigt die Sonne über den Horizont, so fließen auch die Pflanzensäfte in den Gewächsen nach oben. Dadurch vermehren sich die Inhaltsstoffe in den oberirdischen Pflanzenteilen. Außerdem sind diese Organe aufnahmebereiter für Stärkungen bei Spritzungen. Am Nachmittag ist es genau umgekehrt. Da fließt der Pflanzensaft in die Wurzeln (siehe auch „Kosmische Einflüsse auf unsere Gartenpflanzen" aus der Biothek-Reihe von derselben Autorin).

Die Aussaat wird auf zweierlei Weise vorgenommen. Für südliche, wärmeliebende Gemüse und für die Verfrühung von Freilandgemüse ist die warme Vorkultur günstig.

Dazu füllt man Saatschalen, Holzsteigen oder Blumentöpfe mit durchlässiger Anzuchterde. Kleine Samen streut man, bedeckt sie mit sehr wenig, winzige Samen gar nicht mit Erde und drückt sie leicht an. Größere Samen, zum Beispiel Gurkenkerne, werden gesteckt. Bei der warmen Vorkultur sind die Temperaturangaben unbedingt einzuhalten. Es handelt sich um Durchschnittswerte. Ist auf der Samentüte eine andere Temperatur angegeben, so wählt man diese.

Für die Aussaat ins Freiland und ins Kalthaus sollte man warmes Wetter wählen.

Da die Gemüsearten oft auf dem Anzuchtbeet weiterwachsen, ist der Boden gründlich vorzubereiten. Neuland, Baugrund und Tonboden sollte zwei Spaten tief gelockert und mit Kompost gemischt werden. Das nennt man holländern oder rigolen.

Bei der Arbeit mit Spaten und Grabegabel ist es wichtig, daß die Wirbelsäule weitgehend entlastet wird. Auf den nebenstehenden Abbildungen ist die richtige Haltung dargestellt. Beim Rigolen hebt man mit dem Spaten zunächst die eine Hälfte des Beetes spatentief aus und häufelt den überschüssigen Oberboden in der Nähe der zweiten Beethälfte auf. In den entstandenen flachen Graben streut man etwa 5 cm hoch reifen Kompost. Wenn man es besonders gut machen will, gibt man auch etwas Stein- und Tonmehl, Lavagranulat oder Quarzsand und Alginure-Granulat dazu.

Spateneinstich mit dem ganzen Körpergewicht belasten

Die rechte Hand nach unten gleiten lassen

Hebelwirkung nutzen, Knie strecken

Dann lockert man die Grabensohle grabegabeltief, wobei Kompost und Dünger in den Boden fallen.

Anschließend hebt man die zweite Beethälfte aus und wirft die Erde in den ersten Graben. Dann wird die zweite Grabensohle wie beschrieben gelockert und auch hier mit dem Aushub, und zwar mit dem der ersten Grabenhälfte, aufgefüllt.

Danach verbessert man noch den nun lockeren Oberboden, indem man reifen Kompost und, wenn man will, auch die anderen Zutaten einharkt.

Bei einer Beetvorbereitung im Herbst für die Gemüseaussaat im Frühjahr kann zur Einarbeitung in den Oberboden auch Mulchkompost genommen werden, also ein Kompost, bei dem die organischen Anteile, beispielsweise Pflanzenabfälle aus dem Garten und organische Dünger, noch nicht völlig abgebaut sind.

In den gelockerten tiefer liegenden Boden dürfen jedoch keine unverrotteten organischen Dünger. Zur Verbesserung des Unterbodens darf nur reifer, durchgesiebter Kompost verwendet werden.

Dem Mulchkompost kann man Stein- und Tonmehl, etwas Algenkalk und Kompoststarter zugeben und außerdem die gesamte Fläche mit Herbstlaub oder anderen Pflanzenresten, die im Herbst reichlich im Garten anfallen, etwa 10 cm hoch zudecken.

Man sollte Ton- und Gesteinsmehl auch oben auf die Herbstblätter streuen und mit Wasser überbrausen. Da vor allem die Tonteilchen große Mengen Wasser aufnehmen (Montmorillonit, ein Bestandteil guter Tonmehle, saugt das Achtfache seines Eigengewichtes an Wasser auf), beschweren sie die Blätter, so daß diese während der Herbststürme nicht wegfliegen können.

Eine dritte Möglichkeit, den Boden zu aktivieren, ist die Aussaat von Gründüngungspflanzen Ende August bis Mitte September. In der Tabelle über die Fruchttypen (siehe Seite 146) sind in der Spalte Blütenfrucht einige Gründüngungspflanzen angegeben. Sie durchwurzeln den Boden und düngen ihn zunächst mit ihren Wurzelausscheidungen. Wenn sie

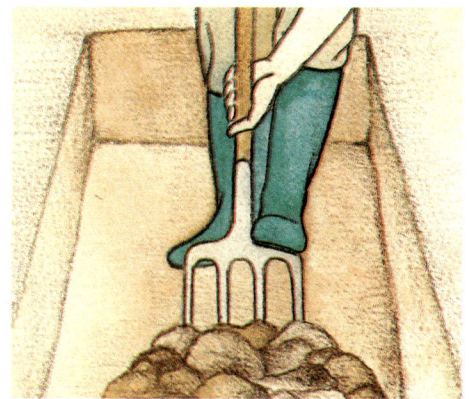

Grabensohle lockern, dabei den reifen Kompost und andere Dünger einarbeiten

Oberboden der zweiten Beethälfte als obere Bodenschicht auf die erste Hälfte geben

Den letzten Beetteil mit dem Oberboden aus dem ersten auffüllen

im Winter oberirdisch abfrieren oder umgehackt werden, wird die Erde durch ihre Wurzelrückstände und oberirdischen Pflanzenteile, die bis zur Aussaat der Nutzpflanzen im Frühjahr liegenbleiben, mit Nährstoffen angereichert. Meist sind sie bis zur Aussaat von den Bodenlebewesen verarbeitet. Rückstände werden vor der Aussaat abgeharkt.

Nun kann im Freiland gesät werden. Dazu zieht man am besten mit einer Ecke von der Oberkante der Harke (des Rechens) Rillen. Sollen diese gerade werden, legt man vorher den Harkenstiel dort auf das Beet, wo die Rille gezogen werden soll, und markiert sie durch Druck auf den Stiel.

Die Samen werden mit der Hand möglichst gleichmäßig in die Rillen gestreut, mit Erde bedeckt und mit einer Pflanzschaufel angedrückt.

Danach muß man gründlich mit abgestandenem Biosmonwasser wässern.

Biosmon ist ein feinvermahlenes Gesteinspulver, das unser Wasser entchlort und freie Kohlensäure entstehen läßt. Es sollte jedem Gießwasser, allen Jauchezubereitungen, den Hornmist- und Hornkieselpräparaten und allen Saatbädern zugesetzt werden.

Zu dicht in der Reihe stehende Sämlinge können meist verpflanzt werden. Wenn angegeben ist, daß die Wurzeln beim Verpflanzen leicht brechen, kann man versuchen, die Sämlinge sehr jung zu versetzen.

Warme Vorkulturen müssen oft pikiert werden. Dafür sollten sie neben den beiden Keimblättern noch ein weiteres Blatt besitzen. Die Keimlinge werden umgepflanzt, also pikiert, indem man sie an einem Keimblatt vorsichtig mit Daumen und Zeigefinger faßt, die Wurzeln mit dem Pikier- oder Pflanzholz lockert, die Pflänzchen aus dem Boden nimmt und in das mit dem Pflanzholz vorgestochene Pflanzloch setzt. Die Wurzeln müssen dabei gut Platz haben und in ihrer natürlichen Lage mit Erde bedeckt werden.

Die Pflanzung erfolgt nach derselben Methode, nur sind dabei die Pflanzen schon robuster und größer.

Auf der Fensterbank, im Frühbeet, Mistbeet oder Gewächshaus warm herangezogene

Ziehen von Saatrillen mit der Harke; auch ein Bodenlüfter oder eine Hacke eignen sich.

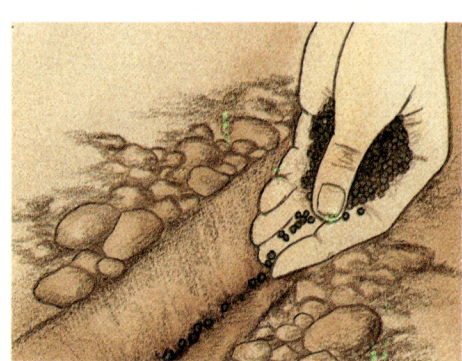

Die Samen werden möglichst gleichmäßig gestreut.

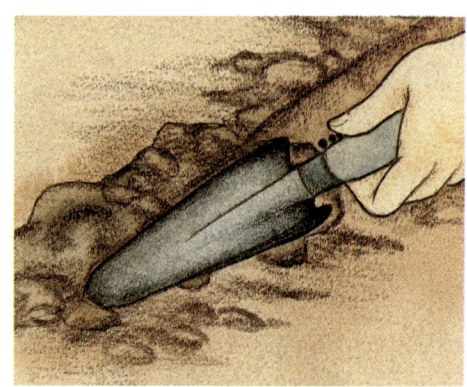

Dann wird das Saatgut mit der Erde von der Seite der Rille oder, je nach Bedarf, auch mit nährstoffreichem reifem Kompost bedeckt und gut angedrückt.

Jungpflanzen, die nach den letzten Nachtfrösten im Mai in den Garten gepflanzt werden sollen, härtet man vorher ab.

Zunächst stellt man sie im Gewächshaus oder im Haus an einen kühleren Platz. Nach einer Woche können die Pflanzen an warmen Tagen nach draußen, dort jedoch an einen schattigen Standort. Nachts müssen sie allerdings wegen des Frosts wieder in einen Raum.

Man kann die Pflanzen auch in unbeheizten Frühbeeten unterbringen, an schönen Tagen die Fenster zunächst nur öffnen und schließlich für den Tag ganz abnehmen.

Schließlich läßt man die Jungpflanzen auch bei Regen und kühlerer Witterung draußen. Frost vertragen die meisten jedoch nicht.

Die Pflanzen dürfen keinen Kälteschock bekommen, weil dieser sie in ihrer Entwicklung hemmt.

Gepflanzt wird entweder mit einem großen Pflanzholz oder einer Pflanzschaufel. In den gut vorbereiteten Boden braucht man nur ein Loch zu graben, in dem die Pflanzenwurzeln gut Platz haben. Dann wird mit reifem Kompost aufgefüllt und der Boden um die Pflanzen herum etwas angedrückt.

Sind Pflanzen in Einzeltöpfe pikiert worden, wie beispielsweise Tomaten oder Gurken, so sind nur die Töpfe zu entfernen. Die Topfballen setzt man in die vorbereiteten Pflanzlöcher, die verbleibenden Hohlräume werden mit reifem Kompost aufgefüllt.

Man braucht Gemüse nicht unbedingt auf Beete zu pflanzen. Ein Feld mit Gemüsereihen ist auch möglich.

Bei dieser Methode werden in jede zweite Reihe Mulchpflanzen ausgesät, beispielsweise überwinternder Salat oder bereits im Februar heranzuziehende Ackerbohnen.

Diese werden teilweise geerntet. Der Rest wird umgehackt. So hat man Trampelpfade, um an die Gemüsereihen heranzukommen.

Es ist in diesem Fall nur für das erste Anbaujahr ein Plan mit günstigen Mischkulturreihen anzufertigen. Im nächsten und allen weiteren Jahren verschiebt man die Gemüsearten um jeweils drei Reihen, so daß auf der übernächsten Mulchreihe des Vorjahres Gemüse steht.

Zum Pikieren hebt man den Sämling mit den Wurzeln aus der Erde.

Jeder Sämling bekommt einen eigenen Topf.

Klopfen auf den Topfrand läßt den Topfballen leicht herausrutschen.

Gemüse-pflanzen und ihr Anbau

Gemüsepflanzen sind Kulturpflanzen und deshalb meist empfindlicher als Wildpflanzen. Sie werden fast ausschließlich in einjähriger Kultur angebaut. Nur sehr wenige sind ausdauernd. Die meisten dieser Pflanzen bilden allerdings erst im zweiten Jahr Blütentriebe. Deshalb läßt man zur Samengewinnung einzelne besonders kräftige Pflanzen stehen oder man pflanzt sie, falls die Gemüse im Freiland nicht überwintern können, im nächsten Frühjahr wieder ein, damit sich Blüten und Samen bilden können.

Die Samengewinnung ist bei Hybriden nicht möglich. Diese bringen Samen hervor, welche die Eigenschaften ihrer Eltern aufweisen, nicht ihre eigenen.

Beim Gemüseanbau ist der Boden die Grundlage für gutes Gedeihen der Pflanzen. Will man Schädlingen und Pflanzenkrankheiten erst gar keine Chance geben, dann darf der Boden keine frischen organischen Dünger enthalten. Selbst für Starkzehrer sollten die reichlich nötigen Nährstoffe in Ton-Humus-Komplexe eingebaut sein. Die Spritzungen mit Hornmist oder Granosal regenerieren den Boden außerordentlich.

Pflanzliche Jauchegüsse sind bei Starkzehrern, manchmal auch bei mittelstarken, wachstumsfördernd. Sie sollten jedoch nicht zu früh gegeben werden und müssen zehn- bis zwanzigfach mit Wasser verdünnt und wenigstens 5–10 Minuten verrührt sein.

Buschbohnen sind für viele Gemüse eine gute Vorfrucht, denn sie hinterlassen garen Boden, der locker und gut mit Stickstoff versorgt ist.

Besonders in anhaltend feuchter Witterung haben sich Spritzungen mit Schachtelhalmtee, -brühe oder -jauche, Hornkiesel und CP-Mineralpulver sehr gut bewährt. Auch hier müssen die angegebenen Rührzeiten eingehalten werden.

In der heutigen Zeit wird die Beachtung von Rhythmen im Gemüseanbau immer bedeutungsvoller. Gießen, Spritzungen und Hackarbeiten, die zur selben Tagesstunde, im selben Trigon, also beispielsweise für Möhren immer bei Mondstand Steinbock, Stier oder Jungfrau, durchgeführt werden, wirken sich fördernd auf Boden und Pflanzen aus.

Von großer Bedeutung ist es auch, welche Vorjahres- und Vorkultur auf den Beeten gewesen ist. Diese Pflanzen hinterlassen Stoffe im Boden, die auf die nachfolgenden fördernd oder hemmend wirken.

Bei der Mischkultur kommt noch die Wirkung der oberirdischen Pflanzenteile hinzu. Auch von ihnen strömen Stoffe aus, die bestimmte Wirkungen ausüben.

Neben der oft geringen Selbstverträglichkeit bei der Fruchtfolge ist sogar manchmal die Anbaufolge innerhalb einer Pflanzenfamilie problematisch. Das trifft besonders für Doldenblütler (Umbelliferen), wie beispielsweise Möhren, Sellerie und Petersilie), für Kreuzblütler (Cruciferae) und für Gänsefußgewächse (Chenopodiaceae), die durch rote Bete, Mangold und Spinat vertreten sind, zu.

Die Beachtung der Saatzeiten und der Pflanzenabstände sind ebenfalls für das Gedeihen der Gemüsepflanzen wichtig. Zu enge Abstände führen oft zu Schädlingsbefall.

In allen folgenden Pflanzanleitungen sind die Gemüse alphabetisch nach deutschen Namen und nach ihren genutzten Organen geordnet. Hierbei wird vielleicht manche Zuordnung erstaunen.

Will man beispielsweise Porree durch tiefes Pflanzen und Anhäufeln bleichen, so ist er zu den Wurzelgemüsen zu zählen. Läßt man ihn über der Erde wachsen, werden Aussaat, Pflegearbeiten und die Ernte an Blattagen verrichtet. In diesem Fall können die Arbeiten auch an Blatt- und Wurzeltagen vorgenommen werden.

Daß Kohlrabis zu den Blattfrüchten gehören, mag vielleicht merkwürdig erscheinen. Es wird verständlich, wenn man eine Kohlrabipflanze betrachtet. Dann stellt sich heraus, daß die Verdickung, die wir Menschen als Nahrung verwenden, dem Stengel-Blattbereich angehört und nicht etwa dem der Wurzel, wie bei Radieschen und Rettichen, bei denen aus der Verdickung Haarwurzeln sprießen.

Zwiebeln halten sich während der Lagerung besser, wenn sie an Wurzeltagen gesät, gepflegt und geerntet werden.

Wurzel- und Zwiebelgemüse

Diese Gemüsearten, bei denen die Wurzeln meist groß und kräftig ausgebildet sind, haben eine besondere Beziehung zu unseren Sinnesorganen und unserem Nervensystem. Bekannt ist die stärkende Wirkung der Möhre auf unsere Sehkraft.

Weniger bekannt ist, daß Zwiebeln die Nerven beruhigen. Das tun sie sogar bereits, wenn man bei Erregung den Zwiebelduft einatmet. Der günstige Einfluß auf unser Nervensystem erklärt auch, warum Kopfschmerzen und sogar Migräne verschwinden, wenn man Stirn und Nacken mit dem Saft von Zwiebeln einreibt. Auch Knoblauch hat die günstigen Eigenschaften, die Nerven zu stärken und von ihnen ausgehende Schmerzen zu beseitigen. Ähnliche Wirkung wird auch der Pastinake zugeschrieben, und vom Sellerie sagte der großer Heiler aus dem antiken Griechenland, Hippokrates: „Hast du zerrüttete Nerven, so sei Sellerie deine Nahrung und Arzenei." Petersilienwurzeln wirken lindernd bei Nervenschmerzen, vor allem, wenn sie die Ohren betreffen.

Bei den Wurzelgemüsen ist darauf zu achten, daß Vor- und Nachkultur auf jeden Fall und die Nachbarpflanzen so oft wie möglich einem anderen Fruchtungstyp entstammen. Die nachbarliche Ergänzung mit einem Blatt-, Samen- oder Fruchtgemüse ist auch räumlich günstig.

Kartoffel
Solanum tuberosum
(Familie: Solanaceae)

Sorten: Diese sind vom Boden des Anbaugebietes abhängig. Es gibt Sorten, die nur in bestimmten Gebieten angebaut werden. Bekannte Sorten sind: 'Erstling', 'Hela', 'Selma', 'Sieglinde' (frühe, festkochende); 'Granola' (mittelfrühe, festkochende), 'Grata' (mittelfrühe, locker mehlige); 'Hansa' (späte, festkochende), 'Datura' und 'Maritta' (späte, locker mehlige).

Vorjahreskultur: Bohnen, Erbsen, Kartoffeln, Klee, Lupinen und Spinat; in nährstoffreichem reifem Mistkompost können Kartoffeln mehrere Jahre auf dieselbe Fläche gepflanzt werden.

Vorkultur: Ackerbohnen

Mischkultur: Randpflanzungen mit Koriander und Meerrettich; Zwischensaat von Spinat und späteres Mulchen mit dem Spinat erspart das Jäten.

Anbau: Um die Frühkartoffeln rascher zum Wachsen zu bringen, werden sie vorgekeimt, in warmen Lagen bereits ab Mitte März. Frühkartoffeln können daraufhin schon im April ausgelegt werden. Die Bodentemperatur sollte 7°C betragen. In Gegenden mit Nachtfrostgefahr deckt man die Flächen mit dem Vlies Agryl P 17 ab.

Keimdauer: 14 Tage bei 10–15°C; zum Vorkeimen werden die Kartoffeln mit dem Knollenende, das die meisten Augen aufweist, nach oben in Kisten nebeneinander gestellt. Der Raum sollte mäßig warm und möglichst hell sein. Die vorgekeimten Kartoffeln werden mit den Keimen nach oben in den Boden gelegt.

Saattiefe: 5 cm (auf Feldern in Furchen, auf Gartenbeeten in Pflanzlöcher, die in Reihen angeordnet sind)

Pflanzung: Mittelfrühe und späte Sorten werden am besten zwischen dem 14. Mai und 20. Juni gepflanzt. Wer seine Saatkartoffeln mit 5 cm reifem Kompost abdeckt, braucht weder vorzukeimen noch das Beet oder Feld jedes Jahr zu wechseln.

Die Triebe der Saatkartoffeln sind sehr frostempfindlich. Schon ein leichter Frost richtet an ihnen Schaden an.

Pflege: Sind die Stauden 20–30 cm hoch, wird angehäufelt. Dadurch ist der Boden stärker der Sonne ausgesetzt. Außerdem treiben die Stengel der Stauden Seitenwurzeln, an denen sich zusätzliche Knollen bilden. Das ist auch das Prinzip für Höchsterträge auf kleinstem Raum in Silos, den sogenannten wachsenden Kartoffeltürmen. Dazu wird um die auf Bodenniveau wachsenden Stauden ein Silo, der sonst der Kompostbereitung dient, etwa 20 cm hoch aufgebaut. Dies kann mit Brettern, Rund- oder Halbrundhölzern gemacht werden. Ein aufgestellter Drahtsilo läßt genügend Licht auf die Pflanzfläche fallen und wird lediglich stufenweise mit Erde gefüllt.

Als Füllerde nimmt man gute Gartenerde, die mit reifem Kompost und Gesteinsmehl angereichert wird. Sind die Kartoffelstauden entsprechend hoch gewachsen, wird eine weitere und zuletzt nochmals eine Schicht Erde aufgefüllt. Die mittlere und oberste Schicht sollte besonders locker und durchlässig sein. Man nimmt deshalb je einen Teil Gartenerde, reifen Kompost und Quarzsand oder Lavagranulat.

Wird Kartoffelkraut zu üppig, kann man gegen Abend an Fruchttagen Hornkiesel sprühen.

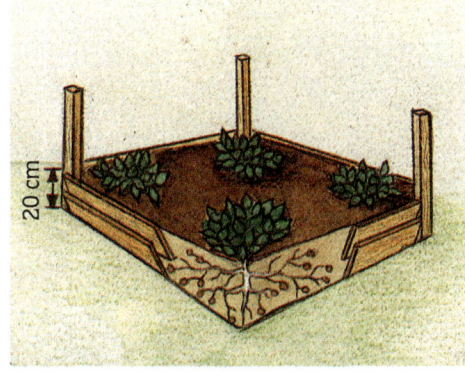

Die Saatkartoffeln werden zunächst wie üblich ausgelegt. Sind die Pflanzen 20 cm hoch, stellt man die ersten Bretter herum und häufelt an.

Wenn sich das Blattwerk kräftig entwickelt hat, legt man weitere Bretter herum und füllt mit Erde auf. Wo sonst Blätter wachsen, entwickeln sich an den Stengeln Wurzeln, an denen sich zahlreiche Knollen bilden.

Zuletzt ist der Silo 60 cm hoch mit Kartoffeln angefüllt. Sie hinterlassen nach der Ernte garen Boden, den man für andere Kulturen verwenden kann.

Ernte: Kartoffeln sind erst erntereif, wenn das Kraut vergilbt ist. Frühe Sorten werden während der Pflanzzeit im Juli und August, mittelfrühe im August und September, späte von September bis Ende Oktober an Wurzeltagen geerntet. Bei Mondstand im Steinbock

geerntete Kartoffeln haben den besten Geschmack und die höchste Lagerqualität.

Saatkartoffeln: Beachtet man einige Hinweise, sind die eigenen Kartoffeln für Saatzwecke die besten. Diese werden zur Pflanzzeit bei Mondstand vor dem Widder geerntet. Für die Lagerung pudert man das Saatgut hauchfein mit Holzasche ein. Dadurch werden die Stauden und Knollen im nächsten Jahr gesünder.

Es wird oft beklagt, daß die Kartoffeln nach wenigen Jahren nicht mehr als Saatgut verwendet werden können. Wuchskraft, Ertrag, Lagerqualität und Geschmack lassen nach. Das kann sich ändern, wenn man die beliebten eigenen Sorten regeneriert. Dafür schneidet man aus dem Mittelteil der Kartoffeln, wie beim Kartoffelschälen, die Augen bei Mondstand im Widder aus und pflanzt sie im Abstand von 10 cm. Größere Abstände lassen die Kartoffeln so groß werden, daß sie dann als Saatkartoffeln ungeeignet sind. Auch Kartoffelsorten, die bereits weniger Ertrag bringen, können auf diese Weise regeneriert werden. Spritzt man die Stauden am Vormittag, wenn sich der Mond im Wurzeltrigon befindet, mit Hornkiesel, so verbessert sich die Qualität des Saatgutes noch mehr.

Saatkartoffeln werden am besten an Widder- oder Löwetagen geerntet. Der Anbau im nächsten Jahr erfolgt an Wurzeltagen, ebenfalls die Hornkieselspritzungen.

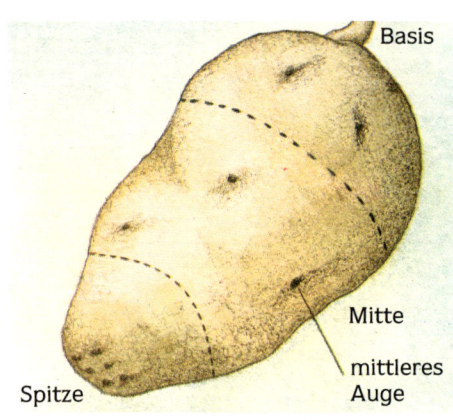

Sitz der mittleren Kartoffelaugen

Knoblauch
Allium sativum
(Familie: Liliaceae)

Sorten: Man verwendet Knoblauch, den man zum Essen kauft, auch als Saatgut, am besten aus dem Biohandel. Etwas Besonderes ist 'Wagners Kobold', ein Schnittknoblauch, der mild nach Knoblauch schmeckt und wie Schnittlauch aussieht.

Vorjahreskultur: Kopfkohl

Vorkultur: beim Stecken im Herbst Buschbohnen

Mischkultur: Mit Erdbeeren, Möhren, roter Bete und Tomaten; zwischen Rosen verhindert Knoblauch Sternrußtau.

Anbau: Knoblauch braucht einen guten Gartenboden und reifen Kompost. Einstreu von Luzian-Steinmehl oder Urgesteinsmehl fördert sein Wachstum.

Keimfähigkeit: 1 Jahr

Steckzeit: Die beste Zeit zum Stecken ist zweifellos von Mitte September bis Ende Oktober, wenn die Sonne vor der Jungfrau geht. Wenn man dann noch den Mondstand Jungfrau wählt, sprießen die Zehen noch im selben Jahr. Sie sind frostunempfindlich und recken ihre Blätter, die im Gegensatz zu den runden Schlotten der Zwiebeln flach sind und eher wie dünner Porree aussehen, im Winter durch die Schneedecke.

Knoblauch hält die Möhrenfliege ab.

Doch auch im März oder April lassen sich die Zehen bei Mondstand Jungfrau stecken. Diese Knoblauchzwiebeln sind später reif.

Der Schnittknoblauch kann von März bis August an Blattagen ausgesät werden. Er hat nur kleine Zwiebeln und wird wie Schnittlauch behandelt.

Abstand: Knoblauch braucht einen Reihenabstand von 20 cm, in der Reihe einen Zwischenraum von 8 cm.

Schnittknoblauch sät man in Reihen von 30 cm Abstand und vereinzelt auf 20 cm.

Stecktiefe: für Knoblauchzehen 3 cm; für Schnittknoblauch 1 cm

Wachstumszeit: für Knoblauch von Oktober bis Juni und von März/April bis September; für Schnittknoblauch 3–4 Monate

Pflege: Flaches Hacken am Nachmittag erhält die Bodenfeuchtigkeit. Auch eine Bodenbedeckung ist sinnvoll. Der Knoblauch der Herbstaussaat kann sofort nach dem Auslegen der Zehen gemulcht werden. Er wächst durch. Gehäckselter Gelbsenf hat sich als Mulch sehr bewährt.

Zusätzliche Düngung ist bei Knoblauch nicht erforderlich. Gießen verträgt er nicht. Schnittknoblauch sollte dagegen bei Trockenheit etwas gewässert werden und erhält etwa alle drei Wochen Brennesseljauche (1 : 20 mit Wasser verdünnt).

Ernte: Erst wenn die Blätter des Knoblauchs abgestorben sind, wird der Boden zwischen den Reihen mit der Grabegabel gelockert und die Knoblauchzwiebeln herausgezogen.

Läßt man die Knoblauchzwiebeln im Boden, treiben sie im folgenden Jahr neu. Knoblauchblüten müssen frühzeitig ausgebrochen werden, damit sie die Zwiebeln nicht schwächen. An den Blüten entwickeln sich Brutzwiebeln. Diese kann man essen oder aussäen.

Schnittknoblauch kann man das ganze Jahr schneiden. Er wächst zügig nach und im Winter auch eingetopft am Küchenfenster.

Lagerung: Die Knoblauchzwiebeln sind nicht nur gut aufbewahrt, sondern sehen auch dekorativ aus, wenn man aus dem vergilbten Laub Zöpfe flicht und diese an einem kühlen, trockenen Ort aufhängt.

Meerrettich
Armoracia rusticana
(Familie: Cruciferae)

Sorten: Meerrettich wird aus Seitenwurzeln, den sogenannten „Fechsern" gezogen, die man im Herbst von seinem Biogärtner erwerben kann. Der weitere Anbau wird aus eigener Kultur bestritten. Man schneidet das dünnere untere Ende der Fechser schräg an, damit man im Frühjahr weiß, wo oben und unten ist. Dann reibt man die Wurzeln so ab, daß nur an den Enden Augen für die Blatt- und Wurzelbildung verbleiben. Man schlägt sie im kalten Gewächshaus, im Frühbeet oder im Freiland ein. Letztere bekommen eine schützende Mulchschicht.

Fechser sollten mindestens 1,5–2 cm dick und 30–40 cm lang sein.

Vorjahreskultur: Bohnen, Erbsen, Gurken, alle Kohlarten und Tomaten

Mischkultur: Mit Kartoffeln, Kohlrabi und Kopfsalat; auf Baumscheiben von Süßkirschenbäumen gepflanzt, hält Meerrettich Monilia ab.

Anbau: Meerrettich wächst überall in Europa und Südrußland wild. Für die Kultivierung im Garten braucht er einen nahrhaften, durchlässigen Boden. Am besten stellt man vor dem Anlegen der Kultur Mistkompost her.

Im Herbst vor dem Fechserstecken bereitet man bereits ein 50 cm breites Beet mit Kuhmist, Stallatico oder californischen Trockenrinderdung vor. Der 10 cm hoch gestreute Dünger wird in die oberste Bodenschicht eingearbeitet und mit Mulch abgedeckt, dem man Gesteinsmehl, Tonmehl, Korallalgenkalk und Kompoststarter untermischt.

Anfang März legt man einen Hügel von 50 cm Breite und 30 cm Höhe für den Meerrettich an. Die Erde mischt man aus dem im Herbst vorbereiteten Gartenboden, dem Mistkompost und etwas Quarzsand zusammen.

In der zweiten Märzhälfte werden die Fechser dann von beiden Seiten des Hügels versetzt im Winkel von 30° zum Bodenniveau gesteckt.

Dafür sticht man mit einem zugespitzten Stab Löcher vor und führt dann die Fechser so ein, daß ihre Köpfe 3–5 cm unter der Oberfläche liegen.

Anschließend deckt man die Fechserköpfe gut mit Erde ab und gießt gründlich an, aber so, daß keine gestaute Nässe entsteht.

Der Hügel wird im Mai, Juli und September einmal vorsichtig durchgeharkt, ohne die Wurzeln zu verletzen.

Wenn die Meerrettichblätter ungefähr 10 cm lang sind, muß ausgegeizt werden, damit sich nicht mehrköpfige Stangen bilden. Es darf deshalb nur ein Blatttrieb stehen bleiben.

Mitte Juni haben sich die Fechser soweit entwickelt, daß die Meerrettichstangen von Seitenwurzeln befreit werden müssen, damit man gleichmäßige, dicke Stangen erhält.

Für dieses Vorhaben hebt man den Hügel bis zu den Wurzeln ab und schneidet mit einem scharfen Messer alle Seitenwurzeln glatt an der Hauptwurzel ab. Nur die unteren Seitenwurzeln läßt man stehen. Dann deckt man die Stangen in gleicher Schräglage wieder mit der Erde ab und gießt gründlich an.

Diese Arbeit macht man gegen Abend bei bedecktem Himmel. Bei Sonne und am Tag würden die Meerrettichblätter all zu schnell welken.

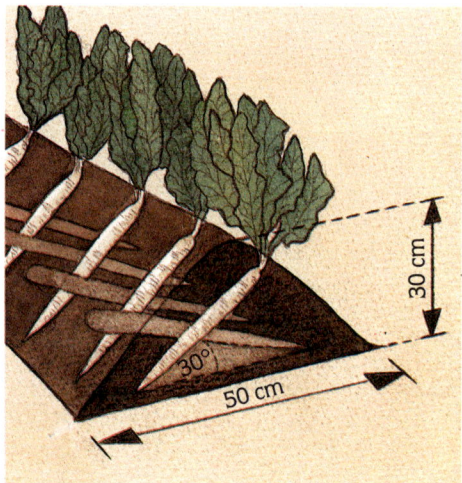

Meerrettichbeet

Ernte: Ende Oktober, wenn sich die Sonne bis 1. November noch in der Jungfrau befindet, sollten die Meerrettichstangen bei Mondstand im Wurzeltrigon geerntet werden. Der richtige Zeitpunkt ist, wenn die Blätter beginnen abzusterben. Man gräbt die Wurzeln vorsichtig mit der Grabegabel aus, dreht die Blätter ab und schneidet die Fechser mit einem scharfen Messer glatt an der Hauptwurzel ab.

Lagerung: Die Fechser werden, wie die gekauften, bis zur nächsten Pflanzung aufbewahrt.

Die Meerrettichstangen für den Gebrauch schlägt man im Kalthaus, im Frühbeet oder im Freiland ein.

Möhre (Karotte)
Daucus carota ssp. sativus
(Familie: Umbelliferae)

Sorten: 'Pariser Markt', 'Sperling's Kundulus' (runde, sehr frühe); 'Gonsenheimer Treib', 'Sperling's Suko' (frühe); 'Nantaise' (mittellange Sommermöhre); 'Lange, rote stumpfe, ohne Herz', 'Sperling's Senta', 'Juwarot' (späte)

Vorjahreskultur: Kartoffeln, Rotkohl, Weißkohl und Wirsing

Mischkultur: Mit Erbsen, Knoblauch, Lauch (Porree), Radieschen, Rettich, Schnittlauch, Tomaten und Zwiebeln; verhindern die Eiablage der Möhrenfliege, Knoblauch, Lauch und Schnittlauch auch.

Anbau: Möhren sind sehr beliebt. Roh geraspelt, fein gerieben, gedünstet als Beilage zu anderen Speisen und gekocht in Gemüsesuppen wirken Möhren schon allein durch ihre orangegelbe oder orangerote Farbe appetitanregend. Sie enthalten viel Carotin und je nach Sorte mehr oder weniger Vitamin B.

Die kurzen runden Möhren werden im allgemeinen als Karotten bezeichnet, die langen spitzen oder stumpfen als Möhren, auch als Mohrrüben oder gelbe Rüben.

Möhren vertragen keinen frischen organischen Dünger. Der Boden muß tief gelockert, humos und lehmhaltig sein. Einem sehr tonhaltigen Boden mischt man feinen Quarzsand unter. Wo Ton fehlt, kann man ein Tonmehl, wie beispielsweise Bentonit, zusetzen. Muß der Boden frisch zubereitet werden, vermengt man Gartenboden mit reifem Kompost, Bentonit und Luzian-Steinmehl. In die Saatrillen wird Etermut eingestreut. Dieses Mittel verhindert nicht nur das Anfliegen und die Eiablage der Möhrenfliege, erstaunlicherweise kräftigt es Möhren ungemein und verbessert auch deren Geschmack.

Möhren bevorzugen einen sonnigen, etwas windigen Standort. Grundsätzlich haben solche aus biologischem Anbau einen hervorragenden Geschmack. Die Wurzeln sind fest, aber zart.

Keimfähigkeit: 2 Jahre

Saatzeit: frühe Sorten ab Anfang März, mittelfrühe im April, späte ab Mitte Mai bis Anfang Juli

Saattiefe: 1–2 cm

Keimtemperatur: Möhrensamen ist nicht kälteempfindlich, aber die Samen keimen erst bei einer Bodentemperatur von 4–5°C und dazu sehr langsam. Deshalb wird gern der rasch keimende Radieschensamen als Markiersaat mit Möhrensamen gemischt ausgesät. Auch untergemischte Dillsamen halten die Möhrenfliege ab.

Die ideale Mischkultur

Abstand: Frühe Möhren sät man in einem Reihenabstand von 25 cm und verzieht die Sämlinge später auf 2 cm Abstand.

Spätere Möhren brauchen 30 cm Reihenabstand und 3 cm Zwischenraum in der Reihe, denn sie werden größer als die frühen.

Keimdauer: 3–4 Wochen

Wachstumszeit: Die frühen Möhren können oft schon nach 75 Tagen geerntet werden. Allgemein dauert die Entwicklung bei den frühen Sorten drei bis vier Monate, bei den späten vier bis fünf Monate. Es lassen sich jedoch für den täglichen Gebrauch schon laufend vom Beet Möhren ernten, da sie nicht alle gleichzeitig dieselbe Größe erreichen.

Pflege: Möhren brauchen ständig feuchten Boden. Das erreicht man am besten durch Mulch. Da die Wurzeln auch kalibedürftig sind, ist eine Mulchschicht aus Beinwellblättern sinnvoll. Damit die organische Bodenbedeckung luftdurchlässig bleibt, kann man etwas Lavagranulat dazumischen.

Zusatzdünger: Nachdem die Saat aufgegangen ist, sollte alle 14 Tage Etermut gestreut werden. Nach dem Aufgehen der Saat wird das erste Mal gehackt und eine Hornkieselspritzung gegeben.

Der Zuckergehalt erhöht sich, wenn vier Wochen vor der jeweiligen Ernte bei Mondstand Widder oder Waage ebenfalls eine Hornkieselspritzung vorgenommen wird.

Ernte: Am günstigsten ist die Ernte bei Mondstand Steinbock am Nachmittag. Bei den späten Möhren, die für die Winterlagerung bestimmt sind, findet die Zuckerbildung vorwiegend in der Jungfrausonne statt. Deshalb sollte möglichst spät im Oktober geerntet werden.

Lagerung: Die Wintermöhren kann man im kühlen Keller in Kisten, die mit leicht feuchtem Sand gefüllt sind, oder auch in einer mit Heu ausgepolsterten Erdmiete im Freiland einschlagen.

Samengewinnung: Möhren sind zweijährige Pflanzen. Sie entwickeln erst im zweiten Wachstumsjahr Blütentriebe und Samen. Von der Möhrenernte behält man die kräftigsten Wurzeln zurück. Diese werden in der ersten Märzhälfte bei Mondstand im Löwen wieder eingepflanzt. Die Triebspitzen blühen dann im Juli und August. Die Dolden müssen kurz vor der Samenreife abgeschnitten und zum Nachtrocknen an einem warmen aber schattigen Ort auf Papier ausgelegt werden. Die Samen fallen leicht aus.

Pastinak
Pastinaca sativa
(Familie: Umbelliferae)

Sorte: 'Pastinaken Halblange'

Vorjahreskultur: Kartoffeln, Rotkohl, Weißkohl und Wirsing

Mischkultur: mit Chicorée, Mangold, Porree und Zwiebeln

Anbau: Der Pastinak oder die Pastinake hat keine besonderen Bodenansprüche. Der Boden muß lediglich tief gelockert sein, damit die weißen Wurzeln leicht in die Tiefe dringen können. Der Anbau entspricht im übrigen dem der Möhre.

Keimfähigkeit: 2 Jahre

Saatzeit: zwischen März und Mai

Saattiefe: 1 cm

Keimtemperatur: Die Samen sind nicht frostempfindlich.

Abstand: Pastinaken brauchen einen Reihenabstand von 40 cm und werden nach dem Aufgehen der Saat auf 15–20 cm in der Reihe vereinzelt.

Keimdauer: Pastinaksamen keimen fast noch langsamer als Möhren. Auch bei diesen Samen ist deshalb die Zwischensaat der rasch keimenden Radieschensamen sinnvoll.

Wachstumszeit: 5–6 Monate

Pflege: Besondere Pflegemaßnahmen sind nicht nötig. Nicht einmal für Pflanzenkrankheiten und Schädlinge sind sie anfällig.

Bei Mondstand im Widder oder in der Waage behandelt man die Pflanzen mit Hornkiesel, um den optimalen Zuckergehalt der Wurzeln zu erreichen.

Ernte: Vor Ende Oktober sollten Pastinaken nicht geerntet werden, denn wie die Möhren erreichen auch die Pastinaken im Oktober erst ihren optimalen Zuckergehalt.

Pastinaken stehen gern neben Lauch. Die Pastinakfrüchte wurden in Mitteldeutschland schon immer als Gewürz verwendet. In der modernen Küche würzt man Salate, Suppen und Eintöpfe mit dieser aromatischen Zutat.

Deckt man die Wurzeln mit etwas Laub oder Stroh ab, können sie den ganzen Winter vom Beet geerntet werden, wenn der Boden nicht gefroren ist.

Lagerung: Pastinaken und viele andere Wurzelgemüse, zum Beispiel Möhren oder auch Sellerie, können auch gut in Mieten aufbewahrt werden.

Diese legt man bei gut durchlüftetem Boden halb über und halb unter der Erdoberfläche an. Bei undurchlässigem schwerem Lehmboden ist eine Miete über dem Bodenniveau sinnvoller. Gegen Wühlmäuse wird die Grube mit einem engmaschigen Drahtgitter oder einem -korb ausgekleidet.

Als Dränage kann unter das Gitter auch noch eine Schicht Steine gelegt werden. Dann wird die Grube lagenweise mit Sand gefüllt. In jede Lage steckt man Wurzelgemüse. Die einzelnen Wurzeln sollten sich nicht berühren. Mit Stroh und Erde wird abgedeckt. So entlastet man seinen Keller.

Will man Pastinaken einkellern, so legt man sie wie die Möhren in Sand. Dieser darf nicht restlos austrocknen, da Pastinaken dann schrumpfen.

Das junge Laub der Pastinaken kann als Suppeneinlage und -würze verwendet werden.

Samengewinnung: Diese erfolgt wie bei der Möhre. Man kann für die Samenbildung im nächsten Jahr gleich einige Wurzeln im Boden überwintern lassen.

Petersilienwurzel (Wurzelpetersilie)
Petroselinum crispum ssp. tuberosum
(Familie: Umbelliferae)

Sorten: 'Halblange glatte', 'Kurze dicke Zuckerwurzel', 'Perfekta'

Vorjahreskultur: Bohnen und Erbsen, keine anderen Umbelliferen

Mischkultur: mit Buschbohnen, Radieschen, Rettich und Tomaten

Anbau: Wurzelpetersilie wird zu allerlei schmackhaften Gerichten verwendet, roh geraspelt mit einer Soße aus saurem Rahm und einigen Tropfen Öl, gedünstet, überbakken und mit geriebenem Käse bestreut oder im Gemüseeintopf.

Für Wurzelpetersilie wird der Boden wie für Möhren vorbereitet. Die Aussaat erfolgt, sobald der Boden nicht mehr gefroren ist. Da die Keimung, wie bei Möhrensamen, lange dauert, ist Radieschensamen mit in die Reihen zu säen.

Keimfähigkeit: 2 Jahre

Saatzeit: März bis Mai oder Oktober

Saattiefe: 1 cm

Keimtemperatur: 4–6° C

Abstand: 30 cm zwischen den Reihen, später wird auf 10 cm in der Reihe verzogen; die verzogenen Pflanzen können als Suppengrün verwendet werden.

Keimdauer: 3–4 Wochen

Wachstumszeit: Wurzelpetersilie sollte solange wie möglich im Boden gelassen werden. Auch sie entwickelt im Oktober ihre volle Süße.

Pflege: Einer besonderen Pflege bedarf die Pflanze nicht. Nur bei sehr langer Trockenheit muß man gießen.

Zusatzdünger: nicht erforderlich

Pflanzenschutz: Wurzelpetersilie ist nicht anfällig für Pflanzenkrankheiten oder Schädlinge.

Ernte: Die Petersilienwurzel kann wie die Pastinake Ende Oktober oder auch im Winter unmittelbar vom Beet geerntet werden. In rauhen Lagen ist jedoch eine Einlagerung in feuchtem Sand vorteilhafter.

Für den sofortigen Gebrauch können den ganzen Sommer kleinere Wurzeln gezogen werden.

Samengewinnung: Die selbstgewonnenen Samen sind besonders keimfähig und entwickeln kräftige Pflanzen. Man läßt deshalb für die Samengewinnung zwei dieser Pflanzen über Winter im Boden. Die oberirdischen Pflanzenteile frieren ab.

Die beiden Wurzeln sollten in 60 cm Abstand stehen, denn im Jahr darauf entwickeln sich große Pflanzen, deren Samendolden im September reif sind. Sie werden mit Stengel abgeschnitten und zu einem Strauß zusammengebunden unter einem Dachvorsprung zum Nachreifen und Trocknen aufgehängt. Später löst man die Samen durch Aneinanderreiben der Dolden. Die Samen können im Oktober ausgesät oder bis zum März aufbewahrt werden.

Petersilie wächst gern neben Radieschen. Die Wurzel kann in mildem Klima auch im Winter frisch aus dem Boden gewonnen werden. In rauheren Lagen wird sie wie Möhren und Pastinaken eingelagert. Petersilienwurzel rundet nicht nur den Geschmack von Suppen, Soßen, Eintöpfen und Körnergerichten ab, sie ist auch ein gutes Magenmittel und lindert als Breiauflage Ohren- und Zahnschmerzen.

Porree (Lauch)
Allium porrum
(Familie: Liliaceae)

Sorten: 'Sperling's Tropita' (Biostart, für die Sommer- und Herbsternte); 'Blaugrüner Winter', 'Stamm Eskimo', 'Herbstriesen', 'Stamm Triumphator' (die beiden letzten Bioselekt, für die Winterernte)

Vorjahreskultur: Fenchel, Möhren und Sellerie

Vorkultur: Spinat

Mischkultur: mit Erdbeeren, allen Kohlarten, Möhren, Salat, Sellerie und Tomaten

Anbau: Für Lauch sollte der Boden bereits im Herbst mit gut verrottetem Mistkompost vorbereitet werden. Dieser wird in den Boden eingearbeitet und mit einer organischen Mulchschicht abgedeckt.

Keimfähigkeit: 1–2 Jahre

Saatzeit: Anfang März werden die Pflanzen in gut verrottetem Kompost bei Mondstand Jungfrau vorgezogen.

Saattiefe: 1 cm

Keimtemperatur: 8–12° C

Keimdauer: 12–16 Tage

Pflanzung: Im Gegensatz zu Zwiebeln und Schalotten pflanzt man Porree in 15 cm tiefe Gräben. Das oft empfohlene Einkürzen von Blättern und Wurzeln vor dem Setzen bringt eher Nach- als Vorteile. Die Pflanzung ist besonders günstig, wenn die Sonne vom 14. Mai bis 20. Juni im Stier steht und der Mond vor der Jungfrau.

Abstand: der Reihen 30 cm, in der Reihe 15–20 cm

Wachstumszeit: Sommer- und Herbstporree braucht von der Pflanzung bis zur Ernte ungefähr dreieinhalb Monate, Winterporree sechs Monate.

Pflege: Während des Wachstums wird Porree immer wieder mit reifem Kompost angehäufelt.

Zusatzdünger: Man gibt Brennesseljauche (1:10 mit Wasser verdünnt) bei Mondstand Jungfrau. Sonst sollte Gießen vermieden werden.

Pflanzenschutz: Porree ist nicht sonderlich anfällig. Lediglich die Lauchmotte tritt gelegentlich auf. Um deren Eiablage zu vermeiden, darf nur reifer Kompost verwendet werden. Hornmist- und Hornkieselspritzungen beugen ebenfalls vor, auch die Mischkultur mit Sellerie, Möhren, Blatt- und Wurzelpetersilie, außerdem eine Zwischensaat mit Kamil-

Porree pflanzt man in kleine Gräben und füllt immer wieder mit reifem Kompost auf.

le oder Dill. Ecomin und CP-Mineralpulver irritieren die anfliegenden Lauchmotten und trocknen später die Larven aus. Jungraupen bekämpft man mit einem Bacillus-thuringiensis-Präparat.

Ernte: Damit die Schäfte zart gebleicht werden, erfolgt etwa sechs Wochen vor der Ernte nochmals ein Anhäufeln. Man erntet an Wurzeltagen am Nachmittag. Sommer- und Herbstsorten müssen bis zum Eintritt stärkerer Fröste abgeerntet sein.

Winterporree kann über Winter draußen bleiben. Kahlfröste verträgt er jedoch nicht. Läßt man einige Pflanzen überwintern, häufelt sie gegen Frost besonders hoch an und schneidet im nächsten Jahr die Blütenstiele rechtzeitig ab, entwickeln sich am Fuß kleine weiße Perlzwiebeln.

Lagerung: Sommer-, Herbst- und Wintersorten können frostsicher eingeschlagen werden. Zuerst verbraucht man die beiden ersten, später die Wintersorten.

Samengewinnung: Wie bei der Perlzwiebelzucht läßt man einige Lauchstengel über Winter stehen. Sie brauchen 30–40 cm Abstand. Die Blütenstengel sind oft zu stützen. Die Samen können meist im September geerntet werden. Bei kühler Witterung läßt man sie nachreifen.

Radieschen
Raphanus sativus var. sativus
(Familie: Cruciferae)

Sorten: 'Juwasprint', 'Saxa Treib' (beide für Glas und Folie); 'Eterna', 'Frühwunder' (beide für Glas, Folie und Freiland); 'Carnita', 'Eiszapfen' (lange weiße), 'Sperling's Parat' (alle drei für den Sommer); 'Sperling's Kutara Hybrid Typ 77' (für Herbst und Winter)

Vorjahreskultur: alle Gemüse außer Kreuzblütler

Vorkultur: Feldsalat, Kopfsalat und Spinat

Mischkultur: Radieschen können fast überall dazwischen gesät werden. Sie sind längst abgeerntet, wenn die Nachbarn so groß werden, daß sie den Platz selbst beanspruchen.

Sie eignen sich besonders gut für die Mischkultur mit Bohnen, Gartenkresse, Kohlrabi, Möhren, Petersilie, Spinat und Tomaten.

Anbau: Eine Gabe reifer Kompost reicht für die Aussaat von Radieschen aus. Der Boden sollte gut gelockert sein. Radieschen gehören zu den ersten Gemüsearten im Jahr, da sie niedrige Temperaturen, ja sogar leichten Frost gut vertragen.

Keimfähigkeit: 5 Jahre
Saatzeit: ab März und bis Mitte September
Saattiefe: 1 cm
Keimtemperatur: 6° C
Abstand: der Reihen 15–20 cm, in der Reihe 5 cm
Keimdauer: 5–6 Tage
Pflanzung: Stehen Radieschen in der Reihe zu dicht, können sie als Sämlinge umgepflanzt werden.
Wachstumszeit: 20–40 Tage

Pflege: Radieschen brauchen einen sonnigen Standort und ständig einen feuchten Boden. Dann bleiben sie zart und platzen nicht. Wenn man etwas Steinmehl in die Saatrillen gibt, entwickeln sich Radieschen noch zarter und haben einen milden Geschmack. Beachtet man, daß zu den verschiedenen Jahreszeiten die entsprechenden Sorten gesät werden, kann man während der ganzen Vegetationszeit Radieschen ernten.

Radieschen werden gern von Erdflöhen befallen. Da diese Schädlinge trockene Wärme lieben, ist feuchter Boden für Radieschen wichtig. Kopf-, Pflück- und Schnittsalat sowie Spinat, aber auch Busch- und Stangenbohnen halten Radieschen von Erdflöhen frei. Vorbeugend und bei Befall stäubt man mit Algomin und Steinmehl.

Bereits befallene Radieschen werden entgegen aller Regeln in der Mittagssonne mit kaltem Wasser kräftig gegossen. Die Behandlung mit Hornmist und Hornkiesel an Wurzeltagen stärkt die Pflanzen sehr.

Ernte: Frühe Sorten sollte man jung ernten, da sie holzig werden können. Herbstradieschen kann man dagegen lange im Boden lassen. Sie bleiben zart. Für die Sommersorte 'Eiszapfen' muß der Boden tief gelockert sein.

Junge Radieschenblätter sind sehr vitaminreich und können mitgegessen oder fein gehackt unter Kräutersoßen und -quark gerührt werden.

Lagerung: Radieschen halten sich – einmal geerntet – nur wenige Tage frisch. Sie sollten während der ganzen Vegetationszeit direkt vom Beet auf den Tisch kommen.

Samengewinnung: Diese ist nicht ganz einfach. Man läßt dafür einige Radieschen im Boden. Sie treiben spät im Jahr Blütentriebe, die ziemlich brüchig sind und hochgebunden werden müssen. Zum Nachreifen hängt man die geernteten Stauden im Schatten auf und schützt die Samen durch Gaze vor Vogelfraß. Die höchsten Samenerträge und eine ausgezeichnete Qualität wird bei der Aussaat in der Widdersonne und der Ernte bei Mondstand im Löwen erreicht.

Mischkulturvorschlag

Rettich
Raphanus sativus
Schwarzer Rettich – R. s. var. niger
(Familie: Cruciferae)

Sorten: 'Hilds Neckarruhm' (weiß, früh), 'Ostergruß' (außen rosa, früh); 'Münchner Bier'· (weiß, für den Sommer); 'Münchner Bier' und 'Runder schwarzer' (beide außen schwarz, für Herbst und Winter)

Vorjahreskultur: Lauch und Sellerie

Vorkultur: Salat und Spinat

Mischkultur: mit Bohnen, Erbsen, Petersilie, roter Bete, Salat, Spinat und Tomaten

Anbau: Rettiche werden im Prinzip wie Radieschen angebaut. Der Boden muß allerdings sehr tief und gründlich gelockert werden. Er sollte, so tief wie die Rettiche in den Boden eindringen, humos und durchlässig sein. Das erreicht man mit reifem Kompost und Luzian-Steinmehl.

Keimfähigkeit: 5 Jahre

Saatzeit: für frühe Sorten und Sommerrettiche März und April, für Herbst- und Winterrettiche Mai bis Juli

Saattiefe: 1 cm

Keimtemperatur: 5–6° C

Abstand: Zwischen den Reihen 25 cm, in der Reihe 8–12 cm

Keimdauer: 5–6 Tage

Wachstumszeit: bei frühen Sorten 30–50 Tage, bei späteren 60–120

Pflege: Mulchen und Feuchthalten führt zu zarten Rettichen.

Ernte: Rettiche kann man laufend frisch vom Beet ernten. Herbst- und Wintersorten sollten spät aus dem Boden geholt werden, auf jeden Fall aber bevor das Laub vergilbt.

Lagerung: Winterrettiche können im kühlen Keller in feuchten Sand eingeschlagen werden.

Samengewinnung: Die höchsten Samenerträge und eine ausgezeichnete Qualität wird bei der Aussaat in der Widdersonne und der Ernte bei Mondstand im Löwen erreicht. Zur Samengewinnung läßt man einige kräftige Pflanzen im Boden. Es entwickeln sich verhältnismäßig rasch Blüten und danach Schoten. Sind diese reif, pflückt man sie, öffnet die Hülsen und breitet die zunächst noch gelben Samen zum Trocknen aus. Wenn sie braun sind, kommen sie in ein Schraubglas.

Rote Bete
(rote Rübe, Rande)
Beta vulgaris var. conditiva
(Familie: Chenopodiaceae)

Sorten: 'Feuerkugel', 'Forono', 'Rote Kugel', 'Sperling's Dardani'
Vorjahreskultur: Lauch und Sellerie
Vorkultur: Rettich und Salat
Mischkultur: Mit Erbsen, Erdbeeren, Gurken, Kohlrabi, Lauch, Salat und Zwiebeln; rote Bete darf nicht mit Gemüsearten aus der gleichen Familie gepflanzt werden, also nicht mit Mangold und Spinat.
Anbau: Rote Bete hat keine besonderen Ansprüche an den Boden. Ein gut gelockerter humoser Boden im Halbschatten ist für dieses Gemüse geeignet. 2–3 cm reifer Kompost vor der Aussaat machen spätere Jauchegüsse unnötig. Letztere beeinträchtigen nur den Geschmack.
Keimfähigkeit: 4–5 Jahre
Saatzeit: Mitte März bis Mitte April; in dieser

Auch rote Bete wächst gut neben Tomaten.

Zeit wird die Blattentwicklung besonders gefördert. Je kräftiger die Blätter, desto größer werden auch die Knollen.
Auch zwischen Mitte Mai und Mitte Juni ist nochmals eine gute Saatmöglichkeit. Deren Ernte deckt dann den Winterbedarf.
Keimtemperatur: 9°C
Abstand: Die großen Samen können in Reihen mit 20 cm Zwischenraum und in der Reihe immer zwei zusammen in 10 cm Entfernung „gestupft" werden. Gehen die Samen jeweils beide auf, können die überzähligen jungen Pflanzen versetzt werden. Das darf nur bei bedecktem Wetter gegen Abend geschehen, weil die Blätter leicht welk werden. Nach dem Umpflanzen kann man gegen das Welkwerden mit Alginure-Schutzspray sprühen.
Keimdauer: 14 Tage; Dill hat sich als Markiersaat sehr bewährt.
Wachstumszeit: 3–5 Monate
Pflege: Während des Wachstums hackt man mehrmals und sprüht an Wurzeltagen mit Hornkiesel.
Drei bis vier Wochen vor der Ernte spritzt man nochmals zur Erhöhung des Zuckergehaltes bei Mondstand Widder oder Waage.
Ernte: Im Sommer wird der Tagesbedarf ab 5 cm Rübendurchmesser frisch vom Beet geerntet. Der Wintervorrat kann Mitte bis Ende Oktober eingeholt werden, auf jeden Fall vor dem ersten Frost.
Die Blätter schneidet man etwa 1 cm über der roten Bete ab, denn die Schale darf man nicht verletzen.
Lagerung: Rote Bete wird frostfrei in feuchtem Sand im Keller, im Frühbeet oder in einer Miete aufbewahrt. Bei einer Lagerung im Freiland können die Rüben gut mit Walnußlaub gegen Mäuse geschützt werden.
Samengewinnung: Gut ausgeformte, gesunde Rüben kann man überwintern und im nächsten Jahr von Mitte April bis Mitte Mai in 50 cm Abstand bei Mondstand Löwe pflanzen. Die Stauden mit den reifen Samen werden im Schatten zum Nachreifen aufgehängt. Nach dem Abtrocknen reibt man die Samen aneinander. Dadurch lösen sie sich leicht.

Schwarzwurzel
Scorzonera hispanica
(Familie: Compositae)

So werden Schwarzwurzeln geerntet.

Sorten: 'Einjähriger Riese', 'Schwarzer Pfahl', 'Sperling's Lango'

Vorjahreskultur: Ackerbohnen, Kohlrabi, Kopfsalat, Lauch, Radieschen und Spinat

Mischkultur: mit Radieschen, Rettich und Spinat

Anbau: Der Boden für diese mehrjährige, aber im Garten einjährig kultivierte Pflanze, deren Wurzel roh nußartig, gedünstet annähernd nach Spargel schmeckt, muß locker und möglichst ohne größere Steine sein, die dem Wurzelwachstum im Wege wären. Für die ungefähr 30 cm lang werdenden Wurzeln muß die Lockerung etwa 40 cm tief reichen. Aus diesem Grund bereiten im Vorjahr angebaute Kartoffeln den Boden gut vor.

Andernfalls muß der Boden spatentief abgehoben und die Bodensohle mit der Grabegabel, so tief die Gabel hineinreicht, gelockert werden. Bei der Lockerung arbeitet man reifen Kompost und Steinmehl, bei sehr tonhaltiger Erde auch etwas Sand, in den Boden ein. Den abgehobenen Boden vermengt man gleichfalls mit diesen Zutaten.

Lauch als Vorjahresfrucht ist ebenfalls eine gute Tiefenvorbereitung für den Boden. Wurde im Vorjahr Lauch oder auch Rosenkohl kultiviert, ist der Boden ohne Zusätze für Schwarzwurzeln ausgezeichnet vorbereitet.

Keimfähigkeit: 1 Jahr

Saatzeit: In warmen Lagen und bei offenem Boden auch in rauheren Gegenden kann bereits in der ersten Februarhälfte gesät werden. Die in dieser Zeit im Steinbock stehende Sonne verspricht besonders kräftige, gut ausgebildete Wurzeln. Im allgemeinen wird man allerdings im März oder April säen, aber auf jeden Fall bei Mondstand im Wurzeltrigon.

Die zweijährige Kultur beginnt mit der Aussaat im Oktober. Das hat den Vorteil, daß die Sonne im Tierkreis wieder wurzelgünstig steht und selbst in rauheren Gebieten der Boden zu dieser Zeit noch gut bearbeitet werden kann. Die Schwarzwurzeln sollen dann allerdings nicht ganz so zart sein, eine Aussage, die nicht für jeden Boden zu bestätigen ist. Hierbei spielt sicher auch die Behandlung mit Hornmist und Hornkiesel eine günstig beeinflussende Rolle. Diese wird wie bei der Möhre gehandhabt.

Saattiefe: $1–1\frac{1}{2}$ cm

Keimtemperatur: 10–12° C

Abstand: 30 cm zwischen den Reihen, später auf 7–10 cm in der Reihe vereinzeln.

Keimdauer: 15–20 Tage

Wachstumszeit: 7–9 Monate

Pflege: Schwarzwurzeln sollten immer feucht gehalten werden. Gestaute Nässe vertragen sie allerdings nicht. Eine gute Mulchschicht kann das Gießen ganz, zumindest aber fast ersetzen. Schießen die Pflanzen einmal, bleiben Nährwert und Geschmack der Wurzeln gut, wenn die Blütenstengel, sobald sie erkennbar sind, abgeschnitten werden.

Zusatzdünger: Ist nicht nötig.

Pflanzenschutz: Schwarzwurzeln sind weder für Krankheiten noch für Schädlingsbefall anfällig.

Ernte: Schwarzwurzeln sind äußerst zerbrechlich. Die einfachste Methode, die langen Wurzeln heil aus dem Boden zu bekommen, ist die, vor der ersten Pflanze jeder Reihe so tief wie die Wurzel reicht, ein Loch auszuheben.

Dann sticht man zwischen der ersten und zweiten Wurzel den Spaten ein und neigt ihn mit der vordersten Wurzel dem Loch zu.

Da man selten genügend Platz für lagerfähige Wintergemüse hat, ist man dankbar, wenn ein Gemüse frosthart ist, im Garten bleiben und nach Bedarf aus dem Boden geholt werden kann. Zu diesen Gemüsearten gehört die Schwarzwurzel. Der Boden muß jedoch durch Laub oder Stroh und, damit auch bei Schnee die Ernte möglich ist, durch das Vlies Agryl P 17 davor geschützt sein, daß er bei Frost erstarrt.

Die Saat vom Frühjahr liefert in der Regel ab September bis zum Mai erntereife Wurzeln.

Lagerung: Neben der Überwinterung im Freiland kommt, wie bei den anderen Wurzelgemüsen, ebenfalls das Einschlagen in Betracht.

Schwarzwurzeln können auch gut in Mieten eingelagert werden (siehe Seite 167). Dort sind sie vor Wühlmäusen gut geschützt.

Sellerie
Apium graveolens
Knollensellerie – A. g. var. rapaceum
Bleichsellerie – A. g. var. dulce
Schnittsellerie – A. g. var. secalinum
(Familie: Umbelliferae)

Sorten: Knollensellerie: 'Apia', 'Sperling's Doloi', 'Monarch'; Bleichsellerie: 'Avonpearl goldgelb', 'Englischer Weißer'; Schnittsellerie: 'Top Seller grün'; 'Avonpearl' ist auch zum Anbau als Schnittsellerie, 'Top Seller' auch als Bleichsellerie geeignet.

Vorjahreskultur: Blumenkohl, Kopfkohl und Tomaten

Vorkultur: Ackerbohnen, Kopfsalat, Radieschen und Rettich

Mischkultur: mit Buschbohnen, Lauch und Tomaten

Anbau: Aus der überall in Europa vorkommenden und fast ungenießbar scharf schmeckenden, salzliebenden wilden Ufer- und Sumpfpflanze sind durch Kultivierung unterschiedliche Pflanzen hervorgegangen.

Dem Sellerie tut Kamille gut.

Beim Knollensellerie wird auf die besonders große fleischige Knolle Wert gelegt, bei Bleich- und Schnittsellerie auf möglichst viel Blattmasse.

Keimfähigkeit: 4–5 Jahre

Saatzeit: Sellerieaussaat in der Wassermannsonne zwischen dem 15. Februar und dem 11. März sind ungünstig, weil die Pflanzen zum Schossen neigen. Für Knollensellerie ist die Aussaat in der ersten Februarhälfte an Wurzeltagen am günstigsten. Die Pflanzen entwickeln große Knollen und wenig Blattgewicht. Bleich- und Schnittsellerie wird dagegen am ertragreichsten, wenn sich die Sonne in der Fischeregion, der Mond sich im Blatttrigon befindet.

Saattiefe: 1 cm

Keimtemperatur: 16° C

Keimdauer: 20–30 Tage

Das Saatgut ist sehr fein und wird in Saatgefäßen ausgesät. In die Saatrillen kommt etwas Buchenholzkohle. Die Hornmistspritzung der Anzuchterde ist hier besonders wichtig. Die Entwicklung des vierten oder fünften Blattes zeigt den Zeitpunkt für das Pikieren an.

Pflanzung: Nach den letzten Frösten Mitte bis Ende Mai wird ausgepflanzt; Knollensellerie bei Mondstand in der Jungfrau, Bleich- und Schnittsellerie, wenn sich der Mond im Blatttrigon befindet.

Abstand: der Reihen 40–50 cm, in der Reihe 30–40 cm bei Knollensellerie

Sellerie ist sehr wenig selbstverträglich. Er sollte frühestens nach vier Jahren wieder auf dasselbe Beet gepflanzt werden. Auch mit anderen Umbelliferen verträgt er sich nicht gut. Möhren-, Fenchel- und Petersilienbeete des Vorjahres sind für Sellerie ungeeignet.

Der Boden muß nährstoffreich und humos sein. Gut verrotteter Schweinemistkompost ist wegen seines Kalireichtums der ideale Zusatz. Auch Buchenholzkohle, Holzasche und Meeresalgen (Meerwunder) eignen sich hervorragend.

Streut man Meerwunder bei der Beetvorbereitung ab September des Vorjahres bis Ende Januar des Pflanzjahres in vierzehntägigen Abständen auf die Mulchschicht des Beetes,

so daß am Ende etwa 20–25 kg des Algenmehles auf 100 m² Boden kommen, so ist die Selleriepflanzung gut vorbereitet. Außerdem gibt es dann viele Regenwürmer. Der Regenwurm ist seinerseits ein hervorragender Kalilieferant, enthält doch sein Kot dreimal soviel Kali wie der Gartenboden, in dem er lebt.

Wachstumszeit: bei Knollensellerie 5–6 Monate nach der Pflanzung

Pflege: Die Pflanzen erhalten gleich nach dem Anwurzeln eine Hornkieselspritzung. Auch Schachtelhalmjauchespritzungen sind günstig (5fach verdünnt).

Solange noch keine Bodenbeschattung durch die Sellerieblätter selbst besteht, sollte eine dünne Mulchschicht auf dem Boden liegen. Die Knollen dürfen jedoch nicht zugedeckt werden. Beinwellblätter eignen sich hervorragend als Mulch.

Sellerie braucht viel Feuchtigkeit. Ein wasserhaltender Boden mit Bentonit und Alginure-Granulat ist empfehlenswert. Bei Trockenheit ist Gießen unvermeidlich. Während der Wachstumszeit ist zur Wachstumsanregung zweimal mit Beinwelljauche (5fach verdünnt) zu gießen.

Knollensellerie darf nicht angehäufelt werden. Die Knollen entwickeln sich zu einem Teil über der Erde.

Pflanzenschutz: Sellerieschorf kommt bei übermäßiger Nässe vor. Er wird durch den Pilz Phoma apicola verursacht. Die Knollen faulen entweder bereits im Boden oder während der Lagerung. Im biologischen Anbau kommt er relativ selten vor. Die vorbeugenden Hornkiesel- und Schachtelhalmspritzungen verhindern den Befall. In nassen Sommern mit wenig Sonnenschein ist eine Mulchschicht aus Lavagranulat sinnvoll.

Diese Behandlung hilft auch gegen die Blattfleckenkrankheit, gegen die heute viele Selleriesorten resistent sind.

Sellerierost entsteht bei frischer Mistdüngung, die im biologischen Anbau ohnehin nicht empfohlen wird. Auch gegen ihn beugen Hornkiesel- und Schachtelhalmspritzungen vor. Ihr Kieselsäuregehalt vervielfacht die Sonneneinstrahlung.

Die Selleriefliege richtet nur selten Schaden

an. Ihre Maden bohren Gänge in die Blätter. Befallene Blätter entfernt man am besten. Spritzungen mit CP-Mineralpulver (20–50 g auf 10 l Wasser) oder 10fach verdünnter Brennesseljauche wirken geruchsirritierend, so daß die Fliegen ihre Eier nicht am Sellerie ablegen.

Ernte: Da Knollensellerie auch für Frühfröste empfindlich ist, muß vor Frosteinbruch, am besten Anfang November, an Wurzeltagen geerntet werden. Die Knollen befreit man von den Blättern und schlägt sie wie Möhren ein. Sie halten sich bei kühlen Temperaturen den ganzen Winter.

Bleichsellerie wird genauso ausgesät wie Knollensellerie und einmal pikiert. Bei nicht selbstbleichendem Sellerie werden die Setzlinge möglichst tief gepflanzt. Man kann wie bei Porree in kleine Gräben setzen. Wenn die Pflanzen ungefähr 30 cm hoch sind, wird mit dem Anhäufeln begonnen.

Vor dem Anhäufeln sind die Seitentriebe zu entfernen und die Blattstiele unterhalb der Blätter locker zusammenzubinden. Etwa alle drei Wochen muß nachgehäufelt werden.

Die angehäufelte Erde darf nur bis zum Stengelende reichen. Die Blätter bleiben frei.

Auch bei Bleichsellerie wird zweimal mit Beinwelljauche gegossen, diesmal jedoch an einem Blattag.

Selbstbleichender Sellerie wird genauso vorgezogen wie oben beschrieben. Er braucht jedoch nicht in Gräben gepflanzt zu werden. Für die Bleichung reicht eine gute Beschattung. Diese erreicht man durch enge Pflanzung von 25 x 25 cm Abstand. Nur die äußeren Pflanzen brauchen entweder eine Beschattung durch andere Pflanzen oder sie werden mit Stroh abgedeckt. Auch die Wände eines Frühbeetkastens können hilfreich sein.

Bei **Schnittsellerie** bedarf es keiner Abdeckung. Er wird direkt ins Freiland gesät und gehört eigentlich zu den Gewürzkräutern. Man verwendet ihn als Würze in Gemüsesuppen und Soßen.

Als Randpflanzung zu Kohl wehrt er Kohlweißlinge, Raupen und Erdflöhe ab.

Samengewinnung: Kräftige Knollen werden im Frühjahr wieder ausgepflanzt.

Topinambur (Erdbirne, Erdschocke)
Helianthus tuberosus
(Familie: Compositae)

Sorte: 'Topinambur'
Mischkultur: Diese mehrjährige Verwandte der Sonnenblume wuchert rasch. Deshalb ist Mischkultur nicht zu empfehlen. Als beschattende Randpflanzung leistet sie jedoch gute Dienste und hält obendrein noch die Wühlmäuse von Möhren und Kartoffeln ab, weil die Tiere die Topinamburknollen den anderen Wurzeln und Knollen vorziehen.

Anbau: Die 200–300 cm hohen Pflanzen mit rauhen Stengeln und Blättern haben leuchtendgelbe Korbblüten, die auch noch als Bienenweide ihre Aufgabe im blütenarmen Gemüsegarten erfüllen.

Die Blüten nehmen den Knollen nichts von ihrem Nährwert, denn diese werden erst im

Topinambur, eine nahe Verwandte der Sonnenblume, ist mit ihren leuchtendgelben Blüten nicht nur ein guter Windschutz am Rand vom Gemüsegarten.

Spätherbst und bei Bedarf und offenem Boden auch im Winter geerntet, während das rauhe Laub als Viehfutter verwendet wird. Die Knollen schmecken roh nußartig, gedünstet oder gekocht etwas süßlich. Wer die Topinamburknollen als Nahrungsmittel probiert hat, erhebt sie meist zur Delikatesse.

Die Knollen der anspruchslosen Pflanze sind reich an Kalk und Kieselsäure und gleichen daher die Zivilisationsschäden an Haaren, Knochen, Haut und Zähnen etwas aus.

Wegen des Gehaltes an Insulin ist Topinambur für Diabetiker geeignet, die dieses Wurzelgemüse auch statt Kartoffeln sehr gerne verwenden.

Saatzeit: Die beste Zeit zum Legen der Wurzelstücke ist, wenn die Sonne vom 19. Januar bis 14. Februar im Steinbock geht. Das kleinste Stück bildet noch Wurzeln.

Saattiefe: 10 cm

Die Knollen sind frosthart und bilden neue Wurzeln und Triebe, sobald die Temperatur einige Grade über dem Nullpunkt ansteigt.

Topinambur bleibt jahrelang an derselben Stelle. Man wird sie nur schwer wieder los. Das ganze Beet muß man gründlich umgraben und alle Knollen restlos entfernen.

Pflege: Besondere Pflege ist nicht erforderlich.

Ernte: Die Knollen hebt man mit der Grabegabel aus dem Boden. In frostreichen Gegenden wird die ganze Spätherbsternte vorsichtshalber in Sand in einen kühlen Raum gelegt.

Zwiebel und Schalotte
Allium cepa
Luftzwiebel – A. c. var. viviparum
Winterheckzwiebel – A. fistulosum
Perlzwiebel – A. porrum pulchellum
(Familie: Liliaceae)

Die Speise-, Küchen- oder Gemüsezwiebeln gehören zu den Saat- und Steckzwiebeln. Gesteckt werden aber auch die Schalotten.

Wenig bekannt ist, daß die Perlzwiebeln Nebenzwiebeln einer schmalblättrigen Porreeart sind und daß man sie auch von unserem Porree (Lauch), dessen Stangen man als Gemüse verwendet, gewinnen kann, wenn man im Frühjahr einige Pflanzen stehen läßt und die Blütenansätze abschneidet.

Im Wurzelbereich bilden sich dann kleine weiße Perlzwiebeln. Sie schmecken süß und mild, sind entweder zum sofortigen Verbrauch bestimmt oder werden eingelegt, weil sie sich nicht lange halten.

Winterheckzwiebeln und Luftzwiebeln sind ausdauernd. Von ersteren werden die dicken Schlotten im frühesten Frühjahr als Suppengrün und Würze geerntet. Die Luftzwiebeln bilden sich an den Triebspitzen der dicken Schlotten dieses Zwiebelgewächses. Beide Zwiebelarten bilden im Boden keine Zwiebeln aus.

Sorten: Saatzwiebel: 'Ailsa Craig' (gelbe Riesenzwiebel), 'Braunschweiger' (dunkelrot, weißfleischig), 'Senshyu Yellow' (groß, winterhart), 'Sperling's Koloss' (große gelbe, mild schmeckend), 'Stuttgarter Riesen' (gelb), 'The Kelsae' (gelbe Riesenzwiebel), 'Zittauer gelbe Sperling's Börde' (groß, mit kräftigem Geschmack); Steckzwiebel: 'Echte Bamberger' (birnenförmig, mild im Geschmack), 'Juwarund' (große runde), 'Stuttgarter Riesen' (gelb); Frühlingszwiebel: 'Weiße Frühlingszwiebel'; Schalotte: 'Evergreen Bunshing' (winterhart), 'White Lisbon' (winterhart); Perlzwiebel: 'Weiße Königin'; Winterheckzwiebel: bisher ist nur die Ursprungssorte zu haben. Sie kann auch durch Wurzelteilung vermehrt werden. Luftzwiebeln, die auch lebendgebärende Heckzwiebeln und Etagenzwiebeln genannt werden, kann man überhaupt nur vom Nachbarn bekommen. Man steckt einfach die an den Triebenden gut entwickelten Luftzwiebeln in die Erde.

Vorjahreskultur: Gurken, Rosenkohl, Rotkohl, Sellerie, Weißkohl und Wirsing

Vorkultur: Feldsalat, für die Aussaat im Juli und August Erbsen, Frühkartoffeln und Kamille

Mischkultur: mit Erdbeeren, Kamille (vor allem bei Sandboden), Kopfsalat, Möhren, Petersilie, Radicchio, Radieschen, Rettich und roter Bete

Anbau: Alle Zwiebeln haben dieselben Bodenansprüche. Der sogenannte Zwiebelboden ist locker, humos, warm und eher trocken als zu feucht. Schwerer Lehm eignet sich nicht. Die oben angegebenen Vorjahreskulturen bereiten den Boden für Zwiebeln gut vor. Ist die Vorjahreskultur abgeerntet, wird der Boden mit reifem Kompost, Steinmehl und etwas Holzasche bestreut und mit dem Sauzahn oder der Grabegabel tief gelockert.

Ein Boden, der schon lange naturgemäß gepflegt ist, braucht lediglich eine Bearbeitung mit Sauzahn oder Grabegabel.

Dagegen ist schwerer Lehm nicht nur gut und tief zu lockern, sondern man muß gleichzeitig reifen Kompost, etwas Sand, reichlich Steinmehl und ein wenig Holzasche einarbeiten. Durch die Holzasche wird der Kalibedarf der

Zwiebeln gedeckt, ebenso durch kompostierten, reifen Schweinemist. Es sollte bereits im Vorjahr Sellerie auf diesem kalireichen Kompost angebaut worden sein.

Nach der Tiefenlockerung wird das zukünftige Zwiebelbeet am besten gemulcht. Hat man zum Mulchen Beinwellblätter zur Verfügung, kann man vorher auf Holzasche oder Schweinemistkompost verzichten. Bis die Zwiebeln gesät oder gesteckt werden, sind die Beinwellblätter bei regem Bodenleben von den verschiedenen Bodenorganismen verarbeitet und der Kalireichtum der Beinwellblätter in die Erde integriert.

Keimfähigkeit: Zwiebelsamen 1–2 Jahre; Steckzwiebeln 1 Jahr

Saatzeit: Saatzwiebeln werden für die Herbsternte und den Winterbedarf im März oder April ins Freiland oder in der ersten Februarhälfte in Saatschalen oder ins Frühbeet, möglichst bei Mondstand Jungfrau, gesät. Letztere pikiert man und pflanzt sie dann ins Freiland. Die Aussaat sollte eher etwas später als zu früh erfolgen. Zur Gewinnung von Steckzwiebeln sät man zwischen dem 20. Juli und dem 10. August bei Mondstand Jungfrau. Die im Herbst geernteten Steckzwiebeln werden im März bei Mondstand Jungfrau oder notfalls Skorpion so gesteckt, daß die Spitzen sichtbar bleiben.

Die Schalotte wird wie die Steckzwiebeln, aber in der ersten Aprilhälfte bei Mondstand Jungfrau in die Erde gebracht. Man vermehrt sie durch die sich an der Mutterzwiebel entwickelnden Brutzwiebeln.

Frühlingszwiebeln sät man wie Steckzwiebeln zwischen dem 20. Juli und 10. August, ebenso die Perlzwiebeln. Beide überwintern im Garten.

Die Winterheckzwiebeln werden Anfang August gesteckt. Von den Büschen erntet man im Winter die Schlotten.

Saattiefe: für Samen 0,5 cm; für Steckzwiebeln 2–3 cm; für Schalotten 3–5 cm

Abstand: Der Abstand der Reihen ist im allgemeinen mit 20 cm ausreichend, Riesenzwiebeln benötigen 25 cm. In der Reihe benötigen Zwiebeln 10–15 cm Zwischenraum, Riesenzwiebeln 20 cm. Mit zu dicht aufgegangenen

Diese beiden Gemüse fördern sich gegenseitig.

Pflanzen kann man durch Verpflanzen Lükken schließen, überzählige werden in der Küche verwertet. Samen zur Gewinnung von Steckzwiebeln sollten eng ausgelegt werden. Diese Zwiebeln dürfen nur eine Größe von 0,5–1,5 cm erreichen. Größere neigen nach dem Auspflanzen zum Schossen.

Schalotten bekommen einen Abstand von 15 x 15 cm, damit sich die Brutzwiebeln gut entwickeln können.

Wachstumszeit: bei Aussaat im Frühjahr 6–7 Monate, bei Aussaat im Juli oder August ungefähr 10–12 Monate; für Steckzwiebeln etwa 5 Monate

Pflege: Zwiebeln brauchen gleichmäßige Feuchtigkeit. Trotzdem vertragen sie Gießen nur schlecht. Deshalb ist Mulch besonders wichtig. Gehackt wird möglichst nur gegen Abend. Zu diesem Zeitpunkt verdunstet der Boden die Feuchtigkeit nicht.

Steckzwiebeln werden oft durch das Wurzelwachstum aus dem Boden gedrückt. Für diesen Vorgang werden irrtümlicherweise Vögel oder Würmer verantwortlich gemacht. Bei Beachtung der Saattermine im Aussaatkalender von Maria Thun kann dieses sogenannte „Herausspringen" vermieden werden.

Zwiebeln erntet man erst, wenn die Schlotten vergilbt und vertrocknet sind. Dann sind die Zwiebeln erntereif. Durch Umknicken des Laubes wird eine Notreife eingeleitet. Die Zwiebeln haben dadurch weniger Inhaltsstoffe und sind nicht so lange lagerfähig.

Bei den Schalotten haben sich bereits gegen Ende Juni um die Mutterzwiebel neue Zwiebeln gebildet. Diese bleiben klein. Sie werden meist samt ihrer noch grünen Schlotten frisch verwendet.

Zusatzdünger: Zusätzliche Dünger sind nicht nötig. Sie schaden eher. Zwiebeln werden jedoch etwa alle drei Wochen mit dem Hornkieselpräparat eingesprüht. Auch Schachtelhalmteespritzungen sind günstig. Für diese Maßnahmen werden Wurzeltage und Nachmittage gewählt.

Pflanzenschutz: Damit die Zwiebelfliege keine Eier an den Zwiebeln ablegt, werden diese gern in Mischkultur mit Möhren angebaut.

Von den Luftzwiebeln kann man im Winter im Freiland die neu entstandenen kleinen Zwiebeln ernten.

Eine irritierende Wirkung üben auf die Zwiebelfliege auch CP-Mineralpulver, Algomin und Luzian-Steinmehl aus.

Diese Mittel und ebenso Hornkiesel- und Schachtelhalmspritzungen verhindern auch Grauschimmel, der vor allem bei der Lagerung auftritt.

Ernte: Sind die Schlotten eingetrocknet und die Nährstoffe in die eigentlichen Zwiebeln eingezogen, wird dieses Gemüse, das gleichzeitig ein vorzügliches Gewürz ist, bei trockenem Wetter nachmittags bei Mondstand Steinbock geerntet.

Lagerung: Zwiebeln lassen sich am besten als geflochtene Zöpfe trocken und luftig aufgehängt lagern, aber auch in flachen Steigen ist die Lagerung möglich.

Die etwa haselnußgroßen weißen Perlzwiebeln eignen sich nicht für die Lagerung. Sie werden entweder frisch verzehrt oder allein beziehungsweise zusammen mit Gurken eingelegt.

Samengewinnung: Will man selbst Samen von Zwiebeln ziehen, so sucht man im Frühjahr unter den gelagerten Zwiebeln solche aus, die aus Steckzwiebeln hervorgegangen, gut geschlossen, fest und ausgereift sind. Im März werden diese bei Mondstand Waage an einem sonnigen Standort ausgepflanzt. Durch die Waagepflanzung entstehen viele Blütentriebe.

Damit die Samen vollständig ausreifen, spritzt man mehrmals mit dem Hornkieselpräparat. Blütentage sind dabei zu bevorzugen. Dadurch ergibt sich auch ein neuntägiger Rhythmus.

Die Samen reifen nur langsam und fallen leicht aus. Deshalb erntet man die Samenstände schon kurz vor der endgültigen Reife und läßt sie an einem trockenen, warmen, aber schattigen Platz nachreifen. Der reife Samen sieht vollkommen schwarz aus.

Zwiebeln für die Gesundheit: Es würde viel weniger Kranke geben, wenn rohe Zwiebeln zur täglichen Nahrung gehörten. Gerade solche Krankheiten wie Erkältung, Grippe, Schnupfen, Halsentzündungen und Husten, die auch Kindern und jungen Menschen zu schaffen machen, würden öfter verhindert werden.

Die Zwiebel hat nämlich eine bakterienhemmende Wirkung, enthält viele Vitamine und ist gleichzeitig herzstärkend, hat also eine Kombination von Wirkstoffen, die gerade bei den obengenannten Krankheiten besonders günstig ist.

Frisch gehackt in Quark, auf das Butterbrot oder unter Salat gemischt, ist die Zwiebel zugleich Delikatesse und Heilmittel.

Steckzwiebeln Ende Juli

Blüten im Gemüsegarten

Bienen, Hummeln, Wespen, Schwebfliegen und Schmetterlinge gehören auch zum Gemüsegarten. Sie verbreiten eine Atmosphäre, die nicht fehlen darf.

Diese Insekten, die Blüten bestäuben, werden nur bei wenigen Gemüsepflanzen gebraucht, nämlich bei denen, deren Samen oder Früchte als Nahrung in Betracht kommen und außerdem bei der Samengewinnung als Saatgut. Trotzdem sollten sie ständig Blüten im Gemüsegarten finden.

Da es allerdings nur wenige blühende Gemüsepflanzen im Nutzgarten gibt, sind Kräuter und Gründüngungspflanzen eine unentbehrliche Ergänzung, zumal diese Gewächse eine Reihe von Gemüsepflanzen als Nachbarn fördern. Außerdem verbessern sie den Boden.

Von den Blütenfruchttypen wird lediglich der Anbau der Artischocke beschrieben. Die Angaben über weitere Pflanzen befinden sich in der Tabelle auf Seite 146.

Bei den blühenden Pflanzen im Gemüsegarten wird nur von der Artischocke die Blüte gegessen. Die anderen Blütenfruchttypen, die in der Tabelle auf Seite 146 angegeben sind, gehören entweder zu den Kräutern oder den Gründüngungspflanzen. Von diesen sind viele eine gute Bienenweide. Bei der Phacelia deutet der deutsche Name Bienenfreund sogar darauf hin.

Leguminosen darf man allerdings gerade noch zur Blüte kommen lassen. Dann werden sie abgemäht, damit sich während der Samenbildung weder Wurzel-, Blatt- noch Stengelstickstoff in Sameneiweiß verwandeln, denn mit dem Stickstoff soll ja der Boden angereichert werden.

Zu den schönsten Blütenpflanzen im Nutzgarten gehören die Sonnenblumen.

Artischocke
Cynara scolymus
(Familie: Compositae)

Sorten: 'Green Globe', 'Große von Laon'
Anbau: Diese dekorative Pflanze ist mehrjährig. Sie liebt einen sonnigen Platz, um gut zu gedeihen.
Der Boden muß tief gelockert sein und reichlich Humus enthalten. Zur guten Durchlüftung gibt man Lavagranulat zu und mischt dieses gut unter. Die Menge richtet sich nach dem Tonanteil im Boden.
Ist der Unterboden sehr lehmig, braucht die Artischocke eine Dränage. Die Wurzeln benötigen zwar Feuchtigkeit, vertragen aber keine gestaute Nässe.
Artischocken sollten auch nicht unter Bäumen oder weit überhängenden Ästen wachsen, denn von Bäumen nach einem Regen noch lange tropfendes Wasser vertragen sie nicht.
Die Pflanzen werden bis zu 150 cm hoch.
Keimfähigkeit: 5–6 Jahre
Saatzeit: Im März werden je drei der großen Samen in 10-cm-Töpfe gesteckt.
Keimtemperatur: 20–24° C
Abstand: 100 cm zwischen den Reihen, 60 cm in der Reihe; die Pflanzen bekommen ein Beet für sich oder sie werden solitär gepflanzt, auch in den Ziergarten.
Pflanzung: Erst nach den Eisheiligen kann man Artischocken in den Garten pflanzen. Das ist erfahrungsgemäß nach Mitte Mai. Man sollte sich allerdings jedes Jahr über den Zeitpunkt informieren.
Damit Artischocken es noch wärmer haben, legt man statt einer pflanzlichen Mulchschicht entweder helle Steine oder Lavagranulat, das außerdem eine Dauerdüngung darstellt, um die Pflanzen.
Wachstumszeit: Kräftige Pflanzen bringen bereits im ersten Jahr im August oder September Blütenköpfe hervor, ältere Pflanzen im Juli.
Pflege: Zur Kräftigung der Pflanzen sprüht man Hornkiesel. Sind die Pflanzen kräftig genug, kann man die Blütenbildung zusätzlich durch Baldrianblütenspritzungen (1 Tropfen auf 1 l Wasser, 5 Min. rühren) fördern.
Zunächst entwickelt sich eine große Endknospe, etwas später mehrere kleinere Nebenknospen an den Seitentrieben.
Damit die Blüten nicht zu sehr an den Stauden zehren, läßt man neben der Hauptknospe nur etwa vier bis sechs Blütenköpfe stehen.
Bei ausreichendem Frostschutz können die Pflanzen im Freien überwintern. Man packt am besten Stroh und Erde um die Pflanzen, bedeckt sie aber nicht.
In rauhen Gegenden mit strengem Frost nimmt man die Stauden aus dem Boden und schlägt sie mit dem Wurzelballen in einem

Die Artischocke ist eine attraktive Zierpflanze und außerdem eine Heilpflanze. Vor allem ihre Blätter und Wurzeln enthalten Wirkstoffe, die für Leber und Galle günstig sind. Am wenigsten heilkräftig wirken die Blütenhüllblätter und der Blütenboden, also die Teile, welche wir verspeisen.

Wintervorbereitung

frostfreien Raum ein. Die Pflanzen werden erst wieder im Mai des nächsten Jahres ausgepflanzt. Wenige Grade Frost (bis −4°C) werden überstanden, wenn Artischocken gemulcht sind und am Abend vor einer Frostnacht mit Baldrianblütenextrakt eingesprüht werden.

Im Spätherbst schneidet man den Haupttrieb bis zum Boden zurück. Seitliche Triebe läßt man bis zum Frühjahr stehen. Man mulcht mit nährstoffreichem Mulchkompost und Stroh.

Im Frühjahr können Artischocken vermehrt werden. Dazu schneidet man Neutriebe mit je einem Stück Wurzel ab und pflanzt sie in gut

Im Frühjahr vermehrt man Artischockenpflanzen und beschränkt dabei die Triebanzahl.

vorbereiteten Boden. Gründliches Angießen ist wichtig.

Die älteren Stauden müssen ohnehin auf drei Triebe beschränkt werden. Nach drei Jahren ersetzt man alte Stöcke durch neue, weil die älteren nicht mehr genügend und dazu noch kleine Blütenköpfe tragen.

Ernte: Die Blütenköpfe erntet man, wenn sie noch grün sind und feste, fleischige Schuppen haben. Sobald sich die Schuppen öffnen und die Blütenköpfe purpurrot werden, sind Artischocken ungenießbar. Man ißt die Blütenböden und den verdickten Teil der schuppenartigen Hüllblätter.

Lagerung: Artischocken kann man tiefgefroren ein Jahr aufbewahren.

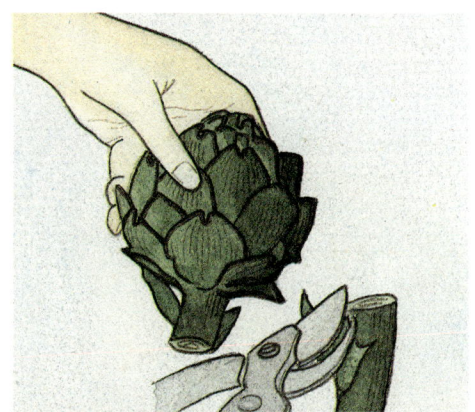

So werden Blütenknospen geerntet.

Artischocken für die Gesundheit: Auch wenn Artischockenhüllblätter von den medizinisch genutzten Pflanzenteilen die wenigsten Wirkstoffe haben, so dienen sie doch der Gesundheit. Ebenso, wenn auch in noch geringerem Maße, fördern die Blütenböden den Gallenfluß, regen die Lebertätigkeit an und verringern den Cholestringehalt im Blut.

Die Artischocke enthält im wesentlichen ein Bittermittel. Der für diesen bitteren Geschmack verantwortliche Wirkstoff ist das Cynarin.

Die in der Medizin hauptsächlich verwendeten Pflanzenteile der Artischocke sind die Blätter und Wurzeln.

Blatt- und Stielgemüse

Dieser Typus ist im Gemüsegarten durch viele Pflanzen vertreten. Hierher gehören die verschiedenen Salate, Gartenkresse und Kohlarten.

Die Namen Blattgemüse oder Blattfrucht beziehen sich auf die ganze Blattregion der Pflanzen, also auch auf die Stengel.

Es ist deshalb nicht verwunderlich, daß auch der Spargel zu diesem Fruchtungstyp zählt. Von ihm werden die jungen Triebe geerntet.

Seltsam mag auch die Zugehörigkeit von Kohlrabi und Knollenfenchel zu diesem Bereich anmuten. Sie ist darauf zurückzuführen, daß es sich bei den Nahrungsorganen der beiden Gemüse um Verdickungen der Stengel handelt, wie langjährige Versuche bestätigt haben.

Ebenso eigenartig könnte die Zuordnung von Blumenkohl und Brokkoli zum Blattbereich erscheinen, denn bei dem, was von ihnen als Nahrung verwertet wird, handelt es sich gewissermaßen um Blütentriebe. Die eigentlichen Blätter werden als Mulch im Garten liegengelassen oder wandern auf den Kompost.

Versuche haben die Zuordnung von Blumenkohl und Brokkoli zu den Blattgemüsen bestätigt, da diese beiden Gemüsearten die größten Erträge liefern, wenn Saat und Pflegearbeiten an Blattagen stattfinden.

Die Pflegemaßnahmen an Blattagen halten die Blütenentwicklung zurück. Vor allen Dingen neigt Brokkoli dazu, rasch aufzublühen.

Der Blattbereich übt seine heilende Wirkung besonders auf alle Atmungsorgane aus. Von diesem ausgehend, besteht eine enge Beziehung zum Bereich der Harnwege, vor allem zur Blase, so daß das grüne Blatt oft auch dort Heilung bringt.

So ist die desinfizierende Wirkung der Gartenkresse nicht nur auf die Atemwege beschränkt. Auch Entzündungen der Harnwege werden günstig beeinflußt.

Daß auch solche Blattgemüse, bei denen andere Heiltendenzen vorliegen, eine wichtige Beziehung zur Atmung haben, ist aus folgendem ersichtlich: Ohne Eisen kann keine Blutbildung und dadurch keine optimale Ausnutzung des Atemsauerstoffs stattfinden. Gerade bei grünen und roten Blattgemüsen ist der Eisenanteil meist beträchtlich. Beim Spinat ist das allgemein bekannt.

Auch die Folsäure, die zur Vitamin-B-Gruppe gehört, ist maßgebend an der Blutbildung beteiligt und in allen Blattgemüsen vorhanden. Auch hier liegt eine Beziehung zu den Atmungsorganen vor.

Dabei muß gesehen werden, daß die Blattregion der Pflanze überhaupt eine enge Beziehung zum rhythmischen System des menschlichen Körpers hat, also neben dem Lungensystem auch zum Blutkreislauf. In diesem Zusammenhang ist interessant, daß das Chlorophyll des Blattes ähnlich aufgebaut ist wie das Hämoglobin des Blutes.

Das grüne Blatt sollte aus all diesen Gründen in keiner Nahrung fehlen, täglich und vor allem roh gegessen werden. Dabei bieten sich unzählige Zubereitungsvarianten an, die den Genuß abwechslungsreich gestalten. Einige Tropfen eines hochwertigen Pflanzenöls sollten Soßen und Marinaden stets untergerührt werden. Die Grundlagen für solche flüssigen Geschmackskomponenten können Dickmilch, Yoghurt, Kefir, Buttermilch oder Apfelessig sein. Der oft für solche Salatsoßen angepriesene Zitronensaft ist nicht empfehlenswert, ebensowenig Obstzugaben, beispielsweise Mandarinenscheiben.

Nach der Ansicht einiger Ernährungsexperten muß der Magen unterschiedliche Verdauungssäfte für rohes Gemüse und rohes Obst hervorbringen. Er reagiert übrigens bereits auf die Speisen, wenn sie im Mund zerkaut werden. Der Magen ist nicht in der Lage, gleichzeitig verschiedene Verdauungssekrete zu bereiten, so daß es zunächst im Magen und dann auch im Darm zu Schwierigkeiten kommt. Auf die Dauer kann das kein Verdauungstrakt aushalten. Er reagiert mit Völlegefühl, Blähungen, Schleimhautentzündungen und schließlich eventuell mit Geschwüren bis zu bösartigen Tumoren. Diese Entwicklung kann sich allerdings über Jahrzehnte hinziehen, wodurch das Erkennen der Ursache kaum mehr möglich ist.

Genauso abwegig ist es, Marinaden für rohe Salate und rohe Gemüse mit Zucker oder dem an sich gesunden Honig zu süßen. Wahrscheinlich führt das Essen von Süßigkeiten, das nicht länger als drei Stunden vor der Rohkostmahlzeit liegt, oder dann erfolgt, wenn das rohe Gemüse noch nicht verdaut ist, zu Verdauungsschwierigkeiten. Die oft gehörte Klage, „ich vertrage kein rohes Gemüse", ist unter Umständen auf diese Ernährungsgewohnheiten zurückzuführen. Dabei muß jeder froh sein, wenn er solche Verdauungsbeschwerden sogleich merkt. Wie oft kommt es vor, daß Menschen der Meinung sind, „Nägel verdauen zu können" und, obwohl sie alles durcheinander essen, keine Beschwerden, geschweige denn Schmerzen haben. Erst nach vielen Jahren stellt sich heraus, daß nicht nur ein zum Verdauungstrakt gehörendes Organ geschädigt oder sogar von Krebs befallen ist und sich bereits im ganzen Körper Metastasen gebildet haben. Bei der Nahrungsaufnahme kommt es also auch auf den Zeitpunkt an.

Salate sind sehr gesund, das ist unbestreitbar, aber man muß auch wissen, wie sie zubereitet werden. Dabei lassen sich gerade Blätter so vielseitig anrichten, daß sie jeden Tag im Jahr anders schmecken können. Zu den Grundsubstanzen kommen nach Belieben fein gehackte frische Gartenkräuter oder getrocknete Kräuter, die entweder gemischt oder aber nur einzeln den Marinaden zugegeben werden.

Dazu werden Gemüse ebenfalls fein gehackt oder gerieben untergemischt, die auch als Kräuter gelten, beispielsweise Zwiebeln, Knoblauch, Porree und Meerrettich, letzterer immer gerieben.

Auch milchsauer eingelegte Gemüse, wie zum Beispiel rote Bete, Bohnen, Sellerie oder fein geschnittenes Sauerkraut, ergeben weitere Geschmacksnuancen.

Geriebene oder gehackte süße Mandeln, Haselnüsse, Walnußhälften, Käsewürfel, Oliven, Kapern oder hauchdünne Radieschenscheiben sind genauso bekömmliche Zutaten.

Übrigens sind auch Blüten verschiedener Kräuter nicht nur dekorativ, wenn sie auf dem angerichteten grünen Salat prangen, sondern auch eßbar und gesund.

Erst wenn man einmal den süßen Nektar einer Borretschblüte auf der Zunge geschmeckt hat, ist einem klar, warum Bienen so gern diese Blüten besuchen. Die eigenartige Würze der orangefarbenen Calendulablüten, die Schärfe der Blüten von Kapuzinerkresse, die mild schmeckenden Kamillenblüten, sogar duftende Lavendel- und Rosenblüten bringen aromatische Vielfalt in den Salat. Auch von Kapuzinerkresse kan man nicht nur die Blätter, sondern auch die Blüten essen.

Belichtetes Blattgemüse: der Salat

Vielseitig verwendbar: der Kohl

Blattsalat
(Pflück- und Schnittsalat)
Lactuca sativa var. crispa
(Familie: Compositae)

Sorten: Pflücksalat: 'Amerikanischer brauner', 'Australischer gelber', 'Gelber Eichblattsalat', 'Grand Rapids Sperling's Salli', 'Roter Eichblattsalat', 'Salad-bowl Sperling's Korbfüller'; Schnittsalat: 'Gelber runder', 'Gelber krauser', 'Hohlblättriger Butter'

Vorjahreskultur: Gurken, Kopfkohl, Rosenkohl, Tomaten und Wirsing

Vorkultur: Feldsalat und Spinat

Mischkultur: mit Möhren, Radieschen, Rettich, Kerbel, Kohlrabi und Zwiebeln

Anbau: Diese Blattsalate wachsen in zweiter Tracht, das heißt, sie sind Mittelzehrer. Der von Starkzehrern hinterlassene Gartenboden genügt ihnen. Will man mit Blattsalat auf einem neu angelegten Beet beginnen, sind 3–5 cm reifer Kompost nötig. Es gibt hellgrüne, rotbraune bis braunschwarze Sorten, krause und glattere.

Keimfähigkeit: 3 Jahre

Saatzeit: Mitte Februar bis August; Schnittsalat sollte früh ausgesät werden, weil er bei später Aussaat leicht schießt.

Saattiefe: 0,5 cm

Abstand: 20 cm zwischen den Reihen, 15 cm in der Reihe für Pflücksalat; 15 cm zwischen den Reihen, 1 cm in der Reihe für Schnittsalat; Pflück- und Schnittsalat können beim Ausdünnen verpflanzt werden.

Keimdauer: 6–8 Tage

Wachstumszeit: 50–60 Tage

Pflege: Beide Salate brauchen ständige Feuchtigkeit. Sie sollten deshalb gemulcht werden.

Zusatzdünger: Nicht erforderlich; verdünnte Brennesseljauche (1:20 mit Wasser verdünnt) können jedoch bei Wachstumsstockungen gegeben werden.

Pflanzenschutz: Bei Trockenheit wird Pflücksalat von Blattläusen befallen. Es muß darauf geachtet werden, daß der Boden immer feucht genug ist. Hacken von verkrustetem Boden und mulchen ist ebenfalls wichtig. Bei starkem Befall spritzt man mit CP-Mineralpulver, andernfalls gehen die befallenen Pflanzen ein.

Schnittsalat bekommt manchmal Falschen Mehltau. Dabei zeigen sich auf der Blattoberseite weißlich-gelbe Flecken, auf der Unterseite ein mehlartiger weißlicher bis grauer Belag.

Die Pflücksalatsorte 'Grand Rapids' hat eine lange Erntezeit und wird von Kohl gefördert.

Vorbeugend wird mit 5fach verdünntem Schachtelhalmtee, Hornkiesel oder CP-Mineralpulver gesprüht. Befallene Pflanzen muß man entfernen, die Reihen auslichten.

Ernte: Sobald die Blätter von Schnittsalat ungefähr 12 cm hoch sind, können die Blätter geschnitten werden.

Pflücksalat wächst sich oft zu einer 50–60 cm hohen Blattpyramide aus, deren Blätter von unten nach oben gepflückt werden.

Lagerung: Beide Salate lassen sich zwei Tage im Kühlschrank aufbewahren.

Grüne Salate für die Gesundheit: Es ist wenig bekannt, daß Kopf-, Schnitt- und Pflücksalat nicht nur ganz allgemein gesund erhält. Die grünen Blätter sind schlaffördernd. Außerdem wirkt Salat beruhigend auf das Nervensystem.

Der mild bittere Geschmack beeinflußt Leber und Galle günstig, wenn auch längst nicht so intensiv wie die Artischocke. Die meisten Bitterstoffe sitzen bei Salat in den weißlichen Rippen. Sie sollten deshalb mitgegessen und nicht etwa weggeworfen werden, wie das vielfach gemacht wird. Die rotbraunen bis braunschwarzen Sorten enthalten mehr Eisen als die grünen. Die hellen Herzblätter werden vom Feinschmecker begehrt. Sie besitzen aber am wenigsten Wirkstoffe.

Blumenkohl
Brassica oleracea var. botrytis
(Familie: Cruciferae)

Sorten: 'Erfurter Zwerg', 'Hilds allerfrühester' (für früheste Freilandkultur); 'Davona', 'Neckarperle' (für den Anbau vom Frühjahr bis zum Herbst); 'Herbstriesen' (für Sommer und Herbst)

Vorjahreskultur: Bohnen, Porree und Tomaten

Vorkultur: Kopfsalat und Spinat

Mischkultur: mit Gurken, Kopfsalat, Rettich und Sellerie

Anbau: Blumenkohl braucht einen nährstoffreichen, humosen und durchlässigen Lehmboden mit einem ins Alkalische gehenden pH-Wert. Nur in diesem Bereich ist Molybdän, ein Spurenelement, das Blumenkohl benötigt, erschließbar.

Neben einer Schicht von 5–6 cm reifem Kompostes sollte das Blumenkohlbeet bereits im Herbst zusätzlich dünn Algenkalk (neben seiner Alkalität 4 mg/100 g Molybdän) und vom Herbst bis Januar auf die Mulchdecke kleine Gaben Meerwunder (Algenmehl) bekommen. Insgesamt werden 25 kg Meerwunder auf 100 m² Bodenfläche gestreut.

Blumenkohl ist ein guter Nachbar für Sellerie und gedeiht dabei selbst sehr prächtig.

Meerwunder enthält Molybdän und auch alle anderen bekannten Spurenelemente, außerdem Alginsäure. Diese reguliert den Kalkgehalt des Bodens.

Keimfähigkeit: 4–5 Jahre
Saatzeit: Februar für frühen, Mitte März bis Mitte April für späten Blumenkohl
Saattiefe: 0,5 cm
Keimtemperatur: 14–16° C
Keimdauer: 6–10 Tage
Pflanzung: Blumenkohl wird warm vorkultiviert und der erste Anfang April ausgepflanzt. Dabei wird er 2 cm tiefer gesetzt als er bei der Anzucht stand.
Abstand: 50 x 50 cm, nicht dichter
Wachstumszeit: Früher Blumenkohl braucht 85–100 Tage für seine Entwicklung. Späte Sorten benötigen 100–150 Tage.
Pflege: Etwa vier Wochen nach der Pflanzung gibt man nochmals 3 cm hoch reifen Kompost, spritzt vormittags mit Hornkiesel und hackt am Nachmittag. Mulchen verhilft Blumenkohl zu dem ihm gemäßen feuchtwarmen Kleinklima. Der sich bildende weiße Kopf wird durch Einknicken von ein bis zwei Blättern vor direkter Sonne geschützt.
Pflanzenschutz: Die Maden der Kohlfliege fressen die Wurzeln und den Wurzelhals vom Blumenkohl. Während im allgemeinen ein Tiefersetzen bei der Pflanzung empfohlen wird, hat Maria Thun gegenteilige Erfahrungen, nämlich daß die Kohlfliege ihre Eier

gerade in dem Bereich ablegt, um den die Pflanzen tiefer gesetzt wurden.
Der Kohlgallenrüßler legt seine Eier zwischen dem 14. Mai und dem 20. Juni in der Stiersonne ab. Vorbeugend deckt man die Pflanzen mit Agryl P 17 ab und spritzt an drei aufeinanderfolgenden Tagen mit Brennesseljauche (1 l auf 40 l Wasser).
Ernte: Kurz bevor geerntet wird, hackt man und spritzt mit Hornkiesel nachmittags an Blütentagen. Ersatzweise kann dies auch an Fruchttagen geschehen, geerntet wird aber immer vormittags.
Lagerung: Lagern kann man diesen Kohl nur einige Tage. Die Blumenkohlröschen können jedoch in Essig eingelegt werden.

Brokkoli (Spargelkohl)
Brassica oleracea var. italica
(Familie: Cruciferae)

Sorten: 'Atlantic', 'Emperor' F1-Hybride, 'Premium Crop' F1-Hybride
Vorjahreskultur: Mangold, Porree, rote Bete und Zwiebeln
Vorkultur: Spinat und Winterkopfsalat
Mischkultur: mit Gurken, Kopfsalat, Radieschen, Rettich, Sellerie und Tomaten
Anbau: Brokkoli gehört neben Blumenkohl zu den feinsten Kohlgemüsen. Seine dunkel-

Bis sich Brokkoli ausbreitet, sind die Radieschen längst geerntet.

grünen Köpfe und Stiele schmecken etwas nach Spargel. Die Bodenansprüche sind dieselben, die Blumenkohl verlangt.

Keimfähigkeit: 4 Jahre

Saatzeit: Da Brokkoli leicht erblüht, sollte er nicht in der Wassermannsonne, sondern erst in der Fischesonne zwischen dem 12. März und 18. April und auf jeden Fall an Blattagen ausgesät werden.

Saattiefe: 05,–1 cm

Keimtemperatur: 14–16°C

Keimdauer: 6–10 Tage

Pflanzung: Sobald die Sämlinge außer den beiden Keimblättern zwei weitere Blätter entwickelt haben, kann man sie an ihren endgültigen Stand pflanzen.

Abstand: 50 x 50 cm

Wachstumszeit: 60–80 Tage; frühe Aussaaten können ab Juni geerntet werden.

Pflege: Brokkoli wird wie Blumenkohl behandelt.

Zusatzdünger: siehe Blumenkohl .

Pflanzenschutz: Die bei Brokkoli wie bei allen Kohlarten und anderen Kreuzblütlern mögliche Krankheit, die Kohlhernie, verursacht Wucherungen unterhalb des Wurzelhalses und führt zum Absterben der Pflanzen. Befallene Gewächse muß man entfernen und darf sie nicht in den Kompost geben.

Vorbeugend wird der Boden jährlich mit Algenkalk (25 kg/100 m²), mit Meerwunder (25 kg/100 m²) und reifem Kompost versorgt. Frischmist, überhaupt frische und zu hohe Stickstoffgaben, außerdem gestaute Nässe, verdichteter und zu trockener Boden können Kohlhernie fördern.

Hornmist- und Hornkieselspritzungen wirken heilend auf Boden und Pflanzen. Auch Schachtelhalmtee übt einen günstigen Einfluß aus, ebenso Equisan und Oscorna-Pilzvorbeuge.

Bei Befall darf erst wieder nach vier Jahren ein Kreuzblütler auf dieselbe Fläche.

Ernte: Zunächst bildet sich die mittlere Blume mit dicken grünen Knospen aus. Sie wird mit einem 8–10 cm langen Stiel abgeschnitten.

Die Pflanzen bleiben nach dieser ersten Ernte stehen, weil sich danach laufend kleinere Seitentriebe bilden. Diese werden bis in den November hinein geerntet. Brokkoli verträgt sogar einige Grade Frost.

Die Blumenköpfe müssen immer rechtzeitig geschnitten werden, weil sie rasch erblühen und dann nicht mehr als Nahrung zu gebrauchen sind. Erblühte Triebe schneidet man ab, damit sich neue Seitentriebe bilden.

Lagerung: Diese ist nur einige Tage lang möglich, es sei denn, man friert ihn blanchiert ein. Er hält sich dann bis zu zwölf Monate.

Cardy
Cynara cardunculus
(Familie: Compositae)

Günstige **Vorjahreskulturen** oder **Mischkulturen** sind bisher nicht bekannt.

Anbau: Cardy ist der Artischocke nah verwandt. Die Pflanzen werden bis zu 250 cm hoch und sind auch im Ziergarten mit ihren großen rotvioletten Blüten eine Augenweide. Bei den Nutzpflanzen legt man allerdings auf die Blüten keinen Wert. Im Gegesatz zur Artischocke ißt man die gebleichten Blattstiele.

Cardy als blühende Zierpflanze

Im Mittelmeerraum wird diese Distelart schon seit Jahrhunderten angebaut.
Keimfähigkeit: 5 Jahre
Saatzeit: Mitte April bis Mitte Mai wie bei Gurken in Töpfen; ab Mitte Mai ist in warmen Lagen auch Direktsaat ins Freiland möglich.
Saattiefe: 2 cm
Keimtemperatur: 15–20° C
Keimdauer: 10–14 Tage
Pflanzung: Cardy braucht einen humusreichen Gartenboden, der vor dem Pflanzen mit 3–5 cm Kompost versorgt wird. Die Pflanzen werden gründlich angegossen.
Abstand: Jede Pflanze braucht für ihre Entwicklung 1 m² Fläche.
Wachstumszeit: Ungefähr Ende August werden die Blätter gebleicht, indem man Wellpappe, Stroh- oder Rohrmatten um die locker zusammengebundenen Blätter legt. Das Bleichen ist wichtig, da die Stiele sonst trotz Braten und Dünsten roh schmecken. Zusätzlich kann jede Pflanze unten mit Erde angehäufelt werden.
Pflege: Während der Wachstumszeit muß man den Boden immer feucht halten. Pflanzenabfälle oder Lavagranulat als Mulch halten die Feuchtigkeit.
Zusatzdünger: Im Sommer düngt man zwei- bis dreimal an Blattagen mit Brennesseljauche (1 : 10 mit Wasser verdünnt).
Ernte: Das Bleichen der Stiele dauert zwei bis drei Wochen. Dann kann mit der Ernte begonnen werden. Diese dauert bis in den November hinein. Kühle und feuchte Witterung schaden den Pflanzen nicht. Sie vertragen sogar leichten Frost, zumal sie immer noch umwickelt sind.
Wer auch im Winter auf Cardystiele nicht verzichten will, muß die Pflanzen mit den Wurzeln ausgraben und entweder in ein frostfreies Gewächshaus oder im Keller in hohe Kisten pflanzen.
Wer Cardy essen will, muß jedes Jahr neu aussäen. Als Zierpflanze können die Stauden in nicht zu kalten Wintern draußen bleiben. Im nächsten Jahr treiben die Wurzelstöcke neu aus und blühen ab August. Vorsichtshalber gibt man ihnen eine wärmende Mulchdecke, zum Beispiel aus Herbstblättern.

Chicorée
Cichorium intybus var. foliosum
(Familie: Compositae)

Sorten: 'Brüsseler Witloof' (treibt nicht ohne Deckerde), 'Mitado', 'Secosa', 'Zoom' F1-Hybride (treiben ohne Deckerde)
Vorjahreskultur: Mangold, rote Bete und Sellerie
Vorkultur: Spinat
Mischkultur: mit Knollenfenchel, Möhren und Tomaten
Anbau: Chicorée soll zunächst eine kräftige Wurzel entwickeln. Reifer Kompost und tiefe Bodenlockerung sind dafür die wichtigsten Voraussetzungen.
Keimfähigkeit: 3–5 Jahre
Saatzeit: Mitte Mai bis Mitte Juni
Saattiefe: 1,5 cm
Man sät in 30 cm Reihenabstand aus. Sind die Pflanzen etwa 15 cm hoch, verzieht man auf 6–8 cm Abstand. Im Juli wird an einem Blatttag Beinwelljauche (1 : 10 mit Wasser verdünnt) gegossen. Während der Kulturzeit wird zwei- bis dreimal durch die Reihen gehackt.
Ernte für die Treiberei: Anfang November werden die Wurzeln an einem trockenen Blattag am Nachmittag vorsichtig aus dem

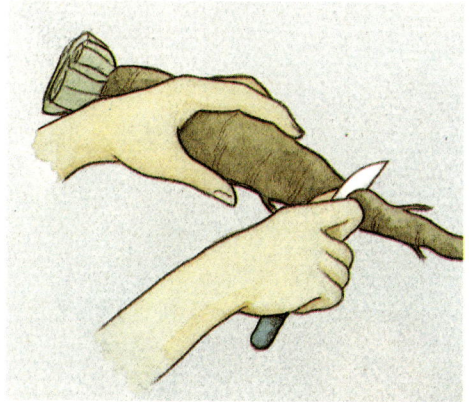

Vor der Treiberei werden die Chicoréewurzeln gleichmäßig auf eine Länge von 18–25 cm gekürzt.

Boden geholt, indem man die Erde seitlich von den Reihen lockert. Dann lassen sich die Wurzeln leicht aus dem Boden ziehen. Ungefähr 3 cm oberhalb des Wurzelhalses werden zuletzt die Blätter abgeschnitten. Das Herz darf nicht beschädigt werden.

Die Wurzeln schlägt man bei 5–8° C im kühlen Keller oder Frühbeet ein. Nach ungefähr vier Wochen kann mit der Treiberei begonnen werden.

Dazu braucht man ein Gefäß, das wenigstens 35 cm hoch ist. Meist werden Eimer verwendet. Die Gefäße sollten allerdings ein Wasserabzugsloch haben. Andernfalls muß sehr vorsichtig angegossen werden. Das Gefäß wird 10 cm hoch mit normaler Gartenerde gefüllt. Die Wurzeln können ohne Bedenken von den Seitenwurzeln befreit und auch auf eine gleichmäßige Länge von 18 cm gekürzt werden. Dann legt man die Wurzeln noch kurz in ein Wurzelförderungsmittel, beispielsweise Oscorna-Wurzelstärkung, Algifert oder Alginure-Wurzel-Dip.

Mit einem Pflanzholz bohrt man Löcher, in die dicht nebeneinander die Wurzeln gesteckt werden. Danach wird die Erde angegossen und so aufgefüllt, daß die Wurzeln knapp mit Erde bedeckt sind. Dabei wird lagenweise gewässert.

Es gibt verschiedene Chicoréesorten, die keine Deckerde mehr brauchen. Sie müssen lediglich in einem dunklen Raum bei einer Temperatur von 14–16° C aufgestellt werden.

Die anderen Sorten werden mit einer Schicht Sand aufgefüllt, der ebenfalls angefeuchtet wird. Vorteilhaft ist es, zum Schluß Hornkiesel auf den Sand zu spritzen. Der Gartenboden muß vor dem Einfüllen oder im Herbst bereits Hornmist bekommen haben.

Nach dreieinhalb bis sechs Wochen sind die zartbitteren Blätter ausgetrieben. Man kann die Treiberei nach und nach je nach Bedarf vornehmen.

Chicorée braucht nicht unbedingt im Winter in Gefäßen herangezogen zu werden.

Die grünen Blätter kann man im Sommer und Herbst nach Bedarf pflücken. Vom gesundheitlichen Standpunkt sind sie sogar wertvoller als die Blätter von der Treiberei. Die Herzblätter sollten stehenbleiben, damit die Wurzeln im Winter außerdem noch für die Treiberei verwendet werden können.

Chicorée für die Gesundheit: Chicorée regt mit seinen Bitterstoffen die Magensaftsekretion an und fördert den Appetit. Er ist außerdem blutreinigend und harntreibend.

Man kann von Blättern, besonders aber von Strünken und Wurzeln, einen Tee herstellen.

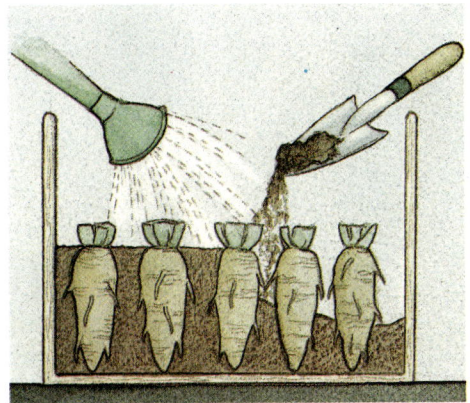

In das ungefähr 10 cm hoch mit guter Gartenerde gefüllte Gefäß steckt man die Chicoréewurzeln, streut lagenweise Erde und gießt an.

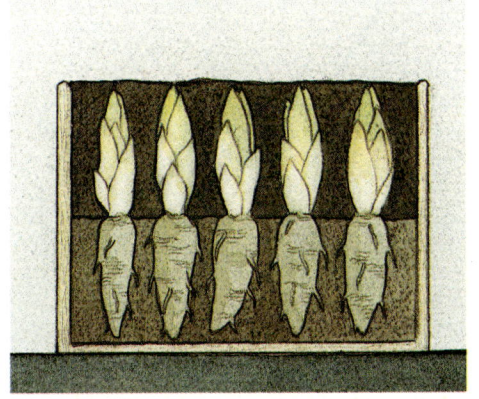

Manche Sorten brauchen keine Deckerde. Die meisten erhalten eine Lage feuchten Sand, in dem die neuen, zarten Blätter heranwachsen.

Chinakohl
Brassica chinensis
(Familie: Cruciferae)

Sorten: 'Blues' F1-Hybride (früh und spät), 'Granat', 'Monument' F1-Hybride (auch als Bioselekt-Samen erhältlich), 'Nagaoka King' F1-Hybride, 'Nippon' F1-Hybride

Vorjahreskultur: Mangold und rote Bete

Vorkultur: Ackerbohnen, Buschbohnen und Kopfsalat

Mischkultur: mit Kopfsalat, Möhren, Spinat und Stangenbohnen

Anbau: Chinakohl hat sich erst in den letzten Jahren bei uns durchgesetzt. Dabei schmeckt er gut, ist zarter als viele andere Kohlarten, leicht verdaulich und sowohl roh wie Endivie als auch gedünstet verwendbar. Wie alle Kohlgewächse braucht Chinakohl einen nährstoffreichen Boden und Sonne.

Keimfähigkeit: 4–5 Jahre

Saatzeit: Die meisten Sorten dürfen nicht vor Mitte Juli angebaut werden, weil sie sonst leicht Schosser bilden. Die beste Zeit ist Mitte bis Ende Juli.

Von den oben angegebenen Sorten verträgt 'Blues' ganz hervorragend die Vorkultur im April.

Saattiefe: 1 cm

Keimtemperatur: 2° C

Keimdauer: 6–8 Tage

Abstand: Die Frühkultur wird ab Mitte Mai auf 30 x 30 cm Abstand ausgepflanzt. Die weitaus häufigeren Spätkulturen sät man direkt ins Freiland auf 30–40 cm Reihenabstand. Später werden die kleinen Pflanzen in der Reihe auf 25–30 cm Abstand verzogen und verpflanzt.

Pflanzung: Vor der Pflanzung wird etwas reifer Kompost eingearbeitet.

Wachstumszeit: 60–85 Tage

Pflege: Bei Trockenheit muß Chinakohl gegossen werden. Die etwa 10 cm hohen Jungpflanzen mulcht man.

Zusatzdünger: Zusätzlicher Dünger ist dann nicht erforderlich. Die Kultur ist gegen Stickstoffüberdüngung etwas empfindlich.

Pflanzenschutz: Chinakohl ist nicht besonders anfällig für Schädlinge und Pflanzenkrankheiten. Jungpflanzen müssen allerdings gegen Schneckenfraß geschützt werden (Cohrs-Schnecken-Stop). Gegen den Erdfloh beugt man durch ständige Feuchtigkeit und guten Algomingehalt des Bodens vor. Auch Mischkultur mit Kopfsalat hält den Erdfloh fern.

Die seltener als bei anderen Kohlarten auftretende Kohlhernie kann die Folge zeitlich zu rasch folgender Kohlkulturen sein. Ebenso-

Chinakohl und Kopfsalat sind gute Nachbarn.

wenig wird die Nachbarschaft von anderem Kohl vertragen. Vorbeugend spritzt man mit Schachtelhalmbrühe (24 Stunden kalt ansetzen, $\frac{1}{2}$ Stunde bei mäßiger Hitze kochen, dann durchsieben und erkalten lassen, vor der Spritzung 5fach mit Wasser verdünnen oder mit CP-Mineralpulver. Man kann zusätzlich Kohlhernie-Stop in Saatrillen und Pflanzlöcher geben, falls dieser Schleimpilzbefall schon einmal auftrat.

Ernte: Chinakohl verträgt bis zu −3° C. Nach der Ernte kann er bei 0–6° C mit der Wurzel Kopf an Kopf in Sand eingeschlagen gelagert werden.

Lagerung: Die lockeren Außenblätter entfernt man vor dem Einschlagen. Bei 0–2° C hält sich Chinakohl drei Monate, bei 6° C ungefähr drei Wochen.

Chinesischer Senfkohl
Brassica parachinensis
(Familie: Cruciferae)

Sorte: 'Pak Choy'
Anbau: Dieser Kohl ist dem Chinakohl sehr ähnlich und wird auch so angebaut.
Verwendet werden wie bei Mangold die breiten Blattrippen und die saftig grünen Blätter.

Die Rippen werden auch in kleine Stücke geschnitten roh gegessen.
Saatzeit: 20. Juli bis 10. August
Ernte: Von September bis November; man kann die Pflanzen wie Mangold stehenlassen und erntet nur immer die äußeren Blätter. Von innen wachsen ständig neue nach.

Eissalat (Krachsalat)
Lactuca sativa var. capitata
(Familie: Compositae)

Sorten: 'Great Lakes', 'Hilds Nr. 12' (mehltauresistent), 'Great Lakes Stamm Nabucco' (Bioselekt), 'Hilds 5644' (mehltau- und virustolerant), 'Laibacher Eis verb. Stamm Format' (mehltau- und virusresistent), 'Saladin R 100' (mehltauresistent, für Frühjahrs-, Sommer- und Herbstanbau)
Vorjahreskultur: Rosenkohl und rote Bete
Vorkultur: Radieschen, Rettich und Spinat
Mischkultur: mit Buschbohnen, Kohlrabi, Möhren, Rettich und Spinat
Anbau: Eissalat ist dem Kopfsalat sehr ähnlich, hat aber den Vorteil, daß er sowohl übermäßige Nässe als auch Trockenheit gut übersteht und dabei sogar große spätschießende Köpfe bildet.

Eine ideale Mischkultur; Zwiebeln, Möhren und Eissalat

Eissalat ist keineswegs winterhart. Der Name bezieht sich darauf, daß die Köpfe im Kühlschrank länger haltbar sind als Kopfsalat. Am kälteunempfindlichsten ist bisher die Sorte 'Saladin R 100'.

Der Anbau ist ansonsten genauso wie bei Kopfsalat.

Endivie (Winterendivie)
Cichorium endivia
(Familie: Compositae)

Es gibt breitblättrige (var. latifolium) und krause Endivie (var. crispum) und Schnittendivie (var. endivia).

Sorten: 'Bubikopf Hilds Spezial' (selbstbleichend), 'Escariol gelber' (für Frühverbrauch), 'Escariol grüner' (frostunempfindlich), haltbarste Sorte für den Einschlag), 'Hilds Diva' (selbstbleichend), 'Rosabella' (sehr widerstandsfähig gegen kühlfeuchte Witterung), 'Sperling's Jeti' (wächst besonders rasch und ist selbstbleichend), 'Sperling's Wivita' (selbstbleichend), 'Wagners Goldherz' (feinkraus und selbstbleichend)

Vorjahreskultur: Gurken und Zucchini

Vorkultur: Kohlrabi und Kopfsalat

Mischkultur: mit Porree und Tomaten

Anbau: Endivien gedeihen am besten in tief gelockertem, warmen Boden, der einen guten Algomingehalt haben sollte. Vor der Aussaat bekommt das Beet 2 cm reifen Kompost, der zumindest mit Algomin, Holzasche und Hornspänen aufgesetzt worden ist. Der Standort muß sonnig und windgeschützt sein.

Keimfähigkeit: 4 Jahre

Saatzeit: je nach Sorte von Ende Mai bis Mitte September

Saattiefe: 0,5 cm

Keimtemperatur: 12–16°C

Pflanzung: Der Boden wird tief gelockert. Die Pflanzlöcher erhalten reifen Kompost und nachmittags eine Hornmistspritzung. Endivie verträgt zwar −4°C, aber nur, wenn bei Frost keine Sonne auf die Blattrosetten fällt. Man kann sie mit Agryl P 17 beschatten. Spä-

Endivie gedeiht auch gut neben Knollenfenchel.

te Pflanzungen sind im Frühbeet oder kalten Gewächshaus gut aufgehoben.

Abstand: 30 x 30 cm

Wachstumszeit: für Pflanzungen etwa 3 Monate

Pflege: Die Erde muß ständig feucht gehalten werden. Deshalb ist Mulchen günstig. Gehackt wird nachmittags bei Mondstand Krebs oder Skorpion. Eine Hornkieselspritzung wird erst gegeben, wenn sich die Blätter nach innen neigen und sich feste Rosetten bilden.

Die selbstbleichenden Sorten braucht man nicht zusammenzubinden. Künstlich gebleichte Endivie enthält weniger Vitamine, wird jedoch wegen des milderen Geschmakkes der Blätter oft bevorzugt.

Gebleicht werden die fast fertig entwickelten Köpfe entweder durch Darüberlegen einer schwarzen Folie oder durch Zusammenbinden der Blätter. Die Bleichung dauert etwa 14 Tage.

Pflanzenschutz: Zur Vermeidung der Schwarzfäule spritzt man von der Keimung bis zum Verpflanzen an Blattagen in neuntägigem Rhythmus mit Schachtelhalmtee, CP-Mineralpulver oder stäubt mit Ecomin.

Ernte: Endivie wird etwa von Mitte September bis Ende November aus dem Freiland geerntet.

Lagerung: Bei größerer Frostgefahr kann man die Pflanzen mit den Pfahlwurzeln ausgraben und in einem Kasten im Keller nebeneinander einschlagen. Bei guter Lüftung des Kellers hält sich vor allem die Sorte 'Escariol grün' vier bis sechs Wochen. Am besten läßt sich Endivie lagern, wenn man sie vormittags bei trockenem Wetter an Fruchttagen erntet.

Feldsalat (Ackersalat, Rapunzel)
Valerianella locusta
(Familie Valerianaceae)

Sorten: 'Hilds Felma GS' (aufrechte Blattstellung erleichtert die Ernte), 'Hilds Valentin' (mehltauresistent), 'Holländischer' (für Vorwinterernte), 'Sperling's Glanzlack' (winterhart), 'Verella' (mehltauresistent und winterhart), 'Vit' (mehltautolerant, Bioselekt)
Vorjahreskultur: Mangold und rote Bete
Vorkultur: Blumenkohl und Erbsen
Mischkultur: mit Bohnen, Erdbeeren, allen Kohlarten, Porree, Radieschen und Rettich, Zwiebeln

Anbau: Feldsalat, dieses kleine Baldriangewächs, ist anspruchslos, gedeiht jedoch am besten auf kalkhaltigem, humosem Boden. Der Boden für Feldsalat sollte unkrautfrei sein. Das erreicht man am besten, wenn man die Erde mit einem Bodenlüfter gut lockert, sie dabei fein krümelt, dann kräftig mit heißem Wasser überbraust und mit schwarzer Loch- oder Schlitzfolie abdeckt. Nach einigen Tagen sind die Kräuterkeime soweit, daß man sie leicht entfernen kann.
Keimfähigkeit: 3 Jahre
Saatzeit: Die beste Bestockung mit zarten Blättern erreicht man, wenn man bereits in der Krebssonne (20. 7.–10. 8.) an Blattagen sät. Die meist übliche spätere Aussaat in der Löwensonne bewirkt eine zu rasche Samenbildung.
Die Frühjahrsaussaat empfiehlt sich in der Fischesonne (12. 3.–18. 4.).
Saattiefe: 0,5 cm; man sät entweder breitwürfig und harkt die Samen dann leicht ein, was sich aber nur bei unkrautfreiem Boden lohnt, oder aber in Reihen. 2–3 g Saatgut pro m² sind ausreichend. Eine dichtere Saat ist ungünstig. In jedem Fall drückt man die Samen gut an.
Keimtemperatur: 4–6° C
Abstand: der Reihen 10–15 cm
Keimdauer: 14 Tage
Wachstumszeit: 80–100 Tage

Feldsalat und Weißkohl, zwei Blattgemüse, die auch im Spätherbst noch im Garten stehen. Während Herbstkohl nur −5° C verträgt, kann Feldsalat auch im Winter draußen sein.

Pflege: In der Krebssonne ausgesäter Feldsalat sollte bis zur Keimung schattiert werden. Damit man beim Putzen später weniger Arbeit hat, wird das aufkommende Unkraut immer rechtzeitig entfernt.

Hornkiesel wird vormittags an Blattagen gesprüht, jedoch erst, wenn sich die Herzblätter deutlich nach innen neigen. Kurz vor Erntebeginn sprüht man nochmals an einem Blütentag.

Pflanzenschutz: Gegen Falschen Mehltau sind die Sorten heute fast alle unempfindlich. Die Hornkieselspritzungen wirken dieser Krankheit zusätzlich entgegen. Führt man sie nicht durch, sollte man mit Schachtelhalm spritzen.

Ernte: Soll der Feldsalat länger haltbar bleiben, wird er morgens an Fruchttagen geerntet. Für den sofortigen Gebrauch kann er jederzeit kurz vor der Zubereitung aus dem Garten geholt werden.

Damit man Feldsalat auch bei Schnee leicht pflücken kann, deckt man ihn rechtzeitig mit Reisig oder Agryl P 17 ab. In dieser Hinsicht wird die Ernte im Winter durch die Anzucht im Frühbeet, Folientunnel oder im kalten Gewächshaus erleichtert.

Samengewinnung: Diese ist bei Feldsalat einfach, da die Pflanzen bei warmem Wetter im Frühling rasch Blüten und Samen bilden. Kurz vor der Reife nimmt man die ganzen Pflanzen (ein bis zwei genügen) aus dem Boden, hängt sie mit den Samen nach unten auf und stellt ein Gefäß unter. In diesem sammelt sich dann das Saatgut. Feldsalat darf sich nach Möglichkeit nicht selbst aussäen.

Besonderheit: Feldsalat ist zusätzlich eine gute Gründüngungspflanze. Man sät ihn im Herbst auf jede abgeerntete Fläche. Was von den grünen Rosetten nicht zum Essen gebraucht wird, hackt man um, bevor die Pflanzen „schießen", und läßt die Grünmasse als Bodenbedeckung liegen.

Das Baldriangewächs ist als Gründüngung eine gute Abwechslung für den Boden und regt die Regenwurmpopulation an. Regenwürmer reagieren auf Feldsalat ähnlich positiv wie auf die Bespritzung mit Baldrianblütenextrakt.

Gartenkresse
Lepidium sativum
(Familie: Cruciferae)

Gartenkresse kann schon ab März ins Freiland.

Sorten: 'Einfache Stamm 74' (schnellwüchsig), 'Großblättrige Hilds Stamm 10' (hoher Ertrag), 'Krause', 'Sperling's Meja' (großblättrig, hoher Ertrag)

Anbau: Dieser anspruchslose und dabei so wertvolle kleine Kreuzblütler, den es kraus- und glattblättrig gibt, gedeiht überall, selbst ohne Erde. Die einzigen Medien, die er braucht, sind ausreichende Feuchtigkeit und Licht, um zu ergrünen.

Gartenkresse läßt sich auf jeder Fensterbank ziehen. Feuchtes Löschpapier oder ein nasses Papiertaschentuch reichen aus, damit diese Pflanzen wachsen können. Kresse wird gerne in Keimboxen herangezogen. Allerdings bringen 3 cm lockere, humose Gartenerde, in einem Kistchen aufgestellt, die würzige Kresse zur vollen Geschmacksentfaltung.

Keimfähigkeit: 3 Jahre

Saatzeit: Gesät werden kann das ganze Jahr. Im Hochsommer braucht Gartenkresse jedoch einen schattigen Platz.

Saattiefe: Man streut sie einfach aus.

Keimtemperatur: 2–4°C

Keimdauer: 2–3 Tage

Wachstumszeit: 12–18 Tage

Pflege: Besondere Maßnahmen sind nicht nötig.

Ernte: Wenn die Gartenkresse 4–6 cm hoch ist, wird sie mit einem scharfen Messer abgeschnitten und als Würze ganz oder gehackt unter rohe Salate oder Quark gemischt. Auch auf Butterbrot ist sie ein Genuß.

Grünkohl (Blätterkohl, Krausblättriger Kohl, Winterkohl)
Brassica oleracea var. sabellica (Familie: Cruciferae)

Sorten: 'Halbhoher grüner krauser' (sehr ertragreich), 'Lerchenzungen Sperling's Werder' (sehr ertragreich), 'Sperling's Spurt' (sehr ertragreich, aufrechte Blätter bei niedrigem Wuchs), 'Winterbor' F1-Hybride (frostresistent, sehr ertragreich)

Mischkultur: Sellerie vertreibt den Kohlweißling. Grünkohl verhindert den Selleriebrand.

Anbau: Grünkohl ist das ideale Wintergemüse. In bezug auf Boden und Klima ist dieses Kohlgemüse recht anspruchslos. Es verträgt Halbschatten, was bei strengem Kahlfrost in Verbindung mit Sonneneinstrahlung sogar günstiger ist als ein sonniger Standort. Seine Blätter können je nach Bedarf von Oktober bis April direkt vom Gartenbeet geerntet werden. Er kommt also im tiefsten Winter knackig frisch auf den Tisch und sorgt obendrein noch dafür, daß man durch seinen Genuß fit bleibt, denn er vertreibt Heiserkeit, reinigt die Atemwege und den Verdauungstrakt.

Keimfähigkeit: 4–5 Jahre

Saatzeit: Mitte bis Ende Mai an Blattagen für die Freilandkultur, Anfang bis Mitte September für die Kalthauskultur

Saattiefe: 1 cm

Keimtemperatur: 2–3° C

Keimdauer: 6–8 Tage

Pflanzung: Jedes Pflanzloch erhält reifen nährstoffreichen Kompost, der beim Aufsetzen mit tierischem Mist angereichert wurde. Komposterter Mist enthält alle für die Pflanzen wichtigen Nährstoffe und viele Spurenelemente.

Abstand: 50 x 50 cm

Wachstumszeit: 100–130 Tage; Grünkohl schmeckt erst richtig gut, wenn er einmal Frost bekommen hat. Im Gewächshaus sollte die Tür in einer Frostnacht offen bleiben, wenn nichts Frostempfindliches Schaden erleiden kann.

Grünkohl kann zusammen mit Feldsalat und Spinat auch im Winter draußen wachsen. Die Ernte bei Schnee wird durch eine Abdeckung mit Vlies erleichtert.

Pflege: Der Boden muß während des Wachstums von Grünkohl locker und feucht sein. Hacken an Blattagen, vor allem nach Platzregen, und Mulch drei bis vier Wochen nach der Pflanzung sind wichtig.

Zusatzdünger: Zusätzliche Dünger sind kaum nötig. Auftretende Wachstumsstockungen können mit Beinwelljauche (1 : 10 mit Wasser verdünnen) behoben werden.

Pflanzenschutz: Der Kohlweißling fliegt von Mitte Juli bis Ende August und bei warmem Wetter nochmals im September und Oktober und legt an den Blattunterseiten seine Eier ab. Man muß Eier und Raupen absammeln. Mischkultur mit Sellerie oder Thymian wirkt geruchsirritierend auf Kohlweißlinge, ebenso CP-Mineralpulver.

Die Kohldrehherzgallmücke hat ihre Flugzeit Ende Mai, Anfang Juni. Sie legt ihre Eier in die Herzblättchen. Die daraus schlüpfenden Larven fressen diese Blättchen, die sich krümmen und kräuseln und anschließend faulen. Vorbeugend spritzt man mit CP-Mineralpulver oder stäubt mit Algomin beziehungsweise Ecomin.

Ernte: Geerntet werden die Blätter von unten nach oben. Die stehengelassenen Strünke bekommen im Frühjahr oft noch neue Sprosse.

Knollenfenchel
Foeniculum vulgare var. azoricum
(Familie: Umbelliferae)

Sorten: 'Latina', 'Sirio' (beide Sommeraussaat), 'Sperling's Cantoni', 'Zefa Fino' (beide Früh- und Sommeraussaat)

Vorjahreskultur: Gurken und Porree

Vorkultur: Erbsen und Frühkartoffeln

Mischkultur: mit Endivien, Gurken, Radicchio und Zuckerhut

Anbau: Bei diesem delikaten roh und gedünstet verwendbarem Gemüse bilden die Blattstiele über der Erde eine fleischige Verdickung.

Keimfähigkeit: 3 Jahre

Saatzeit: Die Sorten, bei denen eine frühe Vorkultur möglich ist, werden in der ersten Februarhälfte an Blattagen ausgesät. So erreicht man eine stauende Wirkung durch die Steinbocksonne im unteren Stengelbereich und zugleich eine Stielförderung durch den Mond.

Die Sommeraussaat erfolgt zwischen dem 20. Juli und 10. August, also in der Krebssonne, die den Stengel-Blattbereich fördert. Zum Ausgleich wird an Wurzeltagen ausgesät.

Saattiefe: 2 cm

Diese Gemüse lassen sich alle auf einer Beetbreite von 120 cm heranziehen.

Keimtemperatur: 16–20°C
Keimdauer: 14–20 Tage
Pflanzung: Fenchel liebt einen nährstoffreichen Boden, steht jedoch in zweiter Tracht. Vorher sollten aber keine Starkzehrer, wie beispielsweise Kohlarten, auf dem Beet wachsen. Vor der Pflanzung gibt man reifen Kompost.
Frühsaaten werden in Frühbeete, Folientunnel oder ins Gewächshaus gepflanzt.
Abstand: Zwischen den Reihen 40 cm, in der Reihe bei Aussaaten direkt ins Freiland im Sommer auf 25–30 cm vereinzeln.
Wachstumszeit: etwa 3 Monate
Pflege: Knollenfenchel bildet gern frühzeitig Blütentriebe. Um das möglichst hinauszuschieben, muß er gut feucht gehalten werden.
Jauchegüsse, hacken und anhäufeln werden an Wurzeltagen durchgeführt. Wenn die Verdickungen etwa zwiebelgroß sind, häufelt man sie leicht an. Danach wird an einem Wurzeltag abends mit Hornkiesel gespritzt.
Zusatzdünger: Brennesseljauche (1:10 mit Wasser verdünnt) gibt man nur bei Wachstumsstörungen.
Pflanzenschutz: Knollenfenchel ist kaum anfällig. Die Jungpflanzen können allerdings von Schnecken heimgesucht werden.
Ernte: Knollenfenchel verträgt zwar leichte Frühfröste (bis −4°C), vorsichtshalber sollte man ihn aber doch mit einer Herbstblätterschicht schützen. Während die frühen Sorten bereits geerntet werden, wenn man die späten erst aussät, erntet man letztere bis in den November hinein. An Wurzeltagen gegen Abend geerntet, ist das Fenchelgemüse von besonders guter Qualität.
Lagerung: Vor stärkerem Frost sollten die Pflanzen ausgegraben und im Keller eingeschlagen werden. Dort halten sie sich einige Wochen.
Samengewinnung: Der mehrjährige Fenchel überwintert unter einer Laubdecke. Im nächsten Jahr erntet man die Samen. Saatgut von Pflanzen aus einjähriger Kultur sind unbrauchbar.
Knollenfenchel für die Gesundheit: So wie das bekannte Fenchelkraut, von dem die Samen für sehr viele heilwirksame Tees verwendet werden, fördert auch das Fenchelgemüse die Gesundheit. Es hilft bei Blähungen, regt die Verdauung an und steigert die Milchbildung bei stillenden Müttern.

Kohlrabi
Brassica oleracea var. gongylodes (Familie: Cruciferae)

Sorten: 'Blaro' (Roggli's blauer, für Glas, Folie und Freiland), 'Delikateß blauer Sperling's Blaukopf' (für das Freiland), 'Delikateß' (weiß, für Sommer- und Herbstkultur im Freiland), 'Express-Forcer' F1-Hybride (weiß, für Glas, Folie und Freiland), 'Hilds Azur Star GS' (früher blauer, für Glas, Folie und Freiland), 'Hilds Marko' (früher weißer Freilandkohlrabi), 'Lauro' (Roggli's weißer Freilandkohlrabi), 'Superschmelz' (weißer Riesenkohlrabi, dabei sehr zart), 'Trero' (Roggli's weißer, für Glas und Folie), 'Quickstar' F1-Hybride (früher, weißer, für Glas, Folie und Freiland)
Vorjahreskultur: Mangold und rote Bete
Vorkultur: Kopfsalat, Radieschen und Rettich
Mischkultur: mit Bohnen, Gurken, Kopfsalat, Rettich, Sellerie, Spinat und Tomaten
Anbau: Kohlrabi ist die anspruchsloseste Kohlart. Der Boden muß humos und locker sein. Seine kurze Kultur macht ihn als Vor- und Zwischenfrucht beliebt. Eine sonnige Lage ist zu bevorzugen. Treibsorten eignen sich auch für abgedämpftes Licht im Gewächshaus.
Keimfähigkeit: 4 Jahre
Saatzeit: Kohlrabi sollte man alle vier Wochen aussäen, damit man das beliebte Gemüse laufend ernten kann. 'Express-Forcer' darf schon ab Ende November auf dem Fensterbrett herangezogen werden, braucht aber von der Aussaat bis 14 Tage nach dem Pikieren Temperaturen zwischen 15 und 18°C. 'Quickstar' wird ab Mitte Januar vorkultiviert, die meisten Sorten ab Februar.
Saattiefe: 0,5 cm

Keimtemperatur: Hier muß man auf die Samentütenangaben achten. Die Mindestkeimtemperatur beträgt im Freiland 2–3° C. Die Anzucht unter Glas erfordert meist 15–18° C. Große Temperaturschwankungen sind ungünstig.

Keimdauer: 6–8 Tage

Pflanzung: Viele Sorten können schon ab April ins Freiland gepflanzt werden, 'Delikateß' erst nach den Eisheiligen. Einige Sorten vertragen bis zu −6° C. Bei höherem Frost gibt man gegen Abend Baldrianblütenextraktspritzungen oder deckt die jungen Pflanzen mit Agryl P 17 ab.

Abstand: Frühe und kleinblättrige Sorten ('Expreß-Forcer', 'Hilds Marko', 'Hilds Azur') erhalten 25 cm Reihenabstand und zwischen den Pflanzen 30 cm, während später Kohlrabi 30 cm Reihenabstand und 40 cm in der Reihe erhält.

Die späten Sorten sollte man nicht enger pflanzen, da sie diesen Platz benötigen.

Wachstumszeit: 60–100 Tage von der Pflanzung bis zur Ernte

Pflege: Kohlrabi muß man feucht halten. Bei Trockenheit werden manche Sorten holzig, fast alle platzen.

Zusatzdünger: Während der Wachstumszeit gießt man zweimal im Abstand von 9 oder 18 Tagen vormittags an Blattagen mit Beinwelljauche (1::10 mit Wasser verdünnt). Zu Beginn der Knollenbildung spritzt man einmal mit Hornkiesel.

Pflanzenschutz: Über Jungpflanzen fallen oft Schnecken her. Durch den lockeren Blattstand kann man die Schnecken leicht entdecken. Andere Schädlinge suchen dieses Kohlgemüse selten heim. Kohlweißlingsraupen sammelt man, wie die Schnecken, am besten ab.

Ernte: Kohlrabi kann jederzeit frisch vom Beet geerntet werden. Sollen sie längere Zeit halten, wählt man für die Ernte die Vormittage von Fruchttagen.

Kohlrabi und Kopfsalat, das ist vor allem im Frühjahr eine beliebte Mischkultur. Früher baute man gerne blaue Kohlrabis an, weil diese zarter waren. Bei den heutigen Sorten ist jedoch kein Unterschied mehr festzustellen. Sogar die Riesenkohlrabis sind butterweich. Kohlrabi sollte immer frisch geerntet werden. Schon nach etwa vier Tagen hat er so viel Feuchtigkeit verloren, daß er im Fleisch dicke, narbige Risse bekommt. Er schmeckt dann nicht mehr knackig, sondern strohig und wird oft auch holzig. Die Sorte 'Superschmelz' muß übrigens angehäufelt werden, damit die bis zu 11,5 kg schweren Kohlrabis nicht umfallen.

Kopfkohl gedeiht neben Kopfsalat genausogut wie neben Sellerie.

Kopfkohl
(Rot- und Weißkohl)
Brassica oleracea var. capitata
(Familie: Cruciferae)

Sorten: Rotkohl: 'Autoro' F1-Hybride, 'Langendijker Dauer', 'Marner Frührot', 'Marner Lagerrot', 'Marner Rocco' Hybride, 'Rodon F1-Hybride (Bioselekt); Weißkohl: 'Filderkraut', 'Marner Allfrüh', 'Marner Frico' Hybride, 'Marner Lagerweiß'
Vorjahreskultur: Bohnen, Erbsen und Zwiebeln
Vorkultur: Ackerbohnen, Feldsalat und Spinat
Mischkultur: mit Buschbohnen, Endivien, Gurken, Rettich, Sellerie, Stangenbohnen und Tomaten
Anbau: Diese beiden Kohlarten stellen an den Boden die höchsten Ansprüche. Humoser lockerer Lehmboden mit einem pH-Wert um 7 ist am günstigsten. Der Boden muß mit nahrhaftem reifem Mistkompost vorberei-

tet werden, den man auch schon als Anzuchterde benutzt.
Keimfähigkeit: 4–5 Jahre
Saatzeit: Frühe Sorten werden im Februar unter Glas, mittelfrühe im März im Frühbeet, Herbst- und Wintersorten im April im Frühbeet oder Kalthaus, ab Mai im Freiland ausgesät, und zwar immer an Blattagen.
Saattiefe: 0,5–1 cm
Keimtemperatur: 10–14° C
Keimdauer: 5–8 Tage
Pflanzung: Die Setzlinge werden nur so tief gepflanzt, wie sie auch vorher standen.
Abstand: 60 x 60 cm
Wachstumszeit: 3–5 Monate
Pflege: Die Anzuchterde bekommt am Saattag eine Hornmistspritzung. Bei der Vorbereitung der Erde, falls dies im Herbst geschieht, aus Mulchkompost und organischer Bodenbedeckung gibt man ebenfalls eine solche Spritzung und nochmals vor oder kurz nach der Pflanzung am Nachmittag.
Kohl muß ständig feucht gehalten werden. Deshalb sollte nach dem Anwachsen der

Pflanzen mit Gartenabfällen gemulcht werden. Gehackt wird stets am Nachmittag, damit der Boden kein Wasser verdunstet.

Wenn die Köpfe sich zu schließen beginnen, gibt es vormittags an einem Blattag eine Hornkieselspritzung. Kurz vor der Ernte erfolgt diese und auch jede Hackarbeit nachmittags an Blütentagen. Das erhöht Geschmack und Lagerfähigkeit.

Pflanzenschutz: Kohlfliege und Kohlgallenrüßler sind unter Blumenkohl, Kohlweißlinge unter Grünkohl, Kohlhernie unter Chinakohl beschrieben. Nach Kohlhernie darf erst wieder nach vier Jahren Kohl auf demselben Beet wachsen.

Ernte: Alle Kohlsorten, ob frühe oder späte, werden vormittags an Blütentagen geerntet. Auch Sauerkraut gewinnt dadurch an Qualität.

Sein köstlicher, mild-saurer Geschmack bleibt bei richtiger Pflege bis zum Frühjahr erhalten.

Die geeignetste Pflege ist die, das Kraut nach jeder Entnahme zu kneten, bis der Saft auf dem Kraut steht.

Außerdem stampft man Sauerkraut alle acht bis zehn Tage an Blütentagen durch, und zwar unabhängig davon, ob man Sauerkraut entnehmen will.

Früh- und Sommerkohl müssen bald nach der Ernte verbraucht werden. Sie sind nicht lange lagerfähig.

Herbstkohl verträgt bis zu −5° C. Vor der Ernte müssen die Köpfe allerdings aufgetaut sein. Hohen Schnee sollten sie nicht auf dem Beet erleben.

Lagerung: Man erntet die Köpfe mit den Wurzeln. Dann kann man sie in einem kühlen frostfreien Keller einzeln an den Wurzeln aufhängen. Außerdem dürfen erkrankte Wurzeln nicht im Boden bleiben.

Die Kohlköpfe halten sich auch sehr gut in Stroh oder Heu.

Kopfsalat vertreibt Erdflöhe von Rettich und Radieschen.

Kopfsalat
Lactuca sativa var. capitata
(Familie: Compositae)

Sorten: für Treibhauskulturen: 'Hilds Romeo' (mehltauresistent, für Herbst, Winter und Frühjahr), 'Larissa' (Bioselekt), 'Viktoria' (Treibspezialzucht, für kalte Treibkultur); für das Freiland: 'Benita' (mehltau- und virusfest, für Frühsommer und Herbst, Biostart), 'Hilds Merkur' (für Herbstkultur, verträgt Frühfröste), 'Hilds Neckarriesen' (Frühjahrs- und Herbstanbau), 'Kagraner Sommer' (Hilds Spezialzucht, ideal für die Sommerkultur), 'Maikönig' (für frühesten Anbau), 'Winterharter Maikönig' (verträgt Frost, im Winter mit Reisig oder Agryl P 17 abdecken), 'Viktoria Sperling's King Albert' (auch für das Treibhaus)

Vorjahreskultur: Rot-, Weißkohl und Wirsing

Vorkultur: Kohlrabi, Rettich und Spinat

Mischkultur: mit Buschbohnen, allen Kohlarten, Möhren, Radieschen, Rettich, Porree, Spinat, Stangenbohnen, Tomaten und Zwiebeln

Anbau: Kopfsalat kann mit den entsprechenden Sorten das ganze Jahr über angebaut werden. Der Boden sollte tief gelockert und humos sein, der Standort sonnig. Vor der Saat oder Pflanzung wird 2 cm hoch reifer Kompost gestreut, den man oberflächig einarbeitet.

Keimfähigkeit: 3–4 Jahre

Saatzeit: das ganze Jahr bei Mondstand Krebs oder Skorpion

Saattiefe: 0,5 cm

Keimtemperatur: rasche Keimung durch Wechseltemperaturen zwischen 10 und 18° C

Keimdauer: 8–10 Tage

Pflanzung: Man kann entweder direkt ins Freiland säen, später verziehen und die überzähligen Pflänzchen verpflanzen, oder auch in Saatschalen aussäen und zu gegebener Zeit verpflanzen. Salat darf nicht zu tief in den Boden. Der Blattansatz muß über der Erde sein. Nach dem Pflanzen gießt man gründlich an.

Auch Kopfsalat und Zwiebeln fördern sich.

Für frühe Freilandkulturen hat sich das Abdecken mit Agryl P 17 gut bewährt.

Wachstumszeit: 50–100 Tage

Pflege: Die Anzuchterde wird mit dem Hornmistpräparat behandelt. Vor der Pflanzung muß man den Boden tief lockern und nachmittags an Blattagen Hornmist geben.

Erst wenn die Köpfe sich zu schließen beginnen, erfolgt vormittags an Blattagen die Hornkieselspritzung.

Die Nitratanreicherung in Gewächshaussalat wird zurückgedrängt, wenn man sehr gut verrotteten Kompost streut und bei Mondstand Krebs oder Skorpion hackt.

Kurz vor der Ernte erfolgt die Bodenbearbeitung an Blütentagen.

Pflanzenschutz: Salatfäule tritt eigentlich bei den heutigen Sorten und durch die Hornkieselspritzungen nicht auf. Bei anhaltend feuchter Witterung kann man die Nässe durch Hackarbeiten am Vormittag an Blüten- oder Fruchttagen zum Verdunsten bringen.

Ernte: Kopfsalat ist jederzeit direkt vom Beet zu ernten. Muß er einige Tage halten, sollte er in den Morgenstunden an Fruchttagen geschnitten werden.

Mangold
Beta vulgaris
Blattmangold – B. v. var. vulgaris
Stielmangold – B. v. var. flavescens
(Familie: Chenopodiaceae)

Sorten: 'Glatter Silber' (dickfleischige, breite, weiße Rippen), 'Lucullus' (Blätter, Rippen und auch Stiele werden verwendet), 'Vit silver', 'Wagners Vulkan' (rotstielig)

Vorjahreskultur: Porree und Sellerie, weder Spinat noch rote Bete im Vorjahr

Vorkultur: Feldsalat

Mischkultur: mit allen Kohlarten, Möhren und Radieschen

Anbau: Dieses Blatt- und Stielgemüse kann roh als Salat oder die Blätter gedünstet wie Spinat gegessen werden. Stiele oder Rippen werden ebenfalls gedünstet und ähnlich wie Spargel ganz oder in etwa 5 cm lange Stücke geschnitten mit zerlassener Butter oder einer weißen Soße angerichtet.

Im Gegensatz zu Spinat steht Mangold auch den ganzen Sommer über zur Verfügung. Wenn Mangold herangewachsen ist, werden die äußeren Blätter mit den Stielen abgebrochen und verwendet. Von innen heraus wachsen immer neue Blätter nach.

Die Pflanzen vertragen sogar etwas Frost, so daß noch spät im Jahr geerntet werden kann. Wer ein Gewächshaus hat, kann die Pflanzen dort eingraben und nach Weihnachten junge Blätter und Stiele ernten.

Keimfähigkeit: 4 Jahre

Saatzeit: Anfang bis Mitte April wird für die Sommerernte gesät, Mitte Juli bis 10. August für das Überwintern (im Winter durch eine Laubdecke oder Reisig schützen).

Saattiefe: 2–3 cm

Keimtemperatur: 8–12° C

Abstand: Blattmangold 30 cm zwischen, 10–20 cm in den Reihen; Stielmangold 50 cm zwischen, 40 cm in der Reihe

Keimdauer: 14 Tage

Mangold ist eine anspruchslose Pflanze. Der Boden muß nur locker und humos sein. Allerdings ist Mangold nicht selbstverträglich und darf sowohl sich selbst als auch roten Beten und Spinat erst nach drei Jahren folgen. Bei Reihenmischkulturen sät man deshalb in die Reihe, auf der Mangold im nächsten Jahr wachsen soll, die Ackerbohne als Mulchpflanze.

Vor der Aussaat reichert man die Saatrillen mit nährstoffreichem reifem Kompost an, damit Rippen und Blätter kräftig werden.

Der Boden muß immer feucht sein. Eine gute pflanzliche Mulchschicht macht das Gießen weitgehend überflüssig.

Pflege: Hackarbeiten führt man bei Mondstand Krebs oder Skorpion und stets nachmittags aus. Die Hackarbeiten bei beiden Mondständen verhindern die Nitratanreicherung, Mondstand Skorpion reichert Eisen aus dem Boden in den Pflanzen an.

Zusatzdünger: Zusätzliche Dünger sind nicht nötig.

Pflanzenschutz: Die Pflanzen sind nicht anfällig. Bei Trockenheit können jedoch Schwarze Läuse auftreten.

Ernte: Am Vormittag, wenn die Pflanzensäfte nach oben steigen, ist ein günstiger Erntetermin. Soll Mangold einige Tage halten, sind Frucht- oder Blütentage den Blatt- und Wurzeltagen vorzuziehen. Zeiten, in denen der Mond aufsteigt, erhöhen für Blattgemüse allgemein die Haltbarkeit.

Mangold ist ein robustes Gemüse.

Neuseeländer Spinat
Tetragonia tetragonioides
(Familie: Aizoaceae)

Sorten: Spezielle Sorten gibt es bei diesem bei uns noch kaum verbreiteten Eisenkrautgewächs nicht. Er wird unter der Bezeichnung Tetragonia oder Neuseeländer Spinat angeboten.

Vorjahreskultur: Möhren

Vorkultur: Kopfsalat, Möhren und Radieschen

Mischkultur: Neuseeländer Spinat hat sich als guter Bodendecker auf Obstbaumscheiben, unter Tomaten und Rhabarber sehr bewährt.

Anbau: Neuseeländer Spinat wird in Neuseeland, Australien, Japan und Südamerika seit Jahrhunderten angebaut und ist von dem britischen Weltumsegler James Cook 1772 nach Europa gebracht worden.

Dieses Blattgemüse ist dem Spinat ähnlich, braucht aber nährstoffreichen Boden und viel Platz, da er mit seinen stark wachsenden Trieben die Erde bedeckt.

Keimfähigkeit: 2 Jahre

Saatzeit: Entweder kultiviert man Samen, die vorher in einem handwarmen Saatbad (Biosmonwasser oder angerührtes Hornmistpräparat) 24 Stunden lang aufgequollen sind, ab Mitte März vor oder bringt sie in der ersten Aprilhälfte direkt ins Freiland. Das geschieht jeweils an Blattagen. Im Herbst säen sich die Samen auch selbst aus und keimen im Frühjahr.

Saattiefe: 1 cm

Keimtemperatur: 8–15°C

Keimdauer: 15–30 Tage, Freilandsaat schützt man sicherheitshalber mit Vlies oder Folie gegen Spätfröste oder man sät in ein Frühbeet.

Pflanzung: Ende April werden die kräftigsten Keimlinge ausgepflanzt und bedeckt. Man setzt Neuseeländer Spinat auch gern an den Fuß von Komposthaufen. Er berankt und beschattet diese.

Abstand: Jede Pflanze braucht 1 m² für sich. Die Triebe werden 100 cm lang und länger.

Neuseeländer Spinat bildet Ranken aus und ist deshalb ein guter Bodendecker.

Wachstumszeit: Der erste Schnitt kann nach etwa zwei Monaten erfolgen.

Pflege: Die jungen Triebe werden möglichst frühzeitig nachmittags an einem Blattag entspitzt, damit sich zahlreiche, kräftige Seitentriebe entwickeln. Gehackt und mit Hornkiesel gesprüht wird an Blattagen.

Ernte: Von Mitte Juni bis Oktober oder November werden die Blätter und Seitentriebspitzen laufend geerntet. Es bilden sich immer neue Triebe.

Schwache Frühfröste verträgt Neuseeländer Spinat, wenn man gegen Abend mit Baldrianblütenextrakt sprüht und mit dem Vlies Agryl P 17 abdeckt.

Samengewinnung: Die Aussaat zur Samengewinnung sollte im März bei Mondstand im Löwen geschehen. Die unscheinbaren gelbgrünen Blüten entwickeln sich in den Blattachseln. Hackarbeiten werden ebenfalls an Löwetagen vorgenommen. Die Samen erntet man vormittags bei aufsteigendem Löwemond. Neuseeländer Spinat sät sich gern selbst aus.

Radicchio
Cichorium intybus var. foliosum
(Familie: Compositae)

Sorten: Für die Ernte von Oktober bis Dezember: 'Palla Rossa', 'Palla Rossa Spezial', 'Prima Rossa', 'Roter Ballon'; für die Ernte im Frühjahr: 'Roter Veroneser', 'Roter von Verona', 'Verona'.

Vorjahreskultur: Rosenkohl und Sellerie

Vorkultur: Blumenkohl und Kopfsalat

Mischkultur: mit Gemüsefenchel, Kerbel, Kohlrabi und Möhren

Anbau: Dieser aus Italien kommende und in den letzten Jahren auch bei uns immer beliebter werdende rote Salat ist mit seinem mild bitteren Geschmack eine gute Ergänzung für die aus dem eigenen Garten in den Wintermonaten verfügbaren Salatarten, zumal er pikant und appetitanregend ist.

Keimfähigkeit: 5 Jahre

Saatzeit: für Spätherbsternte Mitte März bis Mitte April und Mitte Mai bis Mitte Juni; für Frühjahrsernte 20. Juli bis 10. August

Saattiefe: 1,5 cm

Keimtemperatur: Die ersten vier Tage 28° C, dann 20° C. Zu kühle Anzuchttemperaturen führen leicht zu Schossern. Um für diese Keimtemperaturen nicht vom Wetter abhängig zu sein, sät man in einen Saatkasten und legt bei kühler Witterung für die ersten Tage eine Wärmeplatte unter den Kasten.

Keimdauer: 10–15 Tage

Pflanzung: Die Sämlinge werden möglichst jung auf das mit nährstoffreichem Kompost vorbereitete Beet gepflanzt. Das höchste Gewicht pro m² erreicht man bei der Radicchioernte mit 40 cm Reihenabstand und 25 cm Pflanzweite in der Reihe. Weder eine geringere noch eine höhere Pflanzdichte bringt größere Ernten.

Eine Verfrühung erreicht man bei Radiccio, wenn bereits Mitte März ins Anzuchtgefäß gesät und bis spätestens 18. April ins Freiland gepflanzt wird. Man deckt die jungen Pflanzen mit dem Vlies Agryl P 17 ab, bis die Eisheiligen vorüber sind. Dadurch ergibt sich eine gute und frühe Herbsternte. Allerdings muß der erste Frost im Spätherbst abgewartet

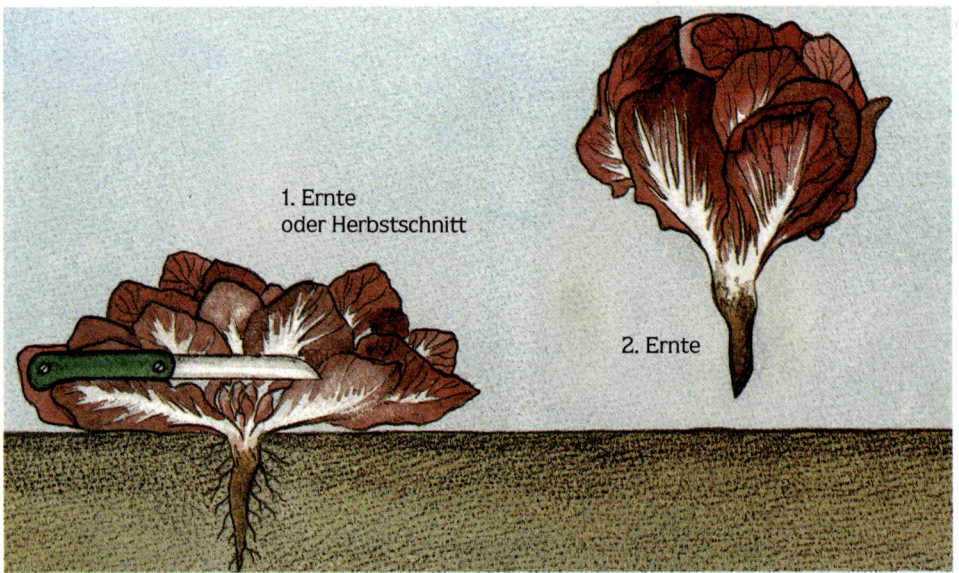

1. Ernte oder Herbstschnitt

2. Ernte

Man kann Radicchioherbst- und -frühjahrssorten zweimal ernten, wenn man bei der ersten Ernte das Herz stehenläßt.

werden, wenn die Radicchioblätter ihr charakteristisches Rot erreichen sollen. Bei der Sorte 'Palla Rossa Spezial' wartet man allerdings vergeblich auf eine gute Rotfärbung. Dafür bringen die Köpfe jedoch das,höchste Gewicht.

Pflege: Radicchio erhält während der Wachstumszeit zweimal Brennesseljauche (1:20 mit Wasser verdünnt), und wenn sich die Blätter nach innen neigen, einmal am Morgen eines Blattages und vor der Ernte morgens an einem Blütentag eine Hornkieselspritzung. Dann halten sich die Köpfe besser. Der Boden sollte immer feucht sein, deshalb wird er gemulcht.

Ernte: Wegen der längeren Haltbarkeit wird Radicchio ebenfalls an einem Blütentag und außerdem morgens geerntet. Damit sich neue Köpfe entwickeln können, schneidet man die Blätter nur so weit ab, daß das Herz stehen bleibt. Etwas reifer Kompost bringt eine größere zweite Ernte fester Köpfe mit roten Blättern. Man erntet die ganzen Köpfe mit etwa 15 cm der Pfahlwurzeln. Zur Aufbewahrung lassen sie sich einige Wochen mit den Wurzeln in eine Kiste in feuchte Gartenerde stecken. Der Raum muß 6–10° C haben. Die überwinternden Frühjahrssorten deckt man gegen Kahlfröste entweder mit Reisig oder Vlies Agryl P 17 ab.

Römersalat, wie dieser Salat auch noch heißt, ist dem Kopfsalat sehr ähnlich. Er kann im Gegensatz zu diesem auch im Hochsommer angebaut werden, da er spät schießt und selbst dann noch verwertbar ist.

Römischer Salat (Bindesalat, Sommerendivie)
Lactuca sativa var. longifolia (Familie: Compositae)

Sorten: 'Kasseler Strünkchen', 'Parris Island cos Sperling's Crato', 'Valmaine', 'Verde Degli Ortolani'

Anbau und Pflege: Römischer Salat wird wie Kopfsalat angebaut. Er eignet sich für den Frühjahrs-, Sommer- und Herbstanbau. Seine Jungpflanzen sind schwer von Kopfsalat zu unterscheiden. Später bildet er länglich ovale Köpfe mit knackigen Innenblättern und herzhaftem Salatgeschmack. Die harten Außenblätter sind roh nicht verwendbar.

Dieser Salat hat die Besonderheit, daß man ihn auch kochen kann. Wenn er schießt, was übrigens spät der Fall ist, streckt sich der zarte Strunk. Er wird wie Spargel zubereitet. Die Blätter kann man wie Mangold dünsten. Sie schmecken gut mit weißen Soßen, denen man entweder Muskatblüte, Kümmel oder Oregano unterrührt. Ebenso schmackhaft ist er mit frischer feingehackter Petersilie. Auch Schnittlauch paßt zu diesem gesunden Salat.

Im Kühlschrank hält sich Römischer Salat etwa eine Woche.

Rosenkohl (Sprossenkohl)
Brassica oleracea var. gemmifera (Familie: Cruciferae)

Sorten: 'Cavalier' F1-Hybride (Bioselekt), 'Harald 51', 'Hilds Ideal GS', 'Ottoline' F1-Hybride, 'Viscount' F1-Hybride

Vorjahreskultur: Erbsen und Stangenbohnen

Vorkultur: Frühkartoffeln und Kopfsalat

Mischkultur: mit Radieschen und Rettich; Buschbohnen, Gurken und Tomaten auf dem Nachbarbeet

Anbau: Rosenkohl gedeiht gut auf humosem Lehmboden, ist aber auch sonst nicht wählerisch, wenn er vor der Pflanzung reifen Kompost bekommt.

Keimfähigkeit: 4–5 Jahre

Saatzeit: für frühen Rosenkohl Ende März bis 18. April, für späten im Mai

Saattiefe: 0,5 cm; Rosenkohl kann in 8 cm große Pflanztöpfe, Saatschalen oder in ein Saatbeet ausgesät werden. Sobald außer den beiden Keimblättern noch ein Blatt entwickelt ist, pikiert man aus den Saatschalen und dem -beet in 8-cm-Pflanztöpfe.

Keimtemperatur: 14–16° C, danach sind 10–15° C günstiger.

Keimdauer: etwa 1 Woche

Pflanzung: Mitte Mai bis Ende Juni sollten die Setzlinge ausgepflanzt werden. Jedes Pflanzloch und der reife Kompost, mit dem aufgefüllt wird, erhält am Pflanztag, einem Blattag, Hornmist und etwas Holzasche. Rosenkohl setzt man nicht tiefer als er vorher gestanden hat.

Abstand: 60 x 60 cm

Wachstumszeit: etwa 6 Monate

Pflege: Nach dem Anwachsen der Setzlinge erhält Rosenkohl an einem Blattag vormittags eine Hornkieselspritzung. Auch öfteres Hacken mit Anhäufeln ist zunächst an Blattagen vormittags günstig.

Ein vorzüglicher Bodendecker für Rosenkohl ist Feldsalat.

Vor Beginn der Ernte empfehlen sich erfahrungsgemäß sowohl Hacken als auch Hornkieselspritzungen an Blütentagen am Nachmittag. Diese Zeiten führen zu besserem Aroma und höherer Qualität.

Zusatzdünger: Zur Wachstumsförderung gibt man zweimal Beinwelljauche (1:5 mit Wasser verdünnt) an Blattagen.

Wollen sich die Röschen nicht recht schließen, kann man die Triebspitzen im Oktober am Nachmittag eines Blattages abdrehen.

Pflanzenschutz: Allen Schädigungen, die bei den anderen Kohlarten auftreten können, sollte auch bei Rosenkohl vorgebeugt werden.

Besonders zu beachten ist die Kohlfliege. Nach dem Befall durch die Kohlfliegenmade wächst der Rosenkohl noch fast normal weiter. Deshalb wird die Made oft nicht beachtet. Die sich aus den Maden entwickelnde zweite Generation der Kohlfliege befällt jedoch sofort die halbgeschlossenen Röschen. Diese faulen und können sich nicht mehr schließen. Deshalb darf kein frischer Mist verabreicht werden. Auch Pflanzenjauchen sind eine Gefahr. Zur Beinwelljauche stäubt man deshalb auf die Pflanzen Korallalgenkalk, Ecomin oder CP-Mineralpulver als Duftirritation.

Ernte: Früher Rosenkohl kann ab Oktober, später ungefähr ab Mitte November geerntet werden. Er entwickelt erst nach dem ersten Frost sein volles Aroma.

Rosenkohl ist winterhart und bleibt auf dem Beet stehen. Man erntet die Röschen nach und nach von unten nach oben.

Lagerung: In Gegenden mit hohem Schnee kann Rosenkohl mit den Wurzeln aus dem Boden genommen und eingeschlagen werden.

Rosenkohl für die Gesundheit: Rosenkohl ist außerordentlich Vitamin-C-reich und verleiht Genesenden neue Lebenskraft. Er löst Verschleimungen in den Atemwegen, fördert den Appetit und regt die Magen- und Darmtätigkeit an.

Rosenkohl sollte schonend gedünstet werden. Auch roher Salat schmeckt gut, wenn er mit Öl oder saurer Sahne und Kräutern, beispielsweise Kümmel, angemacht wird.

Spargel
Asparagus officinalis
(Familie: Liliaceae)

Sorten: Bleichspargel: 'Braunschweiger', 'Darmstädter', 'Erfurter Riesen', 'Mainzer', 'Schwetzinger Meisterschuß' (je nach Gegend wählen); Grünspargel: 'Spaganiva', 'Sperling's Merrygreen'

Vorjahreskultur: Sowohl für Bleich- als auch für Grünspargel sollte der Boden im Sommer vor der Frühjahrspflanzung durch eine Gründüngungsaussaat vorbereitet werden.

Der Boden erhält in sonniger Lage vorher Quarzsand und Bentonit, soweit er nicht sowieso ein lehmhaltiger Sandboden ist, der sich für Spargel am besten eignet.

Der Kalkgehalt muß ebenfalls geregelt werden. Für Bleichspargel ist ein pH-Wert von 5,8 bis 6,5 am günstigsten, für Grünspargel zwischen 6,5 und 7. Nach einer Messung regelt man den pH-Wert gegebenenfalls mit Algomin.

Anschließend sät man Lupinen, Bienenfreund, Rotenburger Kombigemenge oder Ölrettich ein. Diese Gründüngungspflanzen gedeihen alle gut auf lehmigen Sandböden und benötigen außerdem den angegebenen pH-Wert-Bereich.

Mischkultur: Spargel verträgt nur in den beiden ersten Jahren die Nachbarschaft von Buschbohnen, Dill, Erbsen, Gurken, allen Kohlarten, roten Beten, Salat und Sellerie. Später wird lediglich gemulcht.

Anbau: Schon 3000 Jahre vor unserer Zeitrechnung brachten die alten Ägypter ihren Göttern Spargel als Opfergabe dar. Die Griechen schätzten schon im Altertum und noch heute den in Griechenland wildwachsenden, spitz blättrigen Spargel (Asparagus acutifolius) und auch die alten Römer bauten Spargel auf ihren Feldern an. Sie kultivierten den Grünspargel, der noch heute in Südfrankreich gezogen wird. In Deutschland baute man seit der Mitte des 16. Jahrhunderts Bleichspargel an.

Erst in den letzten Jahren wird auch bei uns Grünspargel beliebt. Er ist nicht nur leichter heranzuziehen, sondern auch würziger im Geschmack und enthält mehr Vitamin C, aber auch B, Provitamin A, die Mineralstoffe Kalk, Eisen und Kalium und außerdem viele Spurenelemente. Grünspargel besitzt wesentlich mehr von der Aminosäure Asparagin, die neben anderen Stoffen des Spargels besonders günstig auf die Nierentätigkeit wirkt. Dabei ist Spargel auffallend arm an Kalorien, Kohlenhydraten, Eiweiß und Fett und wird deshalb bei Fettsucht als Genuß ohne Reue empfohlen.

Da zur Spargelanzucht Spezialkenntnisse gehören, kauft man am besten einjährige Sämlinge, aber auch zweijährige sind noch verwendbar. Sie sollten wenigstens zehn kräftige Wurzeln und fünf bis sechs Knospen haben.

Bleichspargelanbau: Das Spargelbeet wird in Nord-Südrichtung angelegt. Hoher Grundwasserstand und gestaute Nässe sind ungeeignet. Meist wird im Haus- und Schrebergarten ein einreihiges Beet vorgesehen, das 150 cm breit ist. Bei mehreren nebeneinander liegenden Reihen ist darauf zu achten, daß der Abstand von 150 cm eingehalten wird.

Die Mitte des Beetes erhält einen mindestens 40 cm breiten und 30 cm tiefen Graben. Mit der Aushuberde häuft man zu beiden Seiten einen Hügel an. Die Grabensohle wird grabgabeltief aufgelockert und mit reifem Rindermistkompost vermischt.

Pflanzung: Zwischen dem 1. und 18. April kann man die günstige Fischesonne bei Mondstand im Wurzeltrigon für das Auslegen der Pflanzen benutzen.

Vorher häufelt man im Graben alle 40 cm etwa 10 cm hohe Hügel aus Rindermistkompost auf. Die Gräben bekommen noch eine Hornmistspritzung, dann werden die Sämlinge auf die Hügelspitzen gelegt und die Wurzeln nach allen Seiten ausgebreitet. Damit die Wurzeln während der weiteren Pflanzarbeit nicht austrocknen, werden sie sofort mit einer Mischung aus Rindermistkompost und guter Gartenerde etwas abgedeckt.

Hat man die ganze Reihe gelegt, füllt man den Graben bis zu den Köpfen der Knospen mit Rindermistkompost und zuletzt mit durchgesiebtem Aushub auf. Die Erde darf keine Steine enthalten. Die Köpfe der Knospen der Spargelsämlinge sollten sich etwa 18 cm unter dem eigentlichen Bodenniveau befinden.

Zuletzt wird nochmals Hornmist gegeben und im Mai, wenn sich das Spargelkraut schon entwickelt hat, folgt eine Hornkieselspritzung am Vormittag an einem Blattag.

Pflege: Der Graben bleibt das ganze erste Jahr offen. Er muß von Unkraut freigehalten werden, während man die seitlich verbliebenen Hügel für Kohl- und Salatkulturen nutzen kann. Dafür vermischt man den Aushub mit dem für diese Gemüse nötigen reifen Kompost.

Im nächsten Spätherbst oder Winter wird nochmals reifer Kompost in den Graben

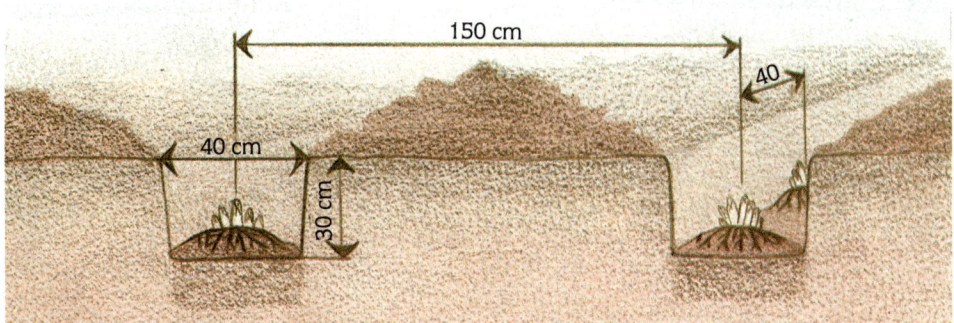

Bleichspargelkultur

gestreut. Der Boden darf für diese Arbeit nicht hartgefroren sein. Anschließend gibt man Hornmist.

Im Frühjahr ist eine Hornkieselspritzung nötig, und außerdem wird der Graben mit dem seitlich liegenden gedüngten Aushub aufgefüllt.

Die breiten Seitenstreifen der Spargelpflanzung können in dieser zweiten Vegetationsperiode für den Anbau der unter dem Stichwort Mischkultur angeführten Gemüse genutzt werden.

Im Sommer und Herbst erhält das grüne Spargelkraut mehrmals Hornkiesel, im darauffolgenden Spätherbst oder Winter wird nochmals reifer Mistkompost gegeben, im zeitigen Frühjahr schließlich Hornmist.

Vor dem Austrieb der Pflanzen häufelt man Ende März, Anfang April über den Spargelreihen Wälle auf, die an der Basis 50 cm breit und eine Höhe von 35 cm haben sollten. Die Erde nimmt man von beiden Seiten, wodurch kleine Gräben entstehen. Beide Seiten des Walles werden glattgestrichen.

Pflanzenschutz: Wenn man triebige Stickstoffdüngung vermeidet, kann man die in Frage kommenden Pilzkrankheiten und tierischen Schädlinge so gut wie ausschließen.

Spargelrost befällt ab Juli das grüne Kraut. Es vergilbt dann frühzeitig. Man schneidet es im Herbst nicht nur so tief wie möglich unter der Erde ab, sondern verbrennt es auch.

Die Spargelfliege entwickelt nur eine Generation pro Jahr. Die Fliegen legen ihre Eier in den Köpfen der Spargelstangen ab. Ihre Maden fressen sich nach unten durch. Krumme, welke Stangen sind die Folge. Sie müssen möglichst tief abgestochen und verbrannt werden. Vorbeugend stäubt man mit Korallalgenkalk oder CP-Mineralpulver.

Ernte: Ab Mitte April, sobald die Spargelköpfe den Wall durchstoßen, beginnt die erste Ernte. Sie hört jedes Jahr am 24. Juni (Johanni) auf. Die Stangen werden mit einem scharfen Spezialmesser etwa 20 cm lang geschnitten. Dabei dürfen die Wurzelstöcke nicht verletzt werden. Beim Schneiden entstehende Löcher muß man schließen und glätten.

Bei kühler Witterung braucht man die Wälle nur einmal durchzusehen, an warmen Tagen mehrmals. Um Schädlingsbefall vorzubeugen, werden alle Stangen, auch schwächere, abgeerntet.

Pflege und Düngung zwischen den Ernten: Bei richtiger Versorgung mit Dünger können Spargelkulturen 20 Jahre lang gute Ernten bringen, sogar ohne wesentlich im Ertrag nachzulassen.

Nach der jährlichen Ernte müssen die Wege zwischen den Wällen gut gelockert und die Wälle selbst eingeebnet werden. Zuletzt streut man etwas Meerwunder sowie reifen Kompost aus und sprüht Anfang Juli einmal Hornkiesel auf das grüne Kraut. Sehr gut bewährt haben sich mehrmalige Spritzungen mit Algifert.

Den grünen Teil der Pflanze schneidet man nach dem Vergilben im Herbst so tief wie

Bleichspargel im ersten, zweiten und dritten Jahr

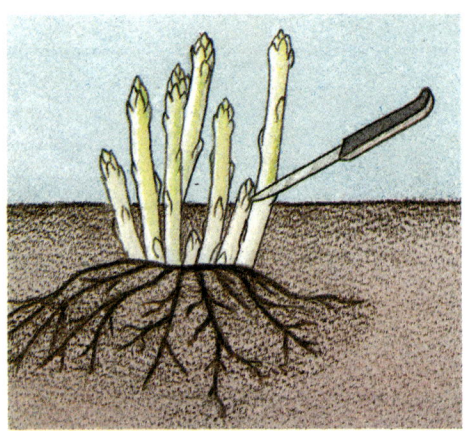

Grünspargelschnitt

möglich unter der Bodenoberfläche ab und bedeckt die Schnittflächen gut mit Erde. Danach streut man nochmals ganz dünn Meerwunder und gibt eine Hornmistspritzung.

Im Januar ist Spargel für eine ganz dünne Überpuderung mit Korallalgenkalk dankbar und erhält 2–3 cm reifen Kompost. Im Frühling spritzt man dann wieder Hornkiesel und schüttet die Wälle auf.

Spargel für die Gesundheit: Diese Delikatesse ist sogar gesundheitsfördernd, wenn sie heute auch kaum mehr in der Medizin verwendet wird. Spargel wirkt vor allem auf die Harnorgane günstig. Er regelt Harnzwang, aber auch Harnverhalten. Durch die gute Wirkung auf Nieren, Leber und Galle werden Hautunreinheiten beseitigt. Eine zehntägige Kur mit Spargel macht schlank.

Aus 2 TL Spargelwurzeln wird ein gesundheitsfördernder Tee bereitet, den man mit $1/4$ l Wasser ansetzt und zum Sieden bringt.

Grünspargelanbau: Grundsätzlich kann dieser inhaltsreichere Spargel genauso kultiviert werden wie der Bleichspargel. Allerdings müssen die Gräben nur 15 cm tief, die Reihenabstände mit 120 cm etwas kleiner sein.

Das jährliche Aufschütten der Wälle entfällt, denn die Stangen des Grünspargels wachsen über der Erde. Wenn sie 15–25 cm lang sind, werden sie über dem Boden abgeschnitten. Auch hier läßt man keine Stangen stehen.

Spinat
Spinacia oleracea
(Familie: Chenopodiaceae)

Sorten: 'Mazurka' F1-Hybride (Bioselekt), 'Sperling's Monnopa' (Biostart), 'Sperling's Montaku' (Biostart)

Vorjahreskultur: Spinat kann nach jedem anderen Gemüse ausgesät werden, lediglich die beiden Arten Mangold und rote Bete aus derselben Familie sollten weder vorher noch nachher auf dieselbe Fläche kommen.

Mischkultur: mit allen Pflanzen möglich, nur nicht mit den beiden Familienmitgliedern Mangold und rote Bete

Anbau: Spinat braucht einen guten, humosen Gartenboden, der vor der Aussaat noch mit 2–3 cm reifem Kompost oberflächig vermischt wird. Auf solch einem Boden bleibt Spinat hellgrün und zart. Der Geschmack ist besser als der von dunkel- bis blaugrünem, außerdem enthält er mehr Vitamin C, Zucker, Mineralstoffe und Spurenelemente.

Keimfähigkeit: 4–5 Jahre

Saatzeit: Sät man Mitte bis Ende März an einem Blattag, bringt Spinat von Mai bis Juni drei Ernten, Anfang bis 10. August gesäter ergibt eine gute Herbsternte. Bei einer Aussaat im Oktober begrünt die Pflanze im Winter das Beet und bringt die erste Gemüseernte aus dem Freiland im frühesten Frühjahr.

Saattiefe: 3 cm

Keimtemperatur: 8–10° C

Abstand: 20–25 cm zwischen den Reihen

Keimdauer: 8–14 Tage

Wachstumszeit: Nach etwa acht Wochen kann mit der Ernte begonnen werden.

Pflege: Spinat braucht feuchten Boden, deshalb wird bei Mondstand Krebs oder Skorpion am Nachmittag gehackt. Dadurch wird keine Bodenfeuchtigkeit verdunstet.

Ernte: Man kann Spinat über längere Zeit ernten, wenn die äußeren Blätter gepflückt, die Herzblätter aber stehengelassen oder die Blätter 3–5 cm über dem Boden abgeschnitten werden.

Spinat, der nicht abgeerntet wird, ist eine vorzügliche Bodenbedeckung und Gründüngung, wenn man die Blätter umhackt. Diese bleiben liegen, die Wurzeln im Boden. Alle Pflanzenteile verrotten rasch und verbessern mit ihrem Gehalt an Saponinen, Schleimstoffen und den anderen Inhaltsstoffen den Boden.

Spinat für die Gesundheit: Die Blätter enthalten viele Vitamine, so das für die Bildung der roten Blutkörperchen wichtige B 12.

Samengewinnung: Die Aussaat, die keimkräftige Samen bringen soll, geschieht im März bei Mondstand im Löwen. Der Spinat wird bei diesem Mondstand auch gehackt (nachmittags) und mit Hornkiesel besprüht (vormittags). Später werden an solch einem Löwetag vormittags auch die reifen Samen geerntet. Man streift sie mit der Hand ab und bewahrt sie kühl und trocken auf.

Spinat verträgt sich mit allen Gemüsearten, nur nicht mit Mangold und roter Bete.

Wirsing
Brassica oleracea var. sabauda
(Familie: Cruciferae)

Dunkelgrüner Wirsing

Sorten: 'Marner Dauerwirsing' (spät, sehr gut lagerfähig), 'Marner Frühkopf' (sehr früh), 'Praeco' (Biostart, früh), 'Vorbote' (Hilds Spezialzucht, unempfindlich gegen Spätfröste)

Vorjahreskultur: Bohnen, Mangold und Zwiebeln

Vorkultur: Ackerbohnen, Rettich und Spinat

Mischkultur: mit Gurken

Anbau: Wirsing ist der robusteste unter den Kopfkohlarten. Einige Spätsorten vertragen sehr gut Frost. Die Bodenansprüche sind dieselben wie bei Rot- und Weißkohl und auch die Anbauweise entspricht den anderen Kopfkohlarten.

Ernte: Im Winter bedeckt man die Wirsingköpfe mit Reisig. Dann kann bis Ende April direkt vom Beet geerntet werden. In dieser verhältnismäßig gemüsearmen Zeit aus eigenem Anbau schmeckt Wirsing besonders.

Zuckerhut
Cichorium intybus var. foliosum
(Familie: Compositae)

Sorten: 'Gradina', 'Sperling's Kristallkopf', 'Zuckerhut Stamm Hilmar'
Vorjahreskultur: Porree, rote Bete und Sellerie
Vorkultur: Radieschen, Rettich und Kohlrabi
Mischkultur: mit Knollenfenchel und Möhren
Anbau: Dieser Zichoriensalat ist noch viel zu wenig bekannt. Er schmeckt ähnlich wie Chicorée und Endivien und ist auch gekocht oder gedünstet ein Genuß. Dabei hat man mit ihm viel weniger Arbeit als mit Chicorée, außerdem ist er auch widerstandsfähiger gegen Frost und Krankheiten als Endivien.
Zuckerhut gedeiht in jedem Klima. Ist der Boden humusreich und lehmhaltig, braucht er nur gelockert zu werden. Sehr durchlässiger Boden erhält ungefähr 1 cm hoch reifen Kompost.
Keimfähigkeit: 5 Jahre
Saatzeit: Ab Anfang Juni kann Zuckerhut ausgesät werden, vorher käme er zu rasch

Zuckerhut ist mit späten Möhren zusammen erntereif und erfreut sich neben ihnen bester Gesundheit.

zur Blüten- und Samenbildung. Die beste Zeit ist wohl Anfang Juli in der Krebssonne an Blattagen.
Saattiefe: 1,5 cm
Abstand: 25 cm zwischen den Reihen; man sät direkt und verzieht die etwa 8 cm hohen Pflanzen auf 25–30 cm. Die verzogenen Gewächse kann man an anderer Stelle pflanzen.
Keimdauer: 8–10 Tage
Wachstumszeit: 3–4 Monate
Pflege: Beginnen sich die spitzen Köpfe zu schließen, kann man an einem Blattag einmal mit Hornkiesel spritzen.
Ist der Gartenboden nicht sonderlich gehaltvoll, sollte zweimal mit Beinwelljauche (1:3 mit Wasser verdünnt) gegossen werden.
Ernte: Da Zuckerhut nicht sonderlich frostempfindlich ist, kann man ihn noch lange im Garten stehenlassen, in der Regel bis Ende November, obwohl er im Oktober erntereif ist.
Die Sorten sind verschieden stark empfindlich für Frost. Manche vertragen nur −3° C, andere −8° C oder −10° C.
Lagerung: Ende November werden die Pflanzen bei frostfreiem Wetter an einem Fruchttag vormittags mit Wurzeln ausgegraben und im kühlen Keller, Frühbeet oder Kalthaus dicht nebeneinander mit den Wurzeln in die Erde gesteckt. Im Kalthaus oder Frühbeet bedeckt man die Köpfe mit Stroh oder Reisig oder wickelt sie einzeln in Zeitungspapier. So hält sich Zuckerhut bis Mitte Januar oder sogar Anfang Februar knackig frisch.
Zur Erhöhung der Haltbarkeit kann Zuckerhut ungefähr zwei Wochen vor der Ernte nochmals am Vormittag an Blattagen mit Hornkiesel gespritzt werden.
Wegen der besseren Lagerfähigkeit wird er wie alle Blattgemüse, die sich länger halten sollen, vormittags an Blüten- oder Fruchttagen geerntet. Wurzeltage sind nicht günstig. Am ungeeignetsten sind Blattage für die Ernte. Sie ergeben erfahrungsgemäß eine minderwertige Qualität und können nicht lange gelagert werden.
Während der Lagerung kann man alle vierzehn Tage CP-Mineralpulver stäuben.

Samenfrüchte

Nutzpflanzen, die im Garten Samen für die menschliche Ernährung hervorbringen, sind nicht sonderlich zahlreich, denn die als Nahrung für den Menschen wichtigsten Samenpflanzen, die verschiedenen Getreidearten, werden aus Platzmangel kaum im Garten angebaut.

Lediglich auf den Buchweizen (Fagopyrum esculentum) ist man in den letzten Jahren wieder zurückgekommen, aber er wird fast nur als Gründüngungspflanze genutzt und vor der Ausreifung der Samen umgehackt. Er gilt als günstige Vorfrucht, ist mit armen Böden zufrieden und seine Blüte, sechs bis acht Wochen nach der Aussaat, lockt Bienen, Schmetterlinge und Schwebfliegen an.

Während Buchweizen zu den Knöterichgewächsen gehört, sind die anderen Getreidearten Gräser. Sie haben deshalb eine so große Bedeutung, weil ihre reifen Körner den ganzen Menschen ernähren. Wurzeln und Blätter bringen ihre Kräfte im Verlauf der Reife in die Körner ein und die kosmischen Umkreiskräfte Licht und Wärme wirken ja ohnehin stark auf die Körnerfrucht ein.

Wie sehr die Wurzelkräfte in den Körnern aufgehen, kann man beispielsweise daran erkennen, daß der junge Getreidesproß sehr lange und verzweigte Wurzeln hat (Roggenwurzellänge: 150 cm). Die Gesamtheit der Haarwurzeln sind durchschnittlich bei normal engem Stand 2 km lang, bei Einzelstand 20 km. Das Eigentümliche ist, daß sich die Wurzeln während der Körnerreifung zurückbilden und dann mühelos mit dem Halm aus dem Boden gezogen werden können. Oberirdisch sieht man die grünen Blätter des Getreides vergilben, sobald die Körner reifen. Die Ähren aber schweben frei von Blattwerk auf dem biegsamen Halm in Sonnenlicht und -wärme.

Getreide enthält die Hauptnährstoffe Eiweiß, Kohlenhydrate und Fett in einem ausgewogenen Verhältnis und einer Form, die leicht aufnehmbar und verwertbar ist.

In welchem Gegensatz stehen dazu die hauptsächlichsten anderen Samenfrüchte, auf die es aber im Garten gerade ankommt! Gemeint sind die Hülsenfrüchte, die Erbsen und verschiedenen Bohnen, die zu den Schmetterlingsblütlern oder Hülsenfrüchtlern (Leguminosae) gehören.

Bohnen und Erbsen sind gute Vorjahreskulturen für Starkzehrer, beispielsweise für Gurken, Melonen und Kopfkohl, denn sie reichern den Boden mit Stickstoff an, wenn die Samen jung geerntet werden.

Wie Schmetterlinge schwanken die Blüten der Leguminosen wahrlich auf den an Gerüsten haltsuchenden Stengeln hin und her, verströmen süßen Duft und haben meist eine herrliche Farbenpracht, deren Rottöne sich vom zartesten Rosa über leuchtendes Feuerrot bis zum Hauch von Purpurviolett ausbreiten.

Die Samenfrüchte jedoch bleiben mit ihren grünen Schoten im Blatthaften stecken und reifen im Verborgenen statt im Sonnenlicht. Der von den Leguminosen mit Hilfe der Knöllchenbakterien gebildete Stickstoff wird während der Samenreifezeit von den Wurzeln in die Samen geleitet und dort in den wichtigsten von der Pflanze gebildeten Nährstoff eingebaut, in das pflanzliche Eiweiß.

Mit der Eiweißbildung geht die Entwicklung eines giftigen Eiweißbestandteiles, des Phasins, einher. Die hier nicht beschriebene, in Asien aber oft angebaute Sojabohne, welche auch für unsere Gärten immer häufiger als Nutzpflanze empfohlen wird, enthält sogar mehrere Gifte. Bohnen dürfen wegen des Phasingehaltes nicht roh gegessen werden. Beim Kochen wird diese Substanz und auch die anderen Gifte zerstört.

Bohnen reichern den Boden mit Stickstoff an, wenn die Bohnen jung geerntet werden.

Die ausgereiften Samen haben allerdings den Wurzelknöllchen den Stickstoff entzogen. Vor allem die Ackerbohne wird als Gründüngungspflanze immer beliebter und eignet sich als Vorfrucht für solche Pflanzen, die nicht nach Spinat angebaut werden sollten. Beispiele sind rote Bete oder Mangold.

Die anderen Samenpflanzen, die Sonnenblume und der Zuckermais werden meist als beschattende, windbrechende Randpflanzen im Nutzgarten kultiviert. Die Sonnenblume ist im Spätsommer eine gute Bienenweide und im Spätherbst von den Vögeln wegen der Kerne sehr geschätzt. Die fliegende Polizei macht sich im Nutzgarten bei der Schädlingsabwehr nützlich, indem sie Raupen, Blattläuse und andere Kleintiere frißt. Die süßen Kolben vom Zuckermais bringen eine beliebte Abwechslung für die Mahlzeiten.

Wenig bekannt, aber interessant im Zusammenhang mit den verschiedenen Bohnenarten ist, daß auch die Erdnuß wie die Bohnen zu den Leguminosen gehört. Während die Bohnenkerne im Blattbereich heranwachsen und reifen, entwickelt sich die Erdnuß in der Erde. Damit der Genuß von Erdnüssen nicht zu Vergiftungen führen kann, falls durch eine beschädigte Schale giftige Pilze bis zu den Kernen vordringen, werden sie geröstet.

Spinat hält den Boden unter Ackerbohnen feucht.

Ackerbohne (dicke Bohne, Pferde-, Puff- oder Saubohne)
Vicia faba
(Familie: Leguminosae)

Sorten: 'Con Amore GS', 'Dreifachweiße', 'Hangdown grünkernig'
Vorjahreskultur: Alle Pflanzen außer Leguminosen sind möglich.
Mischkultur: Ackerbohnen können als Randpflanzung von Kartoffeln wachsen. Sie werden gern mit Spinat unterpflanzt, der den Boden feucht hält. Kohlrabi, Möhren und Pastinaken sind ebenfalls gute Nachbarn.
Anbau: Auf einem tief gelockerten humosen Lehmboden in der Sonne gedeihen Ackerbohnen am besten. Sie vertragen bis zu −5° C und sind früh anzubauen, weil sie sonst von schwarzen Läusen befallen werden.
Keimfähigkeit: 5 Jahre
Saatzeit: Maria Thun empfiehlt die Wassermannsonne vom 15. Februar bis 11. März, um den Läusebefall zu verhindern. Auf keinen Fall wählt man die wässrige Fischesonne, sondern erst wieder die Widdersonne vom 19. April bis 13. Mai und sät jeweils bei Mondstand Löwe.
Saattiefe: 5 cm
Keimtemperatur: Die harten, dickschaligen Bohnen können in handwarmem Wasser vorgequellt werden. Da Ackerbohnen am Anfang ihres Wachstums keine Wärme vertragen, zieht man sie entweder im kalten Gewächshaus oder kalten Kasten vor und pflanzt sie bald ins Freiland oder sät bei frostfreiem Boden direkt ins Gartenbeet.
Abstand: 40 cm zwischen den Reihen, 15–25 cm in der Reihe; man legt je zwei Bohnen und zieht später die schwächere aus.
Wachstumszeit: 3–4 Monate
Pflege: Hat man keinen Spinat untergesät, wird gemulcht und auf jeden Fall etwas angehäufelt. Nach der Entfaltung des fünften oder sechsten Blattpaares sprüht man bei Mondstand Löwe am Vormittag Hornkiesel vorbeugend gegen Läuse. Soll die Ackerbohne vor allem als Gründüngung zur Stickstoffanreicherung im Boden genutzt werden, kann man die Entwicklung der Wurzelknöllchen durch eine Hornkieselspritzung an Wurzeltagen nachmittags fördern.
Ernte: Sobald die Bohnenkerne mittelgroß sind und solange sie noch eine helle Naht haben, erntet man die grünen Schoten. Ältere Bohnen haben eine schwarze Naht. Die Wurzeln bleiben im Boden.
Lagerung: Die Bohnenkerne werden aus den Hülsen genommen. Man kann die Kerne trocknen. Das ist die schonendste Aufbewahrungsart. Allerdings müssen die schrumpeligen Bohnen vor dem Kochen zwölf Stunden in Biosmonwasser eingeweicht werden.
Die Bohnenkerne lassen sich aber auch nach dreiminütigem Blanchieren einfrieren und sind dann zwölf Monate haltbar.
Samengewinnung: Man läßt einige kräftige Pflanzen verdorren. Die Hülsen werden völlig schwarz, die Samen bleiben hellgrün. Älteres Saatgut dunkelt nach.

Buschbohne
Phaseolus vulgaris var. nanus
(Familie: Leguminosae)

Sorten: 'Admires', 'Delinel', 'Hilds Jomar', 'Hilds Maxi GS', 'Hildora GS', 'Primel' (Bioselekt), 'Saxa', 'Sperling's Drufix' (Biostart), 'Sperling's Pergousa' (Biostart), 'Wachs Beste von Allen', 'Wachs Goldetta' (Biostart), 'Wachs Sperling's Erato'; Wachsbohnen werden bei feuchter Witterung oft fleckig.
Vorjahreskultur: Rosenkohl und Zwiebeln
Vorkultur: Kopfsalat oder Spinat
Mischkultur: mit Bohnenkraut, Dill, Kapuzinerkresse, allen Kohlarten, Kopfsalat, Radieschen, Rettich, roter Bete und Sellerie
Anbau: Buschbohnen brauchen einen warmen, lockeren und humosen Boden, der von einem mittelstarken Zehrer vorbereitet wurde. Frische Stickstoffdüngung bekommt ihnen nicht, etwas reifer Gartenkompost fördert sie.

Keimfähigkeit: 5–6 Jahre

Saatzeit: Maria Thun empfiehlt Fruchttage zwischen dem 1. und 13. Mai. Andere erfahrene Anbauer schwören auf die Zeit nach Mitte Mai. Für späte Ernten empfiehlt sich die Aussaat um Johanni (24. Juni).

Saattiefe: 2 cm

Keimtemperatur: 10°C

Abstand: Die Samen werden in 8–10 cm tiefe Furchen gelegt, aber nur 2 cm mit Erde bedeckt. Zwischen den Reihen sollte der Abstand 40 cm betragen. In der Reihe werden alle 10 cm zwei Kerne gelegt, die man später verzieht. Buschbohnen brauchen Licht und Luft. Man kann auch in Horste zu fünf bis sechs Bohnen und einem Rundumabstand von 50 cm säen.

Keimdauer: 8–12 Tage

Wachstumszeit: 50–80 Tage

Pflege: Hacken und zweimaliges Häufeln, bei Trockenheit am Nachmittag, sonst am Vormittag, Jäten und Hornkieselspritzungen vormittags bei Mondstand im Schützen bringen die höchsten Erträge.

Das erste Mal wird von beiden Seiten etwas angehäufelt, wenn die Pflanzen 15 cm hoch sind. Der Boden muß ständig feucht gehalten werden. Es sollte nur mit abgestandenem Wasser gegossen werden.

Pflanzenschutz: Ständig feuchter Boden und die Nachbarschaft von Bohnenkraut und Dill schützt vor der Schwarzen Bohnenlaus. Der Boden darf nicht verkrusten.

Ernte: Es kann ständig frisch vom Beet geerntet werden, solange die Bohnen nachwachsen.

Samengewinnung: Die ersten Hülsen, die am besten ausgebildet sind, bleiben hängen, bis die Kerne ausgereift sind. Nur bei Maiaussaat erhält man ausgereiftes Saatgut.

Buschbohnen für die Gesundheit: Die harntreibende und blutzuckersenkende Wirkung wird hauptsächlich den Bohnenschalen zugeschrieben. Um ihre Heilkraft einsetzen zu können, müssen die Hülsen ausgereift sein. Sobald diese aufplatzen, können sie geerntet werden. Die Schalen werden an der Sonne getrocknet. Vom Bohnenschalentee (1 EL auf $\frac{1}{4}$ l Wasser) trinkt man über den Tag verteilt drei Tassen.

Bohnenkraut schützt Buschbohnen vor der Schwarzen Bohnenlaus.

Erbse
Pisum sativum
(Familie: Leguminosae)

Sorten: Markerbse: 'Aldermann', 'Sperling's Frivita' (60 cm), 'Sperling's Markana' (Biostart, 70 cm), 'Sperling's Resi' (Biostart), 'Sperling's Salout' (50–60 cm), 'Sperling's Winfrida' (50 cm), 'Wunder von Kelvedon'; Schal- oder Palerbse: 'Allerfrüheste Mai', 'Feltham First', 'Kleine Rheinländerin' (40 cm); Zuckererbse: 'Denise GS' (60 cm), 'Edula' (80–100 cm), 'Rembrandt', 'Zuga' (60 cm)
Vorjahreskultur: Kartoffeln, Möhren, Rosenkohl und Salat
Mischkultur: Dill, Fenchel, Kohlrabi, Möhren, Radieschen, Rettich und Salat
Anbau: Schal- und Zuckererbsen bevorzugen einen warmen, kalkhaltigen Boden, der nicht zu schwer sein darf. Markerbsen brauchen denselben Boden, er kann aber auch etwas schwerer sein.
Keimfähigkeit: 4–6 Jahre
Saatzeit: Schalerbsen werden ab Anfang März, Zuckererbsen etwas später und die frostempfindlicheren Körner der Markerbsen ab Mitte April bei Mondstand im Wärmetrigon gesät. Erbsensaat sollte gegen Vogelfraß geschützt werden. Die Sorte 'Sperling's Winfrida' kann auch Ende September bis Mitte Oktober ausgesät werden und ist dann im nächsten Jahr Anfang bis Mitte Juni pflückreif.
Saattiefe: 5 cm
Keimtemperatur: Schal- und Zuckererbsen 3° C; Markerbsen 7° C
Abstand: für niedrige Sorten 40 cm zwischen den Reihen und alle 2–3 cm ein Korn in der Reihe
Wachstumszeit: 50–80 Tage
Pflege: Erbsen brauchen Halt, nur die niedrigen Sorten kommen ohne Stütze aus. Man kann Reiser stecken. Besser ist ein Maschendrahtzaun, der von transportablen Stangen gehalten wird und immer wieder verwendet werden kann. Der Zaun sollte so angebracht werden, daß der Wind die Pflanzen gegen die Drahtmaschen drückt.

Erbsen, die höher als 50 cm werden, brauchen Halt. Reisig kostet nichts.

Maschendraht läßt sich immer wieder verwenden.

Sobald die Pflanzen so groß werden, daß sie sich nicht mehr halten können, gibt man ihnen das Stützgerüst und häufelt zur Stütze zu an.
Hornkieselspritzungen erfolgen vormittags bei Mondstand im Fruchttrigon. Wie Bohnen brauchen auch Erbsen einen feuchten Boden.

Pflanzenschutz: Durch die Spritzungen wird der Befall mit Falschem Mehltau verhindert. Die angegebene Mischkultur unterbindet den Anflug des Erbsenwicklers. Während der Flugzeit im Mai und Juni kann man zur Geruchsirritation zusätzlich Tee zu je einem Drittel aus Wermut, Rainfarn und Brennesseln versprühen, Algenkalk stäuben oder CP-Mineralpulver spritzen.

Ernte: Erbsen werden laufend gepflückt. Dabei hält man mit der einen Hand den Hülsenstiel fest, mit der anderen dreht man vorsichtig die Hülse mit einem kurzen Stengelstück ab, um die Ranken nicht abzureißen.

Zuckererbsen pflückt man, wenn die Schoten ganz jung und die Kerne flach sind. Man ißt die Schoten mit den jungen Erbsen. So können auch die ersten Markerbsen gepflückt werden. Dadurch wird die Erntezeit verlängert. Die reifen Körner werden schrumpelig. Schalerbsen haben runde glatte Körner, Man erntet, bevor die Körner in den Hülsen zusammenstoßen.

Lagerung: Schalerbsen eignen sich für die Lagerung am besten. Sie bleiben solange an den Pflanzen hängen, bis sie hart geworden sind. Man kann aber auch die ganzen Pflanzen ausreißen und an einem luftigen Ort nachtrocknen. Das empfiehlt sich vor allem bei naßkalter Witterung.

Sind die Erbsen vollständig trocken, nimmt man sie aus den Hülsen und bewahrt sie in einem geschlossenen Gefäß auf.

Samengewinnung: Samen lassen sich wie oben beschrieben gewinnen.

Feuerbohne (Prunkbohne, Wollbohne)
Phaseolus coccineus
(Familie: Leguminosae)

Sorten: 'Butler' (Biostart, fadenlos, rotblühend), 'Desiree GS' (fadenlos, weißblühend), 'Mergoles' (Bioselekt)

Vorjahreskultur: Kartoffeln und Tomaten

Vorkultur: Radieschen, Rettich und Spinat

Mischkultur: mit Gurken, Radieschen, Rettich, Salat und Zucchini

Anbau: Feuerbohnen sind anspruchsloser und unempfindlicher als Stangenbohnen und werden daher in rauheren Lagen bevorzugt angebaut.

Die meist rotblühende Pracht rankt sich rasch

Verschiedene Rankmöglichkeiten für Feuer-, Spaghetti- und Stangenbohnen

überall hoch, ob es sich um Bindfäden, Zäune oder Gitter handelt. Sie wird deshalb auch gern als Zierpflanze zum schnellen Begrünen von Balkons und Pergolen und als Wind- und Sichtschutz verwendet.

Keimfähigkeit: 4 Jahre

Saatzeit: ab 19. April in der Widdersonne bei Mondstand Löwe

Pflege: Die Kulturmaßnahmen sind dieselben wie bei den Stangenbohnen.

Spaghettibohne (Spargelbohne)
Vigna unguiculata spp. sesquipedalis
(Familie: Leguminosae)

Sorte: 'Liane'

Anbau: Diese bis zu 100 cm langen, bleistiftdicken, rundhülsigen Bohnen werden wie Stangenbohnen angebaut. Sie gedeihen jedoch auf jedem Boden, wenn er nicht mit frischem Mist gedüngt ist. Stickstoffüberdüngung führt wie bei allen Bohnen zu Schädlingsbefall und Pilzerkrankungen. Die Pflanzen werden etwa 200 cm hoch.

Spaghettibohnen brauchen allerdings mehr Wärme als Stangenbohnen. Sie werden im Gewächshaus oder in warmen Lagen im Freiland kultiviert.

Saatzeit: Ab 19. April in der Widdersonne werden fünf Bohnenkerne in Töpfe ausgelegt und mit 2 cm guter Gartenerde bedeckt am Fenster aufgestellt.

Keimtemperatur: 20°C

Pflanzung: Nach Erscheinen der ersten Laubblätter pflanzt man die Sämlinge ins Gewächshaus.

Abstand: 50 cm zwischen den Reihen, 40 cm in der Reihe im Gewächshaus; 70 cm zwischen den Reihen und 60 cm in der Reihe bei Südlage im Garten

Pflege: Nach dem Auspflanzen brauchen die Pflanzen am Tag 25–30°C und in der Nacht 16–17°C. Später kann die Tagestemperatur auf 22°C zurückgehen.

Die untersten Seitenranken werden wegen der besseren Durchlüftung entfernt.

Die weitere Pflege, die Ernte, Lagerung und Samengewinnung wird wie bei der Stangenbohne durchgeführt.

Stangenbohne
Phaseolus vulgaris var. vulgaris
(Familie: Leguminosae)

Sorten: 'Blauhilde' (fadenlos, tiefblaue Farbe der Bohnen verliert sich beim Kochen), 'Chantal' (zart wie Buschbohnen), 'Marga' (Bioselekt), 'Neckarkönigin' (Biostart), 'Toplong' (flache, 30 cm lange Hülsen, Schwertbohne), 'Wachs Neckargold' (fadenlos, gelb), 'Zucker Perl Prinzess' (fadenlos)

Vorjahreskultur: Kartoffeln und Tomaten

Vorkultur: Radieschen, Rettich und Spinat

Mischkultur: mit Bohnenkraut, Gurken, Kapuzinerkresse, Kopfsalat, Radieschen, Rettich und Zucchini

Anbau: Wenn Stangenbohnen auch zu den Schwachzehrern gehören, so brauchen sie doch nährstoffhaltigen, reifen Kompost, auf keinen Fall aber treibenden Stickstoffdünger. Sie haben von allen Bohnenarten die höchsten Bodenansprüche. Zu kräftige Düngung führt zu übermäßigem Wachstum, aber keineswegs zu mehr Ertrag.

Damit die Bohnenpflanzen ranken können, stellt man Holz- oder Welldrahtstangen auf, die über dem Boden 200 cm hoch reichen.

Keimfähigkeit: 4 Jahre

Saatzeit: Die Temperatur muß am Tag wenigstens auf 15°C kommen. In warmen Lagen ist die Zeit der Widdersonne (19. 4.–13. 5.) günstig. Bei naßkalter Witterung sät man besser erst ab Mitte Mai bis Mitte Juni. Für die Ernte der Bohnenkerne wählt man den Löwemond, für die Schotenernte als Schnitt- und Brechbohnen den Schütze- oder Widdermond.

Saattiefe: 3 cm

Keimtemperatur: 15°C

Abstand: Die Stangen werden in Reihen mit 70–100 cm Entfernung und in der Reihe mit

50–60 cm Abstand senkrecht in den Boden gesteckt. Um jede Stange legt man sechs bis acht Bohnen und bestreut sie 2–3 cm hoch mit reifem Kompost. Die Hornmistspritzung in die Saatrillen ist hier besonders wichtig.

Keimdauer: 8–12 Tage

Wachstumszeit: 3–5 Monate

Pflege: Die handhohen Pflänzchen werden in Richtung Stange angehäufelt. Ab und zu kontrolliert man, ob Ranken lose hängen.

Gehackt wird am Nachmittag, damit der Boden keine Feuchtigkeit verdunstet, aber auch nicht verkrustet. Bei Trockenheit muß mit abgestandenem Wasser gegossen werden.

Pflanzenschutz: Hacken und Bodenfeuchtigkeit verhindert Läusebefall. Nie darf man mit ganz kaltem Wasser aus der Leitung gießen. Spritzungen gegen Pilzbefall mit Hornkiesel oder Schachtelhalmtee (5fach verdünnt) werden am erfolgversprechendsten an Fruchttagen vormittags durchgeführt.

Die Unterpflanzung mit Bohnenkraut oder Kapuzinerkresse hält die Schwarze Bohnenlaus fern. Befallene Pflanzen werden mit einem Rhabarberauszug (500 g grob geschnittene Blätter 24 Stunden in 3 l Wasser einweichen und dann unverdünnt ausspritzen) besprüht.

Ernte: An Fruchttagen werden die grünen Schoten sorgfältig gepflückt. Man erntet die einzelne Pflanze vollständig ab, da die hängenbleibenden Schoten meist zäh werden.

Lagerung: Die schonendste Haltbarmachung ist das Trocknen, dazu werden die jungen Hülsen an Fäden aufgereiht und getrocknet. Die Kerne legt man zum Trocknen aus. So halten sie sich den ganzen Winter. Vor der Zubereitung kann man sie zwölf Stunden im Biosmonwasser einweichen.

Man kann Bohnen aber auch geschnitten und drei Minuten blanchiert einfrieren.

Samengewinnung: Bohnen sind Selbstbestäuber. Es kann allerdings auch vorkommen, daß sich zum Beispiel Feuerbohnen mit Stangenbohnen kreuzen.

Man läßt zur Saatgutgewinnung die ersten, am besten ausgebildeten Schoten hängen und ausreifen. Nur bei Maiaussaat kann mit vollständigem Ausreifem gerechnet werden.

Zuckermais
Zea mays convar. saccharata
(Familie: Gramineae)

Sorten: 'Aztec', 'Golden Supersweet', 'Goldprinz', 'Honeycomb' F1-Hybride, 'Puff-Mais', 'Zea Mays'

Vorjahreskultur: Bohnen und Gurken

Vorkultur: Spinat

Mischkultur: mit Buschbohnen, Gurken, Kohlrabi, Melonen, Radieschen, Rettich und Zucchini

Anbau: Zuckermais ist nicht mit dem etwas schal schmeckenden Futtermais zu verwechseln. Der süße Zuckermais wird im Garten hauptsächlich als schützende Randpflanzung angebaut. Während er vor Wind und bodenaustrocknender Mittagssonne schützt, sorgen Unterpflanzungen für feuchtigkeitshaltende Bodenbedeckung. Die Bohnen düngen sogar noch mit Stickstoff. Man kann aber auch mit Gemüseabfällen mulchen.

Mais braucht nämlich viele Nährstoffe und hinterläßt einen ausgelaugten Boden. Dieser wird deshalb schon im Herbst mit nährstoffreichem Mulchkompost und einer Hornmistspritzung vorbereitet.

Keimfähigkeit: 2 Jahre

Saatzeit: Man kann ihn ab 19. April in Töpfen oder ins Freiland unter Folie aussäen. Dadurch kommt ihm die Widdersonne zugute. Ab Mitte Mai werden die Topfsämlinge ausgepflanzt. Weniger Arbeit macht die Aussaat ins Freiland ab Mitte Mai. Auf jeden Fall wählt man Fruchttage, bevorzugt den Mondstand im Löwen.

Saattiefe: Man zieht 15 cm tiefe Furchen, gibt den Furchen eine Hornmistspritzung und legt alle 8–10 cm ein Maiskorn. Dann überstreut man die Körner etwa 2,5 cm tief mit reifem Kompost.

Pflanzung: Man pflanzt in etwa 15 cm tiefe Pflanzlöcher, die mit reifem Kompost aufgefüllt werden.

Abstand: Mais wird durch Wind bestäubt und braucht deshalb seinesgleichen als Nachbarpflanzen. Daher sind auch als Randpflanzung wenigstens Doppelreihen zu bevorzugen. Die

Reihen sollten 80–100 cm Zwischenraum haben, damit noch Pflanzungen dazwischen, beispielsweise mit Buschbohnen, möglich sind. Bei Mischkultur mit Gurken wählt man 150–200 cm Abstand. In der Reihe genügen 40 cm.

Wachstumszeit: etwa 4 Monate

Pflege: Während des Sommers werden die Pflanzen etwas angehäufelt. Auch Hackarbeiten am Nachmittag an Fruchttagen fördern die Pflanzen und ersparen das Gießen. Hornkiesel sprüht man das erste Mal nach dem Anwachsen und nochmals zu Beginn der Kolbenbildung, jeweils vormittags an Fruchttagen. Zu diesen Zeiten kann man auch mit Beinwell- oder Brennesseljauche gießen.

Pflanzenschutz: Man muß auf blasenartige Beulen achten. Entdeckt man Beulenbrand, muß der befallene Kolben sofort herausgeschnitten und verbrannt werden.

Ernte: Die Kolben können nach und nach im Milchreifestadium geerntet werden, das ist, wenn sich die Haarbüschel am oberen Ende braun verfärben. Man ißt die süßen Kolben roh oder in Wasser gekocht und mit Butter bestrichen. Dabei hält man sie zwischen beiden Händen, ein Spaß für Kinder.

Der aus Amerika stammende Mais hat sich in den Mittelmeerländern, auf dem Balkan und in der Türkei in großen Kulturen bewährt.

In der Türkei heißt er Kukuruz, Türkischer Weizen. Das in Südeuropa beliebte Gericht, Polenta, besteht aus Maismehl und Maisgrieß. Aus dem Samen stellt man auch Stärkemehl her.

Samengewinnung: Saatgut kann nur in warmen Lagen gewonnen werden. Man läßt voll besetzte Kolben an den Pflanzen ausreifen. Sind die Blattscheiden ausgebleicht, werden die Kolben geerntet, die Hüllblätter zurückgestreift, je zwei Kolben zusammengebunden und zum Trocknen aufgehängt.

Maisgriffel für die Gesundheit: Die aus den Hüllblättern der Maiskolben seidigglänzend heraushängenden Griffel werden sogar als Heilmittel verwendet.

Ihre Inhaltsstoffe, vor allem Bitterstoffe, Gerbstoffe, Saponine, Flavone, Harze und ätherischen Öle, sind wassertreibend. Auch Blasengrieß (kleine Blasensteine) wird günstig beeinflußt.

In der Homöopathie werden Aufbereitungen von Maisgriffeln gegen Herzleiden verordnet, die mit Ödembildung einhergehen.

Zuckermais wird als windschützende Randpflanzung im Garten angebaut. Zusammen mit Erbsen gibt er den wärmeliebenden Gurken doppelten Schutz.

Fruchtgemüse

Die Gemüsepflanzen, die in unseren Gärten wegen ihrer Früchte herangezogen werden, stammen alle aus wärmeren Ländern. Lediglich dem Kürbis ist unser Klima zuträglich. Man muß ihn nur davor bewahren, auf feuchtem Boden zu liegen.

Alle Fruchtgemüse gedeihen am besten bei warmer Vorkultur, und auch später brauchen sie so viel Wärme, wie unsere Breiten nur in besonders schönen Sommern zu bieten haben.

Die Pflanzen lieben zwar ständige Bodenfeuchtigkeit, ihre Früchte und Blätter können aber Regen nur schlecht vertragen.

Allen diesen Fruchtgemüsen ist gemeinsam, daß sie besonders nährstoffreichen Boden brauchen. Trotzdem darf man sie nicht in frische organische Dünger pflanzen. Man kann den Boden im Herbst vor dem Anbau mit bereits weitgehend verrottetem Kompost, organischen Düngern, Stein- und Tonmehl, außerdem mit etwas Algenkalk und Kompoststarter versehen, alles gut in die oberen 10 cm Boden einarbeiten und anschließend mit pflanzlichen Abfällen bedecken.

Will man die Flächen auch im Winter für den Gemüseanbau nutzen, muß man dem Kompost schon beim Aufsetzen diese Dünger beimischen. Als reifer Kompost wird er vor der Pflanzung von Fruchtgemüsen in die Pflanzlöcher gegeben. Mit dieser nahrhaften Erde füllt man dann auch auf.

Sehr gut wird der Boden für Fruchtgemüse auch durch Leguminosen vorbereitet, die man im August/September (Lupine, Rotenburger Kombigemenge, Winterwicke) oder im Februar/März (Ackerbohne) einsät, bis zum Blühen aber nicht zum Fruchten kommen läßt. Lupinen und Kombigemenge frieren im Winter ab, Ackerbohnen und Winterwicken (Vicia villosa) hackt man bei Blühbeginn um. In jedem Fall bleiben die Wurzeln im Boden. Sie reichern ihn hauptsächlich mit Stickstoff, aber auch mit anderen Substanzen an und beleben ihn. Trotzdem muß vor der Pflanzung nahrhafter reifer Kompost gegeben werden und während des Wachstums Jauchegüsse.

Fruchtgemüse wirken vor allem auf den Stoffwechsel günstig. Magen, Leber, Galle, Nieren und Darm werden belebt und harmonisiert. Dadurch wird auch das große Ausscheidungsorgan Haut wirksam entlastet. Die Gurke wirkt sogar von außen durch ihren Saft oder aufgelegte Scheiben. Sie macht die Haut glatt und zieht große Poren zusammen.

Man erkennt hier gut die embryonalen Gurken.

Zucchini können auch im Ziergarten wachsen.

Aubergine (Eierfrucht)
Solanum melongena
(Familie: Solanaceae)

Sorten: 'Black King' F1-Hybride, 'Sperling's Blacky', 'Violette Lange'

Vorjahreskultur: Kartoffeln und alle Kohlarten,

Vorkultur: Spinat

Mischkultur: mit Paprika (Reihenabstand zu diesen: 60–70 cm) und Melonen (Reihenabstand zu diesen: 100 cm)

Anbau: Ursprünglich in tropischen Ländern zu Hause, werden Auberginen heute auch in den Mittelmeerländern überall angebaut. Die einjährige Pflanze wird ungefähr 100 cm hoch, hat 2,5 cm große violette Blüten und ehemals weiße bis gelbe hühnereigroße Früchte. Daher wohl auch der Name „Eierfrucht". Bei uns werden vorwiegend die Sorten mit birnenförmigen, dunkelvioletten, glänzenden Früchten angebaut.

Auberginen brauchen einen nährstoffreichen Boden. Man bereitet ihn am besten im Herbst mit gut verrottetem Kompost und organischen Düngern, beispielsweise Ecovital, Oscorna-Animalin oder Blut-, Horn- und Knochenmehl, oder auch organisch-mineralischen Düngern, wie Hornamon-Spezial, vor. Die gut mit den Düngern vermischte Gartenerde wird mit Pflanzenmulch abgedeckt bis zum Frühjahr liegengelassen.

Keimfähigkeit: 2 Jahre

Saatzeit: Auberginen werden ab März unter Glas vorkultiviert.

Saattiefe: 0,5 cm

Keimtemperatur: 22° C

Keimdauer: 8–14 Tage

Pflanzung: Auberginen sind noch empfindlicher für feuchtkaltes Wetter als Tomaten und besonders sonnenbedürftig. Deshalb werden sie in unseren Breiten oft im Kleingewächshaus oder Folientunnel angebaut. In das Pflanzloch gibt man etwas Steinmehl.

Abstand: 50 x 50 cm

Wachstumszeit: Auberginen wachsen verhältnismäßig rasch, aber trotzdem blühen sie erst, wenn die Tage kürzer werden ab Juli.

Auberginen lassen sich gut mit Spinat mulchen.

Pflege: Bei trübem Wetter kann die Lichtwirkung durch Hornkieselspritzungen an Fruchttagen verstärkt werden.

Nach dem Anwachsen der Pflanzen läßt man ihnen nur vier Triebe, entfernt später alle Fruchtansätze bis auf fünf bis sieben und mulcht mit Pflanzenabfällen.

Zusatzdünger: Brennessel- (10fach verdünnt) oder Beinwelljauche (5fach verdünnt)

Ernte: Im August und September, wenn die Früchte dunkelviolett sind und glänzen, kann geerntet werden. Sie schmecken mit Zwiebeln gedünstet oder gebacken und gefüllt am besten.

Als Füllung eignen sich alle Getreide, die geschrotet und mit Wasser gekocht wurden. Die wichtigsten Zutaten sind Gewürze wie Thymian, Basilikum, Oregano und Knoblauch, die unter den Getreidebrei gemischt werden.

Auch eine Kombination von Paprikaschoten, Zwiebeln, Tomaten und Zucchini als Füllung ist sehr schmackhaft.

Gartenerdbeere
Fragaria ananassa
(Familie: Rosaceae)

Diese zu den Beerenfrüchten zählende köstliche Nutzpflanze wird gern in Mischkultur mit Gemüse angebaut. Die besten Nachbarn sind ohne Zweifel die nematodenvertreibenden Liliengewächse Knoblauch und Zwiebeln. Da die ausdauernden Erdbeeren jedoch im Biogarten drei und mehr Jahre dasselbe Beet besetzt halten, müssen die Nachbarn wechseln. Dafür kommen nach den beiden genannten Liliengewächsen die verschiedenen Salatarten in Betracht, dann Radieschen und Rettich, schließlich auch Feldsalat oder rote Bete (siehe auch „Obst und Beeren im Biogarten" aus der Biothek-Reihe, Seite 64–71). Auch Gartenkresse läßt sich schon im frühen Frühjahr zwischen Erdbeeren aussäen.

Knoblauch zwischen Erdbeerhügeln ist eine empfehlenswerte Mischkultur.

Gemüsepaprika
Capsicum annuum
(Familie: Solanaceae)

Sorten: 'Bell boy' F1-Hybride (Bioselekt), 'Golden Hit' (Bioselekt), 'Liebesapfel', 'Neusiedler Ideal', 'Puszta Gold'
Vorjahreskultur: Gurken und alle Kohlarten
Vorkultur: Kohlrabi und Rettich
Mischkultur: mit Auberginen, Basilikum, Bohnenkraut, Gurken, Kapuzinerkresse, Melonen, Neuseeländer Spinat (als Bodenbedeckung) und Tomaten (als Windschutz)
Anbau: Paprika hat etwa dieselben Bodenansprüche wie Auberginen und Tomaten. Er liebt Sonne und Wärme. Während er auf dem Balkan, in Südfrankreich und Italien vorzüglich im Freien gedeiht, bringt bei uns nur die Gewächshaus- oder Folientunnelkultur wirklich gute Ergebnisse.
Paprika ist ein Halbstrauch und hat deshalb eine lange Kulturzeit.
Keimfähigkeit: 2 Jahre
Saatzeit: Anfang bis Mitte Januar
Saattiefe: 1–2 cm
Keimtemperatur: 25° C; diese Temperatur erreicht man meist nur unter einer Klarsichthaube und Verwendung einer untergelegten Heizplatte.
Keimdauer: 10–14 Tage
Pflanzung: Die Sämlinge werden meist ein-

mal pikiert. Ins temperierte Gewächshaus pflanzt man bereits Anfang bis Ende März an Fruchttagen, in den Folientunnel Anfang Mai und ins Freiland, dann aber nur an eine geschützte Südwand, ab Mitte Mai.

Abstand: 60–70 cm zwischen den Reihen, 40–50 cm in der Reihe

Wachstumszeit: bis August, September und Oktober

Pflege: Paprikapflanzen werden weder entspitzt noch ausgelichtet. Allenfalls kann eine Stütze nötig werden, an die man die einzelne Pflanze vorsichtig anbindet. Dadurch schützt man sie vor dem Umknicken. Paprika braucht viel Feuchtigkeit.

Zusatzdünger: An Fruchttagen gießt man etwa dreimal während der Vegetationszeit mit Beinwelljauche (5fach verdünnt) oder Brennesseljauche (10fach verdünnt).

Das große Lichtbedürfnis wird nicht nur durch einen hellen, sonnigen Standort befriedigt, sondern auch durch mehrere Hornkieselspritzungen.

Paprika für die Gesundheit: Besonders die scharfen Sorten enthalten viel Capsaicin, das in Einreibungsmitteln gegen Muskelverspannungen und Rheuma eingesetzt wird. Innerlich wirkt Paprika verdauungsfördernd und appetitanregend. Er enthält viele Vitamine, vor allem Vitamin C.

Pflanzenschutz: Im Gewächshaus können Weiße Fliegen vorkommen. Die Ursache ist meist zu trockener Boden. Sind Weiße Fliegen erst einmal da, lassen sie sich durch reichliche Wassergaben auch nicht mehr vertreiben. Am besten hat sich die Zwischenpflanzung von Rosenpelargonium und Zitronenmelisse bewährt.

Ernte: Die erste entwickelte Frucht in der untersten Verzweigung sollte frühzeitig in grüner Färbung geerntet werden, damit sich die anderen Früchte gut entwickeln. Diese läßt man rot werden. Dann ist auch erst der hohe Vitamin-C-Gehalt der Früchte erreicht. Man muß diese vorsichtig mit beiden Händen ernten, damit kein Zweig abbricht.

Kurze Zeit nachdem Kolumbus die Paprikapflanze 1514 von Mexiko nach Spanien gebracht hatte, wurde sie überall in den Mittelmeerländern, in Asien und Afrika kultiviert. In das heutige Paprikaland Ungarn kam sie allerdings erst in der Mitte des 18. Jahrhunderts.

Gurke
Cucumis sativus
(Familie: Cucurbitaceae)

Sorten: zum Einlegen: 'Doplus Mix' F1-Hybride (Bioselekt), 'Sonja' F1-Hybride (Biostart); Salatgurken: 'Highmark' (Bioselekt), 'Sensation, Typ Neckarruhm'; Schlangengurken: 'Bella' F1-Hybride, 'Sandra' F1-Hybride (Biostart); Treibgurken: 'Mildana' F1-Hybride (Bioselekt), 'Petita' F1-Hybride (Bioselekt); Kastengurken: 'Tanja-Auslese'

Vorjahreskultur: Bohnen, Erbsen und Zwiebeln

Vorkultur: Ackerbohnen, Radieschen und Spinat

Mischkultur: mit Kopfsalat, Rosenkohl, Stangenbohnen (als Windschutz), Zuckermais (als Windschutz) und Zwiebeln

Anbau: Gurken verlangen einen nährstoffreichen, durchlässigen, lockeren Boden. Er kann wie für Paprika vorbereitet werden. Auf jeden Fall sollte man Steinmehl und etwas Algenkalk untermischen. Eine 5 cm dicke Schicht Lavagranulat hält den Boden feucht. Besonders vorteilhaft sind Mistpackungen und kleine Hügelreihen. Diese trocknen rasch ab, der Boden erwärmt sich schnell, denn Gurken brauchen viel und gleichmäßige Wärme, andererseits aber auch Feuchtigkeit, außerdem Licht, die Bodenansprüche sind hoch.

Das empfindliche Tropengewächs verträgt keine Wachstumshemmung. Der hohe Nährstoffgehalt des Bodens muß gleichmäßig zur Verfügung stehen, ebenso Feuchtigkeit, Licht und Wärme. Unregelmäßige Versorgung führt zum Abstoßen oder Faulen der Fruchtansätze, zum Einrollen des Gipfeltriebes, Schädlings- und Krankheitsbefall, bei nicht bitterfreien Sorten zum Bitterwerden der Früchte.

Gurken sind an sich Rankpflanzen. Im Gewächshaus zieht man vor allem Treib- und Schlangengurken an Schnüren. Die dickeren

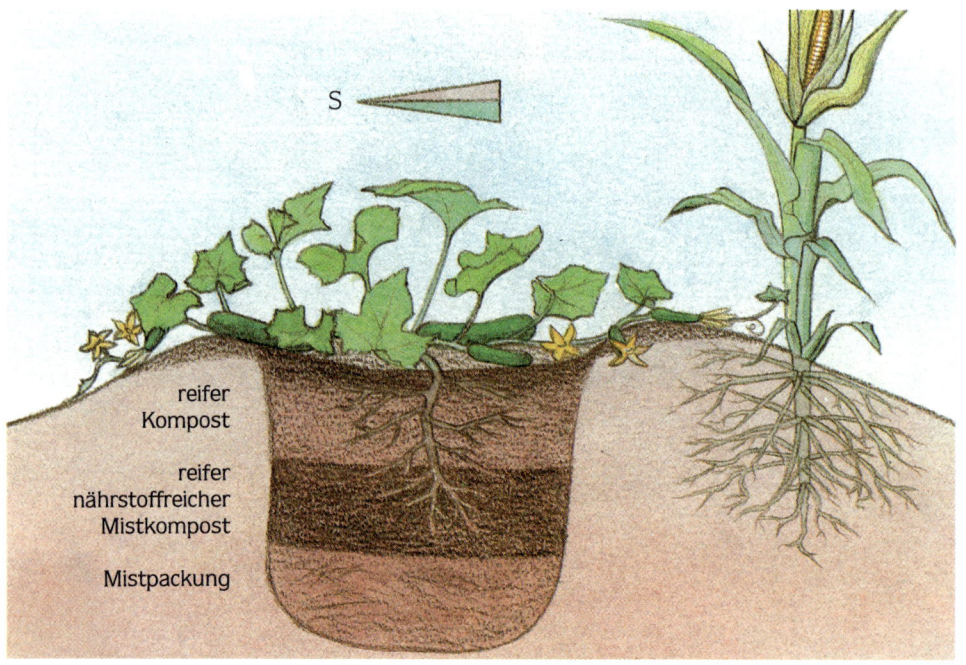

reifer
Kompost

reifer
nährstoffreicher
Mistkompost

Mistpackung

Gurkenkultur auf kleinen Hügeln

Salatgurken und die Kastengurken werden meist am Boden, letztere im mit Mist gepackten Kasten kultiviert. Die Hauben oder Glasrahmen nimmt man in der wärmeren Jahreszeit ab. Damit die Gurken trocken und warm liegen, wird der Boden oft mit schwarzer Mulchfolie überdeckt. Noch besser haben sich mit Maschendraht bespannte Holzrahmen bewährt. Die rechteckigen Rahmen liegen nach Süden zu auf dem Beet. Dort legt man auch die Gurkensamen oder pflanzt die vorgezogenen Sämlinge. Auf der Nordseite des Beetes liegen die Rahmen auf Pfosten von 25–30 cm Höhe. Die Gurkenpflanzen ranken hoch, die Früchte liegen warm, hell und trocken. Auf der Nordseite kann man die Gurken vor Wind durch Zuckermais oder Stangenbohnen schützen, denn sie sind windempfindlich.

Keimfähigkeit: 6–7 Jahre

Saatzeit: Die bei uns vorteilhaftere warme Vorkultivierung (zwei Kerne je Topf, von deren Sämlingen man nur den stärkeren wachsen läßt) in 11-cm-Töpfen für die Winterkultur im Kleingewächshaus oder Kasten und in 9-cm-Töpfen für Freilandgurken beginnt ab 19. April in der für Fruchtgemüse günstigen Widdersonne bei Mondstand Widder oder Schütze.

Ins Freiland sät man möglichst noch in der Widdersonne bis zum 13. Mai.

Saattiefe: 2 cm

Keimtemperatur: Im Freiland 10–12° C (anfangs mit Vlies abdecken); warme Vorkultur bei 20–22° C, nach dem Keimen bei 18–20° C weiterkultivieren.

Keimdauer: 10–12 Tage

Pflanzung: Vorkultivierte Pflanzen werden an ihren endgültigen Standort ausgepflanzt, wenn sich der Boden genügend erwärmt hat. Im Freiland ist das meist erst Mitte bis Ende Mai, sobald keine Nachtfröste mehr zu befürchten sind. In die Pflanzlöcher wird Hornmist gespritzt.

Im Gewächshaus pflanzt man, wenn sich außer den Keimblättern zwei weitere Blätter

Gurkenkultur auf einem schrägen Drahtrahmen

kräftig entwickelt haben, bei 18–20° C. Vor Zugluft müssen Gurken geschützt sein.. Angegossen wird stets mit abgestandenem warmem Wasser.

Abstand: Bei Freilandsaat 10 cm, später vereinzelt man auf 40–50 cm in der Reihe. Zwischen den Reihen läßt man 100 cm frei. Auf ein Normalbeet von 120 cm Breite kommt auf einen an der Basis etwa 60 cm breiten Hügel, der in der Mitte aus reifem Mistkompost besteht, eine Reihe Gurkenpflanzen. An den Seiten lassen sich noch je eine Reihe Kopfsalat oder Zwiebeln kultivieren. Bei Maschendrahtrahmen wird der Hügel auf der südlichen Beetseite aufgeschichtet.

Im Gewächshaus brauchen die Pflanzen 100 x 40 cm Abstand.

Wachstumszeit: Je nach Sorte kann ab Anfang des dritten Monates nach der Pflanzung mit der Ernte begonnen werden.

Pflege: Gurkenkultur ist eine Kunst. Bei Freilandgurken entspitzt man den Trieb nach dem dritten oder fünften Blatt, damit sich drei bis vier reich tragende Seitentriebe bilden, die man auf der Fläche ausbreitet. Man kann die Gurkenpflanzen auch an senkrechten Gittern hochziehen.

Nach einer moderneren Methode läßt man den Haupttrieb wachsen und entspitzt die nicht tragenden Seitentriebe nach dem siebten Blatt. Die männlichen Blüten werden bei Freilandgurken zur Bestäubung gebraucht. Man kann diese auch abnehmen und ihre Pollen auf die weiblichen Blüten übertragen

Für Gewächshausgurken wird 30 cm unter der Dachfläche waagerecht ein Spanndraht gezogen und an diesem sowie am Fuß der Pflanze eine kräftige Schnur befestigt.

Den Haupttrieb wickelt man während seines Wachstums nachmittags an Fruchttagen um die Schnur, bis er den Querdraht erreicht hat. Dann entspitzt man ihn und läßt zwei Triebe am Querdraht entlang wachsen.

Am Haupttrieb werden alle Fruchtansätze bis zu 40 cm Höhe entfernt. Weiter oben läßt man dann auch nur jeden zweiten oder dritten wachsen.

Sobald die Seitentriebe Fruchtansätze haben, kürzt man die Triebspitzen auf zwei Blätter

Triebkürzung: zwei Blätter nach der vordersten Gurke

vor der vordersten Gurke ein. Genauso werden die Nebentriebe der Seitentriebe behandelt. Man entspitzt nach dem ersten, bei guter Wüchsigkeit nach dem zweiten Fruchtansatz.

Diese Arbeiten dürfen nicht auf einmal vorgenommen und die Triebspitzen nicht zu früh und möglichst am Nachmittag entfernt werden.

Mit Ausnahme der F1-Hybriden, die nur weibliche Blüten tragen, haben alle anderen Treibhausgurken männliche und weibliche.

Sobald. sich männliche Blüten entwickeln, entfernt man sie, damit die weiblichen nicht befruchtet werden. Die weiblichen Blüten erkennt man an den embronalen Gurken hinter den gelben Blüten. Man kneift die männlichen Blüten deshalb aus, weil befruchtete Gurken Kerne haben, weniger schön geformt und nicht so zart im Geschmack sind. Man muß allerdings auch wissen, daß die Qualität der Inhaltsstoffe bei den samentragenden Gurken eher höher ist.

Auch wenn in der Nähe gemischt blühende Gurken wachsen, besteht die Gefahr der Bestäubung der rein weiblichen F1-Hybriden.

Zusatzdünger: Nach der Durchwurzelung der

kleinen Hügel schüttet man diese mit reifem Mistkompost auf und gibt nochmals das Hornmistpräparat.

Kurz vor Blühbeginn sprüht man vormittags mit Hornkiesel. Dem Gießwasser sollte an Fruchttagen Schachtelhalmtee im Wechsel mit Brennesseljauche (1:10) untergerührt werden.

Vorteilhaft ist Mulchen mit Rasenschnitt oder Stroh.

Weitere Hornkieselspritzungen nimmt man etwa alle neun Tage an Fruchttagen vormittags vor, sobald Früchte angesetzt sind.

Pflanzenschutz: Im Gewächshaus und Frühbeet besteht leicht die Gefahr, daß die Weiße Fliege auftritt. Die 2 mm langen Tiere sitzen in ganzen Schwärmen an der Blattunterseite, wo sie auch ihre Eier ablegen. Bei Berührung der Blätter fliegen sie auf.

Ihr Auftreten deutet auf zu trockenen Boden und ebensolche Luft hin. Gurken müssen alle zwei Tage, bei großer Hitze täglich, durchdringend gewässert werden. Gegen Lufttrockenheit muß man im Gewächshaus mehrmals ganz kurz warmes Wasser fein versprühen.

Bewährt hat sich auch die Aussaat von Zitronenmelisse gemischt mit der Pflanzung der laubduftenden Rosenpelargonie, Pelargonium graveolens, deren Blätter intensiv nach Rosen und Minzen duften. Fälschlich wird sie auch Rosengeranium genannt. Sie läßt sich leicht aus Stecklingen heranziehen. Man sollte auch andere laubduftende Pelargonien ausprobieren. Es gibt solche, die nach Zitronen, Mandeln, Moschus, Muskat oder Kampfer duften. Auch die zusätzliche Aussaat von Kapuzinerkresse ist günstig, immer aber vorausgesetzt, daß der Boden genügend Feuchtigkeit enthält.

Gurkenmehltau und Grauschimmel werden durch Spritzungen mit Hornkiesel verhindert. Auch 5fach verdünnter Schachtelhalmtee beugt vor. Diesen sollte man bei der Luftbefeuchtung einsetzen.

Die Gemeine Spinnmilbe (Tetranychus urticae) saugt an den Blattunterseiten. Bei starkem Befall können die Pflanzen absterben. Im Gewächshaus lassen sich Raubmilben ein-

setzen. Diese werden auf Buschbohnen gezogen und dann versandt (siehe Bezugsquellen). Vor allen Dingen bei den Jungpflanzen muß man auf Schneckenfraß achten.

Ernte: Gurken werden möglichst jung geerntet, damit sich weitere Fruchtansätze gut ausbilden. Im temperierten Gewächshaus kann bei regelmäßiger Nachdüngung bis in den Winter hinein geerntet werden. Dennoch hinterlassen Gurken – trotz ihres eigenen hohen Nährstoffbedarfes – einen nährstoffreichen Boden und sind gute Vorfrüchte für viele andere Gemüsearten.

Samengewinnung: Außer bei F1-Hybriden lassen sich von allen Gurken Samen gewinnen, falls sie bestäubt wurden. Die aus ganz reifen Früchten herausgekratzten Samen müssen zunächst in Wasser kurz gären. Dann wäscht man sie in Biosmonwasser, läßt sie abtropfen und auf einer saugfähigen Unterlage trocknen.

Höhere Erträge und gesunde Gurkenpflanzen durch Veredeln

Gurken gedeihen besser, wenn man die jungen Pflanzen auf Feigenblattkürbis veredelt. Man sät dazu in den Topf mit den Gurkensamen einige Tage später je einen Samen vom Feigenblattkürbis (Cucurbita ficifolia). Nach drei bis vier Wochen bringt man am Stengel bei beiden Pflanzen auf gleicher Höhe einen Zungenschnitt bis zur Triebmitte an und paßt beide Triebe sorgfältig ineinander. Dann werden beide mit selbstklebender oder spezieller Folie aus Fachgeschäften umwickelt. Die Schnittstellen sollen ganz abgedeckt sein. Anschließend stülpt man eine durchsichtige Lochfolie über den Topf, damit die Luft „gespannt" ist. Nach zwei bis drei Wochen sind die Schnittstellen zusammengewachsen. Man trennt die Gurkenwurzel und den über der Schnittstelle liegenden Kürbistrieb ab und kann sich später eines noch größeren Gurkenertrages erfreuen.

Gurken für die Gesundheit: Dieses beliebte Sommergemüse ist kalorienarm. Dafür besitzt es aber viele Mineralstoffe. Der Genuß von Gurken entschlackt den Körper.

Melone
Wassermelone – Citrullus lanatus
Zuckermelone – Cucumis melo
(Familie: Cucurbitaceae)

Sorten: Wassermelonen: 'Crimson Sweet', 'Sperling's Sweety' F1-Hybride; Zuckermelonen: 'Benarys Zuckerkugel', 'Maya' F1-Hybride, 'Ogen', 'Sperling's Honigtopf' F1-Hybride
Vorjahreskultur: Bohnen und Zwiebeln; vor Melonen dürfen keine anderen Kürbisgewächse kultiviert werden.
Vorkultur: Ackerbohnen und Spinat
Mischkultur: mit Auberginen oder Paprika (Abstand 100 cm), Stangenbohnen und Zuckermais (als Windschutz); im Gewächshaus mit blühenden Kräutern wie Borretsch und Phacelia als Bienenlockpflanzen.
Anbau: Melonen haben dieselben Bodenansprüche wie Gurken. Sie können ebenfalls an Spanndrähten, an Gerüsten oder am Boden gezogen werden. Ihr Wärmebedürfnis ist jedoch noch höher. Meist ist der Ertrag nur im temperierten Gewächshaus lohnend. Nur in warmen Lagen an geschützten, sonnigen Südseiten und in sonnenreichen Sommern ist die Kultur auch im Freien günstig.
Saatzeit: Auf jeden Fall sollte die warme Vorkultur, wie bei den Gurken, der Freilandaussaat vorgezogen werden.

Pflanzung: Die warme Vorkultur gewährt auch im Freiland frühere Erträge. Sowohl im Gewächshaus als auch im Freiland erweist sich die Kultur auf Maschendrahtrahmen als sehr günstig.
Abstand: bei Bodenkultur 150 x 80 cm, bei Schnurerziehung 100 x 50 cm
Pflege: Bei Melonen setzen erst die Nebentriebe der Seitentriebe weibliche Blüten und damit auch Früchte an. Deshalb werden die Haupttriebe über dem vierten oder fünften Blatt entspitzt, wenn nötig vor dem Auspflanzen. Von den Seitentrieben läßt man nicht mehr als vier Blätter stehen und entfernt auch eventuelle Fruchtansätze.
So entwickeln sich zügig kräftige Nebentriebe. An diesen beläßt man pro Pflanze sechs Fruchtansätze gleichzeitig.
Bei der Schnurerziehung läßt man den Haupttrieb wachsen. Die unteren vier Seitentriebe werden entfernt, die folgenden auf ein Blatt, die oberen auf vier bis sechs Blätter entspitzt.
Zusatzdüngung: Wie bei den Gurken; Pflanzenjauchegüsse kann man auch schon während der Vorkultur im Topf geben, denn Melonen wachsen langsam.
Ernte: Die Ernte beginnt etwa zehn Wochen nach der Pflanzung. Die Reife verrät sich durch süßen Duft.

Wasser- und Zuckermelonen können liegend, aber auch an Gerüsten kultiviert werden.

Rhabarber
Rheum rhabarbarum, R. rhaponticum
(Familie: Polygonaceae)

Sorten: Die beiden obengenannten Arten werden angeboten. Empfehlenswerte rotstielige Sorten sind: 'Holsteiner Blut' und 'Vierländer Blut'.

Mischkultur: Da Rhabarber viel Feuchtigkeit braucht, kann man ihn mit Spinat oder Neuseeländer Spinat unterpflanzen.

Anbau: Manche Leute zählen Rhabarber eher zum Obst als zum Gemüse, aber da er, wenn auch auf einem eigenen Beet, im Gemüsegarten angebaut wird, soll er hier beschrieben werden. Er wird dem Fruchtgemüse zugeordnet, weil er bei Anbau und Pflege an Fruchttagen am besten gedeiht.

Rhabarber ist mehrjährig und braucht einen sonnigen, warmen Platz. Im Sommer kann er auch halbschattig stehen. Will man viele Jahre Freude an Rhabarber haben, gibt man in das Pflanzloch mindestens fünf Schaufeln nährstoffreichen Rindermistkompost.

Pflanzung: Im Herbst muß der Boden wenigstens zwei Spaten tief gelockert und der Kompost gut eingearbeitet werden.

Man legt ein glatt abgeschnittenes Wurzelteilstück vor der Pflanzung in eine Preicobaktlösung und dann so in den Boden, daß die Pflanze nach dem Austrieb in einer flachen Mulde wächst. Ein Auge muß auf Bodenniveau sitzen. Gepflanzt wird an einem Fruchttag, an dem auch die Hornmistspritzung erfolgt.

Abstand: 100–120 cm

Pflege: Während des Austriebes nimmt man an einem Fruchttag nochmals eine Hornmistspritzung vor und dieser sollten drei Hornkieselbehandlungen an Fruchttagen folgen.

Ernte: Rhabarber wächst zügig. Die erste Ernte ist jedoch erst im Jahr nach der Pflanzung von April bis Mitte oder Ende Juni möglich. Danach nimmt die Oxalsäure in den Stielen so zu, daß der Genuß bedenklich wird. Man bricht die Stiele bei der Ernte am Vor-

Rhabarber braucht nährstoffreichen Boden.

mittag vorsichtig heraus, läßt aber immer so viele stehen, daß die Pflanzen genügend Blattwerk haben. Auch Blütenstengel müssen vor dem Erblühen herausgebrochen werden, damit sich die Pflanzen nicht zu rasch erschöpfen.

Die Ernte läßt sich durch Strohabdeckung oder einen übergestülpten Eimer bereits auf den März vorverlegen.

Nach der Ernte sprüht man dreimal an Fruchttagen mit Hornkiesel. Erst im September düngt man an einem Fruchttag mit Rindermistkompost und spritzt mit Hornmist.

Rhabarber gegen Kohlhernie: Aus den Blättern läßt sich eine Jauche herstellen, die man gegen Kohlhernie anwendet.

Man setzt 2 kg Rhabarberblätter mit 10 l abgestandenem Wasser an. Die zerschnittenen Blätter sollten mit dem Wasser bedeckt, das Gefäß aber nicht ganz voll sein. Die gärende Jauche wird täglich einmal umgerührt. Dabei entwickelt sich Schaum. Ein volles Gefäß würde überschäumen.

Das Wasser kann mit Biosmon verbessert werden. Man setzt ihm außerdem etwas Tonmehl und 20 Tropfen Baldrianblütenextrakt zur Geruchsbindung zu. Die nicht mehr schäumende Jauche wird 1 : 10 verdünnt gegossen.

Riesenkürbis
Cucurbita maxima
(Familie: Cucurbitaceae)

Sorten: 'Gelber Zentner', 'Grüner Zentner'
Vorjahreskultur: Bohnen und Zwiebeln
Vorkultur: Spinat
Mischkultur: mit Stangenbohnen oder Zuckermais als Randpflanzung
Anbau und Pflege: Diese Kürbisse können bis zu 50 kg schwer werden. Sie brauchen 1–2 m² Platz und noch mehr Nährstoffe als Gurken. Man setzt sie deshalb gern an den Fuß eines Komposthaufens. Dort gelangen ihre Wurzeln an die durch Regen oder Wassergaben aus dem Kompost gestülpten Nährstoffe. Ihre großen Blätter schützen den Kompost gleichzeitig vor der Sonne, von der die Kürbispflanze nicht genug bekommen kann. Kürbisse sind jedoch nicht selbstverträglich und gedeihen auch schlecht nach Gurken, Melonen oder Zucchini.

Außerdem sind Kürbisse robuster als Gurken, haben aber dieselbe Vorkultur (sowohl in Töpfen als auch direkt im Freiland bei mindestens 12°C Bodentemperatur) und werden anschließend wie Freilandgurken behandelt. Ehe die Früchte zu schwer werden, legt man sie auf Bretter oder Stroh, falls sie nicht auf dem Komposthaufen liegen. Sie dürfen nicht faulen.

Ernte: Kürbisse läßt man voll ausreifen. Deshalb erntet man frühestens im August, wenn der Fruchtstiel vergilbt und leicht abbricht und die Früchte beim Beklopfen hohl klingen. Kürbisse sind nicht frosthart. Die letzten schneidet man im Oktober ab.
Lagerung: In kühlen Räumen halten sich Kürbisse bis Januar.

Der Riesenkürbis braucht nahrhaften Boden.

Tomate
Lycopersicon lycopersicum
(Familie: Solanaceae)

Sorten: 'Amfora' F1-Hybride (Fleischtomate für Treibhaus und Freiland), 'Balkonstar' (Busch-Topftomate), 'Cantatos' F1-Hybride (Bioselekt), 'Estrella' F1-Hybride (Bioselekt), 'Goldene Königin' (goldgelb), 'Master' F1-Hybride (Fleischtomate für Treibhaus und Freiland), 'Moneymaker' (Freiland), 'Roma' (Safttomate für Tomatensaft und -mark), 'Sweet 100' F1-Hybride (Biostart, Cocktailtomate), 'Ting Tim Sperling's Mini' (Biostart, Cocktailtomate)
Vorjahreskultur: Kartoffeln, Kohl und Tomaten
Vorkultur: Spinat
Mischkultur: mit Basilikum, Oregano, Kohlrabi, Möhren, Neuseeländer Spinat, Petersilie, Porree und Sellerie
Anbau: Diese beliebten Gartenpflanzen sind selbstverträglich. Sogar ihr eigenes kompostiertes Laub verhilft zu hohen Erträgen.

Tomaten brauchen einen nährstoffreichen, humosen Boden, der am besten im Herbst mit Rindermistkompost vorbereitet wird und eine Gründüngung erhält, die entweder im Winter abfriert oder bereits im Herbst oberflächlich in den Boden eingearbeitet wird. Am günstigsten ist ein 60 cm tiefes Pflanzloch, das im Herbst mit purem Kompost gefüllt wird. Schon die Anzuchterde für die Vorkultur im Warmhaus erhält vor der Aussaat eine Hornmistspritzung. Auf den Boden des Topfes gibt man etwas Ecovital,

Oscorna oder Horn-, Blut- und Knochenmehl.
Keimfähigkeit: 2 Jahre
Saatzeit: 15. Februar bis 11. März zur Zeit der Wassermannsonne bei Mondstand Widder oder Schütze
Saattiefe: 0,5 cm; man sät in einen Kasten.
Keimtemperatur: 22° C
Keimdauer: 6–10 Tage; nach der Entfaltung des ersten Laubblattes wird pikiert und später am besten nochmals einzeln in 10-cm-Töpfe gepflanzt. Dabei setzt man die Pflanzen jedesmal tiefer, weil sich neue Wurzeln am Trieb bilden.
Pflanzung: Es wird möglichst noch in der Widdersonne ins Freiland gepflanzt, nachdem der vorbereitete Boden zwei Hornmistspritzungen an Fruchttagen erhalten hat. Auch die Pflanzung erfolgt an Fruchttagen.

Tomatenpflanzen dürfen keinen Frost bekommen! Wenn doch noch Nachfrost zu befürchten ist, sprüht man die jungen Pflanzen mit Baldrianblütenextrakt gegen Abend gründlich ein und deckt sie zusätzlich mit dem Vlies Agryl P 17 ab.
Gewächshaustomaten pflanzt man möglichst schon Ende April. Auf jeden Fall sollten die Pflanzen schon den ersten Blütenansatz zeigen.
Abstand: 100 cm zwischen den Reihen, 50–80 cm in der Reihe.
Wachstumszeit: Anfang August beginnt die laufende Ernte.
Pflege: Sobald die Pflänzchen angewachsen sind, erhalten sie alle neun Tage im Wärmetrigon Hornkieselspritzungen. Am selben Tag wird nachmittags gehackt.

Praktischer Tomatenring von der Firma Neudorff

An diesen Tagen sind auch Brennesseljauche-güsse günstig.

Regen und Kälte vertragen Tomaten schlecht. Tomatenhauben haben sich in solchen ungünstigen Zeiten und ebenfalls im Herbst sehr bewährt. Auch für ein Foliendach sind Tomaten dankbar.

Tomaten brauchen regelmäßige Feuchtigkeit. Eine Bodenabdeckung mit Tomatenmulchkompost ist günstig.

Bei Tomatenpflanzen läßt man meist nur den Haupttrieb an einem Stab wachsen. Die Seitentriebe bilden sich in den Blattachseln. Nur an Drahtgerüsten behalten die Pflanzen ein oder zwei Seitentriebe. Alle anderen werden so jung wie möglich an Fruchttagen nachmittags ausgeknipst, sie werden ent-

So kann man Tomaten im Herbst am besten nachreifen lassen.

geizt. Im September kann auch der Haupttrieb entspitzt werden, falls die Wuchskraft noch zu stark ist, damit die Nährstoffe in die Früchte gehen.

Die Seitentriebe, als Geize bekannt, sind sehr wuchsstark. Wenn man Tomatenpflanzen ein paar Tage nicht beobachtet, können die Geize bereits 50 cm lang sein. Diese Seitentriebe müssen sorgfältig herausgebrochen oder mit einem Messer abgeschnitten werden. Sie bilden sonst bald Blütentrauben.

Pflanzenschutz: Bei guter Bodenvorbereitung vor der Pflanzung, Hornmist- und Hornkieselspritzungen, sind Tomatenpflanzen nicht anfällig. Blattspritzungen werden allerdings nur mit Hornkiesel oder CP-Mineralpulver vertragen. Andere Spritzungen schaden eher.

Im Gewächshaus kann die Weiße Fliege die Blätter befallen. Man beugt wie bei Gurken mit laubduftenden Pelargonien, Zitronenmelisse und Kapuzinerkresse vor und kann auch Kirschfruchtfliegenfallen der Firma Neudorff im Gewächshaus aufhängen. Die gelben, klebenden Folien locken die Weißen Fliegen von den Tomatenpflanzen weg. Auch das Stäuben von Ecomin ist erfolgreich.

Ernte: Sobald die Tomaten orangerot oder gelb (bei gelben Sorten) sind, werden sie gepflückt. Es reifen immer wieder Früchte heran.

Vor dem ersten Frost nimmt man Pflanzen, die noch mit halbreifen Tomaten behangen sind, mit den Wurzeln aus dem Boden und hängt sie kopfüber in einen warmen Raum. Dort läßt sich bequem weitererrnten, oft bis Januar.

Samengewinnung: Von gesunden Pflanzen wählt man frühreife gutgeformte Tomaten von der zweiten bis vierten Traube. Diese werden reif, aber nicht überreif gepflückt. Man läßt sie liegend kräftig rot werden, kratzt dann den Samen aus den Früchten und unterzieht sie einer kurzen Gärung in etwas Biosmonwasser. Danach werden die Samen gründlich, ebenfalls in Biosmonwasser, gewaschen und auf saugfähiger Unterlage getrocknet. Aber aufgepaßt! Mit Hybriden läßt sich das nicht machen.

Zucchini und Squash
Cucurbita pepo
(Familie: Cucurbitaceae)

Sorten: 'Ambassador' F1-Hybride, 'Cocozelle von Tripolis' F1-Hybride, 'Diamant' F1-Hybride, 'Gold Rash' F1-Hybride
Vorjahreskultur: Möhren, Zwiebeln, keine Kürbisgewächse
Vorkultur: Spinat
Mischkultur: mit Radieschen, Rettich, Stangenbohnen oder Zuckermais (als Windschutz) und Zwiebeln
Anbau: Zucchini wachsen rasch, besitzen keine Ranken und haben ein Nährstoffbedürfnis wie Kürbisse.
Keimfähigkeit: 4 Jahre
Saatzeit: wie bei Gurken
Saattiefe: 2 cm
Keimtemperatur: 18°C
Keimdauer: 6–8 Tage
Pflanzung: Zucchini gedeihen am besten unter Glas. Frühbeete sind sehr geeignet. Die oberen 5 cm Boden sollten aus nahrhaftem reifem Kompost bestehen, denn Zucchini sind Flachwurzler und holen sich ihre Nährstoffe aus der obersten Bodenschicht.
Abstand: 100 x 100 cm
Pflege: Die Pflege ist wie bei Freilandgurken und Kürbissen. Man mulcht am besten mit Stroh.
Ernte: Die grünen oder gelben Früchte schmecken am besten und sind zart, wenn sie mit einer Länge von 10–20 cm geerntet werden. Bis Oktober wachsen bei regelmäßiger Düngung mit Pflanzenjauche und Hornkieselspritzungen immer wieder Früchte heran. Derselben Familie gehören Pflanzen mit interessanten Früchten an, wie beispielsweise die „Herkuleskeule", eine rankende, wändebegrünende einjährige Kürbisart mit bis zu 200 cm langen, keulenförmigen, grünen Früchten. Auch die „Vegetarische Spaghetti" (Sorte: 'Sperling's Bologneser') mit zartgelben Früchten an rankenden Pflanzen, die bei Reife in ihrem Innern spaghettiähnliche Fäden enthalten, sind erwähnenswert. Der Squash 'Sperling's Ufo' mit seinen runden,

Mit Stroh gemulchte Zucchini

flachen, weißen Früchten an buschähnlichen Pflanzen, wird immer beliebter. Man erntet, wenn der Früchtedurchmesser 10 cm beträgt.
Die jungen bis ungefähr 20 cm langen Zucchini werden gern roh gegessen. Man kann sie in dünne Scheiben schneiden und ähnlich wie Gurkensalat anrichten. Aber auch gewürfelt und gemischt mit Zwiebelringen, Tomatenwürfeln, gewürzt mit Oregano, Basilikum und Paprika sind Zucchini delikat.
Große Zucchini schmecken gedünstet sehr gut. Ihren milden Geschmack ergänzt man mit Zwiebeln oder Knoblauch, dazu Paprika und Tomaten. Geriebener Käse oder eine Käsesoße runden den Geschmack ab. Zucchini sind kalorienarm, enthalten jedoch Vitamine und Mineralstoffe.
Zucchini für die Gesundheit: Ähnlich wie Gurken lassen sich auch Zucchini für eine Schlankheitskur verwenden. Von der geschmacklichen Abwechslung her ist eine Kombination von Zucchini, Gurken und Naturreis ideal. So wird die Schlankheitsdiät auch gleich noch zur Entwässerungskur.

Gartenkräuter, die überall wachsen

Es gibt Kräutergärten, denen man ihre spezielle Aufgabe, nämlich Kräuter für Speisen, Tees, für düngende Jauchen oder aber für die Heilung von Pflanze, Tier und Mensch bereitzuhalten, gar nicht ansieht. Sie wirken eher wie Ziergärten. Unter den Rosen wachsen Thymian, Quendel, Majoran und Schnittlauch. Die blauen Sternenblüten des Borretschs nicken den duftenden Blüten roter Rosen zu, die sich scheinbar zum Ziel gesetzt haben, dem Blütenreichtum des Gurkenkrautes nachzueifern.

Kerbel macht sich zu Füßen der Dahlien breit. Die leuchtenden Blütenschönheiten haben dank des Kerbels keine von Nacktschnecken abgefressenen Blätter, denn die Ausdünstungen des Kerbels sind den Schnecken höchst unsympathisch.

Die Melisse bildet große Stauden im Halbschatten von Sträuchern. Dort gedeiht sie fast noch besser als in praller Sonne. Ihre Blätter bleiben länger zart. Läßt man einen Teil von diesen zitronenduftenden Labiaten als Bienenweide zur Blüte kommen, so blühen sie im Halbschatten reicher und anhaltender. Auch das ausdauernde Bergbohnenkraut verträgt erstaunlich gut Halbschatten. Es hängt verschönernd über U-Steinen herunter, wo sich seinen kleinen weißen Blüten die hellpurpurne Blütenfülle des Oregano entgegenstreckt.

Petersilie bildet sattgrüne Kissen zwischen den Stauden einer Blumenrabatte, die von

Ziergartenpflanzen sehen nicht nur gut zusammen mit Kräutern aus, sondern sie werden von diesen auch gefördert.

Basilikum umrahmt wird. Dort findet man auch hier und da Echte Kamille, ganze Sträuße gelb- und orangeblühender Ringelblumen, den schmalblättrigen Estragon, und im Hintergrund recken sich einige Samenschirme des Dills der Sonne entgegen.

An einer feuchten Stelle wächst eine üppige Staude Pfefferminze. Auch sie scheint Rosen zu fördern. Man muß nur darauf achten, daß den Rosen genügend Platz für ihre Entwicklung bleibt.

Übrigens sind auch Rosen und viele andere Blumen Heilpflanzen. Der hohe Vitamin-C-Gehalt der reifen Früchte mancher Rosenarten, der Hagebutten, ist bekannt. Der aus ihnen bereitete Tee schmeckt nicht nur erfrischend. In erkältungsträchtigen Zeiten stärkt er die Abwehrkräfte, denn er fördert die Immunkörperbildung.

Hagebutten kann man auch im Ziergarten sammeln. Die roten Früchte entwickeln sich vor allem an Hecken-, Park- und Bodendekkerrosen, wenn sie nicht unreif oder noch gar nicht entwickelt abgeschnitten werden wie bei Beetrosen, die dadurch zu Blütennachwuchs, zum Remontieren, angeregt werden sollen.

Aber nicht nur die Hagebutten enthalten Heilkräfte. Die Blütenblätter, auch Petalen genannt, eignen sich frisch ausgezupft oder getrocknet für Tees; die sich nicht nur durch Wohlgeschmack auszeichnen, sondern auch Depressionen vertreiben.

Für Rosentee nimmt man auf ¾ l kochendes Wasser eine Handvoll getrocknete oder zwei Handvoll frische, duftende Blütenblätter. Nachdem die Inhaltsstoffe der Blütenblätter in dem heißen Wasser zehn Minuten ausgezogen wurden, siebt man die Blütenblätter heraus und serviert den köstlichen Tee entweder warm mit Honig oder kalt mit Zitronensaft. Die Inhaltsstoffe regulieren den Hormonhaushalt, vor allem den weiblichen, unterstützen die Leber, Galle- und Milzfunktion und beruhigen das Herz: alles in allem ein Tee für den modernen Menschen.

Nun aber zurück zu den Gartenkräutern. Mit Zierpflanzen gemischt, erhalten sie diese nicht nur gesund, sondern sie vermitteln auch eine besondere Atmosphäre: die Luft ist von zarten Düften durchströmt; Bienen, Hummeln, Schwebfliegen und Wespen durchtönen sie und schwirren geschäftig von Blüte zu Blüte; lautlos flattern Tagpfauenaugen, Landkärtchen, der Kleine und der Große Fuchs oder der rot gezeichnete Admiral munter umher. Solch ein Kräutergarten ist eine Ausweitung nach oben, mag er auch quadratmetermäßig recht begrenzt sein.

Das ist sogar gerade das Schöne am Kräutergarten. Er kann überall angelegt werden, ohne seine Nützlichkeit so augenfällig zu demonstrieren wie der Gemüsegarten. Ganz im Gegenteil sind Kräuter sogar noch ein verschönerndes Bindeglied zwischen Garten und Haus. Auf der Terrasse, dem Balkon, sogar auf dem Fensterbrett in Küche oder Wohnzimmer gedeihen sie in Töpfen, Blumenschalen und Balkonkästen. Einige der Kräuter sät oder pflanzt man ohnehin im Herbst in solche Gefäße, damit man sie auch im Winter frisch genießen kann.

Eine Bedingung ist allerdings allen Kräutern gemeinsam: sie gedeihen nicht auf frisch gedüngten Böden. Entweder sie bekommen garen Boden, auf dem vorher bereits ein Gemüse oder eine Gründüngungspflanze kultiviert worden ist, oder sie erhalten vor der Aussaat oder Pflanzung reifen Kompost. Die meisten Kräuter vertragen nicht einmal die für viele Gemüsepflanzen unverzichtbaren Pflanzenjauchegüsse während der Hauptwachstumsperiode.

Es ist selbstverständlich, daß auch der Boden, auf dem Kräuter wachsen sollen, vor oder gleich nach der Aussaat mit Hornmist behandelt wird, zumal die meisten Kräuter viel Licht und Sonne brauchen und deshalb während des Wachstums für Hornkieselspritzungen dankbar sind.

Die in diesem Kapitel angegebenen Gartenkräuter gehören zu den beliebtesten und stellen bereits eine kleine Hausapotheke dar: Sie machen Speisen bekömmlicher und beeinflussen Unpäßlichkeiten günstig. Viele Krankheiten könnten vermieden werden, wenn Kräuter aus dem Garten in das tägliche Leben einbezogen würden.

Basilikum

(auch Basilienkraut, Deutscher Pfeffer oder Suppenbasil genannt)

Ocimum basilicum
(Familie: Labiatae)

Basilikum

Herkunft und Beschreibung: Die Heimat des Basilikums ist vermutlich Indien. Seine Verbreitung in den Subtropen liegt so lange zurück, daß sich das Ursprungsland nicht mehr genau ermitteln läßt. Im Mittelmeerraum findet man es heute überall. Nördlich der Alpen ist es allerdings erst seit dem 12. Jahrhundert und nur in Kultur anzutreffen. Die einjährige Pflanze mit langgestielten, ovalen, ganzrandigen oder leicht gezähnten sattgrünen Blättern an vierkantigen Stengeln ist buschig verzweigt und wird einschließlich der endständig weiß-, rosa- oder purpurblühenden Trugdolden bis zu 50 cm hoch.

Standort: sonnig und windgeschützt

Anbau: Der Boden für Basilikum sollte sandigen Lehm enthalten, der mit reifem Kompost angereichert ist. Enthält die Gartenerde keinen solchen Lehm, dann stellt man vor der Saat oder Pflanzung ein Erdgemisch aus reifem Kompost, Bentonit, Gesteinsmehl und etwas Sand her.

Da Basilikum frostempfindlich ist, kann erst Ende Mai nach den letzten Nachtfrösten ins Freie gesät werden. Es ist deshalb besser, bereits Ende März bis 18. April in der blattgünstigen Fischesonne in Gefäße am hellen Fenster eines mäßig warmen Raumes auszusäen.

Basilikum ist ein Lichtkeimer. Deshalb wird der Samen nur gut angedrückt. Im Freiland sät man mit 20–30 cm Reihenabstand. Schon nach zehn bis vierzehn Tagen geht die Saat auf. Später vereinzelt man die Sämlinge auf 25 cm. Die verzogenen Pflänzchen lassen sich sowohl verpflanzen als auch sofort in der Küche verwenden. Die Pflanzen werden buschiger und deshalb blattreicher, wenn man die jungen Triebe entspitzt.

Hat man ein schräges, sonniges Dachfenster oder ein warmes Gewächshaus, läßt sich Basilikum auch im Winter, am besten in der Skorpionsonne vom 20. November bis 19. Dezember, gut heranziehen, so daß die frischen Blätter auch im Winter für Speisen zur Verfügung stehen.

Pflege: Die Basilikumreihen werden am Nachmittag an Blattagen ab und zu durchgehackt. Das Kraut ist sehr wasserbedürftig, sollte jedoch nur mit abgestandenem und deshalb temperiertem Biosmonwasser gegossen werden, da es kälteempfindlich ist. Besonders in feuchtkühlen Sommern und bei der Kultur am gegenüber dem Freiland lichtärmeren Fenster empfehlen sich Hornkieselspritzungen.

Ernte: Die Blätter und jungen Triebspitzen können jederzeit geerntet werden. Man verwendet sie frisch.

Zum Trocknen schneidet man das Kraut je nach Sorte und Entwicklungsstand vor der Blüte an Fruchttagen im Juli oder August (20. 7.–10. 8. = Krebssonne = blattgünstig). Man hängt es an einem luftigen, aber warmen Ort in ganzen Sträußen auf oder streift die Blätter ab, um sie auf Papier ausgebreitet zu trocknen. Für heilkräftige Tees wird auch das blühende Kraut geerntet, dessen Blüten sich nacheinander entwickeln.

Verwendung in der Küche: Das zwar nicht so scharfe, aber dennoch an Pfeffer erinnernde beliebte Gewürz wird fein gehackt zu grünen Salaten und für pikante Quarkspeisen oder -soßen gebraucht. Fette Speisen, beispielsweise Braten und Backfisch, werden bekömmlicher.

Sehr beliebt ist es auch, Basilikum auf Tomaten mit Mozzarella zu essen. Dazu werden reife schnittfeste Fleischtomaten in ungefähr 1 cm dicke Scheiben geschnitten. Mit dem Mozzarella wird ebenso verfahren. Dann legt man diese beiden Zutaten abwechselnd auf einen Teller. Basilikum wird klein geschnitten, mit Knoblauch, Salz und Pfeffer in Olivenöl verrührt und über die Speise gegeben.

Heilwirkung und Anwendung: Basilikum wirkt belebend und ist magen- und herzstärkend. Bei Übelkeit und Blähungen schafft es Abhilfe. Appetitlosigkeit und Verdauungsschwäche werden günstig beeinflußt. ¼ l Basilikumtee, am frühen Abend getrunken, beugt nervöser Unruhe und Schlaflosigkeit vor.

Chronische Blähungen können günstig beeinflußt werden, indem man zweimal acht Tage, mit einer dazwischen eingelegten Pause von vierzehn Tagen, morgens und abends je eine Tasse Basilikumtee trinkt.

Teezubereitung: 2 TL (Teelöffel) voll Basilikumkraut übergießt man mit kochendem Wasser und läßt den Tee zehn Minuten ziehen. Dann seiht man das Kraut ab und der Tee ist trinkfertig.

Samengewinnung: Die Früchte, kleine Halbnüßchen, brauchen sehr lange, um in unseren Breiten heranzureifen. Das gelingt allenfalls im Gewächshaus oder auf der Fensterbank, wenn man die Reifung der Samen mit Hornkieselspritzungen an Löwetagen zusätzlich fördert.

Pflanzenförderung: Basilikum wächst gut zu Füßen von Tomaten und Schnurgurken, die ebenfalls sehr viel Feuchtigkeit brauchen. Die Gesundheit der beiden Gemüsepflanzen wird günstig beeinflußt. Der herbe Duft von Basilikum scheint Schadinsekten zu irritieren. Auf der Nordseite von liegenden Gurken kann ebenfalls Basilikum wachsen.

Bohnenkraut

Satureja
Bohnenkraut – Satureja hortensis (einjährig, auch Kölle, Weinkraut oder Wurstkraut genannt)

Bergbohnenkraut – Satureja montana (mehrjährig, auch Winterbohnenkraut genannt)

(Familie: Labiatae)

Diese beiden Kräuter unterscheiden sich weder im Geschmack noch im Aussehen. Auch ihre Verwendung in der Küche und zu Heilzwecken stimmt überein.

Einjähriges Bohnenkraut

Herkunft und Beschreibung: Die Heimat von Satureja hortensis wird zwischen dem Schwarzen Meer, dem Kaukasus und dem östlichen Mittelmeer vermutet. Es wurde bereits bei den Griechen und Römern angebaut und im Mittelalter durch die Benediktinermönche aus Italien zu uns gebracht.

Das etwa 40 cm hohe Bohnenkraut hat schmale Blätter und trägt in den oberen Blattachseln zwischen Juli und September einzelne, unscheinbare, weiße bis hellviolette Lippenblüten.

Standort: sonnig, trocken und windgeschützt

Anbau: Das einjährige Bohnenkraut wird Anfang bis Mitte April an Blattagen mit 20 x 25 cm Abstand in sandigen, garen Gartenboden ausgesät und als Lichtkeimer entweder nur in den Boden gedrückt oder mit wenig reifem Kompost bedeckt. Spätestens nach drei Wochen sind die Samen aufgelaufen.

Die Topfkultur entspricht der von Basilikum.

Pflege: Besondere Pflege ist nicht erforderlich.

Ernte: Blätter und Triebspitzen des Bohnenkrautes können immer frisch geerntet werden. Zum Trocknen schneidet man das ganze Kraut während der Blütezeit an Fruchttagen und hängt es in Sträußen luftig und warm

Bohnenkraut

Sellerie, Fenchel, Salbei und Bohnenkraut zur täglichen Nahrung, so hat ein Paar mehr Chancen als andere, eheliches Glück zu erleben", so meint er.

Zusammen mit Rosmarin, Thymian und Salbei kann Bohnenkraut auch einem morgendlichen Bad zugefügt werden.

Teezubereitung: 2 TL Kraut übergießt man mit ¼ l kochendem Wasser, läßt den Tee zehn Minuten zugedeckt ziehen, seiht ihn ab und trinkt ihn gegen Husten mit 1 TL Honig, gegen Magen- und Darmbeschwerden ohne jeden Zusatz.

Samengewinnung: Die Samen, winzige Spaltnüßchen, säen sich leicht selbst aus.

Bergbohnenkraut

Herkunft und Beschreibung: Das in Spanien und Jugoslawien wild vorkommende Berg- oder Winterbohnenkraut ist frosthart und mehrjährig. Es wird deshalb auch gern im Steingarten als Zierstaude angepflanzt.

Sein Aussehen entspricht dem des einjährigen Bohnenkrautes. Die Blätter werden bei Blühbeginn jedoch etwas zäh. Triebspitzen kann man das ganze Jahr pflücken. Es gibt eine aufrecht wachsende und eine niederliegende Art.

Standort: sonnig bis halbschattig und trocken

Anbau: Bergbohnenkraut braucht einen etwas nährstoffreicheren Boden als das einjährige Bohnenkraut. Dieser sollte mit Steinmehl angereichert sein. Es wird von Mitte April bis Ende Mai mit 20 x 25 cm Abstand ins Freiland gesät. Man kann es auch leicht im Topf ziehen.

Pflege: Besondere Pflege ist nicht nötig.

Ernte: Bergbohnenkraut kann jederzeit frisch geerntet werden. Auch Trocknen in Sträußen ist möglich, aber nur dort nötig, wo der Garten im Winter tief verschneit ist und man nicht zusätzlich im Topf kultiviert.

Verwendung in der Küche: siehe einjähriges Bohnenkraut

Heilwirkung und Anwendung: siehe einjähriges Bohnenkraut

Pflanzenförderung: Bohnenkraut hält Läuse von Bohnen fern.

auf. Es verliert auch getrocknet kaum von seinem würzigen Aroma.

Verwendung in der Küche: Bohnenkraut ist wie Basilikum und auch mit diesem zusammen für fette Speisen zu verwenden. Es macht alle Bohnengerichte verträglicher, eignet sich jedoch auch für rohe Salate aller Art. Wegen seines Thymolgehaltes sollte es nicht überdosiert werden. Schädigende Nebenwirkungen sind jedoch nicht bekannt.

Heilwirkung und Anwendung: Das aromatische Kraut wirkt günstig bei Verdauungsschwierigkeiten, Blähungen und Appetitlosigkeit. Auch gärende Durchfälle werden nach kurzer Zeit behoben, was wahrscheinlich auf den Thymolgehalt zurückzuführen ist. Sollte in dieser Hinsicht keine Wirkung oder nur eine vorübergehende eintreten, suche man unbedingt einen Arzt auf.

Bohnenkrauttee wird mit Vorliebe gegen Husten, der mit Verschleimung der Bronchien einhergeht, getrunken.

Der berühmte französische Naturheilarzt und Spezialist für Pflanzenheilkunde, Maurice Mességué, zählt Bohnenkraut zu den Aphrodisiaka. „Zählen Knoblauch, Zwiebeln,

Borretsch

(auch Blauhimmelstern, Gurkenkraut, Herz-
blume, Liebäuglein oder Wohlgemuth genannt)

Borago officinalis
(Familie: Boraginaceae)

Herkunft und Beschreibung: Diese blüh-
freudige, an Blatt und Stengel reich behaarte
Pflanze, was auf Siliciumreichtum hindeutet,
wächst im Mittelmeerraum wild. Bei uns wird
sie in Gärten kultiviert und ist nur gelegentlich
in der Nähe von Anbauflächen auf Schutt-
plätzen verwildert anzutreffen, wohin Vögel
und Ameisen die großen, schwarzen Samen
tragen.

Das einjährige Kraut entwickelt sich rasch
zum blattreichen, bis zu 80 cm verzweigten,
hohen Busch, an dessen Triebenden sich gestielte, sattblaue, fünfblättrige Blüten entwickeln. Hat man Borretsch einmal im Garten, sät er sich leicht selbst aus und verschönt
mit seinen Blütensternen den Gemüse- und
Ziergarten.

Standort: sonnig bis halbschattig

Anbau: Borretsch bedarf keines besonderen
Bodens. Er kann schon ab Januar auf der Fensterbank für den täglichen Verbrauch der jungen, zarten Pflanzen ausgesät werden.

Ab März ist schon die Aussaat im Freien möglich. Man kann immer wieder nachsäen, um
zarte Blätter zu ernten. Die Samen keimen
rasch.

Auf jeden Fall sollten immer einige Pflanzen
zum Blühen kommen, da Borretsch eine gute
Bienenweide ist.

In den Blattachseln der Büsche wachsen zarte
Triebe, die für Speisen gepflückt werden.

Man sät eng, da die jungen Pflanzen wegen
ihres zarten Geschmackes rasch verbraucht
werden. Die übrigbleibenden Borretsch-
büsche sollten weit auseinander stehen
(40 cm), da sie sonst Mehltau und schwarze
Läuse bekommen können.

Für die Kultur auf einer Fensterbank eignen
sich besonders gut Blumenkästen.

Pflege: Der Boden sollte gelegentlich gehackt und bei Trockenheit gegossen werden.

Blühender Borretsch

Ernte: Die Blätter werden täglich frisch vom
Beet gepflückt. Auch die Blüten eignen sich
für Salate als Garnierung und für Bowlen. Abgesehen davon, daß sie hübsch aussehen,
enthalten sie viel süßen Nektar.

Trocknen der Blätter lohnt sich nicht, da die
Inhaltsstoffe verlorengehen und der hohe
Wassergehalt die Trocknung zu langwierig
macht.

Verwendung in der Küche: Borretsch heißt
nicht von ungefähr Gurkenkraut. Es wird
gern fein gehackt zu Gurkensalat mit saurer
Sahnesoße oder Apfelessig serviert. Auch
beim Einlegen von Gurken werden Borretschblätter dazugegeben, sogar die blauen
Blüten, die auch Kräuteressig färben.

Ebensogut schmeckt Borretsch zu grünen
und Gemüsesalaten. Fahlgrünes Gemüse erhält durch mitgekochte Borretschblätter eine
kräftig grüne Farbe.

Heilwirkung und Anwendung: Borretsch
ist ein gutes Mittel gegen Nervosität, Herz-
klopfen und -flattern.

Auch Venen- und Schleimhautentzündungen
werden mit Borretschblättern behandelt. Gegen Venenentzündungen werden Borretschblätter mit einer Nudelrolle gründlich zer-

quetscht, auf die entzündete Stelle gepackt und mit einem Verband justiert.

Für Schleimhautentzündungen bereitet man einen kräftigen Tee aus zwei Handvoll frischer Blätter, die mit kochendem Wasser übergossen und zehn Minuten zugedeckt ausgezogen werden.

Bei Mundschleimhautentzündung trinkt man den abgegossenen Tee warm bis kühl schluckweise und behält jeden Schluck solange wie möglich im Mund.

Borretschfrischsaft ist ein hervorragendes Mittel gegen Depressionen. Man trinkt täglich morgens und mittags vor dem Essen je ein Likörglas frisch gepreßten Saft von Blättern und Stengeln.

Samengewinnung: Die schwarzen Samen fallen aus den sich öffnenden Kelchen heraus. Da Vögel sie gern fressen, muß man den ganzen Blütenstrauß in Gaze einbinden, wenn man die Samen ernten will. Auf der Fensterbank gestaltet sich die Samengewinnung einfacher. Dort breitet man lediglich kurz vor der Reife der ersten Samen Papier aus.

Pflanzenförderung: Borretsch enthält viel Silicium (Kieselsäure) und Kalium. Deshalb wird gern mit Borretschblättern gemulcht. Die behaarten Blätter lassen außerdem Schnecken andere Wege suchen. Für alle Kohlarten ist Borretsch eine gute Vorfrucht. Einige stehengelassene Pflanzen vertreiben den Kohlweißling.

Dill

(auch Dillsamen, Dillich oder Gurkenkümmel genannt)

Anethum graveolens
(Familie: Umbelliferae)

Herkunft und Beschreibung: Diese heute vor allem als Gewürz weltweit angebaute einjährige Pflanze wächst im Orient wild und ist auch im Mittelmeergebiet stellenweise verwildert.

Die Fiederblätter dieses Doldenblütlers sind noch schmaler als die des verwandten Fen-

chels. Seine Sprosse werden bis zu 120 cm hoch und tragen vielstrahlige gelbblühende Doppeldolden. Gereifte Früchte sind braun.

Standort: sonnig und feucht, aber keinesfalls naß

Anbau: Dill bevorzugt einen guten, jedoch nicht zu nährstoffreichen reifen Kompost oder lehmhaltige, humose Gartenerde. Besonders kräftig gedeiht er, wenn man ihn bereits in den letzten zehn Novembertagen ins Freiland aussät.

Will man die handhohen Pflanzen schon im frühesten Frühjahr frisch gehackt den Speisen beigeben, dann sät man gleichzeitig im Balkonkasten auf der Fensterbank, im Frühbeetkasten oder im Gewächshaus aus. Die Samen keimen rasch.

Ab Ende März bis Ende Juni kann im Freien ständig nachgesät werden, damit das herzhafte, zartgrüne Würzkraut immer zur Verfügung steht. Der Reihenabstand sollte 20–25 cm betragen. Dill ist ein Lichtkeimer. Der Samen wird nur angedrückt oder mit wenig Erde bedeckt.

Einige Pflanzen läßt man vereinzelt stehen, damit sich Samen ausbilden können.

Pflege: Dill braucht keine besondere Pflege. Bei anhaltend feuchter Witterung kann er

Blühender Dill

Blattläuse bekommen. Vorbeugend und bei Befall sprüht man mit einer CP-Mineralpulverlösung. Die lichthungrige Pflanze ist für Hornkieselspritzungen immer dankbar.

Bei Trockenheit sollte mit feuchtigkeitshaltendem Lavagranulat gemulcht werden. Wächst Dill auf Wasseradern, wird er braun, und das Wachstum stockt.

Ernte: Die Fiederblätter des Dills werden stets frisch geerntet. Dann ist der Geschmack am kräftigsten. Triebspitzen lassen sich jedoch auch trocknen.

Verwendung in der Küche: Dill wird feingehackt unter Quark und Quarksoßen gerührt. Man würzt grüne Salate, Gurkensalat, geraspelte Möhren oder rote Bete mit dem aromatischen Kraut.

Auch Dillsoße schmeckt gut zu Kochfisch. Ebensogern verwendet man ihn in Suppen. In Kräuterbutter wird Dill mit anderen Kräutern zusammen oder allein eingeknetet. Selbst bei der modernen Käsezubereitung spielt dieses Kraut eine Rolle.

Für Kräuteressig und eingelegte Gurken werden die ganzen Dolden blühend oder mit noch nicht ausgereiften Samen frisch gepflückt bevorzugt.

Heilwirkung und Anwendung: Dill hat sowohl als Kraut als auch als Samen krampflösende, blähungstreibende und schlaffördernde Wirkung.

Die kräuter- und naturheilkundige Benediktinerin, Hildegard von Bingen, empfiehlt gekochten Dill gegen Gicht.

Samengewinnung: Die Samen werden geerntet, wenn sie anfangen braun zu werden. Die Dolden muß man zu Sträußen gebunden trocknen.

Pflanzenförderung: Dill wird von Schnekken gemieden und ist eine ausgezeichnete Auflaufhilfe für Möhren, Gurken, Erbsen, Bohnen, rote Bete und Zwiebeln. Der jeweilige Bestand keimt lückenlos.

Bei einer Wuchshöhe von 20–25 cm muß Dill als Zwischensaat bei Möhren und Karotten unbedingt mit den Wurzeln geerntet werden, da die Entwicklung dieser beiden Gemüsearten sonst behindert wird. Bei allen anderen Gemüsen kann er stehenbleiben.

Kerbel

(auch Gartenkerbel genannt)

Anthriscus cerefolium
(auch A. c. ssp. cerefolium)
(Familie: Umbelliferae)

Herkunft und Beschreibung: Die Wildform Anthriscus cerefolium ssp. trichospermus kommt von Westsibirien bis zum Balkan vor, der uns bekannte Gartenkerbel nur in Kultur. Er wird in Mittel- und Westeuropa, aber auch in Nordamerika angebaut und ist aromatischer als der bei uns wild vorkommende Wiesenkerbel, der ebenfalls als Gewürz gebraucht werden kann.

Der einjährige Kerbel ist den anderen Doldenblütlern in unseren Gärten, den Möhren und der Petersilie, sehr ähnlich. Nur sind die Fiederblätter rundlicher, nicht so tief eingeschnitten und von hellerem Grün. Es gibt glatt- und krausblättrige Sorten, die sich in ihrer Würzkraft jedoch nicht voneinander unterscheiden. Beide haben einen süßen, an Anis erinnernden Geschmack.

Die Blütentriebe sind verzweigt und tragen weiße Dolden. Gartenkerbel kommt schon

Kerbel

im Juni zum Blühen. Man kann den Blühbeginn hinauszögern, wenn man die Blätter immer wieder abschneidet.

Standort: sonnig bis halbschattig

Anbau: Will man Kerbel stets zur Verfügung haben, beginnt man mit der Aussaat Ende März und sät ungefähr alle drei Wochen nach. Für die Sommersaat empfiehlt sich ein halbschattiges Beet. Man streut den Samen sparsam in Reihen mit 15 cm Abstand. Zu dicht stehende Sämlinge werden auf 5 cm Abstand ausgelichtet.

Die Kerbelsaison kann durch Topfkulturen auf der Fensterbank im Frühjahr und Herbst verlängert werden. Für Töpfe und im Freiland reicht lockere humose Gartenerde aus.

Pflege: Besondere Pflege ist nicht erforderlich. In trockenen Sommern müssen die Kerbelreihen etwas feucht gehalten werden, damit sie keine Läuse bekommen.

Ernte: Schon etwa sechs Wochen nach der Aussaat kann die Ernte beginnen. Man pflückt oder schneidet die Blätter stets frisch direkt über dem Boden ab.

Trocknen ist bei Kerbel nicht sonderlich günstig. Durch Einfrieren kann man sich eher einen Vorrat schaffen.

Verwendung in der Küche: Mit Kerbel lassen sich alle Rohkostsalate bereichern. Die bekannte Frühlings-Kerbelsuppe nimmt man fertig gekocht vom Herd und rührt dann erst fein gehackten Kerbel unter. Man kocht Kerbel nie mit, auch nicht bei Soßen.

Heilwirkung und Anwendung: Kerbel ist wegen seines Vitamin-C-Reichtums und seiner blutreinigenden und entschlackenden Wirkung für eine Frühjahrskur sehr geeignet.

Samengewinnung: Da Kerbel bald blüht und die Samen rasch ausreifen, kann man sich leicht selbst einen Vorrat an Samen für die nächstjährige Aussaat schaffen.

Pflanzenförderung: Kerbel ist eine gute Beisaat für Kopfsalat, da dieser durch das Kraut rasch zur Kopfbildung kommt. Auch Buschbohnen gedeihen gut zusammen mit Kerbel, da er vor Läusen und Mehltau schützt. Radieschen und Rettiche bekommen in der Nähe von Kerbel ein gutes Aroma. Außerdem hält er Schnecken fern.

Majoran

(auch Blutwürze, Bratenkraut, Mairan, Miran oder Wurstkraut genannt)

Origanum majorana
(Familie: Labiatae)

Herkunft und Beschreibung: Der würzkräftige Majoran stammt aus Indien. Von dort brachten ihn arabische Händler in den Vorderen Orient und die genügsame Pflanze verbreitete sich langsam über Nordafrika, die europäischen Mittelmeerländer und Mitteleuropa bis nach Südskandinavien. Durch die Kolonisierung Amerikas kam er in die USA, nach Mexiko, Argentinien und Chile.

Der 20–25 cm hohe Lippenblütler hat aufrechte, stark verästelte, vierkantige zähe Stengel, an denen beiderseits kurzbehaarte, ovale, abgerundete, ganzrandige kleine Blätter sitzen. Die weißen bis hellroten Blüten sind an Scheinähren in den Achseln der Deckblätter zu finden.

Standort: sonnig, warm und windgeschützt

Majoran

Anbau: Majoran ist ein- oder zweijährig, wird aber bei uns wegen seiner Kälteempfindlichkeit stets nur einjährig angebaut.

Man sät dieses Kraut am besten Mitte bis Ende März unter Glas bei 12–15°C aus und pflanzt nach den letzten Frösten Ende Mai mit 25 cm Reihenabstand und 15 cm in der Reihe aus.

Majoran braucht einen lockeren, humosen Gartenboden. Er eignet sich auch gut für die Topfkultur.

Pflege: Besondere Pflege ist nicht erforderlich. Völlig austrocknen sollte der Boden allerdings nicht. Hacken gegen Abend ist förderder als Gießen. Nach der Ernte sollte mit reifem Kompost nachgedüngt werden. Dann ist eine zweite Ernte möglich.

Ernte: Die Blätter können zunächst ständig frisch geerntet werden. Zum Trocknen, unter dem das würzige Aroma von Majoran nicht leidet, schneidet man das ganze Kraut im Juli oder Anfang August über dem Boden ab, wenn es zu blühen beginnt, denn dann ist das Aroma am stärksten.

Man hängt Majoran zu Sträußen gebündelt an einem luftigen, warmen Ort auf und rebbelt später die trockenen Blüten und Blätter ab, die in einem verschlossenen Glas aufbewahrt werden. In gut verschlossenen Gefäßen hält sich Majoran jahrelang, ohne an Aroma zu verlieren. Für deftigen Gänsebraten und die typische Erbsensuppe kann das ganze Kraut mit Stengeln verwendet werden.

Verwendung in der Küche: Grüne Salate mit Sonnenblumenöl und bestreut mit Majoran schmecken köstlich. Auch Majoranquark zu Pellkartoffeln ist eine bekömmliche Abwechslung.

Vor allem werden aber fette Speisen mit Majoran gewürzt. Für Leberwurst, Gänsebraten und Schmalz, besonders Gänseschmalz, ist Majoran das klassische Gewürz. Es kann mitgekocht und gebraten werden. Als alleinige Würze gibt Majoran den Speisen einen einmaligen Geschmack, aber auch Gewürzmischungen mit Basilikum, Beifuß, Thymian, Rosmarin und dem verwandten Oregano haben ihren Reiz.

Heilwirkung und Anwendung: Majoran vertreibt als Gewürz oder Tee Blähungen und wirkt gut bei Appetitlosigkeit, Durchfall und Verdauungsschwäche. Außerdem ist er beruhigend und krampflösend.

Gegen Schnupfen läßt sich mit Majorantee ein Nasendampfbad machen. Vor allem Kamillenempfindliche sollten dieses Dampfbad einem mit Kamille vorziehen. Nach dem zehnminütigen Dampfbad decke man den Kopf noch einige Minuten ab.

Teezubereitung: 2 TL Majoran überbrüht man mit ¼ l kochendem Wasser, läßt den Tee drei Minuten ziehen und trinkt dann davon zwei Tassen pro Tag.

Die früher vor allem bei Säuglingen und kleinen Kindern angewendete, angenehm wirkende Majoransalbe ist heute zu Unrecht fast völlig vergessen.

Schon um die Trinkmenge nicht zu erhöhen, würde manche Mutter sicher gern auf Fencheltee verzichten, wenn ihr Kind unter Blähungen oder Magendruck leidet.

Streicht man den Bauch des Kindes im Uhrzeigersinn rund um den Nabel mit Majoransalbe ein, sind die Beschwerden meist rasch verflogen.

Nasensalbe, bei Schnupfen und Verkrustungen der Nase angewendet, kann selbst dem Erwachsenen helfen. Nervenschmerzen, Verrenkungen, Verstauchungen und Rheuma werden ebenfalls durch Einreibungen mit Nasensalbe gelindert.

Majoransalbenherstellung: Majoranblätter werden in einem Porzellanmörser mit einem Stößel fein zerrieben. Dann nimmt man 1 TL davon, übergießt das Majoranpulver mit 1 TL Weingeist und läßt dies einige Stunden in einem geschlossenen Gefäß durchziehen. Nun vermischt man das Ganze mit 1 TL frischer ungesalzener Butter und erwärmt die Mischung zehn Minuten lang im Wasserbad. Danach wird sie sofort durch ein Leinentuch geseiht und zum Abkühlen stehengelassen.

Majoransalbe ist nicht lange haltbar. Deshalb stellt man immer nur kleine Mengen her.

Pflanzenförderung: Majoran vertreibt Ameisen.

Melisse

(auch Bienenkraut, Herztrost, Immenblatt
oder Zitronenmelisse genannt)

Melissa officinalis
(Familie: Labiatae)

Melisse

Herkunft und Beschreibung: Die ursprüngliche Heimat der zitronenduftenden Melisse
ist der Orient. Von dort aus hat sie sich über
den gesamten Mittelmeerraum verbreitet.
Bei uns wird Melisse gern im Garten kultiviert.
Die etwa 40–70 cm hohen ausdauernden
Stauden sind meist stark verästelt und bilden
im oberen Bereich der Triebe Scheinquirle
weißer bis weißgelblicher Lippenblüten,
manchmal mit violett gezeichneter Unter-
lippe, in den Blattachseln aus, die von Juni bis
August blühen.

Melisse sät sich im Garten leicht selbst aus.
Standort: sonnig bis halbschattig
Anbau: Besondere Bodenansprüche hat die
Melisse nicht. Sie läßt sich leicht aus Samen
ziehen, aber auch durch Wurzelstockteilung
im Herbst vermehren. Ihr Aroma ist in voll-
sonniger Lage am stärksten.
Pflege: Im Herbst werden die Wurzelausläu-
fer der Melisse lediglich durch Abstechen ein-
gegrenzt. Sonstige Pflege ist nicht erforderlich.
Ernte: Das Kraut wird kurz vor der Blüte bis
zum Boden abgeschnitten, gebündelt und
zum Trocknen aufgehängt. Schon ab dem
frühesten Frühjahr können junge Triebe für
den täglichen Bedarf geerntet werden, denn
Melisse ist robust und nicht frostempfindlich.
Sie besitzt eine ähnliche Wuchskraft wie die
Brennessel.
Verwendung in der Küche: Besonders allein verwendet, bilden fein gehackte Melis-
senblätter eine wertvolle Geschmacksbereicherung für grüne Salate, geriebene Möhren
oder rote Bete. Man versuche Melisse auch
einmal zusammen mit Kerbel oder einem
einzigen Blatt Pfefferminze. Als alleinige
Zutat oder mit den genannten Kräutern zusammen verleiht sie auch Quark einen sehr
interessanten Geschmack.
Heilwirkung und Anwendung: Melisse
beruhigt die Nerven, fördert den Schlaf und
lindert nervöse Herz-, Darm- und Magenbeschwerden. Ein ansteigendes (in das man
nach und nach heißes Wasser zugibt) Fußbad,
dem man einen Strauß Melisse zugesetzt
hat, hilft zusammen mit einer Tasse Melis-
sentee gegen Migräne und Kopfschmerzen.
Nur dem Namen nach zu verwechseln: Es
gibt noch eine Pflanze, die Melisse genannt
wird, nämlich die Goldmelisse, Monarde oder
Pferdminze, wie sie in der Schweiz meist
heißt, mit dem botanischen Namen Monarda
didyma.
Die Blüten der Goldmelisse sind mit ihren
großen endständigen scharlachroten Lippenblüten unvergleichlich schöner als die der
Zitronenmelisse.
Goldmelissenkraut wird als Magenmittel, die
Blüten als Tee gegen Husten verwendet.

Oregano

(auch Brauner Dost, Dorant, Dost, Orant-
kraut und Wilder Majoran genannt)

Origanum vulgare
(Familie: Labiatae)

Herkunft und Beschreibung: Oregano
wächst im Mittelmeerraum wild. Meist unter
dem Namen Dost kommt er auch in Süddeutschland, Österreich und der Schweiz an
warmen Südhängen, Böschungen und geschützten Waldrändern in der freien Natur
auf Kalk- und Kieselböden vor.

Die ungefähr 60 cm hohe ausdauernde Staude mit rundlichen, weichbehaarten Blättern
und endständigen rotviolettblühenden,
büschelförmigen Scheindolden ist auch eine
schöne Ziergartenpflanze, mit der man
kaum Arbeit hat.

Standort: sonnig

Anbau: Oregano ist mit jedem Gartenboden
zufrieden, wenn er trocken und etwas kalkhaltig ist. Deshalb streut man, wenn nötig,

Oregano

vor der Saat oder Pflanzung etwas Algenkalk
und Steinmehl. Die Aussaat erfolgt im April,
die Pflanzung im Mai.

Will man viel Oregano im Garten haben, kann
man sich eine einzelne Staude kaufen, diese
anpflanzen und im Sommer einige Blüten
stehenlassen, denn Oregano samt sich leicht
selbst aus.

Die Kultur im Topf ist nur auf einem Südbal-
kon erfolgversprechend.

Pflege: Diese besteht darin, daß man die
Wurzeln nach der Blüte absticht, damit sich
die einzelnen Pflanzen nicht zu sehr ausbreiten, und daß man die Pflanzen im Frühjahr
zurückschneidet.

Ernte: Die oberen Pflanzenteile werden zu
Beginn der Blütezeit mit den Blüten abgeschnitten, gebündelt und luftig im Schatten
getrocknet. Die Temperatur sollte nicht über
35°C steigen, da dann die ätherischen Öle
zerstört werden.

Verwendung in der Küche: Mit dem Wohl-
gefallen an Pizza ist auch Oregano als Gewürz
bei uns gebräuchlicher geworden. Man kann
aber auch grüne Salate, Tomatensalat,
Quark, Soßen, Spaghetti, Grillfleisch, Braten,
Bratkartoffeln sehr pikant mit diesem be-
kömmlichen Gewürz anrichten.

Es soll jeden Kummer, selbst Liebeskummer
vertreiben. Ob Oregano deshalb so beliebt bei
den heißblütigen Italienern ist?

Heilwirkung und Anwendung: Aufgrund
seiner ätherischen Öle, Bitter- und Gerbstoffe
ist Oregano ein ausgezeichnetes Mittel für
Magen und Darm. Er wirkt antibakteriell und
fördert die Verdauungssaftsekretion. Dafür
und gegen Husten wird ein Tee getrunken.

Teezubereitung: 1 gehäufter EL Oregano
wird mit ¼ l kochendem Wasser übergossen.
Man läßt den Tee zehn Minuten ziehen und
trinkt ihn nach dem Abseihen. Gegen Husten
wird 1 TL Honig pro Tasse dazugerührt. Un-
gesüßt eignet sich Oreganotee auch für
Mundspülungen bei Entzündungen der
Mundschleimhaut und des Zahnfleisches.

Eine Überdosierung sollte vermieden wer-
den. Sie kann zu Herzbeschwerden führen.
Während einer Schwangerschaft sollte
Oreganotee nicht getrunken werden.

Petersilie

Petroselinum crispum
(Familie: Umbelliferae)

Krause Blattpetersilie

Herkunft und Beschreibung: Petersilie ist in den Mittelmeerländern beheimatet und wird bei uns schon seit der Zeit Karls des Großen angebaut.

Es gibt Blattpetersilie mit glatten und krausen Blättern. Glatte Petersilie ist aromatischer als krause, doch auch mit letzterer werden Salate und belegte Brote garniert.

Wurzelpetersilie hat eine kräftige Wurzel, ähnlich groß wie die Möhre, aber weiß, und wird mit Gemüsesuppen, Soßen und Gemüsebeilagen zusammen gekocht.

Petersilie hat grundständige, saftig grüne, dreifach fiederschnittige Blätter und treibt erst im zweiten Jahr Blütensprosse mit weißblühenden Dolden.

Standort: halbschattig und feucht

Anbau: Petersilie gedeiht oft besser, wenn man sie ihrer Zweijährigkeit gemäß im August oder bis Mitte September aussät. Der Gartenboden sollte mit Gesteinsmehl angereichert und mit Algenkalk überpudert werden. Man kann dann bereits im Herbst und Winter das frische Grün der Blattpetersilie für die Speisezubereitung ernten. Die junge Saat muß gegen Schnecken geschützt werden.

Man kann Petersilie aber auch ab Anfang März aussäen. Dann ist sie ab Juni schnittreif. Gegen Schnee kann Petersilie mit Reisig geschützt werden.

Blattpetersilie läßt sich im Herbst auch in Töpfen heranziehen. Oder man gräbt die Pflanzen mit den Wurzeln aus und pflanzt sie in Gefäße. Diese läßt man zunächst im Garten stehen und holt sie erst ins Haus, wenn die Ernte im Garten wegen Schnee oder Nässe mühsam wird.

Pflege: Sobald die Saat aufgegangen ist, kann vierzehntägig mit Brennesseljauche (1 : 20 mit Wasser verdünnt), Algifert, Oscorna-Pflanzenstärkung oder einem anderen biologischen Aufbaumittel gegossen werden.

Ernte: Blatt- und Wurzelpetersilie kann man bis Blühbeginn im zweiten Anbaujahr immer frisch vom Beet ernten. Für den Winter bewahrt man Petersilienwurzeln in Sand eingeschlagen und kühl gestellt auf. Wurzeln und Blätter verlieren auch getrocknet nicht an Wert.

Verwendung in der Küche: Blattpetersilie kann an Rohkost und gekochte Gerichte gegeben werden, allein und mit anderen Kräutern zusammen. Bei der bekannten Petersiliensoße wird Blattpetersilie ausnahmsweise mitgekocht, damit die Soße den erwünschten bitteren Geschmack erhält.

Ißt man nach Knoblauchgenuß reichlich Petersilie, kann man sicher sein, am nächsten Tag nicht den typischen Knoblauchgeruch zu verbreiten, den viele Menschen als unangenehm empfinden.

Wurzelpetersilie, mit Suppen zusammen gekocht, gibt diesen eine ganz besondere Geschmacksnuance.

Heilwirkung und Anwendung: Petersilie wirkt Blähungen entgegen, tut dem Magen gut und entwässert. Sie ist bei Gicht, Rheuma und Lebererkrankungen ebenfalls zu empfehlen. Auch wenn Petersilie sehr viel Vitamin C enthält, kann man den täglichen Bedarf nicht ausschließlich mit dieser Pflanze decken. Ein Augenbad mit Petersilientee lindert Augenentzündungen.

Samengewinnung: Um Samen für die nächste Aussaat zu haben, läßt man im zweiten Anbaujahr einige Pflanzen Blüten und Samen bilden. Werden letztere braun, pflückt man die ganzen Dolden und hängt sie noch zwei Wochen gebündelt zum Trocknen auf. Dann löst man die Samen heraus, indem man sie schonend aneinanderreibt.

Pflanzenförderung: Ältere Pflanzen wehren Schnecken ab.

Schnittlauch

Allium schoenoprasum
(Familie: Liliaceae)

Herkunft und Beschreibung: Schnittlauch ist in den Gebirgen Mittel- und Südeuropas beheimatet.

Der botanische Beiname heißt wörtlich übersetzt „binsenblättriger Lauch", und so ist auch das Erscheinungsbild des Schnittlauchs. Aus den Wurzeln wachsen kleine Zwiebeln mit röhrenförmigen Blättern heraus. Die Blütentriebe sehen ebenso aus und tragen an den Spitzen hellviolette Blütenköpfe.

Standort: sonnig bis halbschattig

Anbau: Schnittlauch kann im Frühjahr in Reihen gesät, darf dann aber erst im Jahr darauf geschnitten werden, damit er sich kräftig entwickelt. Im Frühjahr kann man üblicher-

Schnittlauch

weise auch Schnittlauch in Töpfen kaufen. Die Pflanzen sind bereits gut entwickelt und lassen sich nach dem Anwachsen sofort schneiden. Ältere, kräftig entwickelte Stöcke müssen im Frühling geteilt werden.

Schnittlauch braucht nährstoffreichen reifen Kompost und 25 cm Reihenabstand.

Im November sollte man je nach Bedarfsmenge einige Stöcke in Töpfe setzen und auf die Fensterbank in Küche oder Zimmer stellen, um auch im Winter Schnittlauch ernten zu können. Auch das Eingraben einiger Schnittlauchtöpfe im Frühbeet ist möglich, um im Winter ausreichend mit diesem Kraut versorgt zu sein.

Die Blüten lassen sich mitessen und als Dekoration verwenden.

Pflege: Hat man einen Schnittlauchstock heruntergeschnitten, wachsen seine Blätter sofort wieder nach. Damit sie sich kräftig entwickeln, kann Schnittlauch mit Pflanzenjauche (1 : 10 mit Wasser verdünnt) gegossen werden.

Ernte: Schnittlauch wird ständig frisch geerntet. Dabei schneidet man die Röhrenblätter ungefähr 1 cm über dem Boden ab.

Verwendung in der Küche: Schnittlauch sollte man stets kurz vor dem Servieren der Speisen, in kürzere Röhrchen geschnitten, zugeben, weil er rasch seine Wirkstoffe verliert. Er wird besonders gern in Quark verrührt oder zu Rührei gegessen, kann aber auch über Rohkostsalate gestreut werden oder Suppen würzen.

Heilwirkung: Schnittlauch hat je nach Sorte einen sanften Zwiebel- oder Knoblauchgeschmack und wird deswegen und dank seiner appetitanregenden Wirkung gern gegessen.

Er wirkt wie die Zwiebel, allerdings jedoch etwas schwächer, infektionshemmend, harntreibend und lindert Rheuma.

Samengewinnung: Läßt man einige Blüten stehen, kann man leicht die reifen schwarzen Samen für die nächste Aussaat gewinnen. Sie sind allerdings nur ein Jahr keimfähig.

Pflanzenförderung: Schnittlauch ist für Möhren, Salat, Erdbeeren und Rosen ein fördernder Nachbar.

Thymian

(auch Gartenthymian, Immenkraut oder Römischer beziehungsweise Welscher Quendel genannt)

Thymus vulgaris
(Familie: Labiatae)

Herkunft und Beschreibung: Thymus vulgaris stammt aus dem Mittelmeerraum und ist dort eine altbekannte Kulturpflanze. Doch auch unsere einheimischen Thymianarten sind gute Gartenkräuter. Diese sortenreichen Arten sind der Gemeine Thymian (Thymus pulegioides) und der eigentliche Quendel oder Feldthymian (Thymus serpyllum), der am Boden flache Kissen bildet. Ein natürlicher Bastard von Thymus pulegioides und T. vulgaris ist der zitronenduftende Thymus x citriodorus.

Alle drei Arten sind mehrjährige duftende Bodendecker mit kleinen ovalen, oftmals behaarten Blättern, deren weiße, rötliche bis violette Lippenblüten eine gute Bienenweide sind. Mit der Blühzeit wechseln sie sich übergreifend ab:
Thymus x citriodorus – Juni/Juli;
Thymus pulegioides – Mai bis Oktober;
Thymus serpyllum – Juli bis September;
Thymus vulgaris – Juni bis September.

Standort: sonnig und warm

Anbau: Thymian ist mit normalem Gartenboden zufrieden. Dieser sollte mit ein wenig Gesteinsmehl angereichert werden. Am besten ist es, sich im Frühjahr von jeder Thymianart zwei Pflanzen zu kaufen und zu setzen. Die Pflanzen sind auch für Zier- und Steingärten sehr geeignet. Im ersten Jahr sollte man den Pflanzen Zeit zur Entwicklung lassen. Im Winter wird Thymus vulgaris mit etwas Reisig abgedeckt. Die anderen Arten sind gegen Frost weniger empfindlich.

Pflege: Im Herbst läßt man den Pflanzen ihr schützendes Blattkleid. Erst im Frühjahr schneidet man sie zurück, damit sie kräftig austreiben und nicht so rasch verholzen. Nur bei sehr lang anhaltender Trockenheit sollte Thymian nach Wochen einmal gründlich gegossen werden.

Thymus vulgaris

Ernte: Die kleinen Blätter und Triebspitzen können das ganze Jahr gepflückt werden. Getrocknet wird das gerade erblühte Kraut, das besonders aromatisch ist.

Verwendung in der Küche: Thymian hat einen besonders kräftigen Geschmack. Er wird deshalb nur in kleinen Mengen verwendet und an grüne Salate, Quark, aber auch kurz vor dem Servieren fein gehackt an Gekochtes und Gebratenes gegeben. Thymian gehört außerdem in den Kräuteressig.

Heilwirkung und Anwendung: Das ätherische Öl, vor allem von Thymus vulgaris, wirkt krampflösend bei Husten und Asthmaanfällen. Magen und Darm werden desinfiziert, der Appetit angeregt. Außer zum Würzen wird er, vor allem bei Husten, Keuchhusten und Asthma als Tee genommen.

Teezubereitung: 2 TL Thymian werden mit ½ l Wasser übergossen und bis zum Sieden erhitzt, aber keinesfalls gekocht. Nach drei Minuten seiht man den Tee ab und trinkt ihn mäßig warm schluckweise über den Tag verteilt morgens, zwischen den Mahlzeiten und vor dem Schlafengehen. Bei Husten wird etwas Honig zugesetzt.

Pflanzenförderung: Thymian wehrt Läuse ab, weshalb er gern unter Rosen gepflanzt wird.

Der biologische Obstanbau

Im biologischen Gartenbau geht man von der Gesamtheit eines Gartens aus. Es werden nie einzelne Maßnahmen durchgeführt, ohne das Umfeld zu berücksichtigen.

Der Garten ist nicht die Natur, wie der Neuling im Gartenbau meinen könnte, wenn er die Wörter „biologisch", „ökologisch", „naturnah", „biologisch-dynamisch" oder „biologisch-organisch" hört. Der Garten ist eher ein lebendiges Wesen, bei dem alle Lebensprozesse miteinander verbunden sind, und vielleicht auch ein Kunstwerk, denn es gibt seit dem Garten Eden nur Gärten, die von Menschen geschaffen sind.

Im biologischen oder naturnahen Garten sind zwar die Naturprozesse weitgehend berücksichtigt, aber es werden trotzdem verstärkt Kulturpflanzen angebaut, die vom Menschen gezüchtet sind und in den meisten Fällen größere Ansprüche an den Boden stellen als die Pflanzen in der freien Natur. Sie müssen gepflegt werden und wären bald nicht mehr da oder würden die meisten ihrer angezüchteten Eigenschaften aufgeben, wenn wir den Garten sich selbst überließen.

Im biologischen Garten versucht man, Pflanzengemeinschaften zu schaffen, in denen sich die Pflanzen gegenseitig unterstützen. Auch Tiere, von denen viele für Boden und Pflanzen nützlich sind, sollen ihr Auskommen haben.

Obstbäume stehen im biologisch gepflegten Garten nicht in Monokultur, sondern mit Sträuchern, Blumen und Gemüse zusammen.

Wertvolle Pflanzenerde

Normalerweise braucht man Pflanzgruben nur so tief und breit auszuheben, daß die eingekürzten Wurzeln der Obstbäume und -sträucher gut Platz haben. Sie sollten 20–60 cm tief und etwa 80–120 cm breit sein. Bei einem gewachsenen Boden genügt das, wenn die Sohle der Pflanzgrube mit einer Grabgabel zusätzlich grabgabeltief aufgelockert und der Boden mit etwas nährstoffreicher Pflanzerde angereichert wird. Um sauren Boden zu bekommen, muß man die Erde meist austauschen.

Pflanzgrubengröße

Gehölz	Weite	Tiefe
Beerensträu-cher und -stämmchen	80 x 80 cm	20 cm ausgehoben 20 cm gelockert
Obstbäume und -büsche	120 x 120 cm	40 cm ausgehoben 20 cm gelockert

Im Hausgarten gibt es meist keine Reihen-pflanzungen, sondern es wird im Gemüse- und Ziergarten hier und da ein Obstbaum oder Beerensträucher gepflanzt.

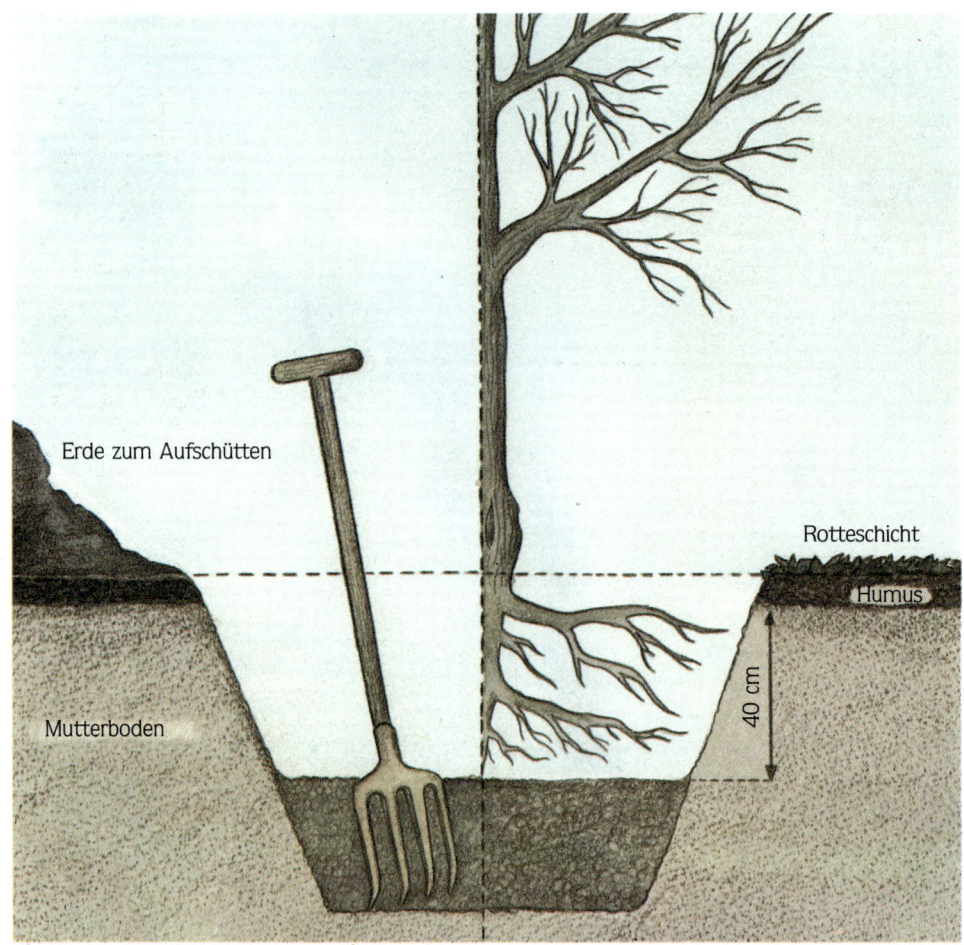

Pflanzloch; links: Auflockern der Sohle; rechts: genügend Platz für die Wurzeln

Beerensträucher werden allerdings auch oft als Randpflanzungen am Zaun oder Weg vorgesehen, und manchmal werden auch Obstbäume zumindest in einer Reihe oder einer kleineren Gruppe angeordnet. Deshalb sollte man auf jeden Fall die Abstände kennen.

Ein Bauboden muß allerdings tiefer und breiter ausgehoben werden. Beim Graben kann der Boden gut kontrolliert werden. Handelt es sich um größere Steine, Schotter, Bauschutt, der erfahrungsgemäß Glas, Styropor, Holz, Eisenteile, Ziegel, Drähte, Kabel, Mörtel- und Gipsreste und vieles andere enthalten kann, dann ist leider tiefes und breites Ausheben nötig.

Der Aushub sollte frühzeitig vorgenommen werden, auf keinen Fall erst dann, wenn gepflanzt werden soll.

Sieht der ausgehobene Boden nach Lehm, Ton, Sand oder gar nach Mutterboden und Humus aus, dann siebt man ihn durch. Das Volumen der abgesiebten Grobstoffe muß ersetzt werden.

In einem alten Garten, in dem nur einige Neupflanzungen angestrebt werden, ist

Pflanzabstände bei Kern- und Steinobst

Gehölz (BTB siehe Seite 280)	Reihenabstand in m	Abstand in der Reihe in m
Äpfel		
mittelstark wachsend und BTB	4–4,5	3,4–4
stark wachsend	6	5
Hochstamm	9	7
Aprikosen		
BTB	4–4,5	4–4,5
mittelstark wachsend	6,5	5,5
stark wachsend	7,5	6,5
Birnen		
BTB	3,5–4	2,5–3,5
mittelstark wachsend	4,5	3,5
stark wachsend	6	5
Hochstamm	9	7
Pflaumen und Zwetschen		
BTB	3,5–4	3,5–4
mittelstark wachsend	7	6
stark wachsend	8	7
Pfirsiche		
BTB	3,5–4	3,5–4
mittelstark wachsend	6	5
stark wachsend	7	6
Quitten		
BTB	3,5–4	3–3,5
mittelstark wachsend	6	5
Sauerkirschen		
BTB	4–4,5	4–5
normale Pflanzung	5–6	4–5
Süßkirschen		
BTB	4–4,5	6–7
mittelstark wachsend	8	7
stark wachsend	9	8

Pflanzabstände bei Beerensträuchern und -stämmen

Gehölz	Reihenabstand in m	Abstand in der Reihe in m
Erdbeeren	0,40	0,25–0,3
Brombeeren		
aufrecht	2	0,5
rankend	3	2,5–3
stark wachsend, bedornt	4	3
Himbeeren	2	0,5
Johannisbeerstämme	2	1,5
Johannisbeersträucher		
rot und weiß	2	1,5–1,8
schwarz	2,5–3	2,0–2,5
Jostasträucher	2,5–3	2,5
Stachelbeersträucher und -stämme	2	1,5–1,8

sicher Kompost vorhanden. Für die Pflanzerde kann nur ausgereifter Kompost verwendet werden. Die organischen Stoffe müssen vollständig abgebaut und in Humus mit einem möglichst hohen Anteil an Ton-Humus-Komplexen umgewandelt sein. Damit wirklich keine gröberen organischen Reste mehr im Kompost eingelagert bleiben, siebt man die Komposterde durch ein nicht zu grobes Sieb.

Der gesiebte Aushub und der ebenfalls gesiebte Kompost werden zusammengeschüttet und gut durchgemischt. Als Meßgefäß nimmt man am besten einen ohnehin meist im Garten vorhandenen 10-l-Eimer.

Von dem Erdgemisch teilt man zehn Eimer voll ab und vermengt mit je einem halben Eimer Quarzsand, Algenkalk, Steinmehl und organischem Dünger, beispielsweise Stallatico, Oscorna-Animalin oder Rizinusschrot. Man kann sich auch eine Mischung aus Horn- und Knochenmehl machen. Dazu kommen noch ein Eimer Tonmehl und die auf der jeweiligen Packung angegebene Menge Kompoststarter.

Um den Boden und die darauf wachsenden Pflanzen weniger anfällig für Pilzbefall zu machen, ist die Zugabe von 1 kg Buchenholzkohle sinnvoll.

Um den Bedürfnissen der verschiedenen Obstgehölze gerecht zu werden, setzt man dieser Erde, je nach den Angaben bei den Beschreibungen der einzelnen Pflanzen, mehr von dem einen oder anderen Dünger oder Zusatz zu. Durchlässigkeit erfordert statt Gesteinsmehl Lavagranulat, bei lehmigem Boden auch Sand. Bei Lehmbedarf wird mehr Tonmehl beigemischt.

Dieses gründlich durchgemischte Substrat wird zu einem flachen Kegel aufgesetzt. Dann verrührt man 5 Minuten lang Baldrianblütenextrakt in wechselnder Richtung in heißem Wasser und überbraust damit den Erdkegel. Zuletzt wird der Kegel mit einer Loch- oder Schlitzfolie bedeckt und diese an den Rändern beschwert.

Bereitet man die Pflanzerde entsprechend den Angaben im Aussaatkalender von Maria Thun an einem Wurzeltag vor, wenn der Mond vor der Stier-, Jungfrau- oder Steinbockregion des Tierkreises steht, dann wird die Wirkung noch erhöht.

Nach etwa 10 Tagen, wenn möglich wieder an einem Wurzeltag, harkt man die so gewonnene nährstoffreiche Erde gut durch und füllt sie in die vorbereiteten Pflanzlöcher, nachdem man die Pflanzlochsohle gut gelockert und mit einer kleinen Menge der Pflanzerde durchgemengt hat.

Die bereits in dem aufgesetzten Kegel intensiv arbeitenden Bodenlebewesen können ihr bodenverbesserndes Werk nun ungestört fortsetzen. Um sie zu schützen, bedeckt man die Pflanzlocherde mit Blättern, Rasenschnitt, Rindenmulch, Lavagranulat oder einem anderen Mulchmaterial. Bis September läßt sich statt der Mulchdecke eine Gründüngungssaat aussäen, die im Winter entweder abfriert oder später umgehackt wird. Für die späte Aussaat eignen sich: Gelbsenf, Lupine, Ölrettich, Inkarnatklee und Winterwicke.

Die Vererdung der Dünger geht bei dieser Methode rasch vor sich. Hat man einen Bauboden, so sollte die Pflanzerde Zeit haben, sich im unteren Bereich des großen Pflanzloches zu setzen, denn man hebt zum Pflanzen nur noch etwa 40 cm aus. Die Pflanzerde hat sich im Pflanzloch gesetzt, wenn sich oben auf der zukünftigen Baumscheibe eine Mulde bildet.

Bei der Neuanlage eines Gartens hat man meist noch keinen Kompost zur Verfügung. Dann muß zum Auffüllen des Aushubs ein Füllmaterial gekauft werden. Wenn die Säcke mit Pflanzerde, die es zu kaufen gibt, auch sehr vertrauenerweckende Aufschriften, wie beispielsweise Humus, Rindenhumus, Bio-Pflanzerde oder Pflanztorf, tragen, so ist doch zu bedenken, daß beispielsweise Rindenhumus größere Rindenstücke enthält, also unzersetzte organische Bestandteile, die ausgesiebt werden müssen. Die übrigbleibenden Rindenstücke können später als Mulch (Bodenbedeckung) auf die Baumscheiben gestreut werden. Rindenhumus nochmals im eigenen Garten zu kompostieren, ist zwar möglich, aber es dauert zu lange, bis alle Rindenstücke verrottet sind. Wenn behauptet wird, man ist gerade dafür dankbar, daß Rindenhumus noch größere Rindenstücke enthält, weil sie den Boden gut durchlüften, so stimmt das zwar, aber nur, wenn Rindenhumus als Dünger oben auf den Boden gestreut wird. Als Pflanzerde geraten die Rindenstücke in größere Tiefen, in denen sie nicht richtig abgebaut werden und den Wurzeln schaden. Die beste Bodenlüftung erreicht man mit Lavagranulat, Quarzsand und Alginure-Bodengranulat.

Bio-Pflanzerde enthält Torf, der erstens wegen der Ausbeutung der letzten Moore und damit der Zerstörung von arterhaltenden Biotopen möglichst nicht mehr verwendet werden sollte und der zweitens nicht kompostiert ist. Die Torfmoosfasern sind eben auch organische, noch nicht von den Bodenorganismen umgesetzte Stoffe und deshalb als Pflanzerde für Obstbäume ungeeignet. Da hilft es nichts, daß Bio-Pflanzerde neben Torf auch gesiebten Rindenhumus enthält.

Auf jeden Fall ist sowohl Rindenhumus als auch Bio-Pflanzerde eine gute Voraussetzung für wertvolle Pflanzerde, wenn man mit diesen Produkten den obenbeschriebenen Düngerkegel aufsetzt. Der beigegebene Kompoststarter, das Überbrausen mit heißem Wasser, das Baldrianblütenextrakt enthält, und die Herstellung des Kegels an einem Wurzeltag beschleunigen die Rotte (in diesem Fall das Umwandeln von Grobstoffen und Dünger in Humus).

Die Pflanzerde wird wenigstens drei Monate vor der Pflanzung in der beschriebenen Weise vorbereitet.

Um den Gehölzen nach der Pflanzung ein sofortiges Weiterwachsen zu ermöglichen, kann der Pflanzerde bereits bei der Kegelherstellung Alginure-Bodengranulat beigemischt werden. Dieses Algenpräparat ist keine Düngung, aber es schafft sofort nach der Pflanzung eine Verbindung zwischen Pflanzwurzeln und Boden, wodurch die Nährstoffaufnahme umgehend beginnt.

Alginure-Bodengranulat puffert außerdem Schadstoffe, so daß diese von den Pflanzen nicht aufgenommen werden. Auf 1 m³ Erde sind 200–300 g dieses Granulats zu empfehlen.

Die gute Bodenvorbereitung vor der Pflanzung ist eine der wichtigsten biologischen Maßnahmen, denn ein falsch oder schlecht vorbereiteter Boden ist oft die Ursache für Schadinsektenbefall und Pflanzenkrankheiten.

Die Wahl der richtigen Unterlage

Um beim Kauf eines Obstbaumes zu verstehen, wovon der Baumschuler spricht, ist zunächst ein wenig Grundkenntnis über den Aufbau des Obstbaumes nötig.

Der Obstbaum besteht meist aus zwei, manchmal auch aus drei Partnern: Die Wurzelkrone bis zum Wurzelhals wird als Unterlage bezeichnet. Mit dem Wurzelhals wird entweder ein Edelreis, ein Triebteilstück oder eine Knospe einer Edelsorte durch verschiedene Veredelungsmethoden so verbunden, daß die Unterlage mit der Edelsorte eine Pfropfkombination bildet.

Nur wenn eine Edelsorte keinen geraden Stamm bilden kann, wird für Viertel-, Halb- und Hochstämme zuerst ein Stammbildner auf den Wurzelhals aufgepropft und ein Jahr später auf den Stammbildner das Edelreis.

Bei der Stammerziehung werden Seitenäste bis zum Astring zurückgeschnitten. Noch besser ist es, ganz junge Triebe vom Stamm abzureißen. Das macht am wenigsten Arbeit und ergibt kaum Wunden.

Ab der gewünschten Stammhöhe läßt man Seitenleittriebe seitlich in Winkeln zwischen

Junger Pfirsichbaum

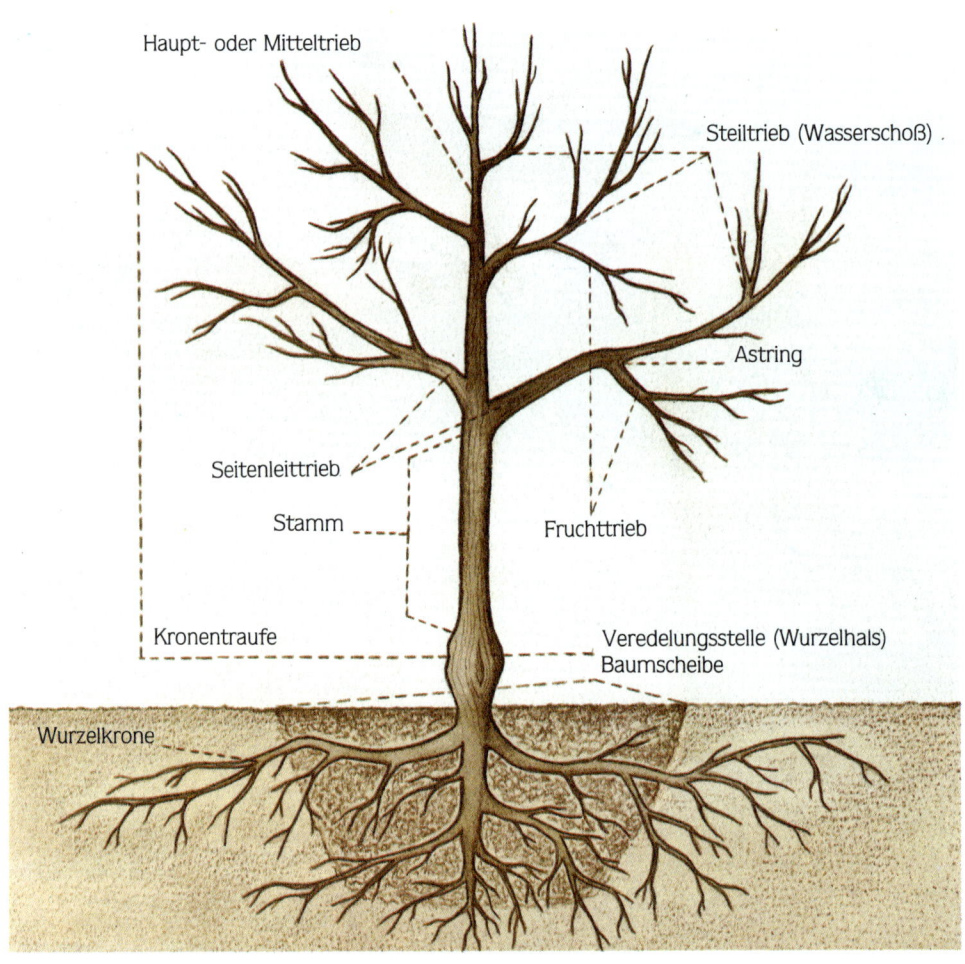

Haupt- oder Mitteltrieb

Steiltrieb (Wasserschoß)

Astring

Seitenleittrieb

Fruchttrieb

Stamm

Kronentraufe

Veredelungsstelle (Wurzelhals)
Baumscheibe

Wurzelkrone

90 und höchsten 45° aus dem Haupt- oder Mitteltrieb herauswachsen. Entspricht der natürliche Wuchs der Seitenleittriebe nicht diesen Winkeln, werden sie durch Stäbe oder durch Binden abgespreizt oder aufgebunden, formiert. Aus diesen Seitenleittrieben, dem Haupttrieb und den aus den Seitenleittrieben herauswachsenden Fruchttrieben entwickelt sich die Baumkrone.

Ein zum Haupttrieb parallel wachsender Trieb, der Konkurrenztrieb, oder ein senkrechter Trieb, ein Steiltrieb oder Wasserschoß an einem Seitenleittrieb muß bis zum Astring weggeschnitten werden. Der Kronenaufbau soll so locker sein, daß die Sonne überall zu den sich am Fruchtholz entwickelnden Früchten dringen kann. Deshalb werden Äste, die sich oben auf einem Seitenleittrieb entwickeln, ebenfalls abgeschnitten. Der Seitenleittrieb bekommt einen kräftigen Sockel, damit sich das Fruchtholz vom Haupttrieb abgesetzt entwickelt, während das Fruchtholz am Haupttrieb kurz bleiben muß, damit es das Fruchtholz an den Seitenästen nicht beschattet. Außerdem sollte das Fruchtholz sowohl am Haupttrieb als auch an den Seitenleittrieben konisch, also unten länger und oben kürzer, wachsen.

Unterlagen

Wie sich ein Obstbaum entwickelt, hängt sehr von der Unterlage ab. Die meisten Unterlagen kennen wir beim Apfelbaum. Dabei ist zwischen Sämlingsunterlage und Typenunterlage zu unterscheiden.

Die Sämlingsunterlage wird aus Kernen beziehungsweise Steinen durch Aussaat gewonnen. Sie wachsen stark, ergeben große Bäume, die viel Platz beanspruchen, und außerdem beginnen die ihnen aufgepropften Edelsorten spät mit dem Ertrag. Der Apfelsämling war früher die Hauptunterlage für die damals üblichen Halb- und Hochstämme.

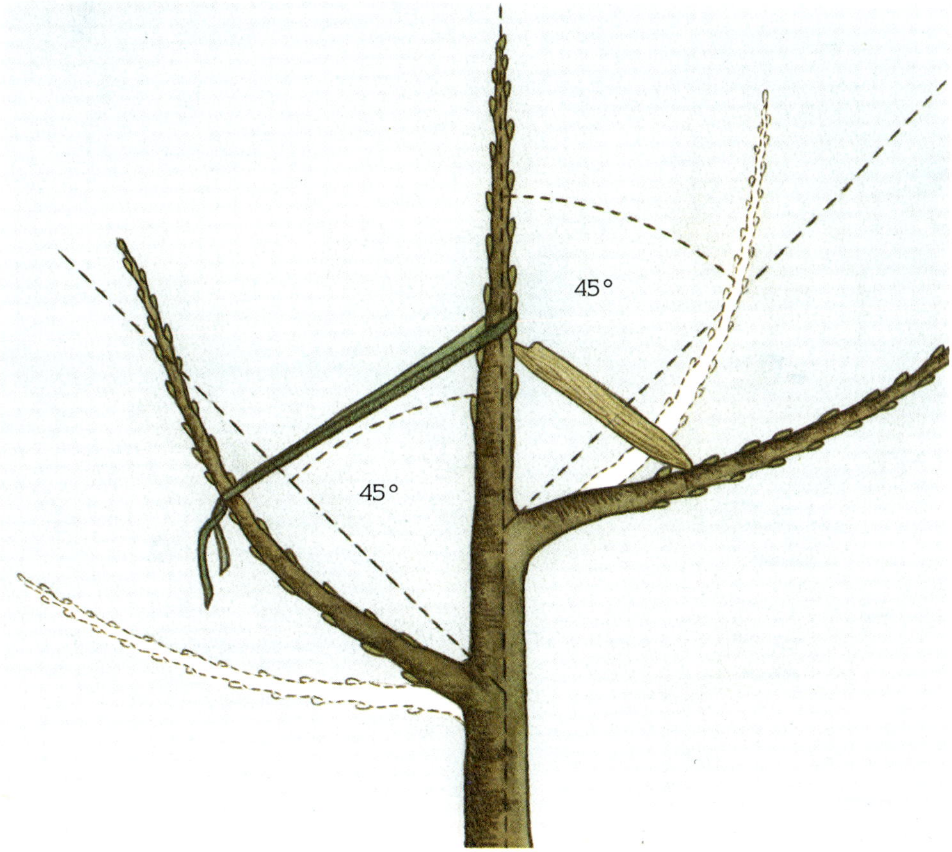

Auslichtungsschnitt

45°

45°

Links: Heraufbinden als Wuchsförderung; rechts: Abspreizen als Wuchshemmung

Für die heute sowohl im Erwerbsanbau als auch im Haus- und Schrebergarten üblichen Niederstämme verwendet man Typenunterlagen, die vegetativ vermehrt werden, rasch Wurzeln bilden, für Niederstammformen geeignet sind und bald Erträge bringen.

Anfang unseres Jahrhunderts begann man, die Typenunterlagen zu standardisieren. Dabei setzten sich die Apfelunterlagen aus dem Institut in East Malling in Kent weitgehend durch. Diese Unterlagen wurden zunächst mit EM nach dem Institut benannt, später nur mit M nach dem Gattungsnamen Malus.

Neuere englische Apfelunterlagen kommen von den Instituten East Malling und Merton und werden mit MM bezeichnet. Zur Spezifizierung der Sorten werden diese Buchstaben mit Zahlen kombiniert.

Diese MM-Unterlagen sind blutlausresistent. Anderen Unterlagen züchtete man Frosthärte an. Auch wenn noch nicht alle Beziehungen zwischen Unterlage und Edelsorte erforscht sind, so steht doch bereits fest, daß Unterlagen Wuchs und Ertrag, Widerstandsfähigkeit gegen Holzfrost und die Ausreifung des Holzes im Herbst beeinflussen. Die Unterlagen sind auch bei der Fruchtausbildung mitbestimmend und wirken auf Fruchtgröße, Reifezeit, Deckfarbenausprägung der Schale und Geschmack.

Apfelunterlagen

Schwachwachsend

M 9 und M 27 Auf diesen Unterlagen bleiben die Bäume verhältnismäßig klein. Sie beginnen, früh zu tragen, der Ertrag ist gut. Die Unterlage M 9 eignet sich für Spindelbusch-, schlanke Spindel- und Schnurbaumformen. Sie braucht eine Stütze. Starkwachsende Sorten wie 'Berlepsch', 'Boskoop' oder 'Gloster' bringen auf dieser Unterlage größere und regelmäßigere Erträge als auf anderen.

Diese schwachwachsende Unterlage ist für den biologischen Anbau nur bei allerbesten Böden und Weinklima möglich. Die kleine Wurzelkrone kann für die früh und reichtragenden Bäume nicht genügend Nährstoffe heranschaffen. Das gilt noch mehr für die schwächere Unterlage M 27.

M 26 wächst etwas stärker als M 9 und schwächer als MM 106. Diese Typenunterlage eignet sich für dichteste Pflanzungen. Die Erträge sind etwas geringer als bei M 9, aber genauso früh. Geeignete Baumformen sind der Spindelbusch und die schlanke Spindel. Eine Stütze ist erforderlich. Für mittelstarkwachsende Sorten wie 'Cox Orange', 'Golden Delicious' oder 'Herma' ist sie sehr geeignet.

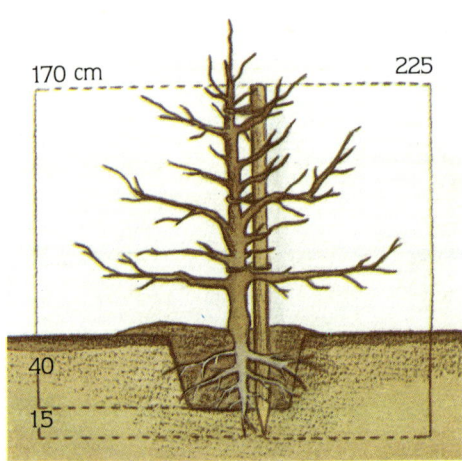

Der Spindelbusch braucht für die Rundkronenerziehung einen Pfahl.

Mittelstarkwachsend

Diese Unterlagen sind auch für BTB geeignet, besonders M 4 und M 7.

M 4 bewurzelt sich gut, wächst ab dem zweiten oder dritten Standjahr schwächer und ist für Buschbäume mit Pyramiden-, Hohl- und Längskronen und BTB geeignet. Anfangs ist eine Stütze nötig.

M 7 hat eine gute starke Bewurzelung mit frühen hohen Erträgen. Diese Unterlage wird für Buschbäume mit Pyramiden-, Hohl-, Längskronen und BTB verwendet.

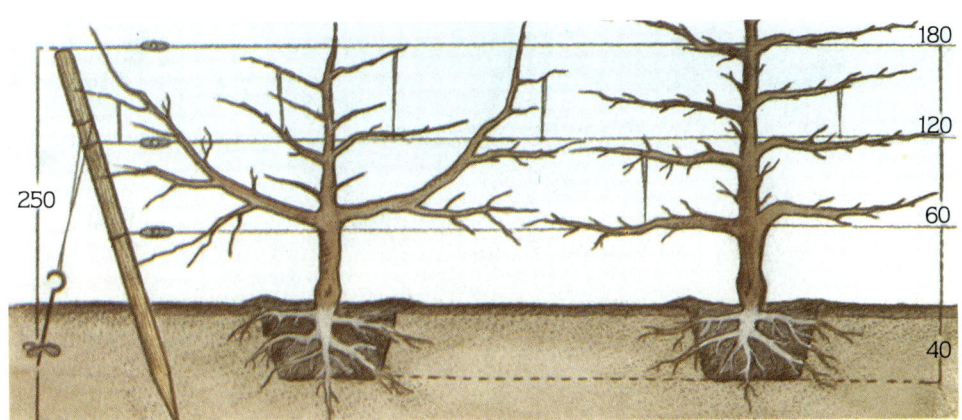

Links: am Draht formiertes Fruchtholz; rechts: Birnenspindel am Drahtrahmen

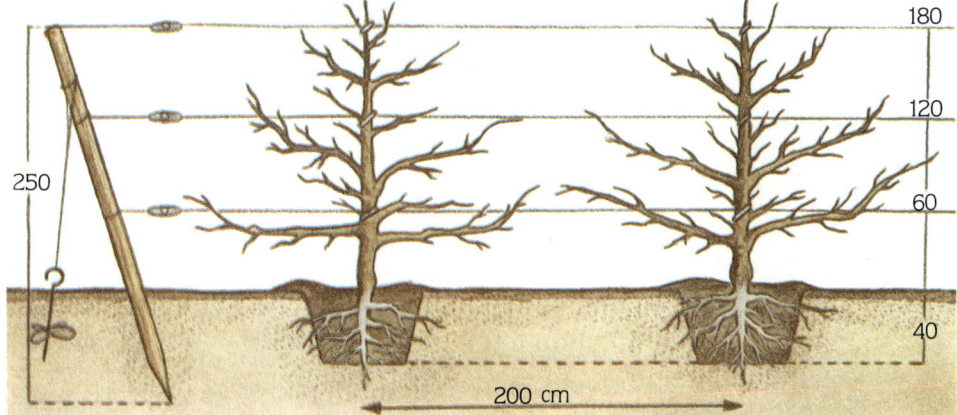

Drahtrahmen für längsformierte Spindelbüsche

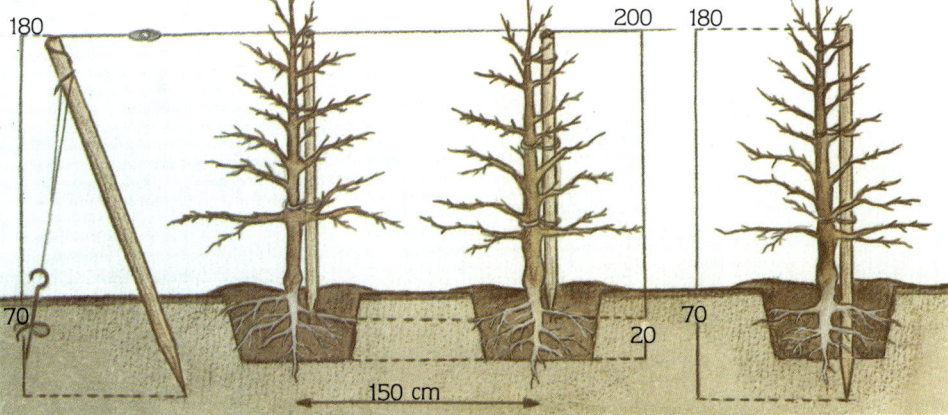

Auch die schlanke Spindel bekommt einen Drahtrahmen, allerdings nur mit einem Spanndraht und dafür mit einem zusätzlichen Pfahl. Es genügt aber auch ein längerer Pfahl.

MM 106 wächst schwächer als M 4 und M 7 und beginnt ab dem 3. Standjahr gut zu tragen. Diese Unterlage ist für Buschbäume mit Pyramiden-, Hohl- und Längskronen geeignet. Alle Sorten außer 'Boskoop' gedeihen gut. In leichteren Böden brauchen die Bäume eine Stütze.

MM 111 bewurzelt gut und bringt einen mittelfrühen, guten Ertrag bei mittlerem Wuchs. Sie eignet sich für Buschbäume mit Pyramiden-, Hohl-, Längskronen und BTB.

Starkwachsend

Diese Unterlagen sind nur für große Gärten und Obstwiesen geeignet.

M 11 war früher weit verbreitet. Die Bewurzelung ist stark und bewirkt einen kräftigen Wuchs der Edelsorte. Der Ertrag beginnt erst nach 6–7 Jahren, ist dann aber hoch. Die auf diesen Unterlagen wachsenden Edelsorten erweisen sich ökologisch als anpassungsfähig. Die Unterlagen sind ohne Unterstützung standfest und für Halb- und Hochstämme geeignet.

A 2 (A steht für Älnarp in Schweden) ist ähnlich zu bewerten wie M 11, ist aber mehr für trockene Standorte geeignet.

MM 109 ist nicht ganz so starkwüchsig wie M 11 und A 2. Trotz einer guten Bewurzelung braucht der Baum eine Stütze. Der Ertrag ist bei mittelfrühem Ertragsbeginn gut. Die Unterlage eignet sich für Niederstamm mit Pyramiden-, Längs- und Hohlkronen.

Birnenunterlagen

Auch Birnen werden wie Äpfel auf Unterlagen gezogen. Für größere und große Baumformen werden Birnensorten wegen der guten Verträglichkeit auf Sämlinge veredelt, für kleineren Wuchs auf Quitte. Allerdings ist die Quittenunterlage frostempfindlich, vor allem bei Kahlfrösten, und außerdem nicht mit jeder Edelsorte gut verträglich. Letzteres führte zu Zwischenveredelungen mit verträglichen Sorten. Der Frostempfindlichkeit der Quittenun-

terlagen wirkt man im biologischen Garten mit Erfolg durch Bodenbedeckung entgegen. Meist wird jedoch heute in den Baumschulen auf frostunempfindliche Quittentypenunterlagen veredelt. Für BTB ist die letztere am besten geeignet.

Beim Kauf von Birnenstämmen sollte wegen der Frostempfindlichkeit ein Fachmann befragt werden.

Birnbäume brauchen keine Unterstützung, weil sie ihre Wurzeln in Tiefen schicken, die ihnen Halt geben und aus denen sie auch Wasser und Nährstoffe holen.

Süßkirschenunterlagen

Die Vogelkirsche, Prunus avium, der Vorfahre der Süßkirsche, wird auch heute noch als Sämlingsunterlage verwendet. Allerdings wachsen die Bäume sehr hoch und haben große Kronen. Deshalb wird heute für Hausgärten und im Erwerbsanbau auf den aus England stammenden Unterlagen F 12/1 und Colt veredelt. Die auf den beiden letzten Unterlagen veredelten Sorten wachsen schwächer, tragen früher und reicher. Sie sind für BTB geeignet.

Sauerkirschenunterlagen

Sauerkirschen haben als Unterlagen ebenfalls die Vogelkirsche Prunus avium, die schwächer wachsende Prunus cerasus oder die vegetativ vermehrbare F 12/1.

Aprikosenunterlagen

Die Edelsorten werden auf arteigenen Sämlingstypen oder auch auf Typenunterlagen der wurzelechten Hauszwetsche veredelt. Heute wird viel auf die robuste, frostunempfindliche Unterlage 'Hinduka' veredelt.

Pfirsichunterlagen

Beim Pfirsich werden für sandreiche Böden Sämlingsunterlagen bevorzugt, während für schwere Böden Pflaumenunterlagen geeigneter sind.

Pflaumen-, Mirabellen- und Reneklodenunterlagen

Für diese Obstarten gibt es Sämlinge von der Myrobalane und der St.-Julien-Pflaume sowie die in unseren Hausgärten meist bevorzugten Typenunterlagen Prunus domestica 'Ackermann' und Prunus insititia 'Brompton'.

Beerenunterlagen

Im allgemeinen bedarf es bei Beerenobst keiner Unterlagen. Die Sträucher der Johannis- und Stachelbeeren treiben immer wieder aus dem Wurzelbereich aus. Daher sind sie langlebiger als Johannis- und Stachelbeerhoch- und fußstämmchen.
Die Stämmchen werden vor allen Dingen deshalb auf Unterlagen herangezüchtet, weil sie Stammbildner brauchen. Johannis- und Stachelbeeren werden auf bestimmten Klonen der Goldjohannisbeere veredelt. Für kleine Gärten eignen sie sich besonders gut, weil man die Stämmchen unterpflanzen kann.

Obstbaumkauf

Wer Obstbäume anpflanzt, lebt mit ihnen viele Jahre. Er will auch Jahr für Jahr reiche Ernte erhalten. Da dürfen nicht irgendwelche Bäume gekauft werden.
Für den Pflanzeneinkauf wendet man sich deshalb an eine Markenbaumschule. Es gibt

sogar Obstbäume und Beerensträucher aus biologisch-dynamischem Anbau.
Die Obstbäume und Beerensträucher müssen bestimmte Bedingungen erfüllen. Einjährige Veredelungen von Kern- und Steinobst haben wenigstens 90 cm Trieblänge. Das ist die Länge von der Veredelungsstelle bis zur Triebspitze. Eine Ausnahme bilden lediglich schwachwachsende Edelsorten auf M 9-Unterlagen. Sie müssen aber wenigstens 80 cm Trieblänge aufweisen.
Für den Anbau im BTB-System kommen nur einjährige Obstgehölze in Betracht,

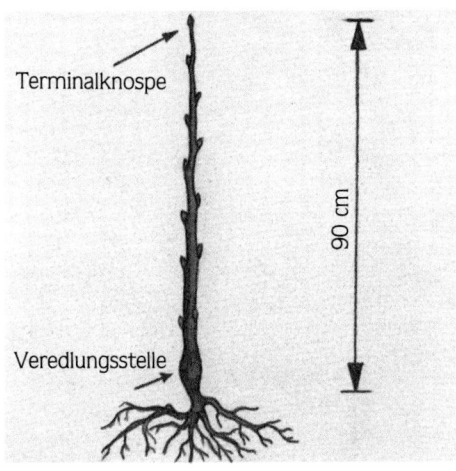

Einjährige Veredelung bei Stein- und Kernobst

jedoch keine Veredelungen auf schwachwachsenden Unterlagen wie M 9.
Markenbaumschulen bieten Obstbäume mit gelben und roten Etiketten an. Die Farbe Gelb weist daraufhin, daß das Pflanzgut virusgetestet ist, das bedeutet, daß es frei von allen wirtschaftlich wichtigen Viren ist. Rote Etiketten signalisieren virusfreies, also von allen bisher bekannten Viren freies Pflanzmaterial; zwei bedeutende Fortschritte in der Obstbaumzucht.
Mehrjährige Obstbäume werden nach Stammhöhen eingeteilt, wobei die Stammhöhe vom Erdboden bis zum untersten Kronentrieb gemessen wird.

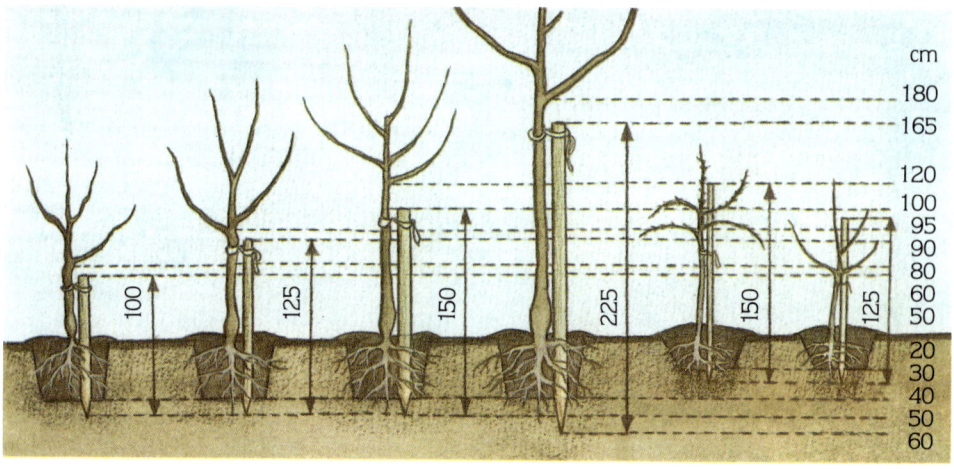

Stammhöhen von Obstgehölzen beim Kauf und die nötigen Holzpfähle als Unterstützung

Stammhöhe beim Kauf

Baumformen	zulässige Stammhöhe
Büsche	40– 60 cm
Niederstämme	60–100 cm
Halbstämme	100–140 cm
Hochstämme	140–180 cm

Der Stammumfang muß bei Hochstämmen in 1 m Höhe 7 cm betragen, bei Halb- und Niederstämmen in halber Stammhöhe 6 cm. Die Kronen mehrjähriger Obstgehölze haben einen Leittrieb und drei Seitentriebe aufzuweisen.
Mehrjährige Obstbäume haben bereits einen Erziehungsschnitt hinter sich. Bei einjährigen Veredelungen kann die gewünschte Kronenform von Anfang an selbst bestimmt werden.
Zwei- und dreijährige Johannisbeer- und Stachelbeersträucher haben mindestens drei kräftige, wenigstens 35 cm lange Triebe. Die Triebe der schwarzen Johannisbeere sind allerdings mindestens 45 cm lang. Die Sträucher sind nach Triebanzahl sortiert.
Johannisbeer- und Stachelbeerstämmchen haben zwei verschiedene Stammhöhen:

Hochstämme	80–90 cm
Fußstämme	40–50 cm

Die Kronen der Stämme müssen wenigstens drei, die der Stachelbeerstämme wenigstens vier kräftige Triebe haben.
Himbeeren und Brombeeren werden als einjährige oder auch als zweijährige verpflanzte Ruten in den Handel gebracht. Erstere sollen eine Höhe von 100 cm haben, letztere von 70 cm.
Bei allen Obstgehölzen achte man auf kräftige Wurzeln.

Für einige Tage kann man Obstgehölze einschlagen.

Der Transport kann Schäden an Trieben und Knospen bringen. Sie brechen leicht ab. Das muß nicht sein, wenn man darauf achtet, daß der Baumschuler die Kronen fachmännisch verschnürt und die Gehölze für den Transport sorgfältig verstaut.

Können die Obstgehölze nicht am selben oder nächsten Tag gepflanzt werden, ist es unbedingt erforderlich, eine flache Grube auszuheben, so daß die Wurzeln darin Platz haben. Die Gehölze werden mit den Wurzeln schräg nach unten in die Grube gelegt und mit dem Aushub bedeckt. Vom Ausgraben der Gehölze in der Baumschule bis zur Pflanzung dürfen Obstgehölze nur im Schatten aufbewahrt werden.

Der Pfahl für das Stämmchen ist zu kurz, der Stamm muß gerade angebunden sein.

Pflanzung und Schnitt

Die bereits Monate vor der Pflanzung gut vorbereiteten und mit Pflanzerde gefüllten Pflanzgruben bieten die beste Gewähr dafür, daß die Obstgehölze an ihrem Standort gut gedeihen werden.

Die Bodenorganismen haben sich inzwischen um die Pflanzerde gekümmert und sie pflanzengerecht aufbereitet. Sogar die Beschaffenheit der Grubenwände und der Sohle hat sich verbessert. Dadurch wird den Wurzeln im Anfangsstadium der Entwicklung das Weiterwachsen erleichtert. Es ist ein Übergang zur festen Bodenstruktur der Umgebung geschaffen worden.

Obstgehölze können im Herbst oder im Frühjahr gepflanzt werden. Da die im Herbst und Winter blattlosen Gehölze kein Wasser verdunsten, können sich die Wurzeln ohne Wassermangel bereits gut an die neuen Gegebenheiten gewöhnen und schon eine Reihe neuer Wurzeln ausbilden. Die Herbstpflanzung geschieht vorwiegend im November.

Aber auch im Frühjahr kann die Pflanzung durchgeführt werden und ist sogar sinnvoll, wenn es sich um frostempfindliche Obst- und Beerenarten handelt. Sie können in kalten Wintern, besonders bei Kahlfrösten, auch Schäden an den Wurzeln erleiden. Zu diesen Obstarten zählen Aprikosen, Brombeeren, Kiwis, Nektarinen und Pfirsiche.

Die bekannte Sorte 'Große grüne Reneklode'; ein Seitenleitast mit kurzem Fruchtholz und reifenden Früchten

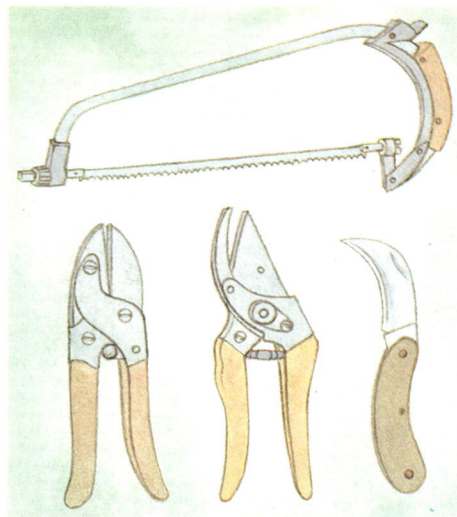

Geräte für den Baumschnitt; oben: eine Bügelsäge, unten von links nach rechts: zwei Baumscheren und eine Hippe

Diese Obstgehölze pflanzt man vorsichtshalber im März, aber auch die unempfindlicheren Obstgehölze können im Frühjahr in den Boden gebracht werden. Dann erwärmt sich der Boden bereits, so daß die

Bewurzelung oft schneller vor sich geht als im Herbst und der Vorsprung der Herbstpflanzung bald eingeholt ist.

Am Pflanztag soll die Erde nur leicht feucht, aber nicht ganz trocken oder zu naß sein. Die Pflanzgrube wird so ausgehoben, daß die Wurzelkrone bequem Platz hat.

Die Wurzeln der Obstgehölze müssen für die eigentliche Pflanzung vorbereitet werden. Beschädigte Wurzeln werden mit einer scharfen Baumschere weggeschnitten. Im übrigen sollten alle gesunden Wurzeln nur leicht zurückgenommen werden. Das regt das Wurzelwachstum an, das nach der Pflanzung so schnell wie möglich einsetzen muß. Ein starker Rückschnitt kostet die Pflanze zuviel Kraft, denn nach der Pflanzung muß sie das einsetzende Wurzelwachstum zunächst selbst impulsieren.

Wurzeln werden so beschnitten, daß die Schnittfläche schräg nach unten verläuft. Gesunde Wurzeln zeigen nach dem Abschneiden innen weißes Mark. Kranke Wurzeln sind dagegen innen braun, abgestorbene Wurzeln schwarz. In den beiden letzten Fällen sollte das Gehölz bei der Baumschule reklamiert werden.

Anschließend an den Wurzelschnitt stellt man die Gehölze mit den Wurzeln in ein

Wurzeln werden schräg nach unten verlaufend abgeschnitten.

Mit der Astschere kommt man auch ins Innere eines Strauches.

Gefäß mit einem biologischen Mittel, das die Bewurzelung fördert, beispielsweise Oskorna-Wurzelstärkung, Alginure-Wurzel-Dip oder Alginure-Tauchmix. Die Zeit für dieses Tauchbad richtet sich nach den Angaben des Herstellers. Manche Anwendung kann für zwölf Stunden empfehlenswert sein, bei Alginure-Wurzel-Dip genügt ein kurzes Eintauchen.

Man kann sich ein Bewurzelungspräparat aber auch ganz leicht selbst herstellen, indem man zwei Teile Lehm oder Bentonit (Tonmehl) und einen Teil gut verrotteten Rinderdünger mit Wasser zu einem geschmeidigen, aber nicht zu dünnen Brei anrührt. Hat man kein genügend großes Gefäß, in dem die Obstbaumwurzeln Platz haben, rührt man die Wurzelstärkung in einer der Pflanzgruben an.

Dem Wasser kann noch ein biologisches Präparat beigegeben werden, das die Wurzelbildung zusätzlich fördert. Hier bieten sich Eusilva oder auch Algifert-Plus-Flüssigextrakt an. Das weiße Mineralpulver Biosmon sollte ohnehin jedem Wasser zugesetzt werden, mit dem Pflanzen in Berührung kommen. Es gibt dem Leitungswasser seine natürliche Spannkraft wieder. Es verbessert auch Regenwasser, denn Biosmon

Mit der Schwertsäge kann man auch im Inneren des Baumes Äste absägen.

bindet Chlor und läßt freie Kohlensäure entstehen. Außerdem wirkt es positiv auf den osmotischen Druck der Pflanzenzellen. Das wirkt sich günstig auf die Nährstoffbeförderung in den Wurzeln aus.

In diesen angerührten Brei wird die Wurzel jedes Obstgehölzes vor der Pflanzung kurz eingetaucht.

Kern- und Steinobst – richtig gepflanzt

Für die Pflanzung selbst muß man sich zwischen zwei grundverschiedenen Möglichkeiten entscheiden. Das sind die vorwiegend immer noch übliche, bei der die Veredelungsstelle über der Erde liegt, und die BTB-Methode mit grundsätzlich einjährigen Gehölzen, bei der die Unterlage nur im ersten Standjahr eine Anwachshilfe ist, die Veredelungsstelle jedoch 5–10 cm unter die Erde gebracht wird.

Bei der Pflanzung von Obstgehölzen sind bei nicht standfesten Sorten-Unterlagen-Kombinationen Holzpfähle erforderlich, falls die Gehölze einzeln stehen sollen.

In jede ausgehobene Grube wird handbreit vom Mittelpunkt auf der Seite, aus der am häufigsten der Wind kommt, ein Pfahl etwa 15 cm tief in den Grubengrund geschlagen. Meist ist es die Westseite. Steht allerdings das Wohnhaus im Westen oder ist dort ein Hügel, so kann die Hauptwindrichtung auch anders liegen. Diese Maßnahme soll verhindern, daß der Stamm bei Wind gegen den Pfahl gedrückt wird.

Ist der Pfahl eingeschlagen, wird der Obstbaum so in die Mitte des Pflanzloches gehalten, daß die Hand zwischen Pfahl und Stamm Platz hat.

Das Pflanzen macht man am besten zu zweit. Einer hält den Baum so in die Pflanzgrube, daß die Veredelungsstelle über dem Bodenniveau ist und der andere die Erde in die Grube füllen kann. Dann wird die Erde angedrückt oder vorsichtig angetreten.

Beerensträucher werden etwas tiefer

Zwischen Pfahl und Stamm muß ein Zwischenraum sein.

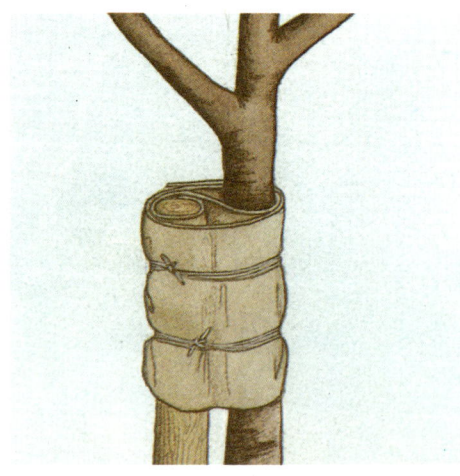

Ein breiter Sackleinenstreifen wird zwischen Stamm und Pfahl durchgezogen.

gepflanzt, als sie in der Baumschule standen, damit sie am Wurzelhals zusätzliche Wurzeln oder Neutriebe bilden können. Die Erde setzt sich in der ersten Zeit etwas. Deshalb kann einige Zentimeter über das Bodenniveau aufgeschüttet werden, vor allem zum Rand der Baumscheibe zu, damit das Wasser bei der anschließenden Bewässerung in den Wurzelbereich läuft.

Dann wird zunächst der Baumstamm etwas unterhalb der Baumkrone mit in breite Streifen geschnittenem Sackleinen oder Rupfen mit einer Achterschlinge an den Holzpfahl gebunden. Es gibt auch Baumband, bei dem ein Puffer zwischen Stamm und Pfahl kommt. Im Laufe des Jahres muß das Band öfter kontrolliert und, falls der Stamm dicker geworden ist, nachgelassen werden.

Etiketten, die mit Draht am Obstgehölz angebunden sind, sollten sofort nach der Pflanzung entfernt werden. Der Draht schnürt den dicker werdenden Stamm oder Ast, an dem er hängt, ein. Das behindert den Saftstrom, so daß solch ein Baum sogar absterben kann.

Nun wird gründlich gewässert. Nur bei genügendem Wassergehalt der Pflanzerde kann sich eine Verbindung zwischen Wurzelenden und Erde bilden, die die Nährstoffaufnahme ermöglicht. Deshalb ist eine gründliche erste Wässerung so wichtig und auch nicht durch späteres Wässern in ihrer Wirkung zu übertreffen.

Die erste Wässerung sollte genügen, um die Verbindung zwischen Erde und Wurzelspitzen zu bewirken. Dann müssen die Wurzeln allein weiterwachsen und Wasser und Nährstoffe suchen. Werden die neu gepflanzten Obstgehölze durch öfteres Gießen zu sehr verwöhnt, müssen sie immer wieder gegossen werden. Das darf jedoch höchstens bei anhaltender Trockenheit bei Flachwurzlern nötig werden. Auch dann ist ein einmaliges durchdringendes Wässern besser als mehrmaliges Gießen kleiner Wassermengen.

Zum Abschluß der Pflanzung erhält die Baumscheibe noch eine Bodenbedeckung aus organischen Abfällen. Dadurch trocknet die obere Bodenschicht nicht aus, bleibt krümelig und wird von Bodenorganismen bearbeitet. Diese sorgen dafür, daß die Mulchschicht allmählich verrottet. Auf diese Weise wird der Boden stetig nachgedüngt.

Besonders günstig ist Rindenmulch, der 5 cm hoch auf die Baumscheibe geschüttet

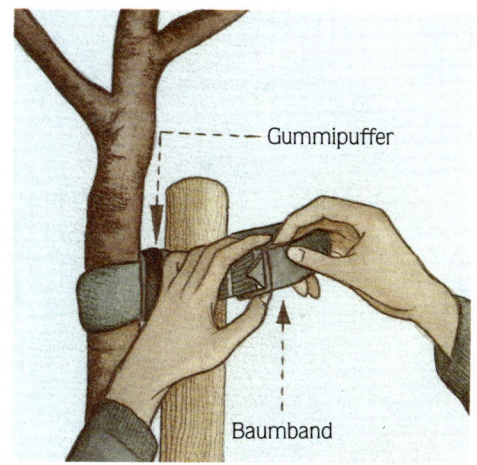

Das Baumband hat einen Puffer. Die Schnalle muß ab und zu nachgelassen werden.

Der Konkurrenztrieb und überzählige Seitenleittriebe werden weggeschnitten.

wird. Der Harzduft der Baumrinde strömt in die Baumkrone und hält Blattläuse fern. Aber auch nichtrankende Kapuzinerkresse als Unterpflanzung der Bäume hat sich bewährt. Kapuzinerkresse vertreibt Blutläuse, die sich gern an Apfelbäume heranmachen, falls es sich nicht um gegen diese Läuse widerstandsfähige Sorten handelt.

Die Mulchschicht hält die Baumscheibe auch frei von Wildkräutern, was besonders in den ersten Jahren wichtig ist. Genauso abträglich wie Wildkräuter sind, ist eine Grasnarbe vor allem in den ersten Jahren. Die Graswurzeln konkurrieren mit den flach unter der Erde liegenden Wurzeln der neu gepflanzten Obstgehölze.

Pflanz- und Erziehungsschnitt

In der Regel werden dem Haus- und Schrebergärtner von den Baumschulen zweijährige Obstbäume angeboten, bei denen im ersten Jahr der Trieb, im zweiten Jahr die Baumkrone entwickelt wurde.

Nach der Pflanzung des Obstbaumes erfolgt der erste Schnitt, der Pflanzschnitt. Er

ist nötig, weil die vor dem Pflanzen zurückgeschnittenen Wurzeln nicht in jedem Fall in der Lage sind, alle Äste der Baumkrone ausreichend mit Nährstoffen zu versorgen. Außerdem regt der Rückschnitt den Neuaustrieb an, und schließlich soll die Baumkrone in die gewünschte Form gebracht werden.

Zunächst werden überzählige Triebe ausgelichtet. Dann ist der Konkurrenztrieb bis zum Astring, also bis dicht an den Stamm, zurückzuschneiden. Dabei kann auch manchmal der Konkurrenztrieb zum Haupttrieb werden, wenn letzterer beschädigt oder schwächer ist.

Dann soll eine lockere Krone aufgebaut werden. Die Rundkrone hat normalerweise drei Leitäste. Es gibt aber sortenbedingt auch Kronen mit vier Leitästen.

Die Leitäste werden so ausgewählt, daß sie auf unterschiedlichen Höhen aus dem Haupttrieb kommen. Außerdem sollen sie von oben gesehen möglichst gleichmäßig um den Haupttrieb angeordnet sein. Dabei ist auch zu berücksichtigen, daß waagerecht aus dem Haupttrieb kommende Äste besser verankert sind als steiler stehende. Die flacher verlaufenden Triebe findet man unten. Sie sind für den Kronenaufbau vor-

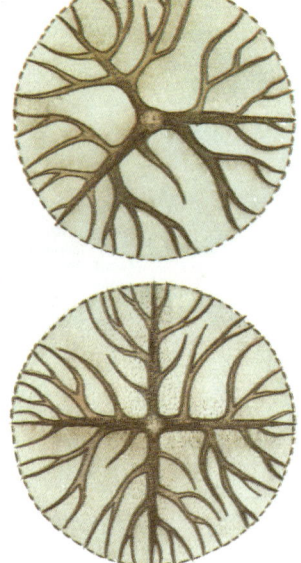

Aufsicht auf zwei Baumkronen; die Seitenleitäste sollten möglichst regelmäßig um den Haupttrieb plaziert sein. Oben: Krone mit drei Leitästen; unten: Krone mit vier Leitästen

zuziehen. Die anderen Triebe schneidet man bis zum jeweiligen Astring weg.

Bei Sauerkirschen, Pfirsichen und Aprikosen, die oft als einjährige Büsche verkauft werden, kommt es vor, daß sich bereits am einjährigen Haupttrieb noch im selben Jahr Triebe bilden, die sogenannten vorzeitigen Triebe. Alle, die bis zu einer Stammhöhe von 60–80 cm vorkommen, müssen auf Astring weggeschnitten werden.

Sind allerdings nur im unteren Sproßbereich Triebe gewachsen, dann läßt man vorerst ein bis zwei schwächere Triebe stehen, damit sie das Bäumchen miternähren können. Die im Kronenbereich wachsenden vorzeitigen Triebe werden für die Baumkrone als Leitäste mitverwendet.

Als nächstes muß die Winkelstellung der Leittriebe zum Haupttrieb überprüft wer-

den. Je nach Sorte haben Obstbäume steiler oder flacher wachsende Seitentriebe. Da die steileren nicht so gut verankert sind wie die flacher wachsenden Triebe, eignen sie sich nicht so gut als Leitäste, denn der fruchttragende Leittrieb hat eine große Last zu tragen.

Da ist es besser, herunterhängende Leitäste höher zu binden. Leitäste sollten zum Hauptleittrieb in Winkeln zwischen 45 und 90° stehen. Ein nur leicht steil stehender Leittrieb kann auf 45° heruntergebunden oder -gespreizt werden, aber mehr sollte man ihm nicht zumuten.

Beobachtungen haben bestimmte Wachstumsgesetze ergeben. Steiler stehende Triebe wachsen rascher, waagerechter stehende langsamer. Am schnellsten wächst der Haupttrieb. Die waagerechten oder hängenden Triebe hören fast ganz auf zu wachsen und werden zu Fruchtholz. Sie werden Fruchtbögen genannt. Ebenso wachsen aus den Seitentrieben der Leitäste und denen des Haupttriebes Fruchtspieße (maximal 10 cm lang) und Fruchtruten (zwischen 10 und 30 cm lang).

Beim Herunterneigen eines Triebes durch schwerer werdende Früchte, aber auch

Der Trieb am Scheitelpunkt eines heruntergebogenen Seitentriebes erfährt eine Wuchsförderung.

durch das Herunterbinden, entsteht am höchsten Punkt des Astes auf der Oberseite eine Triebförderung, die normalerweise bei dem Trieb entsteht, der dem Haupttrieb am nächsten wächst. Beim jüngeren Baum ist diese Triebförderung stärker.

Trotzdem ist es dadurch möglich, Bäume zu verjüngen. Man bindet zunächst die Leittriebe in Bogen nach unten. Dadurch entwickelt sich am Scheitelpunkt oberseitig ein gegenüber den anderen längerer Trieb. Ist dieser gut ausgebildet, kann man ihn durch Wegschneiden der ursprünglichen Leitastspitze zum Leittrieb machen. Diese Möglichkeit sollte beim Kronenaufbau gleich mitbedacht werden.

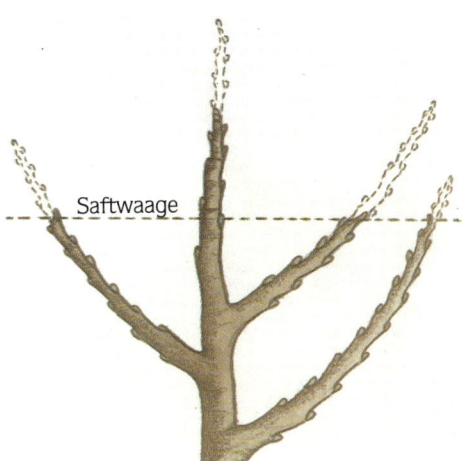

Saftwaage

Beim Rückschnitt nach der Pflanzung wird zuerst der mittlere Seitenleittrieb um ein Drittel gekürzt, dann werden die beiden anderen auf gleiche Höhe gebracht und zuletzt der Mitteltrieb eine Handbreit über den Seitentrieben eingekürzt.

Verschiedene Austriebsförderungen bei Knospen

Läßt sich die Verteilung der Leitäste mit den vorhandenen Trieben nicht befriedigend lösen, muß der noch fehlende Leittrieb durch einen im folgenden Jahr seitlich aus dem Haupttrieb wachsenden Neutrieb entwickelt werden.

Um sicher zu sein, daß sich die von der Stellung her geeignete Knospe auch richtig entwickelt, macht man oberhalb der Knospe mit der Hippe einen Kerbschnitt, so daß der Saftstrom in die Knospe geleitet wird. Die

Rinde muß dabei bis auf das Holz durchgeschnitten und der Rindenstreifen herausgelöst werden.

Nun erfolgt der eigentliche Rückschnitt der einjährigen Krone. Als Faustregel gilt, daß die Kronentriebe um ein Drittel auf eine nach außen weisende Knospe zurückgeschnitten werden. Die Seitenleitäste sollen sich nach dem Schnitt in Saftwaage befinden, das heißt, sie sollten auf derselben Höhe enden, damit sie gleich stark durchtreiben. Nicht immer werden alle Leittriebe gleich lang gewachsen sein. Da aber bei stärkerem Verkürzen eines Triebes das Wachstum beschleunigt wird, kann man regulierend eingreifen. In den darauffolgenden Jahren stellt sich dann ein Gleichgewicht ein.

Der Haupttrieb wird etwa eine Handbreit bis zu einer Handlänge über den Seitenleittrieben weggeschnitten. Dabei soll die oberste Knospe über der liegen, die im Jahr davor nach dem Rückschnitt in der Baumschule die oberste war. Das führt zu einem geraden Wuchs des Haupttriebes und wird

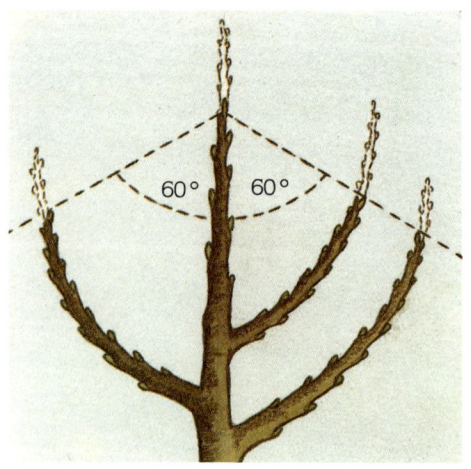

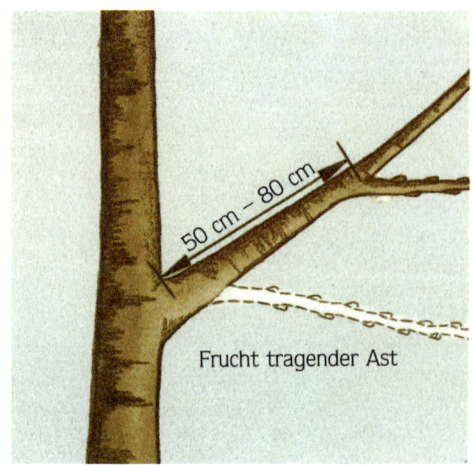

Rückschnitt im Winkel von 60°. Die Reihenfolge ist wie beim Saftwaageschnitt.

In der Nähe des Haupttriebes sollten keine fruchttragenden Äste sein.

bei jedem weiteren Schnitt genauso gehandhabt.

Es läßt sich beim Rückschnitt aber auch so verfahren wie in den folgenden Jahren üblich, in denen ein Winkel von 120° vom Haupttrieb zu den Seitenleitästen angelegt wird.

Ist ein Jahr um und der nächste Schnitt erforderlich, so kann man beurteilen, ob der Pflanzschnitt richtig war. Dabei ergeben sich folgende Möglichkeiten.

Wenn aus nahezu allen Knospen kräftige, vorwiegend steil stehende Triebe hervorgegangen sind, ist zu wenig abgeschnitten worden. Dann muß insgesamt mehr weggeschnitten werden. Haben sich dagegen nur wenige kurze Triebe entwickelt, dann müssen beim zweiten Schnitt in der Regel kürzere Triebstücke abgeschnitten werden.

Vor dem zweiten Schnitt entfernt man zunächst alle Spreizhölzer und löst die auf- oder heruntergebundenen Äste. Dann werden Konkurrenztriebe am Haupt- und an den Seitenleittrieben bis auf Astring entfernt, ebenso senkrechte Triebe. Haben sich bereits mehrere Seitentriebe an den Leitästen ausgebildet, so sind die nah am Haupttrieb wachsenden ebenfalls wegzu-

schneiden. Wachsen Leitastverlängerungen nicht gerade weiter, so müssen sie geschient werden. Geschädigte Leitastverlängerungen sind auf einen tiefer stehenden Seitentrieb abzuleiten und eventuell ebenfalls zu schienen. An der Hauptachsenverlängerung sollten sich zwei oder drei weitere kräftige Seitentriebe entwickelt haben, mit denen die Krone vervollständigt wird. Sie werden gegebenenfalls formiert. Diese jährlichen Erziehungsschnitte setzt man so lange fort, bis ein kräftiges Astgerüst aufgebaut ist, das sich durch den nun zunehmenden Fruchtbehang nicht mehr verändert. Wann dieser Zeitpunkt eintritt, richtet sich nach der Wuchskraft des Baumes, die wieder von der Obstart und -sorte abhängt.

Manche Obstbäume, wie beispielsweise die Süßkirsche, neigen bei dieser Pflanzungsart dazu, nach etwa fünf bis sechs Jahren zu hoch zu werden. Jeder Schnitt und die Ernte wird zum halsbrecherischen Wagnis. Dann müssen die Leittriebe auf waagerechte Seitentriebe abgeleitet werden.

Für ältere Bäume braucht man sowohl zum Schnitt als auch für die Ernte eine Stehleiter, der Platten unter die Standbeine montiert werden sollen.

Instandhaltungs- schnitt

Das Wachstum der Obstgehölze klingt mit zunehmenden Erträgen ab. Das bedeutet aber keineswegs, daß von da ab ganz auf den jährlichen Schnitt verzichtet werden kann.

Jetzt gilt es, über möglichst lange Zeit das Gleichgewicht zwischen Holzzuwachs, Fruchtholzverjüngung und Ertrag zu wahren.

Durch reichen Fruchtbehang können einzelne Leitäste beispielsweise ihre Stabilität verlieren. Bei jüngeren Bäumen kann man dann den Rückschnitt der Leitäste wieder für einige Jahre durchführen oder den Spitzenbereich entlasten, indem man das Fruchtholz auslichtet.

Das Fruchtholz muß in diesem Fall zunächst abgeschnitten werden. In den nächsten Jahren werden im Frühjahr lediglich zuviel werdende Knospen ausgebrochen.

Bei älteren Bäumen verjüngt man die Leitäste. Dabei wird der obere Teil der Hauptachse von einem Konkurrenztrieb abgelöst, während bei den Seitenleitästen die Ständertriebe am Scheitelpunkt gefördert und

nach entsprechender Kräftigung zu Seitenleittriebspitzen gemacht werden.

Ältere Obstgehölze werden jedes Jahr ausgelichtet. Konkurrenztriebe müssen weggeschnitten, Wasserschosse und zu dicht am Hauptleitast auf den Seitenleitästen wachsende Triebe entfernt werden. Denn zum einen muß die Rangordnung des Kronengerüstes gewahrt bleiben, zum anderen kann sich Fruchtholz nur dort bilden, wo die Lichtverhältnisse günstig sind.

Schnittzeiten

Über lange Zeit ist vorwiegend der Herbst- und Winterschnitt praktiziert worden. Heute gibt man besonders bei den Obstarten, die früh geerntet werden, dem Sommerschnitt den Vorzug. Aber selbst späten Äpfeln und Birnen tut eine Auslichtung gut, weil man besser beurteilen kann, welche Fruchtruten mehr Sonne brauchen. Die Größe und Ausfärbung der Früchte sowie die Verminderung der Stippe spricht für den Sommerschnitt.

Weitere Vorteile sind, daß die Bäume durch den Wegschnitt nicht verwertbarer Triebe viele Aufbaustoffe einsparen, die entweder überhaupt nicht aufgenommen werden müssen oder in die wichtigen Teile der

Ableiten zu hoch werdender Obstbäume auf waagerechte Triebe

Wiederaufbau einer älteren Baumkrone durch Ständertriebe

Beseitigung eines Ständertriebes

Pflanze gehen und außerdem den Früchten zugute kommen.

Die Verminderung des Triebwachstums spiegelt sich in der Wurzel als Depression wider. Bei zu stark wachsenden, jüngeren Bäumen und bei zu dicht stehenden Pflanzungen ist diese Wurzelhemmung jedoch geradezu erwünscht.

Außerdem muß bedacht werden, daß bald nach der Ernte die Entwicklung der Blüten- und Blattknospen für das nächste Jahr beginnt. Es ist nicht einzusehen, daß Nährstoffe an Triebe, die man im Winter abschneidet, verschwendet werden, statt daß sie in die Knospenentwicklung gehen.

Die BTB-Methode

Diese seit etwa 25 Jahren praktizierte Methode hat gerade auch im biologisch betreuten Haus- und Schrebergarten viele Pluspunkte für sich, denn sie bringt bei früh einsetzendem Ertrag gesundes Obst hervor, das sich vom Boden aus bequem pflücken läßt, und erfordert keinen Schnitt.

Pavao Krišković hatte sich vor Jahren die Aufgabe gestellt, im Erwerbsanbau ohne chemische Schädlingsbekämpfungsmittel Qualitätsobst anzubauen.

Er übernahm von Frankreich die Methode Bouché-Thomas und ergänzte sie durch das System Barka (= Boot), das die Bäume nach einer verhältnismäßig kurzen Erziehungszeit wie Boote aussehen läßt.

Pflanzung

Im Erwerbsanbau wird bei dieser Methode in Reihen in Nord-Süd-Richtung gepflanzt. Ein oder zwei Reihen Obstbäume lassen sich oft auch im Garten anlegen, aber man kann auch bei dieser Art des Anbaus einzelne Bäume anpflanzen.

Zunächst wird ein Markierungsstab in den Boden geschlagen. Dann wird als Pflanzgrube ein Dreieck ausgehoben, dessen Höhe etwa 30 cm beträgt. Die Grube ist ebenfalls 30 cm tief. Eine Spitze des Dreiecks zeigt nach Süden und endet dort, wo der Stab steht.

Nun wird der einjährige Baum nach Wurzelbeschnitt und Bewurzelungsförderungsbad in einem Winkel von 30° in die Pflanzgrube gelegt. Die Veredlungsstelle liegt 5–10 cm unter dem Bodenniveau, der einjährige Trieb weist nach Süden.

Die Wurzeln müssen in der Grube genauso locker Platz haben wie bei der herkömmlichen Pflanzmethode. Anschließend wird die vorbereitete gut verrottete Pflanzerde

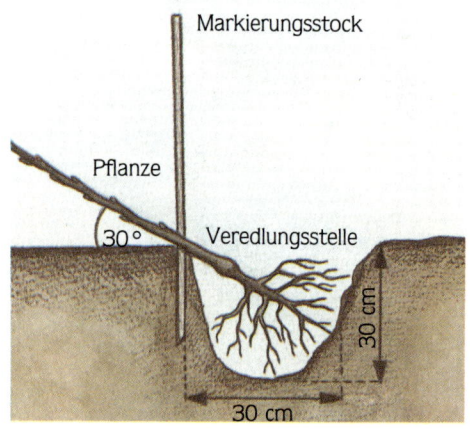

Schrägpflanzung bei der BTB-Methode

eingefüllt. Man kann sogar noch zusätzlich eine dünne Schicht gut verrotteten reinen Rinderdungkompostes in den Wurzelbereich streuen. Dann füllt man die Pflanzgrube endgültig bis zum Rand und drückt die Erde leicht an. Man darf sie auf keinen Fall antreten. Zum Schluß wird gründlich gewässert. Nach 8–14 Tagen erst tritt man die Erde um den Baum vorsichtig an und füllt fehlende Pflanzerde wieder bis zum Bodenniveau auf.

In der ersten Vegetationsperiode ist das Wachstum der Obstbäume bei dieser Methode nicht besonders üppig. Das ist vorwiegend durch die schräge Pflanzung bedingt. Die Obstbäume sollen sich während des ersten Jahres an ihren endgültigen Standort und an die neue Lage gewöhnen. Die Wurzeln müssen sich mit der Erde verbinden und anfangen zu wachsen. Unter diesen Voraussetzungen bilden sich dann auch einige kräftige Knospen am schräg gepflanzten Haupttrieb aus.

Bei Vegetationsbeginn treibt in der Regel zuerst die Knospe an der Spitze des einjährigen Triebes aus. Falls diese Terminalknospe beschädigt oder herausgebrochen ist, wird eine unterhalb der Triebspitze nach unten stehende Knospe ausgesucht und der Trieb bis zu dieser Knospe zurückgeschnit-

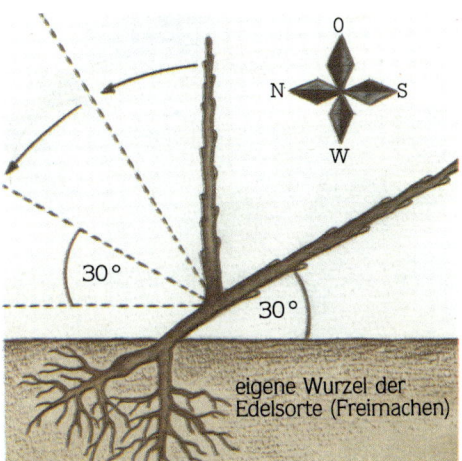

Abwinkeln des neuen Triebes

ten, damit sich eine neue Triebspitze entwickeln kann. In der Nähe der Terminalknospe stehende, gut entwickelte Knospen werden wegen der Konkurrenzgefahr ausgebrochen.

Bei gesunden einjährigen Obstbäumen mit kräftigen Wurzeln der Unterlage entwickelt sich am Fuß des einjährigen Triebes im ersten Sommer bereits ein starker Jungtrieb, der senkrecht nach oben wächst. Dieser und seitlich wachsende Triebe dürfen sich ungestört entwickeln. Dagegen werden senkrecht aus dem schräg gepflanzten einjährigen Trieb wachsende Neutriebe, die Ständertriebe oder Reiter, bis auf Astring abgeschnitten. Dadurch kräftigen sich der Trieb aus der Terminalknospe und der senkrecht wachsende am Fuß des Baumes. Im zweiten Jahr nach der Pflanzung wird das Wachstum der beiden Haupttriebe durch dieselben Maßnahmen gefördert. Wieder werden Ständertriebe entfernt. Seitliche Triebe dürfen ungehindert weiter wachsen.

Sobald der senkrecht wachsende Neutrieb Höhe und Dicke des schräg gepflanzten Triebes erreicht hat, wird er so nach Norden gebogen, daß er im selben Winkel zum Bodenniveau steht wie der Südtrieb; anders gesagt ergibt sich zwischen den beiden Trieben ein Winkel von 120°.

Die Übereinstimmung in Höhe und Umfang ist meist noch vor dem Wachstumsabschluß im zweiten Sommer nach der Pflanzung erreicht. Diese Gleichheit der beiden Triebe gewährleistet gleichmäßiges Wachstum. Kurz nach dem Abbiegen des senkrechten Triebes entwickeln sich viele Blütenknospen, die bereits im dritten Sommer nach der Pflanzung den ersten Ertrag bringen.

Steinobstgehölz neigt dazu abzubrechen. Besonders bei Pfirsichen, Zwetschen und Aprikosen muß der senkrechte Trieb vorsichtig abgebogen werden. Deshalb muß auf ein rechtzeitiges Herunterbinden geachtet werden.

Auch jetzt sollen sich die seitlichen Triebe an den beiden Leittrieben weiterentwickeln.

Sind es zu viele, werden sie auf 20–30 cm Abstand auf jeder Seite ausgedünnt. Die Seitentriebe sollten sich nicht gegenüberliegen, sondern im Wechsel stehen. Außerdem ist jede Verzweigung zu vermeiden. Entsteht eine Gabelung oder ein Konkurrenztrieb, wird immer der nach innen wachsende abgeschnitten.

Schon am Ende des zweiten Jahres, ganz bestimmt aber zu Beginn der dritten Vegetationsperiode treibt der Baum kräftig durch. Das ist das Zeichen dafür, daß sich inzwischen eine Wurzel oberhalb der Veredelungsstelle aus der Edelsorte gebildet hat, das heißt, die Sorte macht sich von der Unterlage frei.

Dieses Freimachen der Edelsorte macht die Obstbäume widerstandsfähig gegen Schadinsekten und Pflanzenkrankheiten und unempfindlich gegen Trockenheit. Es führt schneller zu guten Erträgen, und außerdem ist die Qualität der Früchte ausgezeichnet.

Im dritten Jahr nach der Pflanzung über-

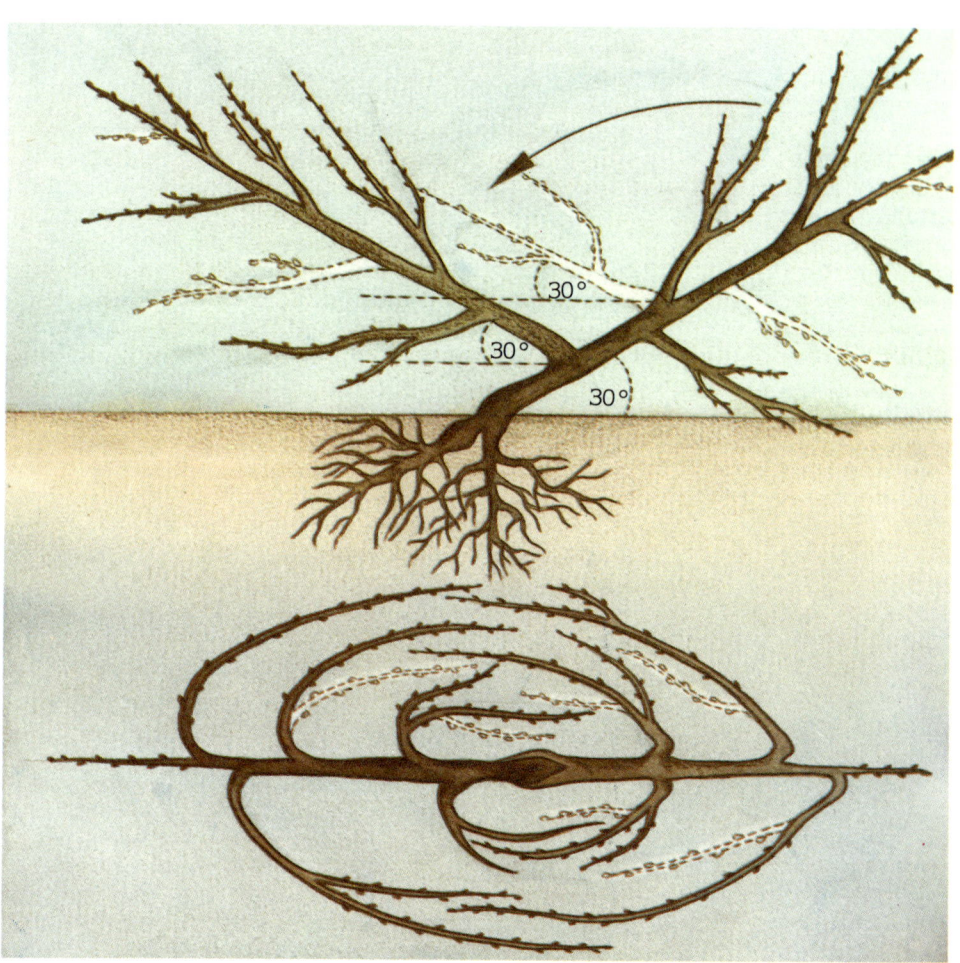

Kronenaufbau bei der BTB-Methode mit Abwinkeln der Seitenleitäste

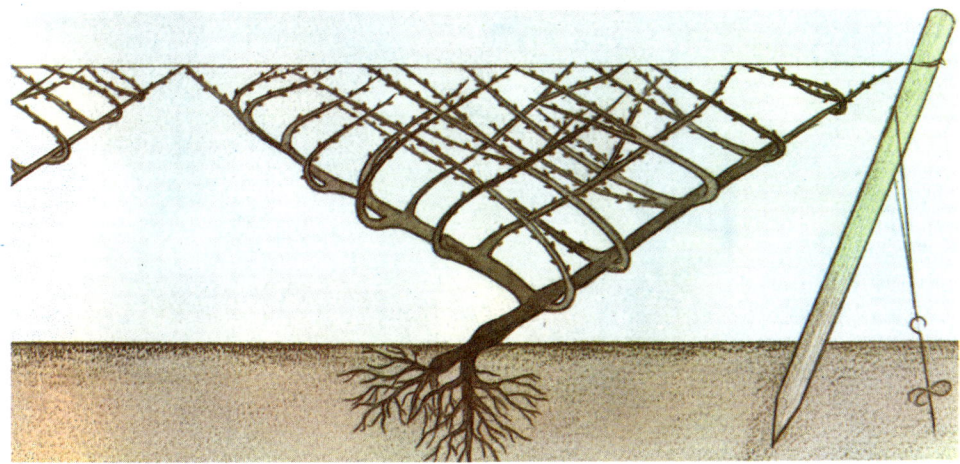

Drahtrahmen für Bäume, die nach der BTB-Methode erzogen wurden

prüft man den nach Norden abgebogenen Trieb auf seine Winkelstellung und korrigiert ihn, falls es nötig ist.

Wenn die seitlich der beiden Haupttriebe sich entwickelnden Jungtriebe kräftig gewachsen sind und eine Länge und Dicke erreicht haben, die sie zum Ansatz von Fruchtholz geeignet machen, bindet man die Triebe in entgegengesetzter Richtung des jeweiligen Haupttriebes im Winkel von 30° und seitlich nach außen.

Dadurch entsteht im Innern der Krone ein Hohlraum, der das Sonnenlicht ungehindert zum Fruchtholz gelangen läßt.

Der Winkel von 30° führt zum Ansatz von Blütenknospen. Anfangs läßt man mehr Jungtriebe senkrecht wachsen, um sie dann abzubiegen. Später, wenn der Kronenaufbau abgeschlossen ist, kontrolliert man im Frühjahr zu Beginn des Austriebes den Innenbereich der Krone auf Triebknospen. Es werden dann nur so viele stehengelassen, wie man zur Ergänzung oder Verjüngung der Krone braucht. Die übrigen werden herausgebrochen, so daß sich jeglicher Baumschnitt erübrigt, es sei denn, es muß ein beschädigter Zweig entfernt werden.

Die Blütenknospen lassen sich im Frühjahr gut von Blatt- und Triebknospen unterscheiden. Erstere schwellen und sind mehr

rund, während letztere langgestreckt sind. In der Reihe wachsende Bäume unterstützen sich bei der BTB-Methode gegenseitig. Besteht die Reihe allerdings nur aus wenigen Obstbäumen, ist ein Drahtrahmen zu empfehlen, der an jedem Ende der Reihe schräg nach außen gerichtet einen Pfahl hat. Die beiden Pfähle sind durch nur einen Draht unterhalb der Triebspitzen der Hauptleitäste verbunden. An diesem Draht werden die Hauptleitäste angebunden.

Die Erträge setzen bei Bäumen, die nach der BTB-Methode erzogen sind, früh ein. Obstsorten, die zu Alternanz, dem Wechsel zwischen einem Jahr mit großem und einem mit keinem nennenswerten Ertrag, neigen, verlieren bei der BTB-Methode diese nachteilige Eigenschaft.

Die Baumscheiben sind genauso zu behandeln wie bei der herkömmlichen Obstbaummethode.

Auch alle anderen vorbeugenden und pflegenden Maßnahmen entsprechen denen, die sonst im biologischen Obstanbau durchgeführt werden. Vor allem werden die Obstbäume zu den angegebenen Zeiten mit den Präparaten Hornmist und Hornkiesel behandelt (siehe Seite 78). Auch Preicobaktanstriche und -spritzungen sollten nicht vernachlässigt werden.

Pflanzung und Schnitt von Beerensträuchern

Die Pflanzvorbereitungen sind für Beerensträucher und -stämme dieselben wie für Obstbäume. Die kleineren Wurzelkronen der Beerengehölze gestatten entsprechend kleinere Pflanzgruben.

Das Wachstum des Strauches ist allerdings anders als das des Obstbaumes, denn der Strauch weist keinen Stamm auf. Mehrere etwa gleich starke Triebe entwickeln sich unmittelbar aus dem Wurzelstock. Das gilt in ähnlicher Weise auch für das Beerenobststämmchen, denn die Unterlage ist in Kronenbeginnhöhe veredelt. Aus dieser kommt immer wieder der neue Austrieb.

Zwar treiben junge Beerensträucher anfangs auch Seitentriebe und haben eine Verlängerung des Triebwachstums, aber bald klingt dieser Jahreszuwachs ab. Die Erneuerung der Sträucher wird durch Austrieb aus den unteren Knospen im Bodenbereich bewirkt.

Rote, weiße und schwarze Johannisbeeren, aber auch Josta- und Stachelbeersträucher werden am besten mit fünf bis sieben kräftigen Trieben erworben. Da man nach der Pflanzung nur vier bis fünf Triebe stehenläßt, ist es nicht sinnvoll, Sträucher mit mehr als sieben Trieben zu kaufen.

Alle diese Sträucher werden 5–10 cm tiefer gepflanzt, als sie ursprünglich standen. Sie entwickeln dann im Wurzelhalsbereich zusätzliche Wurzeln. Eine kräftige Wurzelkrone ist die Voraussetzung für einen kraftstrotzenden Strauch.

Nach der Pflanzung wählt man bei jedem Beerenobststrauch die vier bis fünf stärksten Triebe aus und achtet auch auf ausreichende Abstände dazwischen. Die überzähligen Triebe werden auf Bodenniveau weggeschnitten.

Die Leittriebe werden anschließend auf die Hälfte und auf eine nach außen gerichtete Knospe zurückgeschnitten. Bei zentraler Stellung eines Triebes wird er zum Mitteltrieb gemacht und um zwei bis drei Knospen höher abgeschnitten. Ohne Mitteltrieb bekommen die Früchte in den meisten Fällen allerdings mehr Sonne.

Beerenobst braucht gleichmäßig feuchten Boden. Deshalb wird nach der Pflanzung nicht nur gründlich angegossen, sondern anschließend der gesamte Wurzelbereich gemulcht, damit Wachstumstockungen und Läusebefall vermieden werden. Hat man kein organisches Mulchmaterial zur Verfügung, ist auch hier Rindenmulch oder Lavagranulat sehr geeignet. Letzteres hält den Boden nicht nur feucht, sondern auch locker und erwärmt ihn durch seine dunkle Farbe. Außerdem stellt Lavagranulat eine Langzeitdüngung dar, denn es zerfällt allmählich und wird dann erst von den Bodenorganismen in den Humus eingebaut.

Johannisbeersträucher lassen sich auch als Spalier ziehen. Der Drahtrahmen bekommt drei Spanndrähte. Am untersten werden die drei oder vier kräftigsten Leittriebe angebunden und zurückgeschnitten. In der ersten Vegetationsperiode läßt man zwei weitere Triebe als Ergänzung stehen. Alle anderen werden weggeschnitten. Nach ungefähr vier oder fünf Jahren beginnt der Verjüngungsschnitt.

5 cm – 10 cm

Stand in der Baumschule

Pflanzung und Schnitt bei Johannisbeeren

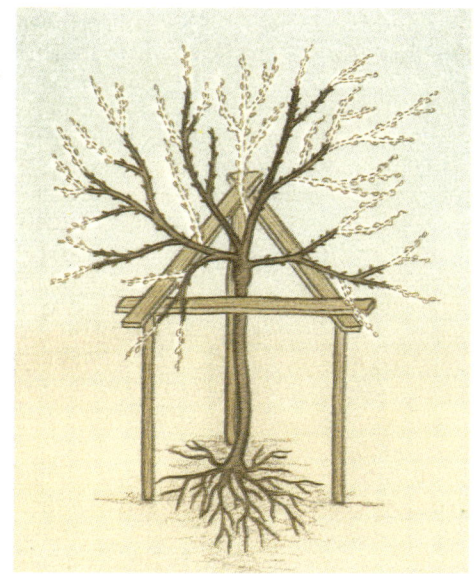

Gerüst für Beerenstämmchen

Bei Beerenobststämmchen haben sich neben stabilen Pfählen, die wegen der Bruchgefahr an der Veredlungsstelle in die Krone hineinragen sollten, auch sehr gut dreieckige Gestelle bewährt, auf denen die Beerenobstkrone aufliegt.

Himbeeren

Die Ruten der Himbeere werden ein- oder zweijährig angeboten. Letztere sind bereits einmal verpflanzt. Während einjährige Himbeerruten 100 cm lang sein sollten, genügen bei zweijährigen 70 cm. Besonders wichtig ist, daß die Ruten gut bewurzelt sind und wenigstens eine Wurzelknospe haben.

Himbeeren brauchen einen Standort mit leicht saurem, lehmhaltigem Boden in lichtem Schatten. Sie können am Zaun oder an einem Drahtrahmen gezogen werden. Nach der Pflanzung im September, Okto-

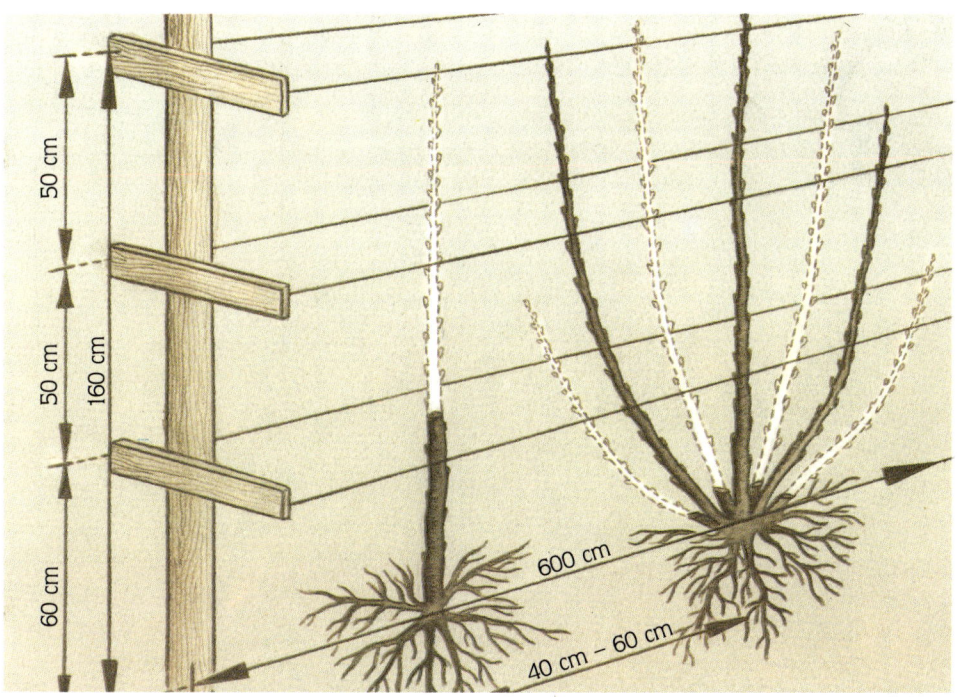

Himbeerpflanzung; links: Pflanzschnitt; rechts: Schnitt im Herbst

285

ber oder im zeitigen Frühjahr, im Abstand von 40–60 cm in der Reihe und mit Reihenzwischenräumen von 120–160 cm, sind die Himbeerruten auf 40–50 cm zurückzuschneiden. Es ist dabei unwichtig, wo abgeschnitten wird. Die beschnittenen Ruten sollen mit ihren Blättern nur die Neutriebbildung aus dem Wurzelhals fördern helfen. Im August oder September werden sie dann über dem Boden weggeschnitten. Von ihnen ist noch kein Ertrag zu erwarten. Dafür haben sich aber in der ersten Vegetationsperiode nach der Pflanzung aus den Wurzelschossen kräftige Ruten gebildet.

Brombeeren

Die robusten Brombeerranken gibt es mit Stacheln und stachellos. Sie werden im Handel als einjährige, etwa bleistiftdicke Ranken angeboten. Sie müssen gut bewurzelt sein und eine, besser noch zwei Wurzelknospen am Wurzelhals haben. Die Brombeerranken werden nach der Pflanzung nicht beschnitten.

Der Abstand der Brombeerpflanzen beträgt bei rankenden Sorten 3–4 m, bei aufrecht wachsenden 1–1,50 m.

Im Pflanzjahr sollten sich zwei bis drei zumindest mittellange Ranken bilden, die an den Spanndrähten des Drahtrahmens gut verteilt hochgebunden werden.

Im Jahr nach der Pflanzung haben sich aus dem Wurzelstock vier oder auch mehr kräftige Sprosse entwickelt, die an den Spanndrähten verteilt angebunden werden. Sie bringen im nächsten Jahr den ersten nennenswerten Ertrag.

Auf die erstjährigen Triebe braucht man beim Anbinden der neuen keine Rücksicht zu nehmen, weil sie im nächsten Jahr bis zum Boden abgeschnitten werden.

Triebe, die sich an den neuen Ranken in den Blattachseln gebildet haben, werden ungefähr ab Mitte Juni, sobald sie länger als 50 cm sind, auf vier bis fünf Blätter zurückgeschnitten.

Neu entwickelte Ranken werden am untersten Spanndraht befestigt. Man läßt dann jedes Jahr etwa sechs Jungtriebe wachsen. Die abgetragenen zweijährigen Ranken, die an den vertrockneten Fruchtständen leicht zu erkennen sind, sollten bald nach der Ernte am Boden abgeschnitten werden. Man läßt sie bis zum nächsten Frühjahr als Winterschutz im Drahtrahmen hängen.

Im zeitigen Frühjahr, etwa im März, muß man diese bereits abgeschnittenen Ranken in Stücke schneiden und aus dem Rankge-

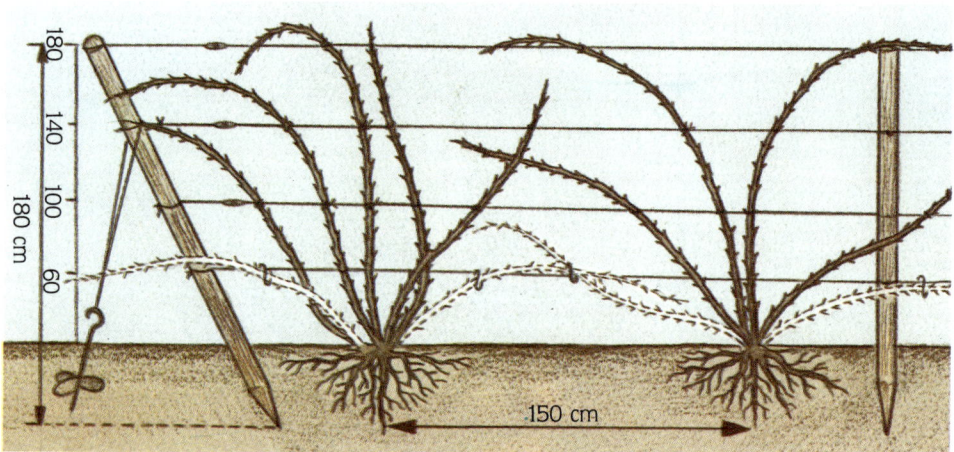

Drahtrahmen für Brombeeren; die Jungruten werden mit selbsthergestellten Drahthaken in den untersten Spanndraht gehängt.

rüst entfernen. Anschließend werden die Brombeerranken des vorjährigen Austriebes neu formiert.

Die im vergangenen Sommer auf vier bis fünf Knospen zurückgeschnittenen Triebe der diesjährigen Ertragsranken werden auf zwei, höchstens auf drei Augen eingekürzt. Zu lange und zurückgetrocknete Ertragsranken werden ebenfalls gekürzt.

Wein

Der Weinstock wird im Hausgarten an Südwänden, an Lauben oder auch an sonnigen Pergolen angepflanzt. Er braucht in unseren Breiten jeden Sonnenstrahl. Während eine Wand guten Schutz gegen Tau, Regen und Kälte bietet, soll die Wurzel immer feucht gehalten werden. Sie kann acht Meter und noch tiefer in die Erde wachsen. Ältere Weinstöcke holen sich in starken Trockenzeiten genügend Wasser aus tiefer gelegenen Bodenschichten. In Weinbaugebieten kann Wein auch freistehend an Drahtrahmen mit 1,20–1,50 m Abstand gepflanzt werden.

Die beste Pflanzzeit für Reben ist das Frühjahr, kurz vor dem Austrieb. Die Pflanzgrube sollte 100 cm Durchmesser haben und 80 cm Tiefe. Kenner geben in das Pflanzloch ein Stück Kupfer. Auch Basalt- oder Luzian-Steinmehl wirkt auf Wein wachstumsfördernd. Die Pflanzerde wird bis auf die oberen 30 cm in die Grube gefüllt. Die jungen, bis zu drei Jahre alten Setzlinge gibt es mit Wurzelballen. Nachdem man den Topf entfernt hat, wird der junge Weinstock mit dem Ballen etwa 60 cm von der Hauswand entfernt schräg in die Pflanzgrube gelegt. Dann füllt man so auf, daß zwei Triebaugen mit Erde bedeckt sind und die Triebspitze noch etwa 2 cm über dem Boden bleibt. Zuletzt wird gründlich gegos-

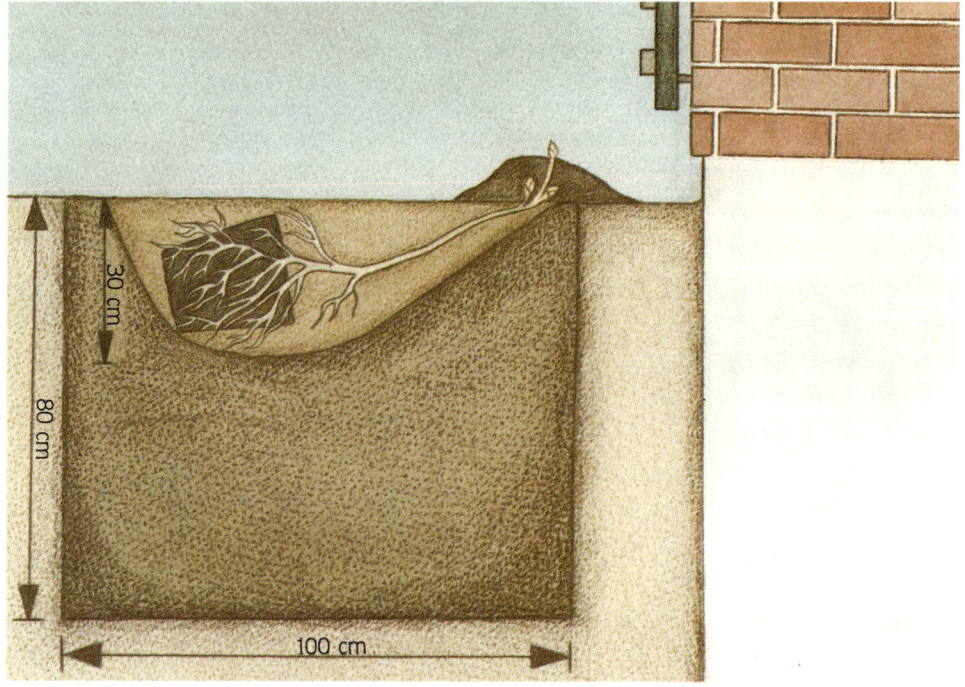

Weinpflanzung an einer Häuserwand; in Weingebieten kann an einem Drahtrahmen auch senkrecht gepflanzt werden; das Pflanzloch ist entsprechend kleiner.

sen. Zunächst genügt als Stütze ein Stab, später ein Holzgitter oder Spanndrähte.

Im ersten Jahr kann der gepflanzte Weinstock bereits 2 m hoch werden, aber auch eine Länge von 30 cm bedeutet noch ein gesundes Wachstum. Liegt dieses allerdings unter 30 cm, sollte man den Stock auf schadhafte Stellen, Krankheiten und Schädlinge untersuchen.

Die bekannte Reblaus verbreitet sich nicht mehr, seit man amerikanische Wildreben als Unterlagen verwendet. Läßt sich kein Grund für das schwächliche Wachstum des Weinstockes finden, sollte man versuchen, ihn über den ersten Sommer mit Blattspritzungen von Alginure-Schutzspray und Beimischungen von verdünnter Brennesseljauche, Algifert oder Polymaris zu stärken. Nützt das nichts, pflanzt man im nächsten Frühling besser einen neuen Setzling.

Ende Februar des Jahres nach der Pflanzung, wenn kein Frost herrscht, wird der Weinstock ohne Rücksicht auf die erreichte Länge auf drei Augen zurückgeschnitten, damit er einen starken Stamm bekommt. Sobald die Triebe 20 cm Länge erreicht haben, bindet man den kräftigsten senkrecht hoch und schneidet die beiden anderen bis zum Stamm weg. Der junge Haupttrieb wird im Sommer während des Wachstums alle 25 cm nach oben festgebunden. Im nächsten Februar wird der Haupttrieb auf sechs bis sieben Augen gekürzt. Dabei läßt man etwa 2 cm Holz (einen Zapfen) über dem oberen Auge stehen, um ein Austrocknen zu verhindern. Die untersten Seitentriebe werden auf zwei Augen gekürzt, die anderen weggeschnitten.

Diesen Winterschnitt wiederholt man jedes Jahr. Man läßt den Mitteltrieb jedesmal um sechs Augen länger stehen, bis die gewünschte Höhe erreicht ist. Die Seitentriebe werden jeweils auf zwei Augen gekürzt.

Außer diesem Winterschnitt erfolgt während des Sommers der gestaffelte Sommer- oder Grünschnitt. Er beginnt, wenn die Weinbeeren einen Durchmesser von 2 mm erreicht haben. Dann werden die

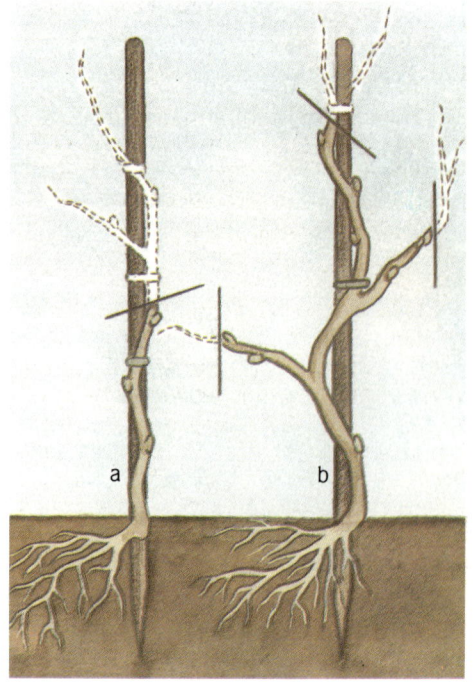

Erziehungsschnitt beim Wein:
a) Rückschnitt nach einem Jahr;
b) Rückschnitt nach dem zweiten Jahr

Tragruten auf sechs Blätter nach der vordersten Blütentraube abgeschnitten und alle Geize, das sind die aus den Blattachseln wachsenden Triebe, auf ein Blatt pinziert (mit den Nägeln von Daumen und Zeigefinger abgezwickt). Da Geize nachtreiben, muß das Pinzieren wiederholt werden.

Bei starkwüchsigen Weinstöcken entwickelt man auf den auf zwei Augen gekürzten Seitentrieben längere Neutriebe, an denen im Sommer Trauben wachsen. Aus den Zapfen kommen im Sommer zwei neue Triebe, von denen man den unteren auf zwei Augen zurückschneidet, den oberen auf sechs bis acht. Dann bindet man ihn schräg abwärts am Spalier fest. So wird allmählich eine ganze Hauswand von einem einzigen Weinstock überwachsen. Fruchtlose Triebe werden ab Juli weggeschnitten.

Fördernde biologische Maßnahmen

Alle Pflanzungen und jeden Schnitt nimmt man nach dem Aussaatkalender von Maria Thun bei absteigendem Mond vor.

Außerdem wird immer am Nachmittag gepflanzt, denn auch beim Tagesrhythmus schickt jede Pflanze ihre Säfte ab 15 Uhr in die Wurzeln.

Sowohl der absteigende Mond als auch die Pflanzung am Nachmittag bewirken, daß die Gehölze nicht „bluten", das bedeutet, daß kein Pflanzensaft aus den Schnittwunden austritt, was die Gehölze schwächen würde. (Weitere Einzelheiten zu diesem Thema siehe in „Kosmische Einflüsse auf unsere Gartenpflanzen", einem Buch der Autorin in der Biothek-Reihe.)

Auch die Hornmistspritzung sollte abends bei absteigendem Mond vorgenommen werden, da das Präparat über den Boden stärkend auf die Pflanzenwurzel wirkt.

Die Pflanzerde war bereits einmal mit Hornmist bespritzt worden. Nach der Pflanzung der Obstgehölze und im zeitigen Frühjahr bei Wachstumsbeginn des Grases werden zwei weitere Hornmistspritzungen durchgeführt.

Zur Vorbeugung gegen Pilzkrankheiten kann man Schachtelhalmdroge mitverwenden. 500 g Schachtelhalmschnitt wird eine halbe Stunde in 5 l Wasser gekocht und nach dem Abkühlen abgeseiht. In den handwarm abgekühlten Absud rührt man nachmittags eine Stunde in wechselnder Richtung das Hornmistpräparat ein und spritzt die Flüssigkeit anschließend auf die Baumscheiben.

Gleich nach der Pflanzung im Herbst oder Frühjahr werden alle Obstbaumstämme mit Preicobakt angestrichen.

Dafür werden 2 kg Preicobaktpulver in 10 l Wasser allmählich eingestreut und glattgerührt. Der entstandene Brei muß die Konsistenz eines Rührteiges haben. Danach läßt man das angerührte Pulver mehrere Tage stehen, damit sich alle Substanzen auf-

lösen. Vor Gebrauch rührt man nochmals gründlich durch und streicht bei frostfreiem Wetter und trockener Rinde alle Obstbaumstämme mit einem breiten Pinsel an. Für ältere Bäume mit einem dickeren Stamm wird eine Quaste verwendet.

Preicobakt dient der Aktivierung der Rinde, glättet sie und stärkt ihre Zellen. Deshalb führt der Anstrich auch zur schnelleren Wundheilung. Größere Schnittstellen werden damit bestrichen. Preicobakt beugt Pflanzenkrankheiten und Schädlingsbefall vor, verhindert Frostplatten und Rindenrisse, schützt vor Knospenfraß durch Vögel und vor Hasenfraß.

Bei hartem Wasser setzt man dem Preicobaktbrei 20 ml Pflanzenpflegeseife zu, wodurch eine bessere Haftung erzielt wird. Der Stammanstrich kann jederzeit, auch im Sommer, wiederholt werden.

Beerensträucher und Baumkronen werden nur in blattlosem Zustand mit Preicobakt (500 g auf 10 l Wasser) gespritzt.

Nach der Behandlung werden Spritzgeräte und Pinsel gründlich ausgewaschen.

Preicobakt macht mindestens zwei Drittel aller anderen Pflanzenschutzmaßnahmen überflüssig. Zum Beispiel bleibt der gefürchtete Säulenrost bei schwarzen Johannisbeeren durch die Herbst- und Frühjahrsbehandlung mit Preicobakt fast immer aus.

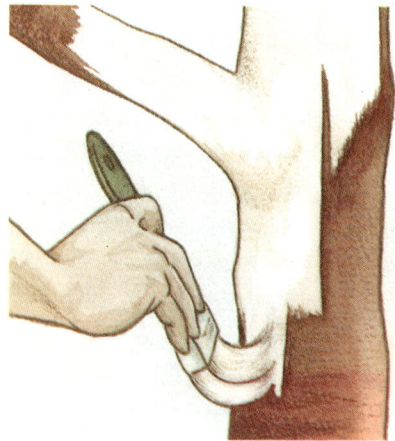

Stammanstrich mit Preicobakt

Beerenobst bringt schnelle Ernten

Kein Obst ist im Garten so schnell ertragreich wie Beerenobst. Ein Jahr nach dem Pflanzjahr, in einigen Fällen sogar noch in derselben Vegetationszeit, reifen die ersten schmackhaften Früchte heran.

Aber das ist nicht der einzige Grund für die Beliebtheit des Beerenobstes. Viele Beeren sind schon früh im Jahr reif, wenn andere Obstarten noch nicht zur Verfügung stehen. Dazu kommt, daß frisch gepflücktes Beerenobst im Handel kaum zu haben ist, denn es ist wegen seiner Dünnhäutigkeit und dem Saftreichtum druckempfindlicher als Kern- oder Steinobst und erst recht als importierte Südfrüchte, die wegen der höheren Temperaturen in den Ursprungsländern eine dicke Schale haben. Außerdem ist Beerenobst verhältnismäßig teuer, weil es nicht maschinell geerntet werden kann und der Pflücklohn unserem Lebensstandard entsprechend hoch ist.

Leichter und in größeren Mengen als aus anderen einheimischen Obstarten läßt sich aus unseren Beerenfrüchten Saft pressen, denn sie sind sehr saftreich. Sowohl roh als auch haltbar gemacht, sind sie ein besonderer Genuß. Die köstlichen Marmeladen, die sich aus Beerenobst zubereiten lassen, sind neben Honig der beliebteste Frühstücksaufstrich.

Johannisbeerzweige mit vielen Früchten

Erdbeeren
(Familie: Rosaceae)

Unsere Gartenerdbeeren (Fragaria ananassa) stammen nicht von unserer kleinen, sehr aromatischen Walderdbeere (Fragaria vesca) ab, sondern von großfrüchtigen Arten aus Nord- und Südamerika, die untereinander gekreuzt zu den heutigen Sorten geführt haben.

Die in unseren Gärten wachsenden rankenlosen Monatserdbeeren (Fragaria vesca var. semperflorens) sind eine Weiterzüchtung der einheimischen Walderdbeere und kommen ihr geschmacklich am nächsten. Sie blühen und fruchten während des ganzen Sommers, verschiedene Sorten bis zum ersten Frost.

Im Gegensatz zu allen anderen Obstarten ist die Erdbeerpflanze eine Staude, das bedeutet, daß sie unterirdisch ausdauernd ist, oberirdisch die nur wenig über den Boden ragenden dreizähligen, langstieligen Blätter jedoch verliert.

Bald nach der Reifung und Ernte der Früchte tritt ein erneuter Wachstumsprozeß ein. Der kräftige Wurzelstock treibt aus den Blattachseln der Rosettenblätter lange Ausläufersprosse, die über den Boden kriechen und an den Knoten kleine Blattrosetten und Wurzeln treiben, womit man Erdbeerpflanzen über Jahre gezielt vermehren kann.

Im August entwickeln sich bereits in den Blattachseln der Rosettenblätter nah am Boden neue Knospen. Der Blütenimpuls setzt in unserem gemäßigten Klima Anfang September ein. Bereits Mitte September haben sich kleine Blütenstände gebildet, wobei die Terminalknospe in ihrer Entwicklung am weitesten ist, während die

Mehrmals tragende Erdbeere mit Blüten, Früchten und Ausläufern; Ausläufer werden für die Erneuerung der Erdbeeranlage gepflanzt oder frühzeitig abgeschnitten.

Einmal tragende Erdbeersorten
(Reihenfolge alphabetisch – keine Wertung)

Sorte	Reifezeit	Ertrag	Geschmack	Boden
'Asieta'	mittelspät	mittelhoch	süß-sauer, herzhaft	humos, locker, nicht zu lehmig
'Deutsche Evern's Solweta'	spät	hoch bis sehr hoch	gut	humos, durchlässig
'Elista'	mittelspät	hoch	säuerlich, frisch	humos, auch für höhere Lagen, sonst für jeden Boden
'Gorella'	früh	mittelhoch bis hoch	aromatisch	für alle humosen Böden, nicht zu trocken
'Macherauch's Marieva'	früh	mittelhoch	aromatisch	humos, durchlässig
'Peltata'	mittelfrüh	hoch	aromatisch	humos, lehmhaltig
'Red Gauntlet'	mittelfrüh	hoch bis sehr hoch	süß-säuerlich	für alle Böden
'Regina'	früh	mittelhoch	sehr gut	für alle Böden
'Senga Dulcita'	mittelspät	hoch bis sehr hoch	aromatisch	geringe Ansprüche
'Senga Sengana'	mittelfrüh	hoch bis sehr hoch	hocharomatisch	geringe Ansprüche
'Zefyr'	sehr früh	mittelhoch	süß	für alle Böden und Lagen

anderen Blüten immer eine niedrigere Entwicklungsstufe zeigen. Dieses Nachhinken in der Entwicklung der Blüten am selben Sproß wird bis zur Fruchtreife durchgehalten, wodurch die Erntephase über längere Zeit ausgedehnt ist.

Die Blütenentwicklung verdeutlicht aber auch, daß Neupflanzungen einmal und zweimal im Jahr tragender Erdbeeren wegen der im September einsetzenden Blütenentwicklung möglichst Ende Juli bis Anfang August liegen sollten, da durch Pflanzungen im September die Blütenknospenbildung verzögert beziehungsweise gestört wird.

Die Erdbeerfrucht ist eigentlich eine Sammelfrucht, die sich aus dem Blütenboden entwickelt, der sich aufwölbt und auf dem im Blütenstadium die Fruchtknoten sitzen, aus denen sich die von dünnen Fruchthüllen umgebenen Samen entwickeln.

Die einsetzende Blütenbildung hängt bei der Erdbeerpflanze mit extremen Schwankungen zwischen Tages- und Nachttemperatur zusammen, wie von Frau Prof. Ottilie Zeller neuerdings nachgewiesen wurde. Die kühlen Septembernächte und dagegen noch immer sommerlichen Tagestemperaturen in unserem mitteleuropäischen Klima führen zum Blütenimpuls im September.

Die mehrmals tragenden Sorten erhalten nochmals im Frühjahr und Frühsommer Blütenimpulse. Während die Blütenanlagen vom September acht Monate brauchen, bis sie anfangen zu blühen, entwickeln sich die im Frühjahr und Frühsommer impulsierten Blüten in nur acht Wochen.

Sortenwahl

Vom Handel werden besonders in den letzten Jahren immer wieder neue Sorten angeboten, so daß es selbst dem Fachmann schwerfällt, Erfahrungen mit allen neu auf den Markt kommenden Sorten zu machen. Gute, großfrüchtige und einmal tragende Sorten sind oben aufgelistet.

Standort

Gartenerdbeeren können bei uns überall angebaut werden. Sie gedeihen sogar bis zum Polarkreis hinauf und in den Höhenlagen tropischer Länder. Allerdings müssen einige kleinklimatische Bedingungen berücksichtigt werden.

So darf die Vegetationsperiode nicht zu kurz sein. Durch Spätfrost gefährdete tiefe Lagen, aus denen kalte Winde nicht abfließen können, geschlossene Lagen, in denen Tau und Regen sehr langsam abtrocknen, und zu offene, windige Lagen, in denen der Boden im Sommer zu sehr austrocknet, sind für die Erdbeeren gefährlich.

Am besten sind gut besonnte Stellen mit Sträuchern und Bäumen, die den Erdbeeren Windschutz geben.

Bodenansprüche

Die Erdbeere ist in bezug auf den Boden nicht sonderlich wählerisch. Ist der Humusgehalt gut, dann ist jeder Boden recht, sogar leichter Sandboden, wenn er genügend gedüngt und gewässert wird.

Der selbst hergestellten Pflanzerde sollte Bentonit oder ein Gesteinsmehl hinzugefügt werden. Lehmiger Ton enthält Quarzsand, damit der Boden sich im Frühjahr schneller erwärmt. Als Langzeitdünger dient bodenlockerndes Lavagranulat. Sandboden wird dagegen mit Bentonit, Gesteinsmehl, Alginure-Bodengranulat und gut verrottetem Kompost angereichert. Der pH-Wert des Bodens sollte zwischen 6,5–6,9 liegen.

Die Lockerung des Bodens und die Einarbeitung der empfohlenen Dünger muß möglichst tief sein, denn Erdbeerwurzeln können bis zu 1 m tief reichen.

Gute Vorfrüchte für Erdbeeren sind Frühkartoffeln, Frühkohlrabi, Erbsen und Kopfsalat. Bei Bau- oder Grasland sollte zunächst die stickstoffsammelnde Gründüngungspflanze Lupine möglichst frühzeitig ausgesät werden. Ihre Wurzeln gehen eine Lebensgemeinschaft mit den sogenannten Knöllchenbakterien ein, die Stickstoff aus der Luft binden können. Außerdem durchwurzeln sie den Boden stark, so daß der Boden ohne Anstrengung tief gelockert wird.

Lupinen werden kurz vor der Blüte abgemäht, damit der Stickstoff aus den Wurzelknöllchen nicht in die Blüten aufsteigt. Die Wurzeln bleiben im Boden, während die oberirdischen Pflanzenteile als Bodenbedeckung liegenbleiben.

Mit Erdbeerpflanzen kann man auch Pflanzenkrankheiten in den Garten einschlep-

Gute Vorfürchte für Erdbeeren

pen. Deshalb kauft man sie am besten bei einem Gartenbaubetrieb, der selbst biologisch oder biologisch-dynamisch arbeitet oder wählt Pflanzen, die „in vitro" aus Gewebeteilen geklont worden und deshalb mit Sicherheit frei von pilzlichen und tierischen Schädlingen sind. Mit hoher Wahrscheinlichkeit haben sie auch keine Viruskrankheiten.

Es gibt seit einigen Jahren auch Erdbeersamen im Handel, aus dem man selbst Pflanzen heranziehen kann. Bei früher Aussaat (Februar) tragen diese Monatserdbeeren schon im gleichen Jahr ab Juli und bis zum Frost. Diese Erdbeeren sind klein, aber sehr aromatisch (Sorten: 'Sperling's Bowlenzauber', 'Sweethart').

Andere bewährte Monatserdbeeren sind 'Macherauch's Dauerernte', 'Rügen' oder 'Ostora'.

Beliebt sind vor allem bei Kindern sogenannte Klettererdbeeren, deren Ranken aber nicht selbst klettern, sondern an einer Unterstützung hochgebunden werden müssen. Sie gedeihen auch gut als Ampelpflanzen. Die Ranken entwickeln Blattrosetten, die den ganzen Sommer und bis zum ersten Frost blühen und fruchten. Die Pflanzen werden bis zu 1,50 m hoch, die Früchte sind mittelgroß bis groß.

Bei allen mehrmals tragenden Sorten sollten neue Blüten ab Oktober frühzeitig pinziert werden, da die Früchte nicht mehr ausreifen. Die Kraft, die die Pflanzen für die Blütenentwicklung brauchen, sollte jedoch den reifenden Früchten zugute kommen.

Blühende Erdbeeren

Pflanzung

Erdbeeren werden in der Reihe auf 30–40 cm Abstand gepflanzt. Die Reihen ordnet man so weit auseinander an, daß Gemüse- oder Kräuterreihen dazwischen angelegt werden können, denn Erdbeeren gewinnen durch Mischkultur an Aroma und Gesundheit.

Die verhältnismäßig weite Pflanzung in der Reihe, die gewöhnlich mit 25–30 cm Abstand angegeben wird, hat sich sehr bewährt. Die Pflanzen können sich dann ungehindert ausbreiten und sind weniger anfällig für Mehltau, Botrytis (Grauschimmel) und Fäulekrankheiten.

Die heutigen Erdbeersorten haben weibliche und männliche Geschlechtsorgane auf einer Pflanze, sind also zwittrig. Wieder aufkommende, früher beliebte Sorten, wie beispielsweise 'Mieze Schindler' oder 'Macherauch's Späternte', haben verkümmerte oder völlig fehlende Staubgefäße. Diese rein weiblichen Sorten brauchen in der Nähe andere Sorten für die Bestäubung. Sonst gibt es keine Früchte.

Auch bei heute üblichen Sorten können Staubgefäße mangelhaft ausgebildet sein. Deshalb ist es sinnvoll, verschiedene Sorten zu pflanzen.

Erdbeeren lieben die Pflanzung auf kleinen Hügelreihen oder auf Hügelbeeten. Sie müssen so gepflanzt werden, daß die Nebenblätter der Rosettenblätter halb aus dem Boden herausragen. Gründlich angegossen wird mit stark verdünnter Brennesseljauche (1 : 20).

Auch an den Seiten von Hochbeeten, in Erdbeertonnen und an den Seitenwänden aufgesetzter Rasensoden fühlen sich Erdbeeren ausgesprochen wohl.

Gerade bei dieser Art der Pflanzung muß man auf gute Bodenbedeckung achten.

Pflege

Nach der Pflanzung wird der Boden sofort mit Baumrinde oder organischen Abfällen gemulcht. Am besten hat sich erfahrungsgemäß jedoch für das ganze Jahr Lavagranulat bewährt. Die etwa 3 cm hohe Mulchschicht ist gleichzeitig ein Langzeitdünger, der Erdbeerpflanzen sehr zusagt. Lavagranulat wärmt, hält den Boden locker und feucht, ist aber oben immer abgetrocknet. So liegen reifende Früchte trocken, denn die anfangs über die Blätter emporragenden Fruchtstände neigen sich bei zunehmender Größe dem Boden zu.

Erdbeeren dürfen weder zu hoch noch zu tief gepflanzt werden. So ist es richtig.

Im September bekommen die Erdbeeren drei Hornkieselspritzungen, nachdem die Erde vor der Pflanzung bereits mit Hornmist gefördert wurde. Hornmist muß Hornkiesel immer vorausgehen. Nun können sich Blüten- und Blattknospen ungestört entwickeln.

Wenn der Boden sich im Frühjahr zu erwärmen beginnt, müssen organische Mulchschichten um die Erdbeeren herum entfernt werden, da sie die Erwärmung behindern. Lavagranulat und Rindenmulch fördern die Bodenerwärmung und bleiben liegen. Man schiebt die Mulchdecken lediglich etwas beiseite und arbeitet wegen teilweise flach liegender Wurzeln vorsichtig etwas Luzian-Steinmehl in den Wurzelbereich ein. Dieses Gesteinsmehl mit einem Anteil von 48% Kieselsäure fördert die Blüte, das Fruchten und den Geschmack der Erdbeeren. Anschließend wird wieder gemulcht.

Bei Beginn des Austriebes wird Hornmist gespritzt. Beim Einsetzen des Austriebes, während und nach der Blüte und während der Fruchtbildung sprüht man das Hornkieselpräparat.

Eine Ernteverfrühung kann man bei Erdbeeren durch das Vlies Agryl P 17 erreichen, das bei Austriebsbeginn aufgelegt und mit wenigen Steinen oder je einer Schaufel Erde an den Rändern befestigt wird. Der Luftaustausch ist ungehindert, so daß das Vlies Folientunneln, wegen der Gefahr des Pilzbefalls, vorzuziehen ist. Bei Beginn der Blüte wird das Vlies abgenommen.

Spätfrösten während der Blütezeit begegnet man mit Baldrianblütenextrakt-Spritzungen, die bei Temperaturen von 0 bis −5 °C einen Wärmeschutz geben. Man spritzt am späten Nachmittag.

Die Ernte erfolgt morgens bei sonnigem Wetter. Dann enthalten die Früchte die meisten Inhaltsstoffe und haben das beste Aroma.

Während der Reifezeit brauchen Erdbeerfrüchte Ruhe. Die Pflanzen werden weder gedüngt noch gewässert.

Gleich nach der Ernte erhalten die Pflanzen am Vormittag eine Hornkieselspritzung. Im August und September erfolgen dann nach einer Hornmistspritzung zwei weitere Hornkieselspritzungen am Nachmittag (nach dem Aussaatkalender von Maria Thun immer an Fruchttagen).

Erst Mitte September wird mit gut verrottetem Rinderdungkompost, dem beim

Gesunde Erdbeeren, die im Frühjahr mehrmals mit Steinmehl eingestäubt wurden.

Aufsetzen auch Gesteinsmehl, Meeresalgenmehl und der Algenkalk Algomin zugesetzt wurde, gedüngt und die Mulchschicht ergänzt.

Schädlings- und Krankheitsabwehr

Der **Erdbeerblütenstecher** (Anthonomus rubi) ist ein 3–4 mm langer Rüsselkäfer, der seine Eier in Erdbeerblüten ablegt und den Stengel der Blütenknospen durchbeißt, so daß sich dort oder im Boden die weiße Larve verpuppt. Der Käfer überwintert im Boden und wird erst aktiv, wenn die Temperaturen 18 °C erreichen.

Besteht die Gefahr, daß der Erdbeerblütenstecher den Erdbeerpflanzen schadet, dann mulcht man die Erdbeeren mit Farnkraut, das diese Tiere meiden, und spritzt nach der Erdbeerernte mit Rainfarntee.

Bei naturnah gepflegten Erdbeeren tauchen selten Erdbeerblütenstecher auf.

Es kommt vor, daß mit dem Pflanzeneinkauf **Erdbeermilben** (Tarsonemus pallidus) in den Garten eingeschleppt werden. Man braucht jedoch im biologischen Anbau nicht zu befürchten, daß die Milbe auf vorhandene Bestände übertragen wird.

Außerdem ist das Auftreten der Erdbeermilbe sortenbedingt.

Die Milben können bei feuchter Wärme auftauchen und sitzen dann in den Herzblättchen, die durch den Befall absterben.

Sollten wirklich einmal Erdbeermilben auftreten, versuche man es zunächst mit CP-Mineralpulver-Spritzungen. Es handelt sich bei diesem weißen Pulver um feinst vermahlenes Gestein (50% unter 2 μm Korngröße) mit 70% Silikatgehalt und einem pH-Wert über 11. Die Lichtwirkung der Silikate, die in den Saftstrom der Pflanzen eindringen und die Blätter härten, der Mineralpulverfilm auf den Blättern und das alkalische Milieu sind nicht nur Milben, sondern auch anderen Insekten und Pilzen unsympathisch. Diese Lebewesen werden nicht getötet, sie wandern aus ihrem Wirtsmilieu aus und werden dadurch leicht zur Beute. Das umweltfreundliche CP-Mineralpulver ist reich an Spurenelementen, mit denen es die Pflanzen gleichzeitig versorgt. Es verhindert auch die Weißfleckenkrankheit. Zusammen mit Algifert ausgespritzt, wird die Wirkung noch erhöht.

Zur Bekämpfung der Erdbeermilben kann auch Artanax S eingesetzt werden, das Netzschwefel enthält.

Vor der Blüte werden die Erdbeerpflanzen 3- bis 4mal in 14tägigem Rhythmus mit Luzian-Steinmehl gründlich eingestäubt. Boden und Pflanzen müssen grau aussehen. Durch diese Maßnahme werden pilzliche Krankheiten wie **Grauschimmel** (Botrytis cinerea), **Fruchtfäule** (Gnomonia fructicola), und **Lederfäule** (Phytophthora cactorum) verhindert und andere Maßnahmen überflüssig gemacht.

Lavagranulat hat sich auch sehr gut gegen **Schnecken** bewährt, die zur Reifezeit nachts die süßesten Erdbeeren fressen. Lavagranulat meiden die gefräßigen Tiere, denn es ist ihnen zu trocken und zu kantig.

Vermehrung

Für die Vermehrung wählt man die kräftigsten Ausläuferpflanzen und diese nur von Neupflanzungen des ersten Jahres. Die

Bewurzelung von Erdbeerausläufern in Töpfen; so lassen sich die Jungpflanzen gleich mit Topfballen an ihren neuen Standort pflanzen.

anderen Ranken schneidet man ab, da sie die Mutterpflanzen nur schwächen.

Man kann die Jungpflanzen in Töpfen wurzeln lassen, die mit gut verrottetem Kompost gefüllt sind. So lassen sich die jungen Erdbeerpflanzen im August, sobald sie kräftig sind und sich gut bewurzelt haben, mit dem ganzen Topfballen auf das neu hergerichtete Erdbeerbeet verpflanzen.

Im naturgemäßen Anbau im Hausgarten werden die Erdbeerblätter nach der Ernte nicht abgemäht, wie es im Erwerbsanbau üblich ist. Die ahornrote Ausreifung der Blätter gibt den Erdbeerfrüchten im nächsten Jahr ein ausgezeichnetes Aroma und verspricht eine gute Ernte.

Im naturgemäß bewirtschafteten Garten bringen Erdbeerpflanzen drei Ernten, ehe sie durch neue Pflanzen ersetzt werden müssen, die aber ein anderes Beet bekommen, damit der Boden nicht ermüdet und keine Nematoden auftreten.

Mischkultur

Erdbeeren werden durch Mischkultur mit Knoblauch und Zwiebeln vor Nematodenbefall geschützt. Auch Blattpflanzen wie Kopf- und Schnitt- oder Pflücksalat, Spinat und Borretsch sind für die Fruchtpflanze ein gesundender Ausgleich, ebenfalls die Wurzelfrüchte Radieschen und Rettich. Gute Erfahrungen hat man auch mit der Zwischensaat von Ringelblumen gemacht, die Nematoden vertreiben, gesundend auf den Boden wirken und das Erdreich mit ihren langen Pfahlwurzeln bis in tiefe Bodenschichten lockern.

Heilkraft der Erdbeere

Wer während der Erntezeit, die sich durch Monatserdbeeren und mehrmals tragende Erdbeeren über den ganzen Sommer und Herbst ausdehnen läßt, jeden Tag regelmäßig eine Portion Erdbeeren ißt, der entschlackt seinen Körper und erfährt auch eine deutliche Besserung bei Stein- und Leberleiden. Außerdem enthalten Erdbeeren einen hohen Gehalt an Vitamin C und Mineralstoffen, wodurch Mangelerscheinungen in der Ernährung ausgeglichen werden können. Die Erdbeeren dürfen aber nicht eingezuckert werden. Gesüßt wird nur mit Honig.

Als köstliche Mittagsmahlzeit für heiße Tage empfiehlt sich Honigmilch mit Erdbeeren und Getreideflocken.

Erdbeerblätter, vor allem von Walderdbeeren und diesen am nächsten stehenden

Monatserdbeere

Monatserdbeeren, ergeben einen aromatischen Tee, der blutreinigend, kreislauffördernd sowie harntreibend wirkt und Kindern gegen Durchfälle gegeben wird. Die jungen Blätter kann man auch kleingehackt unter Gemüsesalate mischen. Man muß allerdings beachten, daß die Kraft der Erdbeerstauden nicht durch die Blattdezimierung geschwächt wird.

Himbeeren
(Familie: Rosaceae)

Die süße, fruchtig schmeckende und wegen ihrer vielfältigen Verwendungsmöglichkeiten so beliebte Himbeere heißt botanisch Rubus idaeus. Der Artname idaeus geht auf das Vorkommen im Idagebirge auf Kreta zurück. Die gut ausgereiften Sammelsteinfrüchte lösen sich leicht vom aufgewölbten Blütenboden.
Die besonders artenreiche Gattung Rubus besteht vorwiegend aus Halbsträuchern, aber auch aus Stauden, wie beispielsweise der Arktischen Brombeere (Rubus arcticus) und der Moltebeere (Rubus chamaemorus), die im ganzen Polargebiet reich blühen und

fruchten und deren oberirdische Pflanzenteile mit den ersten Frühfrösten absterben. Unsere Gartenhimbeere ist ein Halbstrauch, der von Juni bis September junge Ruten treibt, die im nächsten Jahr blühen, Früchte tragen und dann absterben. Sie sind deshalb im allgemeinen einmal tragend. Es gibt auch zweimal tragende, die bereits im Jahr der Rutenentwicklung im Herbst Früchte zur Reife bringen. Man hat es deshalb bei der Himbeerpflanze immer mit zwei verschiedenen Stadien von Ruten zu tun, mit denen, die sich im selben Jahr entwickelt haben und wegen des nächstjährigen Ertrages stehengelassen werden, und solchen, die sich im Jahr davor entwickelten, bereits ein- oder zweimal getragen haben und anschließend absterben. Diese Ruten werden im August oder September am Boden weggeschnitten.

Sortenwahl

Unsere heutigen Kultursorten sind aus unserer europäischen Wildpflanze Rubus idaeus und amerikanischen Arten hervorgegangen, die ebenfalls Waldpflanzen sind. Während die altbekannte Sorte 'Preußen' wegen ihrer Anfälligkeit für die Himbeerrutenkrankheit und die etwas weniger an-

Schnitt durch eine Himbeere

fällige, aus ersterer hervorgegangene Sorte 'Deutschland' heute nicht mehr empfohlen werden, haben neuere Sorten durch ihre geringere Anfälligkeit die Gärten erobert.

Zu empfehlen sind:

'Gelbe Antwerpener': keine hohen Erträge; gelbe, wohlschmeckende Früchte; schwachwüchsig

'Malling Exploit': hohe Erträge; große, hell- bis mittelrote, aromatische Früchte, die jedoch zum Zerbröckeln neigen

'Malling Promise': hohe Erträge in feuchten Lagen ab Juli; große, aromatische, süße, hellrote Früchte; winterfest

'Schönemann': später, hoher Ertrag, dunkelrote Früchte mit wohlschmeckendem, säuerlichem Aroma

'Shaffers Colossal': guter Ertrag; mittelgroße, leuchtendhellrote Früchte mit köstlichem Aroma; anspruchslose Pflanze; treibt keine Ausläufer; Pflanzabstand deshalb 40 cm; braucht wenig Düngung

'Erntesegen', 'Nordmark', 'Korbfüller' und 'Zefa Herbsternte': zweimal tragende Sorten mit Ernten bis in den Oktober hinein

Bodenpflege

Als Waldgewächs bevorzugt die Himbeere einen leicht beschatteten, aber im übrigen sonnigen Standort, der wenigstens 3 m von Obstgehölzen entfernt sein sollte, da sich die Himbeere ihre Nahrung auch aus dem weiteren Umkreis holt.

Diese Pflanzen verlangen einen leicht sauren Boden (pH 4,5–6), dem sein Waldcharakter durch entsprechende Düngung und Bodenbedeckung erhalten bleiben sollte. Letztere ist sofort nach der Pflanzung nötig, da der Boden stets feucht und kühl bleiben muß. Im Herbst braucht die Himbeere im Wurzelbereich Schutz.

Während nach der Pflanzung eine wärmende Blätterschicht ausreicht, die mit Tonmehl beschwert wird, vollzieht man die weitere Düngung im Frühherbst, wenn die alten Ruten weggeschnitten und die einjährigen auf 5–7 kräftige je Pflanze reduziert worden sind. Ein gut vererdeter Laubkom-

Überhängender Zweig mit Himbeeren

post, dem beim Aufsetzen Schweinemist beigemischt wurde, der nicht so hitzig wie Rindermist ist und das für Himbeeren nötige Kali enthält, wird auf den Wurzelbereich gestreut, aber nicht eingehackt, da Himbeeren zum Teil sehr flach wurzeln.

Steht kein Schweinemist zur Verfügung, werden Hornmehl, Knochenmehl, die kalireiche Holzasche oder ein organischer Mischdünger, wie zum Beispiel Ecovital S, mitkompostiert. Stein- und Tonmehl sind ebenfalls wertvolle Kompostbeigaben, die sich aber auch mit der zu erneuernden Mulchschicht ausbringen lassen. Das gleiche gilt für Holzasche und Algenmehl. Letzteres, außerdem Steinmehl und Algenkalk, bringen Himbeeren das nötigen Magnesium und zusätzlich Spurenelemente.

Die Mulchschicht, die auf dem vererdeten Kompost verteilt wird, kann entweder aus Mulchkompost bestehen, der mehr oder weniger lang angerottet sein darf, oder aber aus einer Laubschicht, Sägemehl, gehäckseltem Holz und anderen Pflanzenabfällen, die mit Holzasche, Meeresalgen, Ton- und Steinmehl, etwas Algenkalk sowie einem Kompoststarter angereichert beziehungsweise beschwert werden. Die im Herbst abfallenden Himbeerblätter bleiben als Mulch liegen. Fehlt jede Bodenbedekkung, werden Himbeerpflanzen in ihrer Entwicklung geschädigt.

Pflanzengemeinschaften

Auf Himbeerpflanzen wirken eine Reihe von Gründüngungspflanzen sehr günstig. Hier ist vor allem der Weißklee (Trifolium repens) zu nennen, der unabhängig vom pH-Wert des Bodens wächst. Als Flachwurzler liefert er unmittelbar an die obersten Wurzeln der Himbeerpflanzen den Stickstoff seiner Knöllchen und außerdem Wuchsstoffe. Er wird von Frühjahr bis Anfang September ohne Bodenlockerung direkt in vererdeten Kompost zwischen die Himbeerpflanzen gesät (4–6 g/m^2). Er beschattet den Boden, ist winterhart und ausdauernd. Vor der Samenbildung wird der Weißklee abgemäht oder -gesichelt. Er treibt neu aus und blüht bis September.

Für Sandböden eignet sich Serradella (Ornithopus sativus), eine ebenfalls winterharte Leguminose.

Aber auch einige niedrige, anspruchslose und winterharte Zierpflanzen, wie beispielsweise die Liliengewächse der Gattung Scilla und die Traubenhyazinthe oder das gern verwildernde einheimische Schneeglöckchen (Galanthus nivalis), sehen nicht nur schön zwischen Himbeerpflanzen aus, sondern verbessern und pflegen auch den Boden. Die Traubenhyazinthe eignet sich für warme Lagen, während die beiden anderen Frühlingsblüher kühlere bevorzugen. Im Gemüsegarten gedeihen Himbeerhecken ebenfalls gut. Als Unterkultur eignen sich die stickstoffsammelnden Buschbohnen. Bewährt hat sich auch Calendula.

Vorbeugende Spritzungen

Im Frühjahr bekommt sowohl die Neupflanzung als auch die bereits mehrere Jahre ertragreiche Himbeerhecke vor dem Austrieb abends (zur Zeit des Sonnenuntergangs) eine Hornmistspritzung.

Während der Blattentwicklung kann gegen Pilzbefall Schachtelhalmtee (1 : 5 mit Wasser verdünnen) auf Boden und Blätter versprüht werden. Schachtelhalm düngt gleichzeitig.

Auf das vollentwickelte Blattwerk wird morgens früh Hornkiesel versprüht.

Im Spätsommer kann die Chlorose, das Gelbwerden der Blätter, durch kombinierte

Himbeerpflanzen mit Weißkleeuntersaat

Spritzungen von Schachtelhalmtee und Brennesseljauche (1 kg frisches Kraut ohne Samen mit 10 l Wasser vergären und 20fach mit Wasser verdünnen) verhindert werden.

Die Blütenbildung sollte sowohl im Herbst als auch im Frühjahr durch Spritzungen mit Baldrianblütenextrakt gefördert werden.

Nach der Ernte gibt man wieder das Hornmistpräparat, vollzieht anschließend den nötigen Schnitt und düngt.

Zur Ausreifung der neuen Ruten wird im Herbst, ausnahmsweise am späten Nachmittag, das Hornkieselpräparat gespritzt.

Schädlings- und Krankheitsabwehr

Die bisher beschriebene Anbauweise und naturgemäße Pflege der Himbeeren ist eigentlich bereits eine Garantie für die Gesundheit der Ruten, Blätter und Früchte. Trotzdem soll hier noch kurz auf Gefährdungen eingegangen werden.

Die **Rutenkrankheit** kann sich durch die im Boden als Larve überwinternde und Anfang Mai schlüpfende **Himbeerrutenmücke** (Thomasiana theobaldi), die bald darauf ihre Eier in Bodennähe in Rissen der jungen Himbeerruten ablegt, rasch verbreiten. Die eigentliche Infektion wird durch verschiedene Pilze verursacht, die sich in der verletzten Rinde ausbreiten.

Die jungen Triebe bekommen violette Flecke, die Rinde reißt weiter auf und blättert ab. Obwohl die Ruten noch weiterwachsen, bekommen sie im Herbst vorzeitig gelbe Blätter, treiben im nächsten Frühjahr noch kurz aus und sterben dann ab.

Neben den bereits erwähnten Pflegemaßnahmen hat sich die Herbstspritzung der Ruten mit Preicobakt besonders bewährt. Die Rutenmückenlarven werden in dem an Bodenorganismen reichen Boden ohnehin dezimiert oder verschwinden sogar ganz. Nur selten muß ein Spritzmittel auf Pyrethrum-Basis eingesetzt werden.

Gutes Auslichten – nicht nur der erkrankten Ruten – kann wegen der besseren Besonnung Abhilfe bringen.

Das Hornkieselpräparat schafft eine wei-tere Durchlichtung der Bestände, denn die winzigen Quarzkristallsplitter wirken wie tausend Spiegel.

Neben dem Hornkieselpräparat kann auch MC-Mineralpulver eingesetzt werden. Der feinvermahlene Silikatstaub ist sehr alkalisch, wirkt trocknend und ebenfalls durchlichtend. Er schafft also ein Milieu, in dem sich weder **Pilze** (Leptosphaeria coniothyrium, Botrytis cinerea, Didymella applanata, Elsinoë veneta), noch der Himbeerkäfer (Byturus tomentosus) und seine Maden, die sich in den reifenden Früchten befinden, wohlfühlen. Auch Viren, die für die Virosen, Himbeermosaik, Adervergilbung und Aderbänderung verantwortlich sind, oder die Beerenwanze (Dolycoris baccarum), die den Geschmack der Beere restlos verdirbt, lieben diese Verhältnisse nicht.

Vermehrung

Die vegetative Vermehrung aus alten Beständen ist zwar einfach, kommt aber nur bei ganz gesunden Himbeerpflanzen in Betracht. Sonst wende man sich besser an eine Baumschule, die über verschiedene Verfahren gesunde Pflanzen kultiviert.

Bei der Vermehrung im eigenen Garten wählt man nach der Ernte im August oder September, aber auch im Frühjahr kräftige Ausläufer aus und sticht sie mit dem Spaten so ab, daß möglichst viel Wurzelwerk an der Pflanze verbleibt.

Heilkraft der Himbeere

Der rohe Saft hat sich gegen Fieber sehr bewährt, ist aber auch ein hervorragendes Stärkungsmittel während der Rekonvaleszenz. Er ist außerdem für Säuglinge, Kleinkinder und ältere Menschen hervorragend geeignet, denn er enthält viel Vitamin C und A, etwas Vitamin B und reichlich organische Säuren.

Die Blätter der Himbeerpflanzen ergeben frisch oder getrocknet einen Tee, der nicht nur bei Magenbeschwerden, Darmbluten und Durchfällen hilfreich ist, sondern auch fermentiert wie chinesischer Tee getrunken wird, aber viel bekömmlicher ist.

Brombeeren
(Familie: Rosaceae)

Himbeere und Brombeere sind sich sehr ähnlich, gehören sie doch beide zu der artenreichen Gattung Rubus. Früher hatte die Brombeere den Artnamen fructicosus, doch inzwischen hat sich herausgestellt, daß die einzelnen Brombeersorten von mehreren Rubus-Arten abstammen, so daß der botanische Name Rubus spec. (Species = Art) zutreffender ist.

Brombeerpflanzen sind bedeutend robuster als Himbeerpflanzen. Wegen ihrer Stacheln, die fälschlich auch Dornen genannt werden, werden sie in Gärten schon seit langer Zeit als Hecken zum Schutz gegen Eindringlinge angepflanzt. Ohne Schnitt bilden sie bald ein undurchdringbares Gestrüpp.

Heute werden Brombeeren jedoch immer häufiger als ertragsbringende Pflanzen angebaut, zumal sie mit jedem Boden zufrieden sind. Bei einem lockeren, humosen, lehmhaltigen und feuchten Boden bringt allerdings auch die Brombeere höhere Erträge. Sie ist wie die Himbeere teils Tief-, teils Flachwurzler und für Bodenbedeckung dankbar.

Die Brombeerpflanzen sind für unser Klima gut geeignet; die Ranken können jedoch bei mehr als −15 °C erfrieren. Zwar treiben die Pflanzen wieder aus, aber eine Ernte gibt es im folgenden Herbst nicht.

Biegt man die Triebe im Spätherbst zum Boden herunter und deckt sie mit Fichtenreisig oder Schilfmatten ab, sollten die Pflanzen auch bei stärkerem Frost keinen Schaden erleiden. Als Spalier an einer südlichen, windgeschützten Hauswand sind Brombeeren vor Frost geschützt. Auch Lagen über 500 m machen diesen Halbsträuchern wegen der früh im September einsetzenden, oft bereits recht strengen Fröste zu schaffen.

Die Brombeerfrüchte müssen gut ausreifen, damit sie ihre volle Süße entwickeln. Sie sind dann reif, wenn sich die Sammelfrüchte leicht vom Fruchtboden lösen lassen und eine dunkle Farbe aufweisen.

Die schönen Brombeerblüten sind eine gute Bienenweide.

Sortenwahl

Unter den stachligen und stachellosen Brombeeren gibt es sowohl bewährte Sorten als auch empfehlenswerte Neuzüchtungen.

'Schwarze Perle': stachellose Kletterbrombeere mit großen, süßen Früchten, die sich gut zum Einfrieren eignet

'Theodor Reimers': altbewährte, frostempfindliche Brombeersorte mit Stacheln; anspruchslos und trotzdem sehr wüchsig und reich tragend; mittelgroße bis große schwarzglänzende Beeren, sehr saftig und von aromatischer Süße; Reifezeit ab Anfang August bis Anfang Oktober; da diese Brombeere selbst auf sandigen Böden noch reiche Ernten bringt, wird sie auch „Sandbeere" genannt

'Thornfree': stachellose amerikanische Züchtung; ab Ende August reif; Beeren sind wohlschmeckend und groß

'Wilsons Frühe': eine aufrecht wachsende Sorte mit wenigen Stacheln und gutem Ertrag an kleinen bis mittelgroßen schwarzglänzenden Beeren; besonders zur Reifezeit gut mulchen; bei Feuchtigkeit und Humusnachschub gibt es größere und saftigere Beeren

Düngung und Pflege

Die Brombeere braucht grundsätzlich die gleiche Düngung und Pflege wie die Himbeere. Es sollte lediglich etwas mehr Algenkalk gegeben werden, denn der pH-Wert des Bodens darf bis auf 6,5 steigen.

Allerdings erfolgt die Düngung im zeitigen Frühjahr. Eine Herbstdüngung würde das rechtzeitige Ausreifen der jungen Triebe verhindern und die etwas frostempfindlichen Brombeerpflanzen im Winter gefährden.

Deshalb spritzt man, neben den für Himbeeren empfohlenen Maßnahmen, ab August bis zum Blattfall mehrmals am späten Nachmittag, am besten zur Zeit des Sonnenunterganges mit Hornkiesel. Die auch für Himbeeren empfohlene Preicobakt-Spritzung vor Frostbeginn macht die Brombeeren ebenfalls frosthärter.

Brombeerzweig mit reifen und unreifen Früchten

Im Herbst wird die Mulchschicht lediglich ergänzt, mit Kompoststarter überstreut und etwas Steinmehl beschwert.

Schädlings- und Krankheitsabwehr

Die Brombeerpflanze ist wesentlich weniger anfällig als die Himbeere. Bei den für die Himbeeren in Frage kommenden Spritzungen bleibt die Brombeere fast immer gesund.

Botrytis-Fruchtfäule wird wie die Fruchtfäule der Erdbeeren behandelt.

Gegen die **Brombeergallmilbe** (Aceria essigi, früher Eriophyes essigi) erzielt man gute Erfolge mit je einer Herbst- und Frühjahrsspritzung mit Rainfarn-, Wermut- oder Zwiebeltee oder auch Artanax S.

Die Milben überwintern an geschützten Stellen der Pflanze. Während des Blattaustriebes wandern sie auf die jungen Blätter und später auf die Blütentriebe. Dort saugen sie an den unreifen Einzelfrüchten, die sich vorzeitig rot färben, dann aber nicht dunkel werden und hart und sauer bleiben.

Nach dem Herbstschnitt spritzt man entweder Rainfarn oder Wermut (300 g frisches Kraut und Blüten oder 30 g getrocknetes Kraut mit 10 l Wasser überbrühen, zweifach verdünnen) oder Zwiebeltee (75 g frische Zwiebeln zerkleinern und mit 10 l Wasser 3 Minuten ohne Aufwallen sieden, unverdünnt). Das gleiche wiederholt man ab Mitte Mai vor und während der Blüte, aber vierfach beziehungsweise zweifach verdünnt. Artanax S wird zu den gleichen Zeiten gespritzt.

Milben entwickeln sich gut, wenn der Boden trocken ist. Eine Dauermulchschicht ist deshalb die beste Vorbeugung.

Die **Brombeerrankenkrankheit** (Rhabdospora ramealis) ähnelt der Himbeerrutenkrankheit und wird auch genauso bekämpft. Die Pilze befallen die Pflanzen von April bis Juni.

Sommerschnitt

Besonders wichtig für ein geordnetes Wachstum der Brombeere ist der Sommerschnitt. Dabei läßt man von neu austreibenden Sprossen nur vier bis acht der kräftigsten wachsen, die schwächeren werden am Boden weggeschnitten.

Ab Ende Juni bilden sich an den Jungtrieben zahlreiche Nebentriebe. Haben diese eine Länge von 30–40 cm erreicht, werden sie auf zwei bis vier Augen zurückgeschnitten. Der Rückschnitt muß mehrmals ausgeführt werden, ebenso das Hochbinden der jungen Ranken.

Der Sommerschnitt bewirkt einen reichen Ertrag mit großen Früchten.

Vermehrung

Die einfachste Art der Brombeervermehrung im Garten ist das Absenken der Triebspitzen in den Boden, ungefähr Ende August/Anfang September. In wenigen Wochen bildet der Trieb im Boden Wurzeln und oberirdisch einen neuen Trieb. Im Frühjahr wird die neu entstandene Pflanze von der Mutterpflanze getrennt und für eine Neupflanzung verwendet.

Die aufrecht wachsenden Sorten werden wie die Himbeere durch Abstechen der Wurzelschosse vermehrt. Dabei ist auf ausreichendes Wurzelwerk zu achten.

Vermehrung von Brombeeren durch Absenken

Heilkraft der Brombeere

Blätter und Früchte der Brombeerpflanze werden genauso für die Gesundheit angewandt wie die der Himbeerpflanze. Die Sammelfrüchte der Brombeere enthalten mehr Vitamin A als die Früchte aller anderen Obstarten, selbst die der Aprikose. Auch der Kalkgehalt der Brombeere hält den Rekord unter den Früchten.

Selbst die im Herbst nicht mehr ausgereiften Beeren kann man noch verwenden. Sie werden gepflückt, getrocknet und können dann jederzeit gegen Durchfall gekaut werden.

Gegensätzlich wirken die ausgegrabenen Wurzeln. So lassen sich überschüssige Ausläufer noch sinnvoll verwenden. Die Wurzeln werden kleingeschnitten und getrocknet. Gegen Stuhlverstopfung übergießt man die Wurzeldroge mit heißem Wasser und läßt sie eine Viertelstunde kochen. Der getrunkene Absud fördert den Stuhlgang und wirkt auch harntreibend.

Blätter zum Trocknen werden von Mai bis Juni gesammelt.

Johannisbeeren

Johannisbeeren
(Familie: Saxifragaceae)

Zunächst werden hier die **rote und die weiße Johannisbeere** (Ribes rubrum) dargestellt, weil sie nicht in allen Bedürfnissen mit der schwarzen Johannisbeere übereinstimmen.

Während die rote Johannisbeere im Erwerbsanbau eine größere Rolle spielt als die weiße, weil letztere nicht so ertragreich ist, wird die weiße Johannisbeere wegen ihres milderen, feineren Geschmacks sehr gern im Hausgarten und im Schrebergarten angepflanzt.

Beide Steinbrechgewächse brauchen einen sonnigen Standort, der aber doch ein wenig Schatten haben soll. Windschutz, feuchter Boden und Wärme sind wichtig. Außer auf einem Nordhang gedeihen sie an Hängen jeder anderen Himmelsrichtung. Als Zwischenpflanzung bei Obstbäumen, die sie täglich kurze Zeit, am besten über Mittag, beschatten können, gedeihen sie besonders gut. Eine Pflanzung von Johannisbeeren zusammen mit Stachelbeeren hat sich auch gut bewährt.

Sortenwahl

Johannisbeeren sind meist selbstfruchtbar, aber wegen des höheren Ertrages und der besseren Qualität der Beeren lohnt es sich, mehrere Sorten anzupflanzen.

'Heinemanns rote Spätlese': reich tragende Sorte mit hohem Ertrag im August; weit ausladender Strauch, der 2 m Abstand braucht; Vermehrung nur durch Absenker; nicht durch Steckhölzer

'Heros': rote, mildaromatische Sorte, die bei guter Düngung reich trägt; frühe Blüte; früher bis mittelfrüher Ertrag; durch kräftigen Erziehungsschnitt und reichliche Düngung wird auch der etwas schwächliche

Weiße Johannisbeeren

Wuchs überwunden; wenig verzweigt und leicht überhängend; nicht nur als Strauch und Hochstamm, sondern auch als Heckenanlage beliebt

'Jonkheer van Tets': eine der wohlschmekkendsten roten Sorten; frühe Blüte; Reife ab Ende Juni; kräftiger, aufrecht wachsender und wenig verzweigter Strauch; vor Spätfrost und Wind schützen

'Macherauchs späte Riesentraube': rote späte Sorte, die reich trägt und sich sehr gut als Hochstämmchen eignet

'Rote Holländer': altbewährte Sorte mit mittelgroßen, hellroten Beeren und später Blüte- und Reifezeit; kräftiger, breit ausladender Strauch, auch für rauhere Lagen sowie Hochstämmchen geeignet und ohne große Bodenansprüche

'Rote Vierländer': späte Blüte und etwas spätere Reife als bei 'Heros'; dunkelrote, sauer aromatische, saftreiche Beeren; robuster, kräftig wachsender Strauch

'Weiße aus Jüterbog': süße, wohlschmekkende Beeren; robuster Strauch mit mittelfrühen Erträgen

'Weiße Versailler': reich tragende weiße Sorte mit mild süßen Beeren; besonders als Rohkost geeignet

Bodenpflege

Die Düngung der Johannisbeeren kann genauso durchgeführt werden wie bei Himbeeren. Statt des Schweinemists bevorzugt man jedoch Pferde- und Rindermist als Beigabe zum Kompost. Die flach liegenden Haarwurzeln, die befähigt sind, Nahrung aus dem Boden aufzunehmen, sollten immer mit gut vererdetem Kompost bedeckt sein. Darauf kann Mulchkompost gestreut werden. Er hält den Boden lebendig. Auch bei Johannisbeeren sollte nie die Mulchschicht fehlen, damit der Boden ständig feucht bleibt. Jede Bodenlockerung erübrigt sich dann ebenfalls und ist bei den flach liegenden Wurzeln auch nicht anzuraten.

Mit Kalk sollte vorsichtig umgegangen werden, da Johannisbeeren am besten bei einem pH-Wert von 5,5–6 gedeihen. Lediglich Algenkalk (Algomin) darf dem Kompost in geringen Mengen zugesetzt werden. Er enthält neben kohlensaurem Kalk Magnesium und alle lebenswichtigen Spurenelemente, macht den Boden locker, fördert die Aktivität der Bodenorganismen und führt bald zu einer hervorragenden Bodengare.

Bei einer ständigen Mulchdecke kann auf Gießen meist ganz verzichtet werden. In Zeiten großer Trockenheit ist ab und zu die Feuchtigkeit unter der Mulchdecke zu prüfen und bei Bodentrockenheit einmal durchdringend zu gießen.

Leitungswasser sollte abgestanden sein, damit es Umgebungstemperatur hat, und mit Biosmon verrührt werden. Das Chlor unseres Leitungswassers vertragen Johannisbeeren nicht gut. Der mineralische Wasserverbesserer Biosmon neutralisiert es und gibt dem Wasser seine ursprüngliche Spannkraft zurück.

Rote Johannisbeeren

Gründüngung

Dem Mangel an organischen Pflanzenabfällen zum Mulchen kann man auch bei Johannisbeeren mit Gründüngungsuntersaaten abhelfen. Niedrig wachsende Leguminosen sind hier zu empfehlen, außerdem nicht rankende Kapuzinerkresse.

Gut bewährt hat sich auch eine Untersaat mit Brennesseln. Da Brennesselsamen schwer keimt, bereitet man aus bereits samenden Brennesseln (Blütezeit Mai bis Juli) eine Jauche (1 kg frisches, geschnittenes Kraut mit Fruchtständen, 10 l Wasser und 3 Handvoll Steinmehl in einem Holzfaß oder Steingutgefäß so lange gären lassen, bis beim Rühren kein Schaum mehr entsteht). Die fertige Jauche kann zehnfach verdünnt mit dem Kraut auf den Wurzelbereich der Johannisbeersträucher gegossen werden. So düngt und sät man gleichzeitig. Die wachsenden Brennesseln sorgen für eine gute Bodengare. Gleichzeitig bekommen die Sträucher eine nahrhafte Bodenbedeckung, wenn man die Brennesseln bei Blühbeginn abschneidet und liegenläßt. Sie sind unter anderem reich an Chlorophyll, Eisen, Kalk, Kieselsäure, Ameisensäure, Mineralsalzen, Vitaminen und Gerbstoffen. Solch eine Pflanzengemeinschaft hält sich viele Jahre und kräftigt die Johannisbeeren fortwährend.

Vorbeugende Spritzungen

Bei Johannisbeeren sollten die gleichen Spritzungen wie bei Himbeeren vorgenommen werden, nämlich mit den biologisch-dynamischen Präparaten Hornmist und Hornkiesel zur Stärkung, Wuchsfreudigkeit, Ertragssteigerung und Harmonisierung von Boden und Sträuchern.

Ebenso sinnvoll sind die Blattspritzungen mit Schachtelhalmtee und Brennesseljauche im Spätsommer und die Förderung der Blütenbildung durch Baldrianblütenextrakt.

Schädlings- und Krankheitsabwehr

Es muß immer wieder betont werden, daß die empfohlene Bodenpflege und die vorbeugenden Spritzungen Schädlinge und Krankheiten erst gar nicht aufkommen lassen. Wenn sie doch auftreten, hat man meist einen Fehler gemacht. Deshalb seien hier nur kurz Schäden und Abwehr aufgezählt:
Die **Blattfallkrankheit** wird durch einen Pilz (Drepanopeziza ribis) verursacht. Die Blätter bekommen braune Flecken, vergilben und fallen ab. Es helfen Preicobakt-Spritzungen und Zwiebelschalenjauche (200–500 g auf 10 l Wasser vergären, täglich umrühren).
Blattläuse, meist die grüne Johannisbeertrieb-Blattlaus (Aphis scheideri), befinden sich an der Blattunterseite der Triebspitzen. Die Blätter kräuseln sich und rollen sich ein. Die Triebspitzen sind gestaucht. Meist genügt es, die jungen Triebe mit einem harten, kalten Wasserstrahl in der größten Mittagshitze abzuspritzen, vorsichtig die obersten Zentimeter des Bodens zu lockern und den ganzen Wurzelbereich zu mulchen. Außerdem hilft Wermuttee (300 g frisches oder 30 g getrocknetes, in jedem Fall geschnittenes Kraut mit 10 l kochendem Wasser überbrühen, nach 10 Minuten abseihen und dreifach verdünnt ausspritzen). Die Winterspritzung mit Rainfarntee auf Sträucher und Nachbarpflanzen, auf denen die Eier überwintern, hilft ebenfalls.

Grauschimmel (Botrytis cinerea) kann in feuchten Sommern beträchtlichen Schaden anrichten. Hornkiesel-, Schachtelhalmtee- und CP-Mineralpulverspritzungen helfen.

Die **Johannisbeerblasenlaus** (Cryptomyzus ribis) verursacht rot gefärbte, blasenartige Auftreibungen an der Blattoberseite. An der Unterseite sitzen gelbliche, kleine Läuse. Wirtswechsel findet im Juni auf wilde Lippenblütler statt. Im Spätherbst werden die Eier auf der roten Johannisbeere abgelegt. Spritzungen mit Rainfarn- oder Zwiebelschalentee helfen.

Die **Rotpustelkrankheit** wird durch den Pilz Nectria cinnabarina hauptsächlich an Johannisbeeren, aber auch an allen anderen Obstarten und Ziergehölzen verursacht. Er befällt altes Holz und nicht tief genug am Wurzelhals abgeschnittene, faulende Triebstümpfe, aber dann auch junges Holz. Die roten Pusteln auf der Rinde enthalten die Vermehrungssporen. Kräftiger Rückschnitt, Verbrennen des Schnittholzes, Bestreichen der Schnittwunden mit dickem Preicobakt-Brei, Preicobakt-Spritzungen im Herbst und Frühjahr und Mulchen führen neben den empfohlenen vorbeugenden Pflegemaßnahmen wieder zu gesunden Pflanzen.

Schildläuse, meist die Napfschildlaus (Lecanium corni), deren Weibchen die Beine verlieren und glänzendbraune Schilde bekommen, unter denen sich die Eier entwickeln, schädigen durch Anstechen der Rinde, Saftentzug, Verkrüppelung, starke Honigtauausscheidung und dadurch Befall mit Rußtaupilzen. Vorbeugende Spritzungen mit Hornkiesel, Schachtelhalmtee, CP-Mineralpulver und Preicobakt helfen genauso wie ein Stammanstrich nach Abbürsten der Krusten mit Farnkrautextrakt (5 g mit 1 l Wasser 24 Stunden ziehen lassen, für Jungholz etwas verdünnen).

Die **San-José-Schildlaus** ist selten und nur in warmen Gegenden kommt diese nach dem zweiten Weltkrieg bei uns eingeschleppte Schildlaus auf roten Johannisbeeren vor. Zunächst zeigen sich rote Flecken auf Zweigen, Blattstielen und Früchten, später schorfige, graue Krusten mit Schildläusen. Die Pflanzen sterben ab. Bei Verdacht auf Befall muß man die Pflanzenschutzbehörde informieren.

Erhaltungsschnitt

Erst nach dem dritten Jahr ist ein intensiverer Schnitt nötig, denn Johannisbeeren tragen am zwei- und dreijährigen Holz und bilden auch noch in den Jahren darauf fruchttragende Kurztriebe. Zur Gesunderhaltung der Sträucher werden alle nach innen wachsenden Triebe weggeschnitten. Jeder Johannisbeerstrauch sollte ständig acht bis zwölf kräftige Triebe haben. Drei- und mehrjähriges Holz schneidet man bis zum Boden weg und verschließt die Schnittstellen mit Preicobakt-Brei oder Lacbalsam. Am vorteilhaftesten ist der Schnitt nach der Ernte, da dann die ganze Kraft der Pflanzen in die Knospen geht. Als Ersatz für die entfernten älteren Triebe werden die kräftigsten jungen ausgesucht.

Durch die permanente Teilverjüngung der Sträucher erübrigt sich der zeitraubendere Fruchtholz- und Stummelschnitt.

Im Frühjahr bricht man junge Triebe, die nach innen wachsen, einfach aus.

Auslichten eines Johannisbeerstrauches; altes Holz wird bei roten und weißen Johannisbeeren bis zum Boden weggeschnitten.

Vermehrung

Die abgeschnittenen einjährigen Triebe lassen sich als Steckhölzer verwenden. Man schneidet im Herbst gut ausgereifte Jungtriebe unterhalb eines Auges schräg ab und lagert sie kühl im Einschlag bis zum Frühjahr. Dann kappt man die Spitze oberhalb eines Auges auf 20 cm Steckholzlänge und steckt sie so in einen 15 cm tief ausgehobenen, mit einer senkrechten Wand versehenen Graben, daß nur zwei Augen über den Grabenrand schauen. Dann schüttet man den Graben mit quarzsandhaltigem Erdreich zu. Nach einem Jahr haben die Steckhölzer Wurzeln geschlagen und werden in komposthaltige Erde umgesetzt. Im Jahr darauf erhalten die Pflanzen ihren endgültigen Standort.

Bei **schwarzen Johannisbeeren** (Ribes nigrum) gibt es alle Übergänge zwischen Selbstfruchtbarkeit ('Roodknop') und selbstunfruchtbaren Sorten ('Rosenthals Langtraubige Schwarze'), so daß es sinnvoll ist, immer verschiedene Sorten zusammenzupflanzen. Außerdem wird durch Fremdbestäubung der Ertrag wesentlich gesteigert.

Vermehrung der Johannisbeeren durch Steckholz, das an der senkrechten Erdwand hochgestellt wird

Standort

Im Gegensatz zu den anderen beiden Johannisbeerarten liebt die schwarze Johannisbeere nicht zu viel Sonne, Südhanglage ist wegen zu frühem Austrieb, der Spätfrösten zum Opfer fallen könnte, zu meiden. Dafür können die Sträucher auch am Nordhang und in rauheren Lagen gepflanzt werden. Besonders gut gedeihen sie im Schatten von Sauerkirschen, an Hängen und auf Erdhügeln. Stämmchen sind nicht zu empfehlen, weil der Wurzelhals leicht austrocknet.

Sortenwahl

'Goliath', 'Roodknop', 'Rosenthals Langtraubige Schwarze' und 'Silvergietors Schwarze' reifen früh. 'Roodknop' und 'Silvergietors Schwarze' fördern sich gegenseitig in der Befruchtung. Spät reifende Sorten sind 'Baldwin Hilltop' und 'Daniels September', aber auch die letztgenannte reift noch vor dem September. Einen besonders hohen Vitamin-C-Gehalt haben 'Baldwin Hilltop', 'Daniels September', 'Roodknop' und 'Rosenthals Langtraubige Schwarze'.

Pflanzung und Pflege

Für die schwarze Johannisbeere gelten bei Pflanzung und Pflege dieselben Maßnahmen wie bei der roten und weißen Johannisbeere. Die schwarze Johannisbeere pflanzt man eher noch etwas tiefer, damit zum Aufbau des Strauches und später für die Verjüngung genügend kräftige Bodentriebe wachsen.

Für den späteren Schnitt ist zu berücksichtigen, daß die schwarze Johannisbeere am einjährigen Holz trägt. Es muß deshalb durch starken Rückschnitt ständig für rechtzeitig sich entwickelnde Triebe gesorgt werden, wobei auch kräftige Jungtriebe ausgewählt werden, die nicht aus dem Boden wachsen, sondern aus dem unteren Teil alter Gerüstäste.

Düngung und Spritzplan gleichen denen der anderen Johannisbeeren. Da die schwarze Johannisbeere bezüglich Humus und

Schwarze Johannisbeeren

Bodenfeuchtigkeit höhere Ansprüche stellt, sind die Düngergaben etwas höher, und die Mulchschicht sollte immer wieder aufgefüllt werden. Eine Untersaat mit Brennesseln lohnt sich ganz besonders.

Schädlings- und Krankheitsabwehr

Schwellen die länglichen Knospen des schwarzen Johannisbeerstrauches zu Rundknospen an, so ist die weißliche **Gallmilbe** (Cecidophyopsis ribis) am Werk, die sich 10 000fach in einer Knospe aufhält und auch auf andere Beerensträucher übertragen werden kann.

Alle befallenen Pflanzenteile müssen weggeschnitten und verbrannt werden, eventuell die ganze Pflanze. Weniger befallene Sträucher kann man mit einem Pyrethrum-Derris-Mittel spritzen oder einstäuben.

Hände, Arbeitsgeräte und -kleidung sind gut mit heißem Wasser zu reinigen.

In feuchter Witterung und bei zu engem Stand der schwarzen Johannisbeeren können die Blätter auf der Unterseite gelbrote Pusteln bekommen, die sich im Spätsommer rostrot färben. Es handelt sich dann um den manchmal auch bei der Stachelbeere auftretenden **Säulenrost**. Sein Erreger ist der Pilz Cronartium ribicola, dessen Wirtspflanze meist die Weymouthkiefer (Pinus strobus) ist.

Solange im Umkreis von mehreren hundert Metern diese Kiefern wachsen, ist dem Säulenrost schwer beizukommen. Die einzige Hilfe bringt Wermut als Nachbarpflanze für die schwarze Johannisbeere. Wermut ist ein ausdauernder Strauch von 60–100 cm Höhe. Es genügt eine einzige Pflanze zur Bekämpfung des Säulenrosts bei ungefähr vier Johannisbeersträuchern. Auf die Dauer kann der Ertrag bei den schwarzen Johannisbeeren durch Wermut geringer werden. Deshalb versuche man es bei den ersten

Schwarze Johannisbeere in Blüte; das Innere ist gut ausgelichtet, aber es fehlt die Bodenbedeckung.

Anzeichen von Säulenrost mit Wermutteespritzungen (30 g frisches oder 3 g getrocknetes Kraut auf 1 l Wasser, dreifach verdünnt). Man spritzt an drei aufeinander folgenden Tagen vor der Johannisbeerblüte und dreimal nach der Blüte. Ein gut auslichtender Schnitt nach der Ernte ist in diesem Fall besonders wichtig, außerdem die regelmäßigen Hornkiesel- und Schachtelhalmspritzungen.

Vermehrung

Die schwarze Johannisbeere wird wie die rote und weiße Johannisbeere vermehrt.

Heilkraft der roten, weißen und schwarzen Johannisbeeren

Alle Johannisbeeren haben einen hohen Vitamin-A-Gehalt, aber der Vitamin-C-Reichtum der schwarzen Johannisbeere übersteigt den aller Obst- und Beerenarten, zumal seine Kombination mit zahlreichen wichtigen Mineralstoffen und Fruchtsäuren die Widerstandskraft des menschlichen Organismus gegen Infektionen besonders stärkt. Dazu kommt der hohe Gehalt an

P-Faktoren (P = Permeabilität = Durchlässigkeit der kapillaren Blutgefäße).

Der Tee aus Blättern der schwarzen Johannisbeere wirkt harn- und schweißtreibend und hilft gegen Erkrankungen der Harnwege und der Blase. Er wird auch gern als Haustee zusammen mit jungen Erdbeer-, Himbeer- und Brombeerblättern verwendet. Früchte und Blätter wirken günstig auf Stoffwechsel und Nervensystem.

Stachelbeeren
(Familie: Saxifragaceae)

Die Beeren dieses zweiten Steinbrechgewächses unter den Beerengehölzen haben einen leicht säuerlichen Geschmack, der nicht nur die rohen Beeren beliebt gemacht hat, sondern auch der reinen Stachelbeermarmelade, vor allem aber den Mischungen aus Stachelbeeren und anderen Obstarten, ein besonders köstliches Aroma verleiht. Man versuche nur einmal die hervorragend schmeckende Stachelbeer-Erdbeer-Marmelade, die es leider nur sehr selten im Handel gibt.

Als Tief- und Flachwurzler, dessen Wurzeln aber nicht unmittelbar an der Bodenoberfläche liegen wie die der Johannisbeere, bevorzugt die Stachelbeere tiefgründigen, etwas lehmhaltigen, lockeren Boden, der oberflächig bearbeitet werden darf.

Gut vererdeter Kompost mit kompostiertem Algenkalk und Dauermulch hält Stachelbeergehölze gesund. Sie können als Sträucher, Fuß-, Halb- und Hochstämme gepflanzt werden und gedeihen an sonnigen Standorten mit leichter Beschattung am besten.

Sortenwahl

Stachelbeergehölze werden grob in gelbe, grün-weiße und rote Sorten eingeteilt.

Unter den gelben Sorten sind 'Gelbe Triumph', 'Hönings Früheste' und 'Lauffeuer Gelbe' beliebte und reich tragende Sorten.

Unter den grün-weißen Stachelbeeren gibt

es leider viele mehltauanfällige. Bei ausreichender Algomingabe (Algenkalk) und auch eventuellem Stäuben der Gehölze mit Algomin vor und nach der Blüte läßt sich Mehltau vermeiden. Es wäre schade, auf wohlschmeckende Sorten wie beispielsweise 'Weiße Neckartal' oder 'Weiße Triumph' oder die zum Grünpflücken sehr gut geeignete 'Lady Delamere' zu verzichten. Die grüne Stachelbeere 'Macherauch's Resistenta' ist, wie ihr Name schon andeutet, mehltauresistent.

Bei den roten Sorten gibt es sehr gesunde Gehölze mit reichem Ertrag. Hier sind 'Maiherzog', 'Rote Orleans' und 'Rote Preis' zu nennen, während man bei der 'Roten Triumph' gegen Mehltau angehen muß. Letztere eignet sich zum Grünpflücken.

Pflege und Erhaltungsschnitt

Die Pflege der Stachelbeergehölze unterscheidet sich nicht viel von der des bisher beschriebenen Beerenobstes. Beim Düngen wird lediglich etwas mehr Algenkalk verabreicht. Gegen Mehltau wird gestäubt. Die Spritzungen mit Hornmist und Hornkiesel halten die an sich schon recht robusten Pflanzen gesund. Als leichte Kaligabe empfiehlt sich Beinwelljauche (Komfrey, 1 kg frische oder 150 g getrocknete Blätter und Wurzeln verjauchen, dreifach verdünnt gießen und als Blattspritzung).

Da die Stachelbeergehölze vorwiegend an den im Vorjahr gewachsenen Trieben Früchte tragen, ist durch Schnitt ständig für kraftvollen Neuaustrieb und Zuwachs an Fruchtholz zu sorgen.

Grüne Stachelbeeren

Erwachsene Sträucher sollen nach der Ernte auf 8–12 ein- und zweijährige kräftige Triebe reduziert werden. Altes Holz – an der dunklen Farbe zu erkennen – schneidet man bis zum Boden weg, ebenso alle nach innen wachsenden Triebe.

Das Zurückschneiden der Verlängerungstriebe am Gerüstholz ist ebenfalls wichtig und das Einkürzen der Seitentriebe. Auf den Boden herunterhängende Zweige werden auf ein nach oben weisendes Auge zurückgeschnitten, damit die Stachelbeeren nicht am Boden liegen und verschmutzen.

Schädlings- und Krankheitsabwehr

Im biologischen Anbau sind Schäden an Stachelbeeren nicht üblich. Auf den Amerikanischen Stachelbeermehltau, dessen Erreger ein Pilz (Sphaerotheca mors uvae) ist, wurde schon eingegangen.

Die bereits bei den Johannisbeeren beschriebene **Blattfallkrankheit** wird genauso behandelt, wie dort beschrieben.

Blattläuse und **Spinnmilben** kann man in der Mittagssonne mit einem harten, kalten Wasserstrahl vertreiben, oder man taucht die befallenen Triebe in heißes Wasser von 50–52 °C. Die grünen Blätter erholen sich bald wieder, die Schädlinge jedoch sind tot. Die hellgrünen Afterraupen der **Stachelbeerblattwespe** können Stachelbeergehölze vollständig kahlfressen. Sobald man den Schaden bemerkt, bestäubt man Sträucher und Boden mit Algomin. Durch dieses Inkrustierverfahren werden die Afterraupen ausgetrocknet. Nach dem gründlichen Einstäuben legt man Papier unter die Stachelbeergehölze und schüttelt sie. Die Raupen fallen ab und werden sofort vernichtet. Das abgefallene Herbstlaub wird verbrannt.

Die kahlen Stachelbeergehölze erhalten an frostfreien Tagen dreimal hintereinander zweifach verdünnte Rainfarnteespritzungen, die im Frühjahr vor dem Aufbrechen der Knospen wiederholt werden (30 g getrocknetes Kraut auf 10 l Wasser).

Blühender Stachelbeerast

Vermehrung

Die Vermehrung der Stachelbeergehölze erfolgt durch Absenker (siehe Brombeeren).

Ein anderes Verfahren ist der Abriß.

Dazu wird im Frühjahr die Mutterpflanze bis zum Boden zurückgeschnitten. Die sich neu entwickelnden Triebe werden während des Sommers immer wieder mit Erde angehäufelt und bilden in dem lockeren Erdhügel neue Wurzeln. Im Herbst häufelt man die Erde unter Schonung der jungen Wur-

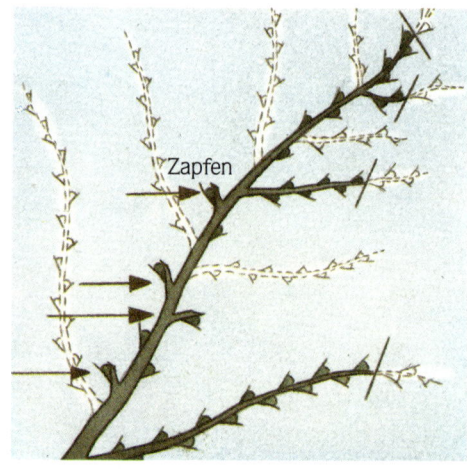

Auslichtungsschnitt eines Stachelbeerastes

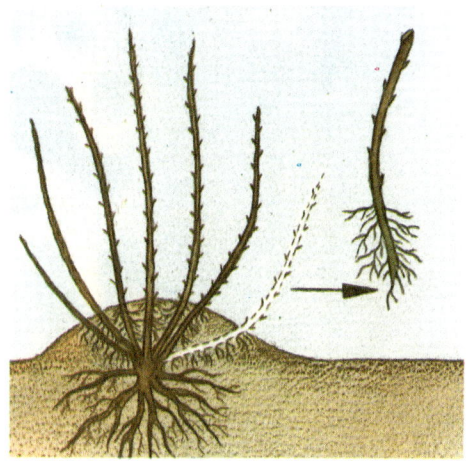

Vermehrung durch Abriß

zeln am besten mit behandschuhten Händen wieder weg und reißt oder schneidet die bewurzelten Jungtriebe vorsichtig ab. Meist müssen die jungen Pflanzen zur Kräftigung noch ein Jahr gesondert gepflanzt werden, ehe sie ihren endgültigen Standort bekommen.

Heilkraft der Stachelbeere

Die Stachelbeere enthält mehrere Fruchtsäuren, besitzt nicht ganz so viel Vitamin A wie die Johannisbeere, dafür aber wesentlich mehr Vitamin B. Der Vitamin-C-Gehalt ist höher als der der roten Johannisbeere. Stachelbeerpreßsaft mit Honig ist ein ausgezeichnetes Heilmittel bei Blutarmut und Nervenschwäche.

Auch Kiwis sind Stachelbeeren

Diese wohlschmeckenden, Vitamin-C-reichen Früchte werden bei uns auch im Hausgarten immer beliebter. Die Kletterpflanzen aus Neuseeland gedeihen nur im Weinklima an einer geschützt liegenden Südwand und im Gewächshaus wirklich gut. Die Pflanzen sind zweihäusig. Vier bis fünf weibliche Pflanzen benötigen für die Befruchtung eine männliche. Bei der Bestäubung kann man im Gewächshaus mit dem Pinsel nachhelfen. Nach drei Jahren reifen die ersten Früchte, die im Oktober geerntet und im Dezember gegessen werden.

Die Blüten werden vor Frühfrösten durch Baldrianblütenextrakt-Spritzungen geschützt.

Sortenwahl

Die Kiwipflanze wurde 1845 in China entdeckt, in Neuseeland weitergezüchtet und zur heutigen Qualität entwickelt. Die beste Sorte ist 'Hayward', schwächer wachsende sind 'Abott', 'Bruno' und 'Monty'.

Pflanzung, Pflege und Schnitt

Der vorbereitete Boden sollte kalkarm (pH-5,5–6,5) sein. Um das zu erreichen, wird der Pflanzerde beim Aufsetzen des Kegels kein Algenkalk, dafür aber – neben den empfohlenen anderen Substanzen – Torf und Kompost, der aus Laub, gehäckseltem Holz und einer Beigabe Algenmehl (Meerwunder) hergestellt wurde, zugesetzt. Kiwipflanzen können sowohl im Herbst als auch im Frühjahr in den Boden gebracht werden. Allerdings muß die Frostgefahr im Frühling vorüber sein (meist Ende Mai). Günstig ist eine Sommerpflanzung mit Containerpflanzen, weil die wärmeliebenden Gewächse dann am besten anwachsen. Kiwipflanzen lieben feuchten Boden. Deshalb sollte sofort nach der Pflanzung nicht nur gründlich gegossen, sondern auch mit Laub, gehäckseltem Holz und Koniferennadelspreu gemulcht werden. Im Herbst erhalten die Pflanzen jeweils einen gut vererdeten, kalkarmen Kompost, der mit Ecovital S und Meeresalgen angereichert wurde. Auf die Mulchdecke kommt Meerwunder.

Die wärme- und lichtliebenden Pflanzen bekommen, wie alle anderen Beerenarten auch, Hornmist- und Hornkieselspritzungen. Sie brauchen wie die Brombeeren ein Rankgerüst mit drei gespannten Drähten und einer Gesamthöhe von 1,80 m. Noch günstiger ist eine Pergola, die ein wenig Schatten bietet, denn allzuviel Sonne führt bei den Früchten vor der Reife zu Schäden.

Kiwis; von links nach rechts: Jungtrieb, Blüten, Früchte

Im Herbst sollten Kiwipflanzen an der Basis Frostschutz aus Stroh oder Holzwolle bekommen, der nach den Eisheiligen wieder entfernt wird.

Wenn die Früchte im Juli/August etwa Walnußgröße haben, wird wie beim Wein der sogenannte Sommer- oder Grünschnitt durchgeführt. Fruchttragende Seitentriebe werden über dem vierten Blatt oberhalb der obersten Frucht weggeschnitten. Alle Austriebe bis zum zweiten Blatt werden zurückgenommen. Diese Schnittmaßnahme muß wiederholt werden, solange neue Triebe wachsen und den Früchten die Kraft wegnehmen.

Die im Oktober/November geernteten Früchte werden bei 4 °C gelagert und halten sich bis Ende Februar. Eine fein versprühte Hornkieselspritzung an einem Fruchttag (nach Maria Thun) gegen Abend, etwa vier Wochen vor der Ernte, erhöht die Haltbarkeit der Kiwifrüchte.

Jostabeeren
(Familie: Saxifragaceae)

Versuche, verschiedene Beerenarten miteinander zu kreuzen, begannen schon 1922. Ziel war es, einen Beerenstrauch zu gewinnen, der, ohne den Amerikanischen Stachelbeermehltau, die Blattfallkrankheit und den Säulenrost zu bekommen, die guten Eigenschaften von Stachelbeere und Johannisbeere besitzt.

1975 war es endlich soweit, die selbstfruchtbare Jostabeere (Ribes nidigrolaria) konnte vom Züchter Dr. Rudolf Bauer in den Handel gegeben werden. Diese Beerenobstart aus der schwarzen Johannisbeere und der Stachelbeere wächst kräftig, ist stachellos und resistent gegen Mehltau, die Blattfallkrankheit und den Säulenrost. Außerdem hat sich die Jostabeere vollkommen widerstandsfähig gegen die Johannisbeergallmilbe und Virosen beziehungsweise Mykoplasmen der schwarzen Johannisbeere erwiesen. Letztere sind 1967 erstmalig nachgewiesene Organismen, die zwischen Viren und Bakterien einzuordnen sind.

Die Jostabeerensträucher haben einen kräftigeren Wuchs als jede Sorte der Ausgangspflanzenart. Die Triebe werden schon im zweiten Jahr nach der Pflanzung mehr als 1,50 m hoch. Die Blüten sind größer als bei Johannis- und Stachelbeeren und bilden sich schon am einjährigen Holz. Die dunkelgrünen Blätter haben in Form und Größe eine mittlere Stellung zwischen denen der Mutterpflanzen und bleiben im Herbst lange am Strauch.

Die zunächst grünen, im Reifezustand blauschwarzen glatthäutigen Jostabeeren sind kleiner als Stachelbeeren, aber größer als schwarze Johannisbeeren und hängen an kurzen Stielen in zwei bis fünfzähligen kurzen Trauben am einjährigen Holz, an mehrtraubigen Fruchtspießen am älteren Holz. So verkahlt der Strauch nicht so stark wie der der schwarzen Johannisbeere, sondern er trägt viele Jahre am ganzen Strauch Beeren.

Die Beeren hängen selbst bei Vollreife fest am Strauch und haben die aromatische milde Säure der Stachelbeere und trotzdem einen Hauch des eigentümlichen Geschmackes der schwarzen Johannisbeere.

Pflanzung, Pflege und Schnitt

Beim Pflanzen des Jostabeerenstrauches ist zu beachten, daß er 4 m² Standfläche braucht. Er wächst in allen Böden schnell an und treibt bald kräftig durch. Ein Pflanzschnitt ist deshalb nicht erforderlich. Auch der spätere Erhaltungsschnitt kann sich auf gelegentliches Auslichten der nach innen wachsenden Zweige und das Einkürzen der überhängenden Seitenzweige beschränken. Da die regelmäßige Erneuerung der Tragäste nicht so notwendig ist, werden Jungtriebe zunächst über viele Jahre einfach am Boden weggeschnitten.

Wegen der Schäden durch Spätfröste sind

Jostabeeren

wurzelecht gezogene Hochstämmchen zu empfehlen, die nur 2 m² Platz brauchen und unter denen die Kaltluft abfließen kann.

Eine Düngung ist nur nötig, wenn die Triebkraft deutlich nachläßt, und erfolgt dann wie bei der schwarzen Johannisbeere. Es ist jedoch sinnvoll, Jostabeerensträucher bei den Hornmist- und Hornkieselspritzungen der anderen Beerensträucher mitzubedenken und den Boden auch stets zu mulchen. Dem Mulchmaterial kann etwas Lavagranulat untergemischt werden. Dann haben die Sträucher eine naturgemäße Langzeitdüngung, bei der sie gut gedeihen. Alle anderen Maßnahmen, die bei den anderen Beerenarten notwendig sind, können entfallen.

Heilkraft der Jostabeeren

Die Jostabeere hat einen etwa genauso hohen Vitamin-C-Gehalt wie die schwarze Johannisbeere (150–180 mg/100 g Bee-

Kulturheidelbeeren; links: mit Blüten; rechts: mit Früchten

ren) und kann deshalb vorbeugend gegen Infekte und als Kräftigungsmittel verwendet werden. Die Frucht läßt sich langfristig einfrieren und gibt Marmeladen und Säften ein köstliches Aroma.

Kulturheidelbeeren
(Familie: Ericaceae)

Anfang dieses Jahrhunderts entstanden in Nordamerika durch Auslese der weit verbreiteten Wildvorkommen viele Sorten der Kulturheidelbeeren, die dort sehr beliebt und auch wirtschaftlich von Bedeutung sind. In Deutschland begann man erst in den 30er Jahren unseres Jahrhunderts mit der Züchtung von Kulturheidelbeeren, die sich für mitteleuropäische Verhältnisse eignen. Auch an diesen sind die amerikanischen Arten maßgeblich beteiligt.

Obwohl den Haus- und Kleingärtnern Kulturheidelbeeren noch weitgehend unbekannt sind, lohnt sich ihr Anbau doch sehr. Die Sträucher werden je nach Sorte 1–2 m hoch. Es gibt aber auch welche für große Pflanzschalen, die beispielsweise auf dem Balkon gedeihen können und nur 40 cm hoch werden. Abgesehen von den großen blauen, aromatischen Beeren, die wochenlang am Strauch bleiben (Reife je nach Sorte Juli bis September), haben die Kulturheidelbeeren im Frühsommer büschelweise schöne weiße, altrosa schimmernde, glokkenförmige Blüten und im Herbst rot gefärbte Blätter und sind auf diese Weise nicht nur Nutz- sondern auch Zierpflanzen.

Standort
Unser Klima ist für Kulturheidelbeeren gut geeignet. Fröste unter −25 °C kommen ja wohl kaum vor. Der Standort soll sonnig bis halbschattig und windgeschützt sein.

Sortenwahl

Von den in Deutschland Gezüchteten sind die wertvollsten Sorten 'Blauweiß-Goldtraube', von der eine Population 'Goldtraube' angeboten wird, und die beiden geschützten Sorten 'Ama' und 'Heerma'. Die amerikanischen Sorten haben Reifezeiten zwischen Juli und September. Die frühesten sind 'Bluetta', 'Collins' und 'Early Blue'. 'Bluecrop', 'Blueray' und 'Northland' sind im August reif. 'Elliott', 'Lateblue' und 'Jersey' gehören zu den späten Sorten. Der bisher kleinste Strauch von 40 cm Höhe ist 'Top Hat', der im Juni blüht und Ende August sowie im September reife Früchte trägt.

Pflanzerde

Unsere Gartenböden sind allerdings in den meisten Fällen für Kulturheidelbeeren ungeeignet, denn welcher Garten hat Hochmoor- oder Heidesandboden mit einem pH-Wert von 4,3–4,8? Diesen Boden braucht die Kulturheidelbeere allerdings, sonst geht sie ein.

Das geeignete Bodenmilieu kann durch Bodenaustausch geschaffen werden (Grube für kleine Sträucher 30 cm tief, 50 x 50 cm, für große 60 cm tief, 150 x 150 cm).

Um den gewünschten sauren Boden zu bekommen, bereitet man die Pflanzerde folgendermaßen vor: Aus gut verrodetem Laub-, Häckselholz-, Sägespäne- und Koniferennadel- oder Torfkompost und der halben Menge der ausgehobenen Gartenerde macht man zusammen mit 10% Sand, 10% Horn- und Knochenmehl, 250 g/m³ Alginure-Granulat und etwas Kompoststarter eine Erdmischung, die man mit heißem Wasser überbraust, mit einem Abdeckmaterial zudeckt und drei Tage ruhen läßt. Dann füllt man die angegärte Erde in das vorbereitete Pflanzloch und deckt mit Mulchmaterial ab. Je länger die Erde dort von den Bodenorganismen durchgearbeitet werden kann, desto wurzelgerechter wird sie. Zehn Tage sollten dafür wenigstens zur Verfügung stehen, einige Monate sind besser.

Pflanzung, Pflege und Schnitt

Als Pflanzgut werden zwei- bis dreijährige Sträucher angeboten, die gut bewurzelt sein sollten und im Herbst oder zeitigen Frühjahr gesetzt werden können. Etwas tiefere Pflanzung als bei der Verschulung fördert die spätere Jungtriebbildung.

Obwohl Kulturheidelbeeren selbstfruchtbar sind, sollte man wegen der Ertragssteigerung mehrere Sorten pflanzen.

Der Boden wird nach der Pflanzung vorsichtig angetreten. Gründliches Gießen und Mulchen mit Laub, Sägespänen, gehäckseltem Holz oder Rinde läßt die Pflanzen gut anwachsen.

Die Sträucher müssen nach der Pflanzung und in den ersten Jahren nicht geschnitten werden. Doch dürfen die Äste nicht älter als drei bis vier Jahre sein, denn Heidelbeeren blühen und fruchten an einjährigem Holz. Ältere Triebe werden am Boden weggeschnitten und durch kräftige Neutriebe aus dem Stock ersetzt. Wegen der Blütenknospenbildung im Herbst ist der Schnitt nach der Ernte am günstigsten.

Kulturheidelbeeren sind Flachwurzler, deshalb muß die Bodenbearbeitung allein den Bodenorganismen überlassen bleiben. Die bereits beschriebene Bodenbedeckung sorgt für Düngung, sollte laufend auf 10–15 cm Höhe ergänzt werden und erhält im Herbst und im Frühjahr einen organischen Mischdünger wie Ecovital S oder Oscorna für immergrüne Pflanzen, etwas Meerwunder und den auch für die Pflanzung verwendeten Kompost. Dem Kompost wird immer etwas Alginure-Bodengranulat beigemischt, weil Alginure die Pflanzen vom pH-Wert des Bodens unabhängig macht. Die für die anderen Beerensträucher empfohlenen Hornmist- und Hornkieselspritzungen sind auch für die Heidelbeere empfehlenswert.

Der volle Ertrag setzt erst nach fünf bis sechs Jahren ein, hält bei guter Pflege dann aber über Jahrzehnte an. Die Beeren läßt man am Strauch vollständig ausreifen. Sie können nach dem Pflücken einige Tage kühl aufbewahrt werden.

Die Heilkraft der Kulturheidelbeere

Eine Fülle von Wirkstoffen zeichnet die Früchte aus: Gerbstoffe, die Vitamine C und A, Vitamine der B-Gruppe, Fruchtsäuren und Mineralstoffe.

An heißen Sommertagen ist frische Milch mit etwas Honig und vielen Kulturheidelbeeren eine köstliche und gesunde Erfrischung.

Die rohen Früchte fördern den Stuhlgang, während reife, bei 40–50 °C getrocknete Beeren gegen Durchfall gekaut werden. Noch besser ist es, vier gestrichene Eßlöffel voll getrockneter Heidelbeeren mit ½ l kochendem Wasser zu überbrühen und 10 Minuten zu kochen. Die Kerne der Heidelbeeren können bei Menschen, deren Magenschleimhäute sehr empfindlich sind, auf diesen Reizungen hervorrufen, was bei der Abkochung vermieden wird. Der blaue Farbstoff der Heidelbeeren soll außerdem Bakterienwachstum hemmen. Der Tee heilt Hämorrhoiden aus (4 Wochen lang 2mal täglich 1 Tasse).

Weinreben
(Familie: Vitaceae)

Im Hausgarten ist es in den meisten Gegenden am günstigsten, Wein – wie bereits dargestellt – an Hauswänden, Terrassenmauern oder an windgeschützten Pergolen zu ziehen. Nur in Weinbaugebieten kann er auch an Drahtrahmen gezogen werden, die zwei oder drei Spanndrähte haben sollten, den untersten in etwa 70 cm Höhe. Den zwei- oder dreijährigen senkrecht gezogenen Trieb biegt man zum untersten Draht in die Waagerechte und bindet ihn dort fest. An diesem Trieb entwickeln sich Seitentriebe, die am oberen Draht befestigt werden und Trauben ansetzen.

Sortenwahl

Bezüglich der Rebensorte sollte man sich vom Fachmann beraten lassen.

Einige wenige bekannte und im Hausgarten gut gedeihende Sorten seien hier angeführt, die Bodenqualität ist jedoch zu beachten.

Bekannte Weinsorten für den Garten

Sorte	Reifezeit	Farbe der Trauben	Bemerkungen
'Blauer Portugieser'	mittelfrüh	schwarzblau	frostempfindlich, daher mehr für warme Gegenden, braucht Frostschutz; keine großen Bodenansprüche, selbst für leichtere Böden geeignet; mittelgroße, tiefblaue Trauben; starkes Wachstum
'Früher blauer Burgunder'	früh	blau	für rauhere Lagen (Norddeutschland) empfehlenswert; gedeiht auch auf Sandboden; mittelgroße, feste Trauben
'Früher Malinger'	früh	weißgelb	altbekannte Sorte; auch für rauhere Gegenden; Trauben sehr süß; große Fruchtbarkeit; mittelstarkes Wachstum
'Müller-Thurgau'	mittelfrüh	weißgelb	stark wachsende und rankende Sorte, gut zum Bewachsen einer Hauswand; sehr süße, große Beeren
'Rote Gutedel'	mittelfrüh bis spät	hell- bis dunkelrot	auch für rauhere Lagen; ertragreich; große, süße Trauben; mitterstarkes Wachstum
'Weißer Gutedel'	mittelfrüh	hell	auch für rauhere Lagen, aber nur bei humosem, feuchtem Boden; große Beeren mit angenehmem Geschmack

Reife Weintraube

Naturnahe Pflege

Im Herbst wird der Weinstock (Vitis vinifera) mit gut vererdetem Kompost gedüngt, dem beim Aufsetzen Geflügelmist, Peru-Guano oder Horn- und Knochenmehl, Algenkalk sowie Stein- und Tonmehl beigemischt wurden. Darauf kommt Mulchkompost, denn in der kalten Jahreszeit braucht der Weinstock einen feuchten Boden.

Die Gründüngungseinsaat von Weißklee und Winterwicke fördert den Weinstock. Kreuzblütler dürfen nicht untergesät werden, da diese Pflanzen, sobald sie in Blüte stehen, einen Stoff absondern, der den Wurzeln des Weinstockes schadet. Nach den Spätfrösten im Mai wird die pflanzliche Bodenbedeckung vollständig entfernt und gegen den wärmenden und auf die Pflanze zurückstrahlenden Langzeitdünger Lavagranulat ausgetauscht.

Preicobakt-Anstrich und -Spritzung an frostfreien Tagen verhindert Frostschäden. Bei Austriebsbeginn im Frühjahr gibt man gegen Abend eine mit Schachtelhalmtee verrührte Hornmistpräparatspritzung.

Bei 20 cm Trieblänge spritzt man mit Schachtelhalm- oder Brennesselbrühe oder

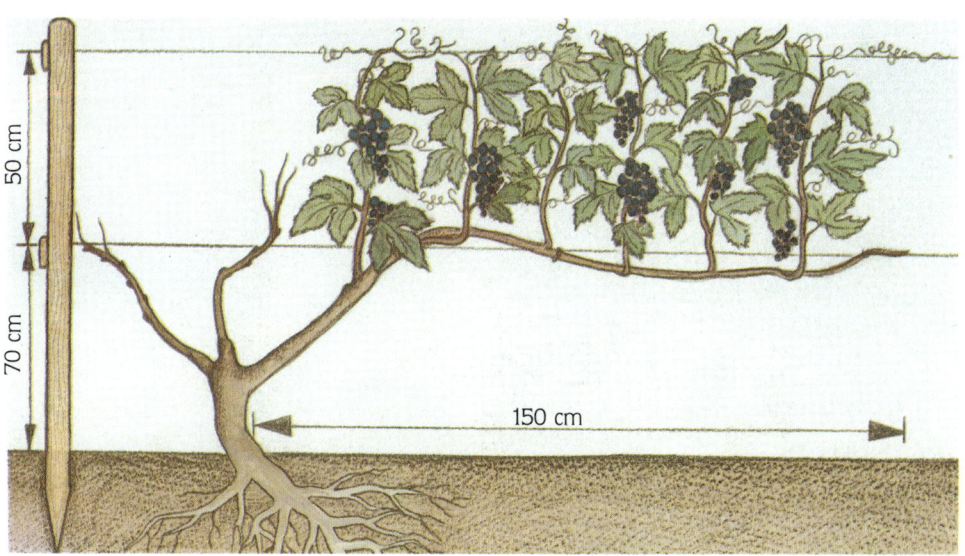

Weinpflanze am Drahtrahmen, Haupttrieb mit Fruchttrieben

50 cm

70 cm

150 cm

Artanax S, bei 40 cm Trieblänge mit Hornkiesel am Morgen und bei 50 cm mit CP-
Mineralpulver, was bei 60 cm Trieblänge
wiederholt wird.
Bei Blütenbeginn und nochmals 14 Tage
später wird Artanax S versprüht.
Sind die Weinbeeren 2 mm dick, sprüht
man Hornkiesel mit Brennesseljauche,
dann alle 14 Tage Artanax S.
Ende August und Mitte September werden
gegen Abend zur besseren Ausreifung der
Trauben Hornkieselspritzungen gegeben.
Gegen Fäulnis und Grauschimmel kann
man bereits vor Blühbeginn mehrmals
Luzian-Steinmehl auf Boden und Pflanze
stäuben.
Nach der Frühjahrsdüngung muß der Wein-
stock einmal gründlich gegossen werden.
Im Sommer tut dem Wein häufiges Gießen
nicht gut. Bei Trockenheit spritzt man das
Blattwerk einmal wöchentlich morgens mit
Alginure-Schutzspray. Es vermindert die
Verdunstung, fördert die Zellteilung,
erhöht die Zuckerproduktion und Aroma-
bildung und hilft gegen Trockenschäden.
Neben der ständigen Triebkürzung darf das
Pinzieren der Geize nicht vergessen wer-
den. Das alte Holz enthält viel Kali, Phos-
phor und Spurenelemente. Die Asche des
Holzes kann als Dünger um den Weinstock
gestreut werden. Das Laub enthält reichlich
Phosphor, Stickstoff und Pottasche.

Schädlings- und Krankheitsabwehr

Mit den beschriebenen Dünge-, Spritz- und
Gründüngungsmaßnahmen können die für
Wein typischen Schäden eigentlich gar
nicht auftreten. Es handelt sich um **Echten**
und **Falschen Mehltau** sowie **Grauschimmel.**

Vermehrung

Durch Stecklinge lassen sich Weinstöcke
leicht vermehren. Dazu wählt man nach
dem Herbstschnitt oder spätestens Mitte
Februar zweijährige Reben und schneidet
sie je nach Augenanzahl (drei bis fünf)
30–50 cm lang am unteren Auge direkt

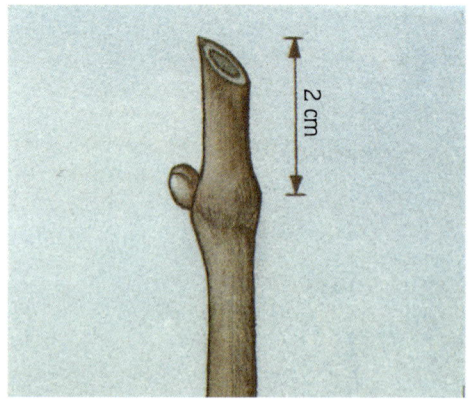

Beim Steckholz bleibt über dem oberen Auge
ein Zapfen von 1–2 cm Länge stehen.

unterhalb eines Knotens. Über dem oberen
Auge läßt man einen Zapfen von 1–2 cm
stehen.
Diese Stecklinge werden in einem trocknen,
aber kühlen und frostfreien Raum bis zur
Hälfte ihrer Länge in Sand gesteckt, den
man ständig etwas feucht halten muß.
Zwischen März und Mai werden sie in einen
mit reifem Kompost vorbereiteten V-förmigen Graben gestellt. Das oberste Auge
schließt mit dem Bodenniveau ab. Damit es
gegen Austrocknung und Spätfröste ge-

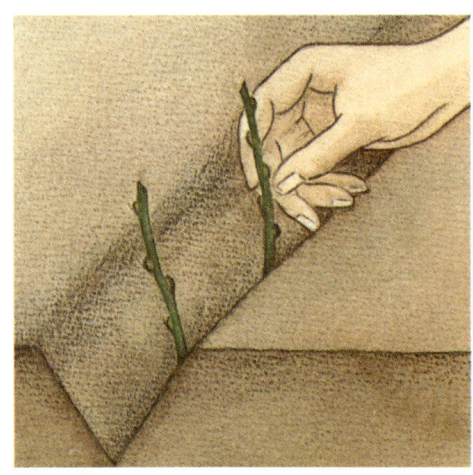

Weinstecklinge im V-förmigen Graben

schützt ist, überdeckt man es locker mit feuchter Erde und Lavagranulat. Das Granulat hält warm und feucht.

Im Herbst oder im nächsten Frühjahr werden die bewurzelten Stecklinge ausgegraben und an ihren Standort gepflanzt.

Oft bilden sich schon im zweiten Sommer Blüten. Einige dürfen sich zu Trauben entwickeln. Die meisten schneidet man jedoch heraus, damit sich der Weinstock zunächst kräftig entwickelt. Im dritten Sommer trägt er dann um so mehr.

Heilkraft der Weinbeeren

Auch diese Beeren sind reich an Vitamin C und enthalten etwas weniger Vitamine der B-Gruppe; der Karotingehalt bei den roten und blauen Sorten liegt höher als bei den hellen.

Der Mineralstoffgehalt ist je nach Farbe der Beeren unterschiedlich. Der Saft der hellen Trauben ist abführend und hilft gegen Blutandrang im Kopf. Roter Traubensaft wirkt bei Magen- und Darmschwäche, Durchfall und Blutarmut.

Das wichtigste Winterobst ist das lange Zeit lagerfähige Kernobst.

Kernobst, Vitamine für den Winter

Während das bisher besprochene Beerenobst – mit Ausnahme der Kiwis, die aber nicht überall angepflanzt werden können – wegen seiner frühen Reife, seiner Saftfülle und seines erfrischenden Geschmacks sehr beliebt ist, aber ohne größeren Qualitätsverlust (Kühltruhe) nicht lange gelagert werden kann, ist Kernobst (Äpfel und Birnen), in den meisten Fällen ein Vitaminvorrat für den ganzen Winter, wenn es richtig gelagert wird. Wählt man die Sorten richtig aus, kann der letzte Apfel zusammen mit den ersten Josta- und Erdbeeren gegessen werden.

Man ist bei Kernobst aus dem eigenen Garten auch nicht auf das in den Ursprungsländern unreif gepflückte Obst angewiesen, das nicht nur vorzeitig geerntet wird, damit es den Transport ohne größere Verluste übersteht, sondern auch mehrmals nachbehandelt werden muß, zunächst, damit es nicht fault und von Schädlingen befallen wird, und kurz vor dem Verkauf, damit es ausreift. Es kann weder den Geschmack erreichen, den eine Frucht hat, die am Baum ausgereift ist, noch die Inhaltsstoffe, die ja dadurch entstehen, daß die Früchte am Baum die aufsteigenden Säfte mit den vielfältigen Substanzen aus dem Boden aufnehmen und die Sonne und andere kosmische Umkreiskräfte darauf einwirken.

Äpfel, wie sie hier zu sehen sind, Birnen und Quitten gehören zum Kernobst.

Fruchtentwicklung am Fruchtholz beim Apfelbaum

Äpfel
(Familie: Rosaceae)

Es gibt eine große Zahl von Apfelsorten, zu denen immer wieder neue dazukommen. In der Tabelle (S. 332) werden bekannte Sorten aufgeführt, darunter auch neuere. Wenn dabei auf Anfälligkeiten für bestimmte Krankheiten oder auf Schädlingsbefall hingewiesen wird, so handelt es sich dabei um Angaben aus dem herkömmlichen Anbau, der für den naturgemäßen nur bedingt zutrifft. Im biologischen Obstanbau sind solche Schäden häufig auf Anbau- oder Pflegefehler zurückzuführen. Die angegebene Befalls- und Krankheitshäufung bei bestimmten Sorten läßt jedoch für den Biogärtner Rückschlüsse darauf zu, welche vorbeugenden Maßnahmen er einsetzen muß. Damit erübrigt sich meist jeder weitere Pflanzenschutz.

Birnen
(Familie: Rosaceae)

Wenn Birnengehölze auch zum Kernobst und zur gleichen Pflanzenfamilie gehören wie Apfelbäume, so gibt es doch beträchtliche Unterschiede zwischen beiden.

Birnen sind Tiefwurzler und darum nicht unbedingt auf Oberbodenfeuchtigkeit angewiesen. Trotzdem bekommen auch sie Bodenbedeckung, denn die bodenbelebenden und -verbessernden Mikro-Organismen können ohne Feuchtigkeit und ständige Verfügbarkeit von organischem Material nicht wirken.

Während Apfelbäume mehr die breit ausladende Form eines Apfels haben, wenn sie nicht in eine bestimmte Form gebracht werden, wirken Birnbaumkronen eher langgestreckt wie ihre Frucht. Damit die Ernte auf hohen Birnbäumen nicht zu

Fruchtentwicklung am Fruchtholz beim Birnbaum

beschwerlich wird, bemühen sich die Baumschulen, auf Quittenunterlagen schwachwachsende Bäume zu ziehen. Die Quittenunterlage, Cydonia A, hat außerdem den Vorteil, den Edelsorten zu früheren und höheren Erträgen zu verhelfen und die Früchte aromatischer zu machen.

Der Nachteil der Quittenunterlage ist ihre Anfälligkeit für Wurzelfrost bei Kahlfrösten. Auch aus diesem Grund ist eine schützende Mulchschicht auf der Birnbaumscheibe sehr wichtig.

Außerdem sind nicht alle Edelsorten quittenverträglich. Hier wird mit verträglichen Sorten wie zum Beispiel 'Gellerts Butterbirne' zwischenveredelt.

Während es unter den Apfelbäumen als frühe Sorte nur den 'Klarapfel' gibt, können viele Birnen im Sommer geerntet werden. Sie sind allerdings genauso wenig lagerfähig wie dieser.

Es stehen bei den Birnen aber auch Herbstsorten zur Verfügung und außerdem späte und sogar sehr gut lagerfähige Sorten, die erst um die Weihnachtszeit herum genußreif werden. Bei guter Lagerung schmecken sie noch im März und April vorzüglich und stellen eine gute Abwechslung zu den lange haltbaren Äpfeln dar.

Während man bei Äpfeln schon im zweiten oder dritten Standjahr Erträge und einige Jahre später Vollerträge erwarten darf, liegt der Ertragsbeginn bei Birnen auf Quittenunterlage nicht vor dem vierten Standjahr, auf Sämlingsunterlage erst ab dem sechsten Jahr. Ab Vollertragsstadium bringen Birnengehölze meist ohne Alternanz (Wechsel zwischen einem Jahr mit gutem und einem Jahr mit geringem Ertrag) hohe, gleichmäßige Erträge von guter Qualität.

Birnengehölze eignen sich übrigens sehr für geschützte Standorte an Mauern.

Quitten

Quitten
(Familie: Rosaceae)

Die sonneliebenden Buschbäume (manchmal auch Halbstämme) bevorzugen einen
durchlässigen Boden, sind aber sonst recht
anspruchslos. Es gibt bei Quitten auch
Hochstämme. Besonders schön sehen diese
während der Blütezeit aus, aber sie sind bei
uns selten, weil der Ertrag spät einsetzt.

Im Mai/Juni tragen die Büsche große weiße
Blüten und im Herbst weit leuchtende gelbe
Früchte, die erst kurz vor dem ersten Frost
geerntet werden sollten. Meist werden bei
uns die Früchte nicht wirklich reif, aber für
Gelees sind sie immer gut.

Man unterscheidet zwischen rundlichen
Apfel- und länglicheren Birnenquitten. Die
Früchte sind pelzig, ergeben aber gekocht
vorzügliche Marmeladen und Gelees.

Birnenquitten sind weicher und haben
weniger Steinzellen um das Kerngehäuse
herum als Apfelquitten.

Quitten dürfen nicht mit anderen Obstarten
zusammen gelagert werden, da sie deren
Geschmack beeinflussen. Dagegen verbreitet eine Quitte über Winter im Wohnraum
einen erquickenden Wohlgeruch.

Da Quitten spät blühen, ist Blütenfrost aus-
zuschließen. Das Holz mancher Sorten ist
allerdings in sehr kalten Wintern frostge-
fährdet.

Nach dem anfänglichen Erziehungsschnitt
werden Quittengehölze in späteren Jahren
nur noch ausgelichtet. Sie tragen an den
Zweigenden, also am jungen Holz.

Quittengehölze haben allgemein hohe Erträge. Unter ihnen gibt es Sorten, die
sich im Anbau gut bewährt haben.

Ernte und Lagerung von Kernobst

Die richtige Ernte verlängert die Haltbarkeit von Kernobst. Die empfohlenen Spritzungen mit Hornkiesel oder CP-Mineralpulver vor der Ernte beeinflussen Aroma, Gesundheit und Lagerzeit günstig.

Äpfel und Quitten sollen reif geerntet werden. Das verbessert nicht nur den Geschmack und vermehrt die Inhaltsstoffe, sondern bewirkt auch eine längere Lagerfähigkeit.

Der Vormittag und trockenes Wetter sind für die Ernte der drei Kernobstarten jeder anderen Zeit vorzuziehen. Wenn man auch noch an Fruchttagen bei aufsteigendem Mond (nach dem Aussaatkalender von Maria Thun) ernten kann, die Früchte einzeln mit dem Stiel vom Zweig abdreht, mit dem Stiel nach oben in eine Obststeige stellt, ohne daß sich die Früchte berühren, und das gepflückte Obst nicht der direkten Sonne aussetzt, hat man während der Ernte alles für die Haltbarkeit getan.

Wer einen Balkon oder Garten hat, braucht für Äpfel und Quitten nicht einmal einen Lagerraum. Es genügt, wenn er die Obststeigen im Schatten an einer schützenden Hauswand übereinander stellt und bei leichtem Frost mit einer Wolldecke zuhängt. Vor Regen müssen die Steigen geschützt werden. Ab −5°C stellt man die Steigen mit dem Obst in den Keller oder auf den Speicher (Boden). Wird es wärmer, werden sie wieder ins Freie gebracht. Die Früchte bleiben glatt, saftig und so frisch, als wären sie gerade geerntet. Die Lagerung in einem im Winter nicht beheizten Gewächshaus ist genauso vorteilhaft. Dort muß an sonnigen Wintertagen gelüftet werden.

Birnen brauchen hingegen eine Lagertemperatur von 7–10°C und müssen in einem dunklen Raum aufbewahrt werden. Den für die Lagerung so vorteilhaften fest gestampften Lehmboden gibt es heute leider nicht mehr im Keller – er sorgte dort für die richtige Luftfeuchtigkeit.

Auf den Betonfußböden der modernen Keller lassen sich zur Verbesserung der Luftfeuchtigkeit Schalen mit Wasser aufstellen. Ein frostsicherer Speicher ist wegen der geringeren Abdichtung oft als Lagerraum günstiger.

Kartoffeln, Kohl und Sauerkraut dürfen nicht im selben Raum mit Obst aufbewahrt werden. Dagegen sind in der Nähe aufgehängte Zwiebeln vorteilhaft. Ihre Ausdünstungen verhindern Pilzbefall. Fein verteiltes Versprühen von Schachtelhalmtee oder Zwiebelschalenaufguß mindert Fäulnis und Schimmel. Das Aussprühen von Alginure-Schutzspray auf die Früchte sorgt für längere Haltbarkeit. Der hauchdünne Alginurefilm setzt die Verdunstung herab.

'Golden Delicious', eine der beliebtesten Apfelsorten

Kernobstsorten

Bei der Sortenwahl muß man verschiedene Aspekte bedenken. Ganz wichtig ist es, daß die gepflanzten Apfel- beziehungsweise Birnensorten sich untereinander befruchten können. Außerdem sollten sie resistent gegen viele Krankheiten sein. Und natürlich will man so früh und so lange wie möglich Früchte ernten und genießen. In den folgenden Tabellen findet man die wichtigsten Informationen.

Apfelsorten

a = anfällig, 1–12 = Monate, A = Anfang, M = Mitte, E = Ende

Sorte	Pflück-reife	Genuß-reife	Befruchter-sorten	Blatt-läuse	Blut-läuse	Blüten-frost	Holz-frost	Mehl-tau	Moni-lia	Schorf	Stippe	Bemerkungen
1 'Alkmene'	A9	M9–E12	5, 9, 13, 20, 23			a					etwas a	hoher Ertrag; Geschmack ähnlich ‚Cox Orange'
2 'Bohnapfel'	E10–A11	3–6	5, 9, 21								etwas a	Anbau auch in rauhen Lagen; nicht druck-empfindlich
3 'Boskoop'	A–M10	1–4	5, 6, 8, 9, 13, 15, 17, 20	a	a	etwas a				a	a	Früchte grün-lichgelb; ‚Roter B.' dunkelrot; Geschmack säuerlich; aro-matischer Belag für Kuchen
4 'Champagner'	E10	2–3	6, 9, 15, 17, 20	a								Früchte klein bis mittelgroß; weinsäuerlich
5 'Cox Orange'	A–M9	11–3	6, 8, 9, 11, 13, 15, 17, 20	a	a		a	a	a	a		Früchte gold-gelb rötlich marmoriert; empfindlich ge-gen schwefel-haltige Spritz-mittel
6 'Glockenapfel'	E10	2–5	4, 5, 8, 9, 13, 15, 17									mittelgroße bis große säuer-liche Früchte
7 'Gloster'	E10	11–2	5, 8									rotbäckige, große Früchte, sehr saftig; frosthart
8 'Golden Delicious'	M–E10	12–4	5, 6, 9, 11, 13, 15, 17, 2C					etwas a		sehr a		mittelgroße, gelbe Früchte; empfindlich ge-gen Schwefel-spritzungen
9 'Gold-parmäne'	M9–A10	10–2	4, 5, 6, 8, 11, 13, 15, 17	a	a	etwas a		a	a			mittelgroßer, goldgelber Apfel, orange-rot geflammt
10 'Graven-steiner'	E8	9–11	5, 8, 9, 13, 15, 19, 20		a		a		a	a		mittelgroße bis große Früchte, gelb mit rot-orange

Sorte	Pflück-reife	Genuß-reife	Befruchter-sorten	Blatt-läuse	Blut-läuse	Blüten-frost	Holz-frost	Mehl-tau	Moni-lia	Schorf	Stippe	Bemerkungen
11 'Idared'	E10	2–5	6, 8, 9, 15, 17					a		etwas a		für wärmere, offene Lagen
12 'Ingrid Marie'	M10	11–3	5, 6, 8, 9, 13, 15							a		als Spindelbaum für kleine Gärten sehr geeignet
13 'James Grieve'	M9	A10–E11	5, 6, 8, 9, 15, 17, 20	a	a			a		a		mittelgroße bis große grün-gelbe Früchte, würziger Geschmack
14 'Jonagold'	A–M10	11–3	5, 6, 7, 13, 15	a				a		a	a	kräftig orange-rote Frucht, harmonisch süß-säuerlich; wenig druckempfindlich
15 'Jonathan'	E9–M10	11–4	4, 5, 8, 9					a		a	etwas a	mittelgroße, süß-säuerliche Frucht; gegen Frühfröste empfindlich
16 'Kaiser Wilhelm'	A–M10	2–3	4, 5, 9, 17							a		anspruchslose, gesunde Sorte mit großen, roten Früchten, süß-säuerlich
17 'Klarapfel'	E7	E7–M8	4, 5, 8, 9, 13, 15, 20	a				a				früheste Sorte; nicht lange lagerfähig
18 'McIntosh'	M9	M9–E12	5, 6, 8, 9, 13, 15, 17							a	etwas a	mittelgroße bis große dunkel-bläulichrote Früchte, saftig, harte Schale
19 'Melrose'	10	12–5	5, 13, 20					a				für warme Lagen
20 'Oldenburger'	M–E9	9–11	5, 8, 9, 13, 17			etwas a		a			etwas a	mittelgroße, hell- bis gold-gelbe Früchte, mild säuerlich
21 'Ontario'	E10–A11	2–6	4, 5, 6, 9, 15, 17, 20			etwas a	a				etwas a	große, hellgelbe Früchte, erfrischend zart säuerlich
22 'Signe Tillisch'	M9	A10–E11	5, 13, 17, 18					a		a	a	große, saftige, würzige Früchte
23 'Starking'	A–M10	11–4	5, 8, 15, 18			a					etwas a	großer, süßer, roter Apfel, melonenartig parfümiert

Birnensorten

a = anfällig, 1–12 = Monate, A = Anfang, M = Mitte, E = Ende

Sorte	Pflück-reife	Genuß-reife	Befruchter-sorten	Schorf	Blüten-frost	Holz-frost	Bemerkungen
1 'Alexander Lucas'	E9–A10	10–12	2, 3, 4, 7, 8, 10, 12, 14, 15, 16, 17		a		große, grüngelbe Frucht, süß und saftig; für wärmere Lagen und warme Böden
2 'Bunte Julibirne'	E7–A8	E7+8	3, 4, 7, 8, 12, 17				kleine bis mittelgroße Frucht, grüngelb, saftig und wohlschmeckend
3 'Clapps Liebling'	A–E8	A8–A9	2, 4, 7, 8, 10, 12, 17				mittelgroße bis große Frucht, gelblichgrün, rötlich, süß und saftig
4 'Conférence'	M9–A10	10+11	2, 3, 7, 8, 10, 12, 15, 16, 17	a			mittelgroße bis große Frucht, dünnschalig, saftig und mild würzig
5 'Edel-crassane'	E10–A11	1–3	6, 10, 16, 17		a	a	mittelgroße bis sehr große Frucht, rauhe Schale, butterweich und saftig
6 'Esperens Bergamotte'	M–E10	1–4	3, 5, 13, 17	a		a	mittelgroße, flach kuglige Frucht, grün, Schale rauh und dick; bei warmem Standort aromatisch
7 'Frühe von Trévoux'	A8–A9	A8–A9	2, 3, 4, 8, 10, 12, 15, 16				kleine bis mittelgroße Frucht, gelbgrün bis rötlich, saftig und süß-säuerlich
8 'Gellerts Butterbirne'	M9–A10	9+10	3, 6, 10, 12, 13, 14, 16, 17	a			große zimtbraune, gelblich schimmernde Frucht, sehr saftig und würzig
9 'Gräfin von Paris'	E10–A11	12–2	2, 3, 8, 12, 13, 14, 17				mittelgroße bis große Frucht, grüngelb, saftig, süß, schwach würzig
10 'Gute Luise'	A9–A10	E9–E10	2, 3, 4, 6, 7, 16	a	a	a	mittelgroße Frucht, grünlichgelb, sehr saftig und hoch aromatisch
11 'Herzogin Elsa'	M9–A10	9+10	4, 7, 12, 17				mittelgroße bis große Frucht, grüngelb, bräunlich überzogen, reif gelborange, süß, fein säuerliches, kräftiges Aroma
12 'Köstliche von Charneu'	M9–A10	10–E11	2, 3, 7, 8, 10, 14, 15, 16, 17			a	längliche, grüngelbliche Frucht, saftig, würzig
13 'Madame Verté'	M–E10	E11–M1	6, 8, 9, 12, 15, 16, 17		a		kleine bis mittelgroße, graugrüne Frucht, süß, fein weinsäuerlich und aromatisch
14 'Neue Poiteau'	E9–M10	10+11	3, 8, 10, 17	a			mittelgroße bis sehr große Frucht, schmutzig grüngelb, sehr saftig, zart säuerlich, süß bis fad, je nach Standort

Sorte	Pflück-reife	Genuß-reife	Befruchter-sorten	Schorf	Blüten-frost	Holz-frost	Bemerkungen
15 'Tongern'	E9–A10	10+11	13, 16, 17	a			große Frucht, braunrot, saftig, aromatisch
16 'Vereins-Dechants-birne'	M10–A11	11	2, 3, 5, 7, 8, 14, 17				große Frucht, gelb, sonnenwärts rötlich, sehr saftig und süß
17 'Williams Christ'	E8–M9	9	2, 3, 5, 9, 11, 13, 16	a		a	mittelgroße bis große Frucht, gelbgrün, vollreif gelb, sonnenwärts leicht orange, sehr saftig und süß

Quittensorten

Sorte	Pflückreife	Verwertungsreife	Bemerkungen
'Champion'	10	10–12	birnenförmig; zitronengelb
'Konstantinopel'	10+11	11	apfelförmig; hellgelb
'Lescovac'	10+11	10–12	apfelförmig; gelb mit grünlichen Streifen
'Meech's Prolific'	11	11+12	birnenförmig; goldgelb

Schädlings- und Krankheitsabwehr bei Kernobst

Wie beim Beerenobst gibt es eine Reihe vorbeugender Maßnahmen, deren Durchführung gesundes Kernobst gewährleisten.
Voraussetzung für alle weiteren Maßnahmen ist der gepflegte Boden. Kompost, Gründüngung, Mulch und Vogelschutz führen beim Apfel- wie Birnbaum zum Erfolg. Dazu kommen Hornmist- und Hornkieselpräparatspritzungen und Behandlungen mit Kräutern und Preicobakt. Diese Anwendungen richten sich nach den Entwicklungsstadien der Früchte.
Die Anwendung des Spritz- und Pflegeplans für Apfelbäume ist auch für die Gesundheit der Birnengehölze von Vorteil. Dem bei Birnen vorkommenden Schorf wird durch die in der Tabelle angegebenen Maßnahmen vorgebeugt.
Der **Birnengitterrost** braucht im Winter als Zwischenwirt einige Wacholderarten. Unter diesen ist aber nicht der Gemeine Wacholder (Juniperus communis). Die an den Zweigen des Wacholders durch einen Pilz verursachten keulenförmigen Verdikkungen, an denen sich im April hellbraune Zäpfchen bilden, die bei feuchter Witterung aufquellen, gallertartig werden, schließlich eintrocknen und vom Wind fortgetragen werden, schneidet man bis 10 cm unterhalb der Verdickung weg.
Gelangen die Pilzsporen auf feuchte Birnenblätter, wachsen sie in das Gewebe, zerstören es aber nicht. Allerdings kommt es bei den Blättern zu verminderter Assimilation. Das schadet dem ganzen Baum.
Die vorbeugenden Spritzungen mit Hornkiesel-, Schachtelhalm- und CP-Mineralpulver-Aufbereitungen helfen meist. Bei Gefahr – die Pilzsporen fliegen im Juni – läßt sich CP-Mineralpulver oder auch Ecomin morgens und nach dem Regen auf die Ober- und Unterseite der tau- oder regennassen Blätter stäuben.
Spritzungen mit Artanax S (S = Netzschwefel) oder Ledax-san mit einem Zusatz von 10 g Algenkalk sind im April für Wacholder, im Juni für die jungen Birnenblätter empfehlenswert.

Mausohrstadium   Haselnußstadium   Wahlnußstadium

Stadien der Apfelentwicklung, maßgebend für vorbeugende und pflegende Spritzungen

Ballonstadium

Apfelblüte

Pflegeplan für Apfelbäume

(jeweils für 10 l Wasser)

1. Winterspritzung zwischen Winterruhe und Knospenschwellung ab Februar	Preicobakt-Anstrich (2 kg) und -Spritzung (½ kg)	gegen Spinnmilben und andere Schädlinge
	CP-Mineralpulver (vorbeugend 20–50 g, bei Befall 200 g) und Baldrianblütenextrakt (50 Tropfen)	zur Irritation der auf Obstbäumen überwinternden Schädlinge und gegen Frostschäden an Knospen

2. Bodenpflege bei Wachstumsbeginn des Grases	Hornmist (60 g) mit Schachtelhalm (150 g getrocknete Droge)	zur Aktivierung des Bodenlebens und Wurzelwachstums (gegen Abend und möglichst an einem Wurzeltag ausbringen)
3. Vollblütenspritzung zwischen Mausohr- und Ballonstadium (bei Befall nach 7–14 Tagen wiederholen)	CP-Mineralpulver (vorbeugend 20–50 g, bei Befall 200 g) und Baldrianblütenextrakt (50 Tropfen), bei starkem Befall Pyrethrum	gegen Schorfsporen, Fruchtschalenwickler-Raupen und schlüpfende Rote Spinnen
4. Ballonstadiumspritzung	Hornkieselspritzung (1 g)	für die Licht- und Wärmeeinwirkung und zur Zellstärkung (morgens und möglichst an einem Blütentag spritzen)
5. Blütenspritzung	Baldrianblütenextrakt (50 Tropfen)	bei unmittelbarer Frostgefahr (zwischen 16 und 18 Uhr mit feinster Düse und nicht tropfnaß sprühen)
6. Nachblütenspritzungen nach Abfall der meisten Blütenblätter alle 14 Tage wiederholen	CP-Mineralpulver (Menge siehe oben) mit 1 l Brennesseljauche oder 1 gestr. TL Algifert oder 1 l Eichenlaubjauche	zur Wachstumsförderung, Blattpflege und Erhöhung der Widerstandskraft, gegen Schorf und Blattläuse
7. Hornkieselspritzung zwischen Haselnuß und Walnußgröße der Früchte	Hornkiesel (1 g) und 1 l Brennesseljauche oder 1 TL Algifert	zur Wachstumsförderung und Zellstärkung der Früchte
8. Obstmadenspritzung ab Ende Mai bis August alle 14 Tage wiederholen; schlüpfende Obstmaden können dann nicht in die Äpfel eindringen	CP-Mineralpulver (50 g) und Algifert (1 gestr. TL)	ab Ende Mai bis August (meist 1. Julihälfte) fliegt der Falter des Apfelwicklers, seine Eiablage auf den Apfelbäumen wird durch Ausschaltung des Apfelbaumduftes verhindert; auch gegen Schorf und Rote Spinne
9. Hornmistspritzung in der Mitte der Vegetationszeit (Juli)	Hornmist (60 g)	zur Förderung der Bodenaktivität
10. Hornkieselspritzung während der Fruchtreife bis 4 Wochen vor der Ernte	Hornkiesel (1 g) oder CP-Mineralpulver (20–50 g)	Früchte reifen besser aus, haben einen höheren Fruchtzuckergehalt und halten sich länger (gegen Abend, möglichst an einem Fruchttag sprühen)
11. Hornkiesel-Spritzungen am 1. Tag nach der Ernte morgens, am 4. abends und am 7. Tag noch einmal abends	Hornkiesel (1 g)	zur Durchlichtung, Durchwärmung und zur Schädlingsabwehr, speziell gegen Pilzbefall
12. Düngung und Hornmistspritzung Sobald wie möglich nach den Hornkieselspritzungen zuerst düngen und anschließend mit Hornmist spritzen, danach oberflächig hacken und mulchen	reifer Mistkompost, dem beim Aufsetzen zugegeben wurde: 3 kg/m³ Steinmehl, 3 kg/m³ Tonmehl, 3 kg/m³ Algenkalk, 3 kg/m³ Meeresalgen, 5 kg/m³ Rindermist oder 10 kg/m³ Ecovital; Hornmist (60 g)	zur Förderung des Bodenlebens

Köstliches Steinobst

Während beim Kernobst mehrere Samen vom Fruchtfleisch umhüllt werden, hat Steinobst einen steinharten Kern, der den Samen einschließt.

Das Fruchtfleisch ist weicher, und die im ganzen empfindlicheren, dünnhäutigeren Früchte sind nur einige Tage lagerfähig. Dafür sind sie saftreicher und erquicken im Sommer.

Kirschen
(Familie: Rosaceae)

Man unterscheidet zwischen Süß- und Sauerkirschen. Außer durch Geschmack unterscheiden sich beide Arten dadurch, daß Süßkirschen anspruchsvoller sind, größere Bäume hervorbringen und selbstunfruchtbar sind.

Sauerkirschen haben nicht so hohe Bodenansprüche, sind nicht so kräftig und beanspruchen weniger Platz. Sie sind selbstfruchtbar und können deshalb einzeln gepflanzt werden.

Süßkirschen lassen sich halbwegs platzsparend als Palmette oder noch besser mit der BTB-Methode heranziehen. Sie sind meist im Juli pflückreif, wetteifern also mit dem Beerenobst und sind auch genauso saftig wie dieses.

In den Sortentabellen ist die Reifezeit in Kirschenwochen angegeben; die Reifetermine für Süßkirschen umfassen etwa sieben Wochen (1. bis 7. Kirschenwoche).

Blühende Kirschzweige mit einjährigen Langtrieben an den Triebspitzen

Fruchtentwicklung am Fruchtholz bei Kirschbäumen

Aprikosen

(Familie: Rosaceae)

Aprikosengehölze sind zwar frostwiderstandsfähiger, als allgemein angenommen wird, jedoch erfriert die Blüte in unseren Breiten oft, da sie sehr früh eintritt (März/Anfang April), obwohl sie durchaus etwas Frost verträgt. Das Holz übersteht unsere Winter gut, aber wenn der Saftstrom bereits im Februar durch warme Witterung angeregt wird und dann nochmals Frost folgt, ist Schaden zu erwarten.

Aprikosengehölze sind deshalb nur für Weinbaugebiete und warme, geschützte Stellen am Haus geeignet. Preicobakt-Kronenspritzungen und -Anstrich sind im Winter, wenn kein Frost herrscht, zu wiederholen, falls die Preicobakt-Schicht nicht mehr deckt. Auch Baldrianblütenextrakt-Spritzungen schützen vor Frostschäden.

Bei starkem Frost kann man das Abdeckvlies Agryl P 17 über die Bäume hängen. Wegen der frühen Blüte ist mit Insektenbestäubung kaum zu rechnen. Will man einen guten Ertrag erzielen, müssen die Blüten alle zwei bis drei Tage mit einem weichen Haarpinsel betupft werden.

Die Früchte sollten auf 5 cm Abstand ausgedünnt werden. Man wartet damit jedoch so lange, bis die Steine vollständig ausgebildet sind, da kurz vorher oft ein natürlicher Fruchtfall eintritt.

Aprikosen werden erst gepflückt, wenn sie ausgereift sind und sich kräftig gelborange verfärbt haben. Sie sollten bald gegessen oder gedörrt werden.

Aprikosenbäume haben sehr flach verlaufende Wurzeln, deshalb sollte die Bodenlockerung den Bodenorganismen überlassen werden, die durch ständige Bodenbedeckung unterstützt werden. Die Bodenansprüche dieser Obstart sind gering.

Pfirsiche
(Familie: Rosaceae)

Der Pfirsich wird zwar botanisch Prunus persica genannt, aber er kommt wahrscheinlich aus dem fernen China, wo er schon seit 4 000 Jahren angebaut wird. Die Römer kannten ihn bereits und brachten ihn wie den Wein zu uns. Er hat sich allerdings sehr viel langsamer verbreitet als die meisten anderen Obstarten, was vermutlich mit seiner Frostempfindlichkeit zusammenhängt.

In strengen Wintern erfrieren ganze Bäume, aber auch die Blüte ist jedes Jahr gefährdet, da viele Pfirsichbäume bereits im März blühen. Sie werden deshalb hauptsächlich in Weinbaugebieten angebaut oder im Hausgarten an einer Südwand.

Die Nektarine ist eine glattschalige, noch empfindlichere Abart des Pfirsichs. Sie braucht noch wärmere Standorte als dieser und kann in unseren Breiten nur als Spalierbaum an einer Südwand in Weinbaugebieten gezogen werden.

Pfirsichgehölze werden hauptsächlich als Buschbäume oder an der Hauswand als Fächerspalier gepflanzt. Sie brauchen einen durchlässigen, humosen, kalkhaltigen und warmen Boden. Die Wasserhaltekraft des Bodens mit Tonmehl und Alginure-Granulat zu verstärken und zu mulchen ist wegen des hohen Wasserbedarfs sowohl von Pfirsichen als auch von Nektarinen besonders wichtig.

Pfirsiche sind selbstfruchtbar und tragen am einjährigen Holz. Die Bäume wachsen rasch und bringen bald Ertrag, sind aber recht kurzlebig, was wohl hauptsächlich mit Frostschäden zusammenhängt.

Beim Pfirsichbaum gibt es wahre und falsche Fruchttriebe. Bei den wahren Fruchttrieben sitzen Blüten- und Laubknospen zusammen. Diese Triebe sind am fruchtbarsten und werden jedes Jahr um ein Drittel oder bis zur Hälfte eingekürzt. Falsche Fruchttriebe sind dagegen nur mit einzelnen Blütenknospen besetzt. Sie tragen nicht und werden ganz weggeschnitten. Die Triebe, die nur Blattknospen entwickeln, werden auf drei bis fünf Augen zurückgeschnitten. Man nimmt diesen Schnitt am besten während der Blütezeit vor.

Pflaumen, Zwetschen, Mirabellen und Renekloden
(Familie: Rosaceae)

Für Haus- und Schrebergärten – und auch für Obstwiesen – sind Pflaumen, zu denen auch Zwetschen (Zwetschgen), Mirabellen und Renekloden gehören, besonders gut geeignet, da die Gehölze unempfindlich sind. Sie brauchen nicht sonderlich viel Pflege und bringen trotzdem noch gute Ernte.

Diese Obstsorten können auf jedem Boden angebaut werden. Nur Staunässe vertragen auch sie nicht. Am besten gedeihen sie auf kalkhaltigem, humosem, durchlässigem Lehm.

Die gebräuchlichste Baumform ist für Pflaumen der Halbstamm. Die Erziehung

Pfirsiche

gleicht der von Apfel- und Birnengehölzen. Unter Pflaumenbäumen gibt es selbstfruchtbare, schwach selbstfruchtbare und selbstunfruchtbare. Es müssen deshalb verschiedene Sorten gepflanzt werden. Dabei hat man viele Möglichkeiten zur Auswahl, weil sich alle vier Obstarten untereinander befruchten können.

Steinobstsorten

Die Süßkirsche und einige Pflaumen-, Zwetschen- und Reneklodensorten sind selbstunfruchtbar und benötigen daher Befruchtersorten. Sauerkirschen, Aprikosen und Pfirsiche sind immer selbstfruchtbar.

Süßkirschensorten

Sorte	Befruchtersorten	Reifezeit in Kirschenwoche	Fruchtfarbe	Bemerkungen
1 'Büttners Rote'	4, 5, 6	4+5	gelbrot	große Früchte, süß-säuerlich, würzig, fest, mäßig saftig; Saft farblos; gering lagerfähig
2 'Große Prinzessin'	4, 5, 6	4	gelbrot	große Früchte, süß und würzig; einige Tage sehr gut lagerfähig
3 'Große Schwarze Knorpel'	4, 5, 6	5+6	schwarzbraun	mittelgroße bis große Früchte, süß-säuerlich, würzig, fest, mäßig saftig; gut lagerfähig
4 'Hedelfinger'	1, 2, 3, 4, 6	4+5	dunkelbraun	große Früchte, erfrischend süß-säuerlich und würzig; Saft dunkelrot; gut lagerfähig
5 'Kassins Frühe'	1, 3, 4, 6	2	schwarzbraun	mittelgroße bis große Früchte; schmackhafteste Frühkirsche; Saft dunkelrot; gut lagerfähig
6 'Schneiders Späte'	1, 2, 4, 5	5+6	dunkelbraun	große Früchte, süß, schwach säuerlich und würzig; Saft hellbraunrötlich; sehr gut lagerfähig

Sauerkirschensorten (selbstfruchtbar)

Sorte	Reifezeit in Kirschenwoche	Fruchtfarbe	Bemerkungen
'Heimanns Rubin'	4+5	dunkel	mittelgroße bis große Frucht, sehr saftig; Saft purpurrot, aromatisch säuerlich; gute Lagerfähigkeit
'Köröser Weichsel'	5	dunkel	mittelgroße bis große Frucht, mäßig saftig, süß-säuerlich; gute Lagerfähigkeit
'Morellenfeuer'	5+6	dunkel	mittelgroße Frucht, sehr saftig, aromatisch süß-säuerlich; gute Lagerfähigkeit
'Schattenmorelle'	6+7	dunkel	kleine bis sehr große Früchte, sehr saftig aromatisch sauer, auf gutem Standort süß-sauer; verträgt zwar schattigen Standort, voller Ertrag und Geschmack jedoch nur in sonniger Lage; gute Lagerfähigkeit

Aprikosensorten (selbstfruchtbar)

1–12 = Monate, A = Anfang, M = Mitte, E = Ende

Sorte	Reifezeit	Bemerkungen
'Aprikose von Nancy'	E7–A8	mittelgroße bis große Früchte, hellorangegelb, süß aromatisch
'Große Wahre Frühaprikose'	M–E7	große Früchte, gelb mit rot
'Heidesheimer Frühe'	A–M7	mittelgroße Früchte
'Späte Delmast'	M–E8	große Früchte, gelborange, würzig, intensives Aprikosenaroma
'Ungarische Beste'	A–M8	mittelgroße bis große Früchte, sattgelb bis orange, süß-säuerlich; ziemlich widerstandsfähig gegen Holz- und Blütenfrost

Pfirsichsorten (selbstfruchtbar)

1–12 = Monate, A = Anfang, M = Mitte, E = Ende

Sorte	Pflück- und Genußreife	Farbe	Bemerkungen
'Amsden'	M–E7	orangerot	große, saftreiche Frucht, aromatisch; 3–4 m hohe Buschbäume; durch Monilia gefährdet
'Anneliese Rudolph'	M8	grünlichgelb bis dunkelrot	sehr große Frucht, weißlichgelbes Fleisch, saftig, würzig; robustes Gehölz
'Cumberland'	M8	grünlichgelb	sehr große Frucht, weißliches Fleisch, robustes Gehölz, auch für nicht ganz so warme Lagen
'Früher roter Ingelheimer'	M–E7	grünlichhellgelb bis orange	große Frucht, schwaches Aroma; reich tragend
'Madame Rogniat'	E8	grünlichgelb	große Frucht, weißes Fleisch, saftig; ertragreich; robustes Gehölz
'Mayflower'	6+7	hellgrünlichgelb bis leuchtend-karminrot	oft kleinfrüchtig, sonst mittelgroß; in warmen Lagen feines Aroma
'Rekord aus Alfter'	M–E8	grünlichgelb bis rot	große Frucht, starker Behang (auf 10–20 cm ausdünnen), süß-säuerlich und würzig
'Roter Ellerstädter'	M9	weißlichgelb bis orangerot	mittelgroße Frucht, weißes Fleisch, saftreich, aromatisch; robustes Gehölz, auch noch für weniger warme Lagen
'South Haven'	E8	gelb bis orangerot	große bis sehr große Frucht, gelbes Fleisch, saftig und aromatisch; anfällig für Kräuselkrankheit
'Nectared' (Nektarine)	7	gelb bis purpurrot	große Frucht, goldgelbes Fleisch, kräftiges Aroma; 2,5 m hohe Buschbäume

Pflaumen-, Zwetschen-, Mirabellen- und Reneklodensorten

1–12 = Monate, A = Anfang, M = Mitte, E = Ende

Sorte	Obstart	Befruchtersorten	Reifezeit	Bemerkungen
1 'Althann'	Reneklode	5, 9, 10, 12	E8–M9	große bis sehr große Früchte, violett-orange, goldgelbes Fleisch, saftig, süß; erhitzt sauer
2 'Bühler'	Frühzwetsche	selbst-fruchtbar	M–E8	mittelgroße Früchte, dunkelblau, goldgelbes Fleisch, sehr saftreich, süß-säuerlich; erhitzt süß; weltbekannt
3 'Czar'	Halbzwetsche	selbst-fruchtbar	A–M8	große Früchte, blaurötlich, weiß bereift, gelbes Fleisch, saftig, süß und würzig; erhitzt sehr sauer
4 'Ersinger'	Frühzwetsche	3, 10	E7–A8	mittelgroße bis große Früchte, dunkelviolett, hellblau bereift, grünlichgelbes Fleisch, saftig, würzig und schwach süß; erhitzt süß
5 'Große Grüne'	Reneklode	1, 2, 3, 6, 7, 9, 11, 12	E8–M9	sehr große Früchte, grünlichgelb, grünlichgelbes Fleisch, sehr saftreich, schwach säuerlich, sehr süß; erhitzt mäßig säuerlich
6 'Hauszwetsche'	Zwetsche	selbst-fruchtbar	A9–M10	mittelgroße bis große Früchte, dunkelviolett, weißblau bereift, goldgelbes Fleisch, mäßiger Saftgehalt, süß mit ausgeprägtem Zwetschenaroma; erhitzt meist saurer
7 'Italienische Zwetsche'	Zwetsche	selbst-fruchtbar	A–E9	mittelgroße bis große Früchte, dunkelblau-violett, stark hellblau bereift, gelblichgrünes bis bräunlichgelbes Fleisch; erhitzt nicht saurer
8 'Kirkes Pflaume'	Pflaume	1, 9, 12, 16	A–E9	große Früchte, dunkelviolett, hellblau bereift, gelbliches Fleisch, süß bis schwach säuerlich, würzig; erhitzt saurer
9 'Königin Viktoria'	Pflaume	selbst-fruchtbar	E8–A9	große Früchte, weinrot, gelb- bis hellorangefarbenes Fleisch, sehr saftig, süß-sauer, Schale sauer; zum Erhitzen abziehen
10 'Lützelsachser'	Frühzwetsche	2, 3, 4, 13, 16	M7–A8	kleine bis mittelgroße Früchte, dunkelviolett, bläulichweiß bereift, hellgrünes bis dottergelbes Fleisch, saftig, süß-säuerlich; erhitzt unverändert
11 'Nancy Mirabelle'	Mirabelle	selbst-fruchtbar	M8–A9	kleine Früchte, hell- bis goldgelb, goldgelbes Fleisch, mäßig saftig, würzig süß, typischer Mirabellengeschmack; auf ungeeignetem Standort oder früh gepflückt fade; erhitzt aromatisch

Sorte	Obstart	Befruchter-sorten	Reifezeit	Bemerkungen
12 'Quilins Reneklode'	Reneklode	selbstfruchtbar	8	mittelgroße, rundliche Früchte, gelb, saftiges, süß-aromatisches Fleisch
13 'Ruth Gerstetter'	Pflaume	4, 10, 16	7	mittelgroße Früchte, dunkelblau, gelbes Fruchtfleisch, saftig, schmeckt frisch sehr gut
14 'Stanley'	Pflaume	selbstfruchtbar	A9–A10	mittelgroße bis große Früchte, dunkelviolett bis schwarzblau, hell bereift, grünlichgelb bis rötlichgelb, saftig, würzig süß mit schwacher Säure
15 'Wangenheims'	Frühzwetsche	selbstfruchtbar	M8–M9	kleine bis mittelgroße Früchte, dunkelviolettblau, hellblau bereift, grünlichgelbes bis goldgelbes Fleisch, saftig, würzig süß-säuerlich; erhitzt saurer
16 'Zimmers'	Zwetsche	3, 6, 7, 12	E7–M8	kleine bis mittelgroße Früchte, dunkelblau, hellviolett bereift, goldgelbes Fleisch, saftig, aromatisch süß-säuerlich

Schädlings- und Krankheitsabwehr bei Steinobst

Ganz allgemein tut auch dem Steinobst die Pflege gut, die für das Kernobst beschrieben ist. Dadurch treten viele Schäden erst gar nicht auf, so daß sie im naturnah gepflegten Garten oft gänzlich unbekannt sind.

Natürlich müssen die Zeiten für die verschiedenen Behandlungen auf die Wachstumsstadien der einzelnen Steinobstarten abgestimmt werden, deshalb ist es nicht möglich, die Spritzungen für alle Obstarten gleichzeitig vorzunehmen. Lediglich die Preicobakt-Behandlung kann für alle Obstarten zur gleichen Zeit erfolgen.

Manche Steinobstarten und auch einige Sorten sind für Schädlinge und Krankheiten nicht anfällig, beispielsweise die Nancymirabelle. Trotzdem sollte man zur Pflanzenstärkung einige grundlegende Maßnahmen durchführen. Größere Erträge und aromatischere Früchte lohnen die Mühe. Deshalb sollten alle Steinobstarten ge-

mulcht werden, im Herbst und Frühjahr eine Hornmistspritzung erhalten und Hornkieselspritzungen im Ballonstadium der Blüten, während der Fruchtreife und gleich nach der Ernte. Im Herbst und Frühjahr ist ein Stammanstrich mit Preicobakt sinnvoll und außerdem je eine Kronenspritzung nach dem Blattfall im Herbst und vor dem Austrieb im zeitigen Frühjahr.

Es gibt einige für bestimmte Steinobstarten typische Schäden, bei denen man die biologische Behandlung kennen muß, falls sie einmal nötig wird, denn man darf nicht vergessen, daß die Luftverschmutzung auch den biologischen Garten nicht ausspart.

Das bereits 1984 festgestellte Obstbaumsterben wird durch die Hornmist- und Hornkieselspritzungen bisher weitgehend vermieden, wenn nicht grundlegende Fehler im Anbau gemacht worden sind. Das gilt sowohl für Stein- als auch für Kernobst.

Ein weiteres Mittel für Obstbäume, das von dem homöopathischen Tierarzt Dr. Schell entwickelt wurde und gegen Umweltschäden bei Obstbäumen, Nadel- und Laubbäumen hervorragende Wirkungen zeigt, ist das homöopathische Pflegemittel Eusilva I und II. Es wird während der Vegetationsperiode mehrmals auf den Boden um die Bäume, in verschwindend kleinen Mengen in Wasser verrührt, gegossen.

Für arttypische Schäden gelten folgende Behandlungen:

Spezialbehandlungen für Steinobst

Gummifluß kommt nur bei Steinobst und vor allem bei Kirschen vor. Aus dem Holz (Bast) treten gelb- bis rotbraune, zähflüssige Säfte aus. Gummifluß kann verschiedene Ursachen haben: Kalk- oder Luftmangel im Boden, Staunässe, Stickstoffüberschuß, Frostschäden, starke Verwundungen. Diese Ursachen müssen zunächst behoben werden.

Gummifluß am Stamm einer Süßkirsche

Frostrisse und Wunden müssen gut ausgeschnitten und mit Preicobakt-Brei verschmiert werden, der mit Kamillentee angerührt wurde. Nach 20 Tagen wäscht man die Wunde aus und schmiert sie mit Baumwachs zu.

Weitere Maßnahmen: Roten Fingerhut unter den Baum pflanzen.

2 TL des biologisch-dynamischen Eichenrindenpräparates in 2 l Wasser verrühren, 24 Stunden stehenlassen und 1 : 1 verdünnt auf den Kronentraufenbereich gießen.

Die glänzendschwarzen **Kirschenblattläuse** sitzen an den Unterseiten der Blätter, besonders auf Jungbäumen und an frischen Triebspitzen. Es kommt zu Wachstumsstörungen. Die Nützlinge Marienkäfer und ihre Larven, Florfliegenlarven, Schwebfliegenlarven, Schlupfwespen, Raubmilben, Raubwanzen, Ohrwürmer und Vögel sind ihre natürlichen Feinde, die zu schonen sind.

Für Ohrwürmer hängt man mit Holzwolle gefüllte Blumentöpfe umgekehrt in die Baumkronen. Darin verstecken sich die Ohrwürmer tagsüber, damit sie nicht von Vögeln gefressen werden. Nachts gehen sie auf Beutezug und vertilgen Mengen von Blattläusen. Die Holzwolle im Blumentopf muß gut befestigt werden, damit die Vögel sie nicht herauszupfen.

Durch die klebrigen Honigtauausscheidungen der Kirschenblattläuse werden Ameisen anzogen. Sie verschleppen die Blattläuse zu anderen Trieben. Außerdem entwickeln sich schwarze Rußtaupilze auf den klebrigen Ausscheidungen.

Ein schwacher Befall mit Kirschenblattläusen ist oft schon durch Auflockern der Baumscheibe (Vorsicht, flache Wurzeln!) und gründliches Wässern zu beheben.

Ebenso kann ein starker Kaltwasserstrahl bei Sonnenschein zur Mittagszeit helfen.

Auch Gießen der Baumscheibe und Sprühen des Baumes um 1 m über die Kronentraufe hinaus mit Brennesseljauche (1 : 10 mit Wasser verdünnen) hat sich bewährt. Außerdem hilft die Untersaat mit Brennesselsamen.

Das Stäuben mit Algomin oder CP-Mineralpulver vertreibt Blattläuse und Ameisen.

Bei starkem Befall muß man zu einem Mittel auf Pyrethrum-Basis greifen. Es schadet leider auch Bienen, Schwebfliegen und anderen kleinen Nutzinsekten, aber nicht Säugetieren und Menschen.

Kirschfruchtfliegen schlüpfen Mitte Mai bis Juli, deshalb hängt man, bevor diese

Schadinsekten zu fliegen beginnen, gelbe Kirschenfrucht-Fliegenfallen in die Baumkronen von Süßkirschen. An diesen Fallen bleiben die Tiere, die von der gelben Farbe angezogen werden, hängen und können keinen Schaden mehr anrichten. Ihre Maden fressen sonst das Fruchtfleisch um den Kirschkern und die Kirsche bekommt einen widerlichen Geschmack.

Die **Kräuselkrankheit bei Pfirsichen** wird von einem Pilz hervorgerufen, der an der Oberfläche der Rinde überwintert. Von hier aus befällt er im Frühjahr austreibende Blätter, diese kräuseln und verfärben sich und fallen schließlich ab.

Die bereits angegebenen Spritzungen verhindern die Krankheit. Zusätzlich stößt man im Herbst mit einem Harkenstiel 10–12 Löcher im Bereich der Kronentraufe um den Baum, füllt sie mit Basaltmehl und gießt Schachtelhalmjauche hinein. Über die Mulchschicht streut man 2 kg Algenmehl.

Monilia wird durch einen Pilz verursacht, der die Leitungsbahnen im Pflanzengewebe blockiert. Dadurch wird vor allem bei Sauerkirschen und Aprikosen, seltener beim Pfirsich ein Absterben der Triebspitzen verursacht, die sogenannte Spitzendürre.

Die Ursache ist eine Konstitutionsschwäche der Pflanze. Bei der Durchführung aller angegebenen Pflegemaßnahmen ist Monilia unwahrscheinlich.

Vorbeugend muß zu dichter Fruchtbesatz ausgedünnt werden. Außerdem kann man Meerrettich auf die Baumscheiben pflanzen.

Bei Befall im Vorjahr entfernt man im Herbst verdorrte Äste und Fruchtmumien, spritzt Meerrettichblätter- und -wurzeltee in die Blüte und sprüht anschließend jede Woche einmal Schachtelhalmjauche oder Equisan.

Pflaumenrost, der Zwetschen und Pflaumen, seltener Aprikosen und Pfirsiche befällt, wird wie Säulenrost bei Johannisbeeren behandelt (siehe Seite 311).

Pflaumenwickler sind Kleinschmetterlinge, die bei warmem Wetter in der Morgendämmerung von Mai bis August fliegen und ihre Eier an den Früchten ablegen. Ihre Raupen fressen sich ins Fruchtinnere. Die Früchte verfärben sich und fallen ab. Es werden dieselben Spritzungen wie gegen den Apfelwickler durchgeführt (siehe Seite 355 unter 8. Obstmadenspritzung).

Sägewespen fliegen Pflaumen-, Zwetschen- und Mirabellenbäume an, wenn sie in voller Blüte stehen. Die schlüpfenden Larven befallen eine oder mehrere Früchte und fressen das Fruchtfleisch.

Unmittelbar nach dem Abfall der Blütenblätter muß mit CP-Mineralpulver, das man mit Rainfarn- oder Wermuttee anrührt, gespritzt werden.

Schildläuse befallen vor allem Zwetschen, Aprikosen und Pfirsiche. Dabei werden durch Saftentzug Wachstumsstörungen verursacht.

Die Pflanzen müssen durch Spritzungen mit Hornmist, Hornkiesel, Schachtelhalmjauche und Preicobakt gestärkt werden.

Bei Befall wird dem Preicobakt-Stammanstrich und der -Spritzlösung Wurmfarnauszug (5 g getrocknetes Kraut auf ½ l Wasser) hinzugefügt. Die Krusten mit den Schilden und Eiern der Läuse werden vor dem Stammanstrich mit einer Drahtbürste vom Stamm abgebürstet.

Schrotschuß wird durch einen Pilz verursacht, der auf abgestorbenen Pflanzen überwintert. Die Sommersporen, die der Verbreitung dienen, setzen sich vor allem auf den Blattunterseiten von Kirsch-, Pflaumen- und Pfirsichbäumen fest und rufen dort runde, rötliche Flecken hervor, die eintrocknen und zu Löchern werden, so als hätte man die Blätter mit Schrot durchschossen. Feuchtigkeit begünstigt den Befall.

Vorbeugende Spritzungen mit Hornmist, Hornkiesel und CP-Mineralpulver schaffen ein trockenes, durchlichtetes Milieu, das von den Pilzen gemieden wird. Zusätzlich können die Baumscheiben noch mit Zwiebeln und Knoblauch bepflanzt werden.

Bei Befall sind Blätter und Triebspitzen zu entfernen.

Pflanzen im naturnahen Ziergarten

Angesichts der Umweltkatastrophe, die zwar noch nicht von allen bemerkt, aber eben doch immer offenbarer wird, müssen wir im Ziergarten alle Erkenntnisse heranziehen und die daraus resultierenden Maßnahmen ergreifen, um kleine Reservate für Pflanzen und Tiere zu schaffen.

Dabei kommt es erst einmal darauf an, standortgerechte Gewächse anzupflanzen, sie sinnvoll je nach den Gegebenheiten anzuordnen und vorbeugende Maßnahmen für ihre Erhaltung zu treffen, damit wir trotz aller Pflege nicht zusehen müssen, wie die Pflanzen dahinsiechen.

Bäume und Sträucher

Nach der Planung und Bodenmodellierung bei einem neu anzulegenden Ziergarten oder bei einer Ergänzung vorhandener Pflanzungen wird das Einsetzen von Bäumen und Sträuchern vorbereitet. Sie sollen in kleinen Gärten als Schnitthecken platzsparend das nötige Kleinklima gewähren oder in größeren Gärten als frei wachsende Hecken und Gruppen neben dem Kleinklima auch einen natürlichen Eindruck schaffen.

Gemischte freiwachsende Hecken können fast in der ganzen Vegetationsperiode mit blühenden Pflanzen erfreuen.

Die Pflanzgruben für Einzelpflanzen oder Pflanzgräben für Schnitthecken sollten sehr frühzeitig ausgehoben werden, der Aushub mit den nötigen Düngern vermischt und vorerst wieder in die Pflanzgruben zurückgeschaufelt werden. So haben die Bodenorganismen Zeit, den Aushub durchzuarbeiten. Wie lange sie dazu brauchen, hängt von der Jahreszeit und der Witterung ab; bei günstigen Bedingungen sind das etwa 4–6 Wochen.

Aber auch gleich anschließend an das Ausheben der Pflanzlöcher kann man Bäume und Sträucher einpflanzen, wenn man die richtige Mischung zubereitet:

---

1 Teil <u>Oberboden</u> wird mit 1 Teil <u>Reifekompost</u>, der beim Aufsetzen gut mit Dünger versehen worden ist, 1 Teil <u>Lavagranulat</u> zur Erhöhung der Luftkapazität und Wasserdurchlässigkeit und als Langzeitdünger, 1/3 Teil <u>Bentonit</u> zur Erlangung der fruchtbaren Ton-Humus-Komplexe und 1/2 Teil <u>Luzian-Steinmehl</u> vermischt. Das Pflanzloch sollte so geräumig sein, daß die Wurzeln gut darin Platz finden und auch in der ersten Wachstumszeit genügend lockere Erde für die jungen Haarwurzeln verfügbar ist. Durch diese Vorbereitung erreicht man eine ausgezeichnete Pufferung und eine sofortige Aufnahme von Nährstoffen. Zusätzlich kann man noch <u>Alginure-Bodengranulat</u> untermischen, pro Loch je nach Größe 30 bis 50 g.

Für laubabwerfende Bäume wird in die ausgehobene Pflanzgrube zuerst in der Mitte ein kräftiger Pfahl eingerammt. Bäume ohne Erdballen werden an den Wurzeln etwas zurückgeschnitten. Beschädigte und abgestorbene Wurzelteile schneidet man bis auf den gesunden Wurzelteil weg. Trockene Wurzeln wässert man zuerst 12 bis 24 Stunden in Biosmonwasser, das man noch mit Algifert-Plus-Flüssigextrakt (300 ml/60 l) anreichern kann.

Nach dem Wässern taucht man die Wurzeln in Alginure-Tauchmix und stellt den Baum in die Pflanzgrube. Am besten pflanzt man zu zweit: Einer hält den Stamm gerade und etwa handbreit neben den Pfahl, der andere legt eine Latte über das Pflanzloch, um zu sehen, ob das Pflanzloch groß genug für die Wurzeln ist, und schüttet anschließend die Erde in die Pflanzgrube. Während des Auffüllens und danach wird der Boden leicht angetreten.

Der Baum wird fest am Pfahl angebunden. Im Handel sind verschiedene Baumbänder erhältlich. Sie haben einen Puffer, damit sich der Stamm bei Wind nicht am Stützpfahl reibt. Man bindet das Band etwa 10 cm unterhalb der ersten Verzweigung an Stamm und Pfahl. Zuletzt wird das Baum-

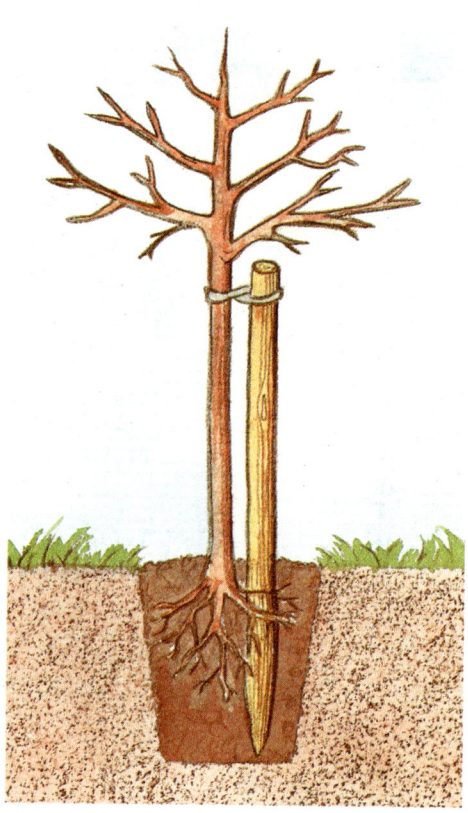

Die Pflanzlöcher für die Pflanzung von Bäumen und Sträuchern müssen geräumig sein.

So wird ein Baum zweckmäßig an einen Stützpfahl gebunden.

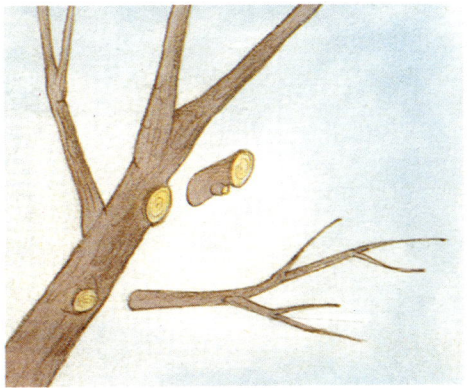

Äste und Stümpfe werden bis zum Stamm abgeschnitten.

band festgezogen und am Pfahl befestigt. Statt des Baumbandes läßt sich auch in Streifen geschnittenes Sackleinen, Rupfen oder Hanfseil verwenden. Diese Bänder müssen mehrmals in Form einer liegenden Acht um Pfahl und Stamm gewickelt werden.

Im Laufe des Jahres muß das Band öfter kontrolliert und, falls der Stamm dicker geworden ist, gelockert werden.

Dann sieht man sich die Baumkrone an. Sind Zweige abgeknickt, werden sie bis auf das unverletzte Holz zurückgeschnitten. Aststummel schneidet oder sägt man unmittelbar am Stamm oder Ast ab. Mehr

als daumendicke Schnittwunden bestreicht man mit Preicobakt-Brei.

Anschließend an die Pflanzung wird gut gewässert und Hohenheimer Gelbsenf, Ackerbohne oder niedrig wachsende Kapuzinerkresse auf die Baumscheiben gesät, oder man streut Lavagranulat, das den Boden locker und feucht hält und außerdem durch seine dunkle Farbe wärmt. Steht der Winter bevor, hat die Aussaat von Gründüngungspflanzen ohnehin keinen Sinn und man nimmt am besten gleich Granulat.

Frisch gepflanzte Bäume erhalten sofort nach der Pflanzung einen Stammanstrich

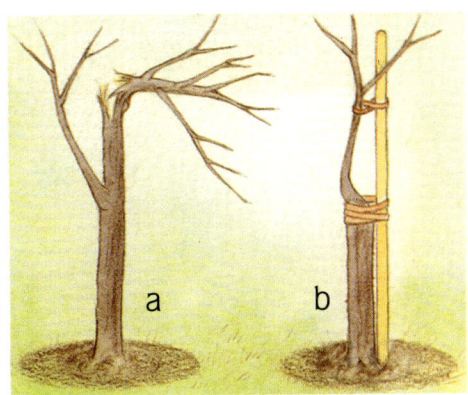

a) Abgeknickter Leitast
b) Ein Seitenast wird durch Hochbinden zu einem Leitast gemacht.

Auslichten einer Baumkrone.

Wasserschoß vom Stamm entfernen

mit Preicobakt, Kronen und Sträucher eine Spritzung, der man Alginure-Verdunstungsschutzspray beimischen kann.

Laufabwerfende Gehölze pflanzt man gern im Herbst, weil sie dann im Frühjahr schon gut angewurzelt sind. Die kahlen Zweige entziehen den Wurzeln kein Wasser, das ja bei Frost nicht nachgegossen werden kann. Man gießt übrigens direkt nach der Pflanzung durchdringend und dann nicht mehr, denn die Wurzeln sollen nicht verwöhnt werden, sondern so tief wie für jede Pflanzenart möglich in die Erde wachsen, damit sie längere Trockenperioden schadlos überstehen.

Nadelgehölze würden über Winter zu viel Wasser über ihre Nadeln verdunsten und damit die Wurzelentwicklung behindern. Deshalb werden sie vorzugsweise im Frühjahr gepflanzt. Eine Pflanzung im Herbst erfordert ein öfteres Einsprühen der Nadeln mit Alginure-Verdunstungsschutz.

Das Schneiden von Bäumen

Bäume im Ziergarten müssen nur selten ausgelichtet werden. Der Hauptstamm ist bereits in der Baumschule geformt und »erzogen« worden und wächst entsprechend weiter. Gleiches gilt für die Verteilung der Leitäste.

Es kommt bei jungen Bäumen manchmal vor, daß beim Transport oder am endgültigen Standort durch einen Sturm der Leittrieb umgeknickt oder verformt wird. Damit der Baum wie gewünscht weiterwächst, schneidet man in einem solchen Fall den Leittrieb bis zu einem Seitentrieb, der möglichst senkrecht steht, auf Stammebene weg und bindet den neuen Leittrieb mit einem Rohrstock senkrecht. Den Rohrstock bindet man an den Pfahl, den neuen Leittrieb mit Bast an den Rohrstock. Die Schnittwunde wird dick mit Preicobakt bestrichen. Nach einigen Jahren können Baumkronen zu dicht werden. Man muß sie auslichten.

Alle nach innen wachsenden Seitenäste werden bis zum Stamm oder Ast weggeschnitten. Auch schwache, abgestorbene oder beschädigte Äste werden entfernt, ebenfalls solche Äste, die parallel zum Leittrieb wachsen, damit sich kein Konkurrenztrieb bildet und solche, die sich überkreuzen.

An Baumstämmen treten manchmal sogenannte wilde Triebe auf, die meist dort herauswachsen, wo ein größerer Ast weggeschnitten wurde. Diese dünnen Triebe werden unmittelbar am Stamm abgeschnitten. Junge Triebe können auch einfach direkt am Stamm abgerissen werden.

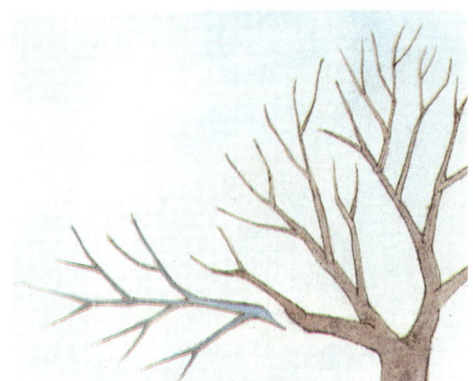

Harmonischer Kronenaufbau durch Absägen eines überstehenden Astes, der den Schwerpunkt der Krone verlagert hatte.

Dicke Äste werden nicht gleich bis zur Stammebene abgesägt, damit sie nicht abbrechen und die Stammrinde schälen.

Zurück- und Abschneiden eines Astes

Es kommt gelegentlich vor, daß ein Ast kräftig aus einer schön geformten Baumkrone herauswächst. Er verlagert den Schwerpunkt der Krone nach einer Seite, so daß der Baum schief weiterwächst.

Solch einen Ast kürzt man bis zu einem Ast, der bereits innerhalb der normalen Kronenform liegt und verhältnismäßig parallel zu dem abzuschneidenden Ast wächst.

Gelegentlich muß man einen ganzen Ast bis zum Stamm wegschneiden, weil er beschädigt worden ist oder in das Nachbargrundstück hineinragt. Ist er sehr lang und dick, sägt man ihn etwa 40 cm vom Stamm zuerst von unten und dann von oben ab. Auch der Stumpf wird von unten direkt am Stamm angesägt und dann von oben.

Laubabwerfende Bäume und Sträucher können von November bis Ende Februar, auch noch im März geschnitten werden. Am besten richtet man sich wegen der Schnittzeit nach dem Aussaatkalender von Maria Thun. Die Pflanzzeit ist auch immer die richtige Schnittzeit.

Schnitthecken schneidet man im Sommer, wenn das größte Wachstum vorüber ist, Blütensträucher erst nach der Blüte, bevor neue Blüten ansetzen.

Koniferenschnitt ist selten erforderlich

Koniferen sollten nur dann geschnitten werden, wenn sich zwei Baumspitzen gleichzeitig entwickeln. Das kommt oft bei kegel- oder pyramidenförmigen Nadelhölzern vor. Die Konkurrenztriebe werden an der Austriebsstelle glatt weggeschnitten. Bei älteren Nadelgehölzen verkahlen bei zu dichtem Wuchs oder ungünstigem Standort die unteren Äste. Sie werden bis auf Stammebene zurückgeschnitten.

Will man Nadelgehölze nicht zu schnell groß werden lassen, ist es empfehlenswert, im Sommer die neuen Triebe einzukürzen. Sie lassen sich ohne Schaden um die Hälfte zurückschneiden.

Eiben (vor allem TAXUS BACCATA), die auch als Schnitthecke verwendet werden, kann man ohne Bedenken im März oder April so einkürzen, daß sie ihre Jugendform behalten. Sie wachsen zwar relativ langsam, sehen aber, wenn sie älter geworden sind, nicht mehr schön aus, weil die unteren Äste mangels Licht verkahlen. Werden die Eiben zu dicht, sollte auch hier und da ein Ast bis zu einem parallel wachsenden Seitenast zurückgeschnitten werden. Im übrigen sollte man sich bei Koniferen auf möglichst wenige Korrekturen beschränken.

Das Pflanzen von Sträuchern

Auch Sträucher werden wie Bäume gepflanzt. Man bindet sie aber selten an Pfähle, weil sie nicht so hoch gewachsen in die Erde kommen und ihre Krone gewissermaßen unmittelbar am Boden haben. Dadurch sind sie nicht so windgefährdet. Nur größere Sträucher erhalten einen Pfahl, der vor der Pflanzung in den Boden des Pflanzloches eingeschlagen wird.

Sträucher werden von Oktober bis April gepflanzt, wenn der Boden nicht gefroren ist, Nadelgehölze besser im Frühjahr.

Die Baumschulen liefern Sträucher ohne Wurzelballen, mit Wurzelballen und in Containern. Erstere bewurzeln schnell, sind also unproblematisch in der Pflanzung und Pflege.

Pflanzen mit Wurzelballen wachsen verhältnismäßig langsam an. Die Wurzeln sind im Mutterboden des Ballens eingebettet, und das Ganze ist mit einem Jutegewebe umhüllt. Sträucher mit Wurzelballen erhalten eine gründliche Wässerung von 24 Stunden in Biosmonwasser, das mit Algifert-Plus-Flüssigextrakt angereichert ist.

Das Ballentuch wird erst geöffnet, wenn man den Ballen in die Pflanzgrube gesetzt hat. Dort an Ort und Stelle übergießt man den Ballen mit Alginure-Tauchmix, nachdem man die Grube bereits bis zu zwei Dritteln des Ballens aufgefüllt und festgetreten hat, weil sich der Mutterboden beim Gießen möglichst nicht von den Wurzeln lösen soll. Nach dem vollständigen Zuschütten der Pflanzgrube gießt man gründlich mit Alginure-Wurzel-Dip an (Mischungsverhältnis mit Wasser: 100:1). So hat man die Gewähr, daß die Pflanzen sofort anwachsen.

Container-Pflanzen werden 12 bis 24 Stunden in Biosmonwasser gewässert. Dann nimmt man die Pflanzen aus den Containern und setzt sie in die Pflanzgruben. Die Gruben werden mit der vorbereiteten Erde aufgefüllt und die Erde zwischendurch und zum Schluß festgetreten. Zuletzt wird durchdringend gewässert.

Während man Herbst- und Winterpflanzungen nur nach dem Pflanzen gründlich gießt, müssen Containerpflanzen, die im Sommer gepflanzt werden, öfter auf die Bodenfeuchtigkeit hin überprüft und besonders in Trockenzeiten gelegentlich nachgewässert werden. Mulchen ist hier besonders wichtig, da die Mulchdecke den Boden vor dem Austrocknen schützt.

Bei allen Baum- und Strauchpflanzungen ist von vornherein zu bedenken, wie hoch und breit diese Pflanzen in ausgewachsenem Zustand sind. Wenn der neu bepflanzte Ziergarten einem auch anfangs leer erscheinen mag, so wird man überrascht sein, wie schnell sich das ändert. Es ist nicht sinnvoll, wenn sich die ausgewachsenen Pflanzen gegenseitig erdrücken, kein Licht bekommen und die weniger robusten unter ihnen verkrüppeln und dahinsiechen.

Eine Mulchschicht unter Bäumen und Sträuchern ernährt Bodenorganismen und Pflanzen und schützt.

Außerdem handelt man sich Schädlinge, Pflanzenkrankheiten und überflüssige Schnittmaßnahmen in seinem Garten ein. Man muß viel Zeit aufwenden, um Schadinsekten und Pflanzenkrankheiten wieder loszuwerden. Sie sind immer die Folge von unsachgemäßer Pflege, zu engem Stand und schlechten Bodenverhältnissen.

Nun folgt eine Tabelle mit widerstandsfähigen Bäumen und Sträuchern, die heutige Umweltschädigungen, die vom einzelnen Gartenbesitzer vorerst nicht verändert werden können, noch gut überstehen. Alle aufgeführten Pflanzen sind winterhart.

Korkenzieherhasel

Laubabwerfende, widerstandsfähige Sträucher und Bäume

Deutscher Name BOTANISCHER NAME	Höhe/ Kronenbreite nach 10 Jah- ren in m	Endgültige Höhe/ Kronenbreite in m	Boden	Licht- bedürf- nis	Besondere Hinweise
Bergahorn ACER PSEUDOPLATANUS	4/2	20/8	jeder, basisch bis sauer	◑ ●	Schneller Tiefwurzler.
Birke Hängebirke BETULA PENDULA	5,5/2,5	20/6	trocken bis feucht, sauer	○ ◑	Auch Weißbirke genannt; schneller Flachwurzler, meist hängende Zweige mit doppelt gesägten Blättern, silber-weiße Rinde, gedeiht bis in Höhenlagen von 2000 m.
Moorbirke B. PUBESCENS	3/2	20/4	feucht bis naß, sauer	○ ◑	Blätter gezackt, aber rundlich, niemals hängende Zweige, schneller Flachwurzler.
Youngs Hängebirke B. PENDULA 'YOUNGI'	3,5/2	5/5	trocken bis feucht, sauer	○ ◑	Auch Trauerbirke genannt; Zweige hängen fast bis zum Boden, schneller Flachwurzler.

Deutscher Name BOTANISCHER NAME	Höhe/ Kronenbreite nach 10 Jahren in m	Endgültige Höhe/ Kronenbreite in m	Boden	Licht- bedürf- nis	Besondere Hinweise
Eberesche Mährische E. SORBUS AUCUPARIA VAR. EDULIS	4/2,5	12/7,5	überwiegend sauer	○ ◑	Auch Vogelbeere genannt; die orangeroten Beeren werden gern von Vögeln gefressen, von den sehr Vitamin-C-haltigen Früchten kann Marmelade gekocht werden, gelb bis orangefarbenes Herbstlaub.
Mehlbeere S. ARIA 'MAGNIFICA'	5/2,5	9/5,5	trocken, sauer bis basisch	○ ◑	Auch für kleinere Gärten geeignet, leuchtendgelbes Herbstlaub, Vitamin-C-haltige Früchte für Marmelade, orangerote Beeren, werden von Vögeln gern gefressen, mittelschneller Tiefwurzler.
Vielfiedrige Eberesche S. VILMORINII	3/2,5	6/4,5	feucht, sauer	○ ◑	Wächst langsam und schmal, gelbrote bis purpurfarbene Herbstfärbung, rosafarbene Beeren, für kleinere Gärten geeignet.
Erle Grauerle ALNUS INCANA	3/1,5	3/1,5	feucht, sauer	○ ◑	Frisches Grün, teilt sich oft in Bodennähe, schneller Tiefwurzler.
Grünerle A. VIRIDIS	5//2,5	18/7	etwas feucht, vorwiegend basisch	○ ◑	Blattunterseite weißlichgrau, Blattform oval mit rundlicher Spitze, weibliche Kätzchen, nicht gestielt, wächst gern an Bachufern und gabelt sich oft in Bodennähe, vermehrt sich durch kräftige Wurzeltriebe.
Schwarzerle A. GLUTINOSA	5/3	20/5	feucht, sauer	○ ◑	Laub fällt im Herbst grün ab, an den Wurzeln faustgroße Knollen mit luftstickstoffbindenden Bakterien.
Esche Goldesche FRAXINUS EXCELSIOR 'JASPIDEA'	3,5/1,5	12/6	jeder, bevorzugt sauer, aber auch basisch	◑ ●	Für große Gärten vor allem als Solitärbaum, schneller Flachwurzler, goldgelbes Laub im Herbst, gelbe Zweige im Winter.
Hängeesche F. EXCELSIOR 'PENDULA'	3/2	12/6	jeder, sauer bis basisch	◑ ●	Hängende Äste.

Deutscher Name BOTANISCHER NAME	Höhe/ Kronenbreite nach 10 Jah- ren in m	Endgültige Höhe/ Kronenbreite in m	Boden	Licht- bedürf- nis	Besondere Hinweise
Espe Hängende Espe POPULUS TREMULA	3,5/2	6/3,5	jeder	○	Auch Zitterpappel genannt, blüht März/April mit langen, roten Kätzchen, schnell wachsend, bildet gern Wurzelausläufer.
Faulbaum RHAMNUS FRANGULA	3,5/1,5	6/2	feucht, vorwiegend sauer	○ ◑	Gehört zu den Kreuzdorngewächsen; schnell wachsend, bildet Wurzelausläufer, nur für große Gärten geeignet.
Feldahorn ACER CAMPESTRE	5/3	12/4	mäßig feucht	○ ◑ ●	Leuchtendhellgelbes Herbstlaub, wächst schnell, anspruchslos.
Hartriegel Bluthartriegel CORNUS SANGUINEA	3/2	5/3	mäßig feucht, überwiegend basisch	○ ◑	Weiße Blütendolden, sehr robust, schöne Herbstfärbung ins Rotviolett, Vögel fressen gern die dunkelblauen Beeren.
C. ALBA 'SIBIRICA'	2/2	3/3	mäßig feucht, überwiegend basisch	○	Im Winter rotglänzende Triebe, gute Pflanzengemeinschaft mit Birken.
Kornelkirsche C. MAS	3/2	6/3	siehe oben	○ ◑	Rote, eßbare Früchte.
C. STOLONIFERA 'FLAVIRAMEA'	2/2	3/3	siehe oben	○ ◑	Im Winter leuchtendgrüne Triebe.
Haselnuß CORYLUS AVELLANA	4/4	6/5	jeder, aber keine stauende Nässe, kein magerer Sandboden	◑	Gut geeignet für den Kompostplatz, Blüte Februar/März, im Herbst Haselnüsse, grünes Laub.
Korkenzieherhasel C. A. CONTORTA	4/4	6/5	siehe oben	◑	Bizarr gedrehte Triebe.
C. MAXIMA 'PURPUREA'	3/3	4/3	siehe oben	○ ◑	Dunkelrote Blätter.
Kreuzdorn, Gemeiner RHAMNUS CATHARTIUS	3/2	10/4	trocken	○ ◑	Zweigdornen, Blüten grünlich-weiß, unscheinbar, aber wohlriechend, schwarze Steinfrüchte. Kreuzweiser Aufbau des Zweigsystems, Triebe und Blätter sind gegenständig, daher der Name.

Deutscher Name BOTANISCHER NAME	Höhe/ Kronenbreite nach 10 Jah- ren in m	Endgültige Höhe/ Kronenbreite in m	Boden	Licht- bedürf- nis	Besondere Hinweise
Weide Bäumchenweide SALIX WALDSTEINIANA	1,5/1,5	2/2	jeder	○	Alle Weiden sind eine hervorragende Bienen-weide, blühen früh, schneller Flachwurzler.
Hängeweide S. PENDULIFOLIA	3/3	4/4		○ ◑	Kätzchen schon im Februar, silbergrau, senkrecht nach unten hängende Blätter, Zweige bereift.
Ohrweide S. AURITA	1,5/1,5	3/3	feucht, sauer	○ ◑	Rinde, schneller Flach-wurzler.
Purpurweide S. PURPUREA 'NANA'	1,5/1,5	2,5/1,5	mäßig feucht, sauer	○ ◑	Strauch oder schlanker Baum, oft liegende Zweige, die gelb, grün oder purpurrot gefärbt sind.
Salweide S. CAPREA MAS	4/3	6/4	mäßig feucht	○ ◑	Raschwüchsig, Triebe glänzend rot-braun.

○ = für sonnigen Standort ◑ = für halbschattigen Standort ● = für schattigen Standort

Mährische Eberesche

Feldahorn im Herbst

Salweide

Schnitthecken

Auch Berberitzen, Feuerdorn, Liguster, Schneebeere und Hain- oder Weißbuche sind robuste Sträucher für freiwachsende Hecken. Sie werden in der folgenden Tabelle über Schnitthecken aufgeführt, weil sie sich auch als solche sehr gut bewährt haben.

Unter den Schnittheckenpflanzen gibt es sowohl immergrüne als auch laubabwerfende. Die immergrünen bieten auch im Winter Sicht- und Windschutz.

Koniferenschnitthecken wirken auf manchen vielleicht etwas düster und als Schnitthecke auch zu streng. Bei den zur Zeit herrschenden Umweltverhältnissen sollte man auf die meisten Koniferen als Schnittheckenpflanze verzichten. Nur die Eibe ist widerstandsfähig genug und läßt sich gut schneiden.

Die meisten Schnittheckenpflanzen erfordern im Jahr einen zweimaligen Schnitt. Er sollte immer etwas konisch nach oben zu verlaufen, damit die Heckenoberfläche nicht verkahlt.

Für die Pflanzung von Schnitthecken werden Gräben gezogen, die mit der Grabegabel aufgelockert werden und während des Pflanzens nicht betreten werden dürfen. Im übrigen werden die Gräben genauso vorbehandelt wie die Pflanzgruben für freiwachsende Sträucher und Bäume.

Als Windschutz sind Hecken wirkungsvoller als Mauern, weil Hecken die Windgeschwindigkeit langsam abbremsen. Mauern dagegen stoppen Winde vollständig, wodurch auf der anderen Seite stets ein Luftwirbel entsteht.

Baumartige Pflanzen wie Hainbuchen und Eiben bekommen gleich nach der Pflanzung einen Formschnitt, damit sie dicht werden. Wenn man sie regelmäßig schneidet, kann man diese Pflanzen gut auf einer Heckenhöhe von 240 cm halten.

Damit sich die Pflanzen nach dem Schnitt gut weiterentwickeln, richten sich heute viele Gärtner und Hobbygärtner nicht nur wegen der Pflanztermine, sondern auch wegen des geeignetsten Zeitpunktes für den Schnitt nach dem Aussaatkalender von Maria Thun.

Beim Pflanzschnitt von Koniferen sprüht man anschließend Alginure-Verdunstungsschutzspray. Dadurch wird die Verdunstung über die Nadeln eingeschränkt. Gleichzeitig werden die Koniferen mit pflanzenfördernden Mitteln versorgt, die über die Nadeln auf die Pflanzen wirken. Die entstehende halbdurchlässige Membrane schützt auch vor Kälte und Hitze. Containerpflanzen, auch laubabwerfende, erhalten diese Spritzung ebenfalls im Sommer nach der Pflanzung, da die Verdunstung im Sommer, zumal bei Hitze, ganz besonders stark ist.

Schnittheckenpflanzen

Deutscher Name BOTANISCHER NAME	Höhe nach 3 Jahren in cm	Höhe nach 6 Jahren in cm	Boden	Licht- bedürfnis
Immergrüne Hecken				
Berberitze BERBERIS X STENOPHYLLA	90–120	100–180	jeder, auch kalkreich	○ ◐
Buchsbaum BUXUS SEMPERVIRENS	90	150–180	jeder, auch kalkhaltig	○ ◐ ●
Eibe TAXUS BACCATA	60–80	120–180	jeder	○ ◐ ●
Feuerdorn PYRACANTHA COCCINEA	120	180–240	jeder, auch kalkhaltig	○ ◐
Heckenkirsche LONICERA NITIDA L. PILEATA	70	100–150	jeder, auch trocken und sandig	○ ◐
Liguster LIGUSTRUM OVALIFOLIUM L. O. 'AUREUM' L. VULGARE 'ATROVIRENS'	90	120–180	jeder, auch trocken	○ ◐
Laubabwerfende Heckenpflanzen				
Berberitze BERBERIS THUNBERGII 'ATROPURPUREA' B. TH. 'A. NANA'	90–120 30	150–180 60	jeder, aber keine stauende Nässe	○
Hainbuche CARPINUS BETULUS 'COLUMNARIS' 'FASTIGIATA' 'PENDULA'	90	150–240	jeder Boden	○ ◐ ●
Schneebeere SYMPHORICARPOS ALBUS	90	150	jeder, auch nährstoffarm	○ ◐ ●

○ = für sonnigen Standort   ◐ = für halbschattigen Standort   ● = für schattigen Standort

Pflanzung Monat Abstand in cm	Schnitt	Besondere Hinweise
4/10/11 50	1 x jährlich im Juli	Immergrün, überhängende Zweige, orangegelbe bis rötliche Blüten, purpurrote Beeren; kann erfrieren, erneuert sich aber nach dem Rückschnitt.
4/10/11 45	zu jeder Jahreszeit	Immergrün, kleine, dicht stehende Blätter, winterhart; wächst auch gern unter Bäumen.
4/10 60	3/4	Breit, langsam wachsend, immergrün, dunkelgrüne Nadeln und rote Beeren; TAXUS BACCATA 'LUTEA' hat gelbe Beeren, giftig.
4/10/11 60	1 x jährlich im Frühjahr 5/6	Immergrün, im Juni duftende weiße Blüten, im Herbst leuchten gelbe, orangerote oder rote Beeren, Leckerbissen für Vögel, kräftige Dornen, daher auch als Schutzhecke hervorragend geeignet, auch freiwachsend sehr schön.
10–3 30	5 und 8/9	Immergrün, kleinblättrig, unscheinbare grünlich-gelbe Blüten im April und Mai.
10–3 45	2 x jährlich 5–10	Auch Rainweide genannt, weißliche Blüten, schwarze glänzende Beeren; wenn der Winter nicht zu streng ist, wintergrün; nach der Pflanzung etwa 40 cm über dem Boden zurückschneiden, L. OVALIFOLIUM 'AUREUM' vorwiegend gelb belaubt.
10–3 45	1 x jährlich 8/9	Laubabwerfende Verwandte der B. X STENOPHYLLA, aber mit kupferroten Blättern, die im Herbst purpurrot werden; B. TH. 'A. NANA' ist eine Zwergform, nach der Pflanzung alle Triebe um $1/4$ einkürzen.
10–3 45	2 x jährlich 5 oder 8	Auch Weißbuche genannt, behält ihre trockenen braunen Blätter bis zum Frühjahr, schnellwüchsig.
10–3 60	2–3 x jährlich 3–10	Laubabwerfend, kleine weiß-rosa Blüten, weiße Beeren, die über Winter am Strauch hängen bleiben.

Nadelgehölze für biologische Ziergärten

Das Waldsterben der letzten Jahre hat uns darauf aufmerksam gemacht, daß unsere Nadelgehölze am meisten unter der Luftverschmutzung und dem Eindringen von Schadstoffen in den Boden leiden.

Dabei sind gerade die immergrünen Nadelbäume für uns so besonders wichtig, weil sie mit ihrem Nadelgrün auch im Winter Sauerstoff zubereiten. Es ist eines der Wunder dieser Erde, daß immergrüne Nadelbäume dort wachsen, wo die Laubbäume ihre Blätter im Winter verlieren.

Seit Jahren warnen Kenner vor dem Sterben der Nadelbäume im Garten, lange bevor man vom Waldsterben hörte. Im Garten, wo der Gartenbesitzer die Pflanzen besser beobachtet, als das in großen Wäldern geschehen kann, machte sich das Baumsterben zuerst bemerkbar, wofür auch oft unbrauchbare Standorte, ungeeigneter Boden und unsachgemäße Pflege verantwortlich sein mögen.

Für den naturnahen Garten wollen wir jedoch keineswegs auf den Nadelbaum verzichten. Wir sollten es vielleicht auch deshalb nicht, weil er hier intensiver gepflegt werden und das Nadelbaumsterben aus diesem Grund überstehen kann.

Sachkunde und Sorgfalt ist allerdings nötig. Zuerst einmal sollte jeder, der Nadelgehölz anpflanzen will, den Gartenboden gründlich kennenlernen. Dabei geht es nicht nur um die mit dem Spaten erreichbare obere Bodenschicht. Wird auf dem Grundstück, auf dem der Garten liegen wird, ein Haus gebaut, dann kann man die Bodenschichten verhältnismäßig tief in der Baugrube untersuchen. Soll ein Stück Wiese zum Garten umgewandelt werden, können dort wachsende Kräuter Auskunft erteilen. Allerdings können diese nur über den Oberboden etwas aussagen, falls es sich um Boden handelt, der in den letzten Jahren bereits bearbeitet wurde.

Tritt beispielsweise die Brennessel flächendeckend auf, so kann das zwar von humosem Oberboden zeugen, aber auch von Wasser in tieferen Bodenschichten. Stehen gleichzeitig Bäume auf solch einem Gelände, so weisen sie dicke Wülste von Baumkrebs auf.

Oft ist bereits in Spatentiefe eine schier undurchdringliche Tonschicht vorhanden. Sie staut auf ebenen Flächen das Wasser, was zu Sauerstoffarmut führen kann. Auf abschüssigem Gelände dagegen läßt sie das Wasser parallel zum Oberboden abfließen, so daß die Gartenpflanzen ständig unter Wassermangel leiden.

Wird bei solchen Bodenverhältnissen die Tonschicht beim Ausheben der Pflanzgrube nicht durchstoßen, muß man selbst beim Gießen vorsichtig sein. Unter Umständen stellt man mit reichlichem Gießen die Pflanzen mit den Wurzeln ins Wasser, das nicht ablaufen kann. Damit sind Insektenbefall, Pflanzenkrankheiten und das Absterben der Pflanze bereits vorprogrammiert.

Auch in tiefe Schichten reichender Sandboden ist problematisch. Er läßt sowohl Feuchtigkeit als auch Nährstoffe ungehindert abfließen, so daß die Pflanzen unter Wasser- und Nährstoffmangel leiden.

Bedenklich ist ebenfalls felsiger Grund. Zwar nutzen Baumwurzeln Felsspalten geschickt aus und umklammern kleinere Felsbrocken, wodurch die Bäume sehr sturmfest stehen können, aber größere geschlossene unterirdische Felsformationen bereiten auch Baumwurzeln unüberwindliche Hindernisse.

Wer sich genauere Kenntnisse über die Bodenschichten in seinem Garten verschaffen will, der wende sich an das zuständige Landesamt für Landwirtschaft und Landentwicklung, wo Bodenkenntnisse für die verschiedenen Gebiete durch die Landschaftsplanung vorliegen.

Für die zur Zeit so gefährdeten Nadelbäume ist eine besonders gründliche Bodenvorbereitung notwendig. Man verfährt dabei so, wie auf Seite 348 für die Baumpflanzung beschrieben. Gräbt man

Junge Zapfen einer Douglasie

tiefer, kann das für den Baum, der dort wachsen soll, nur von Vorteil sein. Auch eine gründliche Lockerung der Grubensohle ist empfehlenswert. Dabei sollte Lavagranulat und Alginure-Bodengranulat zugefügt werden. Auch die Seitenwände der Pflanzgrube sollten mit dem Sauzahn gelockert, außerdem Aushub und Pflanzloch vor der Pflanzung mit dem Hornmistpräparat besprengt werden.

Die Pflanzung selbst nimmt man am besten im März oder April vor. Dabei ist darauf zu achten, daß der Boden weder gefroren noch naß sein darf. Gründliches Wässern der Wurzeln in abgestandenem Biosmonwasser und das Eintauchen in Alginure-Tauchmix vor der Pflanzung nicht vergessen! Nach der Pflanzung wässert man gründlich mit abgestandenem Biosmonwasser, besprengt den umliegenden Boden mit dem Hornmistpräparat und bestreut ihn mit einer Schicht Lavagranulat als Bodenbedeckung. Die grünen Nadeln werden mit Alginure-Verdunstungs-Schutzspray eingenebelt.

Alginure-Schutzspray setzt die Verdunstung herab, enthält wertvolle Spurenelemente und hochwirksame, pflanzeneigene Cytokinine, welche die Zellteilung, die Fixierung des Chlorophylls und die Zuckerproduktion begünstigen. Für den Verdunstungsschutz und bei gleichzeitig guter Cytokininwirkung verdünnt man das Präparat 1 : 700 mit abgestandenem Wasser. Diese Spritzung wird 14tägig wiederholt.

Nach der Einwurzelung der Nadelbäume, die durch die verschiedenen Alginure-Präparate und das Hornmistpräparat sehr gefördert wird und sich durch den Austrieb der Nadeln anzeigt, werden die Nadelbäume mit dem Hornkieselpräparat am Vormittag bei klarem Wetter ohne Frost eingesprüht. Dieses Präparat fördert die Nadel-, Blüten- und Zapfenbildung, wirkt also auf die oberirdischen Pflanzenteile.

Neuerdings steht ein weiteres wirksames Mittel gegen das Baumsterben zur Verfügung, das von einem Tierarzt in langjährigen Versuchen entwickelte Eusilva I und II. Dieses homöopathische Präparat wird zweimal im Frühjahr und zweimal im Herbst auf Pflanze und Boden versprüht. Es wirkt über die Wurzel, nicht über die oberirdischen Pflanzenteile. Der Boden wird saniert. Die Bodenorganismen vermehren sich wieder und arbeiten dadurch verstärkt, vor allem auch die Pilze, die in Symbiose mit den Wurzeln der Nadelbäume für Wasser- und Nährstoffaufnahme sorgen.

Diese Zusammenarbeit zwischen Pilzen und Bäumen ist durch das Einwirken von Schadstoffen auf den Boden heute oft gestört oder sogar völlig zerstört.

Die Pilze umspinnen normalerweise die Saugwurzeln der Bäume. Aus diesem Geflecht wachsen einerseits Pilzfäden in den Boden hinein und saugen dort Wasser und Nährstoffe an; andererseits wachsen Pilzfäden gleichzeitig zwischen den Wurzelzellwänden der Bäume in die äußerste Wurzelschicht, wohin sie Wasser und Nährstoffe an die Wurzeln abgeben und dafür von den Bäumen mit Assimilaten aus den grünen Teilen der Pflanzen versorgt werden, welche die Pilze aus Mangel an Chlorophyll nicht selbständig zubereiten können.

Nadelgehölze

Deutscher Name BOTANISCHER NAME	Höhe/ Kronen- breite nach 10 Jahren in m	Endgül- tige Höhe/ Kronen- breite in m	Licht- bedürf- nis	Besondere Hinweise
Douglasfichte Douglasie PSEUDOTSUGA MENZIESII	4/1,5	10/2	◐	Braucht Platz, damit die unteren Äste nicht die Nadeln verlieren, durch andere Baum- und Sträucherpflanzungen schützen, da sehr spätfrostempfindlich, wuchskräftig.
Eibe TAXUS BACCATA	2,2/0,6	12/10	○ ◐ ●	Alle Arten, frosthart und auch recht wider-standsfähig gegen Luftverschmutzung, Nadeln und Samen giftig, wächst auf jedem Boden, anspruchslos, dicht und wuchsfreu-dig, auch gut für freiwachsende Hecken geeignet, läßt sich gut zurückschneiden und auf einer bestimmten Höhe halten, dunkel-grüne, kurze Nadeln, rote Früchte.
Bechereibe T. MEDIA 'HICKSII'	1,5/0,8	4//2,5	○ ◐ ●	Aufrecht wachsende Säulenform, grüne Nadeln.
Säuleneibe T. B. 'FASTIGIATA'	2/0,5	5/2	○ ◐ ●	Dichter, säulenförmiger Wuchs, vielwipflige Krone, dunkelgrüne, kurze Nadeln, auch als Hecke geeignet.
T. B. 'FASTIGIATA AUREA'	2/0,5	5/2	○ ◐ ●	Wie T. B. 'FASTIGIATA', aber goldgelbe Nadeln, auch als Hecke geeignet.
Fichte Blaufichte PICEA PUNGENS 'GLANCA'	2/0,6	20/6	○ ◐	Liebt sauren Boden, Nadeln silbergrau bis blaugrün, erst nach 20 Jahren trägt der Baum Zapfen.
Gemeine Fichte P. ABIES	5/1,5	10/2	◐ ●	Auch Rottanne genannt, schnellwüchsiger Flachwurzler, liebt feuchten Boden.
Serbische Fichte P. AMORIKA	5/1	18/4	○ ◐	Sehr schmaler, rascher Wuchs, kleine dunkle Zapfen.
Hemlocktanne TSUGA HETEROPHYLLA	3/1,2	21/6	◐ ●	Bevorzugt feuchten kalkarmen Boden, kleine dunkelgrüne Nadeln, nach oben gerichtete Äste und hängenden Gipfel, kleine Zapfen, schöner Solitärbaum, aber auch gut für eine schnell wachsende Hecke geeignet.
T. CANADENSIS 'NANA'	0,7/1	1/2	◐	Zweige weit ausgebreitet, für halbschattige Stellen im Steingarten oder als Solitär-pflanze.
Kiefer Blaue Mädchenkiefer PINUS PARVIFLORA	1,5/0,7	6/4,5	○	Liebt sauren, feuchten Boden, Nadeln silber-blau, reicher Zapfenbesatz, wächst langsam.
Krummholzkiefer P. MUGO	0,6/1,5	3/3,5	○	Heißt auch Bergkiefer oder Latsche, knorrig, grüne Nadeln, gedeiht auf jedem Boden, liebt Kalk, für kleine Gärten geeignet.

P. MUGO SSP. PUMILIO	0,5/1,5	2/3,5	○	Kriechende Form der vorigen Art, für kleine Gärten geeignet.
Österreichische Schwarzkiefer P. NIGRA 'AUSTRIACA'	3/2	15/5–8	○	Dunkelgrüne, steife Nadeln, gedeiht auch auf magerem, trockenem, kalkhaltigem Boden, raschwüchsig, winterhart.
Schwarzkiefer P. N. SSP. NIGRA	3/2	15/5–8	○	Wie Österreichische Schwarzkiefer.
Zirbelkiefer P. CEMBRA	2/0,6	10/4	○	Für saure Böden, wächst langsam, dunkle blaugrüne Nadeln, auch für kleinere Gärten geeignet.
Lärche Europäische Lärche LARIX DECIDUA	4/3	10/6	○	Hellgrüne Nadeln, gelbe Herbstfärbung, verlangt freie Lage.
Lebensbaum Abendländischer Lebensbaum THUJA OCCIDENTALIS	2,5/1	4/2	○	Noch recht widerstandsfähig gegen Schadstoffe, schmaler, aufrechter Wuchs, verträgt sehr gut Schnitt, deshalb für Sichtschutzhecken sehr geeignet.
Riesenlebensbaum T. PLICATA	2,5/1	15/4	○	Stark duftende Schuppenblätter, wächst zwar auf jedem Boden, aber am besten auf feuchtem Grund.
Scheinzypresse CHAMAECYPARIS LAWSONIANA 'COLUMNARIS GLAUCA'	2,5/0,5	7,5/1	○ ◑	Blaugrün, aufrechter dichter Wuchs, bleibt säulenförmig.
C. NOOTKATENSIS 'PENDULA'	3/1,5	15/6	○ ◑	Solitärbaum mit überhängenden Zweigen.
Tanne Zwergbalsamtanne ABIES BALSAMEA 'NANA'	0,4/0,5	1/0,8	○	Duftende, lebhaft grüne Nadeln mit grauweiß gestreifter Unterseite, bleibt klein mit abgerundeter Krone, verträgt auch kalkreichen Boden.
Wacholder Kriechwacholder JUNIPERUS HORIZONTALIS 'GLAUCA'	0,2/2	0,3/3	○ ◑	Alle Arten besonders winterhart, blau benadelt, flach wachsender Bodendecker.
Raketen-Wacholder J. VIRGINIANA 'SKYROCKET'	2,5/0,3	6/0,5–1	○ ◑	Straffer, aufrechter Wuchs, bläulichgrün benadelt, sehr anspruchslos, wächst auf jedem Boden.
Tamarisken-Wacholder J. SABINA 'TAMARISCIFOLIA'	0,2/2	0,3/3	○ ◑	Breit kriechend, mit bläulicher Benadelung, langsam wachsend.
Zwerg-Blauzeder-Wacholder J. SQUAMATA 'BLUE STAR'	0,5/0,6	2/1	○ ◑	Stahlblaue Benadelung, auffallend langsam wachsend.
Zeder Atlas-Zeder CEDRUS ATLANTICA 'GLAUCA'	2,5/1	25/10	○	Wächst auf gut durchlüftetem Boden, auch Silber- oder Blauzeder genannt, langlebiger Solitärbaum, widerstandsfähig gegen Luftverschmutzung, silbrig-blaue Nadeln und lange, blaugrüne Zapfen.

○ = für sonnigen Standort ◑ = für halbschattigen Standort ● = für schattigen Standort

Bei der Ausspritzung von Alginure-Schutz spray kann der Pflanzenextrakt Tannalgin (50 ml/10 l Wasser) zugesetzt werden. Bei großer Trockenheit sollten die jungen Bäume mit abgestandenem Biosmonwasser, dem Tannalgin (10 ml/10 l) beigerührt worden ist, nachhaltig gegossen werden. Die Bodenfeuchtigkeit sollte ab und zu mit einem Bodenhygrometer gemessen werden, denn oberflächige Trockenheit bedeutet noch lange nicht, daß die Baumwurzeln kein Wasser bekommen. Die jungen Nadelbäume dürfen durch Gießen nicht verwöhnt werden, da sie sich unter solchen Umständen nicht selbst auf die Suche nach Wasser in tieferen Bodenschichten begeben. Alle diese Maßnahmen, die Nadelbäume wenigstens im Garten unter persönlichem Einsatz durchzubringen, dürfen aber nicht darüber hinwegtäuschen, daß sich jeder dafür einsetzen muß, das Baumsterben dort zu bekämpfen, wo die Ursachen liegen. Auf einen Nenner gebracht: Im Erzgebirge wächst auch kein Gemüse mehr; die Säuresteppe, die im Erzgebirge bereits Realität ist, droht uns allen.

Auf die Frage, warum zuerst die Pflanzen sterben und nicht Menschen und Tiere, weiß der berühmte Chemiker Albert Hoffmann eine einleuchtende Antwort. Für die Assimilationsprozesse braucht die Pflanze die vielhundertfache Menge Luft gegenüber der Menge, die Mensch und Tier benötigen, denn in der Luft sind nur 0,035% Kohlensäure, welche die Pflanze für den Assimilationsprozeß braucht, vorhanden, aber 21% Sauerstoff, den Menschen und Tiere für die Atmung benötigen. Bei der Pflanze bleiben also viel größere Mengen Schadstoffe hängen.

Ein Baum, der am hartnäckigsten seinen Lebensfaden zu verteidigen scheint, ist die Eibe. In der freien Natur steht sie heute bei uns unter Naturschutz, weil sie im Mittelalter wegen der ungeheuren Spannkraft und Zähigkeit ihres Holzes fast ausgerottet worden wäre und es deshalb nur noch wenige Exemplare von ihr in den Alpen gibt. Unsere Nadelgehölze bedürfen heute unter den herrschenden Umweltbedingungen unserer besonderen Aufmerksamkeit. Werden sie allerdings in der geschilderten Weise auf ihr Leben im Ziergarten vorbereitet, können sie viel Freude bereiten und nach der Eingewöhnungszeit mit wenig Pflege auskommen.

Vorbeugend gegen Umweltschäden düngt man Nadelgehölze im Herbst und Frühjahr mit Cohrs-Säure-Stop (100 g/m²), speziell gegen Schadstoffe und deren Auswirkungen im Boden hergestellt.

Ab Mai spritzt man außerdem vorbeugend alle vier Wochen Tannalgin in Verbindung mit Alginure-Schutzspray. Sollten sich trotz dieser Maßnahmen Schäden bemerkbar machen, ist die Spritzung mit Eusilva für mehrere Jahre durchzuführen.

Geschädigte Bäume werden gern von der Sitka-Fichtenlaus überfallen. Die Nadeln werden braun und weisen dunkle Punkte auf. Diese Laus überfällt heute nicht nur Fichten, wie man aufgrund ihres Namens vermuten könnte, sondern auch andere Nadelgehölze.

Bemerkt man diese Schadinsekten, kann man sie mit CP-Mineralpulver vertreiben. Man spritzt 10-tägig 100 g/10 l Biosmonwasser. Mit Pyrethrum lassen sie sich auch abtöten. Man muß die Spritzung nach 10 Tagen wiederholen.

Pyrethrum-Mittel sind in letzter Zeit etwas in Verruf gekommen, weil sie angeblich auch größere Insekten wie Bienen töten. Diese Behauptung geht wahrscheinlich auf die Beobachtung nach der Verwendung von synthetisch hergestellten Pyrethrum-Mitteln zurück. Man sollte deshalb ein Mittel, das aus der afrikanischen Margeritenblüte hergestellt ist, benutzen. Bei diesem früher ausnahmslos verwendeten rein pflanzlichen Pyrethrum hat man solche Beobachtungen nicht gemacht.

CP-Mineralpulver und Pyrethrum helfen auch gegen andere Schadinsekten, von denen Nadelgehölze befallen werden. Es handelt sich vorwiegend um die Fichtengallenlaus mit ihrem weißen wolligen Wachs und die Nadelholz-Spinnmilbe.

Blühende Sträucher für freiwachsende Hecken

Zu den Bäumen und Sträuchern, die vor allem durch ihr Blattwerk den Ziergarten schützen, die Arbeitsplätze wie den Kompostplatz und den Gemüsegarten verdekken und mit ihren in verschiedenen Farben leuchtenden Beeren schmücken, kommen nun noch diejenigen hinzu, die uns mit ihren Blüten und Blütendüften erfreuen.

Sie können in freiwachsenden Hecken in Gruppen von verschiedenen Arten den Ziergarten beleben, aber auch vor dem grünen Hintergrund ·der bisher beschriebenen Sträucher und Bäume stehen. Letztere Anordnung verlangt keine besondere Beachtung der Farben. Stehen die Blütensträucher jedoch in Gruppen nebeneinander, sollte beachtet werden, wann sie blühen und, wenn sie gleichzeitig blühen, ob die Blütenfarben sich zu einer Harmonie ergänzen. Auch im biologischen Ziergarten muß kein Farbchaos herrschen.

Blühende Sträucher können laubabwerfend oder immergrün sein. Die laubabwerfenden kann man den ganzen Herbst, Winter und auch im Frühjahr pflanzen, sobald es frostfrei ist. Die immergrünen pflanzt man besser im März und April.

Der Schnitt von Blütensträuchern

Allgemein läßt sich sagen, daß die Sträucher nicht unbedingt geschnitten werden müssen. Durch Herausschneiden älterer Triebe kann man aber manche von ihnen verjüngen, die Blütengröße beeinflussen und die Blühfreudigkeit erhöhen. Kranke und abgestorbene Äste sollten auf jeden Fall herausgeschnitten werden.

Für den Schnitt braucht man eine Gartenschere, eine Baumschere und -säge, außerdem ein Baummesser, auch Hippe genannt, dessen Klinge spitz und gebogen ist, zum Glätten von Schnitträndern.

Blühende Strauchrosen lockern den Hintergrund auf.

Diese Schnittwerkzeuge sollten immer scharf sein; die Schrauben müssen ab und zu nachgezogen, Gelenke und Federn geölt werden.

Grundsätzlich gilt, daß Triebe oberhalb eines nach außen gerichteten Triebansatzes oder einer nach außen gerichteten Knospe parallel zur Knospe oder zum Triebansatz weggeschnitten wird. Beim Entfernen ganzer Triebe schneidet man mit dem Ast oder Stamm auf gleicher Ebene verlaufend den Trieb ab.

Solche Schnittmaßnahmen, bei denen man wilde Triebe, abgestorbene und verletzte Äste wegschneidet und gleichzeitig auslichtet, sollten nicht etwa jedes Jahr durchgeführt werden. Es ist für die Pflanzen besser, wenn man sie 3 bis 6 Jahre ungestört wachsen läßt. Man kann das ganze Jahr über schneiden. Es empfiehlt sich jedoch, im Winter solche Maßnahmen durchzuführen, weil die Schnittwunden dann nicht bluten. Blütensträucher schneidet man nach der Blüte, da man sich sonst um die Blütenpracht des Jahres bringt. Man schneidet auf jeden Fall am Nachmittag oder gegen Abend, weil der Säftestrom dann der Wurzel zufließt. Außerdem richtet man sich nach der Pflanzzeit, die im Aussaatkalender von Maria Thun angegeben ist. Diese ist auch die günstigste Schnittzeit. Größere Schnittwunden werden mit Preicobakt bestrichen, damit sie schnell verheilen.

Es kann vorkommen, daß Sträucher zu groß und üppig werden, oder sie werden unten kahl. Dann schneidet man die Hauptäste eines solchen Strauches radikal bis etwa 30 bis 40 cm über dem Boden weg. Noch vorhandene Seitenäste im untersten Astbereich werden ebenfalls weggeschnitten. Man streicht diese großen Schnittwunden am besten mit Baumwachs zu. Rund um den Strauch wird anschließend Mulchkompost ausgebracht. Im Herbst und Winter wird gedüngt, wobei man mit einem Mischdünger wie Ecovital – für Pflanzen, die sauren Boden bevorzugen –, mit Ecovital S oder auch mit Einzeldüngern wie Steinmehl, Tonmehl und Meeresalgen nichts falsch machen kann.

Zu den Pflanzen, die solch einen radikalen Rückschnitt vertragen, gehören Trauben- und Tellerholunder, alle Pfeifenstrauch- und Fliederarten, die verschiedenen Schneeballarten, Hainbuchen, der Kirschlorbeer und der Hartriegel. Die Sorten CORNUS ALBA und CORNUS STOLONITERA 'FLAVIRAMEA' des Hartriegel werden wegen ihrer schön gefärbten Triebe im Winter erst im März geschnitten. Verschiedene Blütensträucher blühen am vorjährigen Holz. Sie werden unmittelbar nach der Blüte ausgelichtet, damit die Blüten im nächsten Jahr größer werden. Um das zu erreichen, schneidet man verblühte Zweige bis auf zwei oder drei Triebansätze oder Knospen oberhalb ihrer Abzweigung vom Haupttrieb zurück.

Für diesen Schnitt eignen sich beispielsweise BUDDLEJA ALTERNIFOLIA, DEUTZIE, KERRIE, SPIRAEA X ARGUTA und Weigelie.

Andere Sträucher blühen am einjährigen Holz, an den Trieben, die im selben Jahr gewachsen sind. Es sind oft solche Pflanzen, die ohnehin im Winter zurückfrieren. Im Frühling schneidet man sie zurück. Die Pflanzen werden sonst zu groß und vergreisen.

Wenn man keinen Frost mehr erwartet, was meist erst nach den Eisheiligen der Fall ist, schneidet man diese Sträucher, zu denen BUDDLEJA DAVIDII Bartblume, Blasenstrauch, alle Spiersträucher (außer SPIRAEA X ARGUTA) und die Tamariske gehören, bis

Auslichten

Rückschnitt der BUDDLEJA DAVIDII

auf zwei bis drei Knospen oder Triebansätze zurück. Nach dem Schnitt haben diese Sträucher noch einige Verzweigungen, an denen sich schnell die neuen Triebe entwickeln, die im Sommer blühen.

Andere Sträucher gedeihen besser, wenn sie jedes Jahr im Frühjahr ausgelichtet werden. Bei diesen Sträuchern schneidet man die dreijährigen verholzten Triebe, die eine rauhe Rinde und Seiten- sowie Nebentriebe haben, vollständig heraus. Für diesen Schnitt kommen Berberitze, Blutjohannisbeere, Fingerstrauch, Forsythie, Ginster, Gartenhortensie, Schneebeere und Zwergmispel in Betracht.

Bei einigen Pflanzen schneidet man die Blütentriebe nach der Blüte unmittelbar unterhalb der alten Blüten heraus. Zu ihnen gehören BUDDLEJA ALTERNIFOLIA, DEUTZIA X HYBRIDA und SPIRAEA X ARGUTA.

Sträucher und Bäume, die schon mehrere Jahre nach biologischen Gesichtspunkten behandelt worden sind, verhalten sich in mancher Hinsicht anders als im konventionellen Gartenbau. So fangen blühende Pflanzen nach einigen Jahren an, herrlich zu duften, oder der Duft wird stärker.

Wo größere Pflanzen Schwierigkeiten

Abschneiden der Blütentriebe

haben, sich an ihrem neuen Standort einzuleben und nicht wachsen wollen, versuche man es mit Brennesseljauche. Dreimal hintereinander im Abstand von drei Tagen gegen Abend mit einer Verdünnung 1:10 gegossen, gedeihen die Pflanzen prächtig. Die in der folgenden Tabelle beschriebenen blühenden Sträucher sind alle winterhart.

Blütensträucher

Deutscher Name BOTANISCHER NAME	Blütezeit	Höhe Breite in m	Lichtbedürfnis	Duft	Besondere Hinweise
Bartblume CARYOPTERIS CLANDONENSIS	8 + 9	0,6–1,2 0,6–1,2	○	–	Halbstrauch mit aromatisch duftenden Blättern, blauviolette Blütendolden, der im Winter zurückfriert, aber im Frühjahr wieder austreibt; fühlt sich in sandigem Lehm besonders wohl, gedeiht aber auch in kalkhaltigen Böden.
Blasenstrauch COLUTEA ARBORESCENS	6 – 8	3–4 2–3	○ ◑	–	Wächst auf jedem, auch kalkhaltigem oder nährstoffarmem Boden, der gut drainiert ist, laubabwerfend, die gelben Schmetterlingsblüten sitzen an den einjährigen Trieben, auffallende rote und kupferfarbene Samenhülsen, giftig.

Deutscher Name BOTANISCHER NAME	Blütezeit	Höhe Breite in m	Licht- bedürf- nis	Duft	Besondere Hinweise
Deutzie DEUTZIA GRACILIS	5+6	0,5–1 0,5–0,8	○ ◐	–	Auch Maiblumenstrauch genannt, für jeden Gartenboden, der etwas feucht ist, reich blühend, laubabwerfend; D. GRACILIS mit rein-weißen Blüten.
D. SCABRA	5+6	2–3 1,2–1,6	○ ◐	–	Gefüllte weiße Blüten mit rosaroten Kronblättern.
D. SCABRA 'PLENA'	5+6	3–4 1,5–2	○ ◐	–	Rosa Blüten.
D. HYBRIDA 'MONT ROSE'	5+6	1,5 1,0	○ ◐	–	Rosa Blüten.
Federbuschstrauch FOTHERGILLA MAJOR	5	2–2,5 1–2	○ ◐	wohl- rie- chend	Beide Sorten lieben sauren Boden, laubabwerfend und mit der Zaubernuß verwandt, schön gefärbtes Herbstlaub.
F. MONTICOLA	5	1,5–2 1,5–2	○ ◐	wie oben	Cremefarbene Blüten, auffallend schön gefärbtes Herbstlaub.
Felsenbirne Gemeine F. AMELANCHIER OVALIS	4+5	2 1,5	○ ◐	–	Rosengewächse, weiße Blüten, orangerotes Herbstlaub, eßbare Früchte, laubabwerfend, für basischen Boden, leuchtendweiße Blüten.
A. CANADENSIS	4+5	6 2,5	○ ◐	–	Bevorzugt eher leicht sauren Boden, laubabwerfend.
A. LAEVIS	5	7,5 4,5	○ ◐	–	Bevorzugt saure Böden, laubabwerfend.

Felsenbirne

Felsenmispel

Deutscher Name BOTANISCHER NAME	Blütezeit	Höhe Breite in m	Licht- bedürf- nis	Duft	Besondere Hinweise
Felsenmispel					Laubabwerfende und immergrüne Sträucher und Bodendecker, Beeren bei Vögeln beliebt, gute Bienenweide.
COTONEASTER BULLATUS	5+6	3–6 3–5	○ ◑	süß	Rötliche Blüten, schöne Herbstfärbung, laubabwerfend, rote Beeren.
C. CONSPICUUS DECORUS	5	0,6–1 0,6–1,2	○ ◑	süß	Weiße Blüten, immergrün, rote Beeren.
C. HORIZONTALIS	5	0,6 2	○ ◑	süß	Rosarote Blüten, rote Beeren. laubabwerfend.
C. SALICIFOLIUS FLOCCOSUS	6	3–4 1,5–2,5	○ ◑	süß	Weiße Blüten, rote Beeren, immergrün, schmuckvolle Solitärpflanze.
Feuerdorn (siehe Schnitthecken)					Robuster Strauch.
Fiederspiere SORBARIA SORBIFOLIA	6+7	1,5–2 1,5–2	○ ◑	–	Gefiederte Blätter, cremefarbene Blüten; Ausläufer.
Flieder SYRINGA VULGARIS	5+6	1–6 1–5	○ ◑	angenehm	Ölbaumgewächs in vielen Farben, liebt humosen, etwas kalkhaltigen Boden, laubabwerfend.
S. MICROPHYLLA	5–10	1–3 2–3	○ ◑	angenehm	Interessant wegen der langanhaltenden Blüte, blüht rosarot.
Forsythie Goldglöckchen					Ölbaumgewächs; die Zweige lassen sich, am 4. Dezember geschnitten, zu Weihnachten zum Blühen bringen; laubabwerfend.
FORSYTHIA X 'BEATRIX FARRAND'	3+4	5–6 5–6	○ ◑	–	Große goldgelbe Blüten.
F. X INTERMEDIA 'LYNWOOD GOLD'	4+5	2,5–3,5 2–2,5	○ ◑	–	Sehr reich blühend, dottergelbe Blüten.
F. SUSPENSA	3+4	2–3 3–4	○ ◑	–	Zitronengelbe Blüten, in Bogen überhängende Zweige.
F. OVATA 'TETRAGOLD'	3+4	2,5	○ ◑	–	Goldgelbe Blüten, besonders niedrig und rundlich.
Ginster Besenginster Hasenheide Geißklee					Schmetterlingsblütler; reich blühend, liebt leichten Sandboden; alle Arten vertragen kalkhaltigen Boden bis auf C. SCOPARIUS, in Container oder mit Wurzelballen kaufen, wächst sonst nicht gut an.
CYTISUS x BEANII	5	0,6–0,8 0,9	○	süß	Überhängende gelbe Blüten, laubabwerfend.
C. DECUMBENS	5	0,1–0,2 1	○	süß	Kriechend, mit goldgelben Blüten.

Deutscher Name BOTANISCHER NAME	Blütezeit	Höhe Breite in m	Licht- bedürf- nis	Duft	Besondere Hinweise.
C. PRAECOX	5	2 1,5–2,5	○	leicht unange- nehm	Elfenbeinginster, cremefarbene Blüten.
C. SCOPARIUS	5+6	2–3 2–2,5	○	–	Liebt sauren, sandigen Boden, Blüten gelb oder rot, laubabwerfend, reichert Stickstoff im Boden an.
Goldregen LABURNUM ALPINUM	5+6	3–6 2–4,5	○ ◑	ange- nehm	Schmetterlingsblütler; alle Arten sind giftig, besonders die Samen; glänzend grüne dreiteilige Blätter, leuchtend gelbe Blütentrauben, wächst gut in trockener, warmer und kalkhaltiger Erde; nicht schneiden, nur trockene Äste entfernen.
Gemeiner Goldregen L. ANAGYROIDES	5+6	3–5	○ ◑	ange- nehm	Blüht gelb in etwa 12 cm langen Blütentrauben.
L. x WATERERI 'VOSSII'			○ ◑	ange- nehm	Hat die längsten gelben Blütentrauben von etwa 50 cm.
Heckenkirsche Alpenheckenkirsche Geißblatt LONICERA ALPIGENA	5	2–3 2	○ ◑	schwach	Schnell wachsende Flachwurzler, bevorzugt basische Böden, anspruchslos, laubabwerfend.
Rote Heckenkirsche L. XYLOSTEUM	5+6	3–5 2,5–4	○ ◑	schwach	Sehr robust und anspruchslos, gelb-weiße Blüten, dunkelrote Beeren.
Tatarische Heckenkirsche L. TATARICA	5+6	3–4 3–4	○ ◑ ●	schwach	Rosafarbene Blüten, rote Früchte, Beeren schwach giftig, aber begehrtes Vogelfutter, anspruchslos.
Heckenrosen Alpenheckenrose ROSA PENDULINA 'BOURGOGNE'	6+7	2 3	○ ◑	zart	Einfache, große, zartrosa Blüten, überreich blühend, schneller Tiefwurzler mit Wurzelausläufern; längliche scharlachrote Hagebutten.

Goldregen

Hortensie, HYDRANGEA MACROPHYLLA

Deutscher Name BOTANISCHER NAME	Blütezeit	Höhe Breite in m	Lichtbedürfnis	Duft	Besondere Hinweise
Bibernellblättrige Rose R. PIMPINELLIFOLIA	5–7	1 1	○ ◑	angenehm	Kleinblättrig, weiße bis gelbliche, einfache Blüten, braune bis schwarze kleine Hagebutten, stark verzweigter Strauch.
Feldrose R. ARVENSIS	5+6	1 2	◑	–	Weiße, einfache Blüten, niederliegender Strauch mit grünen Zweigen, schneller Tiefwurzler.
Hundsrose R. CANINA	5–7	2–3 3	○ ◑	zart	Einfache, hellrosa Blüten, robust, schneller Tiefwurzler mit Ausläufern, wächst auf jedem Boden.
R. CANINA 'KIESE'					Leuchtendroter Fruchtbehang, einfache leuchtendrote Blüten.
Kartoffelrose R. ROGOSA	6–8	1–2 0,8	○ ◑	–	Einfache, hellrote, große Blüten, sehr große Hagebutten.
R. ROGOSA 'ALBA'	6–8	1–2 0,8	○ ◑	–	Einfache, weiße, große Blüten, sehr große Hagebutten.
Holunder Schwarzer Holunder Tellerholunder SAMBUCUS NIGRA	6+7	4–7 3,5–4,5	○ ◑ ●	angenehm	Cremeweiße Schirmblüten (Fliederblüten für schweißtreibenden Kräutertee), anspruchslos; schwarze Beeren, aus denen Holundersaft gemacht wird, die Früchte sind auch bei Vögeln begehrt, laubabwerfend.
Traubenholunder S. RACEMOSA	4+5	4 3–4	○ ◑ ●	angenehm	Völlig anspruchslos, schnell wachsender Flachwurzler; leuchtendorangerote Beerentrauben, Früchte sind giftig, laubabwerfend.
Hortensie					Je nach pH-Wert des Bodens verändern einige Sorten ihre Blütenfarben; klimatisch geschützte Lage wählen, alle Sorten laubabwerfend.
HYDRANGEA ASPERA ssp. SARGENTIANA	7+8	2–3 2–3	○ ◑	–	Samthortensie, große samtartige Blätter, große Blütendolden, innen hellviolett, außen sterile weiße Randblüten.
H. MACROPHYLLA	7–9	1,2–2 1,2–1,8	○ ◑	–	Kugelige oder flachgewölbte Dolden; rosa bis blaue Blüten.
H. PANICULATA	7–9	3,5–4,5 2,5–3	○ ◑	–	Rispenhortensie mit cremeweißen Rispen.
Johanniskraut Hartheu					Alle Arten blühen lang und reich in normalem Boden.
HYPERICUM CALYCINUM	7–9	0,3–0,45 80	○ ◑	–	Immergrün, idealer Bodendecker in lichtem Schatten; goldgelbe Blüten.
H. PATULUM 'HIDCOTE'	7–9	1–1,5 1,2–1,5	○ ◑ ●	–	Wie H. CALYCINUM, nur größer.
Kerrie Ranunkelstrauch					Anspruchslos; bildet Ausläufer, laubabwerfend.
KERRIA JAPONICA	5+7	1,2–2	○ ◑ ●	–	Dottergelbe einfache Blüten.
K. J. 'PLENIFLORA'		1,2–1,8			Dottergelbe gefüllte Blüten.

Deutscher Name BOTANISCHER NAME	Blütezeit	Höhe Breite in m	Licht- bedürf- nis	Duft	Besondere Hinweise
Kirschlorbeer PRUNUS LAUROCERASUS	5	2–3 2–3	○ ◑	–	Rosengewächs, weiße Blütentrauben, immergrüne, glänzende Blätter, schwarzrote Früchte, Blätter, Knospen; Rinde und Früchte giftig.
Kolkwitzie KOLKWITZIA AMABILIS	5+6	2–3 2–3	○	–	Schön blühender Strauch mit rosa-weißen glockenförmigen Blüten für nahezu jeden Boden.
Lavendel LAVANDULA ANGUSTIFOLIA	7–9	40–60 60–90	○	ange- nehm	Gewürzstrauch aus dem Mittelmeergebiet, violette Blüten, immergrün; zu Sträußen gebunden und getrocknet; vertreibt Lavendel Motten und Fliegen; gegen Läuse und Ameisen pflanzen.
Mahonie Fiederberberitze MAHONIA AQUIFOLIUM	4+5	0,8–1 0,6–1	○ ◑ ●	ange- nehm	Immergrüner Strauch mit leuchtend-gelben Blüten und blau bereiften Früchten, liebt humosen Boden.
Perückenstrauch					Alle Sorten sind gegen kalte Winde empfindlich.
COTINUS COGGYGRIA	7	3–4 2–3	○	–	Purpurfarbene Blüten, fedrige Fruchtstände, sehr wirkungsvolle gelbrote Herbstfärbung, laubabwerfend, wuchsfreudig.
C. C. »ROYAL PURPLE«					Tief dunkelrote Herbstfärbung
C. C. »ATROPURPUREUS«	4+5	3–4 2–3	○	–	Wie C. COGGYGRIA, aber mit tiefroter Herbstfärbung.
Pfaffenhütchen					Spindelbaumgewächs, große Familie immergrüner und laubabwerfender Sträucher, fast alle Böden.
EUONYMUS ALATA	5+6	2–3 1,8–2,4	○ ◑	–	Roter Fruchtbehang, lang anhaltende rote Herbstbelaubung, laubabwerfend, unscheinbare Blüten.
E. EUROPAEA	5	4–6	○ ◑ ●	–	Sehr robuster Strauch, der in Europa auch wild wächst, orangerote Früchte, rosa-gelbliches Herbstlaub, laubabwerfend, Blüten unscheinbar.
E. FORTUNEI	5	0,4 kriechend	◑ ●	–	Immergrüner Bodendecker.
Pfeiffenstrauch Falscher Jasmin					Für jeden Boden, starker Duft, Steinbrechgewächs, laubabwerfend.
PHILADELPHUS CORONARIUS	5+6	2–3 2–2,5	○ ◑	honig- süß	Einfache, cremefarbene Blüten.
PH. X LEMOINEI ´AVALANCHE´	6+7	1–2,5 2–2,5	○ ◑	stark	Einfache, weiße Blüten.

Deutscher Name BOTANISCHER NAME	Blütezeit	Höhe Breite in m	Licht- bedürf- nis	Duft	Besondere Hinweise
PH. X L. 'BELLE ETOILE'	6+7	1–2,5 2–2,5	○ ◐	stark	Weiße Blüten mit purpurroten Flecken.
PH. X VIRGINALIS	6+7	1–3 2–2,5	○ ◐	stark	Gefüllte, reinweiße Blüten.
Schlehe Schwarzdorn Schlehdorn PRUNUS SPINOSA	4+5	2 3	○ ◐ ●	süß- herb	Vor dem Blattaustrieb überziehen weiße kleine Blüten den Strauch wie mit einem Schleier; die blauen bereiften Früchte sind sehr vitamin- reich und können nach dem ersten Frost gepflückt und zu einem her- ben Saft verarbeitet werden, der bei Rekonvaleszenz und Erschöpfungs- zuständen hilfreich ist.
Schneeball					Geißblattgewächs, anspruchslos.
VIBURNUM x BODNANTENSE 'DAWN'	12–3	3 2,5	○ ◐	ange- nehm	Immergrüner Winterblüher, Boden- bedeckung vor allem im Winter erforderlich, vor kalten Winden schützen, Früchte giftig.
V. x BURKWOODII	4+5	1,5–2 1,5–2	○ ◐	ange- nehm starker	Zartrosa Blüten, immergrün, glän- zende, dunkelgrüne Blätter mit grauem Filz auf der Unterseite.
Wolliger Schneeball V. LANTANA	5+7	1,5–3 1,5–2	○ ◐	unange- nehm	Laubabwerfend, weiße Trugdolden, runzlige, filzige Blätter, zunächst rote, später schwarze Früchte, anspruchslos, regelmäßig auslich- ten, kann durch Rückschnitt ver- jüngt werden, in Europa und West- asien heimisch, winterhart.
Gemeiner Schneeball V. OPULUS	5+6	2–4,5	○ ◐	keinen	Laubabwerfend, weiße Blütenbälle.

Mahonie mit Früchten

Pfeifenstrauch

Deutscher Name BOTANISCHER NAME	Blütezeit	Höhe Breite in m	Licht- bedürf- nis	Duft	Besondere Hinweise
Seidelbast DAPHNE MEZEREUM	2–4	1,5 0,6–1,2	○ ◑	ange- nehm und stark	Immergrün, rosarote Blüten, alle Teile giftig, die roten giftigen Beeren können kleinen Kindern sehr verlockend erscheinen, Vorsicht!
D. M. 'ALBA'	2–4	1,5 0,6–12	○ ◑	ange- nehm	Weiß blühend, gelbe Früchte.
Sommerflieder					Wächst fast auf jedem Boden; nur selten düngen, da Blattwachstum sonst zu stark wird.
BUDDLEJA ALTERNIFOLIA	6	2–3 2	○	ange- nehm	Laubabwerfend, hellviolette Blüten, reich blühend, abgeblühte Triebe direkt nach der Blüte abschneiden.
B. DAVIDII	7–10	3 2	○	ange- nehm	Laubabwerfend, auch Schmetterlingsstrauch genannt, weil seine Blüten Schmetterlinge anlocken, im Frühjahr bis auf die unteren Knospen zurückschneiden.
Spierstrauch					Laubabwerfende Rosengewächse, anspruchslos.
Schneespiere SPIREA X ARGUTA	4 + 5	1,5–2 1,5–2	○ ◑	–	Weiße Blüten.
S. X BUMALDA	7–9	0,4–0,9 1,2–1,5	○ ◑	–	Karminrote Sommerblüher.
S. JAPONICA	7 + 8	0,9–1,5 1,2–1,8	○ ◑	–	Flache rosarote Blüten.
Prachtspiere S. x VANHOUTTEI		2,5–3 2,5–3	○ ◑	–	Weiße Blüten.

Spierstrauch

Seidelbast

Deutscher Name BOTANISCHER NAME	Blütezeit	Höhe Breite in m	Licht- bedürf- nis	Duft	Besondere Hinweise
Spindelstrauch (siehe Pfaffenhütchen)					
Weigelie					Laubabwerfende Geißblattge- wächse, robust und anspruchslos.
WEIGELIA FLORIDA	5–7	1,8 1,5	○ ◑	–	Dunkelrosa Blüten, blüht reich, für jeden Boden.
Weigelia-Hybriden	5–7	1,5–2,5	○ ◑	–	Rosa bis rubinrote Blüten.
'Bristol Ruby'		1,5–2,4			Rubinrote Blüten.
Weißdorn					Rosengewächs, alle Arten ziehen Schädlinge an und dadurch von Nutzpflanzen ab.
Eingriffliger Weißdorn CRATAEGUS MONOGYNA	5+6	6 3	○ ◑	unange- nehm	Auch Hagedorn genannt, Wuchs kräftiger als Gemeiner Weißdorn, aber sonst wie dieser, blüht etwa 10 Tage später als Gemeiner Weiß- dorn.
Gemeiner Weißdorn C. OXYACANTHA	5+6	3 2	○ ◑	unange- nehm	Wächst langsam, dornenreich, in Europa heimisch, weiße Blüten, scharlachrote eiförmige Früchte, verträgt Rückschnitt sehr gut.
Rotdorn	5+6	6 3	○ ◑	unange- nehm	Spielart des Crataegus monogyna, aber karminrote Blüten.
Zaubernuß					Zaubernußgewächs, Blüte im Spät- herbst oder Winter; liebt etwas sauren Boden.
HAMAMELIS INTERMEDIA 'JELENA'	9–11	3	○ ◑	–	Rötlich-orangefarbene Blüten.
H. JAPONICA	2	2–4	○ ◑	–	Gelbe Blüten.
Lichtmeßzaubernuß H. MOLLIS	2	2,5–4 2,5–4	○ ◑	–	Goldgelbe Blüten.
H. MOLLIS 'PALLIDA'	2	2,5–4 2,5–4	○ ◑	–	Zitronengelbe Blüten.
H. MOLLIS 'FEUERZAUBER'	2	2,5–4	○ ◑	–	Rote Blüten, rote Blattfärbung im Herbst.
H. VIRGINIANA	9–11	3–4 2,5–4	○ ◑	ange- nehm	Gelb-bräunliche Blüten; Arznei- pflanze, gegen Entzündungen und Blutungen, auch in der Kosmetik.
Zierapfel					Rosengewächs, anspruchslos, liebt etwas sauren Boden, laubabwer- fend, die kleinen Äpfel sind eßbar.
MALUS ADSTRINGENS 'CRIMSON BRILLANT'	5+6	3 3	○	leicht	Rotweiße halbgefüllte Blüten, purpurrote kleine Früchte.
M. CORONARIA 'CHARLOTTAE'	5+6	4 3,5	○	leicht	Zartrosa Blüten, orangerote Herbst- färbung, grün-gelbliche Früchte.
M. FLORIBUNDA	5+6	3–5 2–3	○ ◑	zart	Kräftiger, reich blühender Zierapfel mit blutroten Knospen.

Deutscher Name BOTANISCHER NAME	Blütezeit	Höhe Breite in m	Licht- bedürf- nis	Duft	Besondere Hinweise
Zierjohannisbeere					Anspruchslos, verträgt Frost.
Alpenjohannisbeere RIBES ALPINUM	4	1–2 0,9–1,2	○ ◖	–	Blüht unauffällig, laubabwerfend, rote Beeren, Vogelschutzgehölz.
Blutjohannisbeere R. SANGUINEUM	4+5	1,8–2,7 1,5–2	○ ◖	–	Roter reicher Blütenschmuck, laubabwerfend.
R. S. 'ATRORUBENS'	4+5	1,8–2,7 1,5–2	○ ◖	aroma- tisch	Dunkelroter reicher Blütenschmuck, laubabwerfend.
Zierquitte					Auch als Hecke, anspruchslos; etwas sauren Boden, muß aber gedüngt werden; Vogelschutzge- hölz; die apfelähnlichen Früchte können zu Gelee oder Marmelade verarbeitet werden, laubabwerfend.
CHAENOMELES LAGENARIS	3+4	1–3 2–3	○	–	Wächst sehr stark, scharlachrote Blüten.
C. JAPONICA	3+4	1–2 1–2	○	–	Ziegelrote Blüten, sehr anspruchslos.
C. X SUPERBA	3+4	1–1,2 1–1,5	○	–	Rote Blüten.
Zwergmispel (siehe Felsenmispel)					

○ = für sonnigen Standort   ◖ = für halbschattigen Standort   ● = für schattigen Standort

Blutjohannisbeere

Zierquitte

Rhododendren und Azaleen

Der berühmte schwedische Botaniker Carl von Linné, nach dessen System noch heute die meisten Pflanzen geordnet werden, bestimmte Mitte des 18. Jahrhunderts die beiden Gattungen Rhododendron und Azalea. Im 19. Jahrhundert stellte dagegen der Botaniker George Don fest, daß zwischen diesen Gattungen kein Unterschied ist und so eigentlich beide zu den Rhododendren gehören.

Botanisch werden deshalb heute beide Pflanzen als Rhododendren bezeichnet, während sie gärtnerisch immer noch die trennenden Bezeichnungen Rhododendron und Azalea haben.

Gartenrhododendren und -azaleen stammen von Gebirgspflanzen verschiedener Gebiete in Europa, Nordamerika und Asien ab. Bei uns kennt jeder von Wanderungen in den Alpen die Rostblättrige Alpenrose (RHODODENDRON FERRUGINEUM) des Urgesteins mit rosaroten Blüten, die dort auf saurem Humus oft größere Bestände bildet – nicht zu verwechseln mit der kalkliebenden Behaarten Alpenrose (RHODODENDRON HIRSUTUM), die es ebenfalls als Gartenpflanze gibt. Außer diesen beiden kommen in Europa noch sechs andere Wildarten vor. 24 Wildarten sind in Nordamerika zu finden, darunter auch RHODODENDRON CATAWBIENSE, von der viele unserer winterharten Garten-Hybriden abstammen.

Die meisten Rhododendren gibt es jedoch in Asien, vor allem im Himalaja, in Japan und China.

Rhododendren und Azaleen haben sowohl sehr unterschiedliche Größen als auch die verschiedensten Blütenfarben und -formen und Blütezeiten. Sie gestatten es, über lange Zeit je nach Klima von Ende Februar bis in den Juli hinein blühende Rhododendren und Azaleen zu bewundern.

Die Pflanzen gehören zu den Heidekrautgewächsen. Daher bevorzugen sie fast alle einen Boden-pH-Wert zwischen 4,5 und 5,5. Nur selten wird ein Gartenboden so niedrige pH-Werte erreichen; es sei denn, die Umweltverschmutzung wird immer größer, Regen und Schnee werden immer saurer. Der Winter 1985 hatte Schnee mit pH-Werten um 4 in der Bundesrepublik.

Auf jeden Fall muß der Boden für Rhododendren und Azaleen aufbereitet werden. Hier bieten sich Laub- und Torfkompost an, vermischt mit Urgesteinsmehl, das auch den natürlichen Bodenverhältnissen der Alpenrose am meisten entspricht und in den vom Handel angebotenen verschiedenen Gesteinsmehlen reichlich vorhanden ist.

Zusätzlich kann der Boden für Rhododendren und Azaleen mit Alginure-Granulat angereichert werden, damit selbst eine Verschiebung des pH-Wertes den Pflanzen nichts anhaben kann.

Die Pflanzgruben müssen besonders tief und breit sein, damit die wachsenden Wurzeln keine kalkhaltige Bodenschicht erreichen.

Ein kalkfreier Mischdünger wie Ecovital S, den man kurz vor oder nach der Blüte mit kalkarmem Kompost vermischt auf den Boden streut, auch Einzeldünger wie Hornspäne, Blutmehl oder verrotteter Rindermist und eine ständige Bodenbedeckung mit Laub, gehäckseltem Holz oder Rindenmulch sorgen dafür, daß Rhododendren und Azaleen prächtig gedeihen.

Gießen sollte man am besten mit abgestandenem Regenwasser und einer Beigabe Biosmon.

Etwa 14 Tage nach der Blüte werden vorsichtig welke Blütenstände herausgebrochen, damit die Pflanzen keine Kraft mit der Samenbildung verschwenden.

Ein Rückschnitt wird nur dort vorgenommen, wo Frost- oder Altersschäden ihn erforderlich machen. Man schneidet unmittelbar über einem Blattpaar oder einer Blattknospe. Alte Pflanzen, die zu verkahlen drohen, kann man kräftig zurückschneiden. Die Pflanzen schlagen entgegen der üblichen Meinung üppig aus. Ein Rückschnitt nach der Blüte läßt die nötigen Maßnahmen am besten erkennen.

Kletter- und Schlingpflanzen – Zierde und biologisch sinnvoll

Kletter- und Schlingpflanzen können sowohl schöne Blickfänge bilden als auch biologisch sehr nützlich sein.

Unter ihnen gibt es viele prachtvolle und in unzähligen Farben blühende Pflanzen, die an Hauswänden, Klettergerüsten und den Pfosten von Pergolen hochranken. Andere bilden ein dichtes Blattwerk und bekommen leuchtende Herbstfarben wie zum Beispiel der Wilde Wein.

Durch den Immergrünen Efeu und den Kletter-Euonimus erhalten Hauswände im Winter sogar Wärmeschutz.

Im Sommer wirken an Häuserwänden emporrankende Pflanzen wie ein Kühlsystem. Die Mauern werden außerdem als Bausubstanz geschützt und nicht, wie vielfach angenommen wird, zerstört. Lediglich aufs Dach sollte man keine Pflanzen klettern lassen. Sie können Dachpfannen heben.

Kletter- und Schlingpflanzen sorgen für ein besseres Kleinklima. Sie halten kalte Winde ab, wenn sie an Gerüsten wachsen; bei trockener Wärme geben sie erhebliche Mengen Feuchtigkeit ab, kühlen dadurch gleichzeitig die Luft der näheren Umgebung und wirken auf seitlich eindringende Schmutzteilchen wie ein Filter.

Beim Pflanzen von Kletter- und Schlingpflanzen muß einiges beachtet werden. An Mauern und Pfosten von Pergolen sind oft vorspringende Fundamente, die den Pflanzenwurzeln keinen Platz lassen. Deshalb pflanzt man wenigstens 30 cm entfernt von solchen Fundamenten.

Die Pflanzgrube sollte sehr groß bemessen sein. Grobkieseinstreuung auf den Boden der Pflanzgrube ist wegen stauender Nässe in jedem Falle vorzunehmen. Die Waldreben und Echter Wein werden waagerecht eingepflanzt. Waldreben erfordern Kühle an den Wurzeln, aber Sonne über der Erde.

Spaliere, die für solche Pflanzen, die man hochbindet, nötig sind, sollten mindestens 2,5 cm Abstand von der Wand bekommen, damit sich die Triebe der Pflanzen herumwinden können. Die Spaliere werden vor der Pflanzung angebracht, die Pflanzen gleich nach der Pflanzung angebunden. Jeder einzelne Trieb wird locker am Spalier befestigt.

Der Boden wird genauso vorbereitet wie für Sträucher und Bäume (siehe Seite 348).

Besonders bei Frühjahrspflanzungen brauchen Kletter- und Schlingpflanzen viel Wasser.

Der Schnitt von Kletter- und Schlingpflanzen

Im allgemeinen werden diese Pflanzen erst dann zurückgeschnitten, wenn sie zu groß geworden sind. Der Schnitt erfolgt bei nicht blühenden Pflanzen im Frühjahr, bei blühenden nach der Blüte.

Wurzelkletterer wie der Efeu und die Kletterhortensie können unmittelbar an der Wand wie eine Hecke zurückgeschnitten werden. Rankende Pflanzen, die eine Stützvorrichtung brauchen, nimmt man von der Wand ab. Ist der Haupttrieb zu alt geworden, schneidet man ihn bis zu einem jungen Seitentrieb weg; ist der Haupttrieb dagegen erst wenige Jahre alt, läßt man ihn stehen und entfernt so viele Seitentriebe wie nötig. Dann bindet man Haupt- und stehengelassene Seitentriebe wieder an.

Damit sich bei blühenden Schlingpflanzen viele frische Blütentriebe entwickeln, schneidet man nach der Blüte alle unerwünschten Triebe bis auf 15–30 cm an die Basis zurück.

Den Haupttrieb bindet man in die Richtung, in die er sich weiter entwickeln soll. Im Dezember oder Januar kürzt man die im Sommer beschnittenen Triebe nochmals bis auf 2 oder 3 Knospen.

Auch unter den einjährigen Sommerblumen gibt es schöne Kletterpflanzen, die vorgezogen und nach den Maifrösten ins Freie gepflanzt werden.

Von Alpenwiesen und aus Wäldern in den naturnahen Garten

Ältere Menschen können sich noch entsinnen, wie auf den Frühlingsalpenwiesen Narzissen und Osterglocken, die auch zu den Narzissen gehören, blühten, als wären die Wiesen riesige Blumenbeete. Dann kam die synthetische Düngung, und die Blumen verschwanden mehr und mehr. Heute fangen sie hier und da wieder schüchtern an zu blühen.

Nicht anders steht es um die Wälder. Wo sind die weißen Teppiche aus Maiglöckchen geblieben?

Das Schneeglöckchen kommt in der Natur unter Sträuchern und Laubbäumen vor. Nur im Frühling, wenn die Pflanzen über den zierlichen Frühlingsboten noch ohne Laub sind, kann sich das Schneeglöckchen in Licht und Sonne entfalten. Unter den größer werdenden Blättern der Laubbäume verblüht es und zieht ein. Die Zwiebel ruht im Boden aus, um im nächsten Frühling aufs neue zu treiben und zu blühen.

Unter den Zwiebelgewächsen sind aber nicht nur Frühlingsblumen. Sie blühen in der ganzen Vegetationsperiode, und, wenn man noch die vorgetriebenen Tulpen, Hyazinthen und Narzissen dazunimmt, fast das ganze Jahr über.

Sind Zwiebelpflanzen verblüht, darf man ihre Blätter nicht abschneiden. Der Trieb und die Blüte haben nämlich die Kräfte der Zwiebel völlig verzehrt. Nur durch die grünen Blätter erhält die Zwiebel wieder Nährstoffe, die sie befähigen, Tochterzwiebeln zu bilden. Erst wenn die Blätter gelb sind, darf man sie abschneiden. Man läßt die Zwiebeln einige Jahre im Boden. Die meisten bilden dann durch die Tochterzwiebeln blütenreiche Büsche.

Während Zwiebeln aus Schalen bestehen wie die Küchenzwiebel, sind Knollen eine zusammenhängende Masse. Die meisten werden im Gegensatz zu den Blumenzwiebeln im Frühjahr gesetzt und blühen im Sommer und Herbst. Einige, beispielsweise Dahlien, Freesien und Gladiolen, nimmt man im Herbst aus der Erde, um sie im Keller überwintern zu lassen, denn ihre Knollen vertragen keinen Frost.

Krokusse, Narzissen und Osterglocken gedeihen prächtig in Blumenwiesen, während sie es im Rasen schwer haben, sich gegen die dichte Wurzelmasse durchzusetzen. Es läßt sich auch nicht gut durchführen, die grünen Blätter nach der Blüte stehenzulassen, bis sie vergilbt sind, da der Rasen ständig gemäht werden muß.

Man kann die Blumenzwiebeln aber nach der Blüte vorsichtig mit der Grabegabel ausgraben, in Kästen mit feuchtem Rindenhumus legen und die Zwiebeln mit Rindenhumus abdecken. Ein schattiger, aber trockener Platz im Garten genügt, um sie ihre Entwicklung beenden zu lassen. Sind die Blätter vertrocknet, hebt man die Zwiebeln aus der Erde heraus. Man entfernt weiche Zwiebeln, abgestorbene Wurzeln und Zwiebelhäute, nimmt die Brutzwiebeln ab und hebt die Blumenzwiebeln den Sommer über trocken und kühl in Holzkisten auf.

Osterglocken auf einer Blumenwiese

Zwiebelpflanzen

Deutscher Name BOTANISCHER NAME	Licht bedürfnis	Wuchshöhe cm	Pflanzzeit	Blütezeit Blütenfarbe	Boden	Besondere Hinweise
Blaustern SCILLA SIBERICA S. BIFOLIA	○ ◑ ●	10–30	Herbst	3+4 blau, weiß, rosa	leicht, humos	Winterhart, auch gut für den Steingarten, S. 'ALBA' weißblühend, S. 'SPRING BEAUTY' größere Blüten.
Hyazinthe HYACINTHUS ORIENTALIS	○ ◑	25–30	Herbst	4+5 weiß, blau, rot, rosa, gelb	durchlässig, sandig, guter Wasserabzug	Schwerer, süßer Duft, winterhart.
Kaiserkrone FRITILLARIA IMPERIALIS	○ ◑	80–100	8+9	4+5 orange, gelb, dunkelrot	durchlässig mit Sandbett	Ihr Moschus-Knoblauch-Geruch vertreibt Wühlmäuse; 30 cm tief, seitlich liegend pflanzen.
Lauch ALLIUM						Leicht zu ziehende Pflanzen mit großen Blütendolden, alle 3–4 Jahre teilen und Brutzwiebeln heranziehen, für jeden Boden.
Kirgisenlauch A. AFLATUNENSE	○	75–90	9+10	5+6 violettrosa	jeden	
A. CAERULEUM	○	60	9+10	6+7 blau	jeden	
A. GIGANTEUM	○	90–150	9+10	7+8 violettrosa	jeden	
Goldlauch A. MOLY	○	30	9+10	5+6 gelb	jeden	
A. OREOPHILUM	○	20	9+10	6+7 rosa	jeden	
Lilie LILIUM						Es gibt etwa 90 Arten, die vorwiegend winterhart sind, nach den Blütenformen unterscheidet man Trompeten- und Türkenbundlilien.
Feuerlilie L. BULBIFERUM	○ ◑	80–100	9–11	6+7 orange	humos, kalkverträglich	Trompetenförmige Kelche, in Europa beheimatet.
Madonnenlilie, Weiße Lilie, L. CANDIDUM	○	150–180	8	6–8 schneeweiß	humos, durchlässig, etwas kalkhaltig	Zwiebel beim Pflanzen nur wenige Zentimeter mit Erde bedecken, trichterförmige Blüten, süß duftend.
Prachtlilie L. SPECIOSUM	○	80–140	9–11	8 weiß-rosa purpur gesprenkelt	durchlässig	Türkenbundform, anspruchslos und winterhart, viele Hybriden mit ähnlichen Eigenschaften.

Deutscher Name BOTANISCHER NAME	Licht be- dürfnis	Wuchs- höhe cm	Pflanz- zeit	Blütezeit Blüten- farbe	Boden	Besondere Hinweise
Tigerlilie L. LANCIFOLIUM	○	120–180	10+11, 3+ 4	8 orangerot	nährstoff- arm, nicht kalkhaltig	Winterhart, schwarze Tupfen in den Blüten.
Türkenbundlilie L. MARTAGON	◐	80–120	10+11 oder 3+4	5–7 rotviolett, bräunlich oder weiß	humos, feucht, aber durch- lässig, kalkhaltig	Einheimisch, Backhouse- hybriden der L. MARTAGON, ebenfalls leicht zu ziehen, Zwiebeln 10 cm tief set- zen, winterhart.
Märzbecher Frühlingsknotenblume LEUCOJUM VERNUM	○ ◐	20–30	8+9	2–4 weiß mit grün	feucht, humus- reich	Winterhart, er gedeiht am besten im lichten Schatten von Laubgehölzen.
Milchstern ORNITHOGALUM NUTANS	○ ◐	30	10	4+5 weiß und blaßgrün	leicht und locker	Winterhart.
Narzisse NARCISSUS	○ ◐	30–60	8	2–5 weiß, gelb, rosa, orange	humus- reich, durch- lässig	Winterhart, giftig, nicht mit anderen Schnittblumen in eine Vase stellen, vor allem nicht mit Tulpen.
Osterglocke NARCISSUS PSEUDONARCISSUS	○ ◐	35–45	9+10	3+4 gelb, weiß oder gelb-weiß	humus- reich, durch- lässig	Winterhart, giftig, nicht mit anderen Schnittblumen in eine Vase stellen, vor allem nicht mit Tulpen.
Schachbrettblume FRITILLARIA MELEAGRIS	○ ◐	30–50	8+9	4+5 weiß und dunkelrot	humus- reich, durch- lässig	Schachbrettartig gemu- sterte Glockenblüten, ihr Geruch vertreibt Wühl- mäuse.
Schneeglöckchen GALANTHUS NIVALIS G. ELWESII	◐	10–15 15–20	Herbst	2+3 weiß mit grün	locker	Gedeihen am besten unter Laubbäumen, in Gruppen pflanzen, völlig winterhart. Größere Art.
Schneestolz Schneeglanz CHIONODOXA LUCILIAE	○	15	9	3+4 blau, stern- förmig weiß, rosa	durch- lässig	Winterhart, in dichten Gruppen pflanzen, leicht zu ziehen, vermehrt sich durch Samen.
Traubenhyazinthe MUSCARI ARMENIACUM M. BOTRYOIDES M. COMOSUM	○ ◐	15–20 15 25–30	Herbst	4+5 blau, weiß 3+4 himmelblau 5+6 grünlich	nähr- stoffarm	Winterhart, sät sich leicht am Standort aus. Haben purpurfarbene Blütenblattspitzen.
Tulpe TULIPA	○	20–80	9+10	3+4 alle Farben außer blau	humos, durchlässig, kalkhaltig	Vollkommen winterhart, viele Sorten.
Zwiebeliris IRIS I. RETICULATA	○	10–20	9+10	3 violett	durch- lässig, nährstoff- reich	Einige Sorten duften sehr angenehm, sehr gut für den Steingarten geeignet, hält sich nicht lange.

○ für sonnigen Standort   ◐ = für halbschattigen Standort   ● = für schattigen Standort

Knollenpflanzen

Deutscher Name BOTANISCHER NAME	Licht be-dürfnis	Wuchs-höhe cm	Pflanz-zeit	Blütezeit Blüten-farbe	Boden	Besondere Hinweise
Anemone ANEMONE BLANDA	○ ◑	20–25	Herbst	3+4 weiß	locker, humus-reich	Buschwindröschen, winterhart.
A. CORONARIA				3–6 blau, rosa, rot, violett	jeder	Nicht ganz winterhart, unbedingt mulchen, ausgezeichnete Schnittblume.
Dahlie DAHLIA	○	30–210	5	Sommer+ Herbst alle Farben außer blau	humus-reich, durch-lässig	Zum frühen Blühen hinter Glas treiben und nach den Eisheiligen ins Freiland pflanzen, gegen Schnecken mit Cartalit mulchen, die Knollen läßt man im dunklen Keller überwintern.
Freesie FREESIA	◑	30–40	Mitte April bis Mai	8–10 weiß, gelb, orange, rosa, violett	humos, feucht	Irisgewächs, nicht winterhart, Knollen trocken überwintern, beliebte Schnittblume, intensiver Duft.
Gladiole GLADIOLUS	○	60–150	4+5	7–9 alle Farben	humus-reich, etwas sandig	Nicht winterhart, im Oktober aus dem Boden nehmen, Knollen im Keller überwintern lassen, vor Einwintern mit CP-Mineralpulver einstäuben, anfällig für Pilz- und Viruskrankheiten.
Herbstzeitlose COLCHICUM AUTUMNALE	○	15–20	8	Herbst lila-rosa	durch-lässig bis trocken	Winterhart, die ganze Pflanze giftig.
Iris IRIS	○	20–100	Herbst	5 weiß, blau, violett, gelb	durch-lässig, nährstoff-reich, neutral	Winterhart, Rhizomiris, nach 3 bis 5 Jahren Rhizome nach der Blüte herausnehmen, teilen und gleich wieder flach in den Boden legen, es gibt sehr viele Schwertlilienarten.
Schwertlilie I. GERMANICA	○	20–100	9	6–8 gelb, weißgelb, weißblau, rosa, violettblau u. a.		
Sibirische Schwertlilie I. SIBIRICA	○	60–100	9	6 weiß, blau, violett		Wächst auf feuchtem wie auf trockenem Boden.
Knollenbegonie BEGONIA X TUBERHYBRIDA	◑	25–40	ab Februar vorziehen, Mitte Mai auspflanzen	5–10 alle Farben außer blau	Erd-mischung aus Kompost, Torf und Sand	Nicht winterhart, vor Frost ausgraben, reinigen, mit CP-Mineralpulver einstäuben und in Kästen mit Rindenhumus einkellern.

Krokus CROCUS (im Frühjahr blühende)	○ ◑	10–12	Herbst	<u>3+4</u> weiß, gelb, violett und gestreift	durch- lässig	Am besten unter laubab-werfenden Gehölzen oder in Blumenwiesen, 5–8 cm tief pflanzen.
CROCUS (im Herbst blühende)	○ ◑	10–15	7+8	<u>10</u> violettblau rosa, lavendel, weiß	durch- lässig	Wie die im Frühjahr blü-henden behandeln.
Maiglöckchen CONVALLARIE MAJALIS	●	20	3	<u>5</u> weiß	feucht, humus-reich	Liliengewächs, ganze Pflanze giftig, guter Bodendecker unter Bäu-men und Sträuchern.
Montbretie CROCOSMIA X CROCOSMIIFLORA	○ ◑	60–100	4+5	<u>7–9</u> gelb, orange	locker	Winterhart nur in milden Gegenden. Evtl. herausneh-men und wie Gladiolen trocken überwintern.
Steppenkerze EREMURUS ROBUSTUS	○	150–250	8+9	<u>5</u> weiß, rosa, gelb und orange	durch- lässig	In strengen Wintern gefährdet, deshalb mulchen.
Tigerblume TIGRIDIA	○ ◑	50	4+5	<u>7–9</u> gelb, orange, rot und bräunlich	humus-reich, feucht	Anziehungspunkte für Insekten, die einzelnen Blumen halten nur einen Tag, sie sind auffallend leuchtend.
Winterling ERANTHIS HYEMALIS ›	○ ◑	10	Herbst	<u>1–3</u> gelb	nährstoff-arm	Hahnenfußgewächs, 5 cm tief setzen.

○ = für sonnigen Standort ◑ = für halbschattigen Standort ● = für schattigen Standort

Dahlien nach dem ersten Frost 15 cm über dem Boden ab-schneiden.

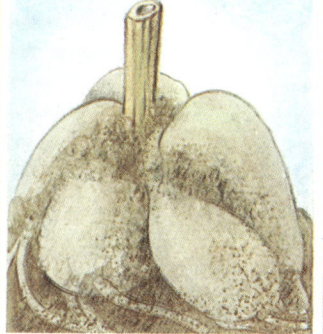
Knollen auf eine Sand- oder Torfschicht legen.

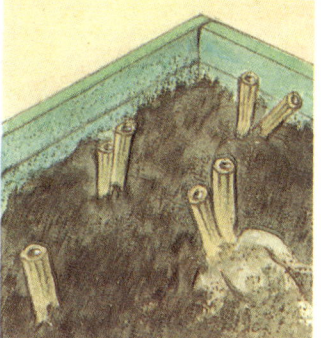
Zwischen die Knollen streut man trockenen Torf.

Einjährige Blütenpflanzen

Diese oft den ganzen Sommer über blühenden Pflanzen machen ihre ganze Entwicklung in einem einzigen Jahr durch. Aus dem Samen entwickeln sich Keimblätter, dann folgt Blatt für Blatt an einem sich streckenden Stengel. Ist eine bestimmte Wuchshöhe erreicht, stockt das Wachstum, und plötzlich entwickeln sich Blüten. Während sich in den meisten Fällen immer mehr Blüten dem Sonnenlicht öffnen, bilden die ersten bereits Samen, die bis zum Herbst reifen. Die ausgereiften Samen fallen zu Boden, und im nächsten Frühling wachsen neue Pflanzen.

Im Garten kann man diesen Prozeß steuern. Ein Teil der Pflanzen ist nicht frostempfindlich. Ihre Samen können direkt in ein vorbereitetes Beet ausgesät werden, manche schon im Herbst, andere im zeitigen Frühjahr. Sät man nicht zu dicht, spart man sich die Mühe des Auslichtens.

Andere Blumen vertragen keinen Frost. Sie können erst nach den Spätfrösten im Mai ins Freie. Um ihre Entwicklung zu beschleunigen, zieht man sie bei Zimmertemperatur in Saatschalen, Kisten oder Töpfen vor. Das kann am Zimmerfenster geschehen. Die keimenden Pflanzen brauchen Licht und Wärme.

Die Saatzeit der einjährigen Sommerblumen richtet sich nach ihrer Entwicklungszeit. Sind sie aufgegangen und haben zwei Keimblätter, werden sie vereinzelt, pikiert, damit sich Wurzeln und oberirdische Pflanzenteile ausdehnen können. Nach den Spätfrösten werden die dann bereits kräftig entwickelten Pflanzen ins Freiland oder in Töpfe und Schalen gepflanzt.

Dabei ist es ratsam, biologisch wirksame vorbeugende und pflegende Maßnahmen durchzuführen, wie sie bereits anfangs beschrieben wurden. Sommerblumen brauchen sonnige Standorte und einen im Herbst mit Kompost und einem Mischdünger vorbereiteten humosen Boden.

- Anzuchterde vor der Aussaat wachstumsfördernd mit dem Hornmistpräparat oder verdünnter Brennesseljauche (1 : 10) behandeln.
- Samen vor der Aussaat 15 Minuten in einem Baumwollsäckchen in ein Saatbad legen. Das erhöht die Widerstandskraft der Pflanzen gegenüber Krankheiten (siehe Fachausdruck: Saatbad).
- Saatbäder und Aussaat werden am besten nach den für Blütenpflanzen günstigsten Aussaattagen nach dem Aussaatkalender von Maria Thun vorgenommen.
- Man sät bei warmem Wetter. Nach der Aussaat Samen etwas mit Erde bedecken und leicht andrücken, winzige Samen nur andrücken.
- Anzuchterde nach der Aussaat gegen Pilzkrankheiten mit Equisan, Schachtelhalmtee (1 : 3) oder CP-Mineralpulver besprühen oder mit Holzkohlengries bestreuen.
- Zuletzt gut wässern, ohne die Samen freizulegen oder wegzuschwemmen.

Elfenspiegel blüht in gelben und rötlichen Farbtönen, nur nicht blau.

Einjährige Blumen

Deutscher Name BOTANISCHER NAME	Licht be-dürfnis	Wuchs-höhe cm	Saat-zeit	Blütezeit Blüten-farbe	Boden	Besondere Hinweise
Bechermalve LAVATERA TRIMESTRIS	○	50–120	Ende März – Anfang Mai	7 – 10 rosa, rot weiß	nicht zu feucht, nicht zu fett	Braucht geschützten Standort, direkt ins Freiland säen oder ab März unter Glas.
Bienenfreund, Büschelschön PHACELIA CAMPANULARIA	○	15–25	3 – 6	6 – 10 enzianblau	trocken, nährstoff-arm	Phacelia wächst dort, wo andere Pflanzen nicht gedeihen, sät sich auch selber aus, verträgt aber keine Feuchtigkeit, ausgezeichnete Bienenweide; Gründüngungspflanze: PHACELIA TANACETIFOLIA.
Bunte Margerite CHRYSANTHEMUM CARINATUM	○	60	4	6 – 9 weiß, gelb, orange, alle Rottöne	nährstoff-reich	Außer der bunten Margerite gibt es noch verschiedene andere Chrysanthemumsorten meist in Gelbtönen, Vorkultur im kalten Gewächshaus, sonst im Freiland aussäen.
Dahlie DAHLIA-HYBRIDE	○ ◑	50–150 je nach Sorte	3 – 4 unter Glas	6 – 10 viele Gelb- und Rottöne	nährstoff-reich	Nicht zu stark düngen, entwickelt dann zu viele Blätter.
Eisenkraut VERBENA	○	20–50 je nach Sorte	2 – 4 unter Glas	7 – 10 hell bis dunkel-violett, karminrosa	durch-lässig	Duftende Blüten; entspitzen, um buschiges Wachstum zu fördern; für Balkonkästen und Ampeln gibt es Hänge-Verbenen.
Elfenspiegel NEMESIA STRUMOSA	○	25	Ende März + April unter Glas	6 – 9 gelb und viele Rottöne	humos, sandig, nährstoffreich, nicht zu feucht	Auspflanzung ins Freie: Ende April + Mai, nach dem Blühen zurückschneiden, damit sie ein 2. Mal blühen.
Flammenblume, Phlox PHLOX DRUMMONDII	○	10–120 je nach Sorte	3 + 4	6 – 10 weiß, Rot-töne, violett	nährstoff-reich	Aussaat März ins Frühbeet, im April mit einem Abstand von 15 cm ins Freiland auspflanzen.
Fleißiges Lieschen, Zwergbalsamine IMPATIENS WALLERIANA	○ ◑	10–15	3 + 4	6 – 10 weiß, rosa, rot	etwas feucht, nährstoff-arm	Ende Mai ins Freie auspflanzen.
Flockenblume, Kornblume CENTAUREA CYANUS	○	60–90	3 + 4	6 – 9 blau, rosa weiß, violett	jeder Gartenboden	Aussaat ins Freiland, mit 15–25 cm Abstand vereinzeln mit Feldblume verwandt, gut für naturnahen Garten geeignet.
Duftende Flockenblume AMBERBOA MOSCHATA	○ ◑	80	4 + Anfang Mai	7 – 9 rosa, weiß	jeder	Großblumig und duftend.

Deutscher Name BOTANISCHER NAME	Lichtbedürfnis	Wuchshöhe cm	Saatzeit	Blütezeit Blütenfarbe	Boden	Besondere Hinweise
Gauklerblume MIMULUS-HYBRIDEN	○ ◑	30	3+4	6–10 gelb-rot gefleckt	feucht	Aussaat ab März im Frühbeet, ab April ins Freiland auf 15 cm Abstand verpflanzen; Pflanzen nach der Blüte zurückschneiden.
Geranie PELARGONIUM ZONALE	○	35	1–3 16 °C	5–10 rot, rosa	humos	Die einzige einjährige unter den Geranien.
Goldblume, Kapringelblume DIMORPHOTHECA SINUATA	○	10–30	4+5 Freiland	6–10 weiß, gelb, orange, violett	durchlässig, lehmig, sandig	Blüten öffnen sich nur bei Sonnenschein, intensiver Duft (Flaumhärchen der Stengel und Blätter).
Goldmohn (Schlafmützchen) ESCHSCHOLZIA CALIFORNICA	○	40	Ende März – Anfang Mai	6–10 weiß, orange, gelb, rosa, rot	trocken, durchlässig, nährstoffreich	Blüten öffnen sich nur bei Sonnenschein, verblühen schnell, wachsen ständig nach, nicht umpflanzen.
Heliotrop, Sonnenwende HELIOTROPIUM ARBORESCENS	○	30–60	2+3 bei 16 °C	5–10 violett	nährstoffreich	Mai ins Freiland (Abstand 30 cm), durch Stecklinge vermehren, süßer Duft nach Vanille; im Herbst in Töpfe gepflanzt, blühen sie bis in den Winter.
Immerblühende Begonie BEGONIA SEMPERFLORENS- HYBRIDEN	○	15–30 je nach Sorte	1+2 bei 16 °C	5–9 rosa, weiß rot	leicht, nährstoffreich	Aussaat nur im Gewächshaus, Ende Mai ausgepflanzen. Abgeblühte Blüten entfernen.

Goldmohn (Schlafmützchen)

Jungfer im Grünen, Schwarzkümmel

Deutscher Name BOTANISCHER NAME	Licht be- dürfnis	Wuchs- höhe cm	Saat- zeit	Blütezeit Blüten- farbe	Boden	Besondere Hinweise
Jungfer im Grünen, Schwarzkümmel NIGELLA DAMASCENA	○ ◑	30–60	3 – 5, 9 Freiland	6 – 10 weiß, blau, violett	nährstoff-arm	Nach Aufgang auf 15 cm Abstand vereinzeln.
Kapuzinerkresse TROPAEOLUM MAJUS, rankend T. MAJUS-NANUM, niedrig	○	30	Mitte April Freiland	6 – 10 leuchtend ins rot	durch-lässig	Beliebte Blütenpflanze im Biogarten, nur mit Kompost düngen, da die Pflanze sonst zu viel Blattmasse entwickelt, auch Würzpflanze, Blüten, Blätter und Samen eßbar, scharfer kresseartiger Geschmack, vitaminreich.
Kokardenblume GAILLARDIA HYBRIDA	○	70–80	4	6 – 9 gelb, gold-braun, weiß	humos	Mit 30 cm Abstand verpflanzen, Blüten in schönen Farbtönen ringförmig gestreift; vorkultivierte Pflanzen im April ins Freiland pflanzen.
Kosmee, Schmuckkörbchen COSMOS BIPINNATUS	○ ◑	100–150	4 + 5 Freiland	6 – 11 weiß, rosa, weinrot, orange	nicht zu nährstoff-reich	Verpflanzen mit 30 bis 40 cm Abstand; zarte Blüten; paßt gut in naturnahen Garten.
Leberbalsam AGERATUM HOUSTONIANUM	○	15–25	3 + 4 16 °C	5 – 10 bei violett	leicht blau,	Warme Vorkultur, ab Mai ins Freiland, verträgt das Umpflanzen, verblühte Blüten regelmäßig entfernen.
Lein LINUM GRANDIFLORUM	○	40	4 Freiland	6 – 8 rot oder blau	jeder Gartenboden	Lichte, verzweigte Pflanzen; nach der Blüte zurückschneiden, damit sich Herbstblüten bilden.
Levkoje MATTHIOLA INCANA	○	40–80	2 + 3 Frühbeet	6 – 9 weiß, gelb, rosa bis violett	trocken	Intensiver Duft, ab April mit 10 cm ins Freiland pflanzen.
Mädchenauge, Schöngesicht COREOPSIS TINCTORIA	○ ◑	bis 80	4 + 5	7 – 10 gelb, braun	nährstoff-reich	Standort sollte windgeschützt sein, nach der 1. Blüte zurückschneiden.
Männertreu, Lobelie LOBELIA ERINUS	○ ◑	10–15	2 + 3 bei 16 °C	6 – 10 blau, dunkelblau, karmin-rot, weiß	durch-lässig	Warme Vorkultur, da frostempfindlich, ab Ende Mai ins Freiland umpflanzen, verträgt das Umpflanzen gut, reich blühend.
Mohn Gartenmohn, Schlafmohn PAPAVER SOMNIFERUM	○	80	3 + 4 oder 9 + 10	6 – 9 je nach Aussaat weiß, viele Rottöne	locker, durch-lässig	Wegen der langen Pfahlwurzeln Mohn nicht verpflanzen, an Ort und Stelle säen und auslichten; Verblühtes entfernen.
Klatschmohn P. RHOEAS	○	50–75	3 – 5	6 – 9 weiß, rosa, rot	durch-lässig, locker	siehe oben

Deutscher Name BOTANISCHER NAME	Licht be- dürfnis	Wuchs- höhe cm	Saat- zeit	Blütezeit Blüten- farbe	Boden	Besondere Hinweise
Nelke Chinesennelke DIANTHUS CHINENSIS	○ ◑	20–40	3–5	7–10 weiß, rosa, rot	kalk- haltig	Zart, verzweigt, ungefüllt und gefüllt, duftlos, durch Rückschnitt nach der 1. Blüte, 2. Blüte August, ab Mai auch ins Freiland, 20–25 cm Abstand.
Gartennelke D. CARYOPHYLLUS	○ ◑	60	4	7–10 weiß, rosa, rot	kalk- haltig	Aussaat bis April ins Früh- beet, dann ab Ende April + Mai ins Freiland.
Petunie PETUNIA-HYBRIDE	○	25–40	3	5–11 weiß, rosa, rot, violett	nährstoff- reich	Einfacher als die Aussaat ist das Pflanzen, Abstand 20–25 cm, gut düngen und wässern.
Portulakröschen PORTULACA GRANDIFLORA	○	15–20	3+4	6–10 weiß, gelb, rosa, karminrot	sandig, trocken, leicht	Blühen dort, wo es ande- ren Blumen zu trocken ist; Blüten öffnen sich nur bei Sonnenschein; ab März ins Frühbeet säen, ab Mai ins Freiland auf 10–15 cm Abstand auspflanzen.
Reseda RESEDA ODORATA	○	bis 40	ab April	6–10 orange	nährstoff- arm	Auf 15–20 cm Abstand verpflanzen, duften.
Ringelblume CALENDULA OFFICINALIS	○	30–50	4+5	6–11 gelb, orange	kalk- reich	Die Samen (ins Freiland gesät) keimen rasch, Pflan- zen sind anspruchslos, ver- säen sich leicht selber, Abstand 30 cm.
Salbei Blauer Salbei SALVIA FARINACEA	○ ◑	50	4+5	6–10 blau	humos, durch- lässig	Es gibt noch andere, eben- falls blau, aber auch rot- und rosablühende Sorten.
Feuersalbei S. SPLENDENS	○	20–45	1–3 bei 18 °C	5–10 leuchtend rot	durch- lässig, humos, nährstoff- reich	5–7 cm hohe Pflanzen ent- spitzen, damit sie buschig werden; verträgt das Um- pflanzen, Setzlinge können aufgeblüht gepflanzt wer- den, schön in Rabatten; Pflanzzeit Ende Mai.
Sandnelke, Strandflieder LIMONIUM SINUATUM	○	70	Frühjahr	7–10 weiß, blau, rosa	trocken	Aus Vorkultur anpflanzen.
Schleierkraut GYPSOPHILA ELEGANS	○	40–50	3–5	5–8 weiß, rosa	mager, kalk- haltig	Blütezeit 8 Wochen nach der Aussaat etwa 6 Wo- chen lang; Pflanzabstand 30–40 cm, blüht wieder nach Rückschnitt, sät sich selber aus.

Deutscher Name BOTANISCHER NAME	Licht be- dürfnis	Wuchs- höhe cm	Saat- zeit	Blütezeit Blüten- farbe	Boden	Besondere Hinweise
Schleifenblume IBERIS UMBELLATA	○ ◑	20–30	Ende März – 5	6 – 9 weiß, rosa, lila, purpur	nährstoff- arm	Direkt ins Freiland säen, Abstand 20 cm; sät sich wieder aus, blüht nach Rückschnitt.
Sommeraster CALLISTEPHUS CHINENSIS	○	35–70 je nach Sorte	3 + 4	6 – 10 weiß, gelb, hell- bis dunkelrot, violett	nährstoff- reich, im Sommer nicht düngen	Blütenformen: einfache, zungenblütige, nadelför- mige und röhrenblütige, in ein Frühbeet säen, Mitte Mai ins Freiland pflanzen; Pflanzabstand 20 cm (niedrige Sorten), 30 cm (halbhohe) und 40 cm (hohe); nicht nach Toma- ten pflanzen (Welke).
Sommerrittersporn DELPHINIUM AJACIS	○	50–100	3 + 4	6 – 9 weiß, blau, rot, rosa, lila	nährstoff- reich	Auf 15 cm Abstand verein- zeln; Frühlingssaat blüht im Spätsommer, Herbst- saat im Frühsommer.
Sonnenblume HELIANTHUS ANNUUS	○	50–500	4	7 – 10 goldgelb, purpur, braunrot	sehr nährstoff- reich	Im Abstand von 40 cm säen oder vereinzeln; reich- lich düngen, wenden sich der Sonne zu.
Steinkraut LOBULARIA MARITIMA ALYSSUM	○ ◑	12	3 – 5	6 – 9 rosa, weiß, purpur- violett	durch- lässig, steinig	Beliebte Pflanze für Stein- gärten, Trockenmauern, als blühender Boden- decker; blüht bis zum Frost.

Salbei

Schleifenblume

Studentenblume

Zinnie

Deutscher Name BOTANISCHER NAME	Licht be- dürfnis	Wuchs- höhe cm	Saat- zeit	Blütezeit Blüten- farbe	Boden	Besondere Hinweise
Studentenblume TAGETES	O	20–75 je nach Sorte	3+4	5–11 gelb, orange, rötlich, bräunlich	nährstoff- arm	Auf 25 cm Abstand verein- zeln; die anspruchslose Pflanze kann umgepflanzt werden.
Trompetenzunge SALPIGLOSSIS SINUATA	O	60–80	3+4	6–9 braun, goldgelb, rosa, rot, bläulich	nährstoff- reich	Ab März Aussaat unter Glas; schwieriger im Frei- land (ab April möglich); im Mai auf 30 cm Abstand umpflanzen.
Wicke Wohlriechende Platterbse LATHYRUS ODORATUS	O	20–60	3–4	6–9 zahlreiche zarte Pastelltöne	feucht	Zwergwicken (25–35 cm hoch) und Buschwicken (60 cm hoch) brauchen keine Stütze, die anderen brauchen Hilfen zum Ran- ken, zauberhafte Schnitt- blumen, den Boden um die Wicken mulchen, ab und zu Brennesseljauche (1 : 10) geben.
Wunderblume MIRABILIS JALAPA	O	60–80	Ende März – Anfang Mai	7–9 verschie- denfarbig	feucht, nährstoff- arm	Blüten verschiedener Far- ben an einer Pflanze, blüht abends und nachts, nur im Herbst tagsüber, schnell- wüchsig, reichlich gießen.
Zinnie ZINNIA ELEGANS	O	30–100	4 unter Glas	6–10 gelb, weiß, orange, rot, rotviolett	nährstoff- reich	Mitte Mai auspflanzen im Abstand von 10 cm (niedrige) und 20 cm (höhere) Sorten.

O = für sonnigen Standort ◑ = für halbschattigen Standort ● = für schattigen Standort

Zweijahresblumen

Es gibt nicht viele Zweijahresblumen, aber die wenigen sind beliebt; vielleicht, weil sie, wie beispielsweise Fingerhut, Bartnelken oder Stockrosen, an alte Bauerngärten oder Großmutters Blumenbeete erinnern. Der zweijährige Rhythmus dieser Sommerblumen beginnt im Frühsommer und Sommer mit der Aussaat in Saatschalen oder ins Mistbeet. Im Herbst werden die Pflanzen an den Standort gepflanzt, an dem sie im nächsten Jahr blühen. Zur Samengewinnung läßt man einige kräftige Pflanzen mit den Samenkapseln stehen, bis die Samen ausgereift sind. Manche, wie das kleine Maßliebchen oder der Fingerhut, säen sich auch selbst aus. Hybriden spalten sich wieder in ihre Ausgangsarten. Man kann sie deshalb nicht selbst vermehren, es sei denn, man nimmt mit den Ursprungspflanzen vorlieb, die für den Biogarten eigentlich viel geeigneter sind.

In kalten Lagen deckt man die empfindlichen überwinternden kleinen Pflanzen wie Goldlack und Gartennelken im Spätherbst mit Nadelholzästen oder Agryl P 17 ab, damit sie nicht erfrieren.

Stockrose

Bartnelke

Blattrosette der Königskerze

Blüten der Königskerze

Zweijährige Blumen

Deutscher Name BOTANISCHER NAME	Licht- bedürfnis	Wuchshöhe cm	Saatzeit	Pflanzzeit
Bartnelke Karthäusernelke DIANTHUS BARBATUS	O	25–60	5–6	Spätsommer
Fingerhut Roter Fingerhut DIGITALIS PURPUREA	◑	120–150	6–8	Spätsommer
Gartenstiefmütterchen VIOLA WITTROCKIANA HYBRIDE	O ◑	20–30	7+8	Spätsommer
Goldlack CHEIRANTHUS CHEIRI	O	15–20	4+5	Spätsommer
ERYSIMUM X ALLIONII	O ◑	40	4+5	Spätsommer
Islandmohn PAPAVER NUDICAULE	O	40	5+6	–
Königskerze VERBASCUM DENSIFLORUM	O	150–200	6+7	Herbst
Marienglockenblume CAMPANULA MEDIUM	O ◑	40–80	5+6	Herbst
Maßliebchen, Tausendschönchen BELLIS PERENNIS	O ◑	15	4–6	Herbst
Nelken Gartennelken	O	35–60	5	Spätsommer
Silberling LUNARIA ANNUA	◑	40–60	5+6	Spätsommer
Stockrose ALCEA (ALTHAEA) ROSEA	O	100–200	5+6	Herbst
Vergißmeinnicht MYOSOTIS SYLVATICA	O ◑	15–40	6+7	Herbst
Wolfsmilch EUPHORBIA LATHYRIS	O	80	6+7	Herbst

O = für sonnigen Standort   ◑ = für halbschattigen Standort   ● = für schattigen Standort

Blütezeit Blütenfarbe	Boden	Besondere Hinweise
6+7 weiß, rosa, rot	durchlässig, nähr- stoffreich, kalk- haltig	Einfache oder gefüllte Blüten, Verblühtes entfernen, einige Arten werden als Samen für frühe Vorkultur angeboten und blühen im gleichen Jahr.
6+7 oder 8–10 purpurrot, weiß, gelb, rosa	trocken, wasser- durchlässig	Giftig, bildet im 1. Jahr eine Blattrosette am Boden, im 2. Jahr entwickelt sich die herrliche Blüte; »Foxy-Auslese« blüht im gleichen Jahr, wenn man sie früh aussät.
3–5 alle Farben	locker, humusreich	Winterhart, bei starkem Frost jedoch abdecken; schön mit Tulpen zusammen, Blütebeginn oft schon im Herbst, säen sich leicht selbst aus, öfter mit Brennesseljauche (1 : 10) düngen.
5–7 gold, orange, rotbraun	nährstoffreich, kalkhaltig, lehmig, aber durchlässig	Winterschutz erforderlich, süß duftend, Pflanzen entspitzen, wenn sie 15 cm hoch sind, Pflanzung mit Stiefmütterchen und Vergißmeinnicht.
5–7 gelb	wie Cheiranthus cheiri	Wie CHEIRANTHUS CHEIRI, aber sehr winterhart.
6+7 rot, gelb, weiß	durchlässig locker	Der Mohn hat eine lange Pfahlwurzel und verträgt das Umpflanzen nicht; im Aussaatjahr erste Blüte im Herbst.
7+8 gelb	sandig, mager, kalkhaltig	Keine stauende Nässe, sät sich selbst aus, werden oft auch im Gemüsegarten als Schattierung gepflanzt, Heilpflanze, Blüten werden für Tee gegen Erkältung verwendet.
6+7 weiß, rosa	humos und durchlässig	Verwelkte Blüten entfernen, üppige Blütenfülle.
4–6 weiß, karminrot	jeder Gartenboden, aber kalkhaltig	Kulturform der Gänseblümchen; an sich ist es eine zweijährige Pflanze, die, wenn sie jedes Jahr neu gesetzt wird, ihre großen, gefüllten Blüten entwickelt; sät sich selbst aus und wird dann wieder zum einfachen Gänseblümchen.
7+8 rosa, dunkelrot, scharlachrot, hellgelb, weiß	jeder Gartenboden	Auch als Schnittblume geeignet, in rauhen Lagen im Winter abdecken.
6–7 kleine violette duftende Blüten, auch weiß	leicht	Wird hauptsächlich wegen der scheibenförmigen Samenkapseln gepflanzt, verwelkte Blüten nicht entfernen, für Trockensträuße im August pflücken.
7–9 weiß, rosa, rot, gelb, dunkelrot	nährstoffreich trocken	Malvengewächs, sät sich selbst aus, wenn man Verblühtes nicht entfernt.
5 himmelblau, rosa, weiß	feucht, durchlässig	Sät sich selbst aus, anspruchslose Pflanze.
5–7 weißlich	trocken, kalkreich	Gegen Wühlmäuse, wird wegen der schönen Hochblätter angepflanzt.

Stauden

Diese Pflanzen halten sich mehrere Jahre. Wer in seinen Blumengarten ausdauernde Stauden pflanzt, hat die Pflanzarbeit für viele Jahre nur einmal. Diese Gewächse frieren im Winter meist oberirdisch ab, aber die unterirdische Wurzel bleibt erhalten und treibt im nächsten Jahr neu aus, um in der Vegetationszeit wieder reich zu blühen. Es gibt unter ihnen solche, die bereits im März und April blühen, beispielsweise die Primel; andere schließen sich ihnen im Mai und Juni an, wie die Akelei. Gerade in der Hochsommerzeit erfreuen viele Stauden über lange Zeit mit ihren Blüten. So blühen Lupinen zum Beispiel von Mai bis September. Chrysanthemen und Astern dagegen treiben ihre herrlichen Blüten erst im Herbst.

Da es unter den Stauden so unterschiedliche Pflanzen wie Steingartenpolster, Immergrüne, hohe Stauden (wie Rittersporn, Geißbart oder Eisenhut) gibt, haben sie auch sehr unterschiedliche Bedürfnisse. Wenn man Freude an Stauden haben will, muß man ihre Bodenbedürfnisse und Gewohnheiten beachten und sie so zusammenpflanzen, daß sie nicht nur lange miteinander auskommen, sondern sich auch gegenseitig fördern.

Da Stauden viele Jahre am gleichen Standort verbringen, ist der Boden sorgfältig vorzubereiten. Er ist tief zu lockern und mit reifem Kompost zu versehen. Ein Langzeitdünger kann untergemischt werden. Zu beachten ist, daß Unkraut unbedingt entfernt werden muß. Manchmal steckt es nicht nur im eigenen Gartenboden, sondern wird mit dem Wurzelballen mitgeliefert. Wenn es sich im Wurzelbereich einnistet, ist es später kaum auszurotten.

Staudengruppen mit verschiedenen Pflanzen sollten nicht nur in der Wuchshöhe, sondern auch in den Farben zusammenpassen. Bei sonnenhungrigen Stauden werden kleine Pflanzen auf der Südseite des Beetes gepflanzt, größere und ganz große gestaffelt dahinter. Bleiben Lücken zwischen den Gruppen, bepflanzt man sie mit einjährigen Blumen. Tagetes, Ringelblumen und Kapuzinerkresse gesunden den Boden und vertreiben Schädlinge. Diese nützlichen Pflanzen bedecken die Zwischenräume zwischen Stauden und können zu blauen und violetten Blütenstauden mit ihren gelben und orangefarbenen Blüten wirkungsvolle Kontraste bilden.

Gepflanzt werden Stauden vorzugsweise im Herbst oder Frühjahr. Feine, faserige Wurzeln werden vorher zurückgeschnitten, niemals jedoch fleischige, rübenartige Wurzeln. Anschließend kann um die Stauden herum noch Gelbsenf eingesät werden.

Will man Stauden selbst vermehren, bieten sich verschiedene Möglichkeiten. Außer zur Gewinnung von Samen eignen sich verschiedene Pflanzen zur Wurzelstockteilung, der Abtrennung von Rhizomen (Wurzelstöcken) und Ausläufern oder zur Bewurzelung von Stecklingen.

Damit die Stauden lange blühen, schneidet man auch bei ihnen die verblühten Blüten ab. Während der Wachstumsperiode düngt man am besten mit einer Pflanzenjauche. Im Herbst wird reifer Kompost auf die Staudenrabatten gestreut, dem man einen Langzeitdünger aus Horn-, Blut-, Knochenmehl und ein Gesteinsmehl oder einen entsprechenden Mischdünger beimengen kann. Zuletzt wird der Boden mit einer Mulchschicht aus Herbstblättern oder Rasenschnitt abgedeckt, deren Rotte man durch einen Mischdünger und Kompoststarter fördert.

Bei hohen Stauden kann man sich viel Arbeit mit dem Stützen und Hochbinden ersparen, wenn man ihnen im Herbst Gesteinsmehl und Alginuregranulat gibt und im Frühjahr mit diesen Mitteln nachdüngt. Auch eine monatliche Spritzung mit CP-Mineralpulver während der Vegetationsperiode ab Mai tut den Pflanzen gut. Man kann dann meist auf jede weitere Stütze verzichten.

Die in der folgenden Tabelle aufgeführten Stauden sind winterhart, eignen sich besonders für den naturnahen Garten und brauchen wenig Pflege.

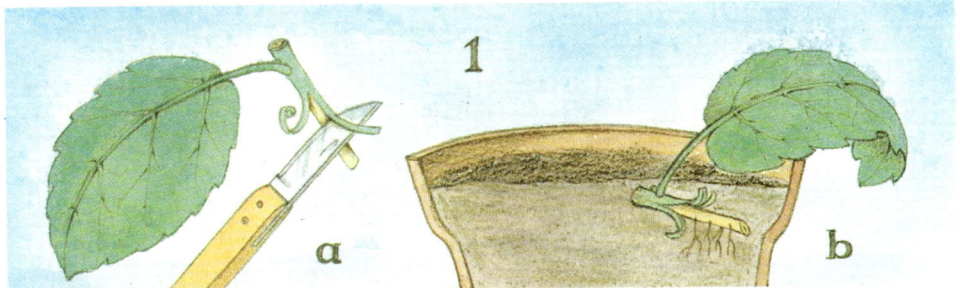

1. a) Steckling knapp über der Blattachsel und 2 cm darunter abschneiden und die Rinde schälen, Wunde in Alginure-Wurzel-Dip tauchen. b) Steckling flach in die Erde legen.

2. Vermehrung durch Triebstecklinge: a) Abschneiden eines unverholzten Triebes, b) Eintauchen in Alginure-Wurzel-Dip, c) in Blumentopferde stecken und angießen, d) mit gelochter Klarsichthaube abdecken.

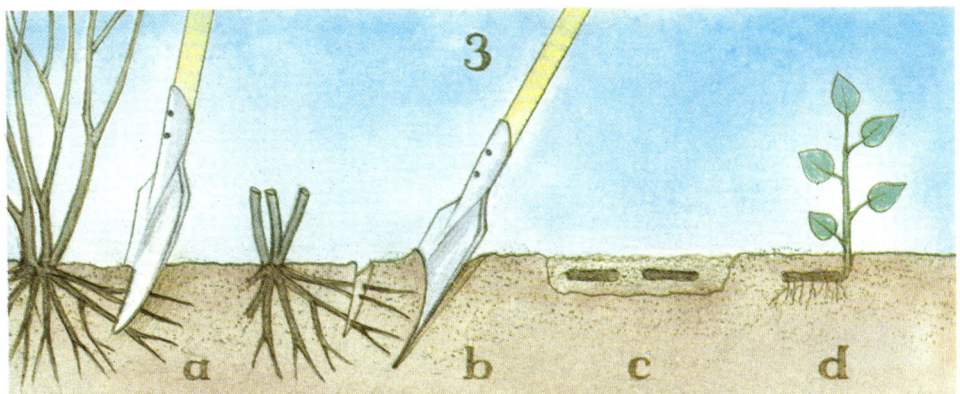

3. Vermehrung durch Wurzelschnittlinge: a) abstechen, b) ausgraben, c) einlegen, d) Bewurzelung.

Winterharte Stauden

Deutscher Name BOTANISCHER NAME	Licht be- dürfnis	Wuchs- höhe cm	Blütezeit Blüten- farbe	Boden	Besondere Hinweise
Adonisröschen ADONIS VERNALIS	○	20–30	4+5 gelb	durchlässig, kalkhaltig	Giftig; Vermehrung durch Samen, die kurz vor der Reife geerntet und sofort ausgesät werden, Teilung gleich nach der Blüte.
Akelei A. VULGARIS AQUILEGIA-Hybriden	○ ◑	50–80	5+6 A. vulgaris dunkel, blau-violett, weiß, blau, rosa, rot, violett	kalkhaltig, leicht, feucht, durchlässig	Bei A. VULGARIS Vermehrung aus Samen, Saatzeit März – Juni ins Freiland, Blütenfarbe unverändert, Pflanzungen in Gruppen zwischen September und März, Wildstauden- pflanzung mit Farn.
Aster ASTER-DUMOSUS-Hybriden	○	20–50	8 – 10 weiß, violett, rosa, karminrot	nährstoff- arm	Arten- und sortenreich, vor und während der Blüte viel gießen; breiten sich in Ausläufern stark aus; neigt zu Mehltaubefall. Zur Abwehr der Wurzelälchen Tagetes als Nachbarpflanzung.
Rauhblattaster A.-NOVAE-ANGLIAE- Hybriden	○	150–180	9+10 weiß, rosa violett	nährstoff- arm	Sehr robust; mit gut belaubten Pflanzen kombinieren, da sie an den unteren Stengelteilen oft die Blätter verlieren.
Bergaster A. AMELLUS	○	30–80	8+9 rosa, lila, weiß	nährstoff- reich	Setzlinge müssen bei der Auspflan- zung ganze Wurzelballen haben.
Glattblattaster A. NOVI-BELGII	○	150	9+10 weiß, vio- lett, rosa, karminrot, dunkelrot	nährstoff- reich, feucht	Pflanze fällt leicht um, neigt zu Mehltaubefall, öfter mit CP-Mine- ralpulver spritzen oder Artanax S.
Bergenie BERGENIA	○ ◑	30–40	3+4 rosa, weiß, dunkelrot	nährstoff- arm, trocken	Steinbrechgewächs, Vermehrung im Frühjahr durch Teilung des Wur- zelstocks; bilden rasch Ausläufer; schöne Blätter, gelegentlich mit rötlicher Färbung im Herbst.
Berufkraut ERIGERON SPECIOSUS- Hybriden	○	50–80	ab Juni blau, rosa, violett	gut	Relativ anspruchslos, aber regel- mäßig wässern, Vermehrung im Herbst und Frühjahr durch Teilung des Wurzelstocks; asternartig, gute Schnittblume.
Blaukissen AUBRIETA	○	10	3 – 6 blau, violett, rosa, rot, weiß	kalkhaltig, durchlässig	Wintergrün, für Trockenmauern und Steingärten.

Deutscher Name BOTANISCHER NAME	Licht be-dürfnis	Wuchs-höhe cm	Blütezeit Blüten-farbe	Boden	Besondere Hinweise
Christrose (Nieswurz) HELLEBORUS NIGER	◑ ●	30	weiß	humos, kalkhaltig	Immergrünes Blatt, setzt im Herbst Knospen an und blüht, sobald der Schnee schmilzt; Ver-mehrung durch Samen, die gleich
Lenzrose H.-HYBRIDEN	◑ ●	40–50	1 – 3 weiß, rosa, rot, violett	durchlässig, aber feucht	nach der Reife ausgesät werden, oder durch Teilung des Wurzel-stocks im März, Sämlinge blühen erst im 4. Jahr nach der Aussaat; unter Laubbäume pflanzen, damit sie im Winter Sonne bekommt, im Sommer Schatten, nach der Blüte Stengel bis zum Boden zurück-schneiden, giftig.
Edeldistel ERYNGIUM BOURGATII	○	30–40	7 + 8 violett	sandig, trocken	Zäh, grauweiß, stachlig; für Trok-kenpartien, Vermehrung durch Samen, die gleich nach der Reife ausgesät werden, durch Ausläufer und Wurzelschnittlinge im Februar, im Frühbeet bewurzeln, durch Tei-lung zwischen Oktober und April.
Edelweiß LEONTOPODIUM	○	5–20	7 – 9 weißlich	durchlässig, trocken, kalkreich, steinig	Für Steingarten und Trockenmauer.
Ehrenpreis VERONICA SPICATA	○ ◑	30–50	6 + 7 blau, weiß, rosa	durchlässig, sauer	Vermehrung durch Teilung des Wurzelstocks zwischen Oktober und März, silbrige Pflanze, Blüten-ähre, trockener Standort.
Enzian Stengelloser Enzian GENTIANA ACAULIS	○ ◑	niedrig 6–10	5 + 6 blau	locker, humos, durchlässig, feucht	Verträgt keinen frisch gedüngten Boden.
Federnelke DIANTHUS PLUMARIUS	○	40	6 – 9 weiß, rosa, rot	schwer, kalkhaltig, trocken	Vermehrung durch Stecklinge und durch Samen.
Feldsteinkraut ALYSSUM SAXATILE	○	15–30	4 – 6 zitronengelb, goldgelb	durchlässig, steinig	Kann aus Samen gezogen werden; sät sich selbst aus, wenn man ab-geblühte Blüten nicht entfernt.
Felsenteller RAMONDA MYCONI SYN. R. PYRENAICA	●	10–12	6 – 8 blauviolett, weiß, rosa	humos, nährstoff-reich	Das Wasser muß aus den Rosetten abfließen können, eine der schön-sten Steingartenpflanzen.
Fetthenne SEDUM SPECTABILE	○	40–50	8 + 9 rot	nährstoff-reich	Meist immergrün, Vermehrung durch Teilung des Wurzelstocks im Frühjahr und Frühherbst, ältere Pflanzen öfter teilen, verpflanzen.

Deutscher Name BOTANISCHER NAME	Licht be- dürfnis	Wuchs- höhe cm	Blütezeit Blüten- farbe	Boden	Besondere Hinweise
Flammenblume, Phlox PHLOX-PANICULATA- HYBRIDEN	◗	60–120	6–9 weiß, rosa, violett, rot	humos, feucht	Vermehrung durch Teilung des Wurzelstocks im Oktober oder März, einige Sorten remontieren.
Flockenblume CENTAUREA MONTANA C. DEALBATA	○	100 50	5+6 6+7 blau, rosa, gelb, weiß	tiefgründig, dann Gießen unnötig; Feuchtigkeit haltend	Vermehrung durch Teilung des Wurzelstocks zwischen Oktober und März, breiten sich bei gutem Boden stark aus, Aussaat im Früh- jahr.
Funkie (Weißrandfunkie) HOSTA SIEBOLDII	◗	40	7+8 hell-violett bis weiß	nährstoff- reich, durch- lässig, leh- mig, feucht	Vermehrung durch Teilung des Wurzelstocks im März, schöne ver- schiedenfarbige Blätter, aber auch anmutige Blütentrauben.
Gänsekresse ARABIS-HYBRIDEN	○	10–25	4+5 weiß, rosa	durchlässig	Wintergrün, für Trockenmauern und Steingärten.
Geißbart ARUNCUS DIOICUS	◗	150	6+7 creme- farben	feucht, sauer	Mit Prachtspiere, Rittersporn, Edel- distel, Trollblume zusammen anpflanzen, im Herbst Stiele bis zum Boden zurückschneiden, Tei- lung im Oktober.
Gemswurz DORONICUM ORIENTALE	○ ◗	15–50	4+5 gelb	nährstoff- reich, humos	Vermehrung durch Teilung des Wurzelstocks zwischen Oktober und März.
Glockenblume Pfirsichblättrige Glockenblume CAMPANULA PERSICIFOLIA	○ ◗	bis 100	6–8 hellblau, weiß	lehmig, feucht	Vermehrung durch Teilung des Wurzelstocks zwischen Oktober und April und Samen; säen sich oft selber aus, Verblühtes regelmäßig entfernen, dann 2. Blüte.
Knäuelglockenblume C. GLOMERATA	○	50–60	6–8 violett	humos, locker	
C. LATIFOLIA	○	150	6+7 violettblau	humos, locker	
Goldrute SOLIDAGO	○ ◗ ●	30–200	7–10 goldgelb	nährstoff- arm	Überwuchert schnell den ganzen Garten, füllt Lücken aus.
Goldwolfsmilch EUPHORBIA POLYCHROMA	○	30–50	4–6 schwefel- gelb	durchlässig, kalkreich, auch nähr- stoffarm, aber durch- lässig	Unauffällige Blüten in den Blatt- winkeln versteckt; Rosetten der Hochblätter färben sich im Mai, Juni leuchtend gelb, Blattfärbung im Herbst rot; Vermehrung durch Teilung des Wurzelstocks von Sep- tember bis April oder durch Samen, giftig.
Grasnelke ARMERIA MARITIMA	○	5–30	5–10 weiß, rot	leicht, durchläs- sig, sandig	Kalkfliehend, wintergrün, für Trok- kenmauern und Steingarten.

Funkie

Johanniskraut

Deutscher Name BOTANISCHER NAME	Licht bedürfnis	Wuchshöhe cm	Blütezeit Blütenfarbe	Boden	Besondere Hinweise
Heide Schneeheide ERICA HERBACEA (SYN. E. CARNEA) Grauheide E. CINEREA	○	bis 60	3 – 5 rosarot ab 4 weiß, rosa	sauer, humos, frühjahrsblühende Sorten, vertragen auch Kalk	Es gibt auch Arten, die im Sommer blühen; immergrün, bei winter- und frühjahrsblühenden Arten schneidet man die Blütenstände nach der Blüte ab, bei sommerblühenden erst im Frühjahr.
Hornveilchen VIOLA CORNUTA-HYBRIDEN	○ ◑	10–25	5 – 9 blau, violett, weinrot, gelb	gut, locker, etwas feucht	Vermehrung durch Teilung des Wurzelstocks von September bis März, sät sich oft selbst aus.
Indianernessel MONARDA DIDYMA	○	60–100	7 – 9 rot, rosarot, violett, weiß	nährstoffreich	Gefärbte Hochblätter, stark aromatischer, pfefferminzähnlicher Geruch; treibt Ausläufer; Vermehrung durch Teilung des Wurzelstocks zwischen Oktober und März oder Stecklinge.
Johanniskraut HYPERICUM CORIS	○	20–30	6 – 8 gelb	durchlässig, locker	Wintergrüner Halbstrauch, Vermehrung durch 5 cm lange Weichholzstecklinge im Mai und Juni im kalten Kasten oder durch Aussaat.
H. OLYMPICUM	○	20–30	6 – 8 gelb	durchlässig	

Deutscher Name BOTANISCHER NAME	Licht bedürfnis	Wuchshöhe cm	Blütezeit Blütenfarbe	Boden	Besondere Hinweise
H. POLYPHYLLUM 'CITRINUM'	○ ◑	15	5 – 8 zitronengelb	durchlässig	Für Steingärten.
Kaukasusvergißmeinnicht BRUNNERA MACROPHYLLA	◑ ●	30–50	4 – 6 himmelblau	feucht, nährstoffreich	An günstigen Standorten breitet sich die Pflanze stark aus, manchmal 2. Blüte im Herbst.
Kokardenblume GAILLARDIA	○	20–80 je nach Sorte	6 – 9 gelb, rot, bräunlich, orange, weiß	durchlässig, gut, eher trocken	Vermehrung durch Teilung des Wurzelstocks oder durch Samen, hat im 2. Jahr noch mehr Blüten, gute Schnittblume, Aussaat ins Frühbeet oder im April ins Freiland, weiterkultivieren und im nächsten Frühjahr auspflanzen.
Kriechgünsel AJUGA REPTANS	○ ◑	10–20	5 – 8 blau, rosa, weiß	feucht	Oberirdische, leicht wurzelnde Ausläufer; Sorten mit verschiedenfarbenen Blättern; Vermehrung durch Stecklinge oder Teilung des Wurzelstocks, breitet sich stark aus.
Küchenschelle PULSATILLA VULGARIS	○	10–20	3 + 4 lila	durchlässig, kalkreich	Kann aus Samen im kalten Kasten in sandiger Erde gezogen werden, Sämlinge nach Überwinterung eintopfen und im nächsten Herbst auspflanzen; Vermehrung durch Wurzelteilung im März/April.
Kugeldistel ECHINOPS RITRO	○	80–100	7 – 9 hellblau, zartviolett	tiefgründig, steinig, kalkhaltig, durchlässig	Vermehrung durch Teilung des Wurzelstocks, von Oktober bis März oder durch Samen, langlebig.
Kugelprimel PRIMULA DENTICULATA	◑	30	3 + 4 gelb	feucht	Nach dem Verblühen Vermehrung durch Teilung des Wurzelstocks oder im zeitigen Frühjahr oder durch Samen, aber dann nicht sortenrein.
HYBRIDEN			blau, rot, weiß, rosa		Vermehrung nur durch Wurzelstockteilung.
Lampionblume PHYSALIS ALKEKENGI	○ ◑	40–70	Samenkapsel: 9 Samenkapsel: orange	nährstoffarm	Aus den unscheinbaren weißlichen Blüten entstehen Fruchtstände, bei denen sich die Samen in einem orangefarbenen Gehäuse befinden; schneidet man die Stengel, sobald sich dieses Gehäuse rot färbt, bleibt die Farbe den ganzen Winter hindurch erhalten.
Lavendel LAVANDULA ANGUSTIFOLIA	○	40–60	7 – 9 blauviolett	kalkhaltig, karg	Aromatisch duftend, immergrün, nach der Blüte Blütenstengel nach ⅓ der jungen Triebe zurückschneiden, Vermehrung durch Stecklinge von halbreifem Holz im August, vertreibt Blattläuse und Ameisen.

Deutscher Name BOTANISCHER NAME	Licht be-dürfnis	Wuchs-höhe cm	Blütezeit Blüten-farbe	Boden	Besondere Hinweise
Leberblümchen HEPATICA NOBILIS	◑	10	3+4 violett, rosa, weiß, rot	locker, humos, kalkhaltig	Will in Ruhe gelassen werden; nicht umpflanzen!
Löwenmaul ANTIRRHINUM MAJUS	○	25–90 je nach Sorte	6–1 viele Farben	gedüngter Boden	Bei uns meist einjährig, in mildem Klima ausdauernd; Samen im April in ein Saatbeet; Ende April Setz-linge in 20–35 cm Abstand.
Lupine LUPINUS	○	70–100	5–9 gelb, rosa, rot, blau, weiß	nährstoff-reich, tief, kalkfrei	Vermehrung durch Aussaat (meist farbbeständige Blüten).
Mädchenauge, Schöngesicht COREOPSIS	○	50	6–9 gelb	nährstoff-reich, durchlässig	Nach 3 Jahren Wurzelstock im Oktober oder März teilen und um-pflanzen, vor Spätfrösten leicht abdecken, bei Trockenheit gießen.
Margerite, Wucherblume CHRYSANTHEMUM					
Wiesenmargerite C. LEUCANTHEMUM	○	50	5–9 weiß	nährstoff-reich	Schön in Blumenwiesen.
Große Margerite C. MAXIMUM	○	100	6–9 weiß	nährstoff-reich	Regelmäßig wässern; Vermehrung im Frühjahr durch Teilung des Wur-zelstocks; nach 3 Jahren umpflan-zen und teilen, Blüten remontieren nicht.
FREILANDHYBRIDEN	○	80	9–10 weiß	locker	Regelmäßig wässern; leichter Win-terschutz; Vermehrung schwierig; Neukauf von Jungpflanzen.
Bunte Margerite CH. COCCINEUM	○	60–80	5–7 rot, rosa	nährstoff-reich	Reichlich wässern; Vermehrung durch Teilung des Wurzelstocks nach dem Verblühen; nicht um-pflanzen.
Nelkenwurz GEUM-HYBRIDEN	○ ◑	30–60	5+6 orange, rot, gelb	feucht	Vermehrung durch Teilung des Wurzelstocks.
Pfingstrose PAEONIA LACTIFLORA	○	60–100	6+7 weiß, rosa rot	tief, nähr-stoffreich	Umsetzen stört die Pflanze emp-findlich, am selben Standort blüht sie 10–15 Jahre; nicht zu tief setzen.
Prachtscharte LIATRIS SPICATA	○	80–100	7–9 rot	feucht, nährstoff-reich	30 cm lange rote Blütenähren; die kleinen Blütchen blühen nachein-ander von oben nach unten auf; Vermehrung durch Teilung des Wurzelstocks.

Prachtspiere (Astilbe)

Steppenkerze

Deutscher Name BOTANISCHER NAME	Licht be-dürfnis	Wuchs-höhe cm	Blütezeit Blüten-farbe	Boden	Besondere Hinweise
Prachtspiere **Astilbe** ARENDSII-HYBRIDEN	○ ◑	200	6 – 8 weiß, rosa, dunkelrot	nährstoff-reich, humos, feucht	Teile der Rispe haben verschiedene Schattierungen, beim Austreiben sind die jungen Blättchen rot, grün, bräunlich, braunrot; während der Triebzeit zusätzlich wässern; im Frühjahr oder Herbst Vermehrung durch Teilung des Wurzelstocks; ältere Wurzeln mit Erde oder Kompost bedecken.
Primel PRIMULA-HYBRIDEN	◑ ●	bis 25	4 – 6 gelb, blau, rot, weiß, rosa	feucht	Nach dem Verblühen Vermehrung durch Teilung des Wurzelstocks; Stammpflanze durch Samen.
Purpur-Rudbeckia ECHINACEA PURPUREA	○ ◑	bis 100	7 – 10 purpurrot	feucht, humos	Vermehrung durch Teilung von Oktober bis März, im Sommer mit verdünnter Brennesseljauche (1 : 10) monatlich gießen.
Rittersporn DELPHINIUM-HYBRIDEN X BELLADONNA	○	100–150	6 – 9 blau, weiß, lila	tiefgründig, nährstoff-reich	Regelmäßig gießen; gleich nach dem Verblühen 15 cm über dem Boden abschneiden – dann blühen sie zum zweitenmal; in windigen Lagen aufbinden; Vermehrung durch Teilung des Wurzelstocks.
Hoher Edelrittersporn D. x ELATUM	○	160–180	6 – 9 blau, weiß, lila	tiefgründig, nährstoff-reich	
Salomonsiegel (Weißwurz) POLYGONATUM MULTIFLORUM	◑ ●	90	5 + 6 weiß	gut, humos, sauer, feucht	Je 2–5 »Blütenglöckchen« unter den Blattachseln, im Herbst blau-schwarze Beerchen, Vermehrung durch Teilung des Wurzelstocks, feuchter Standort.

Deutscher Name BOTANISCHER NAME	Licht be-dürfnis	Wuchs-höhe cm	Blütezeit Blüten-farbe	Boden	Besondere Hinweise
Schafgarbe ACHILLEA FILIPENDULINA	○	70	7+8 gelb	nährstoff-arm	Vermehrung im Herbst durch Tei-lung des Wurzelstocks; schön zu-sammen mit Salbei.
Seifenkraut SAPONARIA OCYMOIDES	○	10–20	6+7 rosa	durch-lässig, kalkreich	Immergrüne Polster, übersät von kleinen rosa Blüten; Vermehrung durch Samen oder Stecklinge.
Silberwurz DRYAS OCTOPETALA	○	niedrig	5 weiß	steinig, leicht	Immergrün, ledrige, an der Unter-seite filzige Blätter; die Blüte anemonenähnlich.
Skabiose SCABIOSA	○	60–80	7–9 blau, weiß, violett	leicht, kalkreich	Gattung umfaßt ausdauernde und einjährige, Vermehrung durch Tei-lung des Wurzelstocks im Herbst; sonst nicht im Herbst umpflanzen.
Sonnenauge HELIOPSIS HELIANTHOIDES	○	150	7–9 gelb	nährstoff-arm, nur nicht naß	Die einzelnen Blüten gehen nach-einander auf, welken langsam, Vermehrung durch Teilung des Wurzelstocks.
Sonnenbraut HELENIUM-HYBRIDEN	○	80–160	6–10 rot, gelb, rotbraun	feucht, humos	Vermehrung durch Teilung des Wurzelstocks im Frühjahr; regel-mäßig gießen.
Sonnenhut RUDBECKIA FULGIDA	○ ◑	60	8–10 goldgelb	feucht, humos	Vermehrung durch Teilung des Wurzelstocks von Oktober bis März.
Sonnenröschen HELIANTHEMUM-ARTEN	○	15–25	6–9 rosa, gelb, rot, dunkel-rot, weiß	trocken	Winterschutz durch Fichtenreisig, Rückschnitt nach dem Verblühen; es gibt gefüllte und ungefüllte Sorten.
Steinbrecharten SAXIFRAGA	◑	bis 15, je nach Sorte	2–4 weiß, zart-gelb, nach Sorte	schwer	Braucht viel Licht, aber nicht die direkte Sonne, an die Ost- und Nordseite des Steingartens, in Steinfugen pflanzen; auf Drainage achten, um stauende Nässe zu ver-meiden.
Steppenkerze EREMURUS	○	80–250	5–7 gelb, orange, rosa, weiß	nährstoff-reich, nach der Blüte nicht gießen, durchlässig	Verschiedene Arten und Sorten, auffallende, blickpunktbildende Pflanzen mit grundständiger Blattrosette und hohen Blütenstie-len, Aussaat direkt nach der Ernte der Samen, bei älteren Pflanzen Teilung der Wurzelstöcke möglich.
Storchschnabel GERANIUM ARGENTEUM	○	10–15	6+7 rosa, dunkel-rot geädert	trocken, kalkreich	Schöne, silbrige Farbe der Blätter; Standort gut entwässern, für Trockenblumen und Steingarten.
G. SANGUINEUM	○	10–20	5–9	wie oben	Schöne Polster.

Deutscher Name BOTANISCHER NAME	Licht be- dürfnis	Wuchs- höhe cm	Blütezeit Blüten- farbe	Boden	Besondere Hinweise
Taglilie HEMEROCALLIS	○	50–120	6–9 gelb, orange, rot, rosa, braun	durchlässig, humos	Bis 40 Knospen pro Busch, von denen jede 1 Tag blüht; Hybriden; nicht umsetzen, ihre Schönheit kommt erst nach mehreren Jahren voll zu Geltung, Laub auch sehr schön; Vermehrung durch Teilung des Wurzelstocks; in Abständen von 50 cm pflanzen.
Tränendes Herz DICENTRA SPECTABILIS	●	60–90	5+6 rosa	feucht, gut	Vermehrung durch Teilung des Wurzelstocks im Frühjahr; zieht nach der Blüte ein, man könnte deshalb einjährige Blumen nach- pflanzen.
Türkischer Mohn PAPAVER ORIENTALE	○	bis 150	5+6 rot, weiß, rosa, lachs- farben	nährstoff- reich, durchlässig, etwas kalkhaltig	Vermehrung durch Samen, große Blüten und auffällige Samenkap- seln, die langen Pfahlwurzeln bre- chen meist beim Verpflanzen oder Teilen ab.
Trollblume TROLLIUS-HYBRIDEN	○ ◑	bis 80	3–8 gelb	feucht	Immer genügend Bewässerung oder feuchter Standort; Vermeh- rung durch Teilung des Wurzel- stocks von Oktober bis Mai oder durch Samen von September bis März unter Glas.
Weißer Diptam DICTAMNUS	○	60–100	6+7 weiß	trocken, steinig, kalk- haltig	Vermehrung nur aus Samen, die nach der Reife ausgesät werden; die Sämlinge blühen jedoch erst im 4. Jahr; stark aromatischer Duft, ätherische Öle.
Wohlriechendes Veilchen VIOLA ODORATA	○ ◑	niedrig	Frühjahr, Herbst violett	nicht zu schwer	»Unser« Veilchen; es versät sich selber, bildet Ausläufer, duftet.
Wollziest STACHYS OLYMPICA	○	50	6+7 rosa	trocken, steinig	Pflanze wuchert, viele Ausläufer; an trockenem sonnigen Standort schöne silbrige Blätter, deshalb wird sie gern angepflanzt.
Wiesenraute THALICTRUM AQUILEGIFOLIUM	◑	40–150	5+6 weiß, violett	humos, kalkfrei	Vermehrung durch Samen; schön mit Akelei, Islandmohn, Salomons- siegel und Schafgarbe.

○ für sonnigen Standort   ◑ = für halbschattigen Standort   ● = für schattigen Standort

Bezugsquellen in alphabetischer Reihenfolge

Abtei Fulda
  Nonnengasse 16, D-6400 Fulda
Aglaia, Beeck GmbH & Co. KG
  Postfach 810224, D-7000 Stuttgart 81
  (07 11) 72 10 03
Wilhelm Alms
  Offenbacher Landstr. 377, D-6000 Frankfurt 70
  (0 69) 65 10 97
Oskar Angst
  Gryphiusweg 15, D-6800 Mannheim 31
  (06 21) 78 42 39
Aquaplan-Held GmbH
  Postfach 24, D-7519 Gemmingen
  (0 72 67) 3 66
Auro GmbH
  Postfach 1220, D-3300 Braunschweig
  (05 31) 89 50 86
Bartscher GmbH & Co.
  Calenhof 4, Postfach 45
  D-4787 Geseke
  (0 29 42) 10 28
Baumschule Appel
  Brandschneise 1, D-6100 Darmstadt
  (0 61 55) 40 81
Ing. G. Beckmann KG
  Simoniusstr. 10, D-7988 Wangen
  (0 75 22) 41 74
Bio-Agrar, Hermann Tränkle
  Probststr. 41, D-7505 Ettlingen
  (0 72 32) 1 40 95
Biofa-Naturfarben GmbH
  Dobelstr. 22, D-7325 Boll
  (0 71 64) 48 25
Der Blühende Garten
  Mühlstr. 39–43, D-7065 Winterbach
  (0 71 81) 70 81
Bodenlabor Dr. Balzer
  Oberer Ellenberg, D-3551 Amönau
  (0 64 23) 74 83
Cohrs GmbH
  Postfach 1165, D-2720 Rotenburg/Wümme
  (0 42 61) 31 06

Corna Werk
Wölper GmbH und Co.
  Erbacher Str. 41, Postfach 4267
  D-7900 Ulm-Donautal
  (07 31) 4 30 49 (Oscorna)
Fritz Dietrich
  D-6082 Mörfelden
  (0 61 05) 2 25 67
Dehner
  Postfach 1160
  D-8852 Rain am Lech
  (0 90 02) 7 70
Ewald Dörken AG
  Wetterstr. 58, Postfach 163
  D-5804 Herdecke/Ruhr
  (0 23 30) 63-1
Drebinger
  Sulzbacher-Str. 88, Postfach 25 01 60
  D-8500 Nürnberg 20,
  (09 11) 55 96 26
Folien-Drewke GmbH
  Postfach 10 03 62, D-5620 Velbert 1
  (0 20 51) 5 62 00
Eisenia
  Kapellenstr. 25, D-6200 Wiesbaden
  (0 61 21) 5 92 76
Wolf Engel
  Moorweg 22, D-8069 Rohrbach/Ilm
  (0 84 42) 88 33
Ludwig Engelhart
  Sylvensteinstr. 14, D-8000 München 70
  (0 89) 76 40 02
Erde und Kosmos
  D-7869 Schönau
  (0 76 73) 74 13
EXIMPO, K. Harboe-Larsen GmbH & Co. KG
  Europastr. 33, Postfach 1555
  D-2390 Flensburg-Jarplund
  (04 61) 95 59
Feddersen
  Blankeneser Bahnhofstr. 60, Postfach 55 03 04
  D-2000 Hamburg 55
  (0 40) 86 50 58/59
Jutta Fischer
  Am hinteren Feld 13, D-3032 Fallingbostel 1
  (0 51 62) 24 37
Florahof Baumschulen
  Obere Grabenstr. 46, D-7315 Weilheim
  (0 70 23) 60 49
Forschungskreis für Geobiologie e. V.
  Adolf-Knecht-Str. 25, D-6930 Eberbach
  (0 62 71) 22 11, (0 62 74) 68 68
Heinrich Geisel
  Ludwigstr. 70, D-8510 Fürth
Geisenheimer Baumschule
  Postfach 12 50, D-6222 Geisenheim/Rhein
Genap Plastic
  Postfach 12 67 D-4240 Emmerich
  (0 28 22) 7 03 67
Heinrich Gerhardt
  Schlesierstr. 16, D-3387 Vienenburg 2
Der grüne Baum
  Alte Hattinger Str. 15, Postfach 10 17 65
  D-4630 Bochum 1
Hermann Gutmann Werke GmbH,
  Nürnberger Str. 57–81, D-8832 Weißenburg
  (0 91 41) 9 92-0

Hako-Werke, Abt. PH 33
Postfach 14 44, D-2060 Bad Oldesloe
(0 45 31) 8 06-1
Hauri KG
Sonnenhalde 6, D-7805 Bötzingen
(0 76 63) 10 51/52/53
Hengesbach Gewächshausbau GmbH
Billwerder Billdeich 494, Postfach 80 02 28
D-2050 Hamburg 80
(0 40) 7 39 03 91
Herkules-Gerätebau Osthues & Bahlmann
Postfach 35 09, D-4740 Oelde 1
(0 25 22) 40 41/40 42
Hindermann Gartenteichfolien
Postfach 12 25, D-4795 Delbrück
(0 52 50) 78 91
Horstmann & Co.
Langelohe 65, Postfach 5 40
D-2200 Elmshorn
Hunecke GmbH
Sennestadtring 19, Postfach 11/02 50
D-4800 Bielefeld
(0 52 05) 44 29
Institut für biologisch-dynamische Forschung
Brandschneise 5, D-6100 Darmstadt
(0 61 55) 26 72
Institut für Gemüsebau der Versuchsanstalt
für Gartenbau (FH-Weihenstephan)
Lang Point, D-8050 Freising 12
Bio- und Gartenmarkt Keller, Inh. Albert Kiefer
Konradstr. 17, D-7800 Freiburg
A. Kienast
Derchinger Str. 11, D-8904 Friedberg
Werner Kimmerle
Uhlandstr. 22, D-7441 Neckartenzlingen
(0 71 27) 3 10 83
Fritz Klem
D-7640 Kehl-Marlen, (0 78 54) 8 41
Kneussle Baumschulen KG
Postfach 76, D-7968 Saulgau-Krumbach
(0 75 81) 30 15–17
D-5427 Denzerheide über Bad Ems
(0 26 03) 1 30 05-6
Knips
Im Heidkampe 2, D-3000 Hannover 51
Rolf Kockskämper
Ruthstr. 24, D-4300 Essen
(02 01) 78 97 89
Kompost-Service
Postfach 31 40/R, D-7302 Ostfildern 4
Krieger
Gahlenfeldstr. 5, D-5804 Herdecke/Ruhr,
(0 23 30) 76 91
Gebhard Kübler
D-7989 Amtszell
(0 75 20) 67 22
Läsko
D-7917 Vöhringen 1
Lause KG
Roter Kamp 27, Postfach 11 63
D-2116 Hanstedt
Livos
Neustädter Str. 23–25, D-3123 Bodenteich
(0 58 24) 13 44
Mack, Bio-Gartenbedarf
Bahnhofstr. 168, D-7012 Fellbach
(07 11) 58 20 60

Mahle Dünger GmbH
Postfach 27 24, D-7100 Heilbronn
(0 71 31) 1 08 68 (Kama)
E. Merck
D-6100 Darmstadt
(0 61 51) 7 20
Jan Mertens B. V.
Vergelt 3, NL-5991 P. J. Baarlo (L.)
(00 31-47 07) – 16 06
Messerschmidt KG
Autenbachstr. 22, Postfach 8 43
D-7320 Göppingen 8
(0 71 61) 4 10 87
I. + K. Mielke
Spezialist für Naturteiche
Hämelstr. 16, D-4950 Minden
(05 71) 4 17 41
Mikrobiologisches Laboratorium
D-6348 Herborn
(0 27 72) 25 26
Münchner Teichbau GmbH
Erich-Giese-Str. 8, D-8000 München 82
(0 89) 90 79 22
Arnold Neher
Silcherstr. 5, D-7211 Frittlingen
(0 74 26) 71 75
W. Neudorff GmbH KG
Postfach 12 09, D-3254 Emmerthal
Normstahl-Werk
Normstahlstr. 1–3, D-8052 Moosburg
(0 87 61) 6 83-42
Oldehoff
D-8395 Hauzenberg-Krinning
(0 85 88) 16 93
U. Oldehoff & P. Kohle
D-8196 Achmühle
(0 81 71) 7 85 27
Oskar Overmann GmbH & Co.
D-6920 Sinsheim
(0 72 61) 6 47 12
plastic-Kauf
Hauptstr. 114/116, D-7600 Offenburg
(07 81) 2 49 04
Plastoplan GmbH
D-2355 Ruhwinkel-Wankendorf
(0 43 23) 65 31
Pötschke, Gärtner
Postfach 22 20, D-4044 Kaarst 2
Hamil Rath OHG, LB-Elite
Scheffelstr. 17, Postfach 60 53 50
D-2000 Hamburg 60
(0 40) 27 40 58
Renz Nachf. GmbH & Co. KG
D-6364 Florstadt 5
(0 60 41) 2 30
Horst Richter
Zellerstr. 51, D-7311 Ohmden/Teck
Rux GmbH
Postfach 11 22, D-3013 Barsinghausen 1
Sauter & Stepper
Rosenstr. 17, D-7403 Ammerbuch 5
Savalis
Hortensienweg 27, D-7000 Stuttgart 50
(07 11) 53 50 38

H. Schlachter
Wasserburger Weg 1/2, D-8870 Günzburg MG 2,
(0 82 21) 3 00 57–58

E. P. H. Schmidt & Co. GmbH, – Pergart –
    Storbecker Weg 20, Postfach 33 20
    D-5800 Hagen
    (0 23 31) 30 30 01-4
Schüco
    Karolinenstr. 1–15, Postfach 76 20
    D-4800 Bielefeld 1
    (05 21) 78 31
Erich Schumm GmbH
    Erich-Schumm-Str. 2–4, Postfach 11 20
    D-7157 Murrhardt/Württ.
    (0 71 92) 27-2 68
Selfkant GmbH & Co. KG
    Maria-Lind-Str. 29, D-5137 Waldfeucht 3
    (0 24 52) 2 17 82
Carl Sperling und Co.
    Postfach 26 40, D-2120 Lüneburg
Josef Friedmann, Nachf. Rolf Spittler
    Ziegelhofstr. 154, D-7800 Freiburg-Lehen
    (07 61) 8 50 69
Stäbler GmbH
    D-7321 Adelberg
E. & R. Stolte GmbH
    Nährweg 4–5, Postfach 15 44
    D-2840 Diepholz 1
    (0 54 41) 30 07-8
Horst Sudau
    Dietinger Str. 42, D-7906 Blaustein-Markbronn
Supra-Cell GmbH
    Schwanenstr. 13, D-7580 Bühl
    (0 72 23) 2 36 58
Theo Tacke
    Borkener Str. 40, D-4280 Borken 2-Burlo
    (0 28 62) 33 50
Wilhelm Terlinden GmbH,
    D-4232 Xanten 1
    (0 28 01) 40 41/42

Tetra-Werk
    Postfach 15 80, D-4520 Melle
    (0 54 22) 10 51
Maria Thun Verlag, Aussaattage
    Postfach 14 46, D-3560 Biedenkopf
Tilco Biochemie GmbH
    Postfach 70 04 30, D-7000 Stuttgart
    (07 11) 80 00 76
Varley GmbH
    In der Au 1, D-7851 Inzlingen
    (0 76 21) 8 20 00
    Maulbeerstr. 15, CH-4058 Basel
    (0 61) 26 68 68
Verein für Pflanzenzucht e. V., Forstbaumschule
    Friesenhofen-Bahnhof, D-7970 Leutkirch 3
Versand Baumschule, Rudi Hartmann
    Postfach 15 03, D-2080 Pinneberg
Vöroka
    Binsbachweg 1–4, D-7519 Eppingen-Mühlbach
    (0 72 62) 80 87
G. Voss GmbH & Co. KG
    Niederolmer Str. 10
    D-6501 Zornheim/Mainz
    (0 61 36) 50 71
Karl Wachter KG
    D-2081 Appen-Etz
    (0 41 01) 6 25 11
Josef Weiss Plastic GmbH
    Eintrachtstr. 8, Postfach 90 07 65
    D-8000 München 90,
    (0 89) 69 31 90, 6 91 32 96
Wolf-Geräte GmbH
    Vertriebsgesellschaft KG
    Postfach 860 u. 880, D-5240 Betzdorf/Sieg
Wülfing und Hauck
    Postfach 10
    D-3504 Kaufungen 1
    (0 56 05) 20 44–47

Bezugs-quellen-Sach-verzeichnis

Baumschulen

Alms, Appel, Dietrich, Florahof, Geisenheimer, Kneussle, Renz, Verein für Pflanzenzucht e. V., Versand Baumschule R. Hartmann

Bewässerung

Biosmon:
Keller, Reformhäuser

Bewurzelungsförderung

Alginure-Bodengranulat, Alginure-Quellperlen, Alginure-Wurzel-Dip
(alle 3 gegen Wurzelverbrennungen und Verpflanzschock):
Tilco Biochemie
Hornmistpräparat Nr. 500:
Institut für biol.-dyn. Forschung
Oscorna-Wurzelstärkung:
Corna-Werk

Bodenstabilisierung (Bodendurchlüftung und -verbesserung der Wasserhaltefähigkeit)

Alginure-Bodengranulat, Alginure-Quellperlen
(beide gegen stauende Nässe, Verschlämmung und Verkrustung, Erosion; Bodentiefenlockerung):
Tilco Biochemie
Biofort L (erhöht die Wasserspeicherfähigkeit leichterer Böden):
Keller, Neudorff
Biofort S (zur Durchlüftung schwerer Böden):
Keller, Neudorff
Eusilva I + II:
Supra-Cell
Granosal A + B:
Supra-Cell
Hornmistpräparat Nr. 500, Hornkieselpräparat Nr. 501
(beide zur Bodentiefenlockerung):
Institut für biologisch-dynamische Forschung

Bodenuntersuchungen

Bodentester:
Cohrs, Keller, Lause, Merck, Neudorff, Pötschke
Bodenthermometer:
Keller
Bodenuntersuchungsstellen:
Bodenlabor Dr. Balzer
Kalkprüfer (Calcitest):
Cohrs, Keller, Neudorff, Richter
Pehameter:
Keller
pH-Meßstäbchen:
Cohrs

Folien- und Gewächshaustunnel

Beckmann, Dehner, Dörken, Drebinger, Engel, Horstmann, Klem, Schumm, Stäbler, Stolte, Terlinden

Früh-, Mistbeete und Wanderkästen

Der Blühende Garten, Dehner, Dörken, Drebinger, Engel, Feddersen, Gutmann, Herkules, Horstmann, Hunecke, Krieger, Kübler, Messerschmidt, Neher, Normstahl, Overmann, Rath, Schmidt, Selfkant, Stolte, Terlinden, Vöroka, Voss, Weiss, Wolf

Gartengeräte

aus Kupfer oder Legierungen:
Bio-Elemente-Vertrieb, Cohrs, Fischer, Keller
Gartenfit: Rux
Grabegabel: Fischer
Rasenfit-Superharke: Rux
Sauzahn:
Cohrs, Engelhart, Fischer, Geisel, Der grüne Baum, Keller, Richter
Wiesenmäher: Hako-Werke, Wolf

Gartenteichprogramm

Aquaplan, Drebinger, Drewke, Genap-Plastic, Hindermann, Isotek, Knips, Läsko, Mielke, Münchner Teichbau GmbH, Oldehoff, U. Oldehoff & P. Kohle, Plastic-Kauf, Plastoplan, Tacke, Tetra-Werke, K. Wachter KG, Wülfing und Hauck

Geologische Untersuchungen

Forschungskreis für Geobiologie

Gesundung für säuregeschädigte Gehölze

Eusilva I + II:
Supra-Cell
Granosal A + B:
Supra-Cell
Tackes Baumhilfe:
Tacke

Gewächshäuser und Zubehör

Bartscher, Beckmann, Drebinger, Eximpo, Feddersen, Gutmann, Hengesbach, Herkules, Hunecke, Krieger, Messerschmidt, Overmann, Rath, Schlachter, Schmidt, Schüco, Selfkant, Spittler, Stolte, Terlinden, Voss

Häcksler

mit Zapfwellenantrieb
  Keller
mit Elektro- und Benzinmotor
  Keller, Neudorff, Tilco Biochemie, Varley, Wolf

Holzrührfässer

  Sudau

Holzschutz und Ölfarben ohne Schadstoffe

  Aglaia (Beeck), Auro, Biofa-Naturfarben, Der grüne
  Baum, Keller, Livos

Kalender

Aussaattage:
  Cohrs, Maria Thun Verlag
Mondkalender:
  Erde und Kosmos, Heinrich Gerhardt

Kompostiermittel

Alginure-Kompostpulver, Kompostpaste, Kompost-Fix:
  Engelhart, Tilco Biochemie
Bio-Komposter:
  Keller, Neudorff
Cohrs-Kompost-Starter:
  Cohrs, Keller, Richter
Edafil:
  Tetra-Werk
Eokomit:
  Der Blühende Garten, Keller, Tilco Biochemie
Fertosan:
  Varley
Humofix:
  Abtei Fulda, Keller
Kompostierpräparate 502–507:
  Institut für biologisch-dynamische Forschung
Oscorna-Kompostbeschleuniger:
  Corna-Werk, Keller
Radivit (Flächenkomposter):
  Keller, Neudorff
Symbioflor:
  Mikrobiologisches Laboratorium

Mineralische Dünger

Algomin (Korallalgenkalk):
  Bio-Agrar, Der Blühende Garten, Cohrs, Engelhart,
  Keller
Basaltmehl:
  Engelhart
Biofort L (für leichte Böden),
Biofort S (für schwere Böden):
Keller, Neudorff
Cohrs-Bentonit:
Cohrs, Keller, Neudorff, Richter
Eifelgold (Lavamehl):
  Cohrs, Keller
Lavagranulat:
  Cohrs
Luzian-Steinmehl:
  Cohrs, Keller, Richter
Orgamin:
  Mahle (Kama)

Urgesteinsmehl:
  Neudorff
Vulkangesteinsmehl:
  Der Blühende Garten, Hauri, Keller

Mischdünger

Ecovital (Horn-, Knochen-, Blut-, Algen-, Stein-, Ton-
  mehl, Korallalgenkalk, Kräuter)
Ecovital-S (wie oben, aber ohne Kalk):
  Cohrs, Keller, Richter
Heco Organ (vollorganischer NP-Dünger):
  Richter
Kutomin (2/3 Kuhdung, Bentonit, Algomin u. a.):
  Keller
Oscorna-Dünger:
  Corna-Werk, Keller

Obstbaumpflege

Cohrs-Nab-Plus-Mischung
  (Spritzpulver gegen Gallmilben und Schorfbefall an
  Obstbäumen):
  Cohrs
FIX-FERTIG Raupenleimring:
  Keller, Neudorff
Kirschfruchtfliegenfalle:
  Keller, Neudorff
Pflanzenpflegeseife (zur besseren Haftfähigkeit aller
  Spritzbrühen):
  Cohrs
Preicobakt:
  Cohrs, Engelhart, Keller
Promanal (Weißöl, Frühjahrsspritzmittel gegen über-
  winternde Schadinsekten u. Schildläuse):
  Keller, Richter
Quassia-Holz (biolog. Spritzmittel gegen Sägewespe
  u. andere Schädlinge):
  Keller
Quast (zum Anstreichen von Preicobakt):
  Keller, Richter
Rindenreiniger:
  Cohrs
Wundwachs, Baumwachs:
  Neudorff

Passive Sonnenenergienutzung

  Beckmann (Beta Solar)

Pflanzliche Dünger
und Pflanzenpflegemittel

Algifert (als Pulver und flüssig, Blattdüngung):
  Cohrs, Engelhart, Keller, Richter
Alginure-Schutzspray (gegen Welke und Blatt-
  verdunstung):
  Engelhart, Tilco Biochemie
Artanax S (auf Phytonzid-Basis, wachstumsfördernd,
  vorbeugend gegen Pilzkrankheiten und Schad-
  insekten):
  Cohrs, Engelhart, Keller, Richter
Baldrianblütenextrakt (blütenfördernd, gegen
  Frostschäden, Anregung des Bodenlebens):
  Cohrs, Keller, Richter
Buchenholzkohlengries (kalireich, pilzhemmend):
  Cohrs, Engelhart, Keller, Richter

Cohrs-Brennesselpulver:
  Cohrs, Engelhart, Keller, Richter
Cohrs-Pflanzenkräftiger:
  Cohrs
Cohrs-Schachtelhalmpulver:
  Cohrs, Keller, Richter
Equisan (auf Schachtelhalmbasis, vorbeugend gegen
  Pilzkrankheiten):
  Cohrs
Hornkieselpräparat Nr. 501 (Verstärkung der Blatt-,
  Blüten- und Früchtereifungsprozesse):
  Institut für biologisch-dynamische Forschung
Meeresalgendünger, Meerwunder:
  Cohrs, Engelhart, Keller, Neudorff (Algan)
Rizinusschrot (NPK-Dünger):
  Der Blühende Garten, Cohrs, Keller, Richter

Zur Abwehr von Schädlingen und Pflanzen-krankheiten

CP-Mineralpulver:
  Cohrs
Cohrs-Erdbeerpflegemittel (gegen Fruchtfäule und
  Grauschimmel):
  Cohrs
Equisan:
  Cohrs
Myctan (Kräuterextrakte, Kieselsäure und Kalk):
  Keller, Neudorff
Nap-plus (gegen Gallmilben und Schorf):
  Cohrs
Oscorna-Insektenschutz (Pyrethrum):
  Corna-Werk
Oscorna-Pilzvorbeuge:
  Corna-Werk
Preicobakt (schützt Obstbäume vor Frostschäden und
  Schadinsekten):
  Cohrs, Engelhart, Keller
Promanal (Winterspritzmittel gegen Schadinsekten):
  Keller, Neudorff
Raubmilben- und Schlupfwespen-Versand:
  Institut für Gemüsebau der Versuchsanstalt für
  Gartenbau, Kienast, Mertens, Neudorff, Sauter &
  Stepper
Spruzit (Pyrethrum flüssig, als Spray und Staub):
  Keller, Neudorff, Richter

Regenwürmer

Oskar Angst: Tennessy-Wiggler (Regenwurmfarm),
Eisenia, Kockskämper (WUZ Wurmzuchtfarm),
Töllner (ReFa Regenwurmfarm), Kompost-Service,
Mack

Thermokomposter, Kompostsilos und -säcke

Der Blühende Garten, Keller, Varley, Neudorff,
Tilco Biochemie

Tierische Dünger

Blutmehl:
  Engelhart, Keller
Calif. Trocken-Rinderdung:
  Keller, Richter
Cuxin 90 (kompostierter Hühnerdung):
  Keller
Horngries:
  Keller, Mahle (Kama)
Hornmehl:
  Cohrs, Engelhart, Keller, Mahle
Orgahum:
  Mahle (Kama)
Oscorna-Animalin:
  Corna-Werk
Peru-Guano:
  Keller
Spezial-Mist-Kompost:
  Kimmerle, Richter
Stallatico (kompostierter Schaf-, Pferde- und
  Rinderdung):
  Bio-Agrar, Cohrs, Keller, Richter

Vlies

Agryl P 17
  im Fachhandel

Vogelschutz

Nistkästen
  Keller

Register